Le guide des épisodes des geeks

Editon C.M. Dutkiewicz, 2022
ISBN : 978-2-490951-09-3, 1ère édition
Dépot légal : décembre 2022

Le guide des épisodes des geeks

C.M. Dutkiewicz

INTRODUCTION

Découvrez tous les épisodes des 35 séries incontournables de l'univers des geeks.

SOMMAIRE

ANGEL

Angel, le vampire possédant une âme, s'installe à Los Angeles où il résout des enquêtes relatives aux créatures et démons. Il est aidé de Cordelia et Wislet.
(Spin-off de Buffy contre les vampires)

01.01   Bienvenue à Los Angeles - *City of...*
Angel arrive à Los Angeles investi d'une mission : faire le bien tout en détruisant le plus de vampires possibles. Le seconde dans sa tâche Doyle, un envoyé mi-homme, mi-démon, qui lui indique le nom et l'adresse d'une femme qui court un grave danger. Le vampire déchu ne tarde pas à découvrir que Tina est harcelée par Russell, un homme aux pouvoirs apparemment surhumains. Peu après, Angel retrouve dans une soirée Cordelia qui prétend être devenue une célèbre actrice. En réalité, la jeune femme est seule et sans le sou

01.02   Angel fait équipe - *Lonely Hearts*
Angel traque un démon parasite qui a besoin de changer souvent de corps pour survivre. A cette fin, il fréquente les bars pour célibataires. En menant son enquête, Angel fait la connaissance d'une bien séduisante détective. Au même moment, Doyle tombe sous le charme de Cordelia...

01.03   La Pierre d'Amarra - *In the Dark*
Une femme du nom de Rachel tente d'échapper à un inconnu qui parvient à la rattraper, la frappe et sort une arme. Angel apparaît et neutralise l'agresseur. Non loin de là, sur le toit d'un bâtiment, Spike les observe. Plus tard, dans les locaux d'Angel Investigations, Cordelia a la surprise de voir Oz...Suite et fin d'un cross-over avec Buffy

01.04   L'Étrange Docteur Meltzer - *I Fall to Pieces*
Cordelia regarde les factures s'amonceler sur la table : l'agence risqué le dépôt de bilan. Elle demande à Angel de faire, désormais, payer ses clients, mais il refuse. Peu après, Doyle a une vision. Il voit une certaine Melissa Burns dans un bureau. Angel se rend chez elle pour savoir si elle besoin d'aide. Melissa, méfiante, n'accepte que sa carte de visite

01.05   L'Appartement de Cordelia - *Room With a View*
Cordélia ne supporte plus de vivre dans son appart minable. La coupe est pleine le jour où elle découvre des cafards dans son appartement. Elle décide alors d'emménager chez Angel. Ce dernier, loin d'apprécier la présence de sa nouvelle colocataire, demande à Doyle de se mettre en quête d'un logement pour elle. Doyle déniche une magnifique résidence. A peine installée, Cordelia est confrontée à des faits étranges

01.06   Raisons et Sentiments - *Sense and Sensitivity*
Grâce au concours d'Angel, Kate parvient à arrêter un dangereux criminel connu sous le nom de « Little Tony ». Un peu plus tard, à la fête donnée pour le départ en retraite de son père, la jeune femme prononce un discours émouvant. Mais Kate, tout comme les autres officiers de police de la ville, est en réalité sur les dents

01.07   Enterrement de vie de démon - *The Bachelor Party*
Doyle a une vision : des vampires agressent un garçonnet. Il se porte à son secours avec Angel. Un vampire qui parvient à leur échapper se rend au bureau de Cordelia et l'attaque. Doyle intervient, la sauvant d'une mort certaine. Cordelia réalise alors qu'il est son homme idéal. Mais Doyle a des soucis avec son épouse, Harry, qui veut divorcer pour refaire sa vie avec Richard Straley. Personne ne sait encore qu'il s'agit d'un démon

01.08   Je ne t'oublierai jamais - *I Will Remember You*
Alors que l'agence reçoit la visite de Buffy, un démon surgit par la fenêtre. Buffy et Angel le poursuivent jusque dans les égouts de la ville. Aux aguets, il attaque Angel et lui coupe la main avant d'être mortellement blessé. Son sang mélangé à celui d'Angel transforme ce dernier en simple humain...Cross-over avec Buffy

01.09   Sacrifice héroïque - *Hero*
Cordelia a l'idée de tourner une publicité pour la télévision afin de faire la promotion de l'agence. Pendant ce temps, un démon du nom de Scourge recherche Doyle pour le tuer. Prévenus, Cordelia, Angel et Doyle tentent de fuir en s'embarquant sur un navire. Mais ils sont bientôt rattrapés par la

diabolique créature qui les retient prisonnier

01.10   Cadeaux d'adieu - *Parting Gifts*
Les membres de l'agence ont du mal à accepter la disparition de Doyle. Celui-ci, avant de mourir, a néanmoins eu le temps de transmettre ses pouvoirs à Cordelia. La jeune femme s'en rend compte en étant la proie d'étranges visions. Mais ses nouvelles facultés, loin de lui donner confiance, provoquent chez elle beaucoup de frayeur et d'irritabilité

01.11   Rêves prémonitoires - *Somnambulist*
Angel rêve qu'il vide de son sang une jeune femme. Le lendemain, Kate lui montre les photos d'une victime, tuée la nuit précédente, portant les marques d'une croix sur la joue et deux petits trous dans le coup. Angel reconnaît alors la femme de son cauchemar. En lisant la description du tueur dans le journal, Wesley ne tarde pas à comprendre qu'il s'agit de son ami...

01.12   Grossesse express - *Expecting*
En boîte de nuit, Cordélia discute avec Wilson, un photographe de mode. Plus tard, dans la soirée, elle lui propose de passer la nuit chez elle. Le lendemain, Cordélia constate que Wilson est parti mais chose plus étonnante qu'elle est enceinte depuis plusieurs mois...

01.13   Guerre des sexes - *She*
Cordelia a un flash : elle voit un homme dans une usine à glaçon ouvrir une boîte et se brûler. Angel se rend sur les lieux en suivant les indications de la jeune femme et rencontre Tea, un démon. Ce dernier doit retrouver ses semblables qui ont quitté son monde pour se réfugier sur Terre

01.14   Exorcisme - *I've Got You Under My Skin*
Angel sauve la vie de Ryan, un jeune garçon sur le point de se faire écraser par une voiture. Le ramenant chez lui, il sent des ondes négatives émaner de la maison de l'enfant. Il en déduit qu'un démon a pris possession de l'esprit et de l'enveloppe charnelle d'un occupant du logement...

01.15   1753 - *The Prodigal*
Angel se bat contre un démon dans une rame de métro. Il finit par le tuer. Arrivée sur les lieux de la bagarre, Kate lui reproche de l'avoir supprimé trop tôt. Visiblement, elle a du mal à accepter l'idée de fréquenter un vampire. Un peu plus tard, Trevor Lockley, le père de la jeune femme, vient à leur rencontre

01.16   La Prison d'Angel - *The Ring*
Angel reçoit la visite d'un homme au visage tuméfié. Celui-ci, persuadé que des démons ont kidnappé son frère, lui indique le lieu probable de sa détention : un club spécialisé dans le combat. Arrivé sur place, Angel tombe en fait dans un piège que lui ont tendu deux démons, Darin et Jack. Il se retrouve prisonnier d'un ring de boxe dont les détenus sont contraints à l'affrontement ; le vaincu est désintégré

01.17   Jeunesse éternelle - *Eternity*
Près du théâtre où se produit Cordelia, Rebecca Lowell, une actrice, évite de peu une voiture grâce à l'intervention d'Angel. Le lendemain, la jeune femme, visiblement effrayée, demande à son sauveteur et à ses associés de l'aider à se débarrasser de l'un de ses fans qui ne cesse de la menacer

01.18   Cinq sur cinq - *Five By Five*
Remise de ses blessures, Faith, la tueuse rebelle de Sunnydale, débarque à Los Angeles. Après avoir effectuée la tournée des discothèques, elle entre en contact avec le cabinet d'avocats Wolfram et Hart qui lui propose de supprimer Angel. Malgré sa détermination, la jeune femme ne parvient pas à l'éliminer...

01.19   Sanctuaire - *Sanctuary*
Angel offre l'hospitalité à Faith. Il souhaite ainsi lui donner une seconde chance. Ce geste n'est guère apprécié de Wesley et Cordelia. Cette dernière, qui refuse de vivre aux côtés de Faith, quitte les lieux sur le champ...Cross-over avec Buffy.

01.20   Frères de sang - *War Zone*
Alonna et son frère font partie d'une bande prête à tout pour éliminer les vampires de la ville. De

son côté, David Nabitt vient solliciter l'aide d'Angel et de ses amis. Victime de vampires qui le persécutent, il souffre atrocement de la situation. Avec sa bonne volonté coutumière, Angel part à la recherche de ses agresseurs...

01.21   Force aveugle - *Blind Date*
Au cours d'un combat, Angel est vaincu par Vanessa Brewer, une aveugle dotée d'une force exceptionnelle. L'objectif de ce monstre est de tuer plusieurs enfants. Efficacement secondé par Lindsey et Gunn, Angel parvient à la mettre hors d'état de nuire...

01.22   Le Manuscrit - *To Shansu in Los Angeles*
Grâce à une vision de Cordelia, Angel parvient à tuer un démon qui menaçait une jeune fille. Peu de temps après, Cordelia s'effondre dans la rue et se retrouve, dans un état critique à l'hôpital. Wesley qui tentait, en vain, de traduire les prophéties d'Aberdjan est quant à lui pris dans une explosion.

Mythologie saison 1

AMALFI (G) ;

AMARA (H) ;

ANGE (JC) ;

BON SAMARITAIN (JC ;

BRACHENS (L) ;

BRINGERS (L) ;

BURROWER (L) ;

DAVID ET GOLIATH (JC) :

FANTOME (P) ;

FIENDS (L) ;

HACKSAW (L) ;

HOWWLER (L) ;

JUDAS (JC) ;

MOHRA (H) ;

ORACLE (P) ;

SATAN (JC) ;

SCOURGE (L) ;

SHANSHU (H) ;

VAMPIRE (P) ;

WOLFRAM & HART (L)

■■■■■■■■ SAISON 02 ■■■■■■■■■■■■■■■■■■■■■■■■■■■

02.01   Le Jugement - *Judgement*
Angel, Cordelia et Wesley empêchent un démon de procéder à un sacrifice humain. Peu de temps après, Cordelia a une vision : un vampire rôde en ville. Angel se lance à sa recherche et le trouve aux côtés d'une femme enceinte...

02.02   L'Hôtel du mal - *Are You Now Or Have You Ever Been?*
Angel demande à Cordelia et Wesley d'enquêter sur un vieil hôtel à l'abandon. Ils découvrent que tous les résidents de l'établissement ont été tués en 1952. Or Angel se souvient avoir résidé dans cet hôtel, en 1952, justement...

02.03   Premières Impressions - *First Impressions*
Gunn vient demander de l'aide à Angel, encore alité. Divac, un démon, a attaqué ses hommes. Cor-

delia et Wesley veulent le remplacer quand Angel sort de sa torpeur. Ils partent ensemble rencontrer un indicateur dans un parking...

02.04   Intouchable - *Untouched*
Darla hante les nuits du pauvre Angel...

02.05   Cher amour - *Dear Boy*
Une nouvelle vision effraye Cordelia ; la jeune femme ressent la présence d'un démon hideux mais vénéré par les hommes

02.06   L'Usurpateur - *Guise will be Guise*
Un inconnu fait son entrée dans les bureaux d'Angel Investigations. Il demande à parler à Angel et voyant qu'on peut accéder à sa demande, il disparaît aussitôt...

02.07   Darla - *Darla*
Lindsey retrouve Darla dans un état second. Cette dernière, perturbée par sa rencontre avec Angel, a brisé tous les miroirs de son appartement...

02.08   Le Linceul qui rend fou - *The Shroud of Rahmon*
Gunn prend la place de son cousin qui doit participer à un cambriolage organisé par des démons. Angel réussit à se faire passer pour un des voleurs. Ces derniers s'apprêtent à dérober un linceul de valeur : mais le drap renferme en réalité un démon...

02.09   L'Épreuve - *The Trial*
Gunn a retrouvé la trace de Darla qui vit seule dans un motel. Mais il est doublé par Lindsey qui s'empare de la jeune femme avant lui...

02.10   Retrouvailles - *Reunion*
Angel ne vit désormais que pour retrouver Darla et la tuer. Ses premières investigations le conduisent à l'appartement de Lindsey. Mais ce dernier vient de déménager

02.11   Déclaration de guerre - *Redefinition*
Angel se dispute violemment avec Cordelia, Wesley et Gunn. Enervé, il descend au sous-sol s'entraîner en vue de son prochain combat. Peu après, il apprend que Drusilla et Darla recrutent des démons dans les bars de la ville

02.12   Argent sale - *Blood Money*
Angel rencontre une jeune femme, Anne Steele, qui travaille pour une fondation caritative. Il apprend que l'agence Wolfram et Hart détourne l'argent destiné à cette fondation... De leurs côtés, Wesley, Gunn et Cordelia s'occupent de leur nouvelle agence

02.13   La Machine à arrêter le temps - *Happy Anniversary*
Angel est à la recherche d'un jeune étudiant et physicien, Gene, qui pourrait causer la fin du monde en arrêtant définitivement le temps. Découvrant qu'il reçoit le soutien de deux démons, Angel se lance à sa recherche... Wesley, Cordelia et Gunn s'installent dans leur nouveau logement et Virginia leur amène leur première affaire

02.14   L'Ordre des morts-vivants - *The Thin Dead Line*
Deux enfants des rues, attaqués par des policiers, se réfugient dans le foyer dirigé par Anne. Angel et son ancienne équipe enquêtent, chacun de leurs côtés, sur ces policiers renégats assoiffés de sang. Lors d'une course poursuite, Wesley est blessé

02.15   Le Grand Bilan - *Reprise*
Angel découvre que des rituels occultes sont célébrés en ville. Chez Wolfram & Hart, l'heure du grand bilan est arrivé : tous les 75 ans, c'est le grand «nettoyage» chez les avocats ...

02.16   Retour à l'ordre - *Epiphany*
Angel a retrouvé ses esprits. Conscient du mal qu'il a fait autour de lui, il cherche à expier ses fautes. Il est surtout désireux de se réconcilier avec Wesley et Gunn, mais il se heurte à leur froide hostilité...

02.17   Amie ou ennemie - *Disharmony*
Tandis qu'Angel vient de réintégrer l'agence, Cordelia a la vision d'un couple attaqué par deux

étranges créatures. Peu après, elle rencontre une vieille amie, Harmony, qu'elle invite chez elle...
Cross-over avec Buffy.

02.18   Impasse - *Dead End*
Angel, Wesley et Gunn invitent Cordelia au restaurant pour fêter la réussite de la jeune femme, qui vient d'être sélectionnée pour jouer dans un spot publicitaire. Mais au cours de la soirée, Cordelia a une vision puis elle perd conscience

02.19   Origines - *Belonging*
Toute l'équipe s'est réunie au restaurant pour fêter l'apparition de Cordelia dans une publicité. Ils en viennent à se demander comment combattre le démon de la dernière vision de Cordelia. Il serait issu d'une autre dimension et le seul moyen de le tuer est de trouver une substance qui n'existe que dans son monde

02.20   De l'autre côté de l'arc-en-ciel - *Over the Rainbow*
Cordelia se retrouve prisonnière d'une autre dimension. Angel, Wesley et Host tentent de la localiser pour lui venir en aide

02.21   Sa Majesté Cordelia - *Through the Looking Glass*
Cordelia raconte à ses amis ses mésaventures à Pylea. Elle leur révèle également qu'elle est devenue princesse...

02.22   Fin de règne - *There's No Place Like Plrtz Glrb*
Cordelia fond en larmes devant la tête tranchée de Lorne qui ouvre les yeux avant de se mettre à parler. A Cordelia terrorisée, Lorne explique que son espèce peut survivre à la décapitation

Mythologie saison 2

APOCALPYSE (JC) ;
HAKLAR (L) ;
LUBBER (L) ;
SILAS (JC) ;
SORCIÈRE (P)
TORTO (L) ;
ZOMBIE (LF)

SAISON 03

03.01   À cœur perdu - *Heartthrob*
Angel revient de sa retraite du Sri Lanka chargé de cadeaux pour ses amis. Aussitôt arrivé, il tente de convaincre Winifred de sortir de sa chambre où elle est restée cloîtrée depuis trois moisv

03.02   Le Martyre de Cordelia - *That Vision Thing*
Cordelia souffre le martyre. A chaque nouvelle vision, son corps se couvre de marques et de blessures

03.03   Le Sens de la mission - *That Old Gang of Mine*
Gunn hésite entre sa loyauté entre ses anciens et ses nouveaux amis quand il découvre que son ancien gang tue brutalement et indistinctement beaucoup de démons. Cordélia aide Fred à se réadapter à ce monde...

03.04   Dans la peau d'Angel - *Carpe Noctem*
Un vieil homme mourant jette un sort qui lui fait échanger de corps avec Angel. Tandis qu'il profite du bonheur d'être éternellement jeune, Angel se meurt dans l'autre corps et doit rapidement récupérer son enveloppe charnelle...

03.05   Les Démons du passé - *Fredless*
Les parents de Fred lui rendent une visite surprise au bureau d'Angel. Mais Fred, en apprennant leur venue, fuit suscitant la méfiance d'Angel et ses amis envers les parents. Ils partent à sa recherche pour la protéger. Un démon insectoïde les suit

03.06   Billy - *Billy*
La libération de Billy de l'enfer pour sauver Cordelia n'est pas sans conséquences : à son toucher, il rend les hommes violents envers les femmes. Et Wesley, infecté, reste seul avec Fred

03.07   La Prophétie - *Offspring*
Une prophétie annonce l'arrivée d'un être qui pourrait changer le monde. Darla, enceinte d'Angel, débarque furieuse à l'hôtel. Cordélia prend sa défense alors qu'Angel se demande comment elle peut bien être enceinte de lui...

03.08   Accélération - *Quickening*
Wolfram & Hart veut récupérer Darla et l'enfant, de même qu'un groupe de vampire qui est persuadé qu'il s'agit de l'enfant miraculeux qu'ils attendent...

03.09   Le Fils d'Angel - *Lullaby*
Holtz découvre Angel et le torture avant de s'en prendre à Darla. Sur le point d'accoucher, la jeune femme devient violente avec ceux qui l'entourent. Des démons retrouvent sa trace

03.10   Papa - Dad
Angel prend beaucoup de plaisir à s'occuper de son fils. Il ne supporte même pas que l'on s'approche de lui. Mais le bébé pleure facilement et le père a bien du mal à le calmer...

03.11   Anniversaire - *Birthday*
Le jour de son anniversaire, Cordelia est projetée dans un monde astral par une vision particulièrement douloureuse. Un démon guide lui fait une proposition alléchante mais dangereuse

03.12   Soutien de famille - *Provider*
Afin de promouvoir son agence d'investigations, Angel lance une campagne de publicité. De la sorte, il compte bien assurer l'avenir de son fils...

03.13   Les Coulisses de l'éternité - *Waiting in the Wings*
Alors qu'il assiste à un ballet avec des amis, Angel réalise qu'il a déjà vu cette troupe de danseurs sur scène... il y a plus d'un siècle !

03.14   Rivalités - *Couplet*
Wesley rappelle à Angel qu'ils doivent découvrir la signification cosmique de la naissance de Connor. Pour cela, ils doivent se fonder sur des textes anciens...

03.15   Loyauté - *Loyalty*
Wesley fait un affreux cauchemar : il rêve qu'Angel aspire le sang de Connor...

03.16   Bonne nuit Connor - *Sleep Tight*
Wesley cherche à sauver Connor en l'éloignant d'Angel. Celui-ci ne tarde pas à découvrir le stratagème de Lilah...

03.17   Impardonnable - *Forgiving*
Fred et Gunn recherchent activement Wesley. Angel part à la poursuite de Sahjhan et lui jette un sort

03.18   Quitte ou double - *Double or Nothing*
De retour de vacances en compagnie de Groosalugg, Cordelia apprend ce qui est arrivé à Connor. Elle décide de retrouver Angel pour le consoler...

03.19   Le Prix à payer - *The Price*
Un homme vient demander de l'aide à Angel pour retrouver son chien. Peu de temps après, l'hôtel est envahi par les limaces

03.20   Un nouveau monde - *A New World*
Une fois ouverte, la porte de Quor-toth menace de libérer ses pouvoirs maléfiques. Cordélia tente en

vain de la refermer. Mais Lorne connaît quelqu'un susceptible d'y parvenir...

03.21   Bénédiction - *Benediction*
Fred, Cornelia, Groosalugg et Gunn se demandent, inquiets, quelle puissance maléfique risque à nouveau de sortir de la porte de Quor-toth. Ils sont bientôt rejoint par Angel. Celui-ci, blessé, leur annonce qu'il a retrouvé son fils...

03.22   Demain - *Tomorrow*
Connor revient chez Angel pour se venger. Ce dernier fait sa déclaration à Cordelia qui, de son côté, reconnaît éprouver de tendres sentiments pour lui.

Mythologie saison 3

ACHILLE (GR) ;
ATLAS (GR) ;
BLACK THORN (L) ;
CABALE (L) ;
CAVALIERS DE L'APOCALYPSE (JC) ;
DALAÏ-LAMA (H) ;
ÉLYSÉE (GR) ;
ILLYRIA / ILLYRIE (G) ;
LOUP-GAROU (LF);
NÉCROMANCIEN (P);
NEMESIS (GR);
PANDORE (GR) ;
PETRA (G) ;
POSÉIDON (GR) ;
SABASSIS (A) ;
SHIVA (H) ;
REAPER (L) ;
TITAN (GR)

▰▰▰▰▰▰ **SAISON 04** ▰▰▰▰▰▰

04.01   Dans les abysses - *Deep Down*
Trois mois ont passé depuis la disparition d'Angel et Cordélia. Tandis que Gunn et Fred mènent leur enquête sans succès, Wesley tient une piste sérieuse pour retrouver la trace d'Angel. Il retient Justine prisonnière pour qu'elle le mène jusqu'à l'endroit où le cercueil a été jeté à la mer...

04.02   Cordelia, où es-tu ? - *Ground State*
D'après Wesley, Cordélia n'est plus de notre dimension. Pour la retrouver, Angel doit mettre la main sur l'axe de Pythie. Mais il n'est pas le seul à vouloir l'axe. Une certaine Gwen est déjà sur l'affaire

04.03   Le casino gagne toujours - *The House Always Wins*
Angel, Fred et Gunn partent pour Las Vegas pour retrouver Lorne. Ils assistent à un de ses shows mais le démon semble ne leur accorder aucune attention. Tandis que ses amis pensent que le succès

lui est monté à la tête, Lorne est en fait prisonnier...

04.04 Mensonges et Vérité - *Slouching Toward Bethlehem*
Angel, Gunn et Fred retrouvent Cordélia à l'hôtel. Mais la jeune femme est amnésique et a du mal à leur faire confiance. Contre toute attente, c'est vers Connor qu'elle va se tourner

04.05 L'Ombre des génies - *Supersymmetry*
Après la publication de son article sur sa théorie concernant les univers multidimensionnels, Fred doit faire un discours lors d'une conférence. Elle y retrouve son ancien professeur de physique

04.06 La Bouteille magique - *Spin the Bottle*
Lorne propose d'avoir recours à la magie pour que Cordélia retrouve sa mémoire. Il réunit toute l'équipe - Wesley y compris - car ils doivent être six pour le rituel. Mais le sort ne fonctionne pas et chaque personne présente semble avoir 17 ans...

04.07 Le Déluge de feu - *Apocalypse, Nowish*
Parallèlement à la recrudescence des phénomènes paranormaux, le mauvais pressentiment de Cordélia semble se confirmer. Quelque chose d'horrible approche, s'agrippe aux entrailles de la terre pour remonter et semer le chaos... Angel propose à Lilah d'unir leurs forces pour faire face à cette nouvelle menace

04.08 Le Piège - *Habeas Corpses*
La bête étant sorti de la terre à l'endroit exact où il est né, Connor pense être relié à cette chose. Espérant y obtenir quelques informations, il se rend chez Wolfram & Hart. Mais la bête investit également les lieux causant un véritable massacre sur son passage...

04.09 La Course du soleil - *Long Day's Journey*
La bête étant sorti de la terre à l'endroit exact où il est né, Connor pense être relié à cette chose. Espérant y obtenir quelques informations, il se rend chez Wolfram & Hart. Mais la bête investit également les lieux causant un véritable massacre sur son passage...

04.10 L'Éveil - *Awakening*
La solution pour sauver Los Angeles des ténèbres et ramener le soleil, c'est Angelus qui la détient. D'après une vision de Cordélia, Angelus a connu la bête. Pour en savoir plus, il n'y a pas d'autre choix que faire revenir Angelus. Wesley contacte alors un chaman pour extraire l'âme d'Angel...

04.11 Sans âme - *Soulless*
Prisonnier d'une cage, Angelus est interrogé par Wesley au sujet de la bête. Mais le vampire ne se montre pas très coopératif. Au contraire, il s'amuse à manipuler les esprits et faire souffrir en utilisant les faiblesses de chacun. Wesley, Cordélia, Gunn, Fred, Connor... lequel d'entre eux va craquer ?

04.12 La Grande Menace - *Calvary*
Deux gros problèmes sont à résoudre : trouver un moyen de réintégrer l'âme dans le corps du vampire et neutraliser la bête. Angelus révèle que la bête n'est qu'un sbire et que quelque chose de plus fort la manipule... Tandis que Lilah propose un marché à Angelus, la tension monte entre Fred et Gunn...

04.13 Le Retour de Faith - *Salvage*
Angelus est interrompu pendant qu'il boit le sang de Lilah. Après la fuite du vampire, Wesley décide de décapiter la jeune femme pour s'assurer qu'elle n'a pas été vampirisée. Mais la tâche n'est pas aussi aisée. Tandis que Connor ne pense qu'à tuer Angelus, Wesley va chercher l'aide d'une Tueuse : Faith. Personne ne se doute que Cordélia est le Maître qui commande à la Bête...

04.14 Libération - *Release*
Cordélia demande à Connor de garder le secret sur le bébé qu'elle attend de lui... Wesley tente de convaincre Faith de retrouver la rage qui l'animait et s'en servir pour détruire Angelus... Angelus entend dans sa tête la voix du Maître qui veut le contraindre à l'obéissance...

04.15 Orphée - *Orpheus*
Contaminé par une drogue en buvant le sang de Faith, Angelus sombre dans l'inconscience tandis

que la Tueuse est dans le coma... Willow arrive à l'hôtel pour restaurer l'âme d'Angel. Mais Cordélia refuse que la sorcière contrarie ses plans et elle n'hésite pas à manipuler Connor pour arriver à ses fins

04.16   Opération Lisa - *Players*
Tout le monde est en état de choc en apprennant que Cordélia attend un enfant de Connor. Une fois la nouvelle encaissée, les recherches sont activées afin d'en savoir plus sur l'enfant qu'elle attend... Pendant ce temps, Gunn aide Gwen à sauver Lisa, une petite fille qui a été kidnappée

04.17   L'Horreur sans nom - *Inside Out*
Angel décide de contacter les Puisances Supérieures afin de savoir ce qu'est arrivé à Cordélia... De son côté, Cordélia convainc Connor que son père est l'ennemi à combattre et qu'ils doivent tout faire pour protéger leur bébé...

04.18   Douce Béatitude - *Shiny Happy People*
Tandis que Cordélia demeure inconsciente, Angel et Connor semblent sous le charme de la créature qui vient de naître. Créature qui a l'apparence d'une belle jeune femme et qui prétend vouloir rassembler les hommes auprès d'elle pour éradiquer le Mal...

04.19   La Balle magique - *The Magic Bullet*
Fred s'efforce d'ouvrir les yeux à ses amis sur le vrai visage de Jasmine. Mais ceux-ci vouent une admiration et une obséissance sans borne à Jasmine dont le pouvoir semble s'étendre peu ç peu à l'humanité toute entière. Alors impuissante, Fred est forcée de prendre la fuite

04.20   Sacrifice - *Sacrifice*
Afin de permettre à ses amis de s'enfuir de l'hôtel, Angel est obligé de s'opposer à son fils. Tandis que le jeune homme récupère rapidement ses forces auprès de Jasmine, les fugitifs sont contraints de se cacher dans les égouts

04.21   La Paix universelle - *Peace Out*
Tandis que ses amis sont à la merci de Connor dans un monde sous l'emprise de Jasmine, Angel est dans une dimension parallèle où il essaie de trouver un moyen de mettre fin au charme de cette ensorcelleuse. Celle-ci se prépare, de son côté, pour une rencontre avec la presse qui sera retransmise partout à travers le monde

04.22   Une vraie famille - *Home*
Lilah effectue un retour remarqué à l'hôtel. Clause de perpétuation oblige, elle propose à l'équipe d'Angel & Investigation de reprendre la tête du Cabinet Wolfram & Hart de Los Angeles. Opportunité inespérée ou proposition diabolique ?

ADAM (JC) ;

ANMET (E) ;

ASCENSION (JC) ;

ATLANTIS (GR) ;

BETHELEHEM (JC) ;

GÉNIES (P);

HABEAS CORPUS (L);

HECATE (GR) ;

KHOPESH (E) ;

MA'AT (E) ;

MESEKTET (E) ;

ORACLE DE DELPHES (GR) ;

ORPHÉE (GR) ;

PYTHIE (GR) ;

RÂ-TET (E) ;

SEMKHET (E) ;

SETH (E) ;

ST GRAAL (JC) ;

STONEHENGE (G);

SVEAR (G)

■■■■■■■ SAISON 05 ■■■■■■■■■■■■■■■■■■■■■■■

05.01   Conviction - *Conviction*
Angel et ses amis travaillent désormais chez Wolfram & Hart. Pour eux, ce prestigieux cabinet d'avocats est une arme puissante qu'ils espèrent utiliser pour faire le Bien. Mais déjà, Angel se heurte aux fonctionnements internes et protocoles divers qui l'empêchent d'agir à sa guise. A son bureau, Angel fait la connaissance d'Eve, une mystérieuse et troublante jeune femme qui sert d'agent de liaison entre les Principaux Associés et lui. La mission du vampire ne va pas être facile. Et pour couronner le tout, il découvre que Wesley a engagé Harmony, venue tout droit de Sunnydale, pour être sa secrétaire particulière...

05.02   Justes Récompenses - *Just Rewards*
Alors que tout le monde le croyait mort avalé par la Bouche de l'Enfer à Sunnydale, Spike réapparaît comme par magie dans les locaux de Wolfram & Hart, sorti d'une amulette expédiée à Angel. Bien vite le vampire décolorée se rend compte qu'il est une sorte de fantôme. Stupéfait, tout le monde essaie de comprendre comment une telle chose a pu se produire. Entretemps, Spike, qui n'a nul endroit où aller, suit Angel, son ennemi de toujours, comme son ombre

05.03   La Fille loup-garou - *Unleashed*
Un soir de plein lune, une jeune femme se fait agresser par un loup-garou. Angel, qui entend les cris, vole à son secours et tue la bête. Pendant la lutte, la victime en a profité pour s'éclipser et rentrer chez elle sans demander son reste. Mais ce qu'elle ignore, c'est que le monstre l'a mordue et qu'elle se transformera à son tour en loup-garou la nuit prochaine. Elle est désormais un danger pour sa famille. Angel veut la retrouver avant qu'il ne soit trop tard...

05.04   Au bord du gouffre - *Hell Bound*

Spike disparaît de plus en plus souvent. Sentant l'appel de l'enfer et de la damnation, il demande l'aide Fred. Celle-ci se met alors au travail afin de trouver un moyen pour lui redonner sa forme matérielle. Mais le temps leur est compté... et Angel, qui espère bien se débarasser de son éternel rival, va-t-il laisser Fred utiliser les fonds de Wolfram & Hart pour sauver le vampire décoloré ?

05.05   Une fête à tout casser - *Life of the Party*
C'est le 1er Halloween de l'équipe d'Angel chez Wolfram & Hart. Stressé, Lorne prend en charge toutes les préparations pour organiser une fête. Malheureusement, les clients n'ont pas répondu à l'invitation. Déjà, au sein du cabinet, Angel, Wes, Fred et Gunn ne sont pas motivés pour participer à cette fête. Lorne tente alors de convaincre ses amis de l'importance d'une telle soirée pour Wolfram & Hart

05.06   Cœur de héros - *The Cautionary Tale of Numero Cinco*
A la direction de Wolfram & Hart, Angel se sent quelque peu déconnecté de la réalité. Il a bien du mal à s'adapter à cette nouvelle vie. Il n'est plus le 'champion' qu'il était, le héros toujours prêt à sauver une vie... Plusieurs victimes sont retrouvées à Los Angeles avec le coeur arraché. C'est une bonne occasion pour Angel de mener une enquête sur le terrain et se retrouver au coeur de l'action...

05.07   Lignée - *Lineage*
Alors qu'elle accompagnait Wesley pour l'aider à inflitrer un réseau de trafic d'armes, Fred est blessée. Angel, furieux, accable Wesley de son irresponsabilité d'avoir mis la jeune femme en danger... Wesley reçoit la visite surprenante de son illustre père qui entend l'évaluer dans le but de le réintégrer au sein du Conseil des Observateurs...

05.08   Destin - *Destiny*
Après avoir ouvert un colis qui lui était destiné, Spike retrouve étrangement sa forme corporelle. Et au même moment, le système informatique de Wolfram & Hart devient défectueux... Eve semble avoir une théorie : selon elle, les événements seraient liés à la prophétie Shanshu qui dit qu'un vampire avec une âme jouera un rôle capital dans l'apocalypse. L'existence de deux vampires avec une âme bouleverserait l'ordre des choses. Une situation qui ne fait qu'amplifier la rivalité entre Angel et Spike...

05.09   Harmony ne compte pas pour du beurre - *Harm's Way*
Harmony broie du noir. Malgré ses efforts pour ne pas être 'mauvaise', elle ne parvient pas à se faire des amis. Sa voisine l'ignore quand elles se croisent dans le couloir, ses collègues de travail l'évitent et Angel ne semble pas satisfait de son travail. Et après avoir abordé un homme dans un bar, elle se réveille dans son lit avec le cadavre de ce dernier à ses côtés. Ne se souvenant pas de ce qui s'est passé et craignant la Tolérance Zéro appliquée chez Wolfram & Hart, elle décide de se débarrasser du corps...

05.10   Cauchemars - *Soul Purpose*
Lindsey et Eve complotent dans le plus grand secret... Tandis que l'ancien avocat de Wolfram & Hart pousse Spike à sauver des vies humaines, Angel, de son côté, est au plus mal. Le vampire est assailli par divers cauchemars et hallucinations qui reflètent son sentiment d'inutilité...

05.11   Folle - *Damage*
Angel et ses amis sont alertés qu'une femme s'est enfuie d'un asile psychiatrique en laissant deux cadavres derrière elle. Possédée par un démon, cette fugueuse serait un danger pour la société. Immédiatement sur l'affaire, Angel doit faire face à Spike qui mène son enquête en parallèle... à sa façon. Mais c'est en Andrew qu'ils vont trouver une aide inattendue...

05.12   Le Retour de Cordelia - *You're Welcome*
Angel en a ras-le-bol de Wolfram & Hart. Alors qu'il s'apprête à démissionner, il reçoit un appel de Cordelia. La jeune femme serait sortie du coma. A l'hôpital, Angel et Wesley trouvent une Cordelia en pleine forme qui les met en garde contre un danger... La jeune femme découvre avec stupeur que ses amis travaillent désormais pour Wolfram & Hart, leur ennemi, et que Spike a une âme et combat du côté des gentils... Eve, inquiète de la présence de Cordelia, alerte Lindsey qu'ils doivent changer leurs plans...

05.13 Le Sous-marin - *Why We Fight*
Un inconnu s'introduit dans les locaux de Wolfram & Hart où il s'occupe tour à tour de Fred, Wesley
et les autres, avant de retrouver Angel, qu'il a a connu autrefois - en 1943 - alors qu'il travaillait dans
un sous-marin américain plongé dans les profondeurs de l'océan. Angel avait été envoyé en mission
spéciale à bord par une section secrète appelée 'Initiative pour la Recherche Démoniaque'

05.14 Les Marionnettes maléfiques - *Smile Time*
11 enfants entre 5 et 8 ans ont été hospitalisés aux cours des trois dernières semaines à cause d'éva-
nouissements brutaux. Aucun d'entre eux ne s'est réveillé mais leurs visages sont restés figés avec un
sourire diabolique ! L'affaire parvient jusqu'à Wolfram & Hart. Après avoir découvert que tous les
enfants regardaient la même émission de marionnettes, Angel décide d'enquêter pour s'occuper...

05.15 Un trou dans le monde - *A Hole in the World*
Pendant que Gunn et Wesley s'interrogent sur ce qu'a pu devenir Lindsey MacDonald, Fred découvre au labo un mystérieux sarcophage qui lui a été livré anonymement. A son contact, un agent
parasite s'infiltre en elle et l'affaiblit, la vidant peu à peu comme un coquillage pour prendre possession de son corps. Toute l'équipe s'unit pour sauver la jeune femme. Wesley, impuissant face aux
souffrances de sa bien-aimée, tente d'en savoir plus

05.16 Coquilles - *Shells*
Wesley assiste à la métamorphose de Fred en Illyria. Le grand monarque et guerrier de l'Age des
Démons est revenu à la vie dans l'enveloppe de Fred et découvre un monde dominé par les hommes.
Illyria manifeste un dégoût pour l'humanité et fait preuve de pouvoirs étonnants... Pendant qu'An-
gel et Spike semblent convaincus que l'âme de Fred est intacte et qu'il existe un moyen de la faire
revenir, Illyria part à la recherche de son temple afin de rassembler son armée...

05.17 Sous la surface - *Underneath*
Afin de découvrir ce que mijotent les Partenaires Principaux, Angel et Spike questionnent Eve. Celle-
ci refuse d'abord de coopérer ; mais lorsqu'elle réalise que les Partenaires Principaux sont sur le
point de la retrouver, elle prend la fuite avec les deux vampires... De son côté, Gunn est rongé par le
remord depuis qu'il sait que ce qui est arrivé à Fred est la conséquence de ses propres actes...

05.18 Une autre réalité - *Origin*
Angel et Wesley confient à Spike la mission de tester Illyria... Les Reilly s'adressent à Wolfram &
Hart pour ontenir de l'aide afin de comprendre comment ça se fait que leur fils est indemne après
avoir été renversé par une voiture. Ils ont la sensation que leur garçon est différent. Wes s'apprête
à prendre l'affaire lorsqu'Angel s'interpose. Il vient en effet de reconnaître en ce garçon son propre
fils, Connor, à qui il a offert une vie nouvelle, loin des monstres...

05.19 Bombe à retardement - *Time Bomb*
Pendant qu'Illyria est allée délivrer Gunn prisonnier dans une dimension infernale, Wesley soumet
à Angel l'idée d'intégrer celle-ci dans l'équipe. Mais Illyria est incontrôlable ! Autrefois reine d'un
monde démoniaque, elle étouffe dans ce monde dominé par les hommes, des créatures qu'elle déteste

05.20 La Fille en question - *The Girl in Question*
Wesley se retrouve dans une position délicate lorsque les parents de Fred débarquent sans prévenir
chez Wolfram & Hart pour voir leur fille... Spike et Angel se rendent à Rome pour ramener les restes
du «capo di famiglia» à son clan afin qu'un rituel puisse être opéré. Mais pour les deux vampires,
il s'agit d'un prétexte pour voler au secours de Buffy aux prises avec l'Immortel, un de leurs vieux
ennemis

05.21 Jeu de pouvoir - *Power Play*
Gunn, Wesley, Lorne et Spike remettent en cause la loyauté d'Angel. Ce dernier a en effet un comportement des plus étranges. Il ne s'inquiète guère d'une série de meurtres survenus récemment et
il prend des décisions que ses amis ne comprennent pas. Angel aurait-il basculé du côté des forces
obscures ?

05.22 L'Ultime Combat - *Not Fade Away*

Afin de défier les Partenaires Principaux, Angel projette d'éliminer un à un les membres du Cercle de l'Epine Noire. Et pour mieux les atteindre, il a rejoint le Cercle après avoir prouvé sa loyauté. La guerre interne que se livrent le vampire et ses amis achève de convaincre les plus réticents. Pourtant les membres du Cercle demandent à Angel encore une preuve de sa loyauté.

Mythologie saison 5

Enfer (P);
Ève (JC) ;
Furies (GR) ;
Grappler (L) ;
Hesperus (L) ;
Judas Iscariot (JC) ;
Leprechaun (LF) ;
Paradis (JC) ;
Slog (L) ;
Thaumagenesis (L) ;
Wraith-ers (P)

BABYLON 5

Épisode Pilote : Premier contact Vorlon - The Gathering
Lors de son arrive sur la station Babylon 5, e nouvel ambassadeur Varlon meut empoisonné. L'enquête pour découvrir le meurtrier commence…

01.01 L'Attaque des Narns - Midnight on the Firing Line
Une distante colonie Centauri, la planète agricole Raghesh 3, a été attaquée, et il semblerait que le régime Narn en soit responsable. L'ambassadeur Londo Mollari des Centauri demande que le conseil adopte des sanctions contre les Narns. Les gouvernements Centauri et Terrien prennent des positions inattendues. Pendant ce temps-là, des pirates attaquent des convois, et Garibaldi découvre qu'ils vont attaquer un convoi transportant 500 civils.

01.02 Le Chasseur d'Âmes - Soul Hunter
Un vaisseau endommagé est intercepté alors qu'il allait s'écraser sur la station. Son occupant, blessé, est amené à bord. Delenn est consultée sur sa nature, et s'emporte lorsqu'elle reconnaît en lui un chasseur d'âmes. Ces personnes voyagent de place en place, et lorsque quelqu'un meurt, ils collectent son âme pour leur collection. Sa présence cause de l'agitation sur la station. Il finit par reprendre conscience, mais Sinclair ne tire rien de son interrogatoire. Il arrive à s'échapper alors que d'autres chasseurs d'âmes arrivent.

01.03 Le Dossier pourpre - Born to the Purple
Mollari commence une relation avec une très belle danseuse Centauri, Adira. Sa passion l'occupe au point de négliger ses affaires, ce qui fâche G'Kar. Il s'avère qu'Adira est une esclave que son maître Trakis a envoyé séduire Mollari, pour lui voler un « dossier pourpre » contenant des informations capitales et confidentielles pour la République Centaurie. Pendant ce temps, Garibaldi enquête sur des transmissions clandestines sur un canal interdit.

01.04 L'Infection - Infection
Le Dr Vance Hendricks, un ancien ami du Dr Franklin, débarque sur la station. Il passe en fraude des objets prélevés sur un site archéologique d'une civilisation extraterrestre disparue. Il les analyse avec le Dr Franklin, et ces objets s'avèrent relever d'une technologie biologique avancée. Vance essaie de convaincre le Dr Franklin d'en tirer profit. En même temps, le Dr Franklin s'apprête à réaliser l'autopsie d'un officier des douanes, tué lorsqu'ils ont fait rentrer la marchandise. Finalement, l'objet s'anime et prend possession de Nelson Drake, l'associé de Vance, le transformant en une espèce de supersoldat tuant tout sur son passage. L'objet a de plus en plus prise sur l'individu porteur, le rendant ainsi de plus en plus puissant, au point de devenir impossible à appréhender et de menacer la station.

01.05 Le Parlement des rêves - The Parliament of Dreams
Sur Babylon 5, chaque peuple est invité à présenter ses croyances. Les Centauri célèbrent leur religion lors d'une grande fête paillarde au cours de laquelle Mollari termine ivre mort sur la table. Les Minbaris donnent une cérémonie feutrée qui se termine par une communion. Pendant ce temps-là, G'Kar reçoit d'un ennemi personnel un message lui apprenant qu'il lui a mis un assassin aux trousses. G'Kar devient nerveux et suspicieux, il engage un garde du corps.

01.06 Guerre mentale - Mind War
Jason Ironheart est un dissident du Corps Psi qui vient se cacher sur Babylon 5. Deux agents télépathes du Corps Psi débarquent pour l'arrêter sous prétexte qu'il est très dangereux, mais sans vouloir préciser davantage la nature du danger ni les circonstances de sa fuite. Talia Winters, ex-compagne de Jason, l'aide après qu'il lui a raconté qu'il a été victime d'expériences et de manipulations de la part du Corps Psi. Son état se dégrade et il commence à mettre en danger la station en irradiant une sorte de bouclier. Pendant ce temps, Catherine, ancienne compagne du commandant Sinclair, accepte un contrat pour mener une étude géologique de la planète Sigma 957, sous juridiction Narn. Mais l'ambassadeur G'Kar lui conseille de ne pas y aller, des évènements curieux se produisant dans cette portion de l'espace. Elle ne tient pas compte de l'avertissement et y va quand-même, se fait

heurter par un vaisseau inconnu gigantesque, et se retrouve sans aucune ressource sur une orbite instable qui va l'amener à s'écraser sur la planète dans deux heures.

01.07 Leçon de tolérance - The War Prayer
Une vague d'attaques racistes contre des non-humains inquiète toute la station. Une poétesse minbari et d'autres sont agressés sur la station par un groupe xénophobe pro-terrien ; des incidents similaires sont rapportés sur Terre et ailleurs. Les extraterrestres manifestent leur anxiété et leur colère. Sinclair essaie de les contenir sans avoir aucune piste. Ivanova renoue avec une ancienne romance. Londo et Vir sont confrontés au cas de deux jeunes tourtereaux Centauris de bonne famille qui ont fugué pour fuir leur mariage arrangé respectif, alors qu'ils s'aiment entre eux.

01.08 Souvenirs mystérieux - And the Sky Full of Stars
Un groupe de personnes conspire contre Sinclair. Peu après, ce dernier se réveille dans une station déserte. Il rencontre quelqu'un qui lui dit qu'il l'a enfermé dans une réalité virtuelle et qui commence à l'interroger sur le blackout qu'il a vécu pendant la Bataille de la Ligne, à la suite duquel les Minbaris ont mis fin à leur guerre avec l'Humanité en se rendant alors qu'ils étaient sur le point de remporter la victoire. Alors que le reste de l'équipage le cherche, Sinclair se rappelle peu à peu ce qui lui est arrivé pendant le blackout.

01.09 La Brute - Deathwalker
Une femme débarque sur Babylon 5 et se fait agresser par l'aide de G'Kar qui reconnaît en elle une certaine Jha'dur, alias «La Brute» (Deathwalker en VO), célèbre criminelle de guerre Dilgar de l'Histoire qui a massacré des planètes entières dans une guerre contre les Humains et les Mondes non-alignés. L'enquête confirme que c'est bien elle, et qu'elle possède le secret d'une formule de jouvence qu'elle veut monnayer en échange de sa liberté et d'une protection. Les Narns et les Humains sont intéressés. Les Minbaris ont un secret honteux à préserver et les Non-alignés s'insurgent contre la volonté de la Terre de lui donner asile en échange de sa formule.

01.10 Les Élus de Dieu - Believers
Un couple de non-Humains apporte leur enfant, atteint d'une grave pathologie, sur Babylon 5. Le Dr Franklin diagnostique le problème et offre d'opérer, mais les parents refusent pour des raisons religieuses. Le Dr Franklin insiste, car l'enfant mourra sans l'opération; devant leur refus, il s'adresse à Sinclair. Les parents, de leur côté, n'ayant pas de représentant diplomatique sur la station, vont demander à chaque ambassadeur une protection consulaire et leur intercession auprès de Sinclair, dont ils préjugent une réponse positive à la requête du docteur. Ivanova, quant à elle, escorte un vaisseau en approche qui risque de se faire attaquer par des pirates.

01.11 Le Complot - Survivors
Le Président de l'Alliance Terrienne s'apprête à venir visiter la station. Le Major Lianna Kemmer, la cheffe de la sécurité présidentielle, descend en avance pour se coordonner avec la station. Elle a eu une mauvaise histoire avec Garibaldi longtemps auparavant. Une explosion suspecte fait l'objet d'une enquête, et ils trouvent des éléments de preuve impliquant Garibaldi, qui s'enfuit. Tout le monde le cherche, tandis que lui cherche à trouver les responsables de la machination.

01.12 La Grève des dockers - By any Means Necessary
Un accident mortel dans une aire de déchargement provoque la colère des dockers qui se mettent en grève. La Terre dépêche un représentant pour négocier, mais celui-ci refuse leurs principales revendications. Il décide de les mater par la force, et ordonne à Sinclair de s'en charger.

01.13 Symboles et présages - Signs and Portents
Les pirates sont de plus en plus agressifs. Sinclair essaie de mieux organiser la défense des abords de la station. Londo récupère une pièce d'antiquité sacrée, symbole de pouvoir, et organise son rapatriement vers la planète mère. Sinclair demande à Garibaldi d'enquêter sur ce qui lui est arrivé à la Bataille de la Ligne durant black-out. Pendant ce temps-là, un homme mystérieux rend visite à chaque ambassadeur pour lui demander « ce qu'il veut ».

01.14 Combat interstellaire - TKO
Rabbi Koslov, un ami de la famille d'Ivanova, arrive sur la station. Il vient organiser avec elle une

veillée funéraire traditionnelle pour le deuil de son père récemment disparu. Elle y est hostile, n'ayant eu qu'une mauvaise relation avec lui. Walker Smith, un ex-champion de combat tombé en disgrâce pour de sordides histoires, vient sur la station pour redorer son blason en étant le premier Humain à participer à un tournoi de Mutai, une espèce de combat de boxe extrêmement dangereux que certains extra-terrestres disputent entre eux. Ils refusent sa participation sous prétexte qu'il est Humain.

01.15 Le Saint Graal - Grail

Aldous Gajic, philosophe ayant consacré sa vie à la recherche du Graal, débarque sur la station. Le Commandant Sinclair y voit un illuminé, mais les Minbari accordent à sa mission et à son porteur le plus grand respect. Gajic va interroger chaque ambassadeur, lui demandant de lui communiquer tout ce qu'il sait sur le Graal. Pendant ce temps-là, un chef mafieux, nommé Deuce, utilise une créature extra-terrestre mangeuse d'âme, déguisée en Ambassadeur Kosh, pour parvenir à ses fins. Il fait chanter La Guigne, travailleur en construction craintif, à qui il demande de lui trouver certains secrets de la station.

01.16 Le Rival - Eyes

Babylon 5 reçoit la visite surprise du Colonel Zayn, investigateur haut gradé venu enquêter sur la loyauté des officiers de la station. Il ordonne un scan télépathique de chacun, examine tous les dossiers, et remet en cause les décisions de Sinclair. Finalement, il met ce dernier à pied et prend le commandement.

01.17 Héritages - Legacies

Un vaisseau de guerre Minbari approche, menaçant, de Babylon 5, ravivant chez Sinclair ses souvenirs de la guerre. Le vaisseau transporte le corps d'un illustre général, présenté en relique aux différents groupes Minbaris dispersés dans la galaxie. Malheureusement le corps disparaît, et le capitaine du vaisseau, hostile à Sinclair, le tient pour responsable. Pendant ce temps, Ivanova a capturé une télépathe dans les bas-fonds de la station, vagabonde orpheline de 14 ans, et cherche à lui trouver un avenir en dehors du corps Psy. Talia, au contraire, qui a une autre conception du corps Psy, s'efforce de l'aider à gérer son pouvoir et lui propose de le rejoindre.

01.18 Une voix dans l'espace - 1/2 - A Voice in The Wilderness

Une activité sismique intense est détectée sur Epsilon 3, la planète autour de laquelle Babylon 5 est en orbite, alors qu'elle est censée être inhabitée. Une équipe scientifique d'exploration s'y rend mais elle est attaquée par un système de défense. Sinclair et Londo ont des visions d'un vieil homme leur demandant de l'aide. Le commandant et Ivanova descendent sur la planète pour enquêter. Entre-temps, des troubles sur Mars rendant la planète injoignable, Garibaldi essaie par tous les moyens d'entrer en contact avec son ex-compagne restée là-bas, tandis que Delenn reçoit la visite de son ancien professeur, Draal.

01.19 Une voix dans l'espace - 2/2 - A Voice in The Wilderness

Sinclair et Ivanova ont découvert un site technologique avancé caché dans les entrailles d'Epsilon 3. Ce site est gardé par un système de défense automatique supervisé par la personne, mourante, qui leur est apparue en vision auparavant sur la station : le Superviseur. Dès que la Terre a vent de cette découverte, elle envoie le croiseur Hypérion dans le secteur pour y affermir son autorité. Le croiseur envoie une équipe de reconnaissance, ce qui active en représailles un dispositif d'auto-destruction de la planète, qui entraînera à sa suite la destruction de Babylon 5 dans les 48h. Seul le Superviseur peut interrompre le mécanisme, mais il est épuisé et a été évacué sur la station où il est en soins intensifs. Un autre vaisseau, de son espèce, surgit, menaçant, et réclame la planète à son tour, déclenchant une bataille contre les Forces Terriennes. Delenn et son ami Draal, ainsi que Londo, ont vent du problème et cherchent une solution de leur côté.

01.20 Babylon 4 le vaisseau fantôme - Babylon Squared

Un rayonnement anormal est observé, dont la source n'est autre que l'ancienne station disparue Babylon 4 qui semble prise dans une perturbation temporelle. Babylon 5 envoie tous ses vaisseaux pour évacuer Babylon 4, qui a émis entretemps un message de détresse. L'équipe de secours y trouve un mystérieux voyageur temporel qui leur parle d'un « Élu » et du destin de Babylon 4, qui doit sauver une multitude. Pendant ce temps-là, Delenn est convoquée devant le Conseil Gris, dont elle est membre, pour y recevoir notification d'une décision la concernant. On apprend qu'une prophétie doit se réaliser et que Sinclair a « un destin » dont on a un aperçu.

01.21 Une faute habilement rachetée - The Quality of Mercy
Le tribunal de Babylon 5 juge Mueller, un tueur psychopathe qui a fait des victimes parmi les hommes de Garibaldi. Il est condamné à un lavage de cerveau qui devra être effectué par une machine après qu'un télépathe aura pris une empreinte de son esprit. Talia n'est pas enthousiaste mais elle s'exécute néanmoins : ça n'ira pas sans mal. Le Dr Franklin, de son côté, enquête sur les activités d'une guérisseuse, médecin radié qui a jadis défrayé la chronique. Elle utilise pour soigner un appareil extra-terrestre, mais le Dr Franklin suspecte, malgré ses convictions, qu'elle n'est pas un charlatan, car elle-même va en subir les conséquences. Et comme si cela ne suffisait pas, Londo et Lennier — que l'ambassadeur centauri a convaincu de venir avec lui découvrir le «vrai» Babylon 5, autrement dit les bars et les casinos — sèment la pagaille dans toute la station.

01.22 Chrysalide - Chrysalis
Un indic de Garibaldi, grièvement blessé, parvient tout de même à lui dire qu'une menace est imminente, sans préciser davantage de quoi il s'agit. En menant l'enquête, Garibaldi découvre un complot politique. Les Narns et les Centauris sont pris dans une dispute diplomatique à propos des territoires occupés par les Narns en violation avec leur traité de paix. L'homme qui exauce les vœux, qui dit s'appeler Morden, propose à Londo de résoudre son « problème ». Delenn obtient de voir le corps de Kosh, et demande un entretien avec Sinclair « avant qu'il ne soit trop tard ». Ces trois intrigues se terminent de façon dramatique.

█████████ SAISON 02 █████████████████████████████████████

02.01 Nouveau départ - Point of Departure
Une semaine après la mort du Président Luis Siantago de l'Alliance Terrienne, le Général William Hague, Chef d'État-Major des Forces Terriennes, apprend à Babylon 5 que le Commandant Sinclair a été nommé ambassadeur auprès des Minbaris, à la demande de ces derniers. Pour le remplacer, le Président Clark a nommé le Capitaine John Sheridan, héros de la guerre contre les Minbaris. En même temps, un croiseur Minbari rebelle, le Tragati est apparu à plusieurs reprises au sein de l'espace de l'Alliance Terrienne, et son capitaine, Kalain, seme le trouble dans la station.

02.02 Révélations - Revelations
Les ambassadeurs Delenn, de la Fédération Minbarie, et G'kar, du Régime Narn, sont toujours absents et remplacés par leurs assistants respectifs, tandis que Garibaldi est toujours plongé dans le coma. Le retour de chacun d'entre eux va apporter son lot de révélation: L'assistant de Garibaldi faisait partie du complot pour tuer le Président, Delenn est transformée physiquement pour ressembler aux humains et G'Kar a découvert que les Ombres, une antique race qui ne vit que pour semer le chaos, est de retour. Le Capitaine John Sheridan reçoit la visite de sa sœur.

02.03 La Géométrie des Ombres - The Geometry of Shadows
La station doit affronter un problème inattendu: Les Drazi, dans le cadre d'un rituel, se sont divisés en deux camps et s'affrontent dans des bagarres. Mollari tente d'obtenir la bénédiction des Techno-Mâges, symbole aussi prestigieux que recherché dans la République Centauri. Garibaldi, après avoir découvert la trahison de son assistant, doute de ses capacités à assurer ses fonctions de Chef de la sécurité.

02.04 Une étoile éloignée - A Distant Star
Babylon 5 reçoit la visite du Cortez, un vaisseau chargé d'explorer les secteurs inconnus de la Voie Lactée et dont le capitaine est un vieil ami du Capitaine Sheridan. Pendant ce temps, le Dr Franklin met tout le haut commandement de la station au régime, au grand dam de Sheridan, Ivanova, et surtout Garibaldi, qui a un anniversaire à fêter dignement.

02.05 L'Ennemi du passé - The Long Dark

La station découvre et ramène un antique vaisseau-dortoir terrien, avec une survivante à bord. Cependant, elle n'est pas la seule à bord: une forme de vie inconnue cause la panique sur la station et commet des meurtres en série. Toutefois, un sans-abri apparemment fou semble pourtant savoir exactement à quoi l'équipage de la station doit faire face.

02.06 L'Espion - A Spider in the Web
Alors que Taro Isogi, riche industriel terrien et vieil ami de Talia Winters, s'apprête à conclure un contrat avec la représentante du gouvernement martien, contrat qui permettrait à Mars d'obtenir son autonomie de manière pacifique, un inconnu les agresse et tue l'industriel. Talia Winters, qui a assisté à l'agression, devient la cible de l'inconnu.

02.07 Compagnons d'âme - Soul Mates
Matthew Stoner, l'ex-mari télépathe de Talia Winters, débarque sur Babylon 5 pour tenter de se réconcilier avec son ex-femme. Il prétend avoir pu quitter le Corps Psi, mais Garibaldi ne croit pas du tout à cette histoire et soupçonne un piège. Pendant ce temps, Mollari donne un fête somptueuse: en effet, en remerciement pour services rendus, l'Empereur Turhan a accordé à l'ambassadeur de pouvoir divorcer de deux de ses trois épouses, qui sont toutes absolument infernales.

02.08 Les Télépathes de l'ombre - A Race Through Dark Places
Alfred Bester est envoyé par le Corps Psi sur Babylon 5 traquer un réseau de télépathes rebelles cherchant à disparaître, groupe qui capture Talia Winters pour la rallier à leur choix de vivre sans la surveillance du Corps Psi. Entretemps, Sheridan a la mauvaise surprise de voir le Central Terrien décider arbitrairement que, puisque les revenus de la station baissent, les membres du haut commandement devront payer un loyer pour leurs appartements de fonction respectifs.

02.09 La Venue des Ombres - The Coming of Shadows
L'Empereur Turhan de la République Centauri décide, malgré les réserves de son premier ministre, d'aller sur Babylon 5 avant de mourir, dans le cadre d'une visite d'état. G'Kar compte profiter de cette visite pour assassiner l'Empereur, tandis que Lord Refa et ses alliés comptent en profiter pour s'opposer publiquement à la politique de l'Empereur, et Mollari à l'idée de faire à nouveau appel aux services de Mr Morden et de ses associés, les Ombres. Pendant ce temps, un Ranger informe Garibaldi d'une vaste opération menée par son ancien commandant, Sinclair. Finalement, l'Empereur meut sur la station suite à un malaise cardiaque — après avoir réalisé son vœux le plus cher, rencontrer un Vorlon — et les «services» rendus par Mr Morden déclenchent une guerre entre le Régime Narn et la République Centauri.

02.10 Les Troufions - GROPOS
Suite à la guerre Centauri-Narn, les Forces Terriennes envoient la 356e division d'infanterie dirigée par le Général Richard Franklin, le père du Dr Franklin, pour aider le Triumvirat Slassan à déloger les insurgés de Matok en échange de la possibilité de disposer d'une base militaire stratégique près de la ligne de front. Toutefois, la présence de 25 000 hommes cause de sérieux troubles, mais aussi de nouvelles rencontres, car Garibaldi suscite l'intérêt de Dodger tandis que Kleffer — chef de l'escadron Delta — devient ami avec deux marines qui ont été assignés à sa chambre.

02.11 Seul dans la nuit - All Alone in the Night
Alors que Sheridan doit recevoir la visite du Général William Hague, Chef d'État-Major des Forces Terriennes, il part en patrouille pour enquêter sur la disparition de plusieurs vaisseaux. Mais au cours de sa mission, il est capturé par les responsables de ces disparitions et envoyé en cellule au côté d'un Narn, Ta'lon. Arrivé sur la station, le Général Hague met en œuvre d'importants moyens pour retrouver Sheridan. Entretemps, Delenn est convoquée devant le Conseil Gris pour se voir notifiée des conséquences de sa désobéissance de la fin de la saison 1.

02.12 Sacrifices - Acts of Sacrifice
Alors que le conflit entre Narn et Centauri s'aggrave et tourne en défaveur du Régime, G'Kar cherche désespérément en vain un soutien diplomatique et militaire de la part des autres puissances, sans compter qu'il doit empêcher les jeunes Narn de la station de commettre de sanglantes représailles contre les civils centauri. Entretemps, Ivanova a le déplaisir de voir son patron lui refiler la tâche de convaincre par tous les moyens l'ambassadeur Lumati d'accepter que sa nation devienne alliée de la

Terre, soit directement, soit au travers de la Lgue des Mondes Non-Alignés.

02.13 La Traque - Hunter, Prey
Sheridan reçoit la visite surprise d'une unité des services spéciaux terriens dont le chef, Derek Cranston, l'informe que le médecin particulier du Président, le Dr Everett Jacobs, a fui la Terre avec des renseignement hautement confidentiels, et qu'il doit être capturé mort ou vif. Le Dr Franklin, ancien élève de Jacobs, ne croit pas du tout à cette histoire et obtient l'aide de Garibaldi pour le retrouver avant Cranston et les autres, tandis que Sheridan est informé par un contact du Général Hague que le Président Clark a inventé toute cette histoire pour faire assassiner le Dr Jacobs afin qu'il ne puisse pas révéler les mensonges de Clark qui ont permis à ce dernier de quitter le vaisseau présidentiel avant son explosion. De plus, l'Ambassadeur Kosh décide de prendre Sheridan comme élève, afin de lui apprendre à combattre les Ombres et à penser comme un Vorlon.

02.14 Mentir pour l'honneur - There All the Honor Lies
Après avoir briefé Ivanova sur l'arrivé d'un commerce vendant des articles inspiré de la station — par ordre du Central Terrien, qui est toujours obsédé par l'idée d'augmenter les rentrées financières de Babylon 5 — Sheridan est agressé par un Minbari et n'a d'autre choix que de l'abattre. Mais alors qu'il remet son rapport, l'ambassadrice Delenn l'informe qu'un autre Minbari a assisté à toute la scène et qu'il affirme que Sheridan a froidement exécuté son agresseur. Malgré l'enquête, l'ambassadeur Kosh, le mentor de Sheridan, continue son enseignement pour permettre à son élève se changer les idées. Entretemps, Vir est informé qu'il va être viré de son poste d'assistant de Mollari, le poste de son patron commençant à avoir de plus en plus de prestige. Heureusement, Londo n'a aucune intention de se séparer de lui.

02.15 Reportage - And Now For a Word
Cynthia Torqueman, journaliste d'ISN, présente son reportage sur les 36 heures qu'elle et son équipe ont passé sur Babylon 5, aux cours desquelles la situation est devenue explosive: des transporteurs Narn et Centauri ont mené une véritable bataille spatiale, des fouilles ont révélés que les Centauri utilisaient Babylon 5 pour convoyer des armes de destruction massive, et la situation s'est encore aggravé quand un Croiseur Centauri et un Croiseur Narn ont mené le siège de la station.

02.16 Dans l'ombre de Z'ha'dum - In the Shadow of Z'ha'dum
Quand Sheridan découvre que Mr Morden était sur le transporteur dont l'explosion a couté la vie à sa femme cinq ans auparavant, il décide de l'enfermer et de l'interroger en tout illégalité, bien décidé à aller jusqu'au bout pour découvrir ce qui est réellement arrivé à sa femme, ce qui oblige Delenn et Kosh a révéler à Sheridan la vérité sur les Ombres et leur frères ennemis, les Vorlons. Pendant ce temps, la sécurité de la station reçoit la visite de Pierce Macabee, agent de la Garde de Nuit, la nouvelle police politique du Présdent Clark et de son Ministère de la Paix.

02.17 Le Duel - Knives
Londo Mollari reçoit la visite de Lord Urza Jaddo, un vieil ami qui est en difficulté politique depuis que le Centaurum s'apprête à accuser sa maison de trahison et qui sait que les Narm n'ont pas déclenché la guerre. Quand Urza apprend que Londo, bien qu'il lui ait promis son soutien total, est également ami avec Lord Refa, le responsable de la machination contre la maison Jaddo, il défie l'ambassadeur dans un duel à mort. Entretemps, Sheridan commence à avoir des hallucinations après avoir tenté de venir en aide à un blessé.

02.18 Le Châtiment divin - Confessions and Lamentations
Le Drafa, une maladie aussi contagieuse que mortelle affecte les Markhab présents dans la station. Rapidement, ceux-ci deviennent des boucs émissaires pour tous les problèmes crées par la quarantaine imposée suite à l'épidémie, qui commence à affecter également les Pak'Ma'Ra. Alors que le Dr Franklin cherche désespérément un traitement, Delenn et Lennier décident de porter aide et réconforts au malades dans la zone de quarantaine. Mais bien qu'un traitement ait pu être trouvé, il arrivera trop tard: le Drafa a provoqué l'extinction totale de la civilisation Markhab.

02.19 Examens de confiance - Divided Loyalties
Lyta Alexander est de retour après avoir voyagé jusqu'à l'Empire Vorlon, et révèle qu'un traitre se trouve parmi l'équipage de la Station. Cette personne a fait l'objet d'une programmation particuliè-

rement subtile, consistant en l'implantation dans son subconscient d'une seconde personnalité, nom de code «Contrôle». Si cette personnalité reçoit un conde d'activation, elle émergera totalement; en attendant, elle reste cachée sous la personnalité d'origine. Lyta a obtenu ce code d'activation et a bien l'intention de démasquer Contrôle, ce qui lui vaut de faire l'objet de plusieurs tentatives d'assassinat.

02.20 L'Armée de lumière - The Long Twilight Struggle

La Guerre Centauri-Narn touche à sa fin alors que les Centauris, appuyés secrètement par les Ombres, lancent une attaque contre la planète d'origine des Narn et anéantissent leur dernières lignes de défense, ce qui provoque des batailles rangées entre Narn et Centauri dans toute la station. Entretemps, Sheridan reçoit la visite de Draal, qui dirige la grande machine d'Epsilon III et qui les informe qu'il met cette machine à leur disposition pour lutter contre les Ombres; et est informé par Delenn de la présence sur Babylon 5 de Rangers, les guerriers humains et Minbaris voué à la lutte contre les Ombres et pour la paix, qui passent désormais sous le commandement du capitaine. Finalement, le Régime Narn remet sa reddition inconditionnelle à la République Centauri, et G'Kar est déchu de son titre d'ambassadeur, mais il se met sous la protection du Capitaine Sheridan afin d'éviter son exécution des mains des Centauris.

02.21 L'Inquisiteur - Comes the Inquisitor

Afin de s'assurer que Delenn combat les Ombres pour les bonnes raisons, l'Ambassadeur Kosh fait venir un Inquisiteur, Mr Sebastian, qui sera chargé de la mettre à l'épreuve. Pendant ce temps, G'Kar engage les services d'un trafiquant d'armes, Mr Chase, afin d'obtenir de quoi monter une résistance pour lutter contre l'occupation centauri.

02.22 Crépuscule - The Fall of Night

Alors que les Centauris commencent à déstabiliser plusieurs secteur des territoires drazi et pak'ma'ra, Sheridan est soulagé de voir que le gouvernement terrien envoie son Ministre de la Paix, Frederick Lantze, et son Vice-Ministre, Mr Welles, s'impliquer directement dans le conflit. Alors que cette implication laisse présager un espoir pour les Narn de stopper les Centauris, Mr Welles, chef de la Garde de Nuit, présente à la sécurité de la station de nouvelles mesures de surveillance, qui se révèlent de plus en plus liberticides. Par ailleurs, l'arrivé du G'Tok, un croiseur Narn, près de la station provoque l'ire de Londo Mollari, qui envoie un croiseur lourd centauri attaquer le vaisseau Narn et assiéger Babylon 5, ainsi que celle du Ministre Lantze, pour qui la présence du croiseur Narn risque de mettre en échec sa mission: obtenir des centauri un traité de non-agression, traité qui sera finalement signé au grand damn du haut commandement de Babylon 5, et des ambassadeurs G'Kar, Delenn et Kosh.

03.01 L'Étoile céleste - Matters of Honor

Après la signature du traité de non-agression entre l'Alliance Terrienne et la République Centaurie — laissant le champ libre à cette dernière pour déstabiliser toute la galaxie — l'espoir de voir la lutte contre les Ombres prendre un tour favorable s'éloigne. Mais, alors qu'un agent des services spéciaux terriens enquête sur l'apparition officiellement signalée d'un vaisseau des Ombres, un Ranger du nom de Marcus Cole débarque sur la station afin de prévenir que les Centauris s'en prennent aux Rangers et Delenn présente au Capitaine Sheridan l'Étoile Céleste, un nouveau type de vaisseau destiné à la lutte contre les Ombres.

03.02 Convictions - Convictions

Toute la station est en alerte rouge quand une série d'attentats à la bombe sont commis dans des lieux publics. L'un d'entre eux manque de tuer Londo, qui ne doit la vie qu'à Lennier, lequel finit aux urgences. Par ailleurs, une communauté religieuse arrive sur la station, et les compétences hautement recherchée de ses membres pourrait bien aider à découvrir l'identité du coupable.

03.03 Au cœur du conflit - A Day in the Strife

Alors que Sheridan et Invanova sortent d'un réunion tumultueuse avec le syndicat des pilotes commerciaux, Babylon 5 reçoit la visite d'une sonde alien qui leur envoie un ultimatum: ou bien ils répondent correctement aux question qu'elle va poser, ou bien l'ogive thermonucléaire qu'elle abrite explose et pulvérise la station. Pendant ce temps, G'Kar est confronté au nouvel ambassadeur du Régime Narn, Na'far, nommé par les Centauris après que les Narn soient devenu un protectorat de leurs ennemis. Par ailleurs, Vir reçoit une promotion: en effet, Londo a décidé d'user de son influence pour le faire nommer ambassadeur sur Minbar afin de l'éloigner des machinations politique de la Cour impériale.

03.04 Les Jardins de Gethsemani - Passing Through Gethsemane
Un membre de la communauté religieuse du Frère Théo, Frère Edward, semble souffrir d'hallucinations: il voit des mots écrits dans le sang, mais qui disparaissent quand il amène un témoin, il entend des voix... En faisant des recherches, il découvre son passé: il était autrefois un tueur en série connu sous le surnom de «Tueur à la Rose Noire», et les familles de ses victimes réclament aujourd'hui vengeance.

03.05 Les Voix de l'autorité - Voices of Authority
Sheridan a le déplaisir de voir le Central Terrien lui assigner un officier politique. En même temps, Delenn est confronté à un G'Kar particulièrement curieux à propos des Rangers et de la lutte contre les Ombres, tandis que Garibaldi doit faire face à la défiance de son second, qui se rend compte que son patron lui cache aussi la vérité sur les Rangers et les Ombres. Mais la bonne nouvelle est qu'Ivanova, qui visite alors la machine planétaire sur Epsilon III, découvre dans ses archives des preuves irréfutables de la culpabilité du Président Clark dans l'assassinat de son prédécesseur.

03.06 Dépendance - Dust to Dust
Alfred Bester débarque sur Babylon 5 porteur de très mauvaise nouvelles: en effet, la Poussière, une drogue donnant des capacités télépathiques, se retrouve en vente sur la station et risque de causer des ravages psychologiques majeurs. Et pour couronner le tout, G'Kar a réussi à mettre la main sur cette drogue et s'en prend à Londo, qui négociait alors un traité pour une «zone tampon» afin de sécuriser les frontières de la République Centaurie.

03.07 Exogénèse - Exogenesis
Le Dr Franklin et Marcus enquêtent sur une épidémie de parasites aliens, qui s'avèrent être la mémoire génétique de toute une civilisation. Par ailleurs, Corwin est promu Lieutenant de plein droit, et Sheridan demande à Ivanova de vérifier discrètement s'il peut être recruté dans le groupe qu'il monte pour s'opposer à la dictature grandissante du Président Clark.

03.08 Message terrestre - Messages from Earth
Garibaldi parvient à faire venir sur la station le Dr Mary Kirkish, qui a aperçu un vaisseau des Ombres sur Mars, il y a quelques années. Il s'avère qu'à l'époque, Garibaldi avait vu le même vaisseau. Elle leur apprend que les hommes du Président Clark ont mis la main sur un autre vaisseau des Ombres, inactif. Si jamais Clark parvient à percer ses secrets, sa dictature sera sans limite. Sheridan se lance dans une mission périlleuse pour empêcher une telle issue. Par ailleurs, la Garde de Nuit voit ses pouvoirs considérablement augmentés — par exemple elle, est autorisé à détenir indéfiniment sans procès toute personne soupçonnée d'être critique envers le régime Clarck — ce qui met Zack Allan de plus en plus mal à l'aise.

03.09 Point de non retour - Point of No Return
Le Président Clark a profité de la petite opération de Sheridan pour décréter la loi martiale et faire dissoudre le Sénat, qui menait une enquête sur l'assassinat de feu le Président Santiago par le Président Clark. Par la même occasion, il donne les pleins pouvoirs à la Garde de Nuit pour prendre le commandement de Babylon 5, ce qui retourne Zack Allan, un membre clé, contre eux et amène Sheridan à la neutraliser. Entretemps, Londo Mollari reçoit la visite de Lady Morella, troisième épouse du défunt Empereur Turhan, qui a accepté de mettre ses dons de prophétesse à son service.

03.10 La Fin des rêves - Severed Dreams
Ayant appris que les colonies de Proxima III et de Vega ont fait sécession de la Terre en réaction aux massacres de civile de la colonie de Mars, Sheridan décide de les rejoindre. Face à une attaque imminente des forces du Régime Clark, Sheridan reçoit l'appui de vaisseaux fidèles au Général Hague,

qui s'est insurgé contre la dictature de Clarck. En outre, Delenn est stupéfaite d'apprendre l'inaction du Conseil Gris face à la montée en puissance des Ombres, et prend la décision fatidique de procéder à sa dissolution.

03.11 Renaissances - Ceremonies of Light and Dark
Alors que Babylon 5 doit trouver le moyen de vivre sur ses propres moyens après avoir gagné son indépendance, les membres encore libres de la Garde de Nuit tentent de reprendre la station en kidnappant Delenn. Entretemps, les différentes races préparent des cérémonies pour commémorer l'évènement et Garibaldi, en réinitialisant le système informatique de la station pour empêcher un piratage par la Terre, redémarre accidentellement Sparky, une I.A. à la personnalité particulièrement facétieuse.

03.12 Le Secret de Vir - Sic Transit Vir
Vir Cotto est abasourdi de rencontrer sa future femme Lyndisty... et de découvrir qu'il a un mariage arrangé avec elle. Le problème, c'est qu'il s'est servi de sa position d'ambassadeur auprès des Minbaris pour faire sortir clandestinement des Narn des camps de concentration Centauri.

03.13 Le Chevalier de la Table Ronde - A Late Delivery from Avalon
Un homme se prenant pour le Roi Arthur débarque sur Babylon 5 pour rendre l'épée à la «Dame du Lac». Marcus Cole, venant de Bretagne et familier de la légende de la Table Ronde, décide de lui servir de guide. Le Dr Franklin découvre qu'il était canonnier sur l'EAS Pométhéus, le vaisseau terrien qui est à l'origine de la Guerre Terre-Minbari, et que son délire est une façon d'expier sa responsabilité dans la guerre. Marcus et lui ont des avis divergents: Alors que Marcus veut le laisser dans une illusion apaisante, Franklin veut le mettre face à la réalité pour provoquer une guérison. Entretemps, Garibaldi se prend la tête avec un facteur particulièrement pointilleux, qui ne veut pas lui remettre un important colis à moins qu'il ne s'acquitte de frais de transport exorbitants.

03.14 Vaisseau de larmes - Ship of Tears
Babylon 5 reçoit la visite surprise de Bester, qui les informe de l'existence d'un convoi transportant des armes secrètes à destination des Ombres. Quelle n'est pas sa surprise de découvrir que ces armes sont des télépathes transformé en machines; et parmi eux, la seule femme qu'il ait jamais aimé. Cette découverte le retourne contre les Ombres, et il propose une alliance à Sheridan.

03.15 Le temps est venu - Interludes and Examinations
Le Dr Franklin doit faire face aux conséquences de sa dépendance aux stimulants, tandis que Mr Morden, afin d'amener Londo à retravailler pour les Ombres, le piège en tuant Adira Tyrree, la danseuse dont il est épris, et en faisant accuser Lord Refa du meurtre. Les Ombres ont cessé de se cacher derrière des races intermédiaires comme les Centauris, et se sont lancés ouvertement dans la conquête de la Galaxie. Sheridan a monté une alliance entre toutes les races pour les combattre, mais la supériorité écrasante des Ombres menace de la faire s'effondrer à tout instant. Pour la consolider, il faudrait une victoire contre eux, et les seuls qui soient en mesure de le faire sont les Vorlons. Sheridan parvient laborieusement à convaincre un Kosh extrêmement réticent à faire intervenir le puissant Empire Vorlon, mais cette intervention ne sera pas sans conséquence...

03.16 La Guerre sans fin - 1/2 - War Without End - Part I
Jeffrey Sinclair revient sur Babylon 5 porteur de nouvelles cruciales: il leur apprend que la station Babylon 4, qui a disparu en étant emportée par des courants temporels, a été en réalité transportée 1 000 ans auparavant, à un moment critique de la première guerre contre les Ombres. En effet, à cette époque, les forces minbaries qui luttaient contre les Ombres avaient perdu toutes leurs bases opérationnelles et ne disposaient que de vaisseau exsangues et dispersés; par conséquent l'apparition de Babylon 4 leur a offert un endroit sûr ou se regrouper et se réarmer. Mais plus important encore, si Babylon 4 a été transporté dans le temps, c'était pour échapper à sa destruction des mains des Ombres, destruction empêchée par l'Étoile Céleste, qui n'avait pas encore été construite à l'époque. Par conséquent Sheridan, Sinclair, Delenn, Marcus, Ivanova et Zathras partent à bord du vaisseau pour remonter le temps et s'assurer que l'histoire suive son cours.

03.17 La Guerre sans fin - 2/2 - War Without End - Part II
Alors que Zathras a été arrêté par la sécurité de Babylon 4, le Commandant Jeffrey Sinclair et tous

les vaisseaux disponibles sur Babylon 5 arrivent sur la station pour secourir l'équipage (cf. saison 1, épisode 20: Babylon 4, le vaisseau fantôme), risquant de provoquer un paradoxe temporel si les deux Sinclair devaient se rencontrer. Quant à Sheridan, il a été envoyé 20 ans dans le futur, et est fait prisonnier par Londo Mollari, Empereur de la République Centauri dont la planète capitale a été dévastée.

03.18 Le Cheminement - Walkabout
Après la mort de Kosh, les Vorlons envoient un nouvel ambassadeur. Le Dr Franklin décide d'entamer le «Cheminement», une tradition qui consiste à marcher jusqu'à ce qu'on rencontre son moi intérieur. Sheridan, ayant découvert la faiblesse des Ombres face aux Télépathes, est bien décidé à obtenir une victoire, fut-elle mineure, contre les Ombres sans l'assistance des Vorlons pour remonter le moral de la coalition qu'il a mise sur pied.

03.19 Le secteur Gris 17 ne répond plus - Grey 17 is Missing
Garibaldi découvre qu'un secteur disparu de la station a en fait été condamné par une secte de fanatiques qui vénère un Zarg, le prédateur le plus dangereux de tous l'univers. Pendant ce temps, Delenn doit prendre la succession de Sinclair en tant que chef des Rangers, mais Neroon, un guerrier convaincu qu'une fanatique religieuse à la tête d'une armée est un danger majeur pour tout l'univers, est bien décidé à l'en empêcher. Lennier et Marcus fomentent un plan pour le retarder, qui implique que Marcus défie Neroon en combat singulier alors qu'il ne fait pas le poids face au Minbari. Pendant le duel, Marcus fait comprendre à Neroon pourquoi seule Delenn est apte à succéder à Sinclair.

03.20 Mélodie œcuménique - And the Rock Cried Out, No Hiding Place
Des connaissances et confrère religieux de Frère Théo, arrivent sur la station pour une célébration commune. Entretemps, le Ministre Virini informe Lord Refa et Londo que l'Empereur Carthagia exige que soit mis un terme au conflit entre leur deux maisons. Londo profite de l'occasion pour faire alliance avec G'Kar et se venger de Refa pour le meurtre d'Adira.

03.21 Instants décisifs - Shadow Dancing
Sheridan prend la décision de lutter contre les Ombres avec une flotte coalisée afin que l'alliance qu'il a mise sur pied puisse remporter sa première victoire majeure sans l'aide des Vorlons. Pendant ce temps, le Dr Franklin est gravement blessé et se retrouve face-à-face avec son moi intérieur, qui lui laisse un choix aussi simple que difficile: accepter de laisser sa culpabilité derrière lui et tout recommencer, ou mourir.

03.22 Z'ha'dum - Z'ha'dum
Alors que Sheridan, qui a finalement admis ses sentiments pour Delenn, la laisse accomplir le rituel matrimonial Minbari consistant à passer la nuit sous son regard, est abasourdi de voir sa femme Anna, qu'il croyait morte, entrer dans sa chambre. Elle l'invite à l'accompagner à Z'ha'dum, la planète-mère des Ombres pour les rencontrer. Pendant leur voyage, les Ombres assiègent Babylon 5, mais Sheridan a décidé de profiter de l'occasion pour porter un coup fatal à la race des Ombres.

■■■■■■■■ SAISON 04 ■■■■■■■■

04.01 L'Heure du Loup - The Hour of the Wolf
Une semaine après la disparition du Capitaine Sheridan à Z'ha'dum — la planète des Ombres contre laquelle il a déclenché une frappe thermonucléaire — la Guerre contre les Ombres semble connaître une pause, et la Ligue des Mondes Non-Alignés, croyant le conflit terminé, commence tout doucement à se retirer. Par ailleurs, G'kar décide de partir à la recherche de Garibaldi, qui a disparu lors du bref siège de Babylon 5 par les Ombres. Entretemps, Londo Mollari est rappelé sur Centauri Prime auprès de l'Empereur Cartagia et se voit promu au poste de «Conseiller à la Sécurité Planétaire». Il découvre alors la démence de Catagia et l'accord qu'il a passé avec les Ombres: en échange de l'utilisation de Centauri Priime comme base d'opérations, ils ont promis d'aider Cartagia à accéder à la divinité.

04.02 A la recherche de Mr Garibaldi -‚Whatever Happened to Mr. Garibaldi?
G'Kar découvre une piste pour retrouver Mr Garibaldi avec l'aide de Marcus, mais se fait capturer avant de pouvoir la suivre jusqu'au bout. Delenn, de son côté, commence à déperir, jusqu'à ce qu'Ivanova lui présente le journal personnel de Sheridan, où elle trouve la force de poursuivre. Londo Mollari est brutalement réveillé par l'Empereur Catagia qui à un cadeau pour lui: G'Kar, capturé lors de sa recherche de Garibaldi. Sheridan se retrouve interrogé par une antique entité, appelée Lorien, qui lui révèle qu'il est le mentor des Ombres et des Vorlons.

04.03 Préparatifs de guerre - The Summoning
Ivanova part avec Marcus pour retrouver d'autres anciennes races qui pourraient les appuyer dans le conflit, mais ils découvrent une flotte massive des Vorlons, menée par un gigantesque vaisseau. G'Kar, toujours captif de l'Empereur fou, est torturé de plus en plus sauvagement. Zack Allan retrouve Mr Garibaldi. Delenn, de son côté, prépare un assaut massif de Z'ha'dum, mais se retrouve face à l'opposition de la Ligue des Mondes Non-Alignés, qui craignent qu'une telle offensive n'incite les Ombres à reprendre leur guerre. C'est alors que le Capitaine Sheridan revient et donne un vigoureux discours qui convainc l'Alliance de se préparer à mettre un terme définitif à la guerre. Mais une terrible nouvelle leur parvient: les Vorlons ont perdu la raison et ont décidé d'exterminer tous ceux qui pourraient avoir été encontact avec les Ombres, n'hésitant à génocider des civilisation entière pour se faire.

04.04 Chute libre vers l'Apothéose - Falling Toward Apotheosis
L'Armée de la Lumière mise sur pied par Sheridan et Delenn se retrouve obligé de combattre à la fois les Ombres et les Vorlons. Mais avant de pouvoir se lancer, ils doivent éliminer Ulkesh, l'ambassadeur Vorlon, avec l'aide de Lorien. Garibaldi, méfiant envers cet alien, décide de le garder à l'œil en permanence. Mollari apprend la stratégie génocidaire des Vorlons et est horrifié quand l'Empereur Catagia lui révèle qu'il a bien l'intention de laisser ceux-ci détruire Centauri Prime. Il décide alors de se s'allier à G'Kar pour assassiner l'Empereur

04.05 Une nuit d'attente - The Long Night
Le conflit entre Ombres et Vorlons s'aggrave quand les Ombres décident à leur tout de génocider tous ceux qui pourraient avoir été alliés aux Vorlons, cette stratégie commune aux deux anciennes races — qui refusent l'affrontement direct entre elles — menaçant de vider la galaxie de toute vie. Sheridan et Londo Mollari mettent les dernière touches à leurs plans respectifs. Sheridan envoie Ivanova retrouver les anciennes races, cette fois avec l'aide de Lorien, afin d'avoir un atout dans sa manche lors du combat. Londo, de son côté, promet à G'Kar de libérer la planète des Narns s'il l'aide à faire diversion. La diversion réussit: Londo assassine l'Empreur dément, et se voit nommer Premier Ministre. Sheridan décide finalement de pousser les Ombres et les Vorlons à s'affronter directement pour mettre un terme définitif au conflit.

04.06 L'Épreuve du feu - Into the Fire
Londo Mollari, afin de sauver Centauri Prime de l'attaque imminente des Vorlons, décide d'anéantir les Ombres présents sur la planète. Entretemps, Sheridan a réussi à amener les flottes princiaples des Ombres et des Vorlons a s'affronter enfin directement, et s'apprête à engager son Armée de la Lumière afin de mettre un terme aux plans génocidaire des deux races et de les chasser définitivement de la galaxie.

04.07 Guerre psychologique - Epiphanies
Alors que Babylon 5 célèbre la fin de la guerre contre les Ombres, Alfred Bester débarque sur la station pour prévenir Sheridan que le Président Clarck a décidé de lancer une campagne de désinformation, impliquant notamment un blocus et le recours à un escadron fantôme pour détruire des vaisseau en faisant porter le chapeau sur Babylon, afin de pouvoir faire fermer définitivement la station. Bester leur offre leur aide en échange d'un transport pour Z'ha'dum où il pourrait trouver la technologie permettant de sauver celle qu'il aime. Entretemps, Garibaldi démissionne de son poste de chef de la sécurité et Mollari, avant de retourner sur la station, fait nommer Virini régent de la République Centaurie.

04.08 L'illusion de la Vérité - The Illusion of Truth

                    Le guide des épisodes des geeks

Le journaliste Dan Randall est envoyé par le régime Clark afin de réaliser un reportage discréditant Babylon 5. Entretemps, les télépathes sauvé par Sheridan commencent à poser des problèmes.

04.09 Le Pardon - Atonement
Sheridan tente de contourner le blocus du Régime Clark et envoie le Dr Franklin et Marcus Cole prendre contact avec la résistance martienne pour proposer une alliance stratégique. Pendant ce temps, Delenn est convoquée par son clan afin de passer une épreuve au cours de laquelle d'importants secrets seront révélés.

04.10 À la poursuite de Mars - Racing Mars
Franklin et Marcus rejoignent la Résistance Martienne et tentent de les convaincre d'accepter une alliance avec Babylon 5, mais la réunion est infiltrée par un agent double qui tente de tuer tout le monde. Entretemps, le fossé entre Garibaldi et Sheridan se creuse, et l'ancien chef de la sécurité est engagé par une tierce partie pour faire tomber Sheridan.

04.11 Lignes de communication - Lines of Communication
Alors que Franklin, Marcus, et la résistance martienne finalisent leur alliance, un attentat terroriste vient la remettre en cause. Entretemps, la Fédération Minbarie sombre lentement dans la guerre civile, et Delenn rencontre une nouvelle race qui cherche à répandre le chaos dans la galaxie: les Drakhs, les plus puissants disciples des Ombres. Par ailleurs, Sheridan a une idée pour combattre la guerre de propagande que le Régime Clark livre à Babylon 5.

04.12 Conflit d'intérêts - Conflicts of Interest
Alors que la «Voix de la Résistance» — la solution de Sheridan pour contrer la propagande du régime Clark — est lancée, Garibaldi, après avoir aidé un père désespéré à retrouver sa fille, est finalement mis sur la première étape dans sa mission visant à évincer Sheridan du pouvoir: escorter secretement hors de la station une personnalité qui n'est autre que son ancien amour de jeunesse, Lise.

04.13 Leurres et rumeurs -
Alors que l'alliance mise sur pied pour combattre les Ombres commence à se laisser aller, Sheridan met au point un plan sophistiqué pour convaincre ses membres de l'officialiser par un traité de défense mutuelle. Dans le même temps, la Guerre civile minbarie commence lorsque la caste des guerrier exile les membres de la caste religieuse vers les pôles et les laisse y mourir. Delenn, de la caste religieuse, approche Neroon, de la caste guerrière, sur son vaisseau, le Takari, afin de le convaincre de mettre un terme à cette guerre civile, qui a commencé quand l'ambassadrice a dissoult le Conseil Gris.

04.14 Moments de transition - Moments of Transition
Alors que la guerre civile minbarie prend un tournant critique, Delenn met en œuvre son plan pour y mettre un terme pacifiquement, et réinstaurer un Conseil Gris. Pendant ce temps, Alfred Bester débarque sur Babylon 5 pour faire une offre à Lyta Alexander: depuis le départ des Vorlons, elle n'a plus de revenus; et sans reconnaissance de l'Alliance Terrienne, elle ne peut mettre ses dons de télépathes à profit. En échange de laisser le Corps Psy analyser les modifications auxquelles les Vorlons ont procédé sur elle, ce dernier lui offre le statut officiel qui lui fait défaut pour pouvoir travailler comme télépathe.

04.15 Ni reddition, ni rtraite - And Now For a Word
Après avoir appris que le Président Clark avait ouvertement ordonné l'exécution de dizaines de milliers de civils qui tentaient de fuir la guerre civile de l'Alliance, Sheridan décide de passer à l'offensive et de faire définitivement tomber le Régime Clark, et commence sa campagne sur la colonie la plus touchée par la brutalité du régime, celle où le massacre a eu lieu, Proxima III.

04.16 Pouvoir absolu - The Exercise of Vital Powers
Garibaldi se rend sur Mars pour rencontrer enfin son employeur: William Edgars, richissime industriel, qui veut s'employer à éliminer le Corps Psi, le Régime Clark, et Sheridan pour ramener la paix afin de poursuivre tranquillement ses affaires. Entretemps, Sheridan met le Dr Franklin et Lyta Alexander sur un projet spécial qui prendra place lors de leur offensive sur Mars.

04.17 La face cachée de l'ennemi -

Alors que Sheridan se rapproche du système solaire, il est rejoint par l'Agamemnon, son ancien vaisseau, dont il reprend le commandement et à partir duquel il mènera désormais le combat contre le Régime Clark. Mais il tombe dans un piège tendu par Garibaldi et William Edgars, qui révèle à l'ancien chef de la sécurité de Babylone 5 qu'il a mis au point un virus capable d'éliminer les télépathes. Mais il s'avère que Garibaldi a été sous l'influence télépathique de Bester, qui l'a utilisé pour mettre au jour le projet d'Edgars.

04.18 Fractions Temporelles - Intersections in Real Time
John Sheridan est brutalement interrogé par les sbires du Régime Clark, qui veulent le briser pour qu'il mette un terme à la résistance.

04.19 Entre les ténèbres et la lumière - Between the Darkness and the Light
Garibaldi, après avoir découvert qu'il a été manipulé par Bester pour livrer Sheridan au Régime Clark, décide de rejoindre la Résistance Martienne pour libérer son ancien capitaine en utilisant sa nouvelle renomée pour passer les gardes. Entretemps, Ivanova apprends que le Régime Clark a mis au point des vaisseaux améliorés avec de la technologie des Ombres, et qu'il compte s'en servir pour détruire tous les vaisseaux terriens ayant rejoint la résistance, et ce, afin de pouvoir présenter la campagne de Sheridan comme une invasion alien. Delenn, de son côté, à l'immense surprise de voir Mollari, G'Kar et la Ligue des Mondes Non-Alignés assembler une flotte pour soutenir la campagne de Sheridan.

04.20 Jusqu'à la victoire finale - Endgame
La Guerre civile de l'Alliance touche à sa fin alors que le Régime Clark prépare sa dernière bataille autour de Mars et de la Terre. Sheridan parvient à neutraliser sans trop de perte les vaisseaux autour de Mars, puis se dirige vers la Terre, poussant le Président Clark à se suicider après avoir reprogrammé la grille de défense orbitale pour qu'elle détruise la Terre. Sheridan parvient à la neutraliser, avec l'aide du Général Lefcourt.

04.21 La nouvelle alliance - Rising Star
Après la victoire contre le Régime Clark, Sheridan doit désormais faire face aux conséquences de ses actes: s'il a agi pour les bonnes raisons, il ne s'est pas moins rebellé contre l'État. La nouvelle Présidente de l'Alliance Terrienne lui offre un compromis: s'il démissionne des Forces Terriennes, il obtiendra l'amnistie pour tous les autres participants. Après avoir annoncé sa démission, Sheridan annonce la création d'une nouvelle alliance: l'Alliance Interstellaire. Pendant ce temps, Ivanova pleure le sacrifice de Marcus tandis que Garibaldi retrouve et libère Lise des mains de malfrats et que Londo Mollari est élu pour devenir le prochain Empereur de la République Centaurie.

04.22 L'Effondrement d'un mythe - The Deconstruction of Falling Stars
Plusieurs enregistrements vidéo racontent l'histoire de l'Alliance Terrienne entre 2262 et 3252.

■■■■■ SAISON 05 ■■■■■

05.01. Pas de compromis - No Compromises
Elizabeth Lockley devient le nouveau capitaine de la station. Sheridan, quant à lui, doit être nommé Président de l'Alliance Interstellaire. Un invité surprise se glisse à la cérémonie d'investiture, prêt à s'enfuir à bord d'un Starfury armé.

05.02. La Longue Nuit de Londo - The Very Long Night of Londo Mollari
Lennier annonce à Delenn qu'il la quitte pour rejoindre les Rangers. Pendant ce temps, une attaque cardiaque plonge Londo dans un rêve sinistre où il est dans l'obligation d'affronter son passé coupable.

05.03. L'Animal idéal - The Paragon of Animals
L'Alliance Interstellaire subit son premier test : plusieurs groupes de dissidents refusent de signer la Déclaration de Principes. Mais l'attaque soudaine de la paisible Enfili donne une chance à Sheridan de convaincre les rebelles de l'intérêt d'une coalition entre humains et extraterrestres en faisant en-

trer sa flotte en action.

05.04.   Un point de vue personnel - A View from the Gallery
Les récents événements survenus sur Babylon 5, vus par deux ouvriers de maintenance : participants involontaires à une attaque extraterrestre. Ils observent les comportements des dirigeants de
la station, et admirent le courage des pilotes. Récompensés par Delenn pour leur comportement
durant la bataille, ils en tombent tous les deux amoureux.

05.05.   Meurtres à la chaîne - Learning Curve
L'ex-instructeur de Delenn envoie deux de ses étudiants Rangers sur Babylon 5 afin de se rendre
compte de l'avancée du programme d'entrainement. L'un deux déjoue les plans d'un membre du
syndicat du crime qui projetait d'assassiner Zack, membre des services de la sécurité. Le conflit entre
Garibaldi et Lochley s'envenime.

05.06.   Relations étranges - Strange Relations
Lors d'une conversation, Sheridan avoue à Delenn qu'il a été marié à Lochley des années aupara-
vant, s'expliquant enfin avec Garibaldi, Lochley est amenée à lui faire le même aveu. Sheridan et
Delenn parviennent à contrecarrer les plans de Bester.

05.07.   Secrets de l'âme - Secrets of the Soul
En faisant des recherches, le docteur Franklin decouvre qu'une des espèces de l'Alliance, cache un
terrible secret. Dans le même temps, la station accueille une colonie de Télépathes sans foyer. Mais
leur présence à bord provoque de nombreuses altercations.

05.08.   Le Jour des morts - Day of the Dead

05.09.   La Révolte des télépathes - In the Kingdom of the Blind

05.10.   Le Crépuscule des télépathes - A Tragedy of Telepaths

05.11.   La Renaissance du phénix - Phoenix Rising

05.12.   Au bord de l'abîme - The Ragged Edge

05.13.   Le corps est le père, le corps est la mère - The Corps is Mother, The Corps is Father

05.14.   Méditation en apesanteur - Meditations on the Abyss

05.15.   La Montée des ténèbres - Darkness Ascending

05.16.   La Flamme de la vie - And All My Dreams, Torn Asunder

05.17.   Guerre et ombre - Movements of Fire and Shadow

05.18.   La Chute de Centauri 1er - The Fall of Centauri Prime

05.19.   La Spirale infernale - Wheel of Fire

05.20.   Préparatifs de départ - Objects in Motion

05.21.   Le Grand Départ - Objects at Rest

05.22. L'Aube au crépuscule - Sleeping in Light

Battlestar Galactica

Une population humaine s'échappe à bord de vaisseaux spatiaux pour fuir leur planète envahie par les Cylons qui les pourchassent.

01.01   33 minutes – 33

Après les événements de la télésuite, la flotte est attaquée toutes les 33 minutes par les cylons. Ils doivent sans cesse se projeter dans l'hyperespace, ce qui les empêche de dormir. S'ensuit une tension qui met à rude épreuve les nerfs des pilotes et de tout l'équipage. Les survivants commencent à réaliser ce qui s'est produit.

SURVIVANTS : 50 298

01.02   L'eau – Water

Boomer confie au chef Tyrol qu'elle a retrouvé dans ses affaires un détonateur G-4 mais qu'elle ne sait pas où se trouvent les 6 autres manquants de l'armurerie ; elle panique de plus belle, lorsque, lors d'un ravitaillement en eau, une série d'explosions se produit, provoquant le déversement de l'eau dans l'espace…

SURVIVANTS : 47 958

01.03   Révolution – Bastille day

Alors que les réserves d'eau se font rares dans la flotte, Apollo tente de convaincre les prisonniers à bord de l'Astral Queen de récolter l'eau. Cependant, l'apparition d'un terroriste bien connu complique les plans.

SURVIVANTS : 47 958

01.04   Confession – Act of contrition

 Alors que les pilotes fêtent le millième appontage de l'un d'entre eux, un accident cause la mort de treize d'entre eux. Le commandant Adama charge donc Starbuck de former de nouvelles recrues. Mais elle ne se considère plus comme étant un bon instructeur depuis que son fiancé, Zak Adama, est mort aux commandes d'un Viper, après qu'elle lui a accordé son examen de passage du vol élémentaire alors que celui-ci n'était pas à la hauteur.

SURVIVANTS : 47 958

01.05   Crash sur la lune - You Can't Go Home Again

Alors que Starbuck tente d'échapper à la planète où elle s'est écrasée, Adama et Apollo risquent tout pour la retrouver, se mettant Tigh et Roslin à dos.

SURVIVANTS : 47 954

01.06   L'Attentat - Litmus

Un poseur de bombe suicidaire cylon force Adama à créer un tribunal indépendant pour enquêter sur la menace cylon dans la flotte. Sur Caprica, Helo continue à chercher Boomer.

01.07   Les Croyances de Baltar - Six Degrees of Separation

Une enquête sur Baltar est ordonnée lorsque Six apparait réellement, accusant Baltar d'aider les cylons à exterminer l'humanité et à détruire les Colonies.

01.08   De chair et de sang - Flesh and Bone

Starbuck interroge un cylon capturé pendant que Roslin commence à avoir d'étranges visions de ce même cylon.

01.09   Le Retour d'Hélène - Tigh Me Up, Tigh Me Down

Roslin enquête sur l'éventualité qu'Adama soit un cylon. Tigh a un visiteur qu'il connaît bien.

SURVIVANTS : 47 905

01.10   Le Minerai de tylium - The Hand of God

Les niveaux de carburant devenant critiquement bas, le Galactica planifie une opération ambitieuse pour s'emparer d'un astéroïde de tylium sous contrôle cylon.

SURVIVANTS : 47 898

01.11   La Fête coloniale - Colonial Day

Pour célébrer les Articles de la Colonisation, Roslin reconstitue le Quorum des Douze. Cependant, l'élection de Zarek au sein du Quorum crée une crise politique afin de déstabiliser Roslin.

SURVIVANTS : 47 898

01.12   À la recherche de la Terre (1/2) - Kobol's Last Gleaming: Part 1
La découverte du lieu de naissance de l'humanité cause une tension entre Roslin et Adama.

Survivants : 47 897

01.13   À la recherche de la Terre (2/2) - Kobol's Last Gleaming: Part 2
La crise politique entre Roslin et Adama force Apollo à prendre une décision difficile. Roslin envoie Starbuck en mission sur Caprica.

Survivants : 47 887

SAISON 02

02.01 Le Tout pour le tout - Scattered
Avec Adama à l'infirmerie, Tigh est forcé de prendre le commandement du Galactica, mais il est rapidement submergé lorsque la flotte et le Galactica sautent à des endroits différents.

Survivants : 47 875

02.02 Les Centurions de Caprica - Valley of Darkness
L'appontage d'un groupe de cylons provoque des dégâts à bord du Galactica. Les membres d'équipage échoués sur Kobol luttent pour rester vivants.

Survivants ; 47 874

02.03 Tentation du pouvoir - Fragged
Tigh, accablé par les responsabilités du commandement traite les tensions politiques grandissantes au sein de la flotte.

Survivants : 47 862

02.04 Résistance - Resistance
L'imposition de la loi martiale par Tigh provoque des protestations dans toute la flotte. Starbuck et Helo trouvent d'autres survivants sur Caprica.

Survivants : 47 861

02.05 La Ferme - The Farm
Adama et Roslin se battent afin de rallier les membres de la flotte à leur cause respective. Starbuck se retrouve piégée dans un prétendu hôpital de la résistance.

Survivants : 47 857

02.06 En route pour Kobol : 1re partie - Home: Part 1
Avec le retour de Starbuck, Roslin commence à rechercher la tombe d'Athéna, tandis qu'Adama cherche à remplacer ses hommes perdus lors de la révolte de Roslin.

Survivants : 47 858

02.07 En route pour Kobol : 2e partie - Home: Part 2
Roslin et son groupe continuent leur recherche de la tombe d'Athéna sur Kobol pendant qu'Adama s'y rend afin de réunir la flotte.

Survivants : 47 855

02.08 La Dernière Séquence - Final Cut
Une ambitieuse journaliste de la flotte se voit offrir un accès illimité au Galactica et à son équipage.

Survivants : 47 853

02.09 Le Vol du Phénix - Flight of the Phoenix
L'équipage du Galactica se bat pour contenir et exterminer un virus cylon circulant dans les systèmes du vaisseau. Tyrol lance un projet pour construire un nouveau vaisseau de bataille.

Survivants : 47 853

02.10 Pegasus - Pegasus
Avec l'arrivée du battlestar Pegasus, la flotte retrouve un nouveau souffle. Cependant, Adama s'inquiète des méthodes de l'amiral Cain, son supérieur direct et commandant du Pegasus.

Survivants : 49 605

02.11 Opération survie : 1re partie - Resurrection Ship: Part 1
Le conflit entre le Galactica et le Pegasus est suspendu lorsqu'un vaisseau essentiel de la flotte cylon
est découvert.

SURVIVANTS : 49 604

02.12 Opération survie : 2e partie - Resurrection Ship: Part 2
La bataille pour détruire le Vaisseau de la Résurrection commence, alors qu'Adama et Cain projettent chacun de leur côté la prise de contrôle des militaires.

SURVIVANTS : 49 604

02.13 Révélation - Epiphanies
Roslin gît sur son lit de mort. Elle se rappelle ses derniers jours sur Caprica et fait des découvertes
effrayantes.

SURVIVANTS : 49 598

02.14 Marché noir - Black Market
La mort d'un officier supérieur incite Apollo à mener une enquête au cœur du marché noir de la
flotte.

SURVIVANTS : 49 597

02.15 Double Affrontement - Scar
L'état mental de Starbuck est remis en cause lorsque les vaisseaux de bataille du Galactica sont chassés par un chasseur cylon, surnommé Scar.

SURVIVANTS : 49 593

02.16 La Vengeance - Sacrifice
Des terroristes prennent des otages à bord du Cloud 9, exigeant la mise à mort du cylon à bord du
Galactica.

SURVIVANTS : 49 590

02.17 Une main de fer - The Captain's Hand
Apollo et Starbuck luttent avec le nouveau commandant dominateur du Pegasus. Roslin prend une
décision sur un sujet brûlant après l'arrivée d'un passager clandestin sur le Galactica. Poussé par
Tom Zarek, le professeur Baltar déclare être candidat à la présidentielle.

SURVIVANTS : 49 584

02.18 Téléchargement - Downloaded
Roslin et Adama luttent pour décider du sort de l'hybride humano-cylon lorsque Sharon entre en
travail. Pendant ce temps, Six et Boomer sont téléchargées et ressuscitées sans parvenir à s'intégrer
sur Caprica.

SURVIVANTS : 49 579

02.19 Posez votre fardeau : 1re partie - Lay Down Your Burdens: Part 1
Avec l'élection présidentielle à quelques semaines, une nouvelle découverte pourrait influer sur le
scrutin. Starbuck mène une équipe sur Caprica pour y récupérer la résistance.

SURVIVANTS : 49 579

02.20 Posez votre fardeau : 2e partie - Lay Down Your Burdens: Part 2
Les élections étant en cours, Starbuck revient de sa mission avec un cylon qui porte un message
inattendu à Roslin et Adama.

SURVIVANTS : 49 550

SAISON 03

03.01 Mission suicide - Occupation
Les humains vivent dans des conditions peu enviables sous l'occupation des cylons. Adama est incapable de se pardonner, tandis que l'on accuse Apollo de s'être laissé aller, tant mentalement que
physiquement. Une cérémonie de la Police de la Nouvelle Caprica (PNC) est visée par une attaque.

Kara Thrace vit enfermée dans un appartement, prisonnière d'une version de Leoben Conoy.

03.02 La Grande Rafle - Precipice
Les cylons ordonnent à la PNC de capturer des centaines de personnes soupçonnées de dissidence, et planifient une exécution en masse pour envoyer un message. Cally s'échappe grâce à l'aide de Jammer. La copie actuelle de Six-Caprica est tuée.

03.03 Exodus : 1re partie - Exodus: Part 1
Le mouvement de résistance se dépêche pour sauver les dissidents de l'exécution programmée, alors que le Galactica se prépare à sauver les humains sur la Nouvelle Caprica. Une copie de Numéro Trois a une crise de foi et visite un oracle humain qui lui dit que Héra, l'enfant hybride, est vivante.

03.04 Exodus : 2e partie - Exodus: Part 2
L'équipage du Galactica et les insurgés sur la Nouvelle Caprica coordonnent leur attaque dans une tentative désespérée de libérer les humains de leurs oppresseurs cylons. Mais alors que les cylons perdent le contrôle de la situation, ils commencent à considérer une solution drastique et brutale à la crise

03.05 Le Cercle - Collaborators
Le Cercle, un tribunal secret sur le Galactica, décide du sort de Jammer et d'autres coloniaux ayant aidé les cylons durant l'occupation sur la Nouvelle Caprica.

Survivants : 41 435

03.06 La Tête de lion - Torn
Alors que Starbuck et Tigh sèment le désordre au sein de l'équipage du Galactica, Baltar tente d'aider les cylons à gérer un virus se propageant chez eux.

Survivants : 41 422

03.07 La Balise - A Measure of Salvation
Adama et Roslin débattent de la moralité à déployer une arme biologique visant à détruire les cylons. Pendant ce temps, Numéro Trois torture Baltar afin de déterminer le responsable de la création de ce virus.

Survivants : 41 420

03.08 Héros - Hero
Adama est confronté au pire moment de sa carrière militaire lorsque le Lieutenant Daniel « Bulldog » Novacek, un pilote que l'on croyait décédé lors d'une mission secrète sous le commandement de l'amiral, s'échappe des cylons et arrive sur le Galactica.

Survivants : 41 421

03.09 Le Grand combat - Unfinished Business
Afin d'apaiser les tensions au sein du Galactica, des combats de boxe sont organisés parmi membres de l'équipage, tandis que des flashbacks montrent les raisons de la discorde entre Starbuck et Apollo sur la Nouvelle Caprica.

Survivants : 41 422

03.10 Le Passage - The Passage
La faim menace la population après que les systèmes d'alimentation ont été contaminés, mais la flotte est coupée d'une source de nourriture par d'intenses radiations provoquées par un énorme amas stellaire. Les pilotes du Galactica doivent guider les vaisseaux civils dans une dangereuse traversée directement au cœur des radiations.

Survivants : 41 420

03.11 L'Œil de Jupiter - The Eye of Jupiter
La flotte est en orbite autour de la planète aux algues depuis quatorze jours, pour se ravitailler, lorsqu'elle découvre le temple des Cinq. Ce temple est une tombe perdue contenant l'artefact de l'œil de Jupiter, une relique pouvant montrer le chemin vers la Terre. Quelques bases cylons arrivent au moment où les humains découvrent la tombe.

Survivants : 41 402

03.12 Extase - Rapture
L'altercation humano-cylon au sujet du mystérieux œil de Jupiter a atteint son paroxysme. Sur la planète aux algues, D'Anna, Baltar, Cavil et une troupe de centurions se préparent à assaillir le temple des Cinq où l'artefact est censé être caché.

SURVIVANTS : 41 401

03.13 L'Interrogatoire - Taking a Break from All Your Worries
À bord du Galactica, Baltar est interrogé, tandis qu'un bar appelé « Chez Joe » devient un endroit populaire où les problèmes relationnels entre Apollo, Dee, Starbuck et Sam se révèlent.

SURVIVANTS : 41 403

03.14 Les Sagitarrons - The Woman King
Helo enquête sur un docteur, soignant les réfugiés civils, qui pourrait faire du mal à des patients de Sagittaron.

SURVIVANTS : 41 401

03.15 Un jour particulier - A Day in the Life
Cally et le chef Tyrol sont piégés dans un compartiment avec une dangereuse brèche dans la coque ; Adama fait face à des souvenirs troublant de sa femme lors de leur anniversaire de mariage.

SURVIVANTS: 41 398

03.16 Grève générale - Dirty Hands
Alors que la présidente Roslin échappe de peu à un accident mortel, le chef Tyrol défie l'amiral Adama afin d'exiger des conditions de travail plus sûres pour la flotte - et devient lui-même l'organisateur d'une grève.

SURVIVANTS : 41 400

03.17 Ouragan - Maelstrom
Le passé de Starbuck revient la hanter lorsque Adama émet des doutes à propos de son sens du devoir.

SURVIVANTS : 41 400

03.18 L'Affrontement - The Son Also Rises
Alors que le procès de Baltar se profile, des forces au sein de la flotte tentent de l'empêcher, et Apollo doit protéger le nouvel avocat de Baltar.

SURVIVANTS : 41 399

03.19 Croisements : 1re partie - Crossroads: Part 1
Les tensions montent quand le procès de Baltar commence. Caprica Six remue les souvenirs de sa femme chez le colonel Tigh.

03.20 Croisements : 2e partie - Crossroads, Part 2
Baltar est acquitté de justesse des accusations de trahison portées contre lui. La flotte saute dans une nébuleuse à la recherche de l'indice suivant vers la Terre, et quatre des cinq derniers cylons découvrent leur réelle nature.

SAISON 04

04.01 Celui qui croit en moi - He That Believeth in Me
Starbuck retourne sur le Galactica et fait face aux doutes émis par ses anciens coéquipiers lorsqu'elle tente de les convaincre qu'elle connaît le chemin vers la Terre. Pendant ce temps, Baltar s'installe avec une faction de fidèles qui croient qu'il peut sauver un jeune garçon d'une encéphalite.

SURVIVANTS : 39 698

04.02 Lobotomie - Six of One
Starbuck assume les répercussions de sa confrontation armée avec la présidente Roslin et perd la confiance de la plupart de l'équipage. Après avoir appris que les cinq derniers modèles cylons sont dans la flotte coloniale, une copie du modèle Numéro Six mène un coup d'État au sein de la hiérarchie cylonne.

 Le guide des épisodes des geeks   SURVIVANTS : 39 676

04.03 Les Liens de la contrainte - The Ties That Bind
Alors que Starbuck commande un cargo solitaire dans sa recherche désespérée de la Terre, une intrigue politique et une dispute conjugale à bord du Galactica coïncident avec de profondes déchirures au sein de la solidarité cylonne.

Survivants : 39 676

04.04 La Fuite - Escape Velocity
Les activités du culte monothéiste de Baltar prennent de l'ampleur, provoquant une discorde politique au Quorum des Douze ainsi que les prémices d'une guerre civile religieuse, alors que l'état mental de Tigh devient à nouveau fragile.

Survivants : 39 675

04.05 Mutinerie - The Road Less Travelled
Une mutinerie s'organise contre Starbuck à bord du Demetrius lorsqu'elle exprime son intention de coopérer avec des cylons, ayant abordé le vaisseau, pour trouver la Terre.

Survivants : 39 676

04.06 La Foi - Faith
Starbuck mène une mission pour voir l'hybride cylon qui révèle quelques indices vers la Terre. Sur le Galactica, la présidente Roslin discute de foi religieuse avec Emily, une femme sur le point de mourir.

Survivants : 39 675

04.07 La Trêve - Guess What's Coming to Dinner?
 Des ennemis doivent mettre leur rancœur de côté quand l'équipage du Demetrius s'associe aux rebelles cylons pour détruire une cible vitale pour l'ennemi.

Survivants : 39 673

04.08 Prise de pouvoir - Sine Qua Non
Après l'enlèvement de Roslin, une lutte pour le pouvoir commence et menace de déchirer la flotte coloniale autrefois si unie.

Survivants : 39 674

04.09 Plan d'attaque - The Hub
À la poursuite du Resurrection Hub cylon, une équipe mixte, reprenant à la fois des pilotes de Vipers et des rebelles cylons, collaborent tant bien que mal à l'élaboration d'un plan de bataille.

Survivants : 39 673

04.10 Otages en danger - Revelations
Un groupe de rebelles cylons retient la présidente Roslin en otage afin de forcer les quatre derniers modèles cylons présents dans la flotte à quitter le Galactica. Ces modèles sont maintenant connus de l'équipage du Galactica.

Survivants : 39 665

04.11 Déception - Sometimes a Great Notion
La flotte arrive sur Terre avec les rebelles cylons, mais la planète a été dévastée par une attaque nucléaire il y a 2 000 ans. L'analyse des restes des cadavres permet d'apprendre que la treizième colonie était composée de cylons qui se sont installés sur Terre. Kara découvre avec Leoben l'origine du signal qui les a mené sur Terre : son propre vaisseau dans lequel elle trouve ce qui semble être son propre cadavre à moitié calciné. Leoben, déjà décontenancé par la deception de la découverte de la Terre, est incapable de comprendre ce qu'il se passe et s'enfuit quand Kara lui révèle que l'hybride lui a dit qu'elle était l'envoyée de la mort et qu'elle conduirait tout le monde à sa fin. Sur le Galactica, Anastasia Dualla, après un rendez-vous avec Lee, se tire une balle dans la tête. Pendant ce temps, Tyrol et Sam Anders se rappellent avoir vécu sur Terre et avoir été tués lors d'une attaque nucléaire.

Survivants : 39 651

04.12 La Motion de Zarek - A Disquiet Follows My Soul
L'amiral Adama envisage une alliance avec les cylons dans le but de trouver un espace habitable mais les conditions imposées par les cylons suscitent la résistance des troupes

Survivants : 39 644

04.13 Le Serment - The Oath
La rébellion se fait de plus en plus vive, allant jusqu'à mettre en grave danger les partisans de l'alliance avec les cylons.

04.14 Un bain de sang - Blood on the Scales
Gaeta et Zarek s'emparent du contrôle du Galactica et essayent de se débarrasser de Roslin et d'Adama mais le Quorum ne reconnaît pas l'autorité de Zarek.

04.15 Sans issue - No Exit
Samuel Anders, (le mari de Kara Thrace) se remet de sa blessure à la tête mais ce traumatisme révèle en lui des vieux souvenirs du temps où il vivait sur Terre. Tyrol informe Adama des soucis techniques que le Galactica subit.

04.16 Le Retour de Gaïus - Deadlock
Ellen et Boomer retournent sur le Galactica mais Ellen découvre le lien qui unit Saül et Caprica Six.

04.17 Quelqu'un pour veiller sur moi - Someone to Watch Over Me
Dans un bar de la flotte, Kara Thrace rencontre un pianiste qui lui rappelle son père et se lie d'amitié avec lui. Ce pianiste va l'aider à faire face à des circonstances douloureuses.

04.18 La Naissance d'un ange - Islanded in a Stream of Stars
Le vaisseau Galactica continue à se détériorer. Le commandant Adama refuse de l'abandonner. Baltar réussit à redonner de l'espoir aux troupes de la flotte.

04.19 La Mère de l'humanité : 1re partie - Daybreak: Part I

04.20 La Mère de l'humanité : 2e partie - Daybreak: Parts II & III
Adama et des volontaires attaquent Cavil, dans une mission suicide avec le Galactica, en vue de récupérer Héra. Le combat s'engage et Héra est récupérée par Athéna qui tue Boomer. Caprica Six et Baltar voient leurs doubles qui s'avèrent être des anges. Le Galactica est abordé par Cavil qui pénètre dans le centre de contrôle et prend Héra en otage. Tigh lui propose la technologie de la résurrection en échange, ce qu'il accepte, mais lors du partage de mémoire par les cinq derniers, Tyrol apprend que c'est Foster qui a tué Cally : il étrangle alors Foster et la tue, ce qui interrompt le processus et provoque une fusillade pendant laquelle Cavil se suicide. Le Galactica saute alors en suivant les coordonnées correspondant à la musique que Kara entre dans l'ordinateur. Ils se retrouvent près d'une planète, la Terre du monde réel habitée par nos ancêtres, qu'ils décident d'habiter. Sam va guider le Galactica ainsi que les autres vaisseaux de la flotte vers le Soleil afin de les détruire, alors que le vaisseau-mère cylon est laissé aux centurions, pour qu'ils trouvent leur voie. Ils effectuent peu après un bond PRL, laissant derrière eux la Terre. Les Six, Huit et Deux partent vivre avec les humains.
On suit ainsi les derniers moments des personnages et ce qu'ils vont faire sur la Terre : ils abandonnent la technologie et la science, sources de leurs maux. Baltar et Caprica vont cultiver des terres. Lee veut explorer le monde, escalader des montagnes. Kara, qui était un ange depuis sa réapparition du début de saison, a fini sa mission et disparaît. Adama part avec Roslin qui meurt de son cancer pendant le voyage. L'épilogue montre les anges Baltar et Caprica voyant la découverte de l'Ève mitochondriale de l'humanité faite par des scientifiques contemporains, qui est Hera, et se demandant si le cycle devait se produire à nouveau ou non.

Buffy contre les vampires

Buffy est la Tueuse. Elle-seule est en mesure de combattre les vampires et démons. Elle est aidée de Giles, son observateur, et de ses amis Willow (qui devient une sorcière) et de Xander.

Buffy The Vampire Slayer - Buffy, Tueuse de Vampires
Buffy est l'exemple type de Pom Pom Girl. Sa vie va basculer lorsqu'un inconnu lui révèle qu'elle est l'Élu, celle choisit pour combattre les vampires.

–Vampires (P)[1] ; Satan (JC) ; Cassandra (GR)

████ SAISON 01 ████

01.01 *Welcome to the Hellmouth* - Bienvenue à Sunnydale (partie 1)
Buffy Summers arrive au lycée de Sunnydale avec l'espoir de prendre un nouveau départ dans la vie, mais elle n'échappe pas à son destin de tueuse de vampire car Sunnydale se trouve sur la bouche de l'enfer.

Succubes (D) ;
Incubes (D) ; Loup-Garou (LF) ; Zombies (LF) ; Enfer (P)

01.02 *The Harvest* - Bienvenue à Sunnydale (partie 2)
Buffy passe à l'action dans un combat à mort avec le Maître, un puissant vampire qui compte dévorer ses nouveaux amis et réouvrir la bouche de l'enfer.

Éden (P) ; Paradis (JC)

01.03 *Witch* - Sortilèges
L'ambience au sein du lycée s'envenime lorsque la sélection des pompo girls vire au surnaturel et que Buffy est ensorcelée alors qu'elle se présente à la sélection.

Sorcière (P)

01.04 *Teacher's pet* - Le chouchou du prof
Buffy est harcelée par le remplaçant du profeseur de biologie, un monstre qui séduit et dévore les garçons de son lycée.

Sirènes (P)

01.05 *Never kill a boy on the first date* - Un premier rendez-vous manqué
Buffy flirte avec un garçon de sa classe mais ses projets sont interrompus par un complot des vampires pour l'entrainer en enfer.

Septus (L)

01.06 *The Pack* - Les Hyènes
Buffy et Willow découvrent que tous les hommes sont des animaux lorsque Xander et d'autres garçons de l'école sont possédés par des hyènes assoiffées de sang.

Arche de Noé (JC)

01.07 *Angel* - Alias Angelus
Buffy se sent terriblement attirée par le mystérieux Angel mais est obligée de prendre ses distances quand elle découvre son secret et son passé impie.

Ange (JC)

01.08 *I, Robot… You, Jane* - Moloch

Willow est victime d'un envoutement litéraire caché dans le réseau informatique du lycée.

–Moloch (E&M)

01.09 *The Puppet Show* - La marionnette
Quelqu'un ou quelque chose asassinent les participant du concourt de talent du lycée et leur vole leurs organes.

01.10 *Nightmares* - Billy
Lorsque les cauchemars de chacun deviennent réalité, Buffy doit faire appel à toute sa force mentale

---

1   *Il s'agit de la première apparition dans Buffy*

pour renvoyer les mauvais rêves se coucher.

01.11 *Out of maind, out of sight* - Portée disparue
Cordélia fait campagne pour devenir la Reine de mai.

— Vɪsʜɴᴜ (C&H); Pᴇʀɢᴀɴᴜᴍ (L)

01.12 *Prophecy girl* - Le manuscrit
L'avenir de Buffy semble bien sembre lorsque Giles découvre un manuscrit ancien qui prédit la fin
du monde et la mort de Buffy. Mais celle-ci est déterminée à participer à la fête du printemps.

— Aᴘᴏᴄᴀʟʏᴘsᴇ (JC)

■ SAISON 02 ■

02.01 *When she was bad* - La métamorphose de Buffy
 Après l'enlèvement de Cordelia et Mme Calendar, Buffy est convaincue que le devoir de sauver le
monde et ses amies repose sur ses épaules fatiguées.

02.02 *Some assembly required* - Le Puzzle
Des morceaux de cadavres de jeunes filles disparaissent de leurs tombes.

— Gᴏᴜʟᴇ (LF); Vᴀᴜᴅᴏᴜ (A)

02.03 *School hard* - Attaque à Sunnydale
Alors que Spike et Drusilla sont de retour à Sunnydale, Buffy doit protéger le lycée d'une attaque
ayant lieu lors de la soirée des parents d'élèves.

02.04 *Inca mummy girl* - La momie inca

Suite à la destruction du sceau qui la retenait prisonnière, une momie inca sème la mort pour pouvoir vivre la vie qu'on lui a volée.

02.05 *Reptil & boy* - Dévotion
Buffy et Cordélia sont enlevées par une confrérie d'étudiants qui vénère un monstre réptilien.

02.06 *Halloween* - Halloween
Lors de la soirée d'Halloween, tout le monde se retrouve à incarner le costume qu'il porte. Buffy se
retrouve en jeune fille à sauver...

— Cʜᴀᴏs (GR) ; Jᴀɴᴜs (GR)

02.07 *Lie to me* - Mensonge
Un ancien ami de Buffy arrive à Sunnydale déterminer à devenir un vampire pour le sauver du
cancer.

02.08 *The dark age* - Face cachée
Apprenant la mort d'un vieil ami, Giles se rend compte que son passé le rattrape et risque de mettre
en péril la vie du Scoobygang.

02.09 *What my Line (part 1)* - Kendra (1)

Buffy et Angel ont leur premier vrai rendez-vous. Angel et Spike s'affrontent tandis que Buffy découvre une nouvelle alliée : Kendra.

— Éʟɪɢᴏʀ (D) ; Tᴀʀᴀᴋᴀ (C&H)

02.10 *What my line (part 2)*   - Kendra (2)
Buffy s'allie à Kendra pour sauver Angel.

02.11 *Ted* - Le fiancé
 La mère de Buffy a un petit ami : Ted. Celui-ci n'est pas au goût de Buffy.

02.12 *Bag eggs* - Œufs-surprise
Afin de leur apprendre les responsabilités de la parentalité, le lycée distribue aux élèves des oeufs.
Mais ceux-ci ne sont pas ce qu'ils parraissent.

— Bᴇ́ᴢᴏᴀʀᴅ (LF)

02.13 *Surpise* - Innocence (1)
Spike et Drusilla décident de rassembler les parties démembrées du corps du Juge afin de s'en servir comme arme contre Buffy.

— DIANE (GR) ; HÉCATE (GR) ; ARMAGEDDON (JC)

02.14 *Innocence* - Innocence (2)
Angel se «transforme» en Angel. Buffy sait qu'elle va devoir le tuer. Willow découvre la romance secrète entre Xander et Cordélia.

02.15 *Phases* - Pleine Lune
Un loup-garou débarque à Sunnydale. Buffy et ses amis décident de le protéger du tueur de loup-garou psychopathe qui veut s'en débarrasser.

02.16 *Bewitched, bothered and bewildered* - Un charme déroutant
Après que Cordélia ait rompu avec Xander, celui-ci décide de lui jeter un sort pour qu'elle tombe à nouveau amoureuse de lui. Mais le sort n'a pas les effets escomptés.

02.17 *Passion* - Les boules de Thesulah
Jenny fait tout son possible pour rattraper ses erreurs, en particulier auprès de Giles. Angel dévoile un information importante à la mère de Buffy.

02.18 *Killed by Death* - Réminiscences
Victime d'une fièvre virulente, Buffy est admise à l'hôpital où elle rencontre des enfants terrifiés par la Mort.

02.19 *I only have eyes for you* - La soirée de Sadie Hawkins
Un esprit tourmenté fait revivre sa fin aux élèves du lycée.

02.20 *Go fish* - Les hommes poissons
Un monstre s'attaque aux élèves du club de natation du lycée. Xander intègre l'équipe pour découvrir la vérité.

02.21 *Becoming (part. 1)* - Acathla (1)
Angel, Spike et Drusilla décide de réveiller un monstre qui provoque l'Apocalypse en aspirant le monde.

02.22   *Becoming (part. 2)* - Acathla (2)
Afin d'enpécher Acathla de détruire le monde, Buffy n'aura d'autre choix que de tuer Angel.

■■■■■■■■■■ SAISON 03 ■■■■■■■■■■■■■■■■■■■■■■■■■■■■■

03.01 *Anne* - Anne
Suite à la mort d'Angel, buffy a fuit Sunnydale et se retrouve seule dans une grande ville où de sans-abris disparaissen

03.02 *Dead man's party* - Le masque de Cordolfo
Buffy est de retour à Sunnydale. Un masque funéraire fait lever les morts.

03.03 *Faith, hope & trick* - La nouvelle petite sœur
Buffy unie ses forces à celles de Faith, la nouvelle tueuse arrivée en ville afin de combattre le vampire Kakistos.

— LEPRECHAUN (LF)

03.04 *Beauty and the beasts* - Les belles et les bêtes
Lors d'une nuit de pleine lune, un homme est retrouvé mort, tué par une bête. Oz est-il responsable de cette mort ?

03.05 *Homecoming* - Le bal de fin d'année
Buffy concourt contre Cordelia afin d'être élue reine lors du bal de fin d'année. Mais la cérémonie ne se déroule pas comme prévue.

03.06 *Band candy* - Effet chocolat
Les lycéens doivent vendre des chocolats pour lever des fonds pour le lycée. Les adultes ont un comportement très bizarre.

03.07 *Revelations* - Révélations
La nouvelle Observatrice de Faith arrive à Sunnydale. Le démon Lagos est à la recherche du gant de Myhnegon. Giles découvre qu'Angel est de retour et est en possession du gant.

03.08 *Lover's walk* - Amours contrariées
L'amour jète un sort sur Sunnydale et laisse derrière lui des coeur brisé.

–Hadès (GR)

03.09 *The wich* - Meilleurs vœux de Cordélia
Cordélia souhaite que Buffy n'ait jamais mis les pieds à Sunnydale. Contre tout attente, elle se retrouve dans un monde où Buffy ne vit pas à Sunnydale, un monde bien différent de celui ue Cordélia connait.

03.10 *Amends* - Le soleil de noël
L'esprit de Noël est mort à Sunnydale. Buffy et ses amis décident de découvrir qui a pu ramener Angel dans leur monde.

Bingers (L)

03.11 *Gingerbread* - Intolérance
Quand deux jeunes enfants sont retrouvés mort, toute la ville s'unit contre les sorciers, dont Willow.

03.12 *Helpless* - Sans défense

A l'approche de ses 18 ans, Buffy commence à perdre ses pouvoirs. Elle est plus qu'inquiète mais ne trouve pas le réconfort espéré auprès de Giles.

03.13 *The Zeppo* - Le zéro pointé
Cordélia trouve que Xander n'a pas sa place dans le scooby-gang, ce qui le pousse à rejoindre un gang et dans les bras de Faith...

03.14 *Bad girls* - El Eluminati
Buffy affronte le démon Balthazar qui commande des vampires utilisant les épées des Eluminati.

Ascension (JC) ; Balthazar (D)

03.15 *Consequences* - Au-dessus des lois
Le nouvel Observateur de Faith oblige Buffy et Faith a enquêté sur le meurtre de Finch.

03.16 *Doppelgangland* - Les deux visages
Condamnée à vivre comme une simple mortelle, Anya demande de l'aide à Willow pour retrouver ses pouvoirs.

03.17 *Enemies* - Trahison
Un démon propose à Buffy et Faith les Livres de l'Ascension. Agissant pour le maire, Faith tue le démon et s'empare des livres. Faith tente de séduire Angel mais n'y parvenant pas, le maire décide de voler l'âme d'Angel.

03.18 *Earshot* - Voix intérieures
Après un violent combat contre des démons, Buffy est en mesure d'entendre les pensées des autres, ce qui se révèle plus compliqué que prévu...

03.19 *Choices* - La boite de Gavrok
Quand Wesley annonce à Buffy qy'elle ne peut pas quitter Sunnydale, même pour aller à l'université, elle décide de s'attaquer au maire sans attandre l'Ascension.

03.20 *The prom* - Les chiens de l'enfer

Les chiens de l'enfer sont lâchés lors du bal de fin d'année. Buffy est déterminée à profiter de la soirée, même sans cavalier.

03.21 *Graduation Day (part. 1)* - La cérémonie (1)
Angel est empoisonné par Faith dont le seul remède est le sang d'une tueuse...

03.22 *Graduation Day (part. 2)* - La cérémonie (2)
Lors de la cérémonie de remise des diplômes, Buffy et ses amis mettent tout en oeuvre pour empêcher l'Ascension du maire.

04.01 *The Freshman* - Disparitions sur le campus
Premier jour à l'université et Buffy doit enquêter sur la disparition d'un étudiant.

04.02 *Living conditions* - Cohabitation difficile
La cohabitation avec sa camarade de chambre est des plus difficile pour Buffy.

04.03 *The Harsh light of day* - Désillusions
Spike est de retour à Sunnydale pour chercher le Saint Graal des Vampires...
––– Amarra (C&H) ; Graal (A) ; St Graal (JC)

04.04 *Fear itself* - Le démon d'Halloween
Buffy et ses amis participent à une soirée dans la maison des horreurs d'un groupe d'étudiants, soirée qui s'annonce plus démoniaque que prévue.

04.05 *Beer bad* - Breuvage du diable
Certains étudiants, dont Buffy, se retrouvent ramenés à l'état d'»australopithèque» après avoir but de la bière.

04.06 *Wild at heart* - Cœur de loup-garou
Willow est désemparée quand Oz se retrouve attiré par une autre femme, Baruca...

04.07 *The Initiative* - Intrigues en sous-sol
Spike est capturé par l'Initiative, un groupe clandestin pratiquand des expériences sur les créatures surnaturelles.

04.08 *Pangs* - L'esprit vengeur
La soirée de Thanksgiving est perturbée par les esprits des indiens Chumash déterminés à venger leur peuple de l'invasion des occidentaux...

04.09 *Something blue* - Le mariage de Buffy
Quelque chose de bizarre se passe à Sunnydale : Spike est Bufy vont se marier, Giles est devenu aveugle et Xander attire tous les démons.

04.10 *Hush* - Un silence de mort
Les «Gentclmen» débarquent en ville et volent la voix des habitants.
–– Gaïa (GR)

04.11 *Doomed* - la fin du monde
Des démons veulent ouvrirent la bouche de l'Enfer. Buffy et ses amis doivent retourner au lycée pour le en empêcher.
––– Valios (L)

04.12 *A new man* - 314
Ethan transforme Giles en démon. Aidé par Spike, Giles doit retrouver forme humaine avant que Buffy ne le tue.
––– Minotaure (GR) ; Thésée (GR)

04.13 *The I in team* - Piégée
Les proches de Buffy se sentent trahis quand son engagement aux côtés de Riley et l'Initiative s'intensifie.
–– Adam (JC)

04.14 *Goodbye Iowa* - Stress
Les relations entre Buffy et Riley sont mises à rude épreuve lorsqu'elle enquête sur la mort du professeur Walsh et la découverte de l'arme secrète de l'Initiative.
— Thespia (L)

04.15 *The Year's girl* - Une revenante (partie 1)
Buffy traque Adam. Faith est sortie du coma.

04.16 *Who are you ?* - Une revenante (partie 2)
Faith a échangé de corps avec Buffy. Buffy doit se battre contre l'équipe des opérations spéciales du conseil des observateurs tandis que Faith sème la pagaille au sein de ses amis.

04.17 *Superstar* - Superstar
Pourquoi Jonathan est-il devenu le héros de a ville ?

04.18 *Where the wild things are* - La maison hantée
Lors d'une soirée de fraternité, Buffy et Riley libèrent une force qui pousse les hormones de chacun u-delà de leurs limites.
— Satyre (GR) ; Jesekiel (JC)

04.19 *New moon rising* - Un amour de pleine lune
Oz revient à Sunnydale en affirmant qu'il aime toujours Willow et qu'il a réussi à maîtriser le loup-garou qui est en lui.

04.20 *The Yoko factor* - Facteur Yoko
Buffy prend la mesures de ses sentiments pour Riley lorsque la visite d'Angel à Sunnydale pousse les deux hommes à s'affronter.

04.21 *Primeval* - Phase finale
L'éloignement de Buffy et ses amis menace le groupe d'empêcher de contrecarrer les plans Adam .

04.22 *Restless* - Cauchemar
Une créature sauvage attaque Willow, Xander, Giles et Bufy dans leur cauchemars et pousse chacun d'eux à affronter leurspeurs.
— Sang de l'agneau (JC)

SAISON 05

05.01 *Buffy vs Dracula* - Buffy contre Dracula
Le comte Dracula débarque à Sunnydale.

05.02 *Real me* - Jalousies
Buffy soufre de la présence constante de sa petite soeur Dawn.

05.03 *The replacement* - Le double
Un démon a divisé Xander en deux corps distincts, l'un ayant hérité de ses forces, l'autre de ses faibleses.
— Toth (E&M) ; Ferula gemina (L)

05.04 *Out of my mind* - Quand Skipe s'en mêle
Spike échafaude un plan pour se débarrasser de sa puce.

05.05 *No place like home* - Sœurs ennemies
Buffy en apprend beaucoup sur sa soeur Dawn. La mère de Buffy tombe malade.

05.06 *Family* - Les liens du sang
La famile de Tara débarque à Sunnydale et cherche à révéler son secrets à ses amis.

05.07 *Fool of love* - La faille
Afin d'en savoir plus sur les tueuses, Buffy oblige Spike à lui révéler comment il a tuer deux tueuses.

05.08 *Shadow* - Incantation
Buffy affronte une force maléfique qui cherche à s'emparer de la Clef.

— Sobek (E&M)

05.09 *Listening to fear* - Météorite
Un démon extraterrestre débarque sur Terre et s'en prend aux malades mentaux.

05.10 *Into the wood* - Par amour
Buffy découvre le sombre secret de Riley lorsqu'elle le découvre dans les bras d'une vampire. Les sentiments de Spike pour Buffy se précisent.

05.11 *Triangle* - Triangle
La tension montre entre Anya et Willow. Par inadvertance, Willow fait apparaître un troll.

— Troll (LF)

05.12 *Checkpoint* - L'inspection
Le conseil des Observateurs débarque à Sunnydale et oblige Buffy a passé un examen si elle veut obtenir des information sur Gloria et la Clef.

— Cultis (L)

05.13 *Blood ties* - la clé
Buffy fête ses 20 ans. Dawn découvre qu'elle est la Clef et s'enfuit. Buffy doit retrouver Dawn avant Gloria.

— Ishtar (E&M)

05.14 *Crush* - La déclaration
Spike avoue son amour à Buffy.

05.15 *I was made to love you* - Chagrin d'amour
Buffy doit empêcher le robot de la femme idéale de détruire la ville lorsque celle-ci est à la recherche de celui qui l'a créé.

05.16 *The body* - Orphelines
La vie de Buffy, Dawn et ses amis change lorsqu'ils doivent affronter la mort d'une personne proche.

— Amazones (GR)

05.17 *Forever* - Pour toujours
Dawn lance un sort pour ramener sa mère dans sa vie.

— Osiris (E&M) ; Glorificus (L)

05.18 *Intervention* - La quête
Buffy part en quête, guidée par la première Tueuse.

05.19 *Tough love* - Magie noire
Gloria, toujours à la recherche de la Clef, capture Spike puis Tara.

05.20 *Spiral* - La spirale
Buffy et ses amis partent en cavale afin d'échapper à Gloria qui veut s'emparer de Dawn, la Clef.

05.21 *The weight of the world* - Sans espoir
Dawn a été capturée par Gloria.

05.22 *The gift* - l'Apocalypse
Gloria tente d'ouvrir la porte des dimensions à l'aide de la Clef.

— Cronos (GR) ; Héra (GR) ; Kali (C&H) ; Cassiel (JC)

■■■■■ SAISON 06 ■■■■■

06.01 *Bargaining – Part 1* - Chaos (partie 1)
La bande tente de ramener Buffy à la vie. Une bande de démons arrive à Sunnydale et sème la pagaille.

06.02 *Bargaining – Part 2* - Chaos (partie 2)

06.03 *After life* - Résurrection
Buffy tente de s'adapter à son retour à la vie. Un démon attaque Willow, Xander, Anya et Tara.
Thaumagenesis (L)

06.04 *Flooded* - La tête sous l'eau
Buffy décide de prendre ses responsabilités d'adulte. Jonathan, Warren et Andrew utilise un démon pour dévaliser une banque.

06.05 *Life Serial* - Tous contre Buffy
Andrew, Warren et Jonathan testent les pouvoirs de Buffy pour découvrir ses faibles et ainsi l'éliminer.

06.06 *All the way* - Baiser mortel
Le soir d'Halloween, Dawn part en ville avec des amis et se trouve confronter à des vampires.

06.07 *Once more, with feeling* - Que le spectacle commence !
Le démon de la musique et de la danse est à Sunnydale. Tout le monde s'exprime en chansons.

06.08 *Tabula rasa* - Tabula rasa
Wilow jète un sort afin que Tara oublie que Wilow pratique trop la magie. Mais le sort se révèle plus puissant qu'espéré.
Tabula rasa (L)

06.09 *Smashed* - Écarts de conduite
Willow continue d'utiliser la magie et rend sa forme humaine à Amy. Spike fait une découverte surprenante au sujet de Buffy.

06.10 *Wrecked* - Dépendance
Amy présente Willow à un puissant sorcier. Buffy doit s'adapter à sa nouvelle situation avec Spike.

06.11 *Gone* - La femme invisible
Les services sociaux menacent d'enlever la garde de Dawn à Buffy. Buffy devient invisible suite à une attaque de Warren et ses amis.

06.12 *DoubleMeat palace* - Fast food
Buffy trouve un travail dans un fast-food mais ses collègues disparaissent les uns après les autres.

06.13 *Dead things* - Esclaves des sens
Warren te accidentellement son ex-petite-amie. Il décide de mettre en place un plan visant à accuser Buffy.

06.14 *Older and far away* - Sans issue
Le jour de son anniversaire, Dawn souhaite que tout le monde reste. Plus personne ne peut quitter la maison.

06.15 *As you were* - La roue tourne
Riley est de retour à Sunnydale pour y traquer un monstre assisté de sa femme. Buffy a du mal à s'adapter à cette nouvelle situation.
Bouddhia (C&I I)

06.16 *Hell's Bells* - La corde au cou
C'est le jour du mariage d'Alex et Anya.

06.17 *Normal again* - À la dérive
Buffy est ataqué par un démon qui lui fait croire que sa vie n'est que le produit de son imagination; Elle serait en réalité pensionnaire d'un hôpital psychiatrique depuis 6 ans...

06.18 *Entropy* - Entropie
Anya est de retour à Sunydale et cherche à se venger de Xander.

06.19 *Seeing red* - Rouge passion
Waren se retrouve doté de pouvoirs surnaturels. Sa confrontation avec Buffy tourne à la tragédie.

06.20 *Villains* - Les foudres de la vengeance
Wilow se sert de la magie noire pour venger la mort de Tara.

06.21 *Two to go* - Toute la peine du monde (partie 1)
Willow tente de tuer Jonathan et Andrew.

06.22 *Grave* - Toute la peine du monde (partie 2)
Après avoir absorber les pouvoirs de Giles, Willow tente de détruire le monde.
— Asmodia (D) ; Proserpexa (GR)

SAISON 07

07.01 *Lessons* - Rédemption
Buffy accompagne Dawn lors de sa première journée au nouveau lycée de Sunnydale mais elle doit affronter les fantômes qui y vivent.
— Caleb (JC) : Péchés (JC)

07.02 *Beneath you* - Démons intérieurs
Anya continue son travail de démon vengeur.
— Slugghos (L)

07.03 *Same time, same place* - Vice versa
Le retour de Willow à Sunnydale est compliqué car elle ne parvient pas à voir ses amis et vice-versa.

07.04 *Help* - La prédiction
Buffy effectue sa première journée de conseillère au lycée. Une étudiante vient la voir pour lui dire qu'elle va bientôt mourir.
— Avilus (L)

07.05 *Selffless* - Crise d'identité
Buffy doit partir à la recherche d'Anya après que celle-ci ait exaucé un voeu particulièrement sanglant.

07.06 *Him* - Folles de lui
Toutes les filles tombent amoureuses d'un garçon du lycée. Xander et Spike cherche à comprendre ce qui se passe.

07.07 *Conversations with dead people* - Connivences
Les différents membres du groupe se trouvent confrontés à des apparitions de morts.
— Nemesis (GR)

07.08 *Sleeper* - Ça a commencé
Buffy et ses amis craignent que Spike soit à l'origine de la disparition de plusieurs habitants de la ville.

07.09 *Never leave me* - Le sceau de Danzalthar
La Force et ses disciples lancent une attaque contre le conseil des Observateurs.

07.10 *Bring me on the night* - L'aube du dernier jour
Giles arrive à Sunnydale accompagné de tueuses potentielles. Buffy est chargée de les protéger de la Force.

07.11 *Showtime* - Exercice de style
Giles et Anya vont dans une autre dimention afin de demander de l'aide à un démon pour exterminer la Force. Buffy donne une leçon aux potentielles lorsqu'elle s'attaque au méta-vampire.
— Minerve (GR)

07.12 *Potential* - La relève
L'entraînement des potentielles continue.

07.13 *The killer in me* - Duel
Le groupe se demande si Giles ne serait pas une incarnation de la Force. Willow se change en Warren après avoir embrassée Kennedy

07.14 *First date* - Rendez-vous dangereux
Buffy a rendez-vous avec le principal Wood. Xander a un rendez-vous avec une jeune femme.

07.15 *Get it done* - Retour aux sources
Buffy cherche des réponse pour combattre la Force et se retrouve face aux créateurs de la Tueuse.
—— Gᴀɢɴᴀʀᴅ (L)

07.16 *Storyteller* - Sous influence
Andrew réalise un reportage vidéo sur les aventures de Buffy.

07.17 *Lies my parents told me* - Un lourd passé
Buffy essaie de percer le secret du pouvoir que la Force exerce sur Spike. Le principal Wood demande de l'aide à Giles pour se débarrasser de Spike.

07.18 *Dirty girls* - L'armée des ombres
Buffy entraine les potentielles dans un combat contre Caleb.

07.19 *Empty places* - La fronde
Les potentielles décident d'avoir Faith comme «général» dans leur lutte contre la Force.

07.20 *Touched* - Contre-attaque
Seule, Buffy fait une rencontre inattendue. La force apparait à Faith sous la forme du maire qui lui annonce que Buffy cherche à l'éliminer.
—————————————————————————————————————— Aʙᴇʟ (JC) ; Cᴀïɴ (JC)

07.21 *End of days* - La fin des temps (partie 1)
La Force transmet ses pouvoirs à Calebv adin que celui-ci puisse éliminer la Tueuse.
———————————————————————————— Aʀᴛʜᴜʀ (A) ; Mᴏsᴋᴠᴀ (L) ; Cʏᴄʟᴏᴘᴇ (GR)

07.22 *Chosen* - La fin des temps (partie 2)
Buffy et les potentielles s'attaquent à la Force et à l'armée des méta-vampires.

CHARMED

Trois soeurs découvrent à la mort de leur grand-mère que se sont des sorcières. Elles possèdent chacune un pouvoir et doivent combattre les force du mal.

01.01. Le Livre des ombres (Something Wicca This Way Comes)
Réunies dans la maison de leur enfance, trois soeur (Prue, Piper et Phoebe) se découvrent de puissants pouvoirs. Les sorcières ignorent encore que, avec leur nouveau don, elles sont à present la proie de forces maléfiques.

01.02. Jeunesse éternelle (I've Got You Under My Skin)
Un démon vole la jeunesse d'humain pour rester jeune.

01. 03. Au nom du père (Thank You for Not Morphing)
Victor, le père des soeurs, est de retour dans leur vie. Quel est son but ?

01. 04. Histoire de fantôme chinois (Dead Man Dating)
Un jeune fantôme demande l'aide des trois sorcières.

01. 05. L'Homme de mes rêves (The Dream Sorcerer)
Prue est menacée par un homme qui s'en prend aux femmes dans leurs rêves.

01. 06. Mariage diabolique (The Wedding from Hell)
Une future mariée n'a qu'un seul but : assurer sa descendance diabolique.

01. 07. La Quatrième Sœur (The Fourth Sister)
Une jeune sorcière, devenue amie avec Phoebe, est manipulée par un esprit diabolique qui veut voler le pouvoir des trois.

01. 08. Menace du futur (The Truth is Out There… and It Hurts)
Prue lance un sort ayant pour effet de dire et n'entendre que la vérité pendant 24 heures.

01. 09. La Sorcière de Salem (The Witch is Back)
Prue libère par inadvertance un sorcière vieux de 300 ans ayant été emprisonné par leur aïeule Mélinda Warren.

01. 10. Quand tombent les masques (Wicca Envy)
Suite à une manipulation de son patron Rex, Prue vole un diadème d'une valeur inestimable.

01. 11. La Malédiction de l'urne (Feats of Clay)
Une urne égyptienne volée apporte la malédiction sur ceux qui veulent s'en emparer.

01. 12. Métamorphoses (The Wendigo)
Suite à une blessure causée par un wendigo, Piper se transforme à son tour.

01. 13. Tant qu'il y aura l'amour (From Fear to Eternity)
Le démon de la peur a 24 heures pour tuer douze sorcières afin de rester sur Terre.

01. 14. L'Ange gardien (Secrets and Guys)
Une jeune garçon est enlevée. Celui-ci se sert de ses pouvoirs pour demander l'aide de Prue.

01. 15. Possession (Is There a Woogy in the House?)
Le boogeyman vivant sous le sous-sol du manoir des Halliwell est libéré lors d'un tremblement de terre et prend possession des gens.

01. 16. Clones en série (Which Prue is it Anyway?)
Afin de décupler ses forces pour vaincre un seigneur de la guerre, Prue lance un sort ayant pour conséquence l'apparition de plusieurs Prue.

01. 17. Le Pacte (That '70s Episode)
Pour se protéger d'un sorcier immunisé contre le pouvoir des trois, les soeurs doivent lancer un sort qui les ramène au coeur des années 70.

01. 18. Triangle maléfique (When Bad Warlocks Go Good)
Prue rencontre un homme qui se bat contre sa destinée : devenir un démon.

01. 19. Innocence perdue (Blind Sided)
Un enfant est enlevé par un Grimlocl. Les soeurs font tout pour le sauver.

01. 20. Le Pouvoir des Deux (The Power of Two)
Un esprit maléfique s'échappe d'Alcatraz et sème la terreur à San Fransisco. Piper étant à un congrès, Prue et Phoebe doivent le vaincre sans son aide.

01. 21. L'Ultime Combat (Love Hurts)
Léo demande l'aide des trois soeurs pour protéger un futur être de lumière menacée par un être des ténèbres.

01. 22. Une journée sans fin (Déjà Vu All Over Again)
Un démon utilise une boucle temporel créée par Tempus afin de revivre la même journée pour les tuer.

SAISON 2

02.01. Célébration (Witch Trial)
Un démon s'empare du Livre des Ombres dans le but de voler leur pouvoir aux trois soeurs.

02. 02. La Chasse aux sorcières (Morality Bites)
Phoebe a une prémonition où elle voit son exécution. Elle doit aller dans le futur pour découvrir pourquoi.

02. 03. Le Château hanté (The Painted World)
Prue se retrouve prisonnière d'un tableau représentant un château. Mais elle n'y est pas la seule.

02. 04. Une musique d'enfer (The Devil's Music)
Un démon enlève des jeunes femmes lors d'un concert au club de Piper.

02. 05. Masculin-féminin (She's a Man, Baby, a Man!)
Afin de vaincre une démone, Prue lance un sort qui la transforme en homme.

02. 06. Un coup de baguette magique (That Old Black Magic)
Une mauvaise sorcière est libérée de sa prison de pierre. Elle est à la recherche de sa baguette que Prue a acquit lors d'une vente aux enchères.

02. 07. Les sorciers sont partout (They're Everywhere)
Une jeune homme a trouvé le secrets des annales akachiques qui prédisent l'avenir. Il est poursuivit par des sorciers qui veulent acquérir son savoir.

02. 08. Le Mystère du lac (P3 H2O)
Un monstre aquatique tue ceux qui s'aventurent dans le lac. Les soeurs vont découvrir comment est morte leur mère.

02. 09. Usurpation d'identité (Ms. Hellfire)
Afin de résoudre plusieurs morts de sorcière, Prue prend l'identité d'une tueuse professionnelle.

02. 10. De l'amour à la haine (Heartbreak City)
Le démon de la haine vole la bague de Cupidon et défait les couples qu'il a formé. Piper et Prue doivent l'aider si elles veulent sauver leurs couples.

02. 11. L'Héritier (Reckless Abandon)
Un bébé a été abandonné au poste de police. Ayant une prémonition, Phoebe découvre qu'il ne s'agit pas d'une abandon ordinaire.

02. 12. Le Fruit défendu (Awakened)
Piper tombe gravement malade et les médecin ne savent pas comment la sauver. Prue et phobe veulent la sauver à l'aide de la magie.

02. 13. Instinct animal (Animal Pragmatism)
Trois amies de Phoebe changent des animaux en hommes. Mais ceux-ci retrouvent bien vote leur

instinct primaire.

02. 14. Sœur contre sœurs (Pardon My Past)
Afin de changer sa destinée, Phoebe se replonge dans sa vie antérieure.

02. 15. Ange ou Démon (Give Me a Sign)
Bane Jessup échappe à une tentative de meutre par un démon. Il enlève Prue afin qu'elle l'aide à le sauver.

02. 16. Mauvais Sort (Murphy's Luck)
Un être des ténèbres veut pousser une future être de lumières au suicide afin qu'elle ne puisse accomplir son destin. Elle est sauver par Prue qui a son tour joue de malchance...

02. 17. Trois sorcières sans charme (How to Make a Quilt Out of Americans)
Une vielle amie de leur grand-mère vient demander de l'aide aux sorcières : des cadavres sont déterrés et dépecés dans le but de confectionner un corps pour un démon banni ayant le pouvoir de rendre la jeunesse en échange de l'âme.

02. 18. C'est pas du cinéma ! (Chick Flick)
Les personnages de films d'horreur sortent de l'écran et suivent le scripte.

02. 19. Examen de conscience (Ex Libris)
Une étudiante, amie de Phoebe, est retrouvée décapitée à côté de la bibliothèque de l'université. Mais elle ne sait pas qu'elle est devenue un fantôme.

02. 20. Médecine occulte (Astral Monkey)
Cherchant comment Piper a été guéri, un médecin acquière accidentellement le pouvoir des trois soeurs et les utilise pour «sauver des vies».

02. 21. Les Cavaliers de l'Apocalypse (Apocalypse Not)
En essayant de vaincre les cavaliers de l'Apocalypse, Prue se retrouve prisonnière du plan astral. Piper et Phoboe doivent s'allier aux autres cavaliers pour la sauver.

02. 22. Derniers Vœux (Be Careful What You Witch For)
Un génie propose aux soeurs de réaliser chacune un souhait. Mais attention au retour de flamme...

SAISON 3

03.01 Faces cachées (The Honeymoon's Over)
Prue et Pjoebe doivent combattre un gardien voleur d'âme tandis que Piper est parti avec Léo.

03.02. Les Damnés (Magic Hour)
Piper et Léo tentent de se marier en dépit de la colère des Fondateur. Un démon infiltre l'entourage des sorcières.

03.03. Il était une fois... (Once Upon a Time)
Une fillette protège une fée contre des trolls qui veulent la voler. Seules les enfants peuvent les voir...

03.04. Halloween chez les Halliwell (All Halliwell's Eve)
Les trois sorcières se trouvent emmenées aux XVIème siècle pour sauver leur lignée.

03.05. Balthazar (Sight Unseen)
Un démon invisible est envoyé par la Triade pour tuer les sorcières. Prue est harcelée par un inconnue...

03.06. À fleur de peau (Primrose Empath)
Prue a été ensorcelée. Piper et Phoebe doivent se dépêcher de la sauver.

03.07. Querelles de sorcières (Power Outage)
Un démon de la frustration dresse les trois soeurs les unes contre les autres afin de les affaiblir.

03.08. Démon contre démon (Sleuthing with the Enemy)

　　　　　Le guide des épisodes des geeks

Prue et Piper s'associent à un démon chasseur de prime pour se débarrasser de Baltazar.

03.09. Le Diable au corps (Coyote Piper)
Une essence de vie prend possession du corps de Piper, menaçant ainsi sa propre vie.

03.10. Au service du mal (We All Scream for Ice Cream)
Des enfants sont enlevés par le vendeur de crème glacée.

03.11. Les Règles du combat (Blinded by the Whitelighter)
Un ancien sorcier menace l'existence des anges gardiens.

03.12. L'Académie du mal (Wrestling with Demons)
Prue tente d'aider un ancien petit-ami à ne pas devenir un démon.

03.13. Le Côté obscur (Bride and Gloom)
Afin de pouvoir s'emparer du Livre des Ombres, un mauvais sorcier jette un sort à Prue pour l'épouser et convertir les trois soeurs en mauvaises sorcières.

03.14. La Ville fantôme (The Good, the Bad and the Cursed)
En visitant une ville fant^^ome, Phobe entre en lien avec un esprit. Tout ce quiarrive à l'esprit lui arrive aussi.

03.15. Mariés à tout prix (Just Harried)
Le jour du mariage de Piper, Prue est accusée de meurtre.

03.16. L'Ange de la mort (Death Takes a Halliwell)
Prue voit l'Ange de la mort et essaie de le combattre mais personne ne peut échapper à la mort.

03.17. Nos plus belles années (Pre-Witched)
Un sorcier cherche à se faire tué par les trois sorcières afin de devenir immortel.

03.18. Les Sept Péchés capitaux (Sin Francisco)
Les 7 péchés capitaux sont en ville et les sorcières se trouvent à leur tour infectées...

03.19. La Confrérie (The Demon Who Came in from the Cold)
Cole infiltre son ancienne confrérie de démon pour aider les trois soeurs à sauver un innocent.

03.20. Le Retour de Balthazar (Exit Strategy)
Phoebe ne contrôle plus ses pouvoirs. Cole doit tuer une sorcière.

03.21. Indestructible (Looks Who's Barking)
Une Banshee rôde à San Francisco. Afin de la rouver, Prue est transformée en chien.

03.22. Adieux (All Hell Breaks Loose)
Quand Piper et Prue sont exposées en tant que sorcières, Phoebe n'a d'autre choix que de s'allier au côté obstur pour les sauver de la mort.

SAISON 4

04.01. Les Liens du sang : 1re partie (Charmed Again: Part 1)
Piper et Phoebe pleurent la mort de Prue mais doivent surmonter leur souffrance pour sauver la prochaine victime de Shax.

04.02. Les Liens du sang : 2e partie (Charmed Again: Part 2)
Piper et Phoebe doivent trouver Paige avant que la Source ne l'entraîne du côté du mal.

04.03. Rage et Chagrin (Hell Hath No Fury)
Après avoir combat les Furies, Piper se transforme peut à peut en l'une-d'elle.

04.04. La Balade des âmes (Enter the Demon)
Par inadvertance Paige et Phoebe échange de corps.

04.05. Les Poupées (Size Matters)

Un affreux démon change phoebe en poupée impuissante et s'en sert comme appât pour attirer les deux autres.

04.06.   Un jour mon prince viendra (A Knight to Remember)
Paige fait apparaitre le prince d'une de ces vies antérieures. La Paige d'avant arrive bientôt à son tpur.

04.07.   Le Point faible (Brain Drain)
La Source parvient à entrer dans l'esprit de Piper et lui fait croire que ces pouvoirs sont imaginaires.

04.08.   Libéré du mal (Black as Cole)
Les soeurs aident une jeune femme à se venger du démon qui a tué son fiancé.

04.09.   L'union fait la force (Muse to My Ears)
Les muses disparaissent capturées par un démon qui s'en sert pour vaincre le bien.

04.10.   Mauvais esprits (A Paige from the Past)
Paige retourne dans le passé afin de mieux accepter la mort de ses parents.

04.11.   Prémonitions (Trial by Magic)
Phoebe est jurée dans une affaire de meurtre. elle doit convaincre les autres de l'innocence de l'accusé que tout accuse pendant que Piper et Paige essaient de démasquer le véritable coupable.

04.12.   Ma sorcière mal aimée (Lost & Bound)
Les sorcières doivent aider un jeuneallumeur de feu à maîtriser ses pouvoirs avant qu'il ne devienne e garde du corps de la Source.

04.13.   La Boîte de Pandore (Charmed & Dangerous)
La Source a libéré le Halow qui absorbe tous les pouvoirs magique afin de vaincre les trois soeurs.

04.14.   Face à son destin (The Three Faces of Phoebe)
Phoebe se demande si elle doit épouser Cole; Elle jete un sort espérant trouver la réponse.

04.15.   Un couple d'enfer (Marry Go Round)
Le jour du mariage de Phoebe les ennuis s'amoncellent.

04.16.   Noces noires (The Fifth Halliwell)
Paige se sent à l'écart face aux mariages de ses soeurs. Elle est convaincue que Cole est un démon.

04.17.   Compagnons d'armes (Saving Private Leo)
Deux fantômes ayant fait la guerre avec Léo tentent de s'en prendre à lui.

04.18.   Le Baiser du vampire (Bite Me)
Suite à une morsure de chauve-souris, Paige se transforme en vampire.

04.19.   L'Enchanteur (We're Off to See the Wizards)
Un enchanteur propose son aide aux sorcières pour récupérer un ancien grimoire permettant à la Source de recevoir tous ses pouvoirs.

04.20.   Échec au roi (Long Live the Queen)
Phoebe aide ses soeurs à sauver un innocent ayant été condamné par la Source.

04.21.   Pouvoir absolu (Womb Raider)
Le Prophetesse cherche à enlevé le bébé de Phoebe afin d'acquérir ses pouvoirs d'héritier de la Source.

04.22.   Choix final (Witch Way Now?)
L'ande de la Destinée offre la possibilité aux trois soeurs de renoncer à leur pouvoir pour mener une vie normale.

▰▰▰▰▰▰ SAISON 5 ▰▰▰▰▰▰

05.01.   Les Sirènes de l'amour : 1re partie (A Witch's Tail: Part 1)

Une sirène demande l'aide des soeurs afin de ne pas livrer son immortalité à la Sorcière de la mer.

05.02. Les Sirènes de l'amour : 2e partie (A Witch's Tail: Part 2)
Afin d'échapper à son amour pour Cole, Phoebe se transforme en sirène.

05.03. Miroir, gentil miroir… (Happily Ever After)
Afin d'être la sorcière la plus puissance, une méchante sorcière invoque les contes de fée pour se débarrasser des soeurs Halliwell.

05.04. Embrasse-moi (Siren Song)
Un démon s'en prend aux couples mariés. Phoebe est en danger.

05.05. Les Protectrices (Witches in Tights)
Afin d'arrêter un méchant, un jeune garçon transforme les trois soeurs en surper-héros.

05.06. Le Mauvais Œil (The Eyes Have It)
Un démon s'en prend aux gitans et leur vole leur yeux.

05.07. La Peur au ventre (Sympathy for the Demon)
Le Démon de la peur et cherche à se venger des trois sorcières en les enfermant dans le manoir et invoquant leur plus terribles peur.

05.08. Le Maudit (A Witch in Time)
Phoebe s'éprend d'une homme qui est condamné par le destin à mourir.

05.09. Invincible (Sam I Am)
Afin d'en finir avec ses souffrances, Cole attaque les trois soeurs dans l'espoir qu'elles le tuent.

05.10. Un corps pour deux âmes (Y tu Mummy tambíén)
Un démon cherche le corps de la femme pouvant accueillir l'esprit de la magicienne Isis. Paige et Phoebe sont menacées.

05.11. Nexus (The Importance of Being Phoebe)
Cole essaie de s'emparer du Nexus, situé sous leur manoir.

05.12. Centenaire (Centennial Charmed)
Afin de reconquérir l'amour de Phoebe, Cole veut changer le passé.

05.13. Envoûtement (House Call)
Croyant que les trois sorus sont le mal, un sorcier vaudoo les ensorcelle;

05.14. Le Marchand de sable (Sand Francisco Dreamin')
Un démon s'en prend aux marchands de sable.

05.15. La Relève (The Day the Magic Died)
La magie a disparu et le fils de Piper est sur le point de naître.

05.16. Premier Combat (Baby's First Demon)
Des démons tentent d'enlever Wyatt pour lui voler ses pouvoirs.

05.17. Les Leprechauns (Lucky Charmed)
Les leprechauns, qui distribuent la chance, sont attaqués par un démon. Ils viennent demander l'aide des soeurs Halliwell.

05.18. Au cœur des souvenirs (Cat House)
Piper et Léo suivent une thérapie et se replongent dans leur souvenirs.

05.19. Nymphes (Nymphs Just Wanna Have Fun)
Des démons veulent trouver la source de l'immortalité et s'en prennent aux nymphes qui la gardent.

05.20. Les Sens du mal (Sense and Sense Ability)
Afin d'enlever Wyatt, un démon capture les sens des trois soeurs pour les affaiblir.

05.21. Le Nécromancien (Necromancing the Stone)
Le nécromancien capture la grand-mère des trois soeurs afin de s'emparer du pouvoir de leur lignée.

05.22. Le Choc des Titans : 1re partie (Oh My Goddess: Part 1)
Les Titans sont libérés de leur prise et veulent détruire les Fondateurs. Léo n'a d'autre choix que d'offrir les pouvoirs des dieux grecs aux trois sorcières.

05.23. Le Choc des Titans : 2e partie (Oh My Goddess: Part 2)

06.01. L'Âme des guerrières : 1re partie (Valhalley of the Dolls: Part 1)
 Afin de sauver Léo, les sorcières doivent se rendre à Valhalla, l'île mythique des guerriers protégée par les Valkyries.

06.02. L'Âme des guerrières : 2e partie (Valhalley of the Dolls: Part 2)
Pour se protéger de la douleur d'avoir perdue Léo, Piper décide de rester une Valkyrie.

06.03. L'Apprenti sorcier (Forget Me… Not)
Parce que Wyatt a fait apparaître par erreur un dragon, les Nettoyeurs décident d'effacer toute trace de Wyatt, y compris dans l'esprit de sa mère.

06.04. Le Pouvoir des trois… blondes (The Power of Three Blondes)
Trois méchantes sorcières usurpent l'identité des soeurs Halliwall ainsi que leurs pouvoirs.

06.05. Vengeance d'outre-tombe (Love's a Witch)
Paige se retrouve au coeur d'une guerre entre deux familles de sorcier.

06.06. L'Énergie du désir (My Three Witches)
Un démon et un être de lumière s'associent pour envoyer les trois soeurs dans une réalité parallèle afin de leur donner une leçon sur les priorités de leur rôle de sorcière.

06.07. Pacte avec le diable (Soul Survivor)
Afin de sauver l'âme d'une innocent ayant vendu son âme, Paige décide de prendre sa place…

06.08. Excalibur (Sword and the City)
La Dame du Lac demande l'aide de Piper pour protéger Excalibur avant l'arrivée du prochain Élu.

06.09. Instinct paternel (Little Monsters)
Après avoir vaincu un démon, les trois soeurs découvrent un bébé hybride. Elles décident de le protéger mais une créature est à sa recherche.

06.10. Le Phœnix (Chris-Crossed)
Une sorcière issue d'une famille de tueur d'élite vient chercher Chris pour le ramener dans le futur.

06.11. Faites l'amour, pas la guerre (Witchstock)
Paige se retrouve transportée à l'époque de la jeunesse de sa grand-mère. Piper et Phoebe la rejoignent pour la ramener avant qu'elle ne change le court de l'histoire.

06.12. L'Homme idéal (Prince Charmed)
Piper a décidé de renoncer aux homes afin de se consacrer pleinement à Wyatt. Phoebe et Paige décident de créer l'homme idéal pour lui rappeler que l'amour à son importance.

06.13. Mata Hari (Used Karma)
Richard souhaite changer son karma et invoque par inadvertence Mata Hari qui prend possession de Phoebe.

06.14. Le Cavalier sans tête (The Legend of Sleepy Halliwell)
Le Cavalier sans tête décapite les professeurs de l'école de magie. Un proffesseur demande l'aide des trois soeurs.

06.15. Le Mauvais Génie (I Dream of Phoebe)
Phoebe libère un génie d'une bouteille et se retrovue à son tour prisonnière de celle-ci.

06.16. L'Enfant de minuit (The Courtship of Wyatt's Father)
Piper et Léo se trouvent envoyés fans le plan astral par un être des ténèbres. Paige et Phoebe doivent les sauver avant que Léo ne se fasse tuer.

06.17. La Rebelle (Hyde School Reunion)
Par erreur, Phoebe se retrouve avec sa personnalité d'adolescente, rebelle et délurée. La soirée des anciens du lycée tourne au cauchemar.

06.18. La Femme-araignée (Spin City)
Une femme-araignée enlève des être magique puissant pour se nourrir. Bientôt, Piper tombe dans sa toile.

06.19. Le Tribunal (Crimes and Witch-Demeanors)
Les trois soeurs sont poursuivit par le tribunal magique pour avoir té filmées utilisant leurs pouvoirs.

06.20. Double personnalité (A Wrong Day's Journey Into Right)
Parce qu'elle conjure trop souvent son homme idéal, Paige a fait apparaître, accidentellement et sans le savoir, son double maléfique.

06.21. Jeux dangereux (Witch Wars)
Le nouveau heu TV en vogue : Witch War. Il faut tuer des sorcières pour acquérir leur pouvoir.

06.22. Pour l'amour d'un fils : 1re partie (It's a Bad, Bad, Bad, Bad World: Part 1)
Léo tente de ramener Chris dans son futur mais le voyage ne les mène pas à la bonne destination.

06.23. Pour l'amour d'un fils : 2e partie (It's a Bad, Bad, Bad, Bad World: Part 2)
Le nouveau monde créé ne laisse aucune place à l'infraction, ce qui met la vie de Phoebe en jeu.

▰▰▰▰ SAISON 7 ▰▰▰▰▰▰▰▰▰▰▰▰▰▰▰▰

07.01. Ensorcelés (A Call to Arms)
Piper et Léo se trouvent possédés par les pouvoirs de Shakti et Shiva. Phoebe et Paige doivent les empêcher de consommer leur amour avant qu'ils ne détruisent le monde.

07.02. À l'école de la magie (The Bare Witch Project)
Lorsque Lady Godiva est invoqué par un élève, il ne sait pas que le démon de la frustration va semer la pagaille.

07.03. Frères ennemis (Cheaper by the Coven)
Les trois seorus se trouvent par inadvertance avec des personnalités de jeunes enfants...

07.04. La Malédiction du pirate (Charrrmed!)
A la recherche de la fontaine de jouvence, un pirate maudit et son équipage enlève des sorcières.

07.05. La mort lui va si bien (Styx Feet Under)
Afin de devenir un pur démon, celui-ci cherche à tuer tous les membres de sa famille mais Paige ne l'entent pas de cete oreille.

07.06. Lune bleue (Once in a Blue Moon)
Une créature attaque les êtres de lumière.

07.07. Avatar (Someone to Witch Over Me)
Un démon capture les anges gardiens des innocents pour se protéger de la menace ultime qui arrive.

07.08. Roman noir (Charmed Noir)
A l'école de magie, Paige et l'agent Brody se trouvent envoyés dans un roman en noir et blanc. Ils doivent écrire l'histoire pour se sauver.

07.09. Le Prix de la vérité (There's Something About Leo)
Léo annonce qu'il est un avatar. Les conséquences sont désastreuses.

07.10. Démons et Merveilles (Witchness Protection)
Léo demande aux sorus de protéger la Voyante. Celle-ci a décidé de se retrouner contre les démons en l'échange d'une vie de mortelle.

07.11. Un nouveau monde (Ordinary Witches)
Suite à l'attaque de Zankou, le pouvoir des trois est transféré à des innocents...

07.12. Charmageddon : 1re partie (Extreme Makeover: World Edition)
La réalisation du destin prévue par les Avatars est imminente. MAis les trois soeurs sont victimes dun sort de paranoïa qui attire et tue un avatar.

07.13. Charmageddon : 2e partie (Charmageddon)
Léo doit convaincre que l'Utopie créé par les Avatar n'ets pas aussi bien qu'escompté.

07.14. Un prof d'enfer (Carpe Demon)
Un professeur de l'école de magie, anciennement démon, se trouve affublé de la personnalité de Robin des Bois, ce qui menace le secret de la magie.

07.15. Tout feu tout flamme (Show Ghouls)
Afin d'aider les âmes piégées des morts d'un cabaret, Phoebe et Drake se téléportent la nuit du drame, en 1899.

07.16. Sept ans de réflexion (The Seven Year Witch)
Piper tombe dans le coma après l'attaque d'un démon. Phoebe et Paige doivent se dépécher de la sauver.

07.17. Sorcier en herbe (Scry Hard)
Zankou est déterminer à trouver le Nexus. Piper et Léo se trouvent rétrécies et enfermés dans la maison de poupée par Wyatt qui veut les protéger.

07.18. La Petite Boîte aux horreurs (Little Box of Horrors)
La boite de Pandore, contenant tous les maux de l'univers doit entrer en possession de la nouvelle gardienne afin d'empêcher que ceux-ci ne se répandent sur Terre.

07.19. Le Corps du délit (Freaky Phoebe)
Une sorcière avide de pouvoir échange de corps avec Phoebe. Piper et Paige découvriront-elles la vérité à temps ?

07.20. La Main sur le berceau (Imaginary Friends)
Et si l'ami imaginaire de Wyatt était en réalité un démon cherchant à anéantir le bien en lui ?

07.21. Derniers Maux : 1re partie (Death Becomes Them)
Zankou parvient à s'emparer du Livre des Ombres.

07.22. Derniers Maux : 2e partie (Something Wicca This Way Goes?)
Et si le seul moyen de vaincre Zankou pour les soeurs était de faire l'ultime sacrifice ?

08.01. Une nouvelle vie (Still Charmed & Kicking)
Présumées mortes, les trois soeurs commencent une nouvelle vie sans démon. Mais le côté être de lumière de Paige ne peut résister à l'appel à l'aide d'une jeune sorcière (Billie).

08.02. Traquées (Malice in Wonderland)
Des étudiants perdent la tête après avoir été envoyés dans le «pays des merveilles» d'Alice.

08.03. Au-delà des apparences (Run Piper, Run)
Piper a pris l'apparence d'une jeune femme rechercher pour meurtre. Paige et Phoebe doivent prouver son innocence si elles veulent sauver Piper d'une mort certaine.

08.04. L'Élu (Desperate Housewitches)
Wyatt est enlevé par un démon cherchant à ressusciter la Source.

08.05.   Ressuscitées (Rewitched)
Billie met la nouvelle vie des trois soeurs en danger en utilisant ses pouvoirs : l'agent Murphy est persuadé qu'elle sont toujours en vie.

08.06.   Le Poids du passé (Kill Billie: Vol. 1)
Billie se trouve paralysée devant un démon. Elle explique aux soeurs que dans son enfance, sa soeur, Christie, a été enlevée et n'a jamais été retrouvée.

08.07.   Le Protégé (The Lost Picture Show)
Un démon enlève des futur être de lumière et les pièges dans un collage maléfique. Sam demande l'aide de Paige pour sauver l'un de ses protégés.

08.08.   La femme est l'avenir de l'homme (Battle of the Hexes)
Billie met une ceinture magique qui lui donne une force surhumaine et la convainc de la supériorité des femmes.

08.09.   L'Antidote (Hulkus Pocus)
Billie est infectée par un virus créé par le gouvernement qui transforme les êtres magiques. Piper et Léo ont peu de temps pour trouver l'antidote qui la sauvera.

08.10.   La Force du destin (Vaya Con Leos)
Piper s'adresse aux fondateurs et aux avatar pour sauver Léo de l'Ange de la mort.

08.11.   Mr. Jekyll & Mrs. Hyde (Mr and Mrs Witch)
Billie a un nouveau pouvoir : le pouvoir de projection. Elle transforme par inadvertance ses parents en tueurs sans coeur.

08.12.   Hold-up (Payback's a Witch)
Paige tente d'aider un ancien détenu à obtenir un prêt dans une banque. La demande tourne vite en prise d'otage...

08.13.   La Maison des poupées (Repo Manor)
Les soeurs se trouvent rapetissées et enfermées dans la maison de poupée (réplique du manoir) par un démon.

08.14.   Le Sceptre du zodiaque (12 Angry Zen)
Afin de pouvoir assuré l'avenir de l'humanité, Piper doit protéger le sceptre du zodiaque chinois. Mais attention à l'influence de son propre signe...

08.15.   La Bataille de Christy (The Last Temptation of Christy)
Billie retrouve sa soeur retenue prisonnière par des démons depuis des années. Paige est demandée en mariage par un être magique arrogant.

08.16.   La Bague au doigt (Engaged and Confused)
Les hésitations de Paige et Henry mettent leur fiançailles en danger.

08.17.   Les Noxons (Generation Hex)
Des démons ont envahi l'école de magie. Piper doit protéger les anciens élèves de Léo.

08.18.   Trahison (The Torn Identity)
Piper interroge des démons afin d'en savoir plus sur le Pouvoir Ultime.

08.19.   La Clef des songes (The Jung and the Restless)
Chritie piège les soeurs dans leur sommeil pour prouver à Billie que les soeurs sont gouvernées par leurs choix égoïstes.

08.20.   Le Monde à l'envers (Gone with the Witches)
Billie et Chritie détruisent la réputation des trois soeurs pour les forcer à se réfugier dans le monde souterrain.

08.21.   L'Appel du Néant (Kill Billie : Vol. 2)
C'est la bataille finale entre les soeurs Halliwell et Billie et Christie.

08.22. Forever Charmed (Forever Charmed)
Afin de sauver ses soeurs, Piper demande l'aide de Coop. Billie cherche aussi à sauver Christie.

Code Quantum

Des scientifiques parviennent à inventer la machine à voyager dans le temps. Lorsque le Dr Beckett l'utilise, il se retrouve dans le passé, dans le corps d'un personnage. C'est en résolvant son problème qu'il parviendra à revenir dans le présent.

01.01 Pilote - Genesis
Sam se retrouve dans la peau d'un pilote de l'US Air Force. Il doit échapper à la mort en tentant de passer mach 3 et sauver sa femme qui doit accoucher dans des conditions difficiles. Dans cet épisode, Sam est totalement amnésique.

Date de transmutation : 13 octobre 1956 puis 25 juin 1968

01.02 Amours croisées - Star Crossed
Sam se retrouve dans la peau d'un professeur de lettres dont est éprise une de ses étudiantes. Il retrouve Donna, son premier amour avec qui il a failli se marier mais cette dernière l'a quitté devant l'autel, traumatisée à l'idée de s'engager depuis que son père a quitté sa mère. Sa mission est de retrouver le père de Donna afin qu'elle puisse s'engager dans le futur. Il y parviendra mais du coup, Donna épousera son premier fiancé et non Sam.

Date de transmutation : 15 juin 1972

01.03 La Main droite du Seigneur - The Right Hand of God
Sam est dans la peau d'un boxeur qui participe à des matchs truqués. Cependant, il doit renoncer à l'argent de ces matchs pour aider une confrérie de religieuses à bâtir une église dans un quartier pauvre.

Date de transmutation : 24 octobre 1974

01.04 Le défi est lancé - How the Tess Was Won
Sam est dans la peau d'un vétérinaire à qui une texane propose un défi : la battre dans différentes épreuves pour pouvoir l'épouser. En jeu, un mariage et la direction d'un ranch. Sa mission véritable : rencontrer Buddy Holly et lui donner le goût du rock.

Date de transmutation : 5 août 1956

01.05 Veule mais pas trop - Double Identity
Sam est le frère d'un jeune marié, dans une famille quelque peu mafieuse. Il doit sauver une jeune fille de l'emprise d'un parrain pour pouvoir vivre son amour avec elle au grand jour.

Date de transmutation : 8 novembre 1965

01.06 Miss Melny et son chauffeur - The Color of Truth
Sam est dans la peau d'un noir américain pendant la période de la ségrégation raciale. Sa mission est de faire accepter sa différence dans la petite ville où il vit et travaille au service d'une riche femme blanche.

Date de transmutation : 8 août 1955

01.07 Le Kamikaze hilarant - Camikazi Kid
Sam est un ado boutonneux. Il doit empêcher le mariage de sa sœur, Sheryl, avec un homme alcoolique et violent.

Date de transmutation : 6 juin 1961

01.08 Un homme à abattre - Play It Again, Seymour
Sam est un détective privé ayant une liaison avec la femme de son associé. Ce dernier est assassiné et il recherche le coupable.

02.01 La Maure aux trousses - Honeymoon Express
Sam se projette dans la peau d'un policier de New York. Il se trouve à bord d'un train pendant sa lune de miel et doit affronter un terrible criminel...

Date de transmutation : 26 mai 1957 puis 27 avril 1960

02.02 L'Enfer du disco - Disco Inferno
Sam Beckett se transmute dans la peau d'un cascadeur : Chad Stone. Il doit empêcher son frère Chris d'exécuter une cascade mortelle et le lancer dans ce qu'il aime : la musique country, et d'y faire carrière…

— Date de transmutation : 1er avril 1976

02.03 Retour vers un futur - The Americanization of Machiko
Dans la peau de Charles McKensie, un marin de retour du Japon, Sam tente de faire accepter sa nouvelle épouse japonaise à sa famille…

— Date de transmutation : 4 août 1954

02.04 Le Chevalier d'Éon - What Price Gloria?
Samantha est une jeune femme très attirante, qui vient d'être embauchée comme secrétaire de direction dans une grande société. En devenant Samantha, Sam Beckett comprend très vite la mission qui lui a été confiée. La jeune femme est victime de harcèlement sexuel de la part de son patron, Buddy Wright. Au début des années soixante, aucune loi ne protégeait de ce genre d'abus…

— Date de transmutation : 11 octobre 1961

02.05 L'Amour aveugle - Blind Faith
Sam est projeté dans la peau d'Andrew Ross, un pianiste aveugle. Malgré cette nouvelle incarnation, il conserve l'usage de la vue jusqu'au moment crucial où, réellement aveugle, il devra sauver sa petite amie aux prises avec un tueur en série…

— Date de transmutation : 6 février 1964

02.06 Good Morning, Peoria - Good Morning, Peoria
Sam incarne un dj qui doit faire accepter le rock'n'roll à la communauté de Peoria, une ville très conservatrice. En effet, il doit empêcher la fermeture de la station de radio dans laquelle il travaille…

— Date de transmutation : 9 septembre 1959

02.07 Un seul être vous manque - Thou Shalt Not…
Sam est dans la peau d'un rabbin. Il doit aider toute sa famille à faire le deuil de leur fils mort un an plus tôt…

— Date de transmutation : 2 février 1974

02.08 Jimmy - Jimmy
Sam incarne un jeune trisomique. Il doit trouver un travail et se faire accepter par ses collègues dans le but d'empêcher son frère de le placer dans une institution spécialisée…

— Date de transmutation : 14 octobre 1964

02.09 Que Dieu me punisse - So Help Me God
Sam devient avocat dans une petite ville de Louisiane. Il doit défendre une jeune femme noire accusée du meurtre du fils d'un des hommes les plus influents de la ville…

— Date de transmutation : 29 juillet 1957

02.10 La Chute de l'étoile - Catch a Falling Star
Sam incarne Ray Hutton, doublure d'un acteur alcoolique qui va briser sa carrière si Sam ne l'aide pas. Sam revoit son ancien professeur de piano dont il était amoureux adolescent…

— Date de transmutation : 21 mai 1979

02.11 Histoire de fantôme sournois - A Portrait for Troian
Sam est dans la peau d'un spécialiste du paranormal. Il doit venir en aide à une jeune veuve tourmentée par la mort de son défunt mari…

— Date de transmutation : 7 février 1971

02.12 Le Sauvage - Animal Frat
Sam devient un étudiant surnommé «le Sauvage». Il se retrouve mêlé à de nombreuses manifestations étudiantes et doit empêcher un attentat organisé par des opposants à la guerre du Vietnam…

— Date de transmutation : 19 octobre 1967

02.13   Dragons et Démons - Another Mother
Sam est transmuté dans la peau d'une mère de trois enfants, Linda Bruckner. Un enfant va disparaître dans les 48 prochaines heures. Sam doit jongler entre la maternité et sa mission de sauvetage,
tandis que Al veille sur l'enfant la plus jeune… Un fardeau rendu beaucoup plus facile par le fait
qu'Al peut être vu par la plus jeune fille de Linda…

–Date de transmutation : 30 septembre 1981

02.14 Au bout du rêve - All Americans
Sam incarne l'un des meilleures joueurs de football de l'équipe des Jaguars; il doit à tout prix se qua-
lifier pour entrer dans l'équipe professionnelle. Il essaye de comprendre pourquoi son meilleur ami
veut volontairement perdre le match…

Date de transmutation : 6 novembre 1962

02.15 Course poursuite - Her Charm
Sam devient un agent du FBI. Il doit protéger une femme qui s'apprête à témoigner dans un procès
qui met en cause son ancien chef, trafiquant de drogue…

–Date de transmutation : 26 septembre 1973

02.16 Aux portes de la mort -Freedom
Sam incarne un homme aux origines indiennes qui est jeté en prison, accusé d'avoir volé une voiture
avec la complicité de son grand-père…

–Date de transmutation : 22 novembre 1970

02.17 Au revoir, mon ange - Good Night, Dear Heart
Sam devient un médecin légiste et entrepreneur de pompes funèbres. Il doit autopsier le corps d'une
jeune femme pour trouver la cause de sa mort…

Date de transmutation : 9 novembre 1957

02.18   Quitte ou double - Pool Hall Blues
Sam incarne un vieil homme noir et ex-champion de billard. Pour sauver le petit bar tenu par sa
petite fille, il doit jouer au billard comme un professionnel…

Date de transmutation : 4 septembre 1954

02.19 Un saut sans filet - Leaping in Without a Net
Sam se transmute dans la peau d'un jeune trapéziste, dont la mission est de réceptionner sa sœur qui
tentera un triple saut deux jours plus tard. Son père ne veut plus que Victor remonte sur un trapèze
qui était porteur du saut que devait effectuer sa mère juste avant la chute mortelle.

–Date de transmutation : 18 novembre 1958

02.20 La Cavale infernale - Maybe Baby
Sam incarne un Cow-boy. Sa compagne Strip-teaseuse et lui ont kidnappé… un bébé !

Date de transmutation : 11 mars 1963

02.21 La Fiancée - Sea Bride
Sam se transmute dans le corps de Philippe Dumont, qui est à bord du Queen Mary et sa mission est
d'empêcher le mariage de son ex-épouse Catherine Farrington à un gangster, Vincent Loggia. Philippe a inexplicablement disparu trois ans en naviguant dans les mers du sud.

Date de transmutation : 3 juin 1954

02.22 Beth - M.I.A.
Sam incarne un agent de la brigade des stupéfiants de San Diego. Il doit empêcher qu'une jeune
femme qui se croit veuve ne se remarie. En effet, son mari n'est pas mort mais prisonnier au Vietnam…

03.01 La Famille avant tout (1re partie) - The Leap Home - Part 1
Sam découvre avec stupeur qu'il est revenu sur les lieux de son enfance… dans la peau de lui-même à l'âge de 16 ans. Son père est toujours en vie, et tout semble à nouveau comme avant. Sam est encore sous le coup de l'émotion lorsque Al l'informe de sa mission…
— DATE DE TRANSMUTATION : 25 NOVEMBRE 1969

03.02 La Famille avant tout (2e partie) - The Leap Home - Part 2
Un nouveau saut dans le temps propulse Sam quatre mois plus tard dans le delta du Mekong, en pleine guerre du Vietnam. Il est entré dans la peau du soldat Herbert Williams, dit «Magic», enrôlé dans l'escadron commandé par son frère Tom. Nous sommes le 7 avril 1970, la veille de la mort de Tom. Une mission dangereuse se prépare, à laquelle doit prendre part Maggie Dawson, une journaliste dépêchée sur place. Ziggy ne peut fournir les informations dont Sam aurait cruellement besoin. Car tant qu'il ne connaîtra pas les circonstances exactes de la mort de son frère, Sam sera incapable de le sauver.
— DATE DE TRANSMUTATION : 7 AVRIL 1970

03.03 Au nom du père - Leap of Faith
Sam se retrouve dans la peau du Père Frank Pistano. Il doit aider un autre prêtre qui, témoin du meurtre d'un garçon de 12 ans, est en danger de mort…
— DATE DE TRANSMUTATION : 19 AOÛT 1963

03.04 La Corde raide - One Strobe over the Line
Sam devient Karl Kranston, photographe de mode. Il doit protéger un de ses mannequins de la drogue et de l'alcool mais surtout la tenir éloignée de son manager peu scrupuleux…
— DATE DE TRANSMUTATION : 15 JUIN 1965

03.05 Le Diable par la queue - The Boogieman
Sam se retrouve au moment de Halloween ou des choses bien étranges se passent…
— DATE DE TRANSMUTATION : 31 OCTOBRE 1964

03.06 Miss Sucre en poudre - Miss Deep South
Sam se retrouve dans la peau d'une jeune mannequin, Miss sucre en poudre. Cependant certains voient dans ces concours d'autres opportunités…
— DATE DE TRANSMUTATION : 7 JUIN 1958

03.07 L'amour n'a pas de couleur - Black on White on Fire
Sam fait partie de la communauté noire de San Francisco lors des émeutes sanglantes de cette même année à Watts. Sa petite amie veut le convaincre de partir étudier à Boston pour que leur amour puisse enfin être libre. Pas facile lorsque l'on est une jeune fille blanche de peau…
— DATE DE TRANSMUTATION : 11 AOÛT 1965

03.08 Quand Harry rencontre Maggie - The Great Spontini
Sam est dans le personnage d'un magicien qui a pour assistante sa jeune fille de 10 ans environ. Pas facile lorsque la maman décide soudain d'en récupérer la garde…
— DATE DE TRANSMUTATION : 9 MAI 1974

03.09 La Belle et l'équipée sauvage - Rebel Without a Clue
Sam se retrouve dans la peau d'un motard et doit empêcher l'agression de la petite amie du chef de gang…
— DATE DE TRANSMUTATION : 1ER SEPTEMBRE 1958

03.10 Miracle à New York - A Little Miracle
Sam est majordome d'un millionnaire new-yorkais qui n'aime pas qu'on lui donne des leçons. Heureusement Noël n'est pas loin. Tout miracle n'arrive jamais seul, il suffit parfois d'un petit coup de

pouce…

Date de transmutation : 24 décembre 1962

03.11 La Fuite - Runaway
Sam se retrouve dans la peau d'un enfant de treize ans…

Date de transmutation : 4 juillet 1964

03.12 La Future Maman - 8 ½ Month
Sam joue le rôle d'une femme enceinte de 8 mois et demi et qui va bientôt accoucher. Mais qui est le père ?

Date de transmutation : 15 novembre 1955

03.13 Futur Boy - Future Boy
Sam est dans la peau de Futur Boy l'acolyte fidèle du Capitaine Galaxy, héros d'un show télé qui croit avoir la possibilité de voyager dans le temps…

Date de transmutation : 6 octobre 1957

03.14 Que la danse commence - Private Dancer
Sam joue le rôle d'un go-go dancer qui doit aider une danseuse sourde …

Date de transmutation : 6 octobre 1979

03.15 Lorraine - Piano Man
Sam se transmute dans la peau de Chuck Danner pianiste dans un piano-bar au Nouveau-Mexique mais il est bientôt poursuivi par un truand…

Date de transmutation : 10 novembre 1985

03.16 Amour à vendre - Southern Comforts
Sam joue le rôle d'un propriétaire de lupanar qui doit protéger une femme de son mari brutal…

Date de transmutation : 4 août 1961

03.17 Concert hard rock - Glitter Rock
Sam est le chanteur principal d'un groupe de hard rock, directement inspiré du groupe KISS qui, dans l'histoire originale, a été assassiné à la suite d'un concert. Sam doit éviter de se faire poignarder. Le seul souci est que les suspects sont nombreux devant la scène et surtout qu'il y a un de ses fans qui prétend être son fils…

Date de transmutation : 12 avril 1974

03.18 Prime de risques - A Hunting We Will Go
Sam se retrouve dans la peau d'un chasseur de primes aux trousses d'une femme astucieuse.

Date de transmutation : 18 juin 1976

03.19 Le Couloir de la mort - Last Dance Before an Execution
Sam Beckett se retrouve assis sur une chaise électrique, quelques secondes avant qu'un certain Jesus Ortega ne soit exécuté. Par chance, la sentence vient d'être repoussée de 48 heures…

Date de transmutation : 12 mai 1971

03.20 Cœur de catcheur - Heart of a Champion
Sam fait partie d'un duo de catcheur dont le nom de scène est «the Battling Rusky», il doit empêcher son frère de lutter pour qu'il ne fasse pas de crise cardiaque durant le combat…

Date de transmutation : 23 juillet 1955

03.21 La Piscine atomique - Nuclear Family
Sam est le frère d'un promoteur d'abri antiatomique en pleine crise des missiles de Cuba. En période de guerre mieux vaut savoir qui est l'ennemi…

Date de transmutation : 26 octobre 1962

03.22 Choc en retour - Shock Theater
Lorsque Sam Beckett devient un certain Samuel Beederman, souffrant d'une psychose maniaco-dé-pressive, il découvre qu'il a été admis dans une clinique psychiatrique pour y subir une thérapie de

Le guide des épisodes des geeks

choc. Phénomène inquiétant, Al se rend compte que Sam prétend être Samantha Stormer, la jeune femme dont il avait déjà emprunté l'identité. Le Dr. Masters prétend que Sam/Samuel est atteint d'une schizophrénie aigue et décide de le mettre en observation.

04.01 Bond en arrière - The Leap Back
Albert, «l'observateur», et Sam Beckett ont accidentellement interverti leur rôle. Alors que Sam est projeté en l999 et devient «l'observateur», Albert, lui, atterrit en 1945 pour entrer dans la peau de Tom Jarret, un officier de la seconde guerre mondiale. Sa mission est d'empêcher le double suicide de Tom et Suzanne Elsinga. Dans un café, Al/Tom croise le regard d'une séduisante jeune femme. Sam révèle à Al qu'il s'agit de Suzanne, son ancienne fiancée.
DATE DE TRANSMUTATION : 15 JUIN 1945

04.02 Le Match de la dernière chance - Play Ball
Sam est un joueur de baseball. Il découvre que sa mission est de réconcilier un de ses coéquipiers avec son père.
DATE DE TRANSMUTATION : 6 AOÛT 1961

04.03 L'Ouragan - Hurricane
Sam se retrouve dans la peau d'un policier sur les cotes de la Floride qui doit faire face à un très violent ouragan.
DATE DE TRANSMUTATION : 17 AOÛT 1969

04.04 L'Ombre du passé - Justice
Sam se retrouve dans le corps d'un membre du Ku Klux Klan chargé d'empêcher la population noire de voter.
DATE DE TRANSMUTATION : 11 MAI 1965

04.05 Coiffé au poteau - Permanent Wave
Sam transmute dans le corps d'un coiffeur pour femmes et le fils de sa patronne, handicapé d'une jambe,assiste à un meurtre mais refuse de parler.
DATE DE TRANSMUTATION : 2 JUIN 1983

04.06 Y a-t-il une vie après le viol ? - Raped
Sam Beckett est dans la peau d'une jeune fille qui annonce avoir été violée par son petit ami. Vrai ou pure fiction ?
DATE DE TRANSMUTATION : 20 JUIN 1980

04.07 Singe et astronaute - The Wrong Stuff
Sam est dans la peau d'un singe sélectionné pour faire partie du Programme Mercury de l'armée Américaine. Seulement certaines personnes doutent des réelles capacités de ces animaux.
DATE DE TRANSMUTATION : 24 JANVIER 1961

04.08 Cauchemars - Dreams
Sam se retrouve dans le corps d'un détective, Jack Stone. Mais alors qu'il enquête, il est en proie à de terribles visions.
DATE DE TRANSMUTATION : 28 FÉVRIER 1979

04.09 Quand l'orage gronde - A Single Drop of Rain
Le docteur Beckett se retrouve dans la peau d'un charlatan qui se dit être un faiseur de pluie. Pas facile à croire même pour un scientifique tel que Sam.
DATE DE TRANSMUTATION : 7 SEPTEMBRE 1953

04.10 La vie ne tient qu'à une chaîne - Unchained
Sam se retrouve dans la peau d'un condamné aux travaux forcés pour avoir semble-t-il tué

quelqu'un. Son compagnon de couleur claustrophobe semble être également là par erreur. Que font deux innocents liés l'un à l'autre par une chaine à part tenter de fuir ?

— Date de transmutation : 2 novembre 1956

04.11 Être ou ne pas être… - The Play's the Thing
Sam est dans la peau d'un jeune acteur de théâtre éperdument amoureux d'une femme plutôt âgée qui rêve de faire une carrière de chanteuse. Soutenu par Sam et avec un peu de courage tout semble finalement bien possible.

— Date de transmutation : 9 septembre 1969

04.12 Chasse à l'homme - Running for Honor
Sam devient un soldat de la marine, chargé d'éviter le lynchage de son ancien ami, homosexuel.

— Date de transmutation : 11 juin 1964

04.13 Meurtre à Chinatown - Temptation Eyes
Dans le corps d'un reporter de télévision, Sam doit élucider une série de meurtres perpétrés par un tueur fou.

— Date de transmutation : 1er février 1985

04.14 Duel aux douze coups de midi - The Last Gunfighter
Sam Beckett est dans la peau d'un des derniers Cow-boy de l'Ouest qui a sauvé une petite ville des mains de bandits il y a 30 ans. Cependant quelqu'un vient bientôt contredire sa version des faits. Alors qui a raison ?

— Date de transmutation : 28 novembre 1957

04.15 Chanson pour une amie en peine - A Song for the Soul
Sam devient une jeune chanteuse noire dont la mission consiste à empêcher une amie de signer un contrat avec un escroc.

— Date de transmutation : 7 avril 1963

04.16 Panique à bord - Ghost Ship
Sam est pilote pour le compte d'un richissime magnat du pétrole. Il emmène le fils de son patron et sa toute jeune épouse en lune de miel près du Triangle des Bermudes. Le triangle est connu pour sa zone magnétique qui perturbe tout indicateur de direction. Mais est ce la seule chose qui le dérange ?

— Date de transmutation : 13 août 1956

04.17 Le Roi du direct - Roberto!
Le docteur Beckett est dans la peau de Roberto un présentateur télé de sujets a sensations. Cependant tout ne fonctionne pas si bien lorsqu'il s'agit d'affaires très privées.

— Date de transmutation : 27 janvier 1982

04.18 L'Ange - It's a Wonderful Leap
Sam est dans la peau d'un chauffeur de taxi qui vient de renverser Angela une femme qui se jette pratiquement sous ses roues. Cependant elle se relève bien vivante comme si de rien n'était...

— Date de transmutation : 10 mai 1958

04.19 Tranche de vie - Moments to Live
Sam se retrouve dans le corps d'un jeune acteur de soap -opéra et se fait capturer par une fan.

— Date de transmutation : 4 mai 1985

04.20 La Malédiction du pharaon - The Curse of Ptah Hotep
Sam est dans la peau d'un égyptologue qui vient de découvrir la tombe de Ptah Hotep un des plus riches et respecté pharaon de tous les temps. Cependant, à la découverte de sa tombe, une série de coïncidences laisse à penser qu'une malédiction sévit.

— Date de transmutation : 2 mars 1957

04.21 La Crème des hommes - Stand Up
Sam interprète un comique chargé de solidifier un couple entre son partenaire et une toute jeune

serveuse.

04.22 Lisa - A Leap for Lisa
Sam se retrouve dans la peau de Al Calavicci «son hologramme». Accusé du meurtre de la femme de son commandant, il laisse filer Lisa, son amante, qui elle seule pouvait le disculper. Mais lorsque les chances de condamnation à mort de Al augmentent, Sam se retrouve alors accompagné d'un autre hologramme, d'un ordinateur renommé et apprend que Gushie et Tina sont mariés.

━━━━━━━━ SAISON 05 ━━━━━━━━

05.01 Lee Harvey Oswald - Lee Harvey Oswald (1rst part)
Dans cet épisode qui constitue la première partie d'un épisode-double, Sam se réincarne dans la peau de Lee Harvey Oswald, celui qui a été soupçonné d'avoir assassiné le président Kennedy. On suit le parcours chaotique d'Oswald en 1957, 1959 et 1963 par l'exposé de quelques moments forts de sa vie (sa période de vie militaire chez les Marines ; un voyage en Asie ; un « stage » en Union soviétique, où il propose son aide aux services secrets soviétiques) ainsi que quelques traits de caractère (goût pour les armes, tendance à la violence). Néanmoins Sam a du mal à « contrôler » ses propres actes et a l'impression que son esprit et celui d'Oswald fusionnent.

DATES ET LIEUX DE TRANSMUTATION : 21 MARS (DALLAS, TEXAS), 5 OCTOBRE 1957 (ATSUGI, JAPON), 6 JANVIER 1959 (TUSTIN, CALIFORNIE), 21 OCTOBRE 1959 (LOUBIANKA, MOSCOU).

05.02 Lee Harvey Oswald - Lee Harvey Oswald (2nd part)
Il s'agit de la suite de l'épisode précédent. On suit la vie d'Oswald avant les événements du 22 novembre 1963. Sam est dans l'incapacité de maîtriser les agissements d'Oswald, qui a décidé de tuer le président Kennedy. Alors que le cortège présidentiel arrive en ligne de visée d'Oswald, Sam parvient, grâce à l'aide d'Al, à quitter le corps d'Oswald, qui néanmoins tire le premier des trois coups de feu. Sam se retrouve dans la peau de Clint Hill, membre du service de protection du président, et il protège de son corps Jackie Kennedy, qui reste vivante (alors qu'Oswald avait décidé de tuer le couple présidentiel). Al lui annonce alors qu'il a rempli sa mission : sa mission n'était pas d'empêcher Oswald de tirer ou d'empêcher l'assassinat d'avoir lieu, mais de protéger la vie de Jacky. Sam se retrouve réincarné dans un homme en pleine mer qui fait surnager une jeune femme inconsciente…

DATES ET LIEUX DE TRANSMUTATION : 21 OCTOBRE 1959 (LOUBIANKA, MOSCOU), 10 AVRIL 1963 (NOUVELLE ORLÉANS, LOUISIANE), 22 NOVEMBRE 1963 (DALLAS, TEXAS).

05.03 La Mégère et le Marin - Leaping on the Shrew
Sam est réincarné dans le corps d'un marin grec, Nikos Stathatos. Cet homme a déjà sauvé de la mort une jeune héritière au caractère égocentrique et têtu d'un navire en flammes en la sauvant de la noyade. Sam est incarné quand le marin arrive près d'un canot de sauvetage et hisse la jeune femme inconsciente à son bord. Ils abordent une île, au sujet de laquelle Al informe Sam qu'elle ne sera visitée par aucune personne pendant neuf années… (récit inspiré du film Vers un destin insolite, sur les flots bleus de l'été - 1974).

DATE ET LIEU DE TRANSMUTATION : MER ÉGÉE, 27 SEPTEMBRE 1956

05.04 Retour de guerre - Nowhere to run
Août 1968. Sam est incarné dans le corps du capitaine Ronald Miller, militaire revenu amputé des deux jambes de la guerre du Vietnam. Il doit empêcher le suicide de son compagnon de chambre tout en sauvant son mariage.

DATE DE TRANSMUTATION : 10 AOÛT 1968

05.05 Au douzième coup de minuit - Killin Time
Sam devient Léon Stiles, fugitif illettré qui détient en otage une mère et sa fille. Mais lorsque le vrai

Stiles s'échappe de la salle d'attente, Al part à sa poursuite et laisse Gushie le remplacer tandis que Sam se retrouve coincé dans le passé.

Date de transmutation : 18 juin 1958

05.06 Nuit magique - Star light star bright
Sam Beckett devient Maxwell Stoddard, un vieil homme que deux agents gouvernementaux croit fou car il affirme avoir aperçu des extraterrestres. Sam doit aussi sauver le petit-fils de Maxwell Stoddard de sa dépendance aux drogues. À la fin de l'épisode, à la grande surprise de tous, un vaisseau spatial surgit et emmène Maxwell Stoddard.

Date de transmutation : 21 mai 1966

05.07 Le Bien et le Mal - Deliver us from evil
Sam est de nouveau dans la peau de Jimmy La Motta et découvre l'existence de Alia, Zoey et Lothos, les penchants négatifs de Al, Ziggy et de lui-même.

Date de transmutation : 19 mars 1966

05.08 Trilogie 1 : Le Petit Cœur perdu - Trilogy 1 : One little heart
Sam devient un shérif de village, dont la fille semble posséder des pouvoirs surnaturels.

Date de transmutation : 8 août 1955

05.09 Trilogie 2 : Par amour pour toi - Trilogy 2 : For your love
Sam prend l'identité de Will Kinman, étudiant en médecine, onze ans après le précédent épisode. Il épouse la fille de son précédent saut et découvre qu'elle est impliquée dans un meurtre.

Date de transmutation : 14 juin 1966

05.10 Trilogie 3 : La Dernière Porte - Trilogy 3 : The last door
Sam devient Larry, un magistrat chargé de prendre la défense de son ancien amour.

Date de transmutation : 28 juillet 1978

05.11 Enchères frauduleuses - Promised Land
Sam incarne Williams Walters mais tout le monde l'appelle Willy, un jeune fermier qui braque une banque avec ses deux frères. Il finit par prendre parti pour les cambrioleurs et retrouve son père John Beckett.

Date de transmutation : 22 décembre 1971

05.12 Un mari pour deux - A tale of two sweeties
Sam incarne Martye Elroy un flambeur bigame et endetté qui doit empêcher ses deux femmes de se rencontrer.

Date de transmutation : 25 février 1958

05.13 Libération des femmes - Liberation
Sam devient Margaret Sanders, mère au foyer rêvant d'ambition et d'émancipation féminine.

Date de transmutation : 16 octobre 1968

05.14 Dr Ruth - Dr Ruth
Sam incarne une sexologue très réputée pour ses émissions radiophoniques tandis que celle-ci se retrouve avec Al et lui prodigue quelques conseils envers son amour pour Tina.

Date de transmutation : 25 avril 1985

05.15 Lune sanglante - Blood Moon
Sam incarne Nigel Corrington un jeune vampire participant à une étrange soirée.

Date de transmutation : 10 mars 1975

05.16 Le Retour du mal - Return of Evil Leaper
Sam incarne un jeune adolescent justicier Arnold Watkins. Il recroise une nouvelle fois le chemin d'Alia et de Zoey. Pendant ce temps, Al tente de réconforter le vrai Arnold.

Date de transmutation : 8 octobre 1956

05.17 La Revanche - Revenge of Evil Leaper
Le docteur Beckett incarne une jeune détenue en prison et hypnotise Alia afin de lui faire croire
qu'elle est réellement cette détenue. Lorsque Zoey transmute à son tour, Lothos envoie un hologramme de remplacement, Thames.

DATE DE TRANSMUTATION : 16 SEPTEMBRE 1987

05.18 Adieu Norma Jean - Goodbye Norma Jean
Sam incarne Dennis, le chauffeur homme à tout faire de Marilyn Monroe. Sa mission consiste à la
sauver d'une éventuelle overdose de drogues.

DATE DE TRANSMUTATION : 4 AVRIL 1960

05.19 L'Homme préhistorique - The beast within
Sam devient Henry Akers, un vétéran de guerre. Il doit protéger le fils d'un shérif ainsi que son ami
épileptique.

DATE DE TRANSMUTATION : 6 NOVEMBRE 1972

05.20 Les Tuniques bleues - The Leap Between the states
Sam est dans la peau de John Beckett son propre arrière-grand-père pendant la guerre de Sécession,
violant ainsi ses règles. Officier «nordiste», il doit tout faire pour épouser Olivia, une aristocrate su-
diste. Les obstacles sont de taille, mais le destin de la famille Beckett est en jeu.

DATE DE TRANSMUTATION : 20 SEPTEMBRE 1862

05.21 Memphis Melody - Memphis Melody
Sam interprète Le King en personne mais ne doit pas compromettre sa carrière. En parallèle, il doit
empêcher une serveuse de renoncer à ses désirs.

DATE DE TRANSMUTATION : 3 JUILLET 1954

05.22 Le Grand Voyage - Mirror Image
Sam se retrouve dans son propre corps à l'heure et au jour précis de sa naissance. Il atterrit dans un
bar d'une petite ville minière et rencontre des personnes dont les noms ou les visages lui semblent
familiers. Le patron du bar, un certain Al tente de lui fournir des explications sur les raisons de son
saut. Pendant ce temps, Al et Gushie tentent de retrouver Sam mais la mission s'avère difficile car la
salle d'attente est vide.

Le guide des épisodes des geeks

Dark Angel

S01E01 - Autre monde - 1ère partie
En l'an 2009, un groupe d'enfants génétiquement modifiés s'échappent d'une installation militaire des montagnes du Wyoming. Malgré les efforts du colonel Lydecker et de ses hommes, Maxine, alias Max, ainsi que plusieurs autres enfants réussissent à franchir le périmètre de sécurité et à gagner leur liberté. Dix ans plus tard, les Etats-Unis se retrouvent en pleine dépression économique après « l'impulsion », une onde électromagnétique qui a endommagé les systèmes informatiques...

S01E02 - Autre monde - 2ème partie
Aujourd'hui coursier à bicyclette et cambrioleuse à ses heures perdues, Max recherche ses «frères» qui ont pu s'échapper de Manticore et sont obligés - comme elle - de vivre cachés...

S01E03 - Tempérament de feu
Max subit les effets secondaires de la modification de son ADN, qui contient désormais des gènes de félin. De ce fait, elle va se retrouver en chaleur trois fois par an ! Dans le but d'assouvir ses pulsions, Max fait la connaissance d'Eric...

S01E04 - Dépendance
Max est sujette à de graves crises qui l'affaiblissent, et contre lesquelles elle lutte en absorbant du Tryptophan. Convaincues qu'elle se drogue, Kendra et Original Cindy jettent les dernières pilules qu'elle avait conservées ! Pour se procurer la précieuse substance, Max décide de cambrioler la pharmacie de l'hôpital...

S01E05 - Mains sales
Nathan Herrero, un célèbre journaliste qui s'était fait de nombreux ennemis au cours de sa carrière, a été enlevé il y a deux ans. Sa fille Alina entreprend des recherches pour le retrouver. Logan, qui considérait Herrero comme un héros à l'époque où la liberté de la presse existait encore, décide d'aider la jeune femme. Ils obtiennent le soutien de Max...

S01E06 - Tout prix
Max est arrêtée, la nuit, par des officiers de la police corrompus qui lui confisquent sa moto et exigent, pour la lui restituer, une somme astronomique. Original Cindy lui suggère de consulter les petites annonces pour acheter une nouvelle moto. Max a la surprise de trouver dans le journal le numéro du code-barres imprimé sur sa nuque, assorti d'un rendez-vous...

S01E07 - Génie génétique
Kendra est traductrice pour Yurio Tanaka, un célèbre généticien qui doit participer à un colloque à Seattle. Max apprend que le scientifique a réussir à guérir un enfant malade en modifiant son ADN. Peut-être pourrait-il l'aider à son tour ? Max décide donc d'assister à la conférence, sous l'identité de Rachel Glasser, reporter pour le magazine « Bio Tech ». Au congrès, Tanaka commence par présenter le jeune Jude, un garçon dont l'ADN a été manipulé...

S01E08 - Mal par le mal
Dans leur local à viande, deux épiciers découvrent le corps congelé d'une femme. Soudain, celle-ci, prénommée Brin, se lève et s'enfuit, à la terreur des deux hommes, persuadés qu'elle était morte. Comme Max, Brin est l'une des douze échappées de Manticore. Elle contacte Zack afin de réclamer son aide...

S01E09 - Avis de recherche
Lydecker a recours à une ruse diabolique pour retrouver Max : il fait imprimer des affiches la représentant comme une meurtrière et sa tête est mise à prix. Dénoncée par deux adolescents, la jeune femme doit s'enfuir et se cacher, mais Zack et Logan viennent à son secours...

S01E10 - Habit ne fait pas le moine

Logan soupçonne un gangster du nom de Gerhardt Bronck de se livrer à un trafic lucratif : le vol des réserves de sang de la ville. Il envoie Max dans le hangar que possède Bronck afin de vérifier cette éventualité. Mais Max ne s'attendait pas à ce que l'endroit soit si bien gardé. Repérée, elle essuie une pluie de balles...

S01E11 - Surveillance rapprochée
Logan Cale confie à Max la protection d'un important témoin au procès du maire. La jeune femme est chargée de l'emmener dans un endroit sûr. Lorsqu'ils se trouvent en présence de l'homme, les deux amis découvrent avec stupeur qu'il s'agit de Bruno Anselmo, le responsable de l'accident de Logan...

S01E12 - Charmante soirée
Max accompagne Logan à une cérémonie de mariage ennuyeuse. Pendant ce temps, un homme du nom de Runyon contacte Sketchy pour qu'il livre un colis de la plus haute importance à un marchand d'art. Le coursier, qui s'amuse avec Sky, ne remarque pas que le paquet est interverti avec un autre. Duvalier, le destinataire, s'aperçoit de la méprise : la peinture volée qu'il attendait n'est pas dans le colis...

S01E13 - Sans relâche
Après la mort de l'un de leurs congénères, les « Rouges » projettent de kidnapper Max, afin de récupérer la structure de son ADN, et d'assurer ainsi leur survie. La jeune femme, qui ignore la menace pesant sur elle, arrive à Jam Pony pour un travail. Elle apprend qu'Original Cindy y a également trouvé un nouveau job. Désireuses de fêter cet heureux événement, les deux amies se donnent rendez-vous, le soir-même, au Crash... De son côté, Logan retrouve progressivement l'usage de ses jambes...

S01E14 - Captures
Dans la salle d'interrogatoire, un médecin met en garde Lydecker : il est trop tôt pour donner à Zack une autre dose de drogue psycho-active. Mais Lydecker reste sourd à ces avertissements. Sous l'effet de la drogue, Zack commence à avoir des hallucinations. Il voit Max maîtriser le garde et pénétrer dans sa cellule...

S01E15 - Instinct maternelle
Logan, dont les fonctions motrices commencent à se détériorer, va voir Adriana Vertes. Cette brillante femme médecin lui a prescrit un traitement protégeant ses cellules nerveuses régénérées. En enquêtant sur elle, Max découvre qu'elle faisait partie de l'équipe médicale de Manticore. Elle la sauve d'un attentat...

S01E16 - Havre de paix
Max propose à Logan de passer une journée à la campagne pour décompresser et respirer au grand air. Réticent, il finit par accepter mais saisit l'occasion de se rendre sur les lieux d'un crime troublant : dix-huit personnes fuyant la loi martiale avaient été massacrées par un « escadron de la mort ». Les deux amis partent à Cap Heaven pour interroger un ancien policier impliqué dans un cette tuerie...

S01E17 - Grand amour
Max n'apprécie pas l'arrivée impromptue de Diamond, une amie de longue date d'Original Cindy, qui vient de s'évader de prison. Original est si heureuse de retrouver sa grande amie qu'elle lui propose de s'installer dans leur appartement... Max, en revanche, se méfie de la jeune femme qui lui paraît bien mystérieuse. Diamond, tout aussi suspicieuse, profite de l'absence de Max pour fouiller ses affaires avant de la suivre au cours d'un de ses cambriolages. Piégée par la police, Max est emprisonnée...

S01E18 - Prédateur
Un ami de Logan lui apprend qu'un cadavre, sur lequel est tatoué un code-barres, vient d'être déposé à la morgue. Max se rend sur les lieux et reconnaît le tatouage identifiant un X5, Ben, qui s'était évadé en même temps qu'elle. Or le corps de l'institut médico-légal n'est pas celui de Ben. Mais Max est

obligée de se cacher quand surgit Lydecker, qu récupère la dépouille. Elle voit ensuite des hommes apporter un autre corps, avec la même marque sur la peau...

S01E19 - Cible vivante
Trois voyous agressent Max dans un bar ; elle utilise ses pouvoirs pour s'en débarrasser prestement. Un homme étrange, vêtu d'un long manteau noir et coiffé d'un chapeau d'aviateur, assiste à la scène et filme la bagarre... Pendant ce temps, Logan enquête sur la mort de plusieurs prisonniers en liberté conditionnelle...

S01E20 - Portée disparue
Max retrouve sa soeur Tinga et apprend qu'elle a un fils. Mais celui-ci, qui possède des pouvoirs spéciaux, est malheureusement atteint d'un virus mortel. Tinga décide de se rendre à Manticore pour y dénicher un remède malgré les nombreux dangers qui la guettent là-bas...

S01E21 - Féline
Logan prie Max de lui procurer un microprocesseur. Il ne lui dit pas qu'il lui servira à réparer l'exosquelette sur lequel il travaille sans relâche. La jeune femme, qui n'arrive pas à calmer ses instincts « félins », sollicite l'aide de son amie Cindy. Pour fêter l'anniversaire de leur première rencontre, Logan invite Max à dîner et lui réserve une surprise. Pendant ce temps, Lydecker acquiert une technologie qui devrait lui permettre de capturer Max...

S01E22 - Dieu tout-puissant
Madame X charge Brin d'une double mission : capturer Max et éliminer Lydecker. Ce dernier révèle à Max qu'il n'est aucunement responsable de la mort de sa soeur et lui propose son aide pour détruire Manticore. Mais en menant cette opération, Max est grièvement blessée. Une seule personne peut la sauver : Madame X

■■■■ SAISON 02 ■■■■

S02E01 - Prix de l'évasion
Logan diffuse un message piraté de Streaming Freedom expliquant en quoi consistent les expériences génétiques du Projet Manticore mises au point dans le but de créer le soldat parfait. Logan fait ainsi le serment de punir les gens responsables. Pendant ce temps là, à Manticore, Max se remémore la torture qu'elle a dû subir et qui l'a mené à se soumettre aux exigences de Manticore. De retour dans sa cellule, Max, lentement mais sûrement, réussit à ôter des parpaings du mur, en vue de s'échapper...

S02E02 - Liberté
X7 poursuit un DAC (Combattant acclimaté au désert) en fuite après la destruction de Manticore, et l'amène au nouveau poste de commande. Original Cindy est joyeusement surprise lorsque Max se manifeste. Original Cindy décide de mettre bout à bout les pièces du puzzle : Max mit le feu à Manticore, a été infectée par un virus qui l'empêche de toucher Logan, et Logan se trouve être «Eyes Only»...

S02E03 - Codes-barres
Joshua s'introduit par effraction dans une maison à la recherche de quelque chose qu'il ne trouve pas. Alors qu'il s'apprête à repartir, il est photographié par les résidents... Lydecker appelle Logan pour l'informer que l'échantillon d'ADN prélevé sur Max présente une bizarrerie...

S02E04 - Haute précision
Les habitants de Chinatown sont persuadés qu'un mutant est responsable de la mort mystérieuse d'un jeune Chinois... Max est démoralisée d'apprendre que les tentatives de Logan pour retrouver Sandeman ont échoué. L'arrivée d'Asha décide Max à partir. Mais alors qu'elle roule à vive allure, elle percute une voiture...

S02E05 - Nuit de folie
Max s'arrête chez Logan, et est surprise d'y voir Asha. A eux deux, ils essaient de faire dérailler une attaque planifiée sur une cible inconnue. Max sent qu'elle est de trop, d'autant plus que Logan décline son invitation à une soirée Halloween. Il lui explique qu'il devra travailler toute la nuit avec Asha afin d'arriver à leurs fins...

S02E06 - Vengeance
Max rentre par effraction dans une galerie, avec l'intention de voler une balle de baseball de valeur, mais Alec est juste derrière elle, animé par les mêmes intentions. Après une querelle, ils repartent bredouilles, mais ils déclenchent par mégarde, une alarme. Un garde rapplique aussitôt pour inspecter les lieux lorsqu'il est attaqué par une créature mi-homme, mi-chien...

S02E07 - Têtes d'acier
Un groupe de Steelheads rentre par effraction dans un magasin électronique et le saccage. Logan se retrouve en possession de la vidéo de surveillance, qui révèle que l'un des membres du groupe n'est autre que Zack, le frère de Max. Logan montre les séquences à Max, heureuse de voir que Zack est toujours en vie, mais horrifiée à l'idée que la moitié de son visage a été remplacé par de la bio-mécanique. Elle est déterminée à le retrouver...

S02E08 - Dans les profondeurs de l'océan
Logan appelle Max de toute urgence qui arrive illico à ses côtés. Elle découvre que l'aide ne concerne pas Logan, mais sa nièce de 6 ans, Brittany. Immédiatement, Max s'occupe d'elle et la distrait en lui contant l'histoire d'une sirène. Après le départ de Brittany, Logan tombe malade. Max constate une marque sur lui et est effrayée à l'idée que Brittany lui ait passée le virus de Manticore...

S02E09 - Art et la manière
Max est chez Joshua en train d'étudier les substances biologiques de Manticore afin de trouver une solution au virus qu'elle véhicule, et ce à destination de l'ADN de Logan. Joshua, prêt à tout pour l'aider, recherche dans le sous-sol de la maison des éléments et tombe sur du matériel de peinture. Inspiré, Joshua se met à peindre et crée une oeuvre originale... De son côté, Logan espère également trouver un ancien docteur de Manticore qui l'aiderait à se débarrasser du virus dont il est victime...

S02E10 - S1W
Brainiac, un garçon obèse de 19 ans, se rend dans une salle d'arcade où se situent les quartiers généraux des S1W. Il devine apparemment qu'une descente de la police va avoir lieu et que le leader des S1W va être abattu lors du raid. Ce dernier a effectivement lieu. Asha et ses compatriotes sont donc arrêtés par la police. Brainiac quant à lui, tente de se faire arrêter à son tour afin de se joindre à Asha...

S02E11 - Contrat Berrisford
Alec accompagne Max à une livraison et est choqué à l'idée que leur destination n'est autre qu'un château qu'il a connu auparavant. Il puise dans ses souvenirs pour se remémorer un maximum d'éléments : il se rappelle arriver dans cette demeure, y apprendre comment jouer du piano à une fille, embrasser cette dernière avant qu'une explosion ne survienne. Max le questionne sur son étrange réaction, mais il l'ignore, dépose le paquet au pas de la porte sans signature et s'enfuit brutalement

S02E12 - 12 heures de sursis
Au Crash, Logan accepte de concourir au billard face à Alec, et finit par le vaincre. Pour le féliciter, Alex lui offre une bière, mais oublie complètement le virus mortel que supporte Logan. Ce dernier se sent bien, mais Max en a assez de ce virus qui s'immisce entre eux. Elle part ainsi à la recherche d'un scientifique capable de venir en aide à Logan. Elle tombe sur la perle rare, mais ce docteur lui demande 20000 dollars pour mettre au point l'antidote...

S02E13 - Quarantaine
Attristée par les tensions persistantes qui subsistent entre elle et Logan, Max décide d'aller faire un

tour de moto. Sur son chemin, elle tombe sur une fusillade et est touchée. Emmenée d'urgence à l'hôpital, au service chirurgie. Elle ne se souvient plus de son identité, mais le numéro de Logan figure sur son agenda électronique. L'hôpital s'empresse de prévenir Logan. Ce dernier se rend immédiatement compte que leur patiente est Max et lui invente aussitôt un autre nom, Linda Eastman, et déclare qu'elle est sa femme...

S02E14 - Disciples

Max et Cindy décident d'aller passer la nuit dans un night club, mais leur soirée est compromise lorsque 4 «Bloods» s'introduisent dans le club, le mettant sens dessus-dessous, et attaquant et dévalisant son patron, car ils possèdent les codes du bar. Logan entend parler d'attaques similaires qui ont eu lieu...

S02E15 - Ensorceleuse

Max aide Logan à persuader le comptable d'un syndicat du crime de piéger son patron. Au club 49, elle s'arrange pour faire la connaissance de Bougie, le fameux comptable. Celui-ci, atteint de narcolepsie, s'endort lorsque Max le séduit. Mais le petit jeu de séduction de Max est remarqué par Mia, jeune fille qui est apparemment la petite amie de Dougie. Mia ordonne à Max d'oublier Dougie ainsi que la conversation qu'elles viennent d'avoir et lui demande de rentrer chez elle. Bizarrement, Max se soumet...

S02E16 - Immunité

Wendy White appelle Logan pensant avoir retrouvé la trace de son fils Ray, enlevé par son père, Ames. La communication est interrompue mais Max et Logan ayant repéré l'endroit de l'appel se rendent sur les lieux dans l'hôtel de la région. Ils découvrent très vite que l'enfant se trouve dans un pensionnat privé. Max y pénètre la nuit pour retrouver Ray...

S02E17 - Par amour

Max et Alec discutent au Crash. Alec insiste pour que Max quitte Logan car comme tout transgénique, elle constitue un danger pour lui. Enervée, Max va pour partir quand Logan la rattrape par le bras pour l'en empêcher... Cependant il a oublié un détail, à savoir qu'il n'a pas le droit de la toucher ! Le virus que porte Max est alors instantanément transmis à Logan, qui perd connaissance. Emmené d'urgence à l'hôpital, le docteur informe Max qu'aucun antidote n'existe...

S02E18 - Après-midi de chien

Pendant que Joshua se languit d'Annie, Max procure à Alec un faux certificat de naissance qui démontre qu'il a un frère jumeau. Ce document le tire d'affaire et prouve que son «frère» aurait commis le meurtre. Par ailleurs, à la télévision, un ministre tient un discours à l'encontre des transgéniques, affirmant qu'ils ne sont pas humains...

S02E19 - Clone

Après que Max ait empêchée Normal de tuer par erreur un livreur avec apparemment un code barre tatoué sur le cou, Normal et Sketchy commencent à se demander d'où vient cette force surhumaine dont elle dispose. Fatiguée, Max s'interroge sur ce qu'aurait donné sa vie si elle avait vécu ailleurs. Soudain, on la voit dans une sorte d'univers alternatif, mariée, heureuse, et mère d'un enfant. Par la suite, l'Agent White et ses hommes rentrent par effraction dans la maison de cette «Max» et l'attaquent. Celle-ci se défend, mais est rapidement maîtrisée, et son mari ainsi que sont fils sont enlevés. White la nomme 452, mais «Max» lui explique qu'il s'est trompé de transgénique et que son code est... 453. Elle est un clone appelé Sam, mais elle veut revoir sa famille, elle va devoir aider White à retrouver Max, 452...

S02E20 - Destinée

Dans un asile, une cérémonie de culte prend place. C.J., interné, regarde la cérémonie en préparant son évasion. Un scanner de la police indique qu'un transgénique est en fuite, une fusillade avec les forces de l'ordre commence. Max l'intercepte et le sauve in extremis...

                           Le guide des épisodes des geeks

S02E21 - Vivre libre ! - 1ère partie

Terminal City. Un «X» en bois géant est en train de brûler. Une foule qui s'agite scandant des messages de protestation envers les transgéniques pendant qu'un reporter les interroge sur la haine qu'ils éprouvent pour eux. Contre l'avis de White, une nouvelle équipe est envoyée pour traiter avec Max. De son côté, celle-ci se rend chez Logan pour lui montrer de nouvelles runes qui apparaissent sur sa peau. Il les prend en photo dans le but de les traduire......

S02E22 - Vivre libre ! - 2ème partie

Terminal City. Un «X» en bois géant est en train de brûler. Une foule qui s'agite scandant des messages de protestation envers les transgéniques pendant qu'un reporter les interroge sur la haine qu'ils éprouvent pour eux. Contre l'avis de White, une nouvelle équipe est envoyée pour traiter avec Max. De son côté, celle-ci se rend chez Logan pour lui montrer de nouvelles runes qui apparaissent sur sa peau. Il les prend en photo dans le but de les traduire

DARK MATTER

Un équipage se réveille au bord d'un vaisseau spatiale. Ils doivent retrouver leur mémoire ainsi qu'échapper à des ennemis inconnus,

S01E01 - Pilot - Part 1

Six personnes se réveillent à bord d'un vaisseau perdu au milieu de l'espace. Toutes ont perdu la mémoire et n'ont aucune idée de leur destination.

S01E02 - Pilot - Part 2

Les mercenaires, qui ont découvert leurs véritables identités, se rendent à leur destination initiale et aident des mineurs soumis à une compagnie multigalactique.

S01E03

Le Raza se dirige vers la station spatiale la plus proche. Mais la découverte d'un cadavre et des souvenirs enfouis créent des tensions dans l'équipage.

S01E04

Le Raza se pose sur une station spatiale afin de se ravitailler. Mais certains membres de l'équipage ne soient pas inconnus des forces de l'ordre.

S01E05

L'équipe a dû quitter précipitamment la station spatiale. Une ancienne connaissance dont ils ignorent tout prend contact avec eux pour une mission.

S01E06

Cinq créé une machine pour sonder les rêves et trouver parmi ses souvenirs le code de la porte blindée mais elle se perd dans les souvenirs de Quatre et de Un.

S01E07

L'équipage réussit enfin à passer la porte blindée et découvre une pièce du vaisseau contenant une capsule de stase au sein de laquelle dort une femme.

S01E08

Six utilise le transport par clonage pour chasser un homme de son passé. Lorsque Cinq l'apprend aux autres, Un et Quatre se lancent à sa poursuite.

S01E09

Quatre est allé en secret retrouver son frère sur une planète éloignée. Mais c'est son ancien maître d'armes qui vient et le fait prisonnier.

S01E10

L'équipage du Raza se voit confier une mission par Mikkei Combine : collaborer avec des mercenaires pour voler un prototype sur une station surprotégée.

S01E11

Wexler et sa bande ont pris les commandes du vaisseau, soufflé Deux dans l'espace et enfermé les autres dans une chambre qui n'a qu'une quantité limitée d'oxygène.

S01E12

Une mission de sauvetage dans un laboratoire s'avère être un piège, dont le but est de récupérer Deux, qui a été créée dans ce même laboratoire.

S01E13

Androïde est retrouvée H.S. Après avoir fouillé le vaisseau à la recherche d'un intrus, les membres de l'équipage commencent à se suspecter les uns les autres.

S02E01 - Bienvenue dans ta nouvelle maison
Un demande à rencontrer le vigile qui aurait aidé Boone à tuer sa femme. Deux, Trois et Quatre tentent de comprendre le fonctionnement de la prison où ils se sont réveillés. Deux est envoyée en isolement et se lie d'amitié avec Nyx, une détenue...

S02E02 - Tue-les tous
Deux, Trois et Quatre s'allient à Nyx et Arax pour échafauder un plan d'évasion de la prison. Ils reçoivent de l'aide de Truffault et de Six, qui se rend compte que les véritables criminels sont ceux pour qui ils travaillent...

S02E03 - Perte de mémoire
Androïde doit être éteinte pour s'auto-réparer. Deux, Trois et Quatre ont perdu la mémoire et cherchent à éliminer Cinq, Nyx, Devon et Arax...

S02E04 - Comme un père
Le Raza fait une halte de plusieurs jours dans une station spatiale. Devon et Cinq réapprovisionnent l'infirmerie pour préparer entre autre l'opération de Six. Androïde fait une drôle de rencontre tandis que Trois tombe sur ses anciens coéquipiers, dont un certain Tanner...

S02E05 - Humaine débutante
Androïde installe une mise à jour lui permettant de se faire passer pour un humain. Elle peut ainsi se faire arrêter et pirater un ordinateur de l'Autorité Galactique. L'équipage du Raza découvre que c'est Jayce Corso qui a tué Un et décide d'aller le venger...

S02E06 - Un frère
Pour aller chercher des réponses auprès d'Alicia, le Raza a besoin de carburant et d'argent. Nyx propose de voler un vaisseau qu'elle connaît et qui transporte de la drogue. Ce qu'elle ne dit pas, c'est que dans ce vaisseau, son frère est tenu captif...

S02E07 - L'infiltration des clones
Des clones de Trois, Quatre et Cinq sont envoyés dans la forteresse de Reynaud pour découvrir à quoi sert une mystérieuse carte. Ils apprennent qu'elle appartient à un système de déplacement très sophistiqué : l'Hyper Flash...

S02E08 - Monde parallèle
En essayant l'Hyper Flash, le Raza se retrouve dans un univers parallèle où un autre Raza et son équipage se battent pour le compte de Ferrous dans la guerre galactique qui a éclaté. Le commandant Truffault est leur ennemi et prend le Raza pour cible...

S02E09 - Mourir au combat
Deux est affaiblie et va bientôt mourir à cause de ses nanites, qui sont en fin de vie. Trois et Six partent en mission sur Terre, chez Dwarf Stars Technologies afin de récupérer des nanites plus perfectionnées...

S02E10 - Virus
Un virus s'attaque au vaisseau alors qu'Androïde est sur sa plateforme de charge. La simulation d'Androïde réussit presque à convaincre l'équipage que cette dernière est responsable du virus et qu'il faut la détruire...

S02E11 - Je ne suis pas ton ami
 Cinq se fait enlever par d'étranges frères et Trois part à sa rescousse. Nyx, Deux et Quatre sont bloqués sur une station où va intervenir une patrouille de l'Autorité Galactique, menée par Kierken. Sur le Raza, Six essaie de convaincre Androïde de le laisser aller les aider...

S02E12 - Coup d'état
La fidélité de Quatre est mise à l'épreuve alors qu'il tente de récupérer le trône de Ishida...

S02E13 - D'abord on sauve la galaxie

Si, au début de leurs aventures, les six naufragés de l'espace se sont réveillés dans un vaisseau, c'est bien dans une prison qu'ils ouvrent cette fois les yeux. Tous essaient de comprendre le fonctionnement du lieu. Deux se lie d'amitié avec une des détenues, Nyx. Grâce à son aide, ils élaborent un plan d'évasion. Mais l'opération est remise en cause lorsque trois des reclus perdent soudainement la mémoire. Androïde, de son côté, installe un logiciel qui lui permet de se faire passer une humaine. Elle espère ainsi tromper la vigilance de l'Autorité Galactique.

S03E01 - La guerre est déclarée

La station EOS 7 a explosé, Deux et Six ont réussi à s'échapper à temps à bord du Maraudeur, mais les moteurs sont en panne. Seuls les Coms fonctionnent et ils réussissent à joindre le Raza. Cinq et Truffault ont réussi également à s'enfuir et ont rejoint le Raza...

S03E02 - Dans une bulle

Deux, Trois et Six partent à la recherche de l'Hyper Flash, que Ryo/Quatre a récupéré. Il se trouve sur une station de recherche de l'Empire Ishida. Suite à une mauvaise manipulation, l'Hyper Flash les envoie dans une «bulle» de non-espace, qui rétrécit lentement...

S03E03 - Révolution

Le Raza débarque sur une colonie de Traugott pour récupérer Tabor Calcheck, afin qu'il leur propose des missions, pour gagner de l'argent. A la place se présente Adrian, son ancien assistant, Tabor ayant pris la fuite dès les premiers jours de la guerre...

S03E04 - Un éternel recommencement

Trois est coincé dans une bloucle temporelle : il revit tous les jours la même journée. Il tente plusieurs techniques pour s'en sortir. Sur les conseils d'Androïde il va discuter avec Sarah, qui est toujours vivante sous la forme d'un programme informatique...

S03E05 - Echanges

Adrian veut sauver Ambrosia, la copine de Tabor, dont il est amoureux. En échange de l'aide de l'équipage, il leur promet un fichier qui contient les coordonnées d'une base de Ferrous Corp, où ils construiraient une flotte entière de vaisseaux spatiaux, suffisamment pour gagner la guerre.

S03E06 - Une dernière carte à jouer

L'équipage du Raza est aux prises avec leurs doubles venus d'un univers parallèle. Adrian fixe rendez-vous aux doubles «maléfiques» sous prétexte de les aider à vendre la cargaison de missiles qu'ils ont volé à Truffault.

S03E07 - Manipulations

Six a été sauvé par deux scientifiques de Ferrous qui manipulent son esprit. Les membres de l'équipage se rendent compte qu'ils doivent prendre parti dans cette guerre et tout faire pour empêcher Ferrous d'arriver à ses fins.

S03E08 - Chocolat chaud

Les délégués des colonies sont accueillis sur le Raza, où Six tente de les aider à trouver un accord. Mais quand l'un des délégués est retrouvé assassiné, les suspicions vont bon train. Androïde a un comportement étrange, ce qui inquiète Cinq. Elle a en fait été piratée et aide Quatre et ses troupes (sous la forme de clones) à prendre le contrôle du vaisseau grâce à un transfer.

S03E09 - Un voyage inattendu

Tout le monde reprend conscience après que l'Hyper Flash a émis un choc magnétique. L'équipage se réveille 600 ans dans le passé, soit au début du XXIe siècle. L'Hyper Flash est irréparable, et le seul endroit où aller est la planète Terre.

S03E10 - Le créateur

Victor appelle Androïde à la rescousse. Lui et ses amis sont recueillis à bord du Raza.Tout l'équipage se rend alors sur la planète où se trouve le «créateur» d'Androïde. Shaw propose à Trois de donner à Sarah un corps androïde, mais au cours de l'opération l'Autorité Galactique arrive, et tous doivent fuir.

S03E11 - La conspiration Dwarf Star

Le Raza se rend sur Nova 17, là où se trouve un bâtiment de Dwarf Star, d'après le souvenir que Victor a montré à Androïde. Sur place, l'équipage se rend compte qu'il y a des centaines de « simulants », en sommeil. Ils suivent alors une piste pour faire tomber Dwarf Star eux aussi.

S03E12 - Mon dernier cadeau

Jones envoie Cassie à Spearhead en 2020, au moment où elle a perdu sa fille. Elle lui demande de la tuer, pour l'empêcher de créer la machine à voyager dans le temps. Mais une fois sur place, Cassie se retrouve prise au piège d'une boucle temporelle.

S03E13 - Nulle part où aller

Deux ne parvient pas à tuer Ryo, et c'est tant mieux parce que Teku joint le Raza et demande à récupérer son Empereur. En signe de bonne entente, il leur donne les coordonnées de l'endroit où le Maraudeur des doubles de Trois et Deux est allé. Le Raza s'y rend et découvre le véritable chantier naval de Ferrous Corp.

Dr House

Le Dr House est à la tête d'une équipe médicale en charge de diagnostiquer les patients dont personne d'autre ne trouve la cause. Pour cela, il a recours à des méthodes non-conventionnelles.

S01E01 - Pilote
Une jeune institutrice d'école maternelle est conduite a CHU de Princeton après s'être évanouie en plein milieu de sa classe. House et son équipe de spécialiste pensent à une tumeur au cerveau mais l'hypothèse est rejetée suite à une série de tests et d'examens. Afin de découvrir ce qui est en train de tuer sa patiente, House envoie le nouvel arrivant Dr Foreman chercher des réponses au domicile de la jeune femme...

S01E02 - Test de paternité
Un adolescent de 16 ans, sujet aux cauchemars, est régulièrement touché par des crises d'hallucinations. Lors d'un match de crosse, il est frappé à la tête. Le Dr House pense qu'il est atteint d'une maladie du cerveau et qu'une intervention chirurgicale, très risquée, est nécessaire pour sauver la vie du garçon...

S01E03 - Cherchez l'erreur
Après qu'un étudiant s'est évanouit à la suite d'une relation sexuelle très intense avec sa petite-amie, le Dr House et son équipe de spécialiste mettent tout en oeuvre afin de découvrir ce qui s'est passé. Les symptômes dont souffre le patient sont trop nombreux pour qu'il s'agisse d'une seule maladie. Bientôt, son système immunitaire est tellement fragilisé qu'un simple rhume pourrait le tuer...

S01E04 - Panique à la maternité
Deux bébés nés au CHU de Princeton tombent malade et présentent les mêmes symptômes. House est persuadé qu'il s'agit d'une épidémie ce qui exaspère le Dr Cuddy. Mais il s'avère rapidement que House pourrait avoir raison... De plus en plus de bébés sont placés en quarantaine et la salle d'accouchement est fermée. House et son équipe tente de trouver l'origine de l'épidémie.

S01E05 - Erreur est humaine
Le Dr House soigne une nonne qui présente des symtômes d'allergie mais manque de la tuer. Pour comprendre ce qui s'est passé, Chase se rend au monastère de la religieuse. Une visite qui, à défaut d'apporter des réponses médicales, ramène Chase à des questions personnelles. Alors que la santé de la nonne se dégrade à chaque fois qu'un nouveau traitement lui est administré, Cuddy décide d'enlever le dossier au Dr House.

S01E06 - Mère à charge
Une femme atteinte de schizophrénie présente des symptômes étranges. Après examen, l'équipe du Dr House découvre qu'elle est atteinte d'une tumeur dont la cause reste totalement inconnue. House envoie secrètement Chase et Foreman fouiller l'appartement de la patiente dans le but de trouver des indices...

S01E07 - Question de fidélité
Lorsqu'une jeune femme se présente à l'hôpital de Princeton, souffrant de symptômes étranges, House et son équipe se démènent pour la guérir et rassurer son mari. Ils envisagent de nombreux maux mais tous les traitements échouent. Ne reste alors qu'une possibilité : elle a la maladie du sommeil, une maladie que l'on ne peut attraper qu'en Afrique. Or, ni le mari ni la femme n'y sont allés. Pour sauver la vie de leur patiente, les médecins doivent reconnaîtrent que le Dr House a raison : l'un des deux époux ment...

S01E08 - Empoisonnement
Quand un lycéen arrive à l'hôpital, victime d'un mystérieux empoisonnement qui pourrait être mortel, House et son équipe se mettent au travail. Après avoir fouillé le domicile du jeune homme, Cameron et Chase pensent avoir trouvé la cause de cet empoisonnement, jusqu'à l'arrivée d'un autre lycéen souffrant des mêmes symptômes. Le Dr house et ses collègues doivent agir vite s'ils veulent sauver la vie des deux adolescents.

S01E09 - Vivre ou laisser mourir
John Henry Giles, le légendaire chanteur de jazz, arrive à l'hôpital de Princeton. Il est atteint d'une sclérose latérale amyotrophique et signe un document stipulant qu'il ne souhaite pas être réanimé

en cas de problème. Mais House n'est pas d'accord avec le diagnostic et le réanime alors qu'il est train de mourir... Cette décision l'envoie en cour de justice où il doit répondre de ses actes. Mais l'état du patient commence alors à s'améliorer : l'équipe du Dr House cherche alors la raison de ce renversement de situation.

S01E10 - Histoire d'une vie
Le Dr Foreman pense qu'une sans-abris admise à l'hôpital, simule ses symptômes pour avoir à manger et un lit pour la nuit et veut la renvoyer chez elle. Mais le Dr Wilson n'est pas du même avis et va trouver le Dr House afin qu'il étudie le cas de cette patiente. Au moment où l'équipe la suspecte d'être atteinte d'une méningite contagieuse, la femme disparaît...

S01E11 - A bout de nerfs
House s'occupe d'un jeune homme de 16 ans victime d'un accident de voiture et qui n'arrête pas de saigner. Le médecin doit trouver une explication à ces saignements continus. Parallèlement, il accepte de relever un challenge lancé par le Dr Cuddy : ne pas prendre de Vicodine pendant une semaine. Mais les symptômes de manque ne tardent pas à apparaître. Pour ne rien arranger, les directives de House concernant Keith se font plus radicales et risquées qu'à l'habitude...

S01E12 - Rencontre sportive
Hank Wiggen, un lanceur de baseball de première division sur le retour, arrive à l'hôpital avec une grave fracture du bras. Cette fracture révèle un problème osseux et House soupçonne Wiggen de cacher qu'il prend des stéroïdes. Les reins de Wiggen commencent à faiblir et sa femme propose de lui en donner un mais, pour cela, elle devra mettre un terme à sa récente grossesse...

S01E13 - Mauvais oeil
Un garçon de 12 ans souffre de symptômes identiques à ceux d'une pneumonie, et d'une éruption plutôt bizarre. Depuis qu'il a rencontré un oui-ja lui ayant annoncé sa mort prochaine, l'enfant est persuadé être touché par une malédection. Le docteur House doit trouver l'origine de ses maux. Dans le même temps, il fait la connaissance du père de Chase, un médecin australien renommé...

S01E14 - Changement de direction
L'entrepreneur milliardaire Edward Vogel devient le nouveau président du conseil d'administration après avoir fait une donation de 100 millions de dollars à la clinique. Très vite, Vogel envisage de faire de la clinique un centre de recherche spécialisé dans les maladies incurables. Pour cela, il souhaite supprimer le service du docteur House, très peu rentable.

S01E15 - Témoin encombrant
Le gangster Joey Arnello s'est évanoui devant un juge fédéral alors qu'il allait passer aux aveux et rejoindre le programme de protection des témoins. House se voit chargé par la cour de déterminer si le mal-être d'Arnello est réel ou s'il simule. Et il doit agir vite.

S01E16 - Symptomes XXL
Le Dr House doit licencier l'un des médecins de son équipe, conformément aux ordres de Vogler. Il a une semaine pour faire son choix. Parallèlement, il traite une petite fille de 10 ans en surcharge pondérale, amenée à l'hôpital après avoir fait une crise cardiaque. Un diagnostic qui ne manque pas d'étonner l'équipe de House...

S01E17 - Double discours
Alors qu'il fait un discours pour de récolter des fonds, le sénateur Gary Wright est victime d'un malaise et perd connaissance. Il est transporté à l'hôpital de Princeton où Vogler demande à House de s'occuper de lui. Vogler oblige également House à vanter, lors de la Conférence Nationale de Cardiologie, les mérites de son entreprise pharmaceutique, sans quoi le docteur devra se défaire de l'un des médecins de son équipe.

S01E18 - Sacrifices
Une femme enceinte est victime d'un dysfonctionnement des reins et du cerveau. House et son équipe se démènent pour trouver l'origine du problème. De son côté, Vogler est déterminé à renvoyer House suite au discours que ce dernier a prononcé lors de la Conférence Nationale de Car-

diologie.

S01E19 - En plein chaos

Lors d'une épidémie de méningite qui rend les conditions de travail très difficiles, le Dr House s'intéresse à une jeune patiente de 12 ans qui ne semble pas souffrir des mêmes symptômes. Avec l'aide de son équipe, il doit tenter de traiter la jeune fille malgré le chaos ambiant (pas de chambre libre, pas d'appareils...). Dans le même temps, House doit impérativement trouver une remplaçante au Dr. Cameron...

S01E20 - maux d'amour

Il semblerait que House ne soit pas infaillible lorsqu'il provoque une attaque chez un de ses patients. Mais les esprits de tous les docteurs sont pris par le futur rendez-vous de Cameron et House, et chacun y va de son bon conseil pour que tout se passe bien.

S01E21 - Cours magistral

House est contraint par le Dr Cuddy à donner un cours sur le diagnostic médical à un groupe d'étudiants. Parallèlement, Stacy Warner, l'ex-femme de House aujourd'hui remariée, ressurgit dans la vie du médecin. Elle vient lui demander de sauver son mari, atteint d'un mal inconnu...

S01E22 - choix de l'autre

House accepte de s'occuper de Mark Warner, le nouveau mari de Stacy. Alors que tous les tests reviennent systématiquement négatifs, l'état de Mark ne cesse d'empirer. House devient alors de plus en plus exigeant avec son équipe et son comportement inquiète Wilson.

■■■■■■■■■■ ■ SAISON 02 ■■■■■■■■■■■■■■■■

S02E01 - Peine de vie

Clarence, un prisonnier condamné à mort, est victime d'hallucinations : il voit les fantômes des personnes qu'il a tuées par le passé. Sous le stress des «visions», il s'écroule, victime d'une insuffisance cardiaque. Le Dr House va se démener pour récupérer le cas de ce condamné à mort pour comprendre s'il souffre réellement de problèmes cardiaques, ou si son mal est juste le fruit d'une surconsommation d'héroïne.

S02E02 - Leçon d'espoir

Andie, une jeune patiente de 9 ans qui suit une chimiothérapie, s'évanouit suite à des hallucinations dans sa salle de bain alors qu'elle se préparait à prendre son traitement. Wilson demande au Dr House de s'occuper du cas de la fillette pour déterminer si son traitement est la cause de ces hallucinations répétées. Parallèlement, House se charge de soigner un jeune homme qui s'est auto-circoncis pour plaire à sa petite amie...

S02E03 - Culpabilité

Alfredo est le factotum de Cuddy. Il se retrouve d'urgence à l'hôpital suite à une mauvaise chute du toit de la maison de sa patronne. Il est asthmatique mais le mal qui le ronge contraint l'équipe à l'amputer d'une main. Le docteur House est consterné par l'attitude de Cuddy qui, selon lui, néglige son rôle de médecin pour sombrer dans une culpabilité stérile

S02E04 - Etre ou paraître

En Afrique, le Docteur Sébastien Charles s'occupe de soigner les malades de la tuberculose. Un jour, il tombe gravement malade et est rapatrié dans la clinique du Dr House. Tous les symptômes laissent à penser qu'il souffre de la tuberculose. Mais House n'est pas de cet avis...

S02E05 - Devine qui vient dîner ? / Fils à papa

Après avoir fêté la fin de ses études avec sa famille, Carnell, un diplômé de Princeton, se rend à une soirée organisée par des amis. Le jeune homme, qui a beaucoup bu, est soudain pris de convulsions. Il est conduit à la clinique du docteur House dans un état critique. Le médecin pense d'abord que Carnell a pris de la drogue, mais les tests sanguins lui révèlent le contraire. Le docteur House a l'impression qu'il lui manque un élément pour établir le bon diagnostic. Il commence donc à faire des recherches dans la famille du jeune homme. Par ailleurs, il reçoit la visite impromptue de ses parents...

S02E06 - La course au mensonge
Lors d'une course cycliste, deux garçons assistent à la chute et à l'évanouissement de leur coureur préféré. A la clinique, Cuddy charge House du cas du coureur. Le cycliste souffrant de problèmes respiratoires, House pense aux effets secondaires de l'EPO qu'il consommait...

S02E07 - Partie de chasse
Wilson discute avec House des dossiers qu'il a volé à Stacy. Sur le chemin, un voisin harcèle House pour qu'il s'occupe de son cas. Après plusieurs tests, ce dernier déduit que Kalvin souffre du SIDA, et l'informe qu'il ne peut rien faire pour lui, bien que Kalvin ne cesse d'affirmer qu'il ne peut pas être séropositif...

S02E08 - Erreur médicale
Stacy se prépare à témoigner en faveur de Chase lors d'une audience interne présidée par le Dr House. Le sujet de l'entrevue concerne le traitement qui aurait été prodigué par Chase à une mère de famille, Kayla, qui a été hospitalisée six mois plus tôt pour des douleurs à l'estomac. Elle serait décédée à la clinique suite aux différents traitements du Dr Chase.

S02E09 - Faux semblant
Dans un établissement de parieurs, House discute avec une jeune femme lorsqu'elle s'écroule subitement et convulse devant lui. El n'examinant, House remarque qu'elle porte des traces de contusions à la poitrine. A la clinique, c'est Foreman qui est maintenant le responsable. Ce dernier conclut que la jeune femme serait victime d'une maladie due à son alcoolisme ou à une maladie sexuellement transmissible. House désapprouve ce diagnostique...

S02E10 - Problèmes de communication
En plein discours lors d'une soirée organisée en l'honneur de son départ à la retraite, le journaliste Fletcher Stone s'effondre. A son réveil, il est incapable d'articuler un mot. Le Docteur Foreman se charge de déterminer les causes de cette aphasie...

S02E11 - Désirs illusoires
Une mère de famille commence à ressentir une douleur lancinante au bras alors qu'elle prépare la fête d'anniversaire de sa fille. Plus tard, alors qu'elle venait de prendre le volant de sa voiture, elle est victime de spasmes violents et incontrôlables. Après l'avoir examinée le Docteur House pense qu'elle est tout simplement enceinte...

S02E12 - Casse tête
Un père et son fils sont victimes d'un accident de moto. Le père sort indemne de l'accident, mais le fils, Adam, 16 ans, souffre de brûlures multiples et de contusions aggravées. A la clinique, c'est Foreman qui va s'occuper de lui prodiguer les soins nécessaires.

S02E13 - Confusion des genres
Alors qu'elle est sur le point de défiler, Alexandra Sim, jeune top-model à l'avenir prometteur, est prise de violentes nausées. Suivant les conseils de son père, elle prend des comprimés contre l'anxiété et monte sur scène. Elle est soudain prise de vertiges et chancèle, s'écroulant sur le podium. Après l'avoir fait admettre à la clinique, le père avoue au Dr House qu'il a donnédu valium à sa fille...

S02E14 - Maladie d'amour
Lors d'une soirée en famille, Amy est prise de plusieurs crises de vertiges et se plaint de douleurs à l'estomac. Son père Henry est lui aussi victime de plusieurs crises d'hypothermie marquées par des pertes de conscience. A la clinique, Foreman suspecte le père d'avoir contracté une MST suite à une relation extraconjugale. House, lui, se charge d'un autre patient en attente d'une transplantation cardiaque...

S02E15 - Bonheur conjugal
Le Dr House pense qu'une femme essaie de tuer son mari. Il tente alors de trouver des preuves pour confirmeront ses soupçons...

S02E16 - Protection reprochée

Melinda reçoit son petit ami, Dan, chez elle malgré les réticences de sa mère. Lorsqu'elle l'embrasse, elle est victime d'un choc anaphylactique. House et son équipe l'admettent à la clinique. Ayant subi une transplantation cardiaque six mois plus tôt et vivant, depuis, en milieu stérile, la jeune femme aurait fait une allergie au masque de protection que portait Dan aumoment du baiser...

S02E17 - 12 ans après
Un groupe d'enfants accompagnés de leur maîtresse font une visite du musée de l'Enfance. Lan, un des élèves demande à aller aux toilettes. S'inquiétant de na pas la voir revenir, elle le rejoint dans les toilettes et remarque que le petit garçon souffre de saignements. A la clinique, on organise un tournoi de poker caritatif, mais House et Cuddy sont appelés pour s'occuper du cas du petit Lan...

S02E18 - Insomnie
Le docteur House tente de soigner une jeune femme qui n'a pas dormi depuis dix jours. Parallèlement, Cameron est furieuse contre Foreman qui lui aurait, selon elle, volé un article qu'elle comptait faire publier. L'ambiance dans l'équipe est pour le moins tendue...

S02E19 - House contre dieu
Le docteur House soigne Boyd, un guérisseur âgé de quinze ans. Wilson est très déçu que son ami ne l'ait pas convié à sa partie de poker hebdomadaire...

S02E20 - De l'autre côté
Un policier, hospitalisé pour une blessure par balle, souffre d'une étrange euphorie. Le docteur House envoie Foreman dans l'appartement du malade afin de vérifier la présence d'éventuelles toxines. Celui-ci ne tarde pas à présenter les mêmes symptômes que le gardien de la paix, dont l'état se dégrade de façon inquiétante...

S02E21 - Au suivant
Le patient souffrant de la même maladie que Foreman est mort. Le docteur House souhaite pratiquer une autopsie mais Cuddy le lui interdit, arguant des risques de contamination. Une course contre la montre s'engage alors...

S02E22 - A la vie, à la mort
Une jeune femme prise de convulsions dans son bain est admise dans le service du docteur House. Son bébé, qui a failli se noyer, est pris en charge en néonatalogie où travaille exceptionnellement Chase. Foreman, qui ne paraît pas avoir de séquelles physiques de la grave maladie qui a failli lui coûter la vie, réintègre le service. Il semble néanmoins avoir beaucoup changé et perdu toute agressivité. House tente de le secouer...

S02E23 - De père inconnu
Léona, une jeune fille âgée de seize ans, victime du cyclone Katrina, souffre d'hallucinations. Elle est amenée dans le service du docteur House par Dylan Crandall, l'un de ses grands amis de jeunesse qui la présente comme sa fille. Immédiatement, le médecin met en doute cette paternité et pense que Léona est une mystificatrice. Il l'accepte dans son service pour percer à jour son secret...

S02E24 - House à terre
Alors qu'il examinait un patient avec Foreman, House se fait tirer dessus pas un forcené. A son réveil, il découvre que son agresseur a été placé dans la même chambre que lui. Il en profite alors pour lui demander les raisons de son acte : House aurait soigné sa femme auparavant sans succés. Plus tard, House est soudainement victime d'hallucinations et de pertes de consciences.

■■■■■■■■ SAISON 03 ■■■■■■■■■■■■

S03E01 - Retour en force
De retour à l'hôpital après son opération, House ne prend pas un cas mais deux. Richard McNeil, d'abord, un homme plongé dans un état quasi-végétatif à cause d'une tumeur au cerveau, qui est tombé dans sa piscine avec son fauteuil roulant. Caren ensuite, une jeune femme paralysée. Quant à House, il gambade joyeusement sur ses deux jambes et est étrangement sympathique avec ses

patients...

S03E02 - La vérité est ailleurs

Clancy, un petit garçon de sept ans, est retrouvé inconscient derrière chez lui. Il est persuadé d'avoir été enlevé par des extraterrestres. House commence à ressentir de la douleur dans sa jambe récemment opérée. La culpabilité taraude Cuddy qui s'en veut de ne pas avoir révélé à House la guérison de son précédent patient mais Wilson parvient à la convaincre de garder le secret.

S03E03 - Marché conclu

Ezra Powell, un éminent chercheur, ne parvient plus à respirer. Mais conscient d'être sur le déclin, il refuse d'être soigné et demande à House de l'aider à mourir. Dilemme moral qui va travailler Cameron tout au long du traitement. House utilise de nouveau sa canne.

S03E04 - Dans les yeux

Adam est un garçonnet âgé de dix ans diagnostiqué autiste. Alors qu'il est à table avec ses parents, l'enfant se met à hurler sans raison apparente ! Il est emmené à l'hôpital où le docteur House le prend en charge, mais son état de santé ne cesse d'empirer... Il devient évident que House s'identifie à son patient, du fait de son manque de courtoisie

S03E05 - L'amour de sa vie

House se penche sur le cas d'une jeune femme qui a été hospitalisée suite à des problèmes de respiration et de douleurs à l'estomac, après qu'elle et son mari aient été cambriolés. Tout à coup, le mari perd connaissance. L'équipe pense que les maladies du couple sont liées... Pendant ce temps, Michael Tritter, un patient de la clinique, cause des problèmes à House, lesquels pourraient bien avoir de sérieuses répercussions

S03E06 - Que sera sera

L'équipe médicale est confrontée à des problèmes en essayant de peser un homme d'environ 300 kilos... Parallèlement, House passe la nuit en prison. Il a été arrêté par le détective Tritter pour différents faits, mais surtout parce qu'il a fait preuve de résistance lorsqu'il a été appréhendé

S03E07 - 24h pour vivre, et mourir

Le docteur House réveille médicalement un homme plongé depuis dix ans dans un coma végétatif afin de comprendre pourquoi son fils, alcoolique, est lui aussi tombé dans le coma. Dans vingt-quatre heures, cet homme retrouvera son état végétatif. A la surprise de tous, il ne cherche pas à se rendre au chevet de son fils mourant mais préfère passer la journée à Atlantic City. Wilson et le docteur House l'accompagnent et mettent un certain temps à comprendre ce que ce malade ressent

S03E08 - Jeux d'enfants

Un jeune homme de dix-huit ans est admis à l'hôpital, après avoir été victime d'une crise cardiaque. Le docteur House examine le dossier de l'adolescent et pense avoir trouvé la cause de son malaise... Il décide d'en faire un jeu : il glisse dans une enveloppe le résultat de ses recherches, et lance le défi à Cameron, Foreman et Chase de trouver, eux aussi, le diagnostic

S03E09 - Rendez-vous avec Judas

Le docteur House s'occupe du cas d'une jeune fille, atteinte de pancréatite. Les parents de la malade n'étant pas d'accord sur le traitement à lui administrer, le docteur House traîne ceux-ci devant les tribunaux afin d'obtenir gain de cause ! Le juge finit par accorder la garde de l'adolescente à Lisa Cuddy... Parallèlement, Tritter poursuit sa stratégie, afin d'obliger House à admettre sa consommation de drogue, en proposant un deal à l'un des membres de l'équipe

S03E10 - Acceptera ... ou pas ?

Wilson l'ayant trahi, l'étau se resserre autour du docteur House. Il est sommé d'accepter un marché avec le procureur à savoir deux mois de cure de désintoxication s'il plaide coupable. S'il refuse, il ira en prison. Cuddy lui interdit le Vicodin pour le pousser à accepter. Mais le médecin est aussi dépendant à son médicament que têtu...

S03E11 - Coeurs brisés

Le docteur House est bloqué à cause du procès dont il est le principal prévenu, après que Tritter ait refusé la plaidoierie que Wilson avait prévue... Parallèlement, la vie à l'hôpital continue, et l'équipe médicale cherche à trouver l'origine d'une syncope chez un pompier. Depuis ce malaise, le patient est animé de tremblements incessants... House met sa vie en danger lorsqu'il doit quitter brutalement le tribunal correctionnel, pour s'occuper du malade

S03E12 - De pièces en pièces
Coincé à la clinique, le Docteur House se retrouve avec une patiente particulièrement encombrante sur les bras. La malheureuse est dans un sale état. Mais là n'est pas le problème principal. Le plus dur à supporter pour House, c'est que celle-ci a un grand besoin de se confier... et écouter les soucis d'autrui n'est certes pas le fort de notre praticien ! La jeune femme a été victime d'un viol. Cameron de son côté s'occupe d'un patient atteint d'un cancer incurable

S03E13 - Une aiguille dans une botte de foin
Le docteur House et son équipe doivent s'occuper d'un garçon gitan, atteint de graves problèmes respiratoires... Mais parallèlement, House se fait du souci au sujet de Cuddy et de son handicap

S03E14 - Sans peur et sans douleur
C'est le jour de la Saint Valentin, et Cuddy a un rendez-vous galant sans connaître la personne qu'il rencontrera. Parallèlement, House quitte les urgences pour s'occuper du cas d'une enfant, une fillette prénommée Hannah

S03E15 - Demi-prodige
Un prodige de la musique de 35 ans débarque dans le service avec un symptôme étrange. En effet, sa main est restée crispée depuis un récital de piano. Tandis que l'état du patient se détériore rapidement à l'hôpital, Gregory envisage de se rendre à Boston

S03E16 - L'homme de ses rêves
Gregory House fait un rêve dans lequel il voit un ancien soldat lui sauver la vie. Le lendemain, ce même militaire est admis à l'hôpital avec des symptômes ressemblant au syndrome de la guerre du Golfe. Parallèlement, le praticien est préoccupé par ses propres problèmes de santé. De son côté, l'ex-Marine voit son état se dégrader

S03E17 - L'enfant miroir
Une femme âgée d'une quarantaine d'années, photographe de renom, est victime d'une attaque cérébrale alors qu'elle attend un enfant. Le docteur House et son équipe font face à un grave dilemme : sauver la vie de la mère ou celle de son enfant

S03E18 - Y a-t-il un médecin dans l'avion ?
A bord de l'avion qui les ramène de Singapour, House et Cuddy doivent s'occuper d'un passager malade et Cuddy craint une épidémie. Entre-temps, Wilson et le reste de l'équipe apportent des soins à Fran, une femme âgée victime d'une attaque

S03E19 - Poussées d'hormones
Une fillette de six ans est hospitalisée, car elle souffre de douleurs que l'on ne décèle habituellement que chez des patients âgés. Des tensions entre Robert Chase et Allison Cameron amènent House à les assigner tous deux aux mêmes tâches, y compris l'analyse de la maison où la petite fille réside

S03E20 - Mauvaises décisions
Les médecins s'affairent autour d'une artiste de 28 ans, qui s'est effondrée suite à une paralysie du cerveau ! Mais ce cas revêt un aspect plus personnel pour Foreman... Parallèlement, les parents de Foreman débarquent sans prévenir... De son côté, House fait de l'excès de zèle avec l'une des anciennes femmes de Wilson... Wilson et Cuddy, quant à eux, ont un nouveau rendez-vous galant

S03E21 - Deux frères
Matty doit recevoir une greffe de moelle osseuse, c'est son frère Nick le donneur. Alors que le docteur Wilson se prépare pour effectuer l'opération, il apprend que Nick est tombé malade. Etant le seul donneur compatible, l'équipe médicale doit faire son possible pour le guérir au plus vite, car le temps presse pour Matty... Parallèlement, Foreman fait face aux conséquences de son erreur, tandis que House a des démêlés avec Hector, son nouvel animal de compagnie

S03E22 - Démission

Alors que l'équipe médicale s'occupe d'un jeune universitaire âgé de dix-neuf ans, le docteur Foreman donne soudainement sa démission, et ce sans aucune raison, au grand étonnement de tous... House semble avoir déjà trouvé le remplaçant de Foreman, une nutritionniste très attirante prénommée Honey

S03E23 - Petit con

House traite un enfant prodige. Agé de seize ans, l'adolescent est champion de jeux d'échecs... Par ailleurs, Foreman est vraiment perturbé à cause de House : il pense même qu'il est en train de saboter son entretien d'embauche dans un autre hôpital

S03E24 - Dernier espoir

House et son équipe étudient le cas d'une jeune femme Cubaine, qui a pris des risques afin de rencontrer le docteur House. Elle essaie désespérément d'obtenir un diagnostic sur sa maladie... En attendant, Foreman se prépare pour son dernier jour à l'hôpital «Princeton Plainsboro».

S04E01 - Tout seul

Avec son équipe partie, House essaie de diagnostiquer une jeune femme qui a survécu à l'effrondrement d'un immeuble de bureaux. Avec la maladie qui s'empire, Cuddy met House sous pression pour qu'il engage une nouvelle équipe, mais à la place il tente un diagnostic différentiel avec l'aide du gardien de l'hôpital.

S04E02 - Le boulot de ses rêves

House essaie secrètement de soigner un pilote de chasse qui est candidat pour le programme d'entraînement des astronautes de la NASA. Son diagnostic servira à tester et choisir lesquels des 40 postulants prendront place dans son équipe désormais vide.

S04E03 - 97 secondes

Les candidats forment désormais deux équipes de cinq femmes et cinq hommes. Ils concourent tous sur le diagnostic et le soin d'un homme en chaise roulante. Pendant ce temps, House fait des tests sur lui pour voir ce qui arrive après la mort, et Foreman, dans un autre hôpital, gère son équipe à la manière de House.

S04E04 - Les revenants

House trouve que certains de ses étudiants, candidats pour faire partie de l'équipe de House, seraient capable de traiter n'importe quel cas, jusqu'à ce qu'une femme croyant parler à la mort se présente pour être soignée.

S04E05 - Miroir, miroir

House traite avec un patient atteint de graves troubles circulatoires et d'un syndrome de miroir. Face à un interlocuteur, il adopte instantanément sa personnalité. Face à deux personnes, il imite celui qui dégage le plus d'autorité.

S04E06 - En mission spéciale

N'ayant presque aucune information et ni précédents médicaux sur un mystérieux patient envoyé par la CIA, House use de quelques méthodes peu orthodoxes pour le diagnostiquer et le soigner. Pendant ce temps, les candidats restants se questionnent sur le jugement de Foreman.

S04E07 - La part de mystère

Une équipe de film mais aussi les candidats suivent House à la trace, le distrayant alors qu'il essaie de diagnostiquer un adolescent qui souffre d'une attaque cardiaque avant une sérieuse opération chirurgicale.

S04E08 - You Don't Want to Know

House soigne un magicien mais en vient vite à croire qu'il ferait semblant d'être malade pour dissimuler son incompétence. Pendant ce temps, House monte les candidats les uns contre les autres dans une version très personnelle du défi de l'immunité.

S04E09 - Les jeux sont faits
Sous la pression de Cuddy pour choisir son équipe, House donne aux candidats le cas d'une ancienne star de punk rock qui est un drogué. Celui ou celle qui diagnostiquera le patient aura une place dans la future équipe de House.

S04E10 - La vérité, rien que la vérité ?
La paralysie soudaine d'une mère au cours d'une escalade en extérieur laisse sa fille blessée, et la nouvelle équipe de House cherche un remède. Pendant ce temps, House organise le Secret Santa de ses nouvelles recrues (échange des cadeaux)... mais pas sans quelques tours à la House.

S04E11 - Celle qui venait du froid
House et son équipe doivent diagnostiquer un cas à distance, celui d'un chercheur basé au pôle sud.

S04E12 - Virage à 180°
House et son équipe doivent diagnostiquer une mariée juive qui est tombée malade à son mariage. Cependant, House est plus intéressé pour analyser la relation de Wilson avec sa nouvelle petite amie.

S04E13 - Trop gentil pour être vrai
House affronte un patient dont les symptomes dissimulent un gros problème, mais House passe la plupart de son temps à esquiver les ordres de Cuddy pour donner ses rapports, et lutter contre Amber qui veut passer plus de temps avec Wilson.

S04E14 - Pour l'amour du soap
House soigne une célèbre star de feuilleton. Il croit que le patient a une maladie sérieuse, même si rien à l'évidence montre que c'est le cas. Pendant ce temps, Wilson et Amber ont leur première dispute.

S04E15 - Dans la tête de House - 1ère partie
Un accident de bus laisse House avec un sérieux trauma cranien et une amnésie partielle. Commençant à croire qu'un patient du bus avait une maladie qui menaçait sa vie, le médecin tente de se souvenir de qui il s'agissait et de quoi il souffrait...

S04E16 - ...dans le coeur de Wilson - 2ème partie
A la suite de l'accident de bus, House lutte contre ses blessures à la tête et sa perte de mémoire temporaire et doit se rappeler des syptômes qu'il a détecté sur une des personnes, qui étaient dans le bus avec lui, avant qu'elle ne meure...

<hr>

SAISON 05

S05E01 - Parle avec lui
Quelques semaines après la mort d'Amber, un fossé semble se creuser entre House et Wilson. Cuddy essaie d'arranger la situation mais Wilson prévoit de démissionner... Pendant, ce temps l'équipe suspecte que les symptômes de leur patiente, une assistante d'un directeur haut placé, sont dus à son obsession de faire plaisir à son patron mais sa condition médicale les force à revoir leur diagnostic et à voir l'affaire à travers les yeux de House...

S05E02 - Cancer es-tu là ?
House engage un détective privé pour espionner Wilson alors que des personnes ayant subi un don d'organes semblent mourir les uns après les autres. L'équipe découvre que le donneur est le même pour toutes les victimes. Il reste deux survivants... Mais quel était le problème avec ce donneur ?

S05E03 - Flou artistique
L'équipe de House prend en charge un nouveau cas : un peintre qui souffre d'un trouble de la perception. N'ayant rien vendu récemment, le peintre a accepté de se porter volontaire pour tester des

médicaments...

S05E04 - L'origine du mal
House apprend la mort de son père et semble insensible à la nouvelle. Sa mère lui demande d'assister aux funérailles et Wilson compte bien faire en sorte qu'il y aille ! Mais son équipe doit faire un diagnostic sur une jeune femme adoptée recherchant ses parents biologiques en Chine... House joue aux énigmes avec son équipe persuadé d'avoir trouvé le diagnostic par téléphone, quand la communication se coupe soudainement...

S05E05 - La Vie privée de n° 13
L'équipe de House doit s'occuper d'une jeune femme qui a une aventure avec 13. Elle a d'ailleurs fait une attaque dans son appartement. House ne se prive pas de fouiller la vie intime de son employée. D'ailleurs, House, toujours curieux, surveille Wilson grâce à son détective mais aussi Cuddy...

S05E06 - Rêves éveillés
L'équipe prend en charge un père souffrant d'absences et de pertes de mémoires inexpliquées, voire de somnanbulisme. Il élève une jeune fille de 12 ans qui semble avoir les mêmes problèmes que son père... Pendant ce temps, House apprend que Cuddy s'apprête à adopter un bébé. Elle rencontre la mère et remarque des éruptions étranges sur son bras. Son cas s'aggrave et Cuddy est prise dans un cruel dilemne : sauver la mère ou sauver le futur bébé ?

S05E07 - Consultation à domicile
Cameron s'attache à un homme agoraphobe qui tombe mystérieusement malade et refuse catégoriquement de quitter sa maison pour être traité à l'hôpital. Mais le traîter chez lui semble compliqué et le traîter à l'hôpital est une option impossible pour le patient et selon Cuddy... En même temps, Cameron et Chase règlent quelques soucis concernant leur relation alors que Wilson sent bien que les soucis de House sont autres que ce qu'il n'y paraît. Arrivera-t-il à comprendre qu'House et Cuddy se sont embrassés dans un moment d'égarement ?

S05E08 - Un vent d'indépendance
L'équipe s'occupe du cas d'une jeune directrice d'usine qui tombe malade à son travail quand ses poumons se remplissent soudainement de liquide. Elle a été émancipée et n'est encore qu'une adolescente. Kutner sympathise avec la patiente alors que Foreman émet le souhait de travailler en dehors de l'équipe de House. Voulant prouver qu'il peut y arriver, il traîte ce cas en plus d'un enfant frôlant la mort en psychiatrie... Saura-t-il demander de l'aide à House pour sauver l'enfant ?

S05E09 - Un diagnostic ou je tire
Un homme brandissant une arme dans la salle d'attente du Princeton-Plainsboro prend en otage House, Thirteen et plusieurs patients dans le bureau de Cuddy. L'homme affirme avoir depuis longtemps une maladie non diagnostiquée et demande l'assistance médicale du meilleur docteur de l'hôpital, en menaçant de tuer autant d'otages que nécessaire. Mais Thirteen va servir de cobaye et la curiosité de House va mettre en péril l'arrestation du preneur d'otages. Vont-ils tous s'en sortir indemnes ?

S05E10 - Manger bouger
House et son équipe prennent le dossier d'une professeur de fitness très en vue qui s'effondre en plein tournage d'une publicité. La patiente ne semble pas avoir adopter les méthodes qu'elle prône tant... Pendant ce temps, 13 commence des essais cliniques avec Foreman pour des médicaments contre la maladie d'Hungtington. Kutner fonde et dirige une clinique de conseils médicaux en ligne sous le nom de House et Cuddy déménage dans le bureau de House pendant que le sien est en réparation...

S05E11 - Le divin enfant
Une jeune fille s'effondre lors de son programme d'études de Noël. Il s'avère qu'elle n'a pas beaucoup d'amis et qu'elle est le bouc émissaire de ses camarades de classe. Thirteen et Foreman travaillent encore sur les essais cliniques. House semble avoir un admirateur...

S05E12 - Le grand mal

L'équipe de House s'occupe du cas d'un patient soufrant de même douleur que House, à la demande de Cameron. Pendant ce temps, 13 et Foreman continuent de faire des tests cliniques pour Huntington alors que leur relation se complique.

S05E13 - Le petit Paradis
Un professeur s'évanouit en classe et crache du sang. Maintenant que Cuddy s'occupe de son enfant, elle demande à Cameron de prendre en charge la gestion de l'hôpital et surtout de surveiller House. En même temps, Foreman doit prendre une décision très importante sur le traitement que doit prendre 13 pour sa maladie.

S05E14 - A la recherche du bonheur
Dana Miller, une ancienne chercheuse en cancérologie, a abandonné sa carrière et des travaux prometteurs pour se concentrer sur son épanouissement personnel. Son choix est mal perçu par l'équipe qui trouve cette attitude individualiste et choquante. Le docteur House est victime d'actes de vengeance cruels de la part de Cuddy qui lui en veut de l'empêcher de vivre pleinement sa maternité. Numéro Treize développe une tumeur cérébrale suite au traitement et Foreman lui révèle qu'il lui a administré le vrai produit en pensant agir pour son bien. Il a risqué sa carrière et la vie de sa compagne.

S05E15 - Crise de foi
Un prêtre découvre sur le palier de son centre d'hébergement de sans-abris un Jésus ensanglanté. Ce dernier est admis aux urgences. House s'occupe de ce nouveau patient et confronte Thirteen et Foreman au sujet de leur relation.

S05E16 - Un peu de douceur
Le nouveau patient de l'équipe de House a l'ADN d'un mâle et d'une femelle. Cuddy et Wilson soupçonnent un mauvais coup quand House se comporte bien.

S05E17 - L'hypocrite heureux
L'équipe du docteur House tente de soigner un malade atteint de désinhibition totale : il dit tout ce qu'il pense et fait des ravages autour de lui. Mais le médecin est surtout préoccupé par Wilson qui semble lui faire des cachotteries. Grâce à Taub, qui joue les espions pour lui, il découvre que son ami a rendez-vous dans un hôpital de New York. Serait-il malade ?

S05E18 - Un chat est un chat
Morgan est infirmière dans une maison de retraite où une chatte, Debbie, semble prédire la mort des pensionnaires en venant s'allonger auprès d'eux. Elle pense avoir été désignée par le chat et convainc le docteur House de la prendre dans son service. Le médecin veut prouver que ses troubles sont factices et tente par tous les moyens de démonter ses croyances. Taub est dans le collimateur de House et veut démissionner.

S05E19 - Je suis vivant !
Un homme se réveille à New York après un accident incapable de bouger ou communiquer. House qui a eu un accident de moto se retrouve dans la même chambre que ce patient et commence rapidement à taper sur le système des docteurs. House, intrigué par ce patient, souhaite le prendre en charge...

S05E20 - Sans Explication
Charlotte, une femme âgée qui a passé les six derniers mois à s'occuper de son mari mourant, est admise aux urgences pour des troubles respiratoires. Le couple va devenir un véritable mystère quand l'équipe va découvrir que quand la condition d'Eddie s'améliore, celle de Charlotte empire.

S05E21 - Quand le doute s'installe
House prend en charge un patient à la demande de Cameron. En contrepartie il lui demande de s'occuper des tests avec l'équipe afin de trouver ce qu'a le patient .En parrallèle, House a des doutes concernant le régime alimentaire particulier de Wilson

S05E22 - House divisé
Un jeune garçon sourd s'écroule durant un combat de catch, l'équipe doit faire face à un dilemme

      Le guide des épisodes des geeks

immoral afin de pouvoir le sauver. En parallèle, House subit des troubles du sommeil.

S05E23 - Ecorchés vifs
House et son équipe prennent en charge une ballerine dont les poumons sont atteints. Pendant ce temps, House souffre toujours de troubles du sommeil.

S05E24 - Parle avec elle
Le docteur House traite un patient qui présente deux personnalités distinctes. Par ailleurs, il doit gérer sa relation avec Cuddy.

SAISON 06

S06E01 - Toucher le fond
On découvre un House sous traitement pour vaincre sa dépendance à la vicodine. Cependant, l'hôpital où il est interné ne lui plait guère et il va tout tenter pour sortir de cet enfer.

S06E02 - Et refaire surface
House poursuit sa cure de désintoxication et le Dr Nolan refuse toujours de signer les papiers.

S06E03 - Comme un chef
House revient à Princeton où il continue son rétablissement. Il annonce à Cuddy qu'il va y avoir du changement dans sa vie. De son côté, l'équipe n'est pas en mesure de traiter un patient, créateur de jeux vidéo, qui préfère écouter les traitements des internautes plutôt que celui des médecins.

S06E04 - Le serment d'Hippocrate
Cuddy demande à Chase et Cameron de reprendre leurs anciennes fonctions le temps de soigner un dignitaire Africain. Mais l'homme se révèle être un dictateur, accusé de crime contre l'humanité. De son côté Wilson, essaie de régler un conflit avec un voisin mais House va s'en mêler.

S06E05 - L'argent ne fait pas le bonheur
Un riche bussinessman a entendu parler de la renommée de House et demande à Cuddy que House soigne son fils d'une maladie incurable. House n'ayant pas récupéré sa licence pour exercer, Cuddy lui demande de s'en occuper officieusement pendant que Foreman le surveillera.

S06E06 - Le coeur du problème
Lorsque Donny, policier, arrive au Princeton et dit aux médecins qu'il va mourir à 40 ans comme son père et son grand-père, House refuse de le soigner. L'homme ne présentant aucun symptôme de maladie, les médecins ne voient pas l'intérêt de le prendre en charge. Mais Cameron insiste pour le soigner.

S06E07 - Les mots pour ne pas le dire
Cuddy, Wilson et House participent à une conférence sur la pharmacologie mais tout ne se passe pas comme prévu. Après une folle nuit une jeune fille arrive au Princeton avec une inflammation de l'appendice. Oubliant de mentionner certains détails, son cas s'aggrave...

S06E08 - Classé X
Cuddy pense que l'hôpital n'est pas propice à de saines relations personnelles. House, qui a récupéré sa licence, traite une star de cinéma pour adultes, Hank Hardwick, qui a une douleur oculaire.

S06E09 - Heureux les ignorants
C'est la veille de Thanksgiving: House et l'équipe soignent un patient du nom de James Sidas un physicien et écrivain très brillant devenu coursier. Selon lui, l'intelligence est un fardeau qui a entraîné la toxicomanie, la dépression et bien d'autres symptômes.

S06E10 - L'ami de Wilson
Cuddy cherche un appartement pour emménager avec Lucas ce qui ne plait pas à House. Ce dernier va tout faire pour essayer de briser le couple. Au Princeton un vieil ami de Wilson arrive avec une paralysie du bras gauche. House pense que les cellules cancéreuses refont surface, mais Wilson, trop

impliqué émotionnellement, perd toute ojectivité.

S06E11 - Brouillages
House prend en charge le cas d'un dealer. La voisine de House et Wilson les croit homosexuels mais chacun d'entre eux tente de la séduire.

S06E12 - La diabolique
Valérie est une jeune femme cadre très séduisante, qui connait des douleurs atroces pendant des périodes aléatoires. House accepte de prendre en charge Valérie car il est charmé par le regard et l'apparence de la jeune femme. House n'est pas le seul à être subjugué par le charme et la personnalité de Valérie, les autres mâles de l'équipe aussi. Seule N°13 essaie réellement de découvrir la maladie de Valérie et ses liens.

S06E13 - Pourquoi tant de haine ?
Un footballeur universitaire se frappe la tête lors d'un entraînement. House traite le cas. Foreman ne veut pas rencontrer son frère, Marcus, tout juste sorti de prison.

S06E14 - Wonder Cuddy
Que ce passe-t-il dans une journée ordinaire de Cudy ? Elle doit gérer House ainsi que les problèmes administratifs de son hôpital.

S06E15 - Relations virtuelles
House et son équipe prennent en charge Frankie, une jeune femme admise en urgence car elle souffre de saignements et voit son corps se couvrir d'ecchymoses. Elle est également une bloggeuse fanatique, qui relate tous les détails de sa vie sur Internet, au grand désespoir de son petit ami, Taylor. Depuis sa chambre d'hôpital, elle publie son état sur son blog et demande à ses fidèles lecteurs de donner leur avis sur le traitement à suivre. Ce comportement amène House et ses collègues à réfléchir à la préservation de la vie privée, d'autant plus que House et Wilson découvrent des secrets les concernant...

S06E16 - La symbolique des rêves
Une étudiante, Abby Nash, est hospitalisée après avoir fait un oedème pulmonaire ayant entraîné un arrêt respiratoire. L'équipe pense avoir affaire à un cas d'alcoolisme, mais doit rapidement revoir son diagnostic. Pendant ce temps, House pousse Wilson à exprimer ses sentiments et Taub doit faire face aux soupçons d'infidélité de sa femme...

S06E17 - Personne ne bouge !
L'effervescence règne au sein de l'hôpital «Princeton-Plainsboro», car un nouveau-né vient d'être enlevé dans la nursery de l'établissement. C'est son père qui a remarqué sa disparition et a donné l'alarme. Cuddy ordonne aussitôt la fermeture de l'hôpital, car tout porte à croire que l'enfant et son ravisseur se trouvent encore dans ses murs. Cuddy demande également au personnel de rester enfermé alors qu'elle organise les recherches. House, lui, tente d'esquiver les policiers et se réfugie dans une chambre où se trouve un patient mourant. Au bout d'un moment, il finit par s'intéresser à son sort...

S06E18 - Amour courtois
William, chevalier dans une communauté vivant selon les moeurs du Moyen-Age, s'effondre après un duel. Il se retrouve à l'hôpital, confié aux bons soins de l'équipe de House...

S06E19 - Permis de tromper
Julia, 35 ans, est amenée à l'hôpital en raison de violentes douleurs abdominales. Alors que l'équipe de House discute du diagnostic, la maladie de la patiente est mise au second plan. Tous sont en effet beaucoup intéressés par les moeurs libres de Julia et de son mari, qui se laissent toute liberté de rencontrer d'autres personnes. Parallèlement, Taub flirte avec une employée de l'hôpital. Numéro Treize lui en fait la remarque. Alors qu'il nie avoir fait quelque chose de mal, House lui impose de passer la nuit auprès de Julia pour superviser des tests. C'est alors qu'un nouveau symptôme se manifeste...

 Le guide des épisodes des geeks

S06E20 - Le copain d'avant
Nicole et Ted, deux jeunes gens, s'apprêtent à se dire «oui» à l'église. C'est alors que Ted est pris d'aphasie, et immédiatement conduit aux urgences. House, qui trouve tout cela bien curieux, cherche à en apprendre plus sur son patient. Il découvre ainsi que Ted est un gay «réhabilité» qui, refusant son homosexualité, a suivi une thérapie pour devenir hétérosexuel...

S06E21 - Ça va bien et vous ?
Lors d'une séance avec son psychiatre, le docteur Nolan, House lui relate le cas d'une patiente arrivée aux urgences de l'hôpital. Elle souffre d'une maladie inconnue et d'amnésie sévère, ce qui rend son identification difficile. Grâce à ses effets personnels, House tente de découvrir qui elle est. Parallèlement, à la demande de Wilson, il retourne vivre dans son appartement. Il constate qu'Alvie, son compagnon de chambrée à l'hôpital psychiatrique, y a élu domicile et n'a pas hésité à vendre ses affaires. Alvie lui confie ses problèmes : ayant perdu ses papiers, il ne peut plus prouver qu'il est citoyen américain...

S06E22 - Sauvez-moi !
Cuddy, House et les membres de son équipe accompagnent une équipe d'urgentistes sur les lieux d'un accident. Une grue s'est effondrée sur un immeuble à Trenton, causant de nombreuses victimes. Le grutier, retrouvé inconscient, est amené à l'hôpital. House, en explorant les lieux, trouve une femme rescapée, la jambe bloquée sous une poutre en béton. House lui brosse le tableau de la situation : soit on parvient à la sortir de là en l'amputant, soit on attend de pouvoir déblayer les gravats au risque de mettre sa vie en danger. Tout en entreprenant de la soigner sur place, House dispense ses conseils par téléphone à son équipe...

■■■■ SAISON 07 ■■■■

S07E01 - On fait quoi maintenant ?
House et Cuddy font le point sur leur relation et leurs sentiments. En raison du congé maladie de l'un des médecins, l'hôpital «Princeton Plainsboro» se retrouve sans neurochirurgien. L'établissement risque de perdre son label qualité si le poste n'est pas pourvu rapidement, ce qui inquiète la hiérarchie. Toute l'équipe médicale cherche un traitement éfficace, qui permettra au praticien de revenir rapidement à son travail. Les analyses révèlent alors que celui-ci souffre d'une affection très difficile à soigner. Le Dr House est appelé à la rescousse. Dans un premier temps, House, qui se montre très allusif, laisse ses collaborateurs dans l'expectative...

S07E02 - Egoïste
La jeune Della, tout juste âgée de 14 ans, s'effondre lors d'une démonstration de skateboard organisée pour collecter des fonds pour la recherche sur les maladies dégénératives. Le docteur House et son équipe examinent l'adolescente et tentent de rassurer ses parents sur sa condition physique...

S07E03 - Comme dans un livre
Alice, écrivain spécialisée dans la littérature enfantine, victime d'une brusque crise de démence, veut mettre fin à ses jours. Elle se retrouve aux urgences. Les médecins tentent d'évaluer sa condition physique, mais également mentale. Le docteur House se sent personnellement impliqué car il est un fan de la patiente. Il passe ainsi beaucoup de temps à résoudre son problème de santé, mais aussi de longs moments à écouter la vie tragique de la femme de lettres. Il espère ainsi lui remonter le moral. Côté vie personnelle, le docteur House s'interroge sur sa relation avec Cuddy. Celle-ci vient de lui demander de trouver une remplaçante pour Numéro Treize...

S07E04 - Le message du massage
Une femme, Margaret McPherson, est hospitalisée suite à des vomissements et des maux d'estomac. En salle de réunion, House fait la connaissance du docteur Kelly Benedict, recrutée par Chase. Aussitôt, pour contrer Chase, House part en guerre contre sa nouvelle collègue...

S07E05 - House-sitter
Un nouveau-né rencontre d'inexplicables problèmes respiratoires doublés d'une déficience hépa-

tique. Le docteur House et toute son équipe décident de se pencher sur les antécédents médicaux d'Abbey, la mère de l'enfant, espérant ainsi trouver des indices. Et en effet, ils ne tardent pas à faire une étonnante découverte. Cuddy, retenue tard pour une réunion, demande à House de garder Rachel. Il s'y plie de mauvaise grâce et s'arrange pour se faire aider par Wilson. Mais la petite échappe cinq minutes à leur surveillance et les deux hommes pensent qu'elle a avalé une pièce de monnaie. Inquiets, pris de panique et en proie au doute, ils essaient de s'en assurer sans en parler à Cuddy. Enfin Taub propose au docteur Cheng de rejoindre l'équipe...

S07E06 - La petite dernière
House et son équipe tentent de soigner le directeur de campagne d'un candidat au sénat. Lassée des tergiversations de House, Cuddy lui impose une nouvelle collaboratrice, Sarah M. Masters, une étudiante en médecine que House décrit comme «l'enfant naturelle d'Albert Einstein et de Mary Poppins». Taub la prend immédiatement en grippe, ce qui intrigue beaucoup Chase et Foreman. Dans le mêmr temps, House tente de guérir son patient de l'hépatite C en lui inoculant l'hépatite A. Pour ce faire, il doit mentir à Cuddy. Qui doit-il sauver, son patient ou son couple ?...

S07E07 - En quarantaine
L'hôpital de Princeton Plainsboro accueille une jeune plongeuse qui s'est blessée avec un bocal retrouvé dans une épave vieille de 200 ans. Très vite, elle a présenté une pathologie évoquant la variole. Dès que les autorités sanitaires prennent connaissance de cette affaire, le docteur Broda arrive sur place et dessaisit House du suivi médical de cette patiente. Fou de rage, le médecin le plus acariâtre des Etats-Unis s'intéresse alors au père de la jeune fille, qui a développé les mêmes symptômes. Le reste de la famille est vacciné en urgence et l'hôpital est placé en quarantaine. Mais House doute fort qu'il s'agisse de la variole...

S07E08 - Chacun sa croix
Ramon Silva, un patient admis aux urgences, présente tous les stigmates de la crucifixion. Il ne fait aucune difficulté pour admettre qu'il se cloue en croix une fois par an pour honorer un marché qu'il a passé avec Dieu en échange de la guérison de sa fille, atteinte d'un cancer. Cuddy n'a toujours pas pardonné le mensonge de House et le boude en attendant qu'il lui fasse des excuses. Wilson se prépare à demander la main de Sam à l'occasion d'un mariage auquel tout l'hôpital est convié. Taub soupçonne sa femme de le tromper. En réalité, elle s'est liée d'amitié sur Internet avec un homme qui, comme elle, souffre de l'infidélité de sa moitié. Pour éviter d'avoir à lui présenter des excuses, House tend des pièges à Cuddy pour la prendre elle aussi en flagrant délit de mensonge...

S07E09 - Le héros du jour
Jack Nash et sa petite fille attendent la prochaine rame de métro. Soudain, Jack entend un cri et il aperçoit une femme étendue sur les rails. Voyant que personne ne réagit et qu'un train arrive, Jack n'hésite pas à se jeter sur la voie pour sauver l'inconnue. Mais une fois remonté sur le quai, bien qu'indemne, il s'effondre brutalement. Le docteur House et son équipe héritent de son cas et tentent d'établir un diagnostic. Par ailleurs, Cuddy reçoit sa mère, Arlene, à l'occasion de son anniversaire. Elle convie House mais celui-ci appréhende ce dîner. Il cherche un prétexte pour ne pas s'y rendre. Taub, quant à lui, découvre avec étonnement son visage sur une grande campagne d'affichage...

S07E10 - La carotte ou le bâton
House et son équipe tentent de déterminer l'origine du mal qui ronge un jeune délinquant incorporé dans un camp militaire, de même que son sergent instructeur. Avant de tomber malade, l'adolescent avait subi un entraînement particulièrement intense. Seul le passé des deux patients permettra de voir clair. Chase est outré. Une photo peu flatteuse le concernant a été postée sur un réseau social. La coupable ne peut qu'être l'une des trois femmes qu'il a récemment rencontrées. Mais laquelle ? House prend en charge la fille de Cuddy, Rachel, qu'il essaie de préparer à son entrée dans une prestigieuse école...

S07E11 - Médecin de Famille
Arlene, la mère de Lisa Cuddy, est admise au Princeton Plansboro car elle se plaint d'étrange symptômes. La dame, particulièrement têtue, refuse que le docteur House s'occupe de son cas car il utilise des placebos pour prouver qu'il s'agit d'hypocondrie. Le médecin se voit donc contraint de recourir

à des moyens peu conventionnels, voire illégaux, pour tenter de poser son diagnostic. Ses collègues vont s'inspirer de ses intuitions pour diriger leurs analyses, qui finissent par révéler des détails privés que la vieille dame avait choisi de ne pas révéler à ses enfants...

S07E12 - Apprendre à oublier

Dotée habituellement d'une excellente mémoire, une serveuse est hospitalisée car elle est soudainement frappée de crises de paralysie. Lorsque sa soeur aînée lui rend visite, son état s'aggrave aussitôt. Sa mémoire exceptionnelle, percutée par une vieille rancune qu'elle garde à sa soeur, mettrait-elle sa santé en péril lorsqu'elle entre en contact avec elle ? Foreman se porte volontaire pour préparer avec Taub un examen médical. House tente d'aider Wilson et découvre l'identité de sa petite amie secrète. Masters essaie de reconcilier les deux soeurs et mesure la difficulté de sa tâche...

S07E13 - Comme à l'école

House est convié à une journée d'orientation dans une école. Alors qu'il explique en quoi consiste son travail, il entre dans les détails de certains dossiers, ce qui s'avère un peu déplacé au goût de l'institutrice. Comme House persiste, il se retrouve convoqué par la directrice de l'école. Là, il fait la connaissance de deux élèves, Zack et Colleen, avec qui il entame une longue discussion. Les adolescents questionnent House sur sa relation avec Cuddy, ce qui amène le médecin à se remettre en question. Entrant dans le jeu des jeunes gens, il tente de découvrir pourquoi ils sont également convoqués chez la directrice...

S07E14 - Les temps sont durs

Un ouvrier présentant une importante éruption cutanée, liée à une exposition à des produits chimiques à la suite d'une explosion, est admis à l'hôpital. Alors que l'équipe tente de le soigner, elle découvre que son épouse croit qu'il est toujours agent immobilier, son emploi précédent, et gagne toujours aussi bien sa vie. Pendant ce temps, Cuddy doit recevoir une récompense honorifique. Elle espère que House sera présent à la cérémonie. Mais la brutale aggravation de l'état de santé du malade oblige House à revoir ses projets et à s'interroger sur sa vocation même...

S07E15 - Comme dans un mauvais film...

Un adolescent est admis à l'hôpital après avoir craché du sang. Taub le prend en charge, diagnostiquant une dépression et remarquant des coupures suspectes sur son corps. En fouillant à son domicile, les médecins mettent la main sur son journal, dont la lecture est loin de les rassurer sur l'état mental de leur patient. Ils découvrent également des vidéos qui le montrent en train de faire exploser des bombes de sa conception. Pendant ce temps, Cuddy s'inquiète de son état de santé. Elle demande à subir des examens et se fait hospitaliser. House ne sait pas quelle attitude adopter à son égard. Il cherche une cause aussi bien psychique que physique à son malaise...

S07E16 - Passer le cap

Lane, un jeune pratiquant du rodéo à dos de taureau, est admis à l'hôpital après avoir été agressé par l'animal qu'il montait. Après une série d'examens qui n'aident pas les médecins à établir leur diagnostic, l'équipe fait appel à House, alors absent de l'établissement. Pendant ce temps, l'état du patient ne cesse d'empirer. Ses symptômes disparaissent. En revanche, une succession de mini-crises met sa vie en péril. A la fin s'impose la conclusion que le dernier recours est une opération à coeur ouvert. Mais le jeune homme y survivra-t-il ?

S07E17 - Stupeur et consternation

L'équipe de House prend en charge un sans domicile fixe qui a été brûlé par le lancement d'une petite fusée. L'individu présente d'autres symptômes étranges, comme la confusion des odeurs. Il refuse de donner son véritable nom, prétextant qu'il ne veut pas que son père, qu'il accuse de maltraitance, le retrouve. Masters se prend d'affection pour le patient, qui prétend vouloir devenir médecin. Pendant ce temps, House se promène dans les couloirs accompagné d'une belle jeune femme, Dominika, qu'il annonce vouloir épouser. La cérémonie a lieu dans l'appartement du médecin, en compagnie de ses collègues et amis. C'est un tournant dans la vie du docteur House...

S07E18 - Mise au jour

Numéro Treize a purgé sa peine de prison. Elle est surprise de trouver House, qui l'attend, seul, devant la porte. Plutôt que de la déposer chez elle, il l'emmène à une compétition de tir au canon à air. Cependant, l'équipe s'occupe d'un professeur qui crache du sang et souffre de difficultés respiratoires. L'enseignant habite dans un appartement jonché de détritus. Les objets les plus hétéroclites y sont entreposés. Les collaborateurs du docteur House se demandent s'il ne faut pas chercher là la cause des symptômes éprouvés par le patient. De son côté, House essaie de découvrir pourquoi Numéro Treize a été incarcérée...

S07E19 - Enfreindre les règles
Sur le point d'achever ses études de médecine, Martha Masters est confrontée à un dilemme : se lancer dans une carrière de chirurgien ou accepter la proposition de House et intégrer officiellement son équipe. Les méthodes peu orthodoxes du praticien posent des problèmes de conscience à la jeune femme. Le cas de Kendall Pearson, une patiente de 16 ans, va précipiter sa décision. Sur le point d'entamer un tour du monde à la voile, l'adolescente s'est évanouie sans raison apparente durant un entraînement. C'est Martha qui va trouver le mal qui ronge la jeune femme. A son tour, elle devra enfreindre les règles pour la sauver...

S07E20 - La mécanique de l'espoir
Depuis qu'il a appris qu'il est le grand gagnant de la loterie, Cyrus Harry s'est lancé sur les traces de son premier amour. Victime d'un malaise qui l'a laissé paralysé d'une jambe, il est transféré à l'hôpital, dans le service du docteur House. Le médecin et son équipe pratiquent les premières analyses de routine, mais s'avouent perplexes quant à l'étiologie du mal dont souffre leur patient. Parallèlement, Arlene, la mère de Lisa, menace de poursuivre l'hôpital qu'elle accuse d'avoir commis une erreur médicale. Cela risque de coûter, à House et Lisa, le droit d'exercer leur profession. House, coutumier de ces procédures, ne semble pas très inquiet...

S07E21 - Le cobaye
Au lieu de s'occuper de la patiente qui a été confiée à son équipe, Wendy Lee, ingénieur employée par une société d'armement, House veut régler ses comptes avec Wilson. Les deux médecins ont, en effet, parié 50 dollars sur l'issue d'un combat de boxe et c'est le favori de House qui a perdu. Ce dernier refuse de s'acquitter de sa dette, prétendant que le combat était truqué. Bon prince, Wilson laisse 24 heures à son ami pour prouver ses dires ou le payer. Pendant que House prend en charge son boxeur, Treize et Chase s'occupent de Wendy. Ceaser, petit ami et ancien collègue de Wendy, soumet une théorie intéressante aux médecins, qui décident de le suivre dans son raisonnement...

S07E22 - Opérations maison
Darrien, ancienne compagne de cellule de Treize, débarque chez la jeune femme sans crier gare. La malheureuse a été poignardée. Treize découvre qu'elle a replongé dans la drogue. Elle demande à Chase de l'aider à la soigner. House, pendant ce temps, teste un médicament pour soigner sa jambe...

S07E23 - Passer à autre chose
Afsoun Hamidi, une artiste d'avant-garde aux performances particulièrement extrêmes, est admise au Princeton Plainsboro. Très vite, l'équipe se retrouve devant un cas bien particulier: la patiente s'inflige elle-même, et depuis des années, des épreuves physiques et sa «maladie» est peut-être au cœur d'une performance artistique. Un doute s'installe, confirmé par le fait que Luca, son assistant, enregistre tout, les moindres faits et gestes, les prises de médicaments... Veut-elle vraiment être soignée ou désire-t-elle faire de son calvaire une œuvre d'art ? De son côté, poussée par sa sœur, Cuddy semble tourner la page avec un certain Jerry. Pas sûr que Gregory House le prenne aussi bien qu'il le dise...

S08E01 - Cinq jours à tirer
Un an a passé depuis que House a percuté la maison de Cuddy de plein fouet avec sa voiture. Consé-

quence de son geste : le praticien asocial est pour l'heure incarcéré et sous étroite surveillance dans un établissement pénitentiaire du New Jersey. C'est le moment pour lui de découvrir la rudesse du monde carcéral. Confronté à la violence d'un prisonnier hostile, House, ébranlé, sollicite l'aide d'un autre détenu. Lorsqu'un condamné montre des symptômes médicaux hors du commun, l'instinct du médecin se manifeste. House entreprend alors de trouver des solutions créatives pour soulager, avec les moyens disponibles, celui qui est devenu son patient...

S08E02 - Second souffle
Toujours dans sa geôle, House reçoit un visiteur inattendu, qui lui fait une bien alléchante proposition : aider, contre une liberté conditionnelle, l'équipe du Princeton Plainsboro à soigner un patient dans le but de sauver la vie du bénéficiaire d'une greffe, traité par Wilson. C'est ainsi que le médecin fait son retour en blouse blanche à l'hôpital. Mais bien qu'il se retrouve en terrain connu, House réalise que beaucoup de choses ont changé depuis son départ. Le voilà en outre forcé de coopérer avec une nouvelle interne, Chi Park. Quand l'état de son patient se dégrade, House choisit de risquer sa conditionnelle...

S08E03 - Altruisme extrême
Lorsque le riche Benjamin Byrd s'effondre après avoir fait une généreuse donation d'un million de dollar, le docteur Park soupçonne qu'il souffre d'un problème neurologique, ce qui expliquerait son étrange comportement altruiste. Cependant, incapable de fournir une explication à cette syncope, et face à l'absence de réactions de Byrd aux différents traitements utilisés par l'équipe, House fait jouer ses relations pour solliciter l'aide de Jessica Adams, un médecin qu'il a cotoyé lors de son incarcération. D'autre part, tout en cherchant à soigner leur patient, Adams, Park et Numéro Treize doivent gérer leurs différents problèmes personnels...

S08E04 - Placements à risques
Un PDG tombe mystérieusement malade à quelques jours de la signature d'un important contrat, qui doit entériner la délocalisation de la totalité de la production de son entreprise en Chine. House commence par négocier un accord financier illégal avec son patient, puis, confronté à la dégradation de son état de santé, mobilise son équipe pour essayer de le sauver. Pendant ce temps, Park se prépare pour son audition devant le conseil de discipline de l'hôpital, dirigé par Foreman, et le comportement du docteur Adams face au projet de son patient révèle un peu plus sa personnalité à ses collègues...

S08E05 - De confessions en confessions
Mari aimant, père dévoué et citoyen respecté, Rob Harris est victime d'une syncope inexpliquée. En étudiant les symptômes de leur patient pour diagnostiquer la maladie dont il souffre, House et son équipe découvrent qu'il dissimule de lourds secrets sur sa vie personnelle et professionnelle. Quand Harris accepte d'en parler en toute franchise, cela compromet ses chances de recevoir un traitement médical approprié. Pendant ce temps, House tente par tous les moyens de convaincre son collègue, le docteur Taub, d'effectuer un test ADN afin de prouver qu'il est bien le père de ses jumelles de six mois...

S08E06 - Les papas flingueurs
Un adolescent, qui a choisit de devenir clown comme son père, est admis à l'hôpital à cause d'une paralysie fulgurante. Alors que l'équipe est à la recherche d'un donneur de moelle compatible, elle met au jour un secret de famille soigneusement dissimulé. House, de son côté, cherche à se débarrasser de son bracelet électronique pour assister à un match de boxe à Atlantic City...

S08E07 - Remuer la poussière
L'équipe prend en charge une jeune fille de 14 ans et estime que ses symptômes sont liés à des

angoisses adolescentes. Cependant, quand son état physique se dégrade, les médecins doivent admettre qu'il y a une autre cause à sa maladie. Parallèlement, et contre l'avis de Foreman, House montre une détermination virant à l'obsession pour résoudre l'énigme de la mort d'un enfant de 4 ans. Cette enquête place, une fois de plus, le médecin en porte-à-faux avec la loi et risque de lui attirer de graves ennuis. Par ailleurs, Park tente de faire prendre conscience à Chase des véritables raisons de sa récente fixation sur la propreté...

S08E08 - Tous paranos

Un procureur est admis au Princeton Plainsboro après avoir été victime d'un bref arrêt cardiaque en plein tribunal. Dans un premier temps, House et ses collègues diagnostiquent de l'anxiété, mais lorsqu'Adams et Park visitent l'appartement de leur patient et découvrent un véritable arsenal, ils réalisent que l'homme de loi est en proie à des troubles psychologiques autrement plus graves...

S08E09 - Oubli de soi

Andres Tavares, la trentaine, arrive aux urgences. Il souffre d'une forme précoce de la maladie d'Alzheimer. Son épouse Natalie a du mal à supporter la situation. Au cours de l'examen, il se met à avoir des comportements violents qu'il n'arrive pas à contrôler. Foreman exige auprès de House que le patient teste le nouveau médicament anti-Alzheimer. Chase découvre qu'il a la gorge irritée depuis plusieurs semaines. Alors qu'il le laisse seul, l'homme frappe sa femme à l'oeil. Quant à Wilson, il s'occupe d'une jeune patiente souffrant apparemment d'asexualité. House parie avec Wilson qu'il va réussir à établir un diagnostique...

S08E10 - La fugueuse

House s'occupe d'une jeune fille admise à l'hôpital pour des troubles respiratoires. Elle se met à saigner de l'oreille et ne sent plus ses jambes. Sa mère se présente à l'hôpital et découvre que les médecins la soupçonnent de l'avoir frappée. Pendant ce temps, House découvre que Foreman a une liaison avec une femme mariée, Anité. Il décide de le faire chanter pour avoir moins d'heures de consultations...

S08E11 - La faute de personne

A la surprise générale au sein de l'hôpital, Chase a été poignardé par un patient devenu violent et incontrôlable. Le médecin est conduit d'urgence au bloc opératoire. House, Park, Taub et Adams se retrouvent confrontés à Walter Cofield, chef du département de neurologie. Chacun à leur tour, il les interroge sur les symptômes du malade et essaie de déterminer avec eux les causes de cette crise psychotique. Après son opération du coeur, Chase ne sent plus ses jambes. House découvre la présence d'un caillot. Pourra-t-il être éliminé assez tôt pour qu'il conserve l'usage de ses membres inférieurs ? L'enquête se poursuit pour comprendre les raisons de ce drame survenu à l'hôpital...

S08E12 - Un sens à sa vie

Trois semaines après son opération, Chase se remet doucement de sa blessure au coeur et d'avoir failli perdre l'usage de ses jambes. Il reçoit la visite de l'équipe. House lui parle d'un patient, mais Chase lui ferme la porte au nez. Prévenant, Foreman met en garde son ami en lui disant de ne pas arrêter de travailler pour garder la tête froide. Chase se concentre sur ses séances de rééducation et accepte aussi de reprendre les consultations. Il fait la connaissance d'une nouvelle patiente, une nonne. Il soupçonne une maladie plus grave qu'une simple douleur à l'épaule...

S08E13 - La place de l'homme

Un conseiller matrimonial perd connaissance et s'effrondre avant de monter sur scène pour tenir un discours en public. House prend en charge le patient. Il décide de désigner un chef parmi les membres de l'équipe pour gérer le dossier. Taub ne joue pas le jeu pour être nommé par House. Au cours d'un examen, l'homme se met à avoir des visions doubles. Pendant ce temps, House retrouve Dominika Patrova, la jeune femme ukrainienne avec qui il s'est marié pour se venger de Cuddy. Il doit aider cette dernière à rester aux Etats-Unis. Le couple va avoir la visite des services d'immigration, qui veulent s'assurer qu'il ne s'agit pas d'un mariage blanc...

S08E14 - L'amour est aveugle

Un homme, aveugle de naissance, sort d'une boutique de bijoux après avoir acheté une bague de fiançailles. Il échappe de justesse à un accident de voiture provoqué par le bruit du signal réservé aux non-voyants qui résonne dans ses oreilles. House prend en charge ce cas. Pendant ce temps, sa mère vient à sa rencontre. Il fait tout pour l'éviter. Wilson lui avoue qu'elle a un cancer. House apprend aussi que sa mère entretient une relation avec le pasteur Bell, l'homme qu'il soupçonne d'être son père...

S08E15 - Pour l'honneur
Un militaire américain qui était en mission en Afghanistan est mis sous les verrous. On lui reproche d'avoir diffusé sur plusieurs sites Internet une captation vidéo effectuée lors d'une opération militaire ayant provoqué la mort de civils. Mais au moment même où on le menotte, le soldat s'effondre soudainement. Son corps est parcouru de violents spasmes. Il est rapidement conduit aux urgences. L'équipe médicale le prend en charge. House soupçonne une maladie. Or, Adams est persuadé que Greg est atteint d'une maladie provoquant une altération de sa capacité de jugement et de diagnostic. Celui-ci pense que quelqu'un l'a dénoncé. Il mène son enquête afin de comprendre...

S08E16 - Jeux de brutes
Un hockeyeur crache du sang pendant un match. Il finit par s'effondrer. Hospitalisé, Taub s'occupe de ce patient. Mais il éprouve des difficultés à gérer ce cas avec objectivité. Il demande à être dessaisi. Pendant ce temps, Chase se rapproche de Park en pénétrant dans sa vie familiale. Les deux jeunes gens se rapprochent sans qu'une relation naisse, au grand dam de House. De son côté, House apprend à Wilson qu'il a un fils âgé de 11 ans. Celui-ci le rencontre et commence à passer du temps avec le garçon...

S08E17 - Poupées d'amour
Un homme arrive à l'hôpital : il a pleuré des larmes de sang lors d'une fête foraine. L'équipe découvre qu'il vit une relation étrange avec une poupée en silicone plus vraie que nature. Pendant ce temps, House apprend que la carte verte de Dominika est acceptée. Par crainte de la voir partir à cette annonce, il choisit de jeter le courrier officiel. Il est aussi affecté par l'annonce du prochain mariage d'Emily, sa call-girl préférée. Il va demander à Dominika de l'aider à la garder auprès de lui. Quant à Adams, elle avoue ses sentiments à Chase. Mais celui-ci repousse ses avances. De leur côté, Park et Taub ont des rendez-vous amoureux...

S08E18 - Terreurs nocturnes
Lue, un enfant de 8 ans, perd connaissance après avoir fait un cauchemar. Foreman prévient House via son biper. Mais ce dernier ne réagit pas. Le grand-père de l'enfant pense qu'il est possédé par un démon. De son côté, Park fait des rêves érotiques en pensant à Chase, même s'il ne se passe rien entre les deux médecins. Quant à Taub, il avoue avoir souvent réussi à conclure avec les femmes dont il rêvait. Mais leur conversation s'interrompt quand ils commencent à sentir une odeur étrange de chair humaine...

S08E19 - Double dose
Une fillette de 6 ans convainc son père de faire une attraction, alors que sa mère lui a interdit. Après avoir cédé, le père retrouve sa fille inconsciente saignant du nez. Les médecins prennent l'enfant en charge. Le docteur Foreman incite l'équipe à consulter le docteur Elizabeth Lawson, qui n'est autre que la mère de l'enfant. Cette généticienne s'est en réalité spécialisée dans la maladie dont souffre sa fille. Quant à Wilson, il ne veut pas suivre le traitement normal pour lutter contre son cancer. Il veut tenter sa chance pour une chimiothérapie massive. Mais le risque de mourir des suites du traitement est très important...

S08E20 - Post Mortem
Treiber, le médecin légiste de l'hôpital, que ses collègues ne portent pas dans leur coeur, se blesse avec son scalpel après une autopsie. Wilson emmène House pour une virée en voiture sur la route de Cleveland. Chase dissimule l'absence de House à Treiber, tandis que Wilson, sous l'identité usurpée de Kyle Calloway, se fait remarquer par ses excentricités. Cependant, Taub et Park font une curieuse découverte dans le laboratoire de Treiber...

S08E21 - Cinq mois sur terre
Wilson sollicite House très tôt le matin. Il veut que ce dernier stoppe la chimiothérapie. Il refuse de continuer pour tenter de profiter des derniers mois qu'il lui reste à vivre, mais House n'est pas

d'accord : il ne veut pas réduire les chances de survie de son meilleur ami. De leur côté, Taub, Park et Adams s'occupent d'un nouveau patient, Derrick. Il s'agit d'un étudiant de 19 ans qui souffre de vertiges et saignements importants du nez. Il a aussi l'impression d'entendre la voix de son frère défunt, Christopher, mort dix ans plus tôt. Adams et Taub se rendent chez lui et découvrent dans ses affaires une photo de Christopher...

S08E22 - Tout le monde meurt

House se réveille sur le sol d'un hôtel abandonné, dans un état pitoyable, dans une odeur persistante de drogue et en compagnie d'un homme inconscient qui ne répond pas à ses appels. House veut tâter le pouls de son étrange partenaire. La voix de Kutner retentit : «Ne t'en fais pas. Il est mort». Puis : «D'ailleurs, tu es mort aussi». House tente de comprendre pourquoi il se retrouve là, avec son dernier patient, Oliver, venu pour des fractures mais en réalité à la recherche de stupéfiants. House se dit qu'il veut changer. Il se rapproche de la porte en flamme, mais Wilson et Foreman assistent impuissants à l'effondrement du bâtiment...

 Le guide des épisodes des geeks

Doctor Who

S01E01 - Rose

Rose Tyler rencontre un mystérieux étranger appelé le Docteur. Après cette rencontre, sa vie ne sera plus jamais la même. Elle réalise que sa mère, son petit ami et la planète entière sont en danger. Le seul espoir de s'en sortir réside dans une cabine téléphonique de police bleue...

S01E02 - La fin du monde

Le Docteur emmène Rose dans son premier voyage dans le temps à 5 milliards d'années. Mais parmi les Aliens, un meurtrier est en pleine action. Qui se cache derrière cette araignée mortelle ?...

S01E03 - Des morts inassouvies

Le docteur emmène Rose dans le passé à l'époque de Charles Dickens, en 1869. Lors d'une représentation, un esprit maléfique émane de sa bouche...

S01E04 - L'humanité en péril

Le Docteur va chercher Rose : un vaisseau spatial vient de s'écraser dans la Tamise. Londres est en état d'alerte pendant que le docteur est à la recherche d'éventuels aliens survivants...

S01E05 - Troisième Guerre Mondiale

Un climat apocalyptique règne toujours sur Londres. Les extraterrestres ont pris le pouvoir et trompent tout le monde avec leur apparence d'êtres humains. Le docteur, Rose ainsi qu'Harriet Jones vont tenter de rendre compte à la population de cette situation...

S01E06 - Dalek

Un musée détient la dernière relique d'une race d'Alien. Le docteur découvre que son plus vieil et dangereux ennemi est sur le point d'être libéré. S'engage alors un long combat...

S01E07 - Jeu interminable

Loin dans le futur, le Docteur suspecte des manipulations sur le genre humain. Avec Rose, il mène l'enquête. Pendant ce temps, Adam réalise tous les avantages matériels qu'il y a à connaître le futur et est déterminé à en profiter...

S01E08 - Fête des pères

Rose était encore très petite quand son père est décédé dans un accident de voiture. Le Seigneur du temps l'emmène en 1987 sur le lieu de l'accident...

S01E09 - Drôle de mort - 1ère Partie

Le docteur et Rose se retrouvent en 1941 à Londres. Un mystérieux cylindre est gardé par l'armée. Pendant ce temps des orphelins sans domicile sont terrorisés par un enfant inquiétant. Et Rose fait la rencontre du capitaine Jack Harkness...

S01E10 - Le docteur danse - 2ème Partie

Le docteur et Rose s'allient à l'escroc intergalactique, le capitaine Jack, pour lutter contre le fléau du vilain enfant et de son armée zombie en marche dans Londres, mais ils se retrouvent pris au piège dans un hôpital désaffecté. Le temps leur est compté...

S01E11 - L'explosion de Cardiff

Quand l'équipe du Tardis décide de prendre des vacances, le docteur rencontre un ennemi qu'il pensait mort depuis longtemps. Il découvre rapidement le plan de ce dernier qui souhaite construire une puissante station nucléaire dans la ville de Cardiff...

S01E12 - Le grand méchant loup - 1ère Partie

Le docteur, Rose, et le capitaine Jack doivent se battre pour rester en vie à bord de la station Game. Mais le docteur réalise que la race humaine est entièrement aveuglée par la menace qui plane sur sa tête...

S01E13 - A la croisée des chemins - 2ème Partie

Rose Tyler a déjà surmonté plusieurs dangers et découvert de nombreuses merveilles aux côtés du Docteur, mais leur complicité va de nouveau être mise à l'épreuve puisque la Terre s'est engagée dans une guerre épique. Pour essayer de sauver la race humaine, le docteur est confronté à un terrible choix. Les deux voyageurs du temps en ressortiront-ils indemnes ?...

S02E01 - Une nouvelle terre
Le Docteur et Rose s'embarquent pour de nouvelles aventures dans le temps et dans l'espace à bord du Tardis. Mais quand ils visitent le nouveau refuge de l'humanité, loin dans le futur, ils découvrent de terribles secrets cachés dans l'enceinte d'un luxueux hôpital.

S02E02 - Un loup-garou royal
Le Docteur et Rose doivent protéger la reine Victoria, mais quelque chose peut-il encore arrêter l'Empire des loups ?

S02E03 - L'école des retrouvailles
Le docteur mène une enquête dans une école londonienne hantée par d'étranges créatures aux allures de chauves-souris. Il y retrouve une de ses anciennes amies, Sarah Jane Smith.

S02E04 - La cheminée des temps
Le Docteur découvre l'amour, mais aussi des droïdes malfaisants, dans la France du XVIIIe siècle. Madame de Pompadour est poursuivie par un énigmatique étranger. Le Docteur réussira-t-il à la sauver des noirs desseins de mystérieux assassins ?

S02E05 - Le règne des cybermen - 1ère partie
Le Tardis est pris au piège dans un monde parallèle et Rose découvre que son père est toujours en vie. Mais des forces obscures sont à pied d'oeuvre et la société britannique se prépare à la mise à niveau finale. Pendant ce temps, un vieil ennemi du Docteur est en passe de renaître.

S02E06 - Le règne des cybermen - 2ème partie
Londres tombe sous la domination des Cybermen. Ceux-ci entament la conversion des humains en Cybermen. Et Jackie fait partie de la rafle ! Dans ce chaos, le Docteur, Rose et Mickey tentent d'empêcher d'atteindre leur but. L'attaque de l'usine est leur seule et dernière chance…

S02E07 - L'hystérique de l'étrange lucarne
Rose et le Docteur se retrouve en 1953, l'année du couronnement de la Reine Elisabeth II. Toute la population est scotchée devant son écran de télévision pour suivre l'événement en direct. Ce jour d'une grande importance pourrait bien être troublée pour la petite lucarne...

S02E08 - La planète du diable - 1ère partie
Rose se retrouve plus loin de chez elle qu'elle ne l'a jamais été dans l'orbite d'un trou noir. Bloqués avec un groupe d'explorateurs venus de la terre et les mystérieux Oods, les voyageurs du temps doivent faire face à un danger encore plus grand. Celui d'un élément sous la surface de la planète qui commence à se réveiller...

S02E09 - La planète du diable - 2ème partie
Rose se bat contre les Oods meurtriers et le Docteur voit chacune de ses croyances défiée par la voix provenant du noyau du puits. Avec la planète qui est sur le point d'être aspirée par le trou noir, le Docteur doit faire le sacrifice ultime. Mais pourra-t-il sauver l'univers entier de la Bête ?

S02E10 - L.I.N.D.A
Quand on devient obsédé par le Docteur, que l'on monte un groupe pour parler de lui, il ne faut pas être étonné lorsque l'on croise un Alien pas très sympathique...

S02E11 - Londres 2012
Rose et le Docteur sont à Londres en 2012 pour voir les jeux olympiques. Ils vont découvrir que la terreur peut se cacher dérrière n'importe quelle fenêtre d'un quartier tranquille

S02E12 - L'armée des ombres
Les Daleks et les Cybermen se sont alliés pour détruire la race humaine. Le Docteur va tenter de les

empêcher...

S02E13 - Adieu Rose
Le Docteur est confronté à un terrible dilemme : sauver le monde ou la vie de Rose ?

S03E01 - La loi des Judoons
A peine sortie de chez elle, Martha Jones est assaillie de coups de téléphone : sa soeur, son frère, sa mère et enfin son père veulent lui parler de la fête d'anniversaire organisée le soir même. Rien d'anormal en somme, jusqu'au moment où elle croise en pleine rue un homme un peu étrange qui lui montre son noeud de cravate défait... Quelques minutes plus tard à l'hôpital, alors qu'elle passe en revue les malades avec le médecin chef, elle retombe sur cet individu. En l'auscultant elle remarque quelque chose d'anormal, mais ce n'est rien à côté de ce qui arrive ensuite : à travers la fenêtre la pluie ne tombe pas, elle remonte ! Soudain des secousses font trembler tout le bâtiment. L'instant d'après, aussi étonnant que cela puisse paraître, l'hôpital est sur la Lune ! C'est le moment que choisit le mystérieux individu pour révéler son identité à Martha il se fait appeler le Docteur...

S03E02 - Peines d'amour gagnées
Pour leur premier voyage ensemble, le Docteur et Martha se transportent au 16ème siècle à Londres, au temps de Shakespeare et des sorcières ! Ils rencontrent le dramaturge, sur le point de faire jouer une pièce demeurée inconnue de nos jours. Un message, écrit par 3 sorcières, serait caché dedans...

S03E03 - L'embouteillage sans fin
Finalement le Docteur emmène Martha dans une nouvelle mission. Ils se transportent dans le futur à New York... ou plutôt à New New York. A peine sont-ils arrivés qu'ils découvrent un monde désolé et que Martha est kidnappée ! Le Docteur part à sa recherche sur l'autoroute menant à la ville. Des milliers de véhicules y font la queue, certains sont dans les bouchons depuis plus de 20 ans...

S03E04 - L'expérience finale
New York, 1930. Au lendemain de la Grande Dépression, la ville renaît. L'Empire State Building, en pleine construction, domine la ville. Dans la périphérie, les laissés-pour-compte essaient tant bien que mal de survivre. Depuis peu, des gens disparaissent chaque nuit... En enquêtant sur ces dispari-tions, le Docteur et Martha découvrent que les Daleks sont derrière la construction de l'Empire State Building et qu'ils kidnappent des hommes et des femmes pour en faire leurs esclaves...

S03E05 - DGM Dalek génétiquement modifié
Dalek Sec a réussi son expérience : le croisement entre un humain et un Dalek. Il s'apprête désormais à utiliser l'Empire State Building pour convertir l'intégralité des habitants de New York...

S03E06 - L'expérience Lazarus
Le Docteur ramène Martha chez elle. Il est temps pour eux de se séparer... Mais avant de partir, le Docteur apprend une nouvelle qui l'intrigue : un certain professeur Lazarus s'apprête à mener à bien une expérience qui changera à jamais l'Humanité. Intrigué il décide d'enquêter avec Martha. Ils se rendent à la fameuse soirée organisée par Lazarus pour présenter son invention et découvrent que ce dernier a trouvé un moyen de rajeunir. Mais tout ne se passe pas comme prévu...

S03E07 - Brûle avec moi
Le Docteur et Martha débarquent sans le vouloir sur un vaisseau spatial qui va s'écraser sur un soleil dans... 42 minutes ! Et comme si cela ne suffisait pas : un étrange virus semble attaquer l'équipage...

S03E08 - La famille de sang
Le Docteur et Martha sont attaqués. En pleine panique, il lui demande d'avoir confiance et de prendre soin de sa montre, sa vie en dépend... Quelques instants après, nous sommes le 10 novembre 1913 ! Le Docteur n'est plus, il est devenu humain et se prénomme le professeur Smith. De son côté, Martha est devenue une femme de chambre...

S03E09 - Smith, la montre et le docteur
Toujours inconscient de sa vraie nature, le Docteur, alias John Smith, doit protéger ses semblables pris au piège de l'école assiégée...

S03E10 - Les anges pleureurs
Ne pas cligner, sinon la mort va venir... Sally Sparrow est photographe. Ayant repéré une vieille maison abandonnée, elle décide d'aller y prendre des photos. Mais elle n'est pas seule, les statues représentant des anges, disséminées un peu partout, semblent bouger. Heureusement elle peut compter sur un certain Docteur qui lui a laissé des messages...

S03E11 - Utopia
Le Docteur et Martha se retrouvent nez à nez avec une vieille connaissance : le capitaine Jack Harkness ! Peu après le trio se retrouve propulsé sur la lointaine planète Malcassario, dans un futur lui aussi lointain. Ils y font la connaissance du professeur Yana qui essaie désespérément de sauver ses compatriotes en les envoyant sur la planète baptisée «Utopia»...

S03E12 - Que tapent les tambours
Le Docteur, Martha et Jack sont de retour sur Terre au 21ème siècle. Mais ils ne reconnaissent plus rien : l'Angleterre est sous le joug d'Harold Saxon, un nouveau Premier Ministre qui semble avoir tous les pouvoirs. En réalité, il s'agit du Master qui se prépare à prendre le contrôle de la Terre entière...

S03E13 - Le dernier seigneur du temps
Le Master a conquis la Terre et réduit en escalavage les humains. Le Docteur est lui aussi prisonnier. Le sort de toute l'Humanité est entre les mains de Martha...

S04E01 - Le retour de Donna Noble
Le Docteur enquête sur une nouvelle pilule miracle pour maigrir derrière laquelle se cache une terrible vérité. Donna Noble enquête aussi sur la même affaire...

S04E02 - La chute de Pompéi
Donna et le docteur voyagent à travers l'Histoire ancienne. Lorsqu'ils arrivent en l'an 79, ils découvrent la ville de Pompéï sur le point d'être détruite. Les voyageurs du temps font face au plus grand dilemne qui leur a été donné de surmonter: l'Histoire doit-elle être changée, ou le docteur doit-il laisser les habitants périr?

S04E03 - Le chant des Oods
Le docteur et Donna poursuivent leur voyage et atterrissent sur une planète enneigée. Ils découvrent que les Oods y sont devenus les esclaves des humains. Cependant, de fréquents meurtres sont commis par des Oods aux yeux rouges. Le docteur va enquêter sur l'étrange servilité de ces créatures, qui semble liée à ces crimes

S04E04 - A.T.M.O.S. - 1ère partie
Martha Jones rappelle le docteur sur la terre des temps modernes, mais un vieil ennemi l'y attend. Le mysterieux ATMOS se répandant à travers le monde, Donna réalise que sa propre famille n'est pas à l'abri de la menace extra-terrestre. Mais est-il encore temps de la sauver ?

S04E05 - A.T.M.O.S. - 2ème partie
Les Sontaran déclenchent leur plan d'attaque et commencent à étouffer la planète entière. L'UNIT est sans défense, et compte de plus un traître dans ses rangs. Alors qu'une guerre interplanétaire s'annonce, le docteur doit se battre pour sauver Martha et Donna, mais devra-t-il choisir de ne sauver que l'une d'entre elles ?

S04E06 - La fille du Docteur
Le docteur rencontre la femme la plus importante de sa vie sur la lointaine planète de Messaline, au coeur d'une guerre sans fin. Mais alors que le général Cobb évoque la possibilité d'un génocide, et

que Martha est kidnappée par les Haths, le docteur fait face à une bataille plus dure encore: peut-il se réconcilier avec son enfant?

S04E07 - Agatha Christie mène l'enquête
Donna et le Docteur débarquent dans les années 20, sur Terre et se font inviter pour un dîner en présence d'Agatha Christie…mais lorsqu'un meurtre est commis, ils se retrouvent au cœur d'une histoire digne d'un roman de l'écrivain…

S04E08 - Bibliothèque des ombres - 1ère partie
Il y a une centaine d'années, la plus grande bibliothèque du monde a été scellée, avec pour seule explication l'avertissement suivant : «comptez les ombres». Donna et le docteur vont devoir découvrir le terrible secret enfermé dans la légendaire bibliothèque

S04E09 - Bibliothèque des ombres - 2ème partie
Alors que les ombres sont de nouveau en marche, le docteur fait alliance avec le mystérieux professeur River Song. Cette aventure l'amène à découvrir des secrets très anciens, mais aussi des révélations sur son propre futur

S04E10 - Passager de trop
Le Docteur est pris au piège, seul, impuissant et terrifié sur la planète Midnight. Bientôt, des bruits de coups sur les murs résonnent. Seule une femme, Sky, semble connaître la vérité. Alors que la paranoïa se transforme peu à peu en chasse aux sorcières, Sky retourne les plus grandes forces du docteur contre lui et un terrible sacrifice doit être fait

S04E11 - Choix de Donna
Le monde de Donna s'écroule, mais le docteur est introuvable. A la place, elle obtient l'aide d'une mystérieuse femme blonde, une voyageuse d'un univers parallèle. Les deux femmes unissent leurs efforts, mais n'est-il pas déja trop tard pour sauver le monde?

S04E12 - La Terre volée
Rose Tyler, Martha Jones, Sarah Jane Smith, et Jack Harkness se rassemblent pour défendre la Terre menacée par le grand empire de Dalek. Alors que les combats font rage, le Docteur et Donna doivent défier la Proclamation des ombres afin de découvrir la vérité. Cependant, un vieil ennemi est tapi dans l'ombre…

S04E13 - La fin du voyage
L'univers tout entier est en danger lorsque les daleks mettent leur plan à exécution. Le Docteur est impuissant et le Tardis lui-même risque la destruction. Le seul espoir repose sur l'armée secrète du Docteur. Mais alors qu'ils joignent leurs forces pour combattre Davros, la prophétie déclare que l'un d'entre eux devra mourir

■■■■ SAISON 05 ■■■■■■■■■

S05E01 - Le prisonnier zéro
Le Tardis, endommagé par la récente régénération du Docteur, s'écrase sur Terre. Le nouveau docteur a tout juste vingt minutes pour sauver le monde des Atraxi mais heureusement une jeune femme nommée Amy Pond est là pour l'aider…

S05E02 - La bête des bas-fonds
Amy fait son premier voyage à bord du Tardis. Le Docteur l'emmène au 29e siècle où elle découvre la Grande-Bretagne de l'espace. Le vaisseau spatial Starship UK abrite le futur peuple britannique, qui explore les étoiles à la recherche d'un nouveau lieu où s'établir. En le visitant, Amy rencontre les terrifiants Smilers…

S05E03 - La victoire des Daleks
Amy et le Docteur se retrouvent au coeur de la Seconde Guerre Mondiale, dans un PC souterrain sous les rues de Londres. Là, le docteur retrouve ses plus anciens ennemis : les Daleks. Un seul

homme peut l'aider, son vieil ami : Winston Churchill...

S05E04 - Le labyrinthe des anges 1/2
River Song est de retour dans la vie du Docteur, mais ce n'est pas le seul visage familier qui réapparaît. Les Anges Pleureurs sont aussi présents...

S05E05 - Le labyrinthe des anges 2/2
Entouré par une armée d'Anges pleureurs, le Docteur et ses compagnons de route s'échappent, mais une nouvelle menace apparait...

S05E06 - Vampires de Venise
Le Docteur emmène Amy et Rory dans le Venise du 16e siècle, pour une escapade romantique. Mais la terreur y règne. Quel secret est caché par La Maison de Calvierri et qui est Rosanna ?

S05E07 - Le seigneur des rêves
Cela fait 5 ans qu'Amy a effectuer son dernier voyage avec le Docteur à bord du Tardis, mais quand celui-ci revient la voir à l'aube de la naissance de son premier enfant, elle se retrouve face à un choix qui pourrait bien changer sa vie pour toujours.

S05E08 - La révolte des intra-terrestres 1/2
Le Docteur, Amy et Rory se retrouvent dans un futur proche. Le monde est magnifique, mais ils se rendent compte que le danger n'est pas loi... Il est même juste sous leurs pieds.

S05E09 - La révolte des intra-terrestres 2/2
Le Docteur tente d'éviter une guerre entre les Silarius et les humains. Mais face à cette potentielle apocalypse, le Docteur découvre un terrible danger qui le menace.

S05E10 - Vincent et le docteur
Le Docteur fait visiter le musée d'Orsay à Amy. Derrière la vitre d'un tableau de Vincent Van Gogh semble se cacher l'ombre d'un monstre ennemi du Docteur. Amy et le Docteur décide donc de partir en Provence, pour rencontrer le peintre. Mais l'ennemi à combattre ne sera peut-être pas celui qui était attendu.

S05E11 - Le colocataire
Il y a une maison sur Aickman Road qui cache un mystère. Des gens disparaissent dans la cage d'escalier... Pour résoudre cette énigme le Docteur décide de se faire passer pour un humain et s'installe en colocation avec Craig Owens.

S05E12 - La Pandorica s'ouvre 1/2
Le Docteur réalise soudain que l'univers tout entier est dans une situation problématique. Et c'est pour cette raison que l'énigmatique River Song tente de prendre contact avec lui. Elle a en effet un message de la plus haute importance à lui délivrer, et ce dans les meilleurs délais. En effet, d'après les derniers relevés effectués par les meilleurs scientifiques, le portail cosmique «Pandorica» est sur le point de s'ouvrir. Or, de l'autre côté de ce passage, une gigantesque créature est retenue prisonnière...

S05E13 - La Pandorica s'ouvre 2/2
Le Docteur découvre que ce sont les Daleks qui ont emprisonné la créature au-delà de la porte de Pandorica. Il décide alors d'effectuer plusieurs voyages dans le temps afin de trouver un moyen de neutraliser ce monstre dévastateur. De son côté, Amy se retrouve perdue en 1996, dans un musée en compagnie de sa vieille tante. Quant à River Song, elle a disparu sans laisser de trace...

███████ SAISON 06 ███████

S06E01 - L'impossible astronaute
Trois enveloppes bleues comme le TARDIS, numérotées 2, 3 et 4, sont envoyées au Docteur, à River Song ainsi qu'au couple Amy et Rory. Chacune contient une date, une heure et une référence géo-

graphique. Tous les quatre suivent respectivement les indications. Ils se retrouvent réunis au milieu du désert de l'Utah. Mais cette étrange convocation est l'occasion de révéler un terrible secret à Amy, Rory et River Song qu'ils ne doivent absolument pas dévoiler au Docteur. Celui-ci décide de partir à la recherche du destinataire de la quatrième enveloppe. Son enquête entraîne le Docteur et son équipe dans le bureau ovale de Richard Nixon...

S06E02 - L'impossible astronaute
Le Docteur se cache dans une sorte de cellule parfaite où il peut rester et embarquer à bord du TARDIS sans être vu ou entendu. Quant à Amy, Rory et River Song, ils sont poursuivis à travers les Etats-Unis par le FBI. Canton Everett Delaware III, un nouvel ami, leur vient en aide. L'équipe doit lutter impérativement contre les «Silents», une force extraterrestre contrôlant la Terre. Le Docteur décide de préparer une révolution pour chasser cet ennemi et retrouver une étrange petite fille disparue. Le président Richard Nixon se met à collaborer à ses côtés. Mais Amy se fait enlever par les «Silents»...

S06E03 - La marque noire
Le Docteur, Amy et Rory sont à bord du Tardis. Ils reçoivent un appel de détresse du XVIIe siècle. Ils décident de porter secours à ces personnes. Les trois amis se retrouvent sur le bateau pirate du capitaine Avery qui est attaqué par une sirène. Avec ses chants, elle attire les marins pour ensuite les faire disparaître. Le Docteur demande aux matelots de se réfugier dans la poudrière. Ils découvrent ensemble le fils du capitaine Avery, Toby, qui a embarqué sans le dire à son père. Enfermé, l'équipage est victime de claustrophobie. Le Docteur cherche à comprendre ce qui se cache derrière ces peurs...

S06E04 - L'âme du Tardis
En voyage au fin fond de l'espace, le Docteur détecte un signal de détresse d'un Seigneur du Temps. Il décide de se diriger vers cet appel. Le Docteur débarque finalement avec Amy et Rory sur une planète dépotoir, installée sur un étrange astéroïde, dans un univers Bulle. L'équipe découvre alors une surprenante famille composée de deux humains et un Ood : Tantine, Tonton et Neveu. Le Docteur rencontre aussi l'énigmatique Idris. Interloqué, il mène l'enquête en laissant Amy et Rory enfermés dans le Tardis. Le Docteur finit par comprendre qu'avec ses amis, ils sont en danger. Cet appel est un leurre pour piéger les Seigneurs du Temps...

S06E05 - La chair vivante
Le Docteur cherche à comprendre les résultats du TARDIS sur l'éventuelle grossesse d'Amy. Le vaisseau se retrouve emporté dans un tsunami solaire. Le Docteur, Amy et Rory se posent alors sur la Terre au XXIIe siècle. Les trois compagnons d'aventure découvrent avec effroi, sur une île, une catastrophe industrielle. En effet, une entreprise emploie des clones, les Gangers, pour effectuer des opérations très dangereuses. Mais suite à un accident, ces clones prennent la forme de ceux qui les contrôlent. Le Docteur rencontre la responsable de l'usine, Miranda Cleaves, en se faisant passer pour un inspecteur. Elle refuse de fermer le site...

S06E06 - La chair vivante
Le tsunami solaire progresse sur l'île. Le Ganger de Jennifer tente de monter une rébellion avec les autres clones. Ces créatures sont prêtes à s'affronter avec les humains. Le Docteur essaye de calmer la situation, mais sa tâche se complique avec l'apparition de son clone. Amy ne sait plus si elle peut faire confiance au Docteur ou si elle parle à son clone. Quant aux humains appelés les «Authentiques», ils attendent avec impatience une navette pour évacuer vers le continent. Le Docteur espère les convaincre de collaborer avec leurs Gangers pour faire tomber le monstre qu'ils ont finalement inventé...

S06E07 - La retraite du démon
Amy, la femme de Rory, a été enlevée. Elle se retrouve emprisonnée dans une base astéroïde nommée Demon's Run. Elle pense retrouver sa fille, Melody, enlevée par Madame Kovarian. Le Docteur et Rory décident de rassembler une armée pour porter secours à Amy et découvrir où se cache Melody. Pour y arriver, ils tentent de recruter River Song dans sa prison de Stormcage. Cette dernière refuse en arguant au Docteur que sa véritable identité va être révélée au cours de cette bataille. Rory et le Docteur traversent finalement les galaxies, sans River Song. Un terrible affrontement s'engage contre Madame Kovarian et l'ordre des Moines sans Tête...

                    Le guide des épisodes des geeks

S06E08 - Allons tuer Hitler

Amy, Rory et le Docteur sont revenus à leur propre époque. Mais ils doivent à nouveau embarquer dans le TARDIS sous l'impulsion de Mels, une amie d'enfance de Rory et Amy. Cette dernière est en effet poursuivie par la police. En plein vol, l'équipe est contrainte d'atterrir en catastrophe, le vaisseau se retrouve envahi par les fumées toxiques. Amy, Rory, le Docteur et Mels découvrent qu'ils sont à Berlin, dans les années 30, au sein du bureau du plus grand criminel de guerre, Adolf Hitler. Le Docteur se dépêche de programmer un robot humanoïde pour le transformer en officier de la Wehrmacht afin d'attaquer le tyran allemand, Hitler...

S06E09 - Terreurs nocturnes

Le Docteur détecte un signal de détresse. Il provient de la chambre d'un enfant. Chaque nuit, George n'arrive pas à dormir. Le petit garçon est terrorisé par des peurs insurmontables provoquées par ses jouets. Quand il se couche, ces objets se transforment en de véritables monstres démoniaques. Son père Alex ne sait plus quoi faire pour apaiser son fils. Et sa mère Claire est obligée de travailler la nuit. Le Docteur décide d'aider George. Il s'invite dans l'appartement de la famille en se faisant passer pour un employé des services sociaux. Dans la chambre du petit garçon, il découvre dans le placard des choses étranges...

S06E10 - La fille qui attendait

Le Docteur se dirige avec Amy et Rory vers la planète Apalapucia, une station de vacances réputée. Mais l'équipe se retrouve finalement dans une salle blanche. La seule sortie est une porte avec deux boutons pour l'activer. Le Docteur et Rory regagnent sans encombre le TARDIS au contraire d'Amy. Elle appuie sur le mauvais bouton. Elle atterrit dans un courant temporel, qui évolue plus rapidement, prévu pour soigner les habitants d'Apalapucia et les Seigneurs du Temps d'une épidémie. Rory part à la recherche de sa femme. Il doit empêcher l'injection d'Amy. Plongé dans ce courant à son tour, Rory découvre qu'Amy bien a changé...

S06E11 - Le complexe divin

L'équipe se rend vers une autre planète avec le TARDIS. Elle découvre un hôtel terrestre au décor des années 80. Le Docteur comprend qu'il s'agit d'une structure extraterrestre. Amy, Rory et le Docteur finissent par rencontrer trois humains, Rita, Howie, Joe et l'extraterrestre, Gibbis. Ces derniers ont été enlevés pour être conduits dans cet hôtel étrange. En effet, un être hante l'établissement pour absorber la vie des habitants en les attirant dans une chambre. Ansi, chaque pièce contient les peurs de ses visiteurs. Les victimes se mettent ensuite à le vénérer. Le Docteur conseille à Amy et à Rory de n'ouvrir aucune porte...

S06E12 - Tournée d'adieux

Le Docteur a quitté Amy et Rory. Il voyage seul depuis 200 ans. Avant d'affronter la mort au lac Silencio, il décide de rendre visite à son ami, Craig Owens. Les choses ont bien changé pour le jeune homme après leur dernière rencontre. Celui-ci a eu un bébé, appelé Alfie, avec sa femme Sophie. Et la famille s'est installée dans une nouvelle maison. En apercevant le Docteur, Craig est heureux. Mais il se rend compte que son ami est victime d'une série de perturbations électriques. Craig souhaite aider le Docteur qui refuse par peur du risque mortel encouru par les gens près de lui. De son côté, le Docteur s'interroge sur les pleurs d'Alfie...

S06E13 - Le mariage de River Song

Le Docteur tente sa dernière chance pour sauver sa vie et ne pas se retrouver au lac Silencio à attendre sa mort prévue pour le 22 avril 2011. Il décide donc de partir à la recherche de traces laissées par l'ordre du Silence. Il veut découvrir pourquoi il doit mourir. Au cours de son enquête, il rencontre le robot Teselecta et son équipage qui le conduisent à la tête vivante de Doprium Maldovar qui l'avertit que le Silence l'empêche de poser la plus ancienne question de l'univers. Le Docteur finit par accepter son sort et donne à l'équipage de Teselecta des lettres destinées à Amy, Rory et River Song. Il les invite à être témoin de sa mort...

S07E01 - Asile des Daleks

Le Docteur, Amy et Rory sont kidnappés par les Daleks sur la planète Skaro. Là, en plein milieu du Parlement des pires ennemis du Seigneur du Temps, une mission leur est confiée : les aider ! Téléportés dans l'»Asile», où sont emprisonnés les Daleks défectueux ou considérés comme pestiférés, le trio va devoir désactiver le champ de force protégeant le lieu. Ils sont aidés dans leur tâche par Oswin, une jeune femme particulièrement débrouillarde dont le vaisseau Alaska s'est échoué sur la planète...

S07E02 - Des dinosaures dans l'espace

Un vaisseau spatial non identifié se dirige tout droit vers la Terre. Le Seigneur du Temps, dont la curiosité est sérieusement piquée, réunit un petite expédition afin d'explorer le bâtiment. A ses côtés : le célèbre chasseur de fauves Riddell, la reine égyptienne Néfertiti, Amy, Rory et le père de ce dernier, Brian, embarqué malgré lui dans cette expédition qui s'annonce complètement folle. Pourquoi davantage que les précédentes ? A bord de ce vaisseau se trouvent... des dinosaures ! Une cargaison qui n'a aucune raison logique de se trouver là. Après quelques recherches, Amy découvre l'origine silurienne de l'embarcation et le Doctor fait la connaissance de son actuel et sinistre propriétaire : Solomon, dont le dessein est loin d'être louable...

S07E03 - La ville de la miséricorde

Amy, Rory et le Docteur débarquent dans la petite ville de Mercy, en plein western ! Mais cette petite bourgade ne ressemble à aucune autre de l'Ouest américain. Entourée d'une étrange clôture et alimentée en électricité, elle est habitée par une population terrorisée par le «Gunslinger» rôdant aux alentours et qui est à la recherche d'un «docteur alien»... Mais le Seigneur du Temps n'est pas cet étranger. L'individu recherché est un certain Kahler-Jex, scientifique tout droit venu de la planète Kahler, désormais installé à Mercy. Pourquoi se trouve-t-il au beau milieu de l'Amérique ? Pourquoi le «Gunslinger» est à ses trousses ? La curiosité du Docteur est évidemment piquée... mais ses premières découvertes vont vite l'ébranler.

S07E04 - L'Invasion des cubes

Un matin comme un autre, la Terre se réveille différente. Disséminées sur toute sa surface, aux quatre coins du globe, des millions de petites boîtes. Juste des petites boîtes, trop parfaites pour être des astéroïdes, trop inanimés pour sembler dangereuses. Le Docteur, bien entendu, est déjà de retour sur la Planète Bleue, une loupe dans une main pour observer une boîte trônant dans son autre. Mais rien n'arrive. Aucune manifestation d'aucune sorte ne vient malmener la quiétude de la Terre. Et s'il ne s'agissait au fond que de petites boîtes ? Des mois défilent sans que rien ne passe jusqu'au jour où une boîte se manifeste... Et si on assistait à l'invasion la plus lente, et la plus efficace, de la Terre ?

S07E05 - Les Anges prennent Manhattan

New York. Les années 30. Le mystérieux monsieur Grayle engage le détective privé Sam Garner pour enquêter sur des statues mouvantes. Trop heureux de récupérer une belle somme pour une affaire aussi fantaisiste, le privé accepte le job. Quelques instants plus tard, le voilà nez à nez avec lui-même plus âgé ! Mais ce n'est pas tout : poursuivi par d'inquiétantes sculptures, il est rejoint sur le toit de l'immeuble par... la Statue de la Liberté ! Retour à New York, en 2012. Amy, le Docteur et Rory sont à Central Park, profitant de leur temps libre pour lire un roman policier signé Melody Malone. Cette quiétude est bientôt troublée par la disparition de Rory. Parti chercher des cafés, ce dernier est en effet victime d'une distorsion temporelle, une particularité de Big Apple. Il se retrouve projeté dans les années 30, en compagnie de River Song, qui se révèle être la fameuse «Melody Malone». Prisonnier de Grayle, Rory est enfermé dans une cave, entouré d'»Anges Pleureurs». De son côté, River est elle aussi en mauvaise posture, attachée à une autre statue. En 2012, le Docteur découvre que le roman policier raconte l'aventure qu'ils s'apprêtent à vivre. Est-ce qu'une histoire couchée sur papier peut-elle être réellement... réécrite ?

S07E06 - Enfermés dans la toile
1207, un moine vient avertir le Docteur que les cloches de Saint Jean viennent de sonner. Le Seigneur du Temps, qui s'était retiré dans ce lieu calme et paisible pour méditer sur Clara Oswald, «la femme morte deux fois», répond à l'appel. A l'autre bout du fil : Clara, qui croit contacter le service client de son fournisseur Internet. Elle ne trouve pas de connexion, simplement un serveur Wifi au nom étrange, lequel se révèle en réalité être un collecteur d'âmes. Toutes les personnes l'utilisant disparaissent instantanément. Et pour toujours. Malheureusement, Clara s'est connectée...

S07E07 - Les anneaux d'Akhaten
Après avoir observé le passé des parents de Clara, le Docteur rejoint son amie dans le présent et l'emmène visiter les Anneaux d'Akhaten, un système planétaire abritant un important souk fréquenté par des extraterrestres de toute la galaxie. Là, Clara rencontre une petite fille, prénommée Merry, qui a été choisie pour chanter lors d'une fête religieuse. Elle doit apaiser un dieu maléfique qui risque, s'il se réveille, de détruire les Anneaux et d'absorber les âmes de ses habitants. Hélas, quelque chose ne se passe pas comme prévu lors de la cérémonie. Merry est emportée vers la pyramide où repose le dieu...

S07E08 - Destruction mutuelle assurée
En 1983, un sous-marin soviétique croise dans les eaux arctiques. A son bord, un matelot entreprend de libérer une créature prise dans un bloc de glace, contrevenant aux ordres du professeur Grisenko. Il permet ainsi à Skaldak, un guerrier extraterrestre, de semer la panique à bord. Peu après, le Docteur et Clara se matérialisent dans le sous-marin. Ils trouvent un navire en perdition. Le Docteur évite le naufrage puis, mis au courant de la présence de Skaldak, explique aux officiers soviétiques qu'il ne faut pas chercher à affronter leur hôte. C'est alors qu'un soldat assomme l'extraterrestre...

S07E09 - Le Fantôme de Caliburn
En 1974, le professeur Palmer et son assistante, Emma, se rendent dans le manoir Caliburn, à la recherche d'un fantôme. C'est alors que se matérialisent le Docteur et Clara, qui s'intéressent à leurs travaux. Le Docteur trouve une zone étrange dans la maison et tente d'en comprendre l'origine...

S07E10 - Voyage au centre du Tardis
Un vaisseau de ferrailleurs de l'espace, piloté par les frères Van Baalen et leur androïde Tricky, repère le Tardis et décide de le charger à bord, espérant y trouver des matériaux de valeur. Au même moment, à l'intérieur du Tardis, le Docteur propose à Clara de prendre les commandes de l'appareil. Soudain, happé par le rayon magnétique des ferrailleurs, le Tardis réagit étrangement. Le Docteur parvient à s'en extraire et, sous la menace, force les frères Van Baalen à l'accompagner dans son vaisseau pour y retrouver Clara, qui y est restée bloquée et se trouve à la merci d'étranges zombies de l'espace...

S07E11 - Le cauchemar écarlate
En 1893, des cadavres, qui tous ont une peau d'une inquiétante couleur rouge, sont découverts dans un canal. Une Silurienne, madame Vastra, enquête sur le phénomène avec son épouse humaine, Jenny, et leur majordome, Strax. Ils découvrent, en examinant l'oeil d'une victime, que la dernière chose qu'elle a vue est le Docteur. Cela les pousse à se rendre dans le Yorkshire, où se trouve la communauté dirigée par madame Gillyflower et le mystérieux monsieur Sweet. En s'infiltrant dans les bâtiments, Jenny retrouve le Docteur, enchaîné et dont la peau est devenue rouge comme celle des morts du canal...

S07E12 - Le cyberplanificateur
Le Docteur propose à Clara de l'emmener, avec les deux enfants dont elle a la charge, Artie et Angie, visiter le plus spectaculaire parc d'attractions de tous les temps, situé dans le futur. Sur place, ils sont

stoppés par des militaires, qui surveillent les lieux. Le Docteur les convainc de les laisser passer en faisant croire qu'il est à la recherche de leur empereur. Les visiteurs rencontrent ensuite Webley, le propriétaire du parc et aperçoivent de nombreux Cybermen, inactifs, un peu partout. Cela éveille la curiosité du Docteur, qui a également remarqué d'étranges insectes rôdant dans le parc...

S07E13 - Le nom du Docteur

Au cours d'une conversation, madame Vastra apprend un secret concernant le Docteur, ainsi qu'une prophétie le concernant. Elle en discute avec Strax, River Song et Clara lors d'une conférence onirique. Leur conversation est interrompue par l'irruption de créatures sans visage, les Whisper Men. Clara réussit à leur échapper en se réveillant. Elle se précipite chez le Docteur pour le mettre au courant de l'événement. Pour retrouver ses amis, le Docteur emmène Clara sur la planète Trenzalore, le seul endroit de l'univers où il ne doit pas se rendre, une planète ravagée par une guerre et transformée en gigantesque cimetière...

■■■■■■ SAISON 08 ■■■■■■

S08E01 - En apnée

Le Tardis échoue dans le Londres de l'époque victorienne en amenant avec lui un dinosaure. Strax, Madame Vastra et Jenny reccueillent un Docteur métamorphosé et désorienté, toujours accompagné de sa compagne de voyage, Clara. Embarquée dans une folle et nouvelle aventure ponctuée de mystérieuses combustions spontanées, celle-ci, inquiète, s'interroge sur la façon dont cette régénération du Docteur va affecter leur amitié...

S08E02 - Dans le ventre du Dalek

Une flotte de Daleks menace un vaisseau isolé, et seul le Docteur peut les sortir de cette situation. Pour affronter ses ennemis de toujours, le Seigneur du temps va avoir besoin de Clara à ses côtés. Confronté à une décision qui pourrait changer les Daleks à jamais, il est amené à interroger sa conscience. Trouvera-t-il la réponse espérée ? Est-il quelqu'un de bien ?

S08E03 - Robot des Bois

Clara veut arpente la forêt de Sherwood dans l'espoir d'y croiser le chemin de Robin des bois. Le Docteur, qui lui rappelle alors que ce personnage n'a jamais réellement existé, est d'autant plus surpris de se retrouver face-à-face au célèbre prince des voleurs...

S08E04 - Jamais Seul

Alors que Clara sort de son premier rendez-vous avec son collègue, le professeur Danny Pink, le Docteur l'attend pour une nouvelle aventure. Il est déterminé à explorer les rêves, une peur en particulier qui hante nos nuits à tous et toutes. Surtout celles des plus jeunes et des plus âgés. Y a-t-il quelqu'un ou quelque chose sous le lit ?

S08E05 - Braquage temporel

Clara et le Docteur doivent s'introduire dans la plus grande forteresse de l'univers, une banque impénétrable tant les mesures mises en place sont strictes. Pour remplir cette mission périlleuse, ils ont volontairement accepté de se laisser effacer une partie de leur mémoire. Ils sont accompagnés dans cette aventure par Psi, un humain génétiquement amélioré, et Saibra, une mutante doté d'un don très particulier...

S08E06 - Le Gardien

Clara multiplie depuis quelques temps les efforts pour concilier ses deux vies : les voyages à travers le temps et l'espace et son existence de terrienne partagée entre son boulot d'enseignante et sa relation naissante avec le professeur Danny Pink. Qu'elle n'est pas sa surprise lorsqu'elle voit débarquer le Docteur dans son école pour les besoins d'une mission sous couverture dont il refuse de lui donner

                    Le guide des épisodes des geeks

les détails. Quel danger peut-il bien planer sur Coal Hill ?

S08E07 - La Première femme sur la Lune

Courtney, l'une des élèves de Clara, a découvert l'existence du Tardis après le passage du Docteur dans l'école. Ce dernier décide de l'embarquer pour un voyage exceptionnel en 2049, sur la Lune. Arrivés à destination, ils sont supris de ne pas trouver ce à quoi ils s'attendaient. D'autres personnes sont déjà sur place, ainsi que tout un arsenal nucléaire...

S08E08 - La Momie de l'Orient-Express

Le Docteur invite Clara à bord de l'Orient-Express de l'espace pour un dernier tour de piste. Ce qui devait être un voyage d'agrément se transforme en cauchemar, car une momie invisible tue ses victimes en 66 secondes chrono...

S08E09 - À plat

Clara et le Docteur, qui voyagent dans le Tardis, se retrouvent à des centaines de kilomètres de leur destination, à Bristol. Mais le Tardis, en atterrissant, a rapetissé. Le Docteur soupçonne une source d'énergie locale qui aspire les dimensions extérieures. Clara part aux informations. Elle découvre que dans un lotissement, des personnes disparaissent mystérieusement, parfois dans des pièces verrouillées de l'intérieur. Le Docteur comprend que ces personnes sont aspirées dans un univers à deux dimensions et se retrouvent dans les murs de la ville.

S08E10 - Promenons-nous dans les bois...

Du jour au lendemain, Londres et tous les pays du globe sont envahis par les arbres. C'est ce que constatent Danny Pink et Clara Oswald, partis en excursion nocturne au Musée d'histoire naturelle de Londres, avec leur classe, quand ils se réveillent. Le Docteur découvre la situation quand il atterrit à Trafalgar Square, coincé sous les arbres et où le retrouve Maebh, une des élèves de Clara qui est victimes d'hallucinations auditives depuis la disparition de sa grande sœur...

S08E11 - La Nécrosphère

Le Docteur et Clara se rendent dans l'au-delà pour tenter de faire revenir un de leurs amis d'entre les morts. Ils découvrent la Nécrosphère, un lieu étrange où se retrouvent les âmes des personnes récemment décédées, et l'Institut 3W qui prétend connaître le secret de la mort et protéger les défunts. Mais lorsqu'ils croisent la route de la mystérieuse Missy, toutes leurs certitudes se retrouvent ébranlées.

S08E12 - Mort au Paradis

Missy se trouve à la tête d'une armée de Cybermen qu'elle veut offrir au Docteur, son ami d'enfance, devenu Président de la Terre. Une puissance de feu qui permettra au Docteur de défendre enfin les vaincus. Missy use de tous les subterfuges pour tenter de séduire à nouveau le Seigneur du Temps qui refuse, au nom de la loyauté, ce cadeau tombé du ciel. Son tournevis lui suffit à défendre les peuples des galaxies qu'il parcourt. Clara découvre que Danny est devenu Cyberman. Celui-ci lui demande d'activer le système qui effacera ses émotions et l'empêchera de souffrir. Le Docteur supplie Clara de ne pas se plier aux exigences de son ex-ami. Pourtant le but de Danny est de détruire les nuages qui surplombent la Terre et qui menacent la race humaine.

SAISON 09

S09E01 - Le magicien et son disciple

Sur Terre, tous les avions se figent dans le ciel. L'UNIT appelle Clara à la rescousse afin qu'elle contacte le Docteur pour dénouer ce mystère des avions suspendus dans les airs. Mais il reste introuvable. Missy, qui prend contact avec Clara, lui annonce que le Docteur est en danger et qu'il lui a fait parvenir son testament. Un cadran à confession qu'on remet à l'ami le plus proche un jour avant la mort d'un Seigneur du Temps. Missy et Clara font alliance pour retrouver le Docteur. En parallèle, Davros, créateur des Daleks, envoie Colonie Sarff à la recherche du Docteur pour lui transmettre un message.

S09E02 - La sorcière et son pantin
Le Docteur se retrouve sur Skaro, sans son Tardis, sans tournevis sonique, ignorant si Clara est en vie, entouré par ses pires ennemis, les Daleks et leur créateur, Davros. Missy et Clara, se sont infiltrées dans les égouts de la cité et cherchent à sauver le Docteur, qui finit par se montrer compatissant à l'égard de Davros et lui transmet un peu d'énergie de régénération pour qu'il reste en vie. Mais cette énergie alimente également l'armée des Daleks et les vieux Daleks qui se décomposent dans les égouts et qui cherchent à détruire leurs semblables...

S09E03 - Au fond du lac
Le Tardis emmène le Docteur et Clara dans une base sous-marine, mais dès l'arrivée, la machine spatio-temporelle montre son énervement. C'est en cherchant l'équipage, que Clara et le Docteur tombent nez à nez avec deux ectoplasmes. Ils découvrent que le véritable équipage de la base s'est réfugié dans une cage de Faraday pour échapper aux deux fantômes qui essaient de le tuer. L'équipage apprend au Docteur que ces fantômes sont apparus suite à la découverte d'un vaisseau spatial, au fond du lac, qu'ils ont transporté à bord de leur base.

S09E04 - Avant l'inondation
Le Docteur, accompagné de Bennett et d'O'Donnell, revient à l'endroit où se trouve le Baril, mais avant que la vallée ne soit submergée, et ce, pour aller à la rencontre du pilote du vaisseau spatial. Il comprend que ce vaisseau est un corbillard et rencontre le gérant des pompes funèbres, l'homme à la tête de taupe. Clara, qui est restée coincée dans la base, dans le futur, annonce au Docteur qu'il meurt et que son fantôme hante le Baril. Le Docteur ne peut pas changer un futur qui s'est déjà produit et se résigne à mourir.

S09E05 - La fin d'une vie
Le Docteur et Clara se retrouvent capturés par des Vikings menacés par le soi-disant dieu Odin. L'affrontement avec le faux dieu va pousser le Docteur à agir dangereusement.

S09E06 - Une vie sans fin
Au cours de sa quête d'un artefact extraterrestre dans l'Angleterre du XVIIe siècle, le Docteur croise à nouveau la route de Ashidr, la jeune Viking...

S09E07 - Vérité ou conséquences (Partie 1)
Les Zygons violent le traité de paix que les humains ont conclu avec eux et qui consistait à les autoriser à vivre en secret sur Terre. En effet, la jeune génération Zygon désire vivre au grand jour, sans devoir prendre forme humaine. Ils déclenchent une rébellion. Kate Stewart, de l'UNIT, propose de bombarder les dissidents, mais le Docteur préfère négocier avec eux et d'aller sauver Osgood, garante de la paix.

S09E08 - Vérité ou conséquences (Partie 2)
Bonnie, la Zygon qui a pris la forme de Clara parvient à faire exploser l'avion du Docteur en vol, mais celui-ci, accompagné d'Osgood, réussit à sauter en parachute juste avant l'impact. Clara, qui est prisonnière dans son cocon, a toujours un lien psychique avec le Commandant Bonnie qui a pris son apparence. Elle l'oblige, sans qu'elle en soit consciente, à envoyer un texto au Docteur pour que ce dernier comprenne qu'elle n'est pas morte et qu'il vienne la sauver. Le Commandant Bonnie apprend que la boite d'Osgood peut mettre fin au cessez-le-feu entre les humains et son espèce. Son but étant que les siens puissent enfin vivre à visage découvert, elle menace Clara de la tuer pour qu'elle lui avoue l'emplacement de la boite, afin de déclencher une guerre mondiale.

S09E09 - Dans les bras de Morphée

     Le guide des épisodes des geeks

Le Docteur et Clara se retrouvent au 38e siècle dans une station spatiale en orbite autour de Neptune où officie un scientifique du nom de Gagan Rasmussen. Il avertit le spectateur de ne pas regarder la vidéo qui relate les évènements qui se sont produits dans le laboratoire Le Verrier où sont alignées plusieurs chambres de sommeil Morphée, dont il est l'inventeur. Quelques heures plus tôt, un vaisseau de sauvetage arrive sur la station en réponse à une interruption soudaine de communication, avec à son bord quatre soldats. Ils rencontrent le Docteur et Clara qui se font passer pour des experts en contraintes mécaniques. Le groupe est pourchassé par des « Hommes de Sable » qui se nourrissent d'êtres humains...

S09E10 - Le corbeau

Clara reçoit un appel de Rigsy, dans le Tardis. Le jeune homme lui annonce qu'il a un tatouage dans le cou qui décompte jusqu'à zéro alors qu'il ne s'est pas fait faire de tatouage. Et qu'il ne se souvient pas de sa journée de la veille. Le Docteur, après analyse, découvre qu'il a été en contact avec des aliens et qu'il est sur le point de mourir. Clara et le Docteur se mettent en quête d'une rue cachée dans Londres, où plusieurs espèces d'aliens ont trouvé refuge. Et où Rigsy, apparemment, aurait commis un meurtre. Le Maire de cette rue, Ashildr, a prononcé contre lui une sentence de mort, d'où le décompte dans le cou du jeune homme.

S09E11 - Descente au Paradis

Après la mort de Clara Oswald, le Docteur est téléporté dans un château où un étrange monstre le poursuit inlassablement.

S09E12 - Montée en Enfer

Après s'être confessé, le Docteur a emprunté le plus long chemin pour retourner chez lui...

S10E01 - Le Pilote

Le Docteur et Nardole font équipe avec une étudiante pour faire tomber les Daleks.

S10E02 - Souriez

Dans un futur lointain, au bout de la galaxie, il se trouve une ville étincelante et parfaite. On dit de cette nouvelle colonie humaine qu'elle possède le secret du bonheur, mais les seuls sourires que le Docteur et Bill peuvent trouver sont sur une pile de crânes souriants. Quelque chose est vivant dans les murs et les emojibots regardent depuis les ombres, alors que le Docteur et Bill essayent d'éclaircir ce terrifiant mystère.

S10E03 - La Foire des Glaces

Le Docteur et Bill visitent Londres durant la dernière gelée de la Tamise en février 1814. Ils découvrent rapidement que quelque chose sous la glace fait disparaître des gens.

S10E04 - Toc, Toc

Bill déménage avec des amis et ils ont trouvé la maison parfaite louée par le propriétaire. Le vent souffle, le sol craque et le Docteur pense que quelque chose ne tourne pas rond.

S10E05 - Oxygène

Quand le Docteur, Bill et Nardole se retrouvent piégés dans une station spatiale sans oxygène, ils découvrent que les combinaisons spatiales essayent de les tuer.

S10E06 - Extremis

L'Haerticum détient un ancien livre uniquement connu comme Les Vérités. A travers l'histoire, toute personne qui l'a lu a immédiatement perdu la vie. Quand une nouvelle traduction est en ligne, répendant le danger, le Vatican appelle à l'aide le Docteur. Lira-t-il Les Vérités ? Même le Docteur peut-il survivre à l'ultime vérité ?

S10E07 - La Pyramide de la Fin du Monde
Une pyramide de 5000 ans apparaît après une nuit surprenant tout le monde y compris le Docteur.

S10E08 - La Terre du Mensonge
La Terre est envahie et Bill vit alors seul dans la Grande-Bretagne occupée. Le Docteur paraît être du côté de l'ennemi, diffusant des fausses informations sur les ondes. Bill et Nardole embarque pour une mission mortelle, pour sauver le Docteur et mener la résistance contre le nouveau régime, peu importe le prix.

S10E09 - L'Impératrice de Mars
Le Docteur, Bill et Nardole découvrent une Guerrière des Glaces.

S10E10 - Les Manges-Lumières
Il y a longtemps, la neuvième légion de l'empire Romain a disparu dans les brouillards de l'Ecosse. Bill a une théorie sur ce qu'il s'est passé, et le Docteur a TARDIS. Mais quand ils arrivent dans dans l'ancien Aberdeenshire, ce qu'ils trouvent est une bien plus grande menace que n'importe quelle armée. Dans un cairn, sur une colline, une porte donne sur la fin du monde.

S10E11 - L'Éternité devant Soi
L'amitié force le Docteur à prendre la décision la plus difficile de sa vie. Piégé dans un vaisseau spatial géant, attrapé par l'attraction d'un trou noir, il est témoin de la mort de quelqu'un qu'il s'était engager à protéger. Les événements sont-ils déjà hors de contrôle ? Pour une fois le temps est l'ennemi du Seigneur du Temps.

S10E12 - Le Docteur Tombe
Le Docteur s'oppose une dernière fois à une armée de Cybermen, pour protéger un petit groupe d'humain de la destruction.

■■■■ SAISON 11 ■■■■

11.01 La Femme qui venait d'ailleurs- The Woman Who Fell to Earth
Ryan Sinclair découvre dans les bois autour de Sheffield un étrange signal lumineux qui fait apparaitre un cocon gelé. Plus tard, une créature faite de tentacules métalliques attaque un train et une femme tombée du ciel la repousse.

11.02 Le Monument fantôme -The Ghost Monument
Le Docteur et ses nouveaux amis arriveront-ils à rester en vie longtemps dans un environnement extra-terrestre hostile ?

11.03 : Rosa - Rosa
Le Docteur et ses amis remontent le temps ensemble pour la première fois, pour atterrir dans l'Alabama des années 1950, une société marquée par la ségrégation raciale. Ils y rencontrent Rosa Parks et sont présents dans le bus où Rosa Parks a refusé de céder sa place a un homme blanc. Ryan est beaucoup insulté au cours de cet épisode, c'est pour lui compliqué.

11.04 : Arachnides au Royaume-Uni - Arachnids in the UK
Comme promis, le Docteur ramène Graham, Ryan et Yaz à Sheffield. Cependant, un nouveau mystère va la faire rester quelque temps : plusieurs personnes ont disparu et derrière eux ne restent que d'immenses toiles d'araignée.

11.05 : Le Casse-tête de Tsuranga - The Tsuranga Conundrum
Pris dans l'explosion d'une mine sonique, le Docteur, Ryan, Graham et Yaz sont récupérés par un vaisseau médical qui les emmène loin du TARDIS. Déterminée à retourner vers son vaisseau, le Doc-

teur doit d'abord affronter une menace qui s'invite à bord et commence à détruire pièce par pièce le vaisseau...

11.06 : Les Démons du Pendjab - Demons of the Punjab
Par curiosité, Yaz demande au Docteur de l'emmener au Penjab pour découvrir le passé de sa grand-mère qui en garde une grande partie pour elle. Le Docteur, accepte avec réticence, craignant que leur arrivée n'influence le cours des événements, mais découvre que des aliens rôdent alors que la grand-mère va vivre un tournant de l'histoire pakistanaise.

11.07 : Kerblam ! - Kerblam!
Dans un colis livré par un service postal spatial, le Docteur trouve un mot l'appelant à l'aide. Avec ses compagnons, elle s'infiltre dans les coulisses de l'entreprise de livraison, ultra-automatisée et laissant peu de places aux humains.

11.08 : Les Chasseurs de sorcières - The Witchfinders
Le Docteur et ses compagnons arrivent en 1612 à Pendle Hill, en pleine chasse aux sorcières dans un village proche. Le Docteur se décide à intervenir et chercher les véritables causes des tourments du village proche alors que le roi Jacques arrive en personne pour superviser la traque.

11.09 : De l'autre côté - It Takes You Away
Le TARDIS amène le Docteur, Ryan, Graham et Yaz près d'une cabane au bord d'un fjord en Norvège. Hanne, une jeune fille aveugle, y est réfugiée pour éviter le monstre qui rôde à l'extérieur, mais le Docteur découvre que le danger se trouve à travers un miroir dans la maison.

11.10 : La Bataille de Ranskoor Av Kolos - The Battle of Ranskoor Av Kolos
Le Docteur reçoit neuf appels de détresse tous provenant de la même région sur la planète Ranskoor Av Kolos. Très vite, elle réalise qu'un champ magnétique perturbe les pensées des rares habitants, et qu'un ancien ennemi est derrière cette vaste machination.

Épisode spécial : Résolution - Resolution
Le Docteur fait face à la créature la plus dangereuse de l'univers, dont le corps est enterré sur Terre depuis le IXe siècle. Comment va-t-elle répondre à cet ennemi de toujours ?

12.01 : La Chute des espions : partie 1 - Spyfall, Part 1
À la suite de l'exécution d'agents de renseignement à travers le monde, le Docteur, Yaz, Graham et Ryan sont convoqués par le chef du MI6, « C », pour enquêter. L'ADN des victimes a été transformé en quelque chose d'extraterrestre. Leur seul suspect est Daniel Barton, PDG de la société de médias pour moteur de recherche « VOR ».

12.02 : La Chute des espions : partie 2 - Spyfall, Part 2
Dans la dimension des Kasaavins, le Docteur rencontre la pionnière de l'informatique Ada Lovelace. Elle lui prend la main lorsqu'un Kasaavin apparaît, les transportant vers une exposition d'invention en 1834, où ils rencontrent le Maître.

12.03 : Orphan 55 - Orphan 55
Le Docteur, Graham, Ryan et Yaz se rendent au Tranquility Spa via un cube de transport pour un séjour de repos tout compris.
Ils sont accueillis par leur hôte, Hyph3n.

12.04 : La Nuit de terreur de Nikola Tesla - Nikola Tesla's Night of Terror
À Niagara Falls en 1903, Nikola Tesla ne parvient pas à convaincre des investisseurs pour son système de transmission d'énergie sans fil, car il est considéré comme dangereux et fou. Après avoir

travaillé tard pour réparer son générateur, il tombe sur un globe flottant. Se sentant en danger, il s'enfuitt avec son assistante, Dorothy Skerritt, alors qu'une silhouette masquée leur tire dessus.

12.05 : Le Contrat des Judoons - Fugitive of the Judoon
Le Docteur apprend qu'un peloton de Judoon est descendu sur Gloucester et a mis un champ de force autour de la ville à la recherche d'un fugitif. Graham, pris à tort pour le Docteur, est téléporté vers un vaisseau spatial volé piloté par le capitaine Jack Harkness.

12.06 : Praxeus - Praxeus
Le Docteur et ses compagnons sont rejoints par un ancien officier de police, Jake, une blogueuse vidéo, Gabriela et les biologistes Suki et Amar. Ils enquêtent ensemble sur une nouvelle bactérie infectant des personnes au Pérou, à Hong Kong et à Madagascar. Les personnes infectées sont recouvertes d'une substance cristalline avant que leur corps ne se pulvérise. Les oiseaux des zones locales ont également commencé à agir de manière agressive envers les humains.

12.07 : Vous m'entendez ?- Can You Hear Me?
Le docteur dépose ses compagnons à Sheffield tandis qu'elle répond à une alerte d'Alep, en Syrie, en 1380. Elle y sauve Tahira, le dernier patient vivant dans un hôpital psychiatrique attaqué par une créature menaçante. Pendant ce temps, les compagnons du Docteur ont des visions sombres...

12.08 : Apparitions à la villa Diodati - The Haunting of Villa Diodati
Villa Diodati, 1816 - durant la nuit qui a inspiré Mary Shelley à écrire Frankenstein. Le plan consistait à réunir de grands auteurs, mais des fantômes viennent pertuber la soirée.

12.09 : L'Ascension des Cybermen - Ascension of the Cybermen
Dans un avenir lointain, les derniers survivants de l'humanité se cachent des Cybermen qui les ont chassés presque jusqu'à l'extinction. Alors que flotte de Cybershuttles est en chemin, le Docteur et ses compagnons doivent mettre en place les moyens de protéger les humains.

12.10 : L'Enfant intemporel - The Timeless Children
Alors que les derniers humains sont traqués par les Cybermen, Graham, Ryan and Yaz luttent pour survivre. La civilisation tombe. D'autres renaissent. Des mensonges sont exposés, des vérités révélées, des batailles ont lieu, et pour le Docteur -piégé et seul- plus rien ne sera jamais pareil.

Falling skies

1.	Vivre et apprendre (Live and Learn)
Six mois après une invasion extraterrestre, un groupe armé composé de civils et de militaires résiste près de Boston. Les aliens appelés les «rampants» et les «mécas» enlèvent principalement les enfants. Tom, professeur d'histoire, est sous le commandement du capitaine Weaver. Il a perdu sa femme et un de ses fils. Il prend en charge une unité et a pour mission de ramener des provisions. Son fils aîné, Hal, repère son frère, Ben, capturé par les aliens.

2.	L'Armurerie (The Armory)
Tom est envoyé avec une petite troupe inspecter une armurerie. Ils sont pris en otages par une bande de hors-la-loi. Ils relâchent Hal afin de négocier des vivres, des armes contre leur liberté. Weaver ne veut pas négocier alors Hal et Anne, la pédiatre, retournent auprès des prisonniers. Ils sont délivrés par Maggie qui fait partie des hors-la-loi et qui se venge de Pope et sa bande. Grâce à une intervention des aliens, Weaver capture Pope. Ben, le fils de Tom, a été vu près d'un hôpital.

3.	Prisonniers de guerre (Prisoner of War)
Tom et son escadrille repèrent Ben et d'autres enfants. Le père de l'un d'entre eux réussit à récupérer le sien, mais les aliens le repèrent et ils sont obligés de se cacher. Tom capture un alien et le ramène au camp. Le docteur de la résistance, Michael Harris, sait enlever le harnais que porte les enfants sans les tuer. Karen, la petite amie de Hal, est retenue prisonnière des aliens. Pope, grand râleur, qui avoue avoir été cuisinier en prison, propose de cuisiner pour le camp.

4.	Action de grâce (Grace)
Tom, aidé de Pope, est chargé de récupérer des motos dans un magasin. Pope lui fausse compagnie et attire une troupe d'enfants asservis qui leur tire dessus. Anna souhaite communiquer avec l'alien qu'ils ont capturé alors que le Dr Harris souhaite le disséquer. Rick se réveille de son opération et remet son harnais. Ainsi l'alien peut communiquer avec les humains.

5.	Tuer en silence (Silent Kill)
Afin de libérer Ben, Hal propose de se faire passer pour un enfant asservi en portant le harnais de Rick. Assisté de Tom et de sa troupe, plusieurs enfants sont libérés. Le docteur Harris est tué par l'alien dans le laboratoire. C'est Anne qui délivre les enfants de leur harnais.

6.	Le Sanctuaire, première partie (Sanctuary: Part One)
Le lieutenant Clayton arrive au camp afin de prévenir pour une prochaine attaque des aliens. Il est l'un des seuls survivants du groupe n° 7 qui a été décimé. Il propose d'évacuer tous les enfants et de les mettre à l'abri. Après une première attaque, Tom demande que les parents se séparent de leurs enfants. Il laisse aussi partir ses trois fils.

7.	Le Sanctuaire, deuxième partie (Sanctuary: Part Two)
Clayton a passé un marché avec les aliens et doit leur livrer les enfants. Pope, capturé par Clayton, lui a livré leur cachette. Mick et Hal découvrent qu'un enfant a disparu et ils décident de fuir. Ben est envoyé en éclaireur pour aller chercher du secours. Tom est inquiet car la sentinelle qui accompagnait les enfants n'est pas revenue et décide de partir à sa rencontre. Tom est capturé avec les enfants mais Weaver, prévenu, vient les délivrer.

8.	La Face cachée du rampant (What Hides Beneath)
La destruction de la plateforme des aliens est prévue dans trois jours. Tom et Weaver vont inspecter son architecture pour mieux la détruire. Ils découvrent un troisième type d'alien : grand, sur deux pattes. Ils rencontrent une habitante du quartier qui leur offre du thé. Weaver soudainement se rend dans son ancienne maison. Il retrouve la paire de lunettes de sa femme et en déduit que peut-être elle est vivante. Ils sont attaqués par un alien car l'habitante les a dénoncés. Pope fabrique une nouvelle balle composée du métal des aliens pour mieux les détruire. Anne dissèque un rampant et découvre qu'ils ont eux-aussi un harnais à l'intérieur de leur corps.

9.	La Mutinerie (Mutiny)
Weaver veut maintenir l'attaque contre la plateforme de Boston malgré l'apparente disparition de

Porter et de deux autres groupes de résistants. Tom s'y oppose et Weaver le met aux arrêts. Il est libéré par ses enfants et Weaver prend conscience des risques de la mission. Il maintient la mission en appelant 50 militaires volontaires pour partir avec lui. Tom laisse partir Hal et prépare le déménagement des civils.

10. Négociation (Eight Hours)
Rick livre l'emplacement du campement aux aliens. Tom exige le départ des civils et avec des volontaires va tenter de retarder l'attaque. Les aliens arrivent et grâce à la découverte de la fréquence radio avec laquelle ils communiquent entre eux, et à son brouillage, les aliens s'en vont. Weaver renvoie Hal au campement. Tom décide seul de partir à leurs recherches. L'attaque contre la plateforme a échoué mais grâce à un lance-roquettes Tom réussit à en toucher une partie. Sur le chemin du retour, un vaisseau les arrête. L'alien propose à Tom de venir avec eux en échange de quoi ils ne viendront pas rechercher son fils. Malgré les invectives de Weaver, Tom part avec l'alien.

1. Cessez le feu (Worlds Apart)
Alors que Tom est parti depuis trois mois à bord du vaisseau extraterrestre, Hal et Ben tout en cherchant leur père continuent de servir dans les rangs de la résistance. Le capitaine Weaver essaie toujours de coordonner diverses opérations. À bord d'un vaisseau extraterrestre, Tom est reçu par ce qui semble être un des chefs des aliens et découvre quelques-unes de leurs intentions (notamment celle de laisser les hommes vivre dans une zone de sécurité). Tom refuse cette proposition. Il est relâché sur Terre et essaye désespérément de retrouver les siens.

2. Rendez-vous sur l'autre rive (Shall We Gather at the River)
Tom est de retour au sein de la résistance. Alors que la résistance manque de vivres et doit se déplacer sans arrêt, les extraterrestres mettent en œuvre des moyens colossaux pour parvenir à détruire la résistance. Les actions des résistants se succèdent les unes après les autres. Pendant ce temps, l'état de santé de Tom inquiète beaucoup de membres de la colonie car Anne lui retire bientôt un parasite alien de son œil. Il semble que la sécurité du groupe soit menacée

3. La Boussole (Compass)
Les résistants ont installé leur campement sur un aéroport. Tom est intégré à la bande de Pope afin de surveiller ce dernier. Un avion atterrit subitement. Une jeune femme est chargée d'annoncer qu'un gouvernement provisoire a été mis en place à Charleston où doivent se rendre les résistants. Jimmy et Ben sont attaqués par des rampants pendant une patrouille. Jimmy est mortellement blessé. À la suite d'une bagarre avec Tom, Pope décide de quitter le groupe.

4. Sang neuf (Young Bloods)
Ben et Hal repèrent une usine occupée par les aliens. Ils se font voler leurs motos par un groupe d'adolescents qu'ils décident d'aider. Parmi eux, se trouve Jeanne, la fille de Weaver.

5. Amour et Autres Actes de courage (Love and Other Acts of Courage)
Rick est retrouvé sous un alien mort. Ben a disparu mais Rick va aider les résistants à le rechercher. Ben est retranché avec l'alien qui a épargné son père et avec qui il communique. Il convainc son père de l'épargner et de le ramener au camp. L'alien déclare à Tom que bon nombre de ses semblables sont prêts à stopper le combat. Ben lui demande d'avoir confiance quand d'autres veulent abattre l'alien. Ce dernier finit par s'échapper et Rick en voulant s'interposer est mortellement blessé. Ben représente désormais un danger pour les résistants et son père en est bien conscient.

6. Les Liens du harnais (Homecoming)
Weaver fait un malaise lors d'une réunion. La blessure dont il a été victime lors de l'attaque pour libérer sa fille s'est aggravée. Il tombe dans le coma. Le Dr Glass doit réchauffer son sang afin de tuer l'infection. Maggie et Hal trouvent dans les bois des cadavres d'enfants morts. Parmi eux, git celui de Karen qui respire encore. Elle est mise en quarantaine et Ben s'occupe de sa surveillance. Celle-ci a les mêmes pouvoirs que Ben. Alors que Maggie tente de la tuer, Ben s'échappe avec elle en neutralisant Hal. Pope, blessé, est ramené à l'hôpital. À son réveil, il dit avoir vu Karen il y a deux jours

dans la forêt. Elle et les aliens sont à la recherche de Ben.

7.   La Négociation (Molon Labe)
Karen attire Ben dans un piège mais les résistants réussissent à le sauver et à faire prisonnier le chef des aliens. Ces derniers tentent d'envahir l'hôpital. Karen rejoint l'alien dans sa prison alors que les résistants continuent leur route vers Charleston. Malgré les réticences de son père, Ben quitte le groupe.

8.   Le Convoi de la mort (Death March)
Les résistants prennent la route pour Charleston. Après des heures de voyage, ils sont stoppés aux portes de la ville car le pont principal est détruit et la ville semble totalement anéantie. Désespérés, ils font demi-tour. Surgissent alors le colonel Porter et quelques-uns de ses hommes.

9.   La Nouvelle Démocratie (The Price of Greatness: Part One)
Les résistants intègrent la communauté de Charleston qui s'est réfugiée dans un hypermarché souterrain. Weaver y retrouve sa fille Jeanne et Tom son ancien prof d'histoire, Arthur Manchester. Ce dernier est chargé de composer un gouvernement provisoire. Assez rapidement, Tom lui reproche d'avoir abandonné la lutte, préférant attendre que les aliens s'en aillent. Un enfant libéré de son harnais rejoint le groupe car l'alien responsable de la rébellion souhaite parler à Tom. Manchester fait arrêter Tom et ses hommes qui tentaient de s'enfuir. Le général Bessler qui dirige la sécurité du campement les libère, arrête Manchester et prend la direction des opérations.

10.   Une union plus parfaite (A More Perfect Union: Part Two)
Ann est enceinte de Tom. Les aliens rebelles et Ben rejoignent les résistants. Ils les persuadent d'attaquer le chef des aliens qui va venir visiter la construction d'une arme. Tom et ses hommes s'y rendent mais ils sont faits prisonniers. Les rebelles les délivrent mais le chef de ces derniers est tué par le grand chef. Tom Mason le venge peu après. En quittant les lieux, les résistants parviennent à faire exploser l'arme. De retour au camp, Hal est souffrant. Il se réveille et découvre qu'un implant est dans son corps. Un nouveau vaisseau arrive près du campement et un alien de forme nouvelle en descend.

■■■■■■■■■■ SAISON 03 ■■■■■■■■■■

1.   La Taupe (On Thin Ice)
La résistance est maintenant épaulée par un nouvel allié dans sa guerre contre les envahisseurs, le peuple des Volms. Tandis que Tom prend la direction du pays, Hal, de son côté, est en proie à des cauchemars particulièrement angoissants, qui le laissent épuisé au réveil.

2.   La Centrale nucléaire (Collateral Damage)
Pour mener à bien son combat, Tom sollicite l'avis et l'aide d'un expert en physique nucléaire. Hal fait des cauchemars à cause de sa relation avec Karen. Enfin, l'équipe découvre qu'il a une taupe en son sein.

3.   En terrain hostile (Badlands)
Les résistants rassemblés à Charleston se préparent pour une offensive attendue des Esphenis. A l'arrière de la base, pendant ce temps, Hal pousuit sa rééducation sous le regard de Tom : il apprend à remarcher à l'aide de béquilles. Tom, lui, surveille de près les efforts déployés par Jeanne pour ériger un arbre de la Liberté, hautement symbolique, dans le parc de la petite ville.

4.   La Catarius (At All Costs)
Des Mega-Mechs mettent le feu aux remparts extérieurs de Charleston. Hal et les autres parviennent à les tenir à distance, mais au prix d'une lourde lutte. Pendant ce temps, au QG, Katherine demande à pouvoir rejoindre la bataille.

5.   Opération de sauvetage (Search and Recovery)
L'avion de Tom et Pope s'est écrasé. Tom reprend ses esprits, miraculeusement indemne. Après avoir constaté que le pilote est mort durant le crash, il réussit à sortir Pope vivant des débris de l'appareil, et ce malgré les flammes qui font rage. Tous les deux vont devoir regagner Charleston par

leurs propres moyens. Pendant ce temps, en ville, Hal est réveillé par Ben, qui lui apprend qu'Anne et sa fille Alexis sont portées disparues. Le colonel Weaver part sans plus attendre à leur recherche.

6.   Un choix cornélien (Be Silent and Come Out)
Tom apprend que Karen retient Anne et Alexis prisonnières. Tom aimerait les chercher le plus rapidement possible, mais il se rend finalement à la raison : il vaut mieux attendre des nouvelles de Karen avant d'agir.

7.   Le Clan des Pickett (The Pickett Line)
Les hommes de Mason continuent à chercher Anne et Lexi. Ben demande à son papa s'ils retourneront à Charleston une fois qu'ils les auront retrouvées. Soudain, dans l'obscurité, ils entendent bouger sur la falaise : ils découvrent un rebelle blessé qui leur conseille de partir au plus vite. Tom et Ben retournent au camp et avertissent Hal et Matt qu'il leur faut se mettre en route.

8.   Le Cauchemar d'une vie (Strange Brew)
Tom fait des découvertes, certaines surprenantes, d'autres carrément terrifiantes. Pendant ce temps, Weaver et Pope hésitent face à un suspect.

9.   Le Monde souterrain (Journey to Xilbalba)
Tom retourne à Charleston. Tout le monde est heureux de le voir. Il se rend chez Weaver et Porter pour leur dire qu'ils devraient attaquer la tour de Boston. En réalité, tout ce que cherche Tom, c'est la mort de Karen. Porter pense lui aussi que le meurtre de Karen pourrait leur donner l'avantage dans cette guerre. C'est alors qu'une explosion compromet les projets de contre-offensive du gouvernement de Charleston. Et le traître qui sévit perd son anonymat au cours de cet événement.

10.   Amis ou Ennemis (Brazil)
Weaver, Pope et quelques autres sont dans un train à destination de Chicago. Ils s'inquiètent au sujet de l'arme des Volm : fonctionnera-t-elle ? Lourdes, embarquée, est censée servir d'appât pour les aliens. Pendant ce temps, Hal et Maggie discutent de ce qu'ils feront quand la guerre sera enfin terminée, ce qui ne saurait tarder. La victoire finale approche à grands pas.

1.   Le Justicier fantôme (Ghost in the Machine)
Une nouvelle machine de guerre Espheni, bien plus meurtrière que toutes les précédentes, menace la résistance.

2.   L'Œil du frelon (The Eye)
Les Espheni révèlent leur plan à Tom. Celui-ci se retrouve dans une situation délicate, confronté à un choix cornélien. Pendant ce temps, Weaver et Pope tentent de trouver une solution pour quitter la prison espheni, tandis que Matt, toujours au camp de jeunes espheni, se bat pour cacher sa véritable appartenance. Enfin, Anne mène une épuisante quête pour retrouver sa fille

3.   L'Exode (Exodus)
Tom prévoit de s'évader du camp de jeunes espheni. Maggie affronte Lexi tandis que Matt tente de décourager Mira, dont le plan d'évacuation est particulièrement dangereux. Quant à Anne, elle subit un flashback.

4.   L'Évolution ou la Mort (Evolve or Die)
Tom a réussi son opération contre le ghetto espheni. Avec la 2e division, il trouve refuge dans une cachette volm. Mais les rapports entre les humains et les Volms deviennent bientôt très tendus. Tom s'associe alors avec Weaver et Cochise pour tenter de retrouver Matt. Pendant ce temps, Anne revoit Lexi : elle réalise que la petite fille d'il y a six mois est à présent une femme adulte.

5.   Chasseurs de prime (Mind Wars)
Après avoir délivré Matt du camp de jeunes Espheni où il était détenu, Tom croise la route de deux étrangers, dans les bois. Ceux-ci attaquent sa famille et l'entraînent dans un périple violent. Hal affronte bien des dangers pour mener la 2e Division en sécurité. Lexi et Anne ne sont pas d'accord, et

leurs divergences d'opinion pourraient avoir des conséquences très funestes.

6.   Souvenirs enfouis (Door Number Three)
Après des mois sans se voir, Tom retrouve enfin sa famille. Mais la joie est de courte durée, car Lexi est victime d'un problème de santé lié à son ADN hybride. De son côté, Anne est prête à tout pour sauver sa fille.

7.   L'Embuscade (Saturday Night Massacre)
Lexi est plus puissante et impitoyable que jamais. Tom et la 2e Division doivent travailler avec les Volms pour contrer l'invasion des Esphenis. La bataille risque d'être dure et particulièrement sanglante

8.   Injection Alien (A Thing with Feathers)
La 2e Division se remet de la violente attaque alien, qui a tout dévasté. Maggie se bat contre la mort. Hal est à ses côtés, luttant avec elle. Pendant ce temps, Tom et Dingaan sont coupés du reste du groupe, enterrés sous les tonnes de décombres. Ils ne peuvent compter que sur l'ennemi pour les sauver.

9.   Jusqu'à ce que la mort nous sépare (Till Death Do Us Part)
Tom et une petite équipe se rendent à une cachette volm, espérant trouver du matériel et des équipements. En chemin, ils rencontrent une connaissance, et doivent rapidement décider s'ils peuvent lui faire confiance, ou pas. Au camp, Maggie et Ben sont de plus en plus proches, à mesure que Ben apprend à Maggie à utiliser et augmenter ses nouvelles performances. Pope et Sara, eux, continuent de se heurter. Ils finissent par entrer dans un conflit dont ils n'imaginent pas l'issue

10.   Courte paille (Drawing Straws)
Tom et les rescapés de la deuxième Division, toujours déterminés à anéantir les forces esphénis, tirent à la courte paille pour désigner celui qui s'engagera dans la prochaine mission, particulièrement périlleuse. La menace de mort qui pèse sur les têtes libère la parole, longtemps contenue : de violentes confrontations ont lieu qui, contre toute attente, renforcent un peu plus les rangs de la Division

11.   Un cocon pour deux (Space Oddity)
Tom a pour mission de détruire le centre de pouvoir esphéni. Mais son projet est contrarié par le retour de Lexi, forcée de prendre des mesures extrêmes pour sauver la vie de son père, et la sienne aussi par la même occasion. Pendant ce temps, la 2e Division craint une attaque esphéni.

12.   Le Sacrifice (Shoot the Moon)
Le sort de l'humanité repose désormais sur les épaules de Tom et de Lexi, qui doivent trouver un moyen de battre le pouvoir esphéni. Pendant ce temps, une terrifiante bombe esphéni menace la 2e Division

■■■■■■■■■ SAISON 05 ■■■■■■■■■

1.   Le Réveil du guerrier (Find Your Warrior)
Tom et les autres se préparent pour un ultime combat contre les aliens, qui déterminera le sort qui sera réservé aux êtres humains sur la Terre.

2.   La Rage au ventre (Hunger Pains)
Les skitters ont attaqué la 2e Division, détruisant toutes les réserves de nourritures. Tom et Anne font alors une surprenante découverte.

3.   Éclosions (Hatchlings)
Aidé des Volms, Tom prend la tête de milices humaines.

4.   Pope dérape (Pope Breaks Bad)
. Une mission pour obtenir véhicules et carburant tourne mal.

5.	Sélection naturelle (Non-Essential Personnel)
Un déséquilibré prend Weaver en otage. Tom va secourir Hal

6.	La Parenthèse (Respite)
Tom se réfugie chez une famille isolée, loin de la guerre

7.	Chacun ses raisons (Everybody Has Their Reasons)
La 2e Division se réfugie dans une base militaire

8.	L'Ennemi intérieur (Stalag 14th Virginia)
Weaver découvre la vraie nature d'une vieille connaissance

9.	Retrouvailles (Reunion)
Tom Mason acquiert une nouvelle arme contre les Espheni

10.	Renaissance (Reborn)
Les Mason livrent l'ultime bataille face aux aliens.

Le guide des épisodes des geeks

FIREFLY

01.01   Les Nouveaux Passagers - Serenity (part 1, part 2)
Le capitaine Malcolm Reynolds et son équipage pillent la carcasse d'une épave dérivant dans l'espace. Mais la marchandise s'avérera quasiment invendable. Pour obtenir l'argent nécessaire au voyage permettant d'aller là où elle serait négociable, Malcolm Reynold embarque quelques passagers. Mais le trajet ne se déroule pas sans surprises…

01.02   L'Attaque du train - The Train Job
Malcolm Reynolds décide de voler la cargaison d'un train de marchandise pour le compte d'un criminel notoire, Adelei Niska. Mais leur forfait accompli, les membres du Serenity s'aperçoivent qu'ils se sont emparés des médicaments destinés à un village contaminé par une terrible maladie…

01.03   Pilleurs d'épave- Bushwhacked
Malcolm Reynolds décide de voler la cargaison d'un train de marchandise pour le compte d'un criminel notoire, Adelei Niska. Mais leur forfait accompli, les membres du Serenity s'aperçoivent qu'ils se sont emparés des médicaments destinés à un village contaminé par une terrible maladie…

01.04   Le Duel – Shindig
Lors d'une réception, Malcolm Reynolds provoque en duel Atherton Wing, un noble qui courtisait vulgairement Inara. Hélas, l'homme est une fine lame et Reynolds ne connait rien à l'épée…

01.05   Sains et Saufs – Safe
Book, Simon, et River se retrouvent dans une situation délicate à la suite d'une mission de transport de bétail qui a mal tourné. Malcolm Reynolds doit gérer les priorités pour tenter de sauver tout le monde…

01.06   La Femme du commandant - Our Mrs. Reynolds
Malcolm Reynolds découvre une jeune femme, Saffron, qui a embarqué comme passager clandestin. Celle-ci déclare être son épouse, en vertu des coutumes de la lune qu'ils viennent de quitter. Très embarrassé, Malcolm essaye d'accueillir au mieux la demoiselle, qui n'est pas aussi inoffensive qu'elle en a l'air…

01.07   De la boue et des hommes – Jaynestown
Le Serenity se pose sur la lune d'Higgins, que Jayne connait malheureusement trop bien : lui et un complice, appelé Stitch, ont volé l'argent qui appartenait au gouverneur local Higgins. Mais, pour des raisons qu'il peine d'abord à comprendre, la population l'accueille comme un héros…

01.08   La Panne- Out of Gas
Le Serenity dérive dans l'espace à la suite d'une panne moteur. Malcolm Reynolds a fait évacuer l'équipage et, seul à bord, tente de faire repartir la machine. Face aux difficultés qu'il rencontre, il se rappelle comment tout a commencé, de l'achat de son vaisseau en collaboration avec Zoe à l'arrivée de Wash, de Kaylee, de Jayne, et d'Inara.

01.09   Intrusion – Ariel
Toujours à court d'argent, Malcolm finit par se laisser convaincre par Simon : ils iront voler de précieux médicaments dans un hôpital situé sur la planète Ariel ; Simon en profitera pour effectuer une image du cerveau de River et ainsi mieux savoir ce qu'elle a subi durant sa détention. Mais l'Alliance n'a jamais été aussi bien informée des intentions des Tam…

01.10   Histoires anciennes - War Stories
Wash fait une crise de jalousie : il craint la proximité entre Zoe et Malcolm et persuade ce dernier de l'emmener avec lui pour une mission soi-disant de routine. Mais les deux hommes sont capturés par Adelei Niska, bien déterminé à se venger de l'argent qu'ils lui ont fait perdre auparavant…

01.11   Déchet précieux – Trash
Saffron convainc l'équipage du Serenity de dérober une antiquité extrêmement précieuse qui dort dans la collection de l'un de ses anciens « maris » : un des premiers pistolets laser. Mais Saffron ne fournit pas toutes les informations dont elle dispose…

01.12   Le Message - The Message
Malcolm et Zoe retrouvent Tracey Smith, un ancien camarade de lutte ; malheureusement, celui-ci s'est arrangé pour les obliger à l'aider alors même qu'un officier corrompu de l'Alliance, le lieutenant Womack, est à ses trousses…

01.13   Mission secours - Heart of Gold
Inara demande aux membres du Serenity de l'aider à secourir Nandi, une de ses anciennes amies menacée par un potentat local appelé Rance Burgess…

01.14   Objet volant identifié - Objects in Space
Le Serenity est infiltré par le chasseur de primes Jubal Early, prêt à tout pour ramener Simon et surtout River. Il terrorise l'équipage car, malheureusement pour lui, il n'arrive pas à trouver River aussi facilement qu'il l'aurait voulu…

Le guide des épisodes des geeks

FLYNN CARSON ET LES NOUVEAUX AVENTURIERS

Flynn Carson et la lance sacrée
Flynn Carson est un éternel étudiant possédant plus de vingt diplômes. Le jour où son professeur lui décerne son dernier diplôme en plein milieu du semestre, il se retrouve désœuvrer et doit chercher un travail. Le poste de conservateur de la bibliothèque semble être fait pour lui. Mais doit-il vraiment s'occuper que de livres ?...
— Lance sacrée ; Jésus ; Excalibur ; Arche d'alliance ; Merlin ; Pandore

Flynn Carson et le trésor du roi Salomon
Lorsque la carte révélant l'emplacement des mines du Roi Salomon est envoyée à Flynn et que celle-ci lui est volée, il n'a d'autre choix que de partir à sa recherche et de trouver la légende permettant de la déchiffrer avant que le trésor du roi Salomon ne tombe entre de mauvaises mains.
— Salomon ; Sceau de Salomon ; Reine de Saba ; Méduse / Gorgone

Flynn Carson et le secret de la coupe maudite
Flynn Carson part en vacances à la Nouvelle-Orléans. Mais celles-ci tournent à la chasse au trésor lorsqu'il est poursuivit par des russes cherchant la coupe qui permettra de ressusciter le vampire Dracula.
— Pierre philosophale ; Fontaine de jouvence ; Arche de Noé ; Dracula ; Vampire ; Dragon ; Démon ; Judas ; St Graal ; Vaudou ; Marie Laveau ; Esprit ; Mort-vivant ; Arbre du savoir / Arbre de la connaissance

1.   La Couronne du Roi Arthur (And the Crown of King Arthur)
Un inconnu cherche et tue tous les candidats potentiels au titre de «Bibliothécaire». L'actuel «Bibliothécaire» Flynn Carson, et son nouveau gardien, Eve Baird, partent à la recherche des trois derniers encore en vie. Ceci fait, tous les cinq partent à la recherche de la gloire et retrouvent la Couronne du Roi Arthur, non sans péril, ni sans combattre la pugnace Fraternité du Serpent, l'ennemie

2.   L'Épée dans le rocher (And the Sword in the Stone)
La fraternité du Serpent essaye de faire revenir la magie dans le monde. Flynn Carson et sa nouvelle équipe doivent tout faire pour les arrêter.

3.   L'Antre du Minotaure (And the Horns of a Dilemma)
Les jeunes stagiaires d'une grosse entreprise disparaissent mystérieusement. Les futurs «Bibliothécaires» décident d'en faire leur première mission solo.

4.   L'Enlèvement du père Noël (And Santa's Midnight Run)
La fraternité du Serpent tente d'enlever le Père Noël. Les «Bibliothécaires» doivent essayer de le sauver pour sauver la fête de Noël.

5.   La Pomme de la discorde (And the Apple of Discord)
Une dispute entre deux groupes de dragons est sur le point de se transformer en une véritable guerre. Flynn Carson fait donc son retour pour demander de l'aide aux «Bibliothécaires».

6.   Les Contes maléfiques (And the Fables of Doom)
Des contes de fées semblent prendre vie dans une ville de province. Les «Bibliothécaires» se rendent sur place pour enquêter

7.   La Règle de trois (And the Rule of Three)
Les «Bibliothécaires» enquêtent sur d'étranges maux qui touchent des étudiants participant à un concours scientifique. Ils vont devoir combattre un être légendaire et maléfique la Fée Morgane, sœur maléfique du légendaire Roi Arthur.

8.   La Maison de l'horreur (And the Heart of Darkness)
Les «Bibliothécaires» viennent au secours d'une jeune fille qui, après avoir perdu ses amis, a été

agressée dans une étrange maison au milieu des bois.

9.		Les Lumières de la ville (And the City of Light)
Les «Bibliothécaires» enquêtent sur la disparition étrange d'un chasseur d'Ovnis.

10.		La Trame du destin (And the Loom of Fate)
Dulaque parvient grâce à un artefact magique à modifier le destin de la Bibliothèque ainsi que celui de Flynn Carson et de ses associés. Différentes versions alternatives de nos héros apparaissent au fil du temps.

1.		Le Grimoire englouti (And the Drowned Book)
Après que la confrérie du Serpent ait fait revenir la magie, les Bibliothécaires accompagnés de Flynn et Eve se retrouvent dans un musée pour arrêter Prospero , un sorcier tiré d'une pièce de Shakespeare qui grâce au retour de la magie , veut récupérer ses pouvoirs. Ils doivent de plus, arrêter une terrible tempête créé par celui-ci qui risque de balayer New-York.

2.		L'Arbre de la connaissance (And the Broken Staff)
Grâce à des artefacts, Prospero convoque des célèbres personnages de fiction. Flynn et son équipe se retrouvent donc confronté à Frankenstein ou encore le professeur James Moriarty.

3.		Le Gouffre mystérieux (And What Lies Beneath The Stones)
Une entreprise de levage et pipelines doit assécher un étang. En plantant un piquet dans le sol, un ouvrier fait apparaître un trou profond duquel une entité métamorphe s'échappe et se renforce à chaque mensonge proféré. Pour la vaincre, nos bibliothécaires vont devoir être honnêtes les uns envers les autres.

4.		Le Coût de l'éducation (And The Cost of Education)
Au sein de l'université Wexler fondée par un historien fou, de nombreux étudiants disparaissent sans laisser de trace. De son côté, Cassandra reçoit une offre impossible à refuser.

5.		Le Sceptre de la connaissance (And The Hollow Men)
Dans sa quête pour retrouver les artefacts, Flynn se fait kidnapper par un étranger mystérieux à la fois amnésique et collectionneur d'artefacts.

6.		Le Pacte du diable (And The Infernal Contract)
Un ancien ami de Baird se présente aux élections d'une petite ville du New Hampshire. Mais il va rapidement se retrouver au coeur d'un scandale après la disparition de son assistant. Pour résoudre ce mystère, les bibliothécaires vont avoir à faire face à un démon.

7.		Le Portrait des Vanités (And The Image of Image)
Les bibliothécaires enquêtent sur une célèbre discothèque londonienne dont les jeunes clients se retrouvent victimes d'évènements très étranges.

8.		Le Jeu sans fin (And The Point of Salvation)
En enquêtant sur une étrange source d'énergie qui transforme des chercheurs en monstres sans cervelle, les bibliothécaires vont se retrouver coincés dans une boucle temporelle.

9.		Les Vies Rêvées (And The Happily Ever Afters)
Flynn retourne à la bibliothèque pour constater que son équipe a disparu, avec Jenkins n'ayant aucun souvenir de leur rencontre. En utilisant le livre de découpage, Flynn se transporte à leur dernière place connue: une petite ville sur une île à Puget Sound.

10.		Le Dernier Acte (And The Final Curtain)
Flynn et Eve retourne en 1611 pour combattre Prospero et faire échouer ses plans.

1.   La Menace du chaos (And the Rise of Chaos)

Apep, dieu égyptien du chaos, prend possession du corps d'un touriste et tente de libérer le Mal à l'état pur. Les Bibliothécaires se mettent en travers de son chemin, mais ils sont victimes des maléfices lancés par Apep. Une mystérieuse agence gouvernementale intervient, provoquant la vive inquiétude de Jenkins.

2.   Les Dents de la mort (And the Fangs of Death)

Charlene disparait: les Bibliothécaires soupçonnent Apep. Flynn reprogramme la Porte pour être téléporté là où se trouve le pendentif de Charlene. Ils se retrouvent sur la base d'un supercollisonneur où une procédure de confinement a été lancée

3.   La Réunion des forces du mal (And the Reunion of Evil)

Cassandra et Stone partent à la recherche du cristal d'Angrboda. Cassandra tente d'extraire le cristal par un sortilège mais il se loge dans sa poitrine ! Ils auront à faire à la colère des Jötnars, géants des glaces de la mythologie scandinave

4.   Le Faucheur d'âmes (And the Self-Fulfilling Prophecy)

Après avoir eu une vision de sa propre mort, entre les mains d'un assassin surnaturel, Baird essaie de tromper le destin et de démentir la prophétie mortelle

5.   Cauchemar à la fête foraine (And the Tears of a Clown)

es bibliothécaires enquêtent sur un mystérieux carnaval ambulant où ils découvrent le sinistre secret d'un magicien corrompu par l'utilisation de la vraie magie

6.   Le Triangle du diable (And the Trial of the Triangle)

Les bibliothécaires kidnappent Flynn, seul moyen d'avoir une conversation avec lui, pour lui dire ses quatre vérités. Puis, ils se joignent à sa quête de l'oeil de Râ, le dieu égyptien du soleil. Cet objet magique est leur ultime recours dans le combat contre le Mal

7.   Les Larmes de Cindy (And the Curse of Cindy)

Les bibliothécaires débarquent dans une secte dont le gourou, Cindy, est adulée par des fidèles qui semblent sous l'effet d'un charme magique. Tandis que l'équipe essaie d'en percer le mystère, Flynn se retrouve sous l'emprise de cet enchantement.

8.   La Roche de l'éternité (And the Eternal Question)

Les bibliothécaires sont confrontés à un cas de combustion humaine spontanée. L'enquête les mène dans un établissement thermal aux infinis bienfaits, où Cassandra tombe sous le charme d'une belle jeune femme qui a traversé les siècles

9.   Des adieux inattendus (And the Fatal Separation)

Le Dosa révèle à Stering Lam l'emplacement de la cité perdue de Shangri-La. Celui-ci enlève et ensorcèle le roi Singe, maître des arts martiaux de Stone, pour s'emparer du bâton sacré. La légende dit que celui qui le détiendra deviendra maître de la cité

10.   Le Mal à l'état pur (And the Wrath of Chaos)

Baird est en pourparlers avec le Dosa. Elle annonce aux bibliothécaires qu'elle joue les agents doubles auprès des premiers pour leur faire croire qu'elle va trahir la Bibliothèque. Le jeu de faux-semblants ne fait que commencer et Apep rôde

1.   Les Ombres du passé (And the Dark Secret)

Alors que Jenkins s'apprête à joindre Flynn Carson et Eve Baird pour l'éternité lors d'une cérémonie qui les liera à la Bibliothèque, une alarme les informe qu'une des pierres angulaires de la Grande Bibliothèque d'Alexandrie a été volée. Or, la destruction de ce joyau antique est à l'origine de la Bibliothèque Magique et si les pierres sont réunies, celle-ci sera de nouveau vulnérable et risque d'être détruite à son tour

2.　　　Les Voleurs de chance (And the Steal of Fortune)
Lorsqu'un ami de Stone est victime d'une malchance insolente qui l'amène à l'hôpital, les Bibliothécaires enquêtent sur un casino et un champ de course qui ne portent pas chance à ceux qui y jouent. Pendant ce temps, Flynn expérimente avec les possibilités techniques de la Bibliothèque en prévision de la cérémonie d'ancrage qui le liera à jamais à celle-ci

3.　　　On a volé Noël ! (And the Christmas Thief)
Eve Baird et Flynn Carson partent en vacances avec Jenkins. Ezekiel en profite pour faire venir sa mère Lenore, dans la Bibliothèque. Voleuse impénitente, Lenore dérobe le Globe Lumineux et l'emporte en Australie, obligeant les Bibliothécaires à emprunter le traîneau du Père Noël pour aller le récupérer. Ils vont trouver sur leur chemin un redoutable adversaire, le Saint Patron des Voleurs, ennemi juré du Père Noël et déterminé à détruire le traîneau

4.　　　Le Mystère des salles obscures (And the Silver Screen)
Lors de la projection du film «Qui a perdu, cherché et retrouvé» dans le cadre d'une rétrospective d'un certain James Desmond Wheeler, Flynn et Baird se retrouvent prisonniers d'un film noir que Baird connaît par coeur, dans les rôles du détective privé Mac Doyle et de son assistante Kitty Dupree. Ils tentent de rejouer le film, espérant retrouver le monde réel. Dans l'histoire, nos deux héros sont chargés par une certaine Madeline Kincaid de retrouver un bien que le gangster Tony Shazzola lui a subtilisé. Baird explique à Flynn qu'il s'agit d'un collier de rubis. Mais une fois le dénouement arrivé, Flynn et Baird reviennent au point de départ

5.　　　La Couronne sanglante (And the Bleeding Crown)
Les habitants d'une petite ville deviennent très âgés du jour au lendemain. L'équipe de Flynn Carson vient mener l'enquête et rencontre sur place un autre Bibliothécaire flamboyant venu du siècle dernier, Darrington Dare. Leur ennemi commun est un puissant magicien qui est fermement décidé à détruire la Bibliothèque

6.　　　L'Aiguille de l'immortel (And the Grave of Time)
Baird retrouve Nicole Noone et tente de la convaincre de revenir à la Bibliothèque. Nicole, elle, cherche à empêcher les hommes d'un dénommé Pavel de piller ses tombes dans lesquelles elle a caché des objets menant à l'aiguille de Kochtcheï l'Immortel, arme qui a le pouvoir de tuer un immortel. Mais elle arrive trop tard : ses adversaires ont déjà en leur possession la clé qui mène au précieux objet

7.　　　La Forêt désenchantée (And the Disenchanted Forest)
Dépitée par le départ de Flynn, Baird décide de s'investir dans une mission pour oublier et entraîne les Bibliothécaires restants dans un camp pour renforcer la cohésion d'équipe que leur a indiqué la Gazette. Cassandra qui n'a jamais fait de camp d'été quand elle était enfant, est ravie et décide de jouer des tours à Ezekiel. Arrivés sur place, l'équipe apprend que des disparitions inexpliquées se sont produites dans le camp. Baird repère une équipe rivale qui lui semble étrange et pénètre dans leur bungalow pour en apprendre plus

8.　　　Une vie de rêve (And the Hidden Sanctuary)
Très choquée après avoir frôlé la mort, Cassandra décide de vivre une vie normale et sans danger. Elle part en congé à Havenport, une ville idéale où aucun accident ne se produit jamais. Le jeune Freddy la met en garde sur certains phénomènes anormaux, mais Cassandra préfère ignorer cette mise en garde pour profiter de sa nouvelle vie. Jusqu'au jour où l'apparente tranquillité de Havenport commence à se fissurer.

9.　　　Les Frères rivaux (And a Town Called Feud)
Nos héros sont envoyés dans la ville de Discorde. Ils découvrent que la ville a été rebaptisée suite à

une rivalité célèbre entre deux frères. Leur mère avait brisé un médaillon contenant leurs photographies. Une partie du médaillon avait été perdue mais vient d'être retrouvée. Les Bibliothécaires ne parviennent pas à voler les médaillons à temps. Lorsque les deux moitiés du médaillon sont recollées, les fantômes des deux frères ennemis et leurs soldats apparaissent et prennent possession des habitants. Baird parvient à briser le bijou et tout revient à la normale

10.   Jeu de dupes (And Some Dude Named Jeff)
Jenkins se réveille un matin dans la peau de Jeff, presque trentenaire qui vit encore chez sa mère. Cherchant à comprendre ce qui lui arrive, il découvre que Jeff avait une fascination particulière pour lui et que ses amis ont donné à leurs personnages de jeu le nom des Bibliothécaires. Pendant ce temps, Jeff, qui a revêtu l'apparence de Jenkins, a pris sa place dans la Bibliothèque ; son comportement ne manque pas d'intriguer les Bibliothécaires

11.   L'Épreuve de l'unique (And the Trial of the One)
La Bibliothèque est sur le point de se détacher du monde réel. Elle prend les traits de Jenkins et soumet les trois Bibliothécaires à une épreuve dans laquelle ils sont confrontés à leur pire cauchemar. Eve Baird assiste impuissante à un combat mortel entre ses trois protégés, mais une ruse lui permet de mettre fin à l'épreuve et de faire revenir Jenkins dans son propre corps. Alors que les Bibliothécaires se croient de nouveau à l'abri, une terrible vengeance vient s'exercer contre eux, brisant la confiance qui les unit

12.   Souvenirs d'une vie passée (And the Echoes of Memory)
Baird se retrouve dans un monde grisâtre contrôlé par un organisme appelé la Compagnie où les rêves et les idées sont interdits, et où la nourriture est sans saveur et les couleurs inexistantes. Au travers d'un écran de télévision, Flynn parvient à lui faire parvenir un message enregistré. Nicole l'a kidnappé et veut anéantir la Bibliothèque. Pour sauver le monde tel qu'ils le connaissent, Baird doit à tout prix garder la Bibliothèque en mémoire, seul moyen d'assurer sa survie.

GAME OF THRONE

Plusieurs familles se battent pour être à la tête du royaume et de posséder le trône de fer.

S01E01 - L'hiver vient
Au delà d'un gigantesque mur de protection de glace dans le nord de Westeros. Robert Baratheon, le roi, arrive avec son cortège au sud du mur de Winterfell pour demander de l'aide à son vieil ami Eddard Stark. Dans le même temps, sur un autre continent, les derniers survivants de l'ancien régime Targaryen sont à la recherche d'une nouvelle alliance pour reprendre leur royaume de «l'usurpateur» roi Robert...

S01E02 - La route royale
Le roi Robert Baratheon et son entourage prennent la direction du Sud avec Eddard Stark et ses filles Sansa et Arya. Sur la route, Arya a des ennuis avec le prince Joffrey, ce qui laisse à Eddard une décision difficile à prendre. Pendant ce temps, Jon Snow et Tyrion Lannister se dirigent vers le Mur, dans le Nord, le premier pour rejoindre la Garde de nuit et le second par curiosité. A Essos, Daenerys apprend ce que cela signifie d'être mariée à un seigneur de guerre Dothraki. Sur les terres de Winterfell, Bran Stark lutte pour ne pas mourir après sa chute...

S01E03 - Lord Snow
Eddard Stark arrive à Port-Réal et ce qu'il découvre le laisse en état de choc. A Castle Black, Jon Snow débute sa formation pour devenir un homme de la Garde de Nuit. Tyrion Lannister se rend compte qu'il n'est pas facile d'être un soldat dans la garnison du Mur. Catelyn se rend secrètement à Port-Réal pour rejoindre son mari Eddard, après avoir reçu des informations sur la personne qui a voulu assassiner Bran. Sur la route de Vaes Dothrak, Daenerys Targaryen a des problèmes avec son frère Viserys...

S01E04 - Infirmes, bâtards et choses brisées
A Port-Réal, Eddard Stark commence son enquête pour savoir qui est impliqué dans la mort subite de son prédécesseur. Un important tournoi est organisé en l'honneur de la nouvelle Main du Roi. Au Nord, Jon Snow se prend de sympathie pour Samwell Tarly, une nouvelle recrue de la Garde de Nuit. Sur l'autre continent, Daenerys Targaryen n'hésite plus à affirmer sa personnalité et son rang en face de son frère. De son côté, Tyrion Lannister, ayant quitté le Mur, fait escale à Winterfell et rencontre le jeune Bran, qui se remet péniblement de ses blessures...

S01E05 - Le loup et le lion
A Port-Réal, les affaires politiques reprennent de plus belle. Sur la grande route qui menait à la capitale des Sept Royaumes, le roi avait fait part à Eddard Stark de ses craintes sur l'avenir et sur les intentions des survivants de la dynastie des Targaryen. Quand il apprend que ceux-ci se sont alliés au peuple Dothraki, son sang ne fait qu'un tour. En réaction, il ordonne un assassinat, contre l'avis d'Eddard. De son côté, ayant capturé Tyrion Lannister, Catelyn Stark l'emmène chez sa soeur. Arya Stark, quant à elle, surprend une conversation qui menace la vie de son père...

S01E06 - Une couronne d'or
Après avoir rendu public son profond désaccord avec le roi Robert Baratheon au sujet de l'organisation de l'assassinat de Daenerys Targaryen, Eddard Stark a été attaqué par Jaime Lannister. L'atmosphère à Port-Réal est plus que tendue et Eddard doit maintenant gérer de nouveaux problèmes. De son côté, à Eyrie, Tyrion Lannister est jugé pour un crime qu'il est censé avoir commis à Winterfell. Enfin, à Vaes Dothrak, Viserys Targaryen entrevoit le fruit de ses efforts et sa récompense pour avoir donné la main de sa soeur à Khal Drogo...

S01E07 - Gagner ou mourir
Eddard décide qu'il est temps d'annoncer l'identité du véritable père du prince Joffrey. Ses révélations accusent directement Cersei d'avoir entretenu une relation incestueuse avec son frère jumeau. Ned entend en informer le roi Robert mais, pris de pitié, il conseille à Cersei et à son rejeton de prendre la fuite sans tarder. C'est alors que Lord Renly arrive paniqué : le roi a été grièvement blessé par un sanglier durant la chasse. Mourant, le souverain exige que Ned assure la régence en attendant la majorité de Joffrey. Par une manoeuvre habile, Ned fait le nécessaire pour que le prince bâtard ne puisse rien obtenir. De son côté, Cersei lève une armée pour reconquérir le rang auquel son fils peut

prétendre...

S01E08 - Frapper d'estoc

Eddard se retrouve dans une geôle et accusé de trahison envers Joffrey, intronisé roi. Le clan Lannister informe Robb Stark que son père est prisonnier et qu'il doit se rendre à Port-Réal pour faire allégeance à la nouvelle couronne. Le jeune homme, flairant le piège tendu, réunit toutes les forces armées du Nord et compte bien affronter directement la maison Lannister. De son côté, dans la garnison de la Garde de Nuit, Jon Snow apprend également qu'Eddard est accusé de trahison. Mais un autre danger guette les hommes qui défendent le Mur...

S01E09 - Baelor

Eddard Stark est inquiet pour le sort de sa fille. Il doit prendre une décision difficile. De son côté, Catelyn conclut un arrangement avec lord Walder Frey, à ses risques et périls. Tyrion Lannister, qui se réconforte dans les bras d'une maîtresse, est forcé par son père Tywin à aller combattre la maison Stark. Quant à Robb Stark, il remporte un franc succès sur le champ de bataille en réussissant à capturer un prisonnier de grande valeur. Pendant ce temps, au nord, dans la garnison de la Garde de Nuit, Jon Snow découvre un terrifiant secret sur le maître Aemon. Sur l'autre continent, Daenerys semble défier les us et coutumes de son nouveau peuple en accordant sa confiance à la sorcière Mirri Maz Duur...

S01E10 - De feu et de sang

La nouvelle de la mort d'Eddard se propage à travers les Sept Royaumes. Catelyn interroge Jaime Lannister à propos de la chute de son fils Bran alors que les seigneurs du Nord choisissent Robb comme nouveau roi. Dans la garnison de la Garde de Nuit, Jon Snow veut rejoindre Robb mais ses frères d'armes l'en dissuadent. Sur l'autre continent, Daenerys se réveille et apprend que l'enfant qu'elle portait n'a pas survécu à l'accouchement...

<hr>

■■■■ SAISON 02 ■■■■

S02E01 - Le nord se souvient

L'exécution d'Eddard Stark a plongé Westeros dans la guerre. Dans le Nord, pendant que Jon Snow et la Garde de Nuit poursuivent leur expédition au-delà du Mur, les Stark, menés par Robb, qui veut venger la mort de son père, poursuivent leur offensive contre les Lannister. Ils veulent renverser Joffrey, discrètement surveillé par Tyrion, la nouvelle Main du Roi. Le frère cadet de Robert Baratheon, Stannis, annonce son intention de prendre le pouvoir. Il est accompagné par une mystérieuse prêtresse, Mélisandre. A l'Ouest, Daenerys et sa horde s'enfoncent dans le désert...

S02E02 - Les Contrées nocturnes

Pour contrer le clan Lannister, Stannis Baratheon pousse Davos à trouver de nouveaux alliés. Sur la route du Nord, Arya Stark, qui fuit Port-Réal depuis l'exécution de son père, se confie à Gendry. Dans sa stratégie militaire pour contrer le roi Joffrey, Robb Stark demande à Theon Greyjoy de nouer une alliance avec son père. Il espère aussi gagner le ralliement des féroces guerriers des Iles de Fer. A Port-Réal, Cersei et Tyrion affichent leurs différences sur la façon de gouverner...

S02E03 - Ce qui est mort ne saurait mourir

Dans le conflit qui oppose les Stark aux Lannister, Catelyn tente de nouer des alliances et traite ainsi avec Renly Baratheon dans l'espoir de trouver un terrain d'entente. A Port-Réal, là où les complots rythment la vie de la cour, Tyrion Lannister s'engage dans un plan complexe pour mettre à jour un de ses ennemis. Pendant ce temps, à Winterfell, Bran continue de faire des rêves étranges et troublants que Luwin tente d'interpréter...

S02E04 - La Cité de Qarth

A Port-Réal, Tyrion Lannister connaît bien les codes de la Cour royale et use de toute son intelligence pour étendre son influence. Modéré et stratège, il veut limiter les accès de cruauté du roi Joffrey, parfois imprévisible. De son côté, Catelyn Stark s'emploie à négocier une paix entre Stannis et Renly Baratheon, indispensable dans le conflit qui oppose les Stark aux Lannister. Toujours sur la route avec ses quelques fidèles, Daenerys Targaryen arrive à la grande cité de Qarth et espère y trouver refuge...

S02E05 - Le Fantôme d'Harrenhal
Dans la perspective de nouer des alliances entre les différentes maisons du royaume, Catelyn Stark doit prendre une décision urgente et même s'enfuir aux côtés d'un allié inattendu. Dans le chaos politique qui règne, Petyr Baelish tente de tirer profit de la situation et des opportunités qui se présentent. De son côté, Theon Greyjoy veut prouver sa valeur à son père dans la bataille. Quant à Arya Stark, elle reçoit une promesse de la part de l'énigmatique Jaqen H'ghar...

S02E06 - Les Dieux anciens et nouveaux
Theon Greyjoy accomplit une prouesse qui lui vaut le respect des siens. Pendant ce temps, sentant que la situation se dégrade à Port-Réal, les Lannister décident d'éloigner Myrcella de la ville. Elle la quitte juste à temps. Du côté des Stark, les choses évoluent également : Arya reçoit une visite inattendue, tandis que Robb et sa mère, Catelyn, obtiennent des informations importantes. Au-delà du Mur, Qhorin offre à Jon une chance de se distinguer au cours de leur mission de reconnaissance...

S02E07 - Un homme sans honneur
Installée chez Xaro, important dignitaire de Qarth, Daenerys reçoit l'autorisation de se rendre dans l'hôtel des Nonmourants. Pendant ce temps, sur Westeros, Jaime Lannister rencontre un parent éloigné pendant que sa soeur, la reine Cersei, prodigue quelques conseils à la jeune Sansa Stark. Theon Greyjoy, lui, organise une opération de recherche qui prend des allures de partie de chasse. Plus au Nord, Jon Stark perd son chemin dans les immensités sauvages...

S02E08 - Le Prince de Winterfell
Après son coup d'éclat, Theon doit maintenant tenir sa position. C'est alors qu'un visiteur se présente à lui. A Port-Réal, Tyrion Lannister et Varys, l'ennuque du palais, finissent par passer un accord. Arya s'acquitte de sa dette envers Jaqen d'une manière qui déplaît fortement à ce dernier. Enfin, Stannis et Davos arrivent en vue de leur destination...

S02E09 - La Néra
Stannis Baratheon et ses troupes arrivent par la mer au large de Port-Réal. L'enjeu est pour lui de s'emparer du Trône de Fer. Dans la citadelle, les Lannister doivent se battre pour leur vie. Sur le continent oriental, dans la grande cité de Qarth, Daenerys Targaryen est toujours à la recherche de ses dragons. Avec l'aide de son fidèle Jorah Mormont, elle doit se résoudre à se rendre dans la mystérieuse maison de l'Immortel, où sont censés se trouver ses animaux. Quant à Robb Stark, il apprend une terrible nouvelle à propos de son frère...

S02E10 - Valar Morghulis
La bataille de Port-Réal est terminée, et c'est la victoire des Lannister. Arya Stark retrouve le mystérieux Jaqen H'ghar et Daenerys cherche ses dragons dans la maison de l'Immortel...

■■■■■■■■ SAISON 03 ■■■■■■■■

S03E01 - Valar Dohaeris
Jon Snow est amené devant Mance Rayder, le Roi d'au-delà du Mur, alors que les chevaliers de la Garde de Nuit entament leur retraite vers le Sud. A Port-Réal, Tyrion exige sa récompense, tandis que Petyr Baelish offre à Sansa Stark une porte de sortie. Cersei, elle, organise un banquet en l'honneur de la famille royale. Arya croise la route de la Fraternité sans Bannière, tandis que Daenerys s'embarque pour la Baie des Serfs...

S03E02 - Noires ailes, noires nouvelles
A Port-Réal, alors que Sansa est interrogée par lady Olenna, qui cherche à en savoir plus sur le roi Joffrey, Shae demande un service à Tyrion. Au-delà du Mur, Jon Snow, toujours protégé par Ygritte, rencontre Orell, un warg capable de voir à travers les yeux des animaux. Dans le Riverlands, Arya et ses compagnons de route rencontrent la Confrérie sans bannière...

S03E03 - Les Immaculés
En l'absence de Littlefinger, Tyrion obtient de nouvelles responsabilités à Port-Réal tandis qu'à Astapor, Daenerys réussit à convaincre ses hôtes de lui vendre des Immaculés, dès soldats sans peur. Robb assiste à l'enterrement de son grand-père à Riverrun, avec sa femme Talisa et sa mère Catelyn. Faits prisonniers, Brienne de Tarth et Jaime Lannister chevauchent sous haute garde. Le régicide tente de passer un marché avec ses géôliers...

S03E04 - Voici que son tour de garde est fini
Les survivants de la Garde de Nuit arrivent chez Craster, un seigneur odieux qui profite de ses nombreuses épouses : en échange d'un peu de repos, Craster oblige les hommes à s'occuper des cochons. Cette situation ne va pas tarder à dégénérer. Au Sud, Daenerys Targaryen offre son plus beau dragon à Kraznys pour obtenir son armée d'Immaculés. Mais Kraznys va apprendre bien vite que la Mère des Dragons sait parler le Valeryan...

S03E05 - Baisée par le feu
Daenerys déploie son armée et ses dragons pour libérer les esclaves d'Astapor. Quant à Sandor Clegane, il doit répondre de ses actes passés devant la Confrérie des sans-bannières. Cependant, au nord du Mur, Jon Snow est contraint de faire ses preuves. Theon, de son côté, subit de nouvelles tortures...

S03E06 - L'ascension
Jon Snow, Ygritte et les Sauvageons s'attaquent à une escalade périlleuse. Pour sa part, Tywin élabore des mariages stratégiques pour les Lannister. Robb est à la recherche d'un compromis pour retrouver la confiance de la maison Frey...

S03E07 - L'ours et la belle
Pour Jon Snow, l'heure est venue de régler ses comptes avec Orell, l'un des membres des Wildings. De son côté, Daenerys poursuit sa route vers la cité de Yunkaï, plus déterminée que jamais à libérer des esclaves. Quant à Sansa Stark et Tyrion Lannister, ils apprennent qu'ils vont se marier. Une information qui est loin de les laisser indifférents. Enfin, Jaime Lannister est sur le point de quitter Harrenhal en vue d'être présenté à son père...

S03E08 - Les Puînés
Daenerys fait la connaissance d'un mercenaire. Elle obtient l'appui d'une armée dans sa quête de pouvoir. En parallèle, à Port-Réal, Sansa et Tyrion se marient sous le regard amusé de Joffrey. De son côté, Davos, toujours aussi méfiant à l'égard de la prêtresse, somme Mélisandre de s'expliquer. Et Sandor Clegane révèle à Arya ses intentions. Quant à Sam, il fait la connaissance d'une personne au cours de son périple...

S03E09 - Les pluies de Castamere
Robb se présente devant Walder Frey tandis qu'Edmure fait la connaissance de sa future épouse. De son côté, Jon est confronté à la pire épreuve de sa jeune existence et Bran se découvre un nouveau don. Daario et Jorah confrontent leurs stratégies pour prendre Yunkai alors que la maison Frey s'unit aux Tully...

S03E10 - Mhysa
C'est le chaos au sein du clan Lannister... Joffrey défie Tywin. A Peyredragon, le salut viendra peut-être d'alliés inattendus. Bran est hanté par une vision venue d'outre tombe. Daenerys se retrouve face à un dilemme : est-elle une guerrière ou une libératrice ?

▬▬▬▬▬ SAISON 04 ▬▬▬▬▬▬▬▬

S04E01 - Deux épées
A Port-Réal, Tyrion prend soin d'un hôte inattendu. Pendant ce temps, à Châteaunoir, Jon Snow retrouve les hommes de la Garde de Nuit et ne reçoit pas le meilleur accueil. Arya, elle, croise un vieil ami. De l'autre côté de la mer, Daenerys approche de Meereen, la plus grande des cités escla-

vagistes...

S04E02 - Le lion et la rose
A Port-Réal, Tyrion assiste son frère Jaime pendant que le roi Joffrey et Margaery organisent un petit déjeuner. A Peyredragon, Stannis Baratheon ne tolère plus l'insoumission de Davos. Ramsay trouve un usage pour le pauvre hère qui lui sert d'animal de compagnie. Au-delà du Mur, Bran a une vision...

S04E03 - Briseuse de chaînes
Tyrion envisage les différentes options qui lui sont offertes pendant que Tywin fait un geste vers la paix. Dans le Nord, Sam réalise que Châteaunoir n'est pas un endroit sûr alors que Jon échafaude un plan audacieux. En pleine campagne, Sandor Clegane commence l'enseignement de la jeune Arya. De l'autre côté de la mer, Daenerys désigne son champion...

S04E04 - Féale
Daenerys Targaryen poursuit son apprentissage du pouvoir en devant choisir entre justice et compassion. A Port-Réal, Jaime retrouve Brienne et lui rend hommage. Jon mobilise ses hommes pour repousser les Sauvageons qui s'en prennent à Châteaunoir pendant que, plus au nord, Bran, Jojen, Meera et Hodor cherchent un abri...

S04E05 - Premier du nom
A Port-Réal, les intrigues se poursuivent. Cersei et son père Tywin préparent déjà leur prochaine manoeuvre pour assurer leur emprise sur la couronne. Au Nord, Jon Snow débute une nouvelle mission. De l'autre côté de la mer, Daenerys réfléchit à ses plans futurs, qui doivent la rapprocher de Westeros...

S04E06 - Les Lois des dieux et des hommes
Stannis et Davos prennent la mer, laissant Peyredragon derrière eux. Daenerys Targaryen est à nouveau amenée à montrer ses talents de souveraine en écoutant des suppliques qui lui sont adressées. Pendant ce temps, Tyrion ne supporte plus les humiliations qu'il subit et fait face à son père Tywin...

S04E07 - L'Oiseau moqueur
Tyrion surprend son entourage en parvenant à enrôler un allié particulièrement étonnant. Daario, de son côté, supplie Daenerys de le laisser faire ce qu'il fait de mieux. Les avertissements de Jon à propos du mur ne sont pas pris en compte. Quant à Brienne, elle continue son chemin avec Podrick...

S04E08 - La Montagne et la Vipère
Une atmosphère de vengeance règne à Westeros depuis le «mariage pourpre». Quelqu'un va devoir payer ses dettes.

S04E09 - Les Veilleurs au rempart
Sur le Mur, Jon Snow et les hommes de la Garde de Nuit se préparent à relever un terrible défi. D'eux dépend le salut de Westeros, menacé par un danger inédit. Mais toutes les tentatives pour bloquer le Mur sont rejetées. Le risque grandit de plus en plus pour Jon Snow et son entourage. Les Sauvageons peuvent alors passer de l'autre côté du Mur. Pour le bâtard d'Eddard Stark vient le moment de prouver qu'il est enfin un véritable chef...

S04E10 - Les Enfants
L'arrivée d'un parti imprévu change la donne au nord du Mur, où la bataille fait rage. Au même moment, Bran a un aperçu du destin qui l'attend. De l'autre côté de la mer, Daenerys Targaryen est confrontée à une décision douloureuse. Enfin, Tyrion Lannister prend conscience de sa véritable situation...

████████████ SAISON 05 ████████████

S05E01 - Les guerres à venir
Alors que Cersei reproche à Jaime d'avoir libéré leur frère, Varys s'échine à convaincre Tyrion de

                    Le guide des épisodes des geeks

l'accompagner à Meereen. Jon doit composer avec deux rois.

S05E02 - La demeure du noir et du blanc
Arya pénètre dans la cité de Braavos tandis que Jaime et Bronn partent pour Dorne, où est toujours retenue Myrcella. Stannis fait une proposition unique à Jon.

S05E03 - Le grand moineau
Tout juste sacrée reine, Margaery Tyrell profite de l'innocence de son nouvel époux, Tommen. Au Mur, Jon se rapproche habilement de ses ennemis.

S05E04 - Le fils de la harpie
Les Moineaux s'en prennent à la famille Tyrell. Bronn et Jaime peinent à tenir à distance leurs ennemis, tandis qu'Ellaria prépare soigneusement sa vengeance.

S05E05 - Tue l'enfant
Daenerys Targaryen est sous le choc de la mort de Ser Barristan et décide de réagir pour endiguer la rebellion qui se diffuse dans les rues de Meereen.

S05E06 - Insoumis, invaincus, intacts
Arya continue son apprentissage. Pendant ce temps, Tyrion et Jorah, l'ancien conseiller personnel de Daenerys, doivent affronter de nombreuses difficultés.

S05E07 - Le cadeau
Jorah et Tyrion se rapprochent de Daenerys, tandis qu'Olenna se démène pour libérer ses proches des griffes des Moineaux. Sansa demande de l'aide à Reek.

S05E08 - Durlieu
Arya joue les marchandes d'huîtres pour prendre au piège un malfrat. A Winterfell, Ramsay expose à son père ses stratégies pour faire tomber l'armée de Stannis.

S05E09 - La danse des dragons
Acculé dans le Nord, Stannis se résout à prendre une douloureuse décision. Jon est de retour au Mur. A Dorne, le prince Doran opte pour le compromis.

S05E10 - La miséricorde de la mère
Dans le Nord, Stannis fait face aux terribles conséquences de ses choix. Humiliée et bafouée, Cersei se plie aux directives implacables du Grand Moineau.

■ SAISON 06 ■

S06E01 - La Femme rouge
Jon Snow mort, ses fidèles acculés à Château Noir doivent trouver un moyen de faire face à la rébellion et rendre justice au Lord Commandant. De retour de Dorne, Jaime apprend la terrible nouvelle à propos de Myrcella à Cersei. En fuite, Sansa et Theon sont traqués dans le Nord. Ramsay entend leur faire payer leur trahison. Daenerys disparue, le peuple de Meereen craint d'avoir été abandonné par la Mère des dragons. Pendant que Jorah et Daario sont à la recherche de la Khaleesi, Tyrion et Varys cherchent à savoir qui a orchestré l'attaque des Fils de la Harpie...

S06E02 - La Maison
Pendant que Bran s'entraîne avec la corneille à trois-yeux, Davos est poussé dans ses derniers retranchements à Château Noir. Honteux de sa lâcheté, Tommen se présente enfin à Cersei, alors que Jaime tient tête au Grand Moineau. Malgré de nombreuses pertes, Ramsay est prêt à tout risquer pour traquer Sansa jusqu'au Mur. Découragée, Melisandre voit Davos lui faire une étonnante requête...

S06E03 - Le Briseur de serments
Alors que Daenerys est confrontée à son futur, Bran poursuit son apprentissage avec la corneille à trois-yeux en explorant le passé. Varys et Tyrion tentent de découvrir qui a financé l'attaque contre leur Reine. A Port Réal, Cersei entend prendre sa revanche, avec l'aide de Jaime, pendant que Tom-

men confronte le Grand Moineau. Quant à Arya, elle est mise à l'épreuve pour devenir une sans-visage...

S06E04 - Le Livre de l'Étranger
Une surprise attend Jon Snow alors qu'il s'apprête à quitter Château Noir. Lord Petyr convainc le jeune seigneur du Val qu'ils doivent lancer une armée contre Bolton afin de sauver Sansa. Tyrion use de diplomatie pour trouver un terrain d'entente avec les nobles de Volantis, les ennemis de la Reine qui ont sollicité les Fils de la Harpie. L'initiative n'est pas au goût des anciens esclaves. Daario et Jorah tentent de libérer leur souveraine, retenue prisonnière dans un temple Dothraki dédié aux khaleesis veuves. Quant à Cersei, elle se trouve d'improbables alliés.

S06E05 - La Porte
Sansa affronte Lord Petyr, lequel l'a laissée entre les mains du sadique Ramsay Bolton. Arya a une nouvelle chance de faire ses preuves. Et Bran en apprend un peu plus sur les secrets du passé. Chez les Fer-nés, Yara Greyjoy espère succéder à son défunt père. A Meereen, Tyrion cherche toujours un moyen pour que le peuple, en dépit des rancoeurs et croyances diverses, se soumette complètement à sa Reine...

S06E06 - De mon sang
Alors que Bran et Meera tentent d'échapper aux Marcheurs Blancs, Sam, la honte de sa famille, doit faire face aux siens. Il appréhende particulièrement la réaction de son père, le Seigneur Tarly. Le Grand Moineau accorde à Tommen le droit de voir son épouse, emprisonnée dans l'attente de sa marche d'expiation. Quant à Arya, parviendra-t-elle à accomplir la mission qui lui permettra de devenir une sans-visage ?

S06E07 - L'Homme brisé
Sur les conseils du Grand Moineau, Margaery tente d'amener sa grand-mère sur le chemin de la Foi. Jon et Sansa essaient de rassembler les troupes, sachant qu'un Nord divisé ne pourra pas combattre leurs ennemis et regagner Winterfell. Sur les ordres du Roi, Jaime arrive à Vivesaigues avec la mission de reprendre le château à Brynden Tully pour le céder à leur allié Walder Frey...

S06E08 - Personne
Grièvement blessée, Arya se tourne vers la seule personne susceptible de lui venir en aide. Grâce à son pacte avec ses ennemis, Tyrion se réjouit de voir Meereen reprendre vie sous ses yeux. Brienne de Tarth espère convaincre La Silure de s'allier à Sansa pour défendre le Nord. Quant à Jaime, il tente de trouver un moyen de reprendre Vivesaigues. Sandor Clegane reprend les armes dans l'intention de venger ceux qui l'avaient recueilli...

S06E09 - La Bataille des bâtards
L'heure est au combat sur tous les fronts. De retour à Meereen, Daenerys est prête à riposter pour contenir l'attaque de ses ennemis. Tyrion la conseille sur la stratégie à adopter. Dans le Nord, les Stark s'apprêtent à croiser le fer pour récupérer Winterfell. Confiant et arrogant, Ramsay Bolton recourt aux jeux de l'esprit pour décontenancer l'adversaire...

S06E10 - Les Vents de l'hiver
Le jour du jugement est arrivé : Cercei et Loras vont devoir répondre de leurs actes devant le Grand Septon dirigé par le Grand Moineau. La Reine Mère trouvera-t-elle un moyen de se sortir de cette impasse ? A Meereen, épaulée de Tyrion, Daynerys s'apprête à mettre le cap vers Westeros avec la flotte des Fer-nés. Acculée par les Lannister, Olenna Tyrell se voit offrir une alliance inattendue. A Winterfell, la question de la succession se pose : qui de Sansa ou de Jon règnera sur la Maison Stark... et sur un Nord uni pour faire front contre leurs ennemis ?

■■■■■ SAISON 07 ■■■■■

S07E01 - Peyredragon
L'hiver est bel et bien là. Inquiet, Jon Snow appelle le Nord au rassemblement pour faire face à l'ar-

rivée prochaine des Marcheurs blancs et du Roi de la Nuit. Hommes, femmes et enfants doivent se préparer à combattre. Sansa prévient son frère qu'il ne doit pas négliger pour autant la menace que représente Cersei Lannister. La Reine autoproclamée du Royaume des Sept Couronnes espère d'ailleurs nouer de nouvelles alliances qui lui permettraient d'anéantir ses ennemis. A la Citadelle, Sam brûle d'envie d'accéder à la bibliothèque et à son précieux savoir...

S07E02 - Née du Typhon
Daenerys reçoit une visite inattendue. A Peyredragon, l'heure est à la politique et aux stratégies. La Khaleesi doit s'assurer le soutien de ses alliés. Jon Snow en fera-t-il partie ? Jurera-t-il allégeance à la Reine légitime comme elle le souhaite ? Dans le Nord, tout le monde s'oppose à ce rapprochement...

S07E03 - La Justice de la Reine
Jon Snow et Davos se rendent en terre ennemie où ils doivent rencontrer Daenerys Targaryen. Le face-à-face entre le Roi du Nord et la Reine légitime des Sept Couronnes promet d'être tendu... Euron est de retour à Port-Réal avec un cadeau pour Cersei. Quant à Jaime, il tire enfin enseignement de ses erreurs...

S07E04 - Les Butins de Guerre
L'émotion est à l'ordre du jour chez les Stark avec le retour d'Arya à Winterfell. Avec l'aval de Daenerys, Jon Snow entreprend d'extraire le verredragon qui permettra de combattre les Marcheurs Blancs. Furieuse des échecs successifs essuyés face à ses ennemis, la Khaleesi décide de riposter et passer à l'action. Quant à Jaime, il va devoir faire face à une situation inattendue...

S07E05 - Fort-Levant
L'armée de Jaime essuie une cuisante défaite face aux dothrakis et au dragon. Daenerys demande au prisonniers de choisir entre la mort ou lui juger loyauté. A la Citadelle, les mestres ont du mal à croire aux élucubrations de Bran Stark. au sujet des Marcheurs Blancs. Jon Snow, pour sa part, prend l'information très au sérieux. Il sait mieux que personne le danger que représente cette armée de morts.

S07E06 - Au-delà du Mur
Parti s'aventurer au-delà du Mur en compagnie du Limier, de Jorah Mormont ou encore du sauvageon Tormund, Jon Snow doit affronter la rudesse de l'hiver dans l'espoir de capturer un Marcheur Blanc. Cette preuve tangible serait en effet le seul moyen de convaincre Cersei de s'allier avec ses ennemis pour contrer la redoutable menace qui les attend... Du côté de Winterfell, Arya confronte sa soeur après sa récente découverte...

S07E07 - Le Dragon et le Loup
Après l'effroyable bataille face aux Marcheurs Blancs au-delà du Mur, Daenerys, Jon Snow et leurs alliés partent à la rencontre des Lannister dans l'espoir de négocier une trêve. Trouveront-ils les bons arguments ? La menace de l'armée des morts suffira-t-elle à motiver Cersei à trouver un terrain d'entente avec la Mère des Dragons et le Roi du Nord ? Plus que jamais, Tyrion va devoir se montrer convaincant face à une soeur qui ne veut qu'une chose : le voir mort ! Du côté de Winterfell, Littlefinger complote toujours pour monter les soeurs Stark l'une contre l'autre...

▰▰▰▰▰▰ SAISON 08 ▰▰▰▰▰▰

S08E01 - Winterfell
Accompagné par Daenerys Targaryen, Jon Snow est de retour à Winterfell. Des retrouvailles émouvantes l'y attendent. Sansa peine à montrer son allégeance à cette Reine étrangère. Et elle ne croit pas en une alliance avec Cersei Lannister...

S08E02 - A Knight of the Seven Kingdoms
Jaime Lannister est arrivé à Winterfell. Face à la menace des marcheurs blancs, il a choisi de rallier le camp de Jon Snow et de son frère Tyrion Lannister. Mais Daenerys se retrouve face à celui qui a tué son père et cela ne la laisse pas de marbre. Dehors, les morts se rapprochent...

S08E03 - The Long Night
Alors que l'armée du Roi de la Nuit est aux portes de Winterfell, la tension monte dans les rangs.
Tout le monde attend le coup d'envoi d'affrontements qui s'anoncent terribles. Le Nord fera-t-il le
poids conte les marcheurs blancs ?

S08E04 - The Last of the Starks
Après la bataille de Winterfell, les survivants pansent leurs plaies et honorent leurs morts. Daenerys
pense déjà au prochain affrontement contre Cersei. A Port-Real, la reine Lannister est également
déterminée à l'emporter, avec Euron à ses côtés.

S08E05 - The Bells
Trahie et endeuillée, Daenarys doit se ressaisir pour le nouveau combat qui l'attend. Aura-t-elle sa
revanche ? Aux portes de Port-Réal, un terrible siège se prépare. Cersei compte sur la flotte d'Euron,
la compagnie Dorée et les remparts de la ville pour stopper sa rivale et son dragon...

S08E06 - The Iron Throne
Alors que Daenerys appelle ses hommes à livrer bataille, Arya, Jon et Tyrion sont dépités par le
spectacle qui s'offre à eux. Déçue par sa trahison, quel sort la Khaleesi va-t-elle réserver à sa Main ?

       Le guide des épisodes des geeks

HEROES

Suite à l'apparition d'une éclipse, plusieurs personnes se retrouvent en possession de pouvoir extraordinaire.

S01E01 - Hors du commun
En Inde, un spécialiste en génétique décide de poursuivre les recherches de son père disparu. L'une de ses théories concernait l'évolution de l'espèce humaine. Celui-ci était persuadé de l'existence d'un certain nombre de personnes - en apparence ordinaire - dotées de capacités «hors du commun». Une évolution de l'espèce susceptible de changer l'humanité à jamais !... A New York, Peter Petrelli tente de convaincre son frère, un politicien, qu'il sait voler... Claire, une adolescente vivant à Odessa dans le Texas, découvre qu'elle est invincible... Un artiste, rongé par sa dépendance aux drogues, a la faculté de peindre l'avenir... Au Japon, un jeune homme peut arrêter le temps... Ils ne comprennent pas tous ce qui leur arrive et les répercussions que tout cela peut avoir...

S01E02 - Découvertes en série
Des individus à travers le monde commencent à prendre conscience de leurs prodigieuses facultés. Une pom-pom girl invincible fait part à ses parents adoptifs de son intention de découvrir qui sont ses géniteurs... Un fonctionnaire japonais brise le continuum spatio-temporel et se retrouve à New York où il fait une étonnante découverte... A la suite de la mort de son père, le professeur Suresh décide de poursuivre les travaux de celui-ci et trouver ces personnes dont les gènes ont muté, leur conférant des facultés exceptionnelles... Peter Petrelli se retrouve à l'hôpital après avoir sauté du toit d'un immeuble. Il est persuadé que son frère Nathan a volé pour le rattraper... Lorsqu'elle se réveille dans son garage, Niki Sanders découvre avec horreur les cadavres des hommes venus réclamer l'argent qu'elle avait emprunté à leur patron. La jeune femme ignore ce qui a pu se passé...

S01E03 - Un pas de géant
Niki enterre les cadavres dans le désert. Elle a bien l'intention de disparaître avec son fils... Claire est rassurée quand son père accepte de mettre en route des démarches pour retrouver ses parents biologiques. Pour l'heure, elle a d'autres préoccupations. Son équipe doit jouer un match important... Hiro tente de convaincre son ami qu'il est allé dans le futur et qu'il doit à tout prix empêcher qu'une catastrophe se produise... Peter essaie de reproduire son expérience du vol... Simone ne supporte plus de voir son petit ami se détruire ainsi avec la drogue. Elle ne croit pas à ses histoires de dessins prophétiques... Matt Parkman est arrêté par le FBI. Interrogé, il tente d'expliquer qu'il peut lire dans les pensées. Et que c'est de cette façon qu'il a su où était cachée la petite fille... Mohinder découvre de nouveaux indices dans l'appartement de son père. De nouveaux indices qui amènent de nouvelles questions...

S01E04 - Collision
Alors que Claire se réveille à la morgue où un médecin légiste est en train d'effectuer une autopsie sur elle, Matt se retrouve également en mauvaise posture après le malaise survenu dans le bar... Nathan apprend que sa déclaration publique sur la prétendue tentative de suicide de son frère lui a valu des points dans les sondages. Peter, pour sa part, a trouvé du réconfort dans les bras de Simone... Niki est conduite à Las Vegas où un associé de Linderman lui propose un marché en échange de l'argent qu'elle doit... Sur le chemin qui les mène à New York, Hiro et Ando font escale dans la ville du jeu...

S01E05 - Hiros
Mme Bennet est dans tous ses états. Sa fille, Claire, a été hospitalisée à la suite d'un accident de voiture... Peter Petrelli fait une étrange rencontre. Le temps semble s'arrêter tout autour de lui, tout le monde est immobile, sauf lui. Il voit arriver un certain Hiro Nakamura, venu du futur pour lui communiquer un message d'un extrême importante. Peter se voit confier une mission susceptible de changer le cours des choses et sauver le monde... Niki se réveille nue dans le lit de Nathan Petrelli. Elle ne comprend pas comment elle est arrivée là alors qu'elle avait quitté la chambre, refusant de céder aux avances du politicien. Celui-ci en revanche a disparu...

S01E06 - Double Je
Peter et Isaac doivent impérativement retrouver un des tableaux emporté par Simone pour reconstituer le puzzle et retrouver la pom-pom girl avant qu'il ne soit trop tard... Mr Bennet apprend à Claire

qu'il a retrouvé ses parents adoptifs et qu'ils sont prêts à la rencontrer si elle le souhaite... Niki voit son époux réapparaître dans sa vie et dans celle de son fils... Quant à Suresh, il semble déterminé à rentrer en Inde...

S01E07 - Rien à cacher
Simone débarque effondrée chez Peter. Son père vient de décéder... La cassette compromettante montrant Claire dans des situations incroyables tombe entre les mains de son frère, Lyle... Lorsqu'elle reprend connaissance, Niki découvre que son fils et son mari ont disparu... Un autre meurtre ayant été commis par Sylar, Audrey demande à Matt de l'aider...

S01E08 - Minuit moins Sept
En Inde, Suresh fait le deuil de son père. Il est déterminé à laisser derrière lui toutes ces théories inconcevables et profiter du début du second semestre pour reprendre les cours à la fac... Toujours en route pour New York, Hiro et Ando font une halte au Texas pour manger. Ils font la connaissance d'une serveuse dotée d'une étonnante facilité à mémoriser... Audrey fait appel à Matt pour l'interrogatoire de Ted Sprague. Le policier, suspendu pour avoir agressé son supérieur, espère en savoir plus, à travers l'expérience de Ted, sur ce qu'il lui arrive... Mr Bennet veut pousser Isaac à peindre le futur afin d'en savoir plus sur le drame qui menace sa fille, Claire...

S01E09 - Le couronnement
Le grand jour est arrivé ! Ce soir c'est la fête du lycée et Claire apprend avec stupéfaction qu'elle a été élue reine par ses camarades, au grand désarroi de sa rivale Jackie. Peter tente son possible pour trouver la pom pom girl et accomplir sa mission en sauvant le monde. Sachant le drame qui se profile à l'horizon, Mr Bennet cherche un moyen d'empêcher sa fille de se rendre à cette fête... D.L. essaie de rassurer son fils et lui expliquer que sa maman est une menace pour eux en ce moment... Quant à Suresh, toujours en proie aux doutes après son expérience étrange du rêve, il veut retrouver le garçon qu'il a vu dans ses songes...

S01E10 - La naissance du mal
Hiro use de son pouvoir pour remonter le temps et sauver la jeune serveuse du terrible sort qui l'attend. Guère habitué à utiliser ses récentes facultés, il se retrouve propulser 6 mois plus tôt. A cette époque, Peter Petrelli vient tout juste de réussir son examen d'infirmier. La femme de Nathan n'a pas encore eu son accident de voiture. Chandra Suresh va à la rencontre de Gabriel Gray, qu'il pense atteint d'une mutation génétique... Claire se voit proposer d'intégrer l'équipe des pom-pom girls. Et Niki est encore avec son époux D.L...

S01E11 - Contrecoup
Audrey Hanson, aidée de Matt, est toujours sur la piste de Sylar. Peter, trouvé par la police sur les lieux du drame, a été arrêté. Quant à Sylar, blessé, il est retenu contre par l'équipe de Mr Bennett... Claire avoue à son père ce qu'elle est... Armée, Jessica chasse DL. pour récupérer son fils. Mais hors de contrôle, elle pourrait bien blesser Micah...

S01E12 - Ententes et mesententes
Deux semaines sont passées et l'état de Peter est toujours critique. Inconscient, le jeune homme est pris par une forte fièvre que les médecins ne parviennent pas à expliquer. Agacé d'attendre entre 4 murs, Nathan demande à Simone de lui présenter le fameux peintre visionnaire... Claire fait croire à son père que sa mémoire a bien été effacée et qu'elle n'a plus aucun souvenir des récents événements... Matt et l'agent Hanson dirigent une perquisition dans la fabrique de papier dirigée par Mr Bennett, sans succès... Se sachant incontrôlable, Niki s'est rendue aux autorités...

S01E13 - Le remède
Après le traitement de choc qu'on lui a infligé, Sylar est dans un sale état... Peter tente d'obtenir des réponses d'un homme prénommé Claude, qui a la capacité de se rendre invisible. Mais celui-ci ne semble pas disposé à l'aider... Hiro désespère d'avoir perdu ses pouvoirs. Il est convaincu que lorsqu'il trouvera l'épée qui lui est destinée, les choses rentreront dans l'ordre... Claire compte sur l'aide de Zach pour trouver des informations que son père lui cacherait, notamment sur ses parents biologiques...

S01E14 - La fille d'eux
Claude accepte finalement d'enseigner à Peter comment maîtriser ses pouvoirs. A nouveau libre, Sylar a bien l'intention de terminer ce qu'il a laissé en plan : tuer la pom-pom girl ! Hiro est sommé par son père de cesser les distractions et rentrer à la maison afin de reprendre le travail et lui succéder un jour à la tête de l'empire familial. Comment expliquer à son père que son destin est désormais tout autre ? Claire est déterminée à aller à la rencontre de sa mère biologique...

S01E15 - Mauvaises rencontres
Nathan Petrelli apprend que l'enfant qu'il a eu hors mariage quelques années plus tôt a survécu à un incendie criminel... Suspendu, Matt prend un boulot de garde du corps. Il doit escorter un important avocat... Hiro et Ando sont de retour à Las Vegas. Ils espèrent récupérer l'épée dont Linderman est en possession... Suresh se démène pour contacter des personnes de la liste et tenter de leur venir en aide...

S01E16 - Inattendus
Isaac prévient Mr Bennett que Peter Petrelli est une menace. Avec son homme de main, celui-ci part à la recherche du jeune homme qu'il sait désormais en compagnie d'une vieille connaissance capable de se rendre invisible... Ted Sprague se laisse convaincre par Hana Gitelman, une jeune femme qui comme lui a des pouvoirs, qu'ils doivent retrouver ceux qui leur ont fait ça... Sylar a trouvé un bon moyen de trouver d'autres individus dont il pourrait voler les pouvoirs. Il lui suffit d'abuser de la confiance de Mohinder Suresh, le généticien en possession d'une liste recensant les personnes comme lui... Claire, inquiète de l'état de santé de sa mère, est en colère contre son père...

S01E17 - L'homme de main
Ted et Matt pénètrent dans la maison de Bennett pour pirater son ordinateur. Lorsque celui-ci rentre chez lui avec sa petite famille, ils décident de prendre tout le monde en otage. Ils espèrent ainsi pouvoir utiliser la famille pour faire pression sur Mr Bennett et obtenir des réponses à leurs questions. La situation devient vite hors de contrôle...

S01E18 - Parasite
Peter et Isaac sont désemparés après la mort de Simone. Peter demande l'aide de son frère. Nathan, de son côté, a d'autres soucis à gérer. Le FBI compte sur lui pour coincer Linderman... Le Haïtien a promis de veiller sur Claire. Mais l'adolescente n'est pas prête à disparaître laissant tous ceux qu'elle aime derrière elle... A Las Vegas, Hiro ne parvient pas à passer le barrage de sécurité... Quant à Sylar, il utilise toujours Suresh pour établir une liste des personnes qui, comme lui, sont dotées de ce gène spécial...

S01E19 - 0.07%
Nathan a une explication avec Linderman. Ce dernier lui révèle ses motivations. Selon lui, l'explosion qui va anéantir New York est un Mal nécessaire pour l'Humanité... Mr Bennett compte sur Parkman pour échapper à la Compagnie... Peter se retrouve face à face à Sylar ! Et Claire fait la connaissance de sa grand-mère, Angela Petrelli...

S01E20 - Dans cinq ans
Hiro et Ando sont projetés dans le futur, 5 ans jour pour jour après l'explosion de la bombe qui a dévasté New York. Ils croisent sur leur chemin le Hiro du futur. En apprenant que la pom pom girl a été sauvée, celui-ci est soulagé ! Cela signifie que Sylar n'a pas pu prendre son pouvoir. Il pourra mourir cette fois-ci si Hiro effectue son retour au bon moment pour stopper les agissements de Sylar. Mais Hiro est capturé par le service de sécurité qui voit en lui une menace...

S01E21 - L'enfant prodigue
De retour dans le présent, Hiro est déterminé à sauver le monde. Il se rend chez Isaac pour savoir quel piste suivre... Claire s'apprête à partir pour Paris afin de ne pas gêner son père durant sa campagne... Mr Bennett prend la route avec Parkman et Ted pour tenter d'empêcher l'apocalypse qui se prépare... Suresh accepte de collaborer avec la Compagnie pour neutraliser Sylar...

S01E22 - L'heure de la victoire
Hiro perd espoir : il n'a pas été capable de neutraliser Sylar alors qu'il en avait l'occasion et son épée

est cassée... Le jour de l'élection est venu : Linderman s'assure que Nathan Petrelli fera le bon choix en se servant de la catastrophe imminente pour accéder jusqu'à la Maison Blanche... Claire est rassurée de retrouver son père, Bennett. Nathan est, quant à lui, exposé au pouvoir de Ted. Parviendra-t-il à le gérer ? D'autant plus que Sylar est dans les parages...

S01E23 - La bombe humaine
Pour sauver son ami, Hiro part affronter Sylar. Celui-ci se cache dans l'appartement d'Isaac où les dernières prédictions lui dévoilent ce qui adviendra dans le futur proche : une terrible confrontation avec Peter Petrelli l'attend... Claire prévient son père que Sylar s'est approprié le pouvoir de Ted. Et Peter est le mieux placé pour l'arrêter... Mme Petrelli tient à s'assurer que son fils Nathan fera le bon choix : laisser l'explosion se produire en sacrifiant des millions de vies pour un avenir meilleur...

■■■■■■■■ SAISON 02 ■■

S02E01 - Quatre mois plus tard
Quatre mois se sont écoulés depuis les événements qui se sont déroulés à New York ! Nathan est très affecté par la disparition de son frère. Sous un nouveau nom, Claire tente de passer inaperçue dans son nouveau lycée... Le Dr Suresh mène une série de conférences sur la mutation des gènes et l'existence de personnes dotée de pouvoirs exceptionnels. Guère pris au sérieux, il attire peu de monde ! Il est cependant contacté par un mystérieux individu... Alejandro tente de quitter le Honduras dans l'espoir de trouver un médecin qui pourra venir en aide à sa soeur, Maya, capable de faire malgré elle des choses terribles... Quant à Hiro, téléporté dans le Japon du 16ème siècle, il rencontre le légendaire samuraï Takezo Kensei, son héros...

S02E02 - Coupé court...
Peter Petrelli reprend connaissance en Irlande ! Amnésique, il est accusé par un certain Ricky d'avoir dérober les iPods qu'il venait chercher... Kaito Nakamura a été assassiné ! Matt Parkman, promu inspecteur, mène l'enquête avec le détective Bryan Fuller. Ando témoigne à la police que Mr Nakamura a eu une dispute avec Angela Petrelli, peu avant sa mort... Hiro se démène pour convaincre Takezo Kensei de voler au secours de la princesse. Ce dernier étant ivre mort, le jeune homme décide de se faire passer pour le héros... Suresh est envoyé à Haïti où un nouveau cas de virus a été déclaré...

S02E03 - Vol d'essai
Ayant quelque chose d'important à accomplir, Niki laisse son fils à la Nouvelle-Orléans dans la famille de son défunt époux... Pour récupérer la boîte contenant les informations liées à son passé, Peter n'a d'autre choix de coopérer avec Ricky dans une affaire de vol. Il découvre qu'il est capable de réaliser des choses étonnantes... Démasqué par un garçon de son école, Claire tente de rattraper le coup en le persuadant qu'il a mal vu... Alors qu'il poursuit sa route vers les Etats-Unis avec sa soeur, Alejandro est arrêté au Mexique... Et Hiro doit s'assurer que Kensei suive sa destinée. Il découvre que son héros est également doté d'un pouvoir... Suresh est de retour à New York où un laboratoire a été spécialement aménagé pour lui dans l'ancien appartement d'Isaac Mendez... Enfin, Sylar, en convalescence, reprend conscience. Grièvement blessé par l'épée d'un samuraï, il a subi plusieurs opérations chirurgicales...

S02E04 - Pères et manques
Mr Bennet s'inquiète de savoir si Claire voit un garçon. Il craint que celui-ci pourrait apporter des problèmes à sa famille... Matt et Mohinder sont désarmés face aux cauchemars de Molly. Les deux hommes aimeraient tant pouvoir trouver un moyen de soulager les souffrances de la jeune fille... Inquiète pour sa sécurité, Angela Petrelli préfère avouer le meurtre Kaito Nakamura. Nathan tente en vain de la dissuader... En fuite avec Derek, Maya et Alejandro font une rencontre en cours de route...

S02E05 - Le pire cauchemar
Afin de localiser le père de Matt, Molly a bravé son pire cauchemar. La jeune fille est depuis inconsciente, prise au piège. Matt doit en savoir plus sur ce père qu'il ne connaît pas. Il a heureuse-

ment le soutien de Nathan Petrelli dans cette épreuve... En Irlande, redoutant son passé et ce dont il est capable, Peter n'est pas pressé de découvrir qui il est. Une jeune femme, qui semble en savoir long sur lui, est cependant sur ses traces...

S02E06 - Franchissements
Hiro, Kensei et Yaeko s'apprêtent à pénétrer sur le campement de Barbe Blanche pour délivrer le père de la jeune femme... Debbie refuse de prendre Claire dans l'équipe des pom-pom girls. West convainc son amie de ne pas se laisser faire... A la recherche des autres tableaux d'Isaac Mendez, Mr Bennet retrouve un vieil ami qui détient les réponses qu'il cherche... Suresh effectue une série de tests sur la jeune Monica, tandis que Maya, Alejandro et Sylar approchent de la frontière...

S02E07 - Hors du temps
Blessé par la trahison de Hiro, Kensei le livre lui et la princesse à Barbe Blanche. Une fois les derniers tableaux d'Isaac mendez récupérés, Noah met en garde Suresh contre la Compagnie. Bob tente d'ailleurs de convaincre le scientifique de la nécessité d'utiliser le virus... Peter et Caitlin se retrouvent propulsés dans un futur apocalyptique, où la population new-yorkaise a été décimée par le virus Shanti... Claire découvre que West a fait la connaissance de sa mère...

S02E08 - Quatre mois plus tôt...
Peter se retrouve face à l'énigmatique Adam Monroe. Ce dernier le convainc d'utiliser ses pouvoirs pour retrouver la mémoire. Peter se remémore ainsi les événements de ces 4 derniers mois, suite à la terrible explosion qu'il a causée à New York, blessant gravement son frère Nathan...

S02E09 - Moyens de pression
Claire s'oppose à son père : elle refuse de déménager et de prendre une nouvelle fois la fuite. La jeune fille préfère rester avec West. Mais celui-ci parviendra-t-il à lui pardonner ses mensonges ?... Hiro refuse d'accepter la mort de son père. Il espère que son pouvoir lui permettra de le sauver... Matt, qui travaille toujours sur l'affaire Kaito Nakamura, découvre que son don a évolué...

S02E10 - La souche du mal
Adam convainc Peter de l'aider à retrouver Victoria Pratt, un biologiste qui sait où se trouve le virus Shanti. Virus qu'ils doivent détruire s'ils veulent éviter l'extermination de la race humaine... Effondrée par la mort de son père, Claire regrette son comportement... Niki retrouve son fils et lui révèle qu'elle est atteinte d'un virus... Hiro décide de retourner dans le passé pour arrêter Takeso Kensei...

S02E11 - Expositions
Peter et Adam sont à Odessa au Texas pour s'emparer du virus Shanti. Hiro, déterminé à venger la mort de son père, s'interpose... Sylar oblige Mohinder à le guérir... Elle essuie les foudres de son père... Micah convainc sa mère qu'ils doivent venir en aide à Monica... Et Claire, accablée par la perte de son père, est décidée à révéler au monde entier l'existence de la Compagnie et des gens hors du commun comme elle...

■■■■■■ SAISON 03 ■■■■■■

S03E01 - En quête de pouvoir
Le Peter Petrelli du futur est amené à voyager dans le présent pour abattre son propre frère, Nathan, afin d'empêcher le pire de se produire... Avec ses pouvoirs partiellement retrouvés, Sylar rend une visite à Claire pour terminer le travail... Maya demande à Suresh de lui venir en aide. Il ignore qu'il s'apprête à faire une découverte monumentale... Alors qu'il s'ennuie à mourir à la tête de l'empire paternel, Hiro apprend qu'il doit assurer la sauvegarde d'un secret, qui, en de mauvaises mains, pourrait bien détruire la planète...

S03E02 - L'effet papillon
Inquiétée par un nouveau rêve prémonitoire, Angela tente de stopper le Peter du futur, en lui expliquant que jouer avec le temps aura des répercussions sur les personnes auxquelles il tient... Tracy Strauss tente de convaincre le gouverneur du choix stratégique de Nathan Petrelli dans son équipe...

Sylar se rend au niveau 5 de la Compagnie, où il retrouve une vieille connaissance. Pendant l'affrontement, les prisonniers en profitent pour s'évader... Claire se sent différente depuis sa rencontre avec Sylar. Elle cherche désespérément de l'aide... Quant à Hiro, il essaie de localiser la mystérieuse voleuse pour récupérer la formule...

S03E03 - Un des nôtres, un des leurs
Tracy s'interroge sur l'étrange pouvoir qu'elle s'est découverte. Angela Petrelli révèle à Sylar qu'il est son fils. Noah Bennet est décidé à collaborer avec la Compagnie pour ramener les prisonniers évadés du niveau 5 là où ils devraient être. Ceux-ci s'emploient d'ailleurs à causer quelques dommages. Prisonnier dans le corps d'un autre, Peter joue le jeu en attendant de l'aide...

S03E04 - Un monde à l'envers
Tracy réclame des réponses au Dr Zimmerman. Elle n'est pas la seule dans ce cas. Peter découvre ce que réserve le futur. Et Matt poursuit sa quête spirituelle. Mohinder, de son côté, subit les effets secondaires de sa formule...

S03E05 - Monstres & merveilles
Hiro tente de convaincre Adam Monroe de l'aider à retrouver la formule. Daphne reçoit une proposition de la part de Linderman. Et Sandra Bennet s'inquiète lorsqu'elle découvre les véritables motivations de sa fille. Claire a décidé d'agir et d'apporter sa contribution en arrêtant les méchants...

S03E06 - Le crépuscule des hommes
Daphne et Knox recrutent Hiro pour rejoindre les forces de Pinehearst. Claire et Sandra tentent de sauver Meredith des mains de Doyle. Nathan et Tracy réclament l'aide de Mohinder pour leur ôter leurs pouvoirs...

S03E07 - Tu seras ce que je suis
Son pouvoir étant hors de contrôle, Elle, désemparée. trouve une aide inattendue... Daphne, n'ayant pu se résoudre à rallier Matt à leur cause, doit répondre de ses actes devant Arthur Petrelli... Entre les mains de Pinehearst, Peter est dans une situation délicate...

S03E08 - Les traîtres
Hiro explore le passé pour retrouver le moment où tout a basculé, le moment où des individus ont basculé du côté obscur afin d'oeuvrer pour le Mal. A l'époque, Arthur Petrelli vivait auprès de son épouse et de ses fils. Et Sylar s'apprêtait à mettre fin à ses jours...

S03E09 - Le jour d'avant
Hiro et Ando échappent de peu à Arthur Petrelli. Mais Hiro ne s'en sort pas indemne... Nathan retrouve son père qui lui propose de mener le combat à ses côtés... Peter et Claire sont poursuivis par Flint et Knox... Matt tente de venir en aide à Angela Petrelli...

S03E10 - L'eclipse - 1ère partie
L'éclipse approche. En quoi va-t-elle changé la vie des Heroes ? Rose organise les forces de son côté pour empêcher son époux de s'emparer de la totalité de la formule. Claire étant la pièce manquante, elle doit être mise en sûreté...

S03E11 - L'éclipse - 2ème partie
L'éclipse affecte étrangement tous les Heroes. Sans pouvoirs, ceux-ci sont désemparés et vulnérables. Grièvement blessée, Claire est mourante. Et Bennet profite de l'occasion pour régler son compte à Sylar...

S03E12 - A la source
Dans le passé, Hiro et Claire tentent de changer le cours des événements. Peter et les Haïtien ont pour mission de stopper Arthur Petrelli. Ando, Daphne et Matt se mettent à la recherche du mystérieux coursier pour trouver la dernière histoire de la BD d'Isaac Mendez...

S03E13 - Lutte fratricide
Aprés avoir tué Arthur Petrelli, Peter accomplit sa mission en détruisant la formule et en sauvant Nathan de l'explosion. De son côté, Sylar retient prisonnier Angela, Noé, Claire et Meredith à Primatech.

S03E14 - Volume Quatre : Fugitives - État d'alerte
Après la bataille entre Pinehearst et Primatech, Peter, Claire, Matt, et Daphne essaient de vivre une vie normale, tandis que Hiro, toujours sans pouvoir, essaie d'enseigner à Ando comment utiliser son nouveau don et devenir un super-héros. Claire découvre le plan de Nathan qui souhaite pourchasser toutes les personnes dotées de pouvoirs...

S03E15 - Bain de sang
Nos héros deviennent réellement des fugitifs et sont obligés de fuir Nathan et les traqueurs. Sylar commence à rechercher son père, et les peintures de Matt révèlent un destin tragique pour l'un de ses proches.

S03E16 - Bâtiment 26
Tandis que le président commence à enquêter sur les activités de Nathan, Sylar se prépare à retrouver son père. Les images prophétiques de Matt conduisent Hiro et Ando en Inde, où ils reçoivent l'aide d'un mystérieux allié.

S03E17 - Guerres froides
Alors qu'il est retenu en otage, Noah est soumis à un interrogatoire de Matt. Celui-ci découvre comment Noah a pris part au complot de Nathan pour capturer ceux qui ont des habilités. Grâce aux découvertes de Matt, Peter s'apprête à rencontrer Le Chasseur en personne.

S03E18 - Vulnérables
Matt et Peter, se portant au secours de Daphne, trouvent des preuves concernant le plan du gouvernement visant à capturer les personnes ayant des pouvoirs. Sylar découvre la vérité concernant sa mère à travers les souvenirs de son père, tandis que le Chasseur prépare lui-même un plan explosif.

S03E19 - Tout le pouvoir du monde
Traqué, Doyle demande l'aide de Claire. N'appréciant pas de voir ce tueur s'immiscer chez elle, la jeune femme refuse de lui venir en aide. Nathan apprend que Parkman est devant le Capitole avec une bombe sur lui... Et Sylar affronte son père biologique !

S03E20 - Coup de Froid
Avec Nathan hors course, Bennet veut prouver à Danko qu'il peut lui faire confiance. Il promet de lui livrer Rebel. Pour cela, il veut utiliser Tracy Strauss comme appât...

S03E21 - Terre d'Asile
Claire et Nathan continuent de fuir au Mexique et tentent de trouver de l'argent. Alors que Peter se trouve avec sa mère à la recherche d'un moyen pour stopper la machination mise en place contre eux, Danko fait équipe avec Sylar pour retrouver un caméléon...

S03E22 - Dans la Gueule du Loup
Hiro et Ando sont toujours à la recherche de Matt pendant que celui-ci met en place un plan pour se venger de Danko. De son côté, Noah fait tout pour sauver son mariage pendant que Angela voit ressurgir certains démons de son passé.

S03E23 - 1961
Angela découvre des secrets sombres sur son passé pendant que Mohinder apprend l'implication de son père dans une opération du gouvernement.

S03E24 - Je suis Sylar
Sylar doit faire face à une crise de personnalité alors que son nouveau pouvoir commence à l'affecter, tandis que Danko, toujours allié à Sylar, retrouve la trace de Rebel. Hiro et Ando tentent de trouver le Building 26 alors que Nathan met en place un plan pour remettre les choses en ordre.

S03E25 - Le fil invisible
Nathan essaye d'empêcher Sylar de rencontrer le président en l'affrontant. Dans ce même temps, Matt se donne du mal afin de préserver son futur, et Hiro apprend que la récupération de son pouvoir n'est pas sans conséquences...

S04E01 - Déboussolés
Nous découvrons ce qu'il est advenu de nos héros six semaines après les évènements du 325. Claire a finalement intégré l'Université et rencontre sa colocataire de chambre, Annie, ainsi qu'une nouvelle amie, Gretchen. Hiro et Ando sont de retour à Tokyo et ont créé une petite compagnie nommée Dial A Hero. Peter est également retourné à son ancienne occupation, infirmier, et semble s'être coupé de ses proches. Angela doit faire face à ses propres décisions et Matt ne l'aidera pas. HRG est confronté à la fureur de Tracy, tandis qu'un nouveau héros apparenté à Samuel traque Danko...

S04E02 - La clé du temps
Tandis que Matt apprend à ses dépens que l'esprit de Sylar a décidé de venir le hanter, Noah apprend la mort de Danko par le bais de Tracy et demande de l'aide auprès de Peter. Dans le passé, Hiro quant à lui, tente de réparer une erreur du passé aidé de Samuel. Claire doit de son côté faire face à la mort mystérieuse de sa colocataire...

S04E03 - Eveil des sens
Claire reçoit la visite de son père, Noah, alors qu'elle essaie de nier l'existence de son pouvoir à Gretchen. Matt continue de subir les répercussions de son erreur passé, traqué par la mémoire de Sylar. Il interfèrera dans l'une de ses enquête policières. Samuel rend visite à Peter, alors que ce dernier fait la rencontre d'une nouvelle Heroes aux pouvoirs étonnants.

S04E04 - Connaître ses limites
Tracy tente de retrouver son ancienne vie en récupérant son poste auprès du Gouverneur Malden. Ailleurs, à Tokyo, Hiro refuse de faire face à sa maladie et préfère régler les problèmes d'autrui. Nathan se rappelle des souvenirs qu'il aurait préféré oublier et prendra une mauvaise décision dans sa quête de rédemption. De leur côté, Noah et Claire ont une importante discussion père-fille.

S04E05 - Aveuglés
Sylar refait surface et se fait arrêter par la police pour les crimes qu'il a commis par le passé. Toutefois, sa mémoire lui fait faux bond. Samuel continue d'échafauder ses plans mystérieux, tandis que Claire et Gretchen sont invitées à faire partie d'une association étudiante par une certaine Rebecca Taylor. De son côté, Peter essaie de renouer avec sa famille en commençant par Angela, mais celle-ci s'inquiète pour Nathan. Emma, quant à elle, croise de nouveau le chemin de Peter.

S04E06 - Le palais des glaces
Emma et Hiro se rencontrent alors que ce dernier est à l'hôpital ... De son côté, Samuel accueille Sylar et va le guider jusqu'à ce qu'il retrouve la mémoire. Peter et Noah quant à eux se rendent en Géorgie pour trouver Jeremy Greer, un garçon doté du pouvoir de guérison, afin de venir en aide à Hiro. Malheureusement, leur mission s'avèrera loin d'être simple.

S04E07 - Etrange attraction
Matt, toujours hanté par Sylar, est bien décidé à remédier au problème. De leur côté, Noah et Tracy tentent de venir en aide à Jeremy qui s'est fait arrêter par la police pour le meurtre de ses parents. Pendant ce temps, Claire et Gretchen subissent le rite de passage pour faire partie de l'association étudiante. Mais, elles se rendront bien vite compte que ce n'est pas un jeu inoffensif. Samuel, quant à lui tente de recruter Tracy.

S04E08 - Pour l'amour de Charlie
Hiro retourne dans le passé afin de sauver une nouvelle fois celle qu'il aime : la serveuse Charlie. Mais il doit la jouer serré entre Sylar, Ando mais aussi Samuel, qui a lui aussi voyagé dans le temps car il ne doit pas briser le continuum espace temps. De son côté Noah Bennet et sa coéquipière de l'époque se rapprochent sentimentalement...

S04E09 - Les fantômes du passé
Après avoir été victime d'une tentative de meurtre par Rebecca, Gretchen décide de se trouver une nouvelle colocataire, alors que Claire voudrait qu'elle reste. De son côté Peter se rapproche d'Emma

en lui donnant des conseils. Pendant ce temps, Sylar, maintenant en possession du corps de Matt profite de sa liberté.

S04E10 - Perte de contrôle
Samuel force Hiro à retourner dans le passé afin de réparer les erreurs qu'il a commise. Peter et Nathan sont à la recherche de réponses et leur quête les mènera à Matt, toujours hanté par Sylar. Ailleurs, dans l'appartement de Noah, Claire et Tracy se rencontrent ...

S04E11 - Réunions de famille
Grâce à Hiro, Lydia et Edgar font une terrible découverte. Chez les Bennet, toute la famille est réunie, sauf Lyle. Sandra est venu accompagnée de son nouveau copain et Noah de Lauren, avec qui il a récemment repris contact. Claire fera des révélations... Du côté des Petrelli, l'ambiance n'est pas du tout à la fête, malgré les efforts d'Angela. Peter et Nathan la questionne et Sylar finira bientôt par reprendre le dessus.

S04E12 - La cinquième étape du deuil
Noah et Lauren reçoivent de nombreuses visites inattendues et devront faire équipe malgré leur mésentente pour s'en débarrasser. Pendant ce temps, Claire et Gretchen suivent la route que leur indique la boussole et arrive à la fête foraine. Elles y rencontrent Samuel. Peter, quant à lui, est confronté à Sylar et fera tout pour faire réapparaître son frère Nathan.

S04E13 - La première pierre
Claire est restée à la fête foraine pour y donner un coup de main, mais elle apprécie guère la constante surveillance de Eli. Hiro, de retour au Japon, essaie de délivrer un message à son ami Ando. On en apprend un peu plus sur Samuel, qui rend visite à Emma pour lui demander son aide.

S04E14 - Le temps des larmes
Peter doit faire face à la mort de son frère et Angela demande à Claire de veiller sur lui. Pendant ce temps, Samuel reçoit la visite inattendue de Sylar qui cherche des réponses. Un autre des forains, Edgar, se rend chez Noah, mais est très mal accueilli.

S04E15 - La joueuse de violoncelle
Emma travaille sur son pouvoir tandis que Peter, qui a récupéré le don d'Angela, fait d'étranges rêves à son propos. Pendant ce temps, en Floride, Hiro et Ando retrouvent la trace de Mohinder dans un hôpital psychiatrique.

S04E16 - La maison de ses rêves
Tandis que Sylar rend une petite visite à Claire et Gretchen, Samuel tente d'arranger les choses avec Vanessa. Pendant ce temps, Hiro lutte littéralement pour sa vie alors qu'il est jugé par deux de nos défunts héros, Kaito Nakamura et Adam Monroe...

S04E17 - Tout n'est qu'illusion
A la fête foraine, les choses dégénèrent pour Samuel... Claire, Noah et Lauren s'y rendent très rapidement. De son côté, Sylar rend une petite visite surprise à Matt pour qu'il lui vienne en aide, tandis que Peter continue de faire d'étranges rêves concernant Emma et Sylar...

S04E18 - Le mur
Coincé dans le cauchemar de son pire ennemi, Peter devra apprendre à cohabiter avec Sylar pour pouvoir en sortir... Plus loin, à la fête foraine, Samuel a toujours plus d'un tour dans son sac. Il usera de la mémoire de Noah pour atteindre sa fille Claire. Au même moment, Emma et Lauren se rencontrent...

S04E19 - Le meilleur des mondes
Peter fait équipe avec un allié des plus inattendus pour sauver Emma. De leur côté, Noah et Claire se retrouvent piégés sous terre et manquent rapidement d'oxygène. Ailleurs, Hiro commence à faire face aux décisions qu'il a prises et est appelé à agir pour empêcher un désastre.

   Le guide des épisodes des geeks

S01E01 - Le meilleur des mondes
Une terrible attaque détruit la ville d'Odessa, le rêve de paix entre les Humains et les «évolués» est rompu... Ils sont alors traqués par Joanne et Luke qui les recherchent sans relâche pour venger leur fils tué lors de l'événement à Odessa.

S01E02 - Odessa
Noah Bennet et Quentin Frady tentent de déceler la vérité derrière le drame d'Odessa. Pendant ce temps, à Tokyo, Miko recherche son père grâce à son sabre.

S01E03 - Sous le masque
Tandis que la puissante organisation Renautas révèle jusqu'où ils peuvent aller pour protéger le monde des «évolués», Noah Bennet et Quentin continuent leurs recherches pour déjouer ce complot.

S01E04 - Pour sauver les siens
Miko continue sa mission et voyage dans le but de trouver son épée. Autre part, Tommy doit utiliser son don pour sauver la vie d'une personne proche de lui et Luke se butte à d'inattendus obstacles avec sa femme Joanne.

S01E05 - Le repaire du lion
Le plan de Miko pour retrouver son épée pourrait lui attirer des ennuis. Pendant ce temps, Luke se confronte à son passé et le voyage de Malina l'entraine au plus près de la vérité...

S01E06 - Game Over
Miko parvient à libérer Hiro Nakamura. Tommy et Emily font une escapade à Paris. Carlos emmène Dearing jusqu'au Manoir Sunstone, mais celui-ci trouve le moyen de le piéger. Malina sauve la vie de Luke. Il décide de l'aider à retrouver Tommy.

S01E07 - 13 juin 1re partie
Hiro et Noah arrivent au sommet de l'Unité, le 13 juin, dans l'espoir d'empêcher l'attentat et de sauver Claire. On découvre qu'Angela a essayé de dissuader Mohinder de parler au sommet, puisqu'elle avait eu une vision.

S01E08 - 13 juin 2e partie
Hiro et Angela sont coincés en 1999, les bébés de Claire privant le téléporteur de ses pouvoirs. Ainsi, quand le 13 juin, Noah va à la rencontre de Hiro, c'est une version âgée de 16 ans de plus qui l'attend aux côtés de Nathan.

S01E09 - Ice crime
Dearing et Carlos arrivent au manoir, et chacun de leur côté rencontrent le directeur, qui a le pouvoir de lire dans les pensées. Une fusillade a lieu Chez Moe, entre Joanne, Luke, Caspar, Emily et Tommy, mais ce dernier arrête le temps.

S01E10 - 11:53 pour Odessa
Noah emmène Malina à Odessa, pour la réunir avec son frère. Sur le trajet, ils croisent Luke, qui veut les accompagner. Mais Noah est très méfiant et décline la proposition. Cela dit, Luke, ne se laisse pas abattre et les suit en voiture.

S01E11 - Faites entrer les clones
Luc et Malina se réunissent pour sauver Tommy et sauver l'humanité à la suite de la disparition de Noah . Pendant ce temps, à la mystérieuse Sunstone Manor, une bataille fait rage pour libérer des prisonniers. Celle-ci est sous le contrôle de Matt Parkman.

S01E12 - Les cicatrices de la vie
Selon l'avis de hauts responsables scientifiques, la première des deux énormes éruptions solaires va frapper l'Amérique du nord au moment même où la puissante force magnétique des pôles va s'inverser. Toute l'humanité est menacée...

Tommy fait face à un immense challenge. Erica n'a plus aucunes limites pour arriver à ses fins. Luke et Quentin viennent en aide à Malina pour réaliser la prophétie de son grand-père. Emily et Ren cherchent Miko, alors que Carlos saisit sa chance...

Highlander

01.01 La Rencontre - The Gathering
Alors que Duncan MacLeod vit paisiblement aux côtés de Tessa, un autre Immortel, Slan Quinse vient le défier. Duncan en a assez de ces combats, mais Connor MacLeod vient lui rappeler son devoir. Un jeune homme, Richie, assiste au combat et ne comprend pas ce qui se passe : il était venu cambrioler le magasin de Duncan.

01.02 Jeux dangereux - Family Tree
Richie veut connaitre ses origines. Il décide de dérober son dossier et se fait arrêter. Duncan réussit à le faire libérer, ce qui lui rappelle l'histoire de ses origines.

01.03 Dose mortelle - Road Not Taken
Richie ne peut pas croire qu'un de ses amis ait attaqué un bijoutier sous l'effet de la drogue. Son comportement avant de mourir rappelle à Duncan les conséquences d'une drogue développée par un de ses vieux amis immortels, Kiem Sun. Il apprend alors qu'un de ses disciples mortels s'est approprié la drogue à ses propres fins.

01.04 Coupable d'innocence - Innocent Man
Duncan n'est pas le seul Immortel à s'être éloigné des combats. Un de ses amis, Lucas Desiree, qu'il a rencontré pendant la Guerre de Sécession, s'est lui aussi retiré des combats et vit dans une cabane recluse dans les montagnes. Il a invité son vieil ami Duncan, ainsi que Tessa, mais quand ils arrivent, Lucas est mort décapité. Un ancien combattant du Vietnam est accusé du meurtre, Duncan enquête.

01.05 Chute libre - Free Fall
Une jeune femme se jette d'un immeuble mais ressuscite dans une morgue et fuit dans la rue noire. Il semble qu'elle ne comprenne pas ce qui lui arrive. Duncan la trouve et lui vient en aide. Il la prend pour élève mais il semble qu'elle ait des choses à cacher.

01.06 Sale journée pour les otages - A Bad Day in Building A
Alors que Tessa, Duncan et Richie sont au tribunal pour contester quelques PV accumulés par Tessa, ils sont pris en otage par un groupe d'hommes qui sont venus libérer leur chef de prison, Bryan Slade.

01.07 Prise au piège - Mountain Men
Tessa est enlevée par deux hommes qui se sont retirés du monde moderne. Ceux-ci se considèrent comme des survivants et n'obéissent qu'à leur chef immortel, Caleb. Duncan tente de retrouver Tessa en faisant appel à ses souvenirs d'éclaireur que lui a transmis le vieux Carl.

01.08 Médecine mortelle - Deadly Medicine
Alors que Duncan sort de l'épicerie, il est renversé par une voiture. Il est conduit à l'hôpital où il meurt. Quelques instants après sa mort, il revient à lui et s'enfuit, mais sa résurrection ne passe pas inaperçue auprès du docteur Wilder qui le kidnappe et en fait son cobaye. Duncan s'échappe, Wilder prend peur et supprime tous les témoins gênants.

01.09 Le Sea Witch - The Sea Witch
En 1938, Duncan est en Russie : avec l'aide d'Alexei Voshin, l'immortel capitaine du bateau Sea Witch, il veut faire sortir un groupe de personnes qui veulent fuir le régime communiste. Mais Alexei trahit Duncan et prévient les autorités. Il ne voulait que la tête de Duncan, qu'il n'a pas réussi à avoir quelques jours auparavant car Duncan l'avait épargné. En 1992, il est trafiquant de drogue et Niki, une amie de Richie, lui a volé de la drogue. Elle demande de l'aide à Richie ; avec Duncan, ils retrouvent Alexei et les retrouvailles ne se passent pas très bien.

01.10 Froide Vengeance - Revenge Is Sweet
Une jeune femme essaie de venger son amant que Duncan aurait tué trois ans plus tôt. Son amant était Walter Reinhardt, un Immortel avec qui Duncan est en guerre depuis plusieurs siècles. Walter utilise Rebecca pour atteindre Duncan, il joue au jeu du chat et de la souris avec Duncan mais Rebecca ne sait pas que Walter est immortel.

01.11 Meurtres en série - See No Evil
Un homme s'attaque à des femmes blondes, les scalpe et les tue. Il s'attaque aussi à une amie de Tessa. Duncan reconnaît la signature d'un Immortel, Marcus, un de ses amis qui est devenu fou car sa maîtresse l'avait trahi. Marcus a brulé sur le bûcher pendant l'Inquisition, mais Duncan l'avait tué 70 ans plus tôt, aussi il semble qu'il s'agisse un imitateur.

01.12 Témoin oculaire - Eyewitness
Tessa rencontre une peintre, Anne Wheeler, lors d'une exposition qu'elle organise. Peu de temps après cette rencontre, elle est témoin du meurtre d'Anne Wheeler par un homme, mais la police ne retrouve pas le corps et ne prend pas au sérieux le témoignage de Tessa. Duncan reprend l'enquête et acquiert très vite la conviction que c'est son ex-amant, un Immortel, qui l'a tuée parce qu'elle voulait révéler son secret.

01.13 Combat sans merci - Band of Brothers
Un prêtre immortel, Darius, demande de l'aide à son vieil ami Duncan car un de ses anciens compagnon de guerre, Grayson, l'un des plus vieux et des plus puissants Immortels au sein du Jeu, veut le faire sortir de son lieu saint (où les Immortels ne peuvent s'affronter). Grayson méprise désormais Darius qui s'est retiré des combats depuis environ 400 ans. Pour atteindre le prêtre, Grayson entreprend d'essayer de tuer tous les anciens disciples de Darius, mais Duncan va alors s'interposer.

01.14 À la santé du diable - For Evil's Sake
Christoph Kuyler, un Immortel et ennemi de Duncan loue ses services comme assassin. Pour lui, tuer est un jeu et il se déguise en mime pour accomplir ses crimes, en atténuant, par ses numéros comiques, la vigilance de ses cibles. Il est, par ailleurs, un grand amateur d'absinthe. Un inspecteur de police, Lebrun, soupçonne Duncan d'être son complice car, en 1981, il l'a aperçu avec lui sur le lieu d'un délit. Au passage, c'est à cette occasion que, en prenant la fuite, Duncan a rencontré Tessa sur le bateau-mouche où il s'était réfugié.

01.15 Le Poison redoutable - For Tomorrow We Die
Duncan retrouve un vieil ennemi, Xavier St. Cloud. En 1917 en France, sur un champ de bataille de la Première Guerre mondiale, celui-ci a gazé les soldats pour leur voler leurs soldes, et a couvert ses arrières en éliminant les témoins gênants. En 1993, il utilise encore cette méthode pour cambrioler une bijouterie. Duncan enquête, malgré les soupçons de l'inspecteur Lebrun.

01.16 Meurtre à l'opéra - The Beast Below
L'opéra de Paris est hanté par un fantôme, un ami immortel de Duncan resté quelque peu primitif, et qui parle très peu. Ursa est tombé sous le charme de Carolyn, une chanteuse d'opéra, qui l'utilise pour éliminer ses concurrents. Duncan, qui avait sauvé Ursa d'une foule de paysans en colère plusieurs siècles auparavant, va tenter de sauver la situation.

01.17 Une passion immortelle - Saving Grace
Grace était l'épouse de Carlos un siècle auparavant. Elle l'a quitté car il était dangereux. Depuis, ce dernier la traque et la retrouve à chaque fois. En 1993, il tue son époux, un médecin mortel. Grace, soupçonnée du meurtre de son époux par l'inspecteur Lebrun, prend la fuite. Elle demande de l'aide à Duncan et à Darius, qui sont ses très vieux amis.

01.18 Double Jeu - The Lady and the Tiger
Tessa, Richie et Duncan ont été invités à assister à une représentation de cirque par une veille amie de Duncan, l'Immortelle Amanda. Celle-ci se sent menacée par un de ses anciens complices immortels, Blaine, qu'elle a abandonné aux mains de la police au début du XXe siècle. Blaine parvient à s'échapper de prison et décide de la tuer, mais il change d'avis quand elle lui dit que Duncan MacLeod est à Paris car tous deux ont des comptes à régler. Amanda, pour sauver sa tête, va alors jouer double jeu entre Duncan et Blaine, alors qu'un duel entre les deux semble inéluctable.

01.19 Une collection convoitée - Eye of the Beholder
Richie fait la connaissance d'une très belle fille qui lui fait découvrir le monde de la mode. Sa jalousie lui fait avoir des ennuis avec un styliste de renommé mondiale, Gabriel Pitton, un veil ami immortel de Duncan.

01.20 L'Ange exterminateur - Avenging Angel
Un mortel devenu récemment immortel, se considère comme le représentent de Dieu contre la perversion. iI laisse des traces de son passage dans tout Paris. Il s'attaque à Hélène une veille amie de Tessa, et Duncan doit alors intervenir.

01.21 État de siège - Nowhere to Run
Tessa, Richie et Duncan sont invités par Rothwood, et ils se retrouvent au milieu d'une querelle. Le colonel Everett Bellion, un Immortel, accuse le fils de famille d'avoir violé sa belle-fille. Il exige qu'on lui remette le coupable, sans quoi il assiègera la maison avec ses hommes.

01.22 La Traque - The Hunters
Hugh Fitzcairn, un vieil ami immortel de Duncan, vient le rejoindre sur sa péniche pour lui signaler que quelques-uns de leurs amis ont mystérieusement disparu. Duncan et Hugh pensent qu'ils ont été tués par un Immortel, mais changent d'avis quand Darius a été décapité dans son église, un site sacré. Aucun Immortel, même le plus vil, n'oserait, en effet, désobéir à la règle interdisant un combat d'Immortels sur un site sacré.

■■■■■■■■■■ SAISON 02 ■■■■■■■■■■■■■■■■■■

02.01 Les Guetteurs - The Watchers
Duncan, Richie, et Tessa sont de retour en Amérique. Duncan continue ses recherches sur la mort de son ami Darius. Son enquête le conduit à une bouquinerie tenue par Joe Dawson. Duncan se rend vite compte que Dawson a quelque chose à cacher. Il lui révèle qu'il est le membre d'une organisation secrète chargée de surveiller les Immortels sans jamais intervenir : les Guetteurs.

02.02 Le Dernier Rendez-vous - Studies in Light
Duncan rencontre un de ses vieux amis immortels, Gregor, qui l'a invité à une de ses expositions photo, mais celui-ci a changé. Il n'est plus l'homme sensible que Duncan a connu, il est devenu cynique et désabusé. À cette exposition, Duncan rencontre Linda, une ancienne compagne qu'il a connue 50 ans auparavant. Désormais âgée de 73 ans, celle-ci le reconnaît. Duncan lui avoue finalement la vérité car elle est sur le point de mourir.

02.03 Volte-face - Turnabout
En tenant une promesse faite à un vieil ami afin de venger sa femme, Duncan se voit confronté à un choix difficile : honorer sa parole ou la rompre afin de sauver la vie d'une personne proche.

02.04 Plus sombre que la nuit - The Darkness
Confrontée à un guetteur fou, Tessa s'est fait kidnapper afin de servir d'appât mais Duncan tente l'impossible pour la sortir des griffes de son ravisseur.

02.05 Œil pour œil - Eye for An Eye
Duncan et Richie sont témoins par hasard d'une attaque terroriste. Poussé par son immortalité, Richie s'interpose et tue accidentellement le compagnon d'Annie Delvin, une Immortelle rancunière et vieille amie de Mac. Annie jure de tuer Richie, Duncan décide alors de le former aux duels.

02.06 La Zone - The Zone
Croyant qu'un dangereux Immortel œuvre dans une zone désaffectée, les guetteurs ont tenté de l'approcher en vain. Dawson sollicite l'aide de Duncan qui sera suivi malgré lui par Charlie pour se rendre compte que le fou qui règne sur cette zone n'est point un Immortel mais bien pire, un gangster de bas étage, qui profite des gens et nourrit leur haine envers le monde.

02.07 Le Retour d'Amanda - The Return of Amanda
Amanda est de retour avec son lot de problèmes et essaie d'enrôler Duncan dans ses tribulations. Au début de la Seconde Guerre mondiale, des plaques d'un billet de 100 dollars ont mystérieusement disparu et se retrouvent en possession d'Amanda qui tente de faire changer la date. Mais elle ignore

qu'un agent fédéral ripou est à sa recherche et à celle des plaques.

02.08 La Vengeance - Revenge of the Sword
Le dojo de Duncan est utilisé pour le tournage d'un film d'arts martiaux dont la star n'est nul autre qu'un ancien disciple de Charlie. Tout semble bien se dérouler jusqu'à ce que les Tangs Tang Clan (en) s'en mêlent.

02.09 Sa vie est un combat - Run for Your Life
Un voleur de voitures vole la voiture de Charlie pendant que lui et Duncan font une balade. Il s'avère que le voleur en question est un vieil Immortel (Carl Robinson) que Duncan avait sauvé d'un lynchage dans le sud en 1926. De nos jours, Carl a mal tourné et est poursuivi par un guetteur raciste.

02.10 En hommage à Tommy - Epitaph for Tommy
En plein combat, l'adversaire de Duncan, Anthony Gallen, quitte le duel pour s'enfuir et percute Tommy, un jeune reporter. Duncan décide d'élucider la mort de ce dernier, qui ne lui semble pas accidentelle, ce qui le conduit en plein conflit familial entre un père PDG et une fille cupide.

02.11 Le Combattant - The Fighter
Un vieil ami de Duncan, Tommy Sullivan, autrefois boxeur, s'occupe de la carrière d'un futur champion. Du haut de ses 1,60 m, il plonge toujours la tête baissée. Seul bémol : il ne sait pas parler aux dames. Bien qu'il ait l'air innocent, il n'hésite pas à se faire justice quand il s'agit d'argent. Quand un entraîneur propose à son poulain de prendre sa carrière en main, Sully ne manque pas à lui faire comprendre que s'il ne laisse pas tomber, il finirait six pieds sous terre.
Duncan finira par avoir des soupçons et n'aura pas d'autre choix que provoquer son vieil ami en duel…

02.12 Au nom de la loi - Under Color of Authority
Richie tombe sur Lauren, une belle blonde poursuivie par un mystérieux personnage. Plus tard, Duncan découvre qu'elle est mêlée à une affaire d'homicide et son poursuivant est un vieil Immortel nommé Mako qui consacre sa vie au service de la loi.

02.13 Pour l'amour d'un enfant - Bless the Child
Duncan et Charlie font de la randonnée leur voiture tombe en panne et ils tombent sur Sara, une Amérindienne et son bébé victimes d'un accident. La femme leur explique qu'elle fuit un certain Avery Hoskins pour sauver son bébé mais Duncan découvre que l'enfant n'est pas le sien et qu'elle l'a kidnappé.

02.14 Une alliance dangereuse (1re partie) - Unholy Alliance - Part One
Xavier St Cloud est de retour, il s'est allié avec James Horton. Leur collaboration consiste à utiliser des mercenaires pour affaiblir les immortels pour que Xavier puisse les achever sans peine. Alertés par Dawson, Duncan et Charlie s'échappent de justesse d'une mort certaine et décident de traquer le groupe de mercenaires. L'agent de CID, Renee Delaney, espionne

02.15 Une alliance dangereuse (2e partie) - Unholy Alliance - Part Two
Duncan accepte l'aide de Dawson pour traquer Horton et Xavier et finit par trouver leur trace à Paris. Avec la coopération de Renee et de Maurice, son voisin pique-assiettes qui a squatté sa péniche sous prétexte de la garder, Duncan débusque Horton. Dawson finit par le tuer en lui tirant une balle.

02.16 Le Vampire - The Vampire
Nicholas Ward est un Immortel qui s'attaque aux mortels en maquillant ses crimes en morsure de vampire. Duncan cherche l'occasion de se venger de lui depuis plus d'un siècle et demi pour avoir tué un de ses proches.

02.17 Le Manipulateur - Warmonger
Au début du XXe siècle, Duncan épargne la vie d'un Immortel nommé Drakov en échange d'épargner la vie de Katarina. Un jour, Duncan tombe sur Éli, qui tente de tuer Drakov depuis des années ignorant sa véritable identité. Duncan essaie de le raisonner puis de l'aider avec la collaboration d'une journaliste intrépide.

02.18 La Fille du pharaon - Pharaoh's Daughter

Duncan ressent la présence d'un Immortel venant d'un ancien sarcophage, en ouvrant celui-ci, il découvre Néfertiri, ancienne servante de Cléopâtre, morte il y a plus de 2 000 ans. Nefertiri contemple les changements qui se sont produits mais son désir de se venger du général Marcus Constantine, responsable selon elle de la mort de sa maîtresse, n'a pas faibli.

02.19 L'Héritage de cristal - Legacy
Amanda décide de venger la mort de son ancien mentor Rebecca, décapitée par la main d'un de ses anciens disciples Luther qui cherche le pouvoir des cristaux. Avant de l'affronter, elle renoue une dernière fois avec Duncan qui, lorsqu'il découvre découvre les projets d'Amanda, essaie de l'aider malgré elle.

02.20 Le Fils prodigue - Prodigal Son
Martin Hyde est un vieux loup qui débusque les Immortels aguerris en s'attaquant à leurs jeunes disciples. Il a déjà croisé la route de Duncan MacLeod à deux reprises, s'attaquant à Connor MacLeod et à Segur. En 1994, il est décidé à affronter Duncan qui a acquis une grande réputation. Afin d'affronter Duncan, Hyde harcèle Richie, refuse de le combattre en duel et lui colle des meurtres sur le dos pour l'obliger à se réfugier chez son mentor. Richie se fait arrêter par la police pour les meurtres de Hyde mais Duncan réussit à l'innocenter. Puis il décide d'affronter en duel Hyde. Il demande à Richie de l'attendre pour déguster une vieille bouteille de cognac ayant appartenu à Segur.

02.21 Le Miroir de Tessa (1re partie) - Counterfeit - Part One
Pete Wilder, passant par hasard, vient en aide à Richie après qu'il s'est fait attaquer par des guetteurs. Duncan est suspicieux sur les motivations de Pete malgré les propos de Richie. Entretemps, Lisa Halle, une prisonnière, s'est fait évader de la prison et est kidnappée par un groupe d'individus bien organisé. Ils la forcent à assimiler la personnalité de Tessa Noël et vont jusqu'à lui refaire le visage dans cette optique. Il s'avère finalement que le groupe est dirigé par James Horton, résolu à se venger de McLeod.

02.22 Le Miroir de Tessa (2e partie) - Counterfeit - Part Two
Dawson débarque à Paris pour avertir Duncan du retour d'Horton et de ses intentions de nuire. Cependant, Duncan fait la connaissance de Lisa Milon, passionnée d'art et ressemble comme deux gouttes d'eau à Tessa.

■■■■■■ SAISON 03 ■■■■■■

03.01 Le Samouraï - The Samurai
De retour à Seacouver, Duncan rencontre Midori Kent, une descendante d'Hideo Koto, qui l'avait sauvé et recueilli d'un naufrage sur les côtes du Japon au XVIIIe siècle. Il lui avait alors fait la promesse d'aider ses descendants, après lui avoir révélé qu'il était Immortel. Aujourd'hui, Midori veut échapper à son mari, l'Immortel Kent. Deux siècles après avoir fait sa promesse, Duncan souhaite toujours l'honorer.

03.02 Ligne de mire - Line of Fire
Une ancienne petite amie de Richie réapparaît dans sa vie, et prétend que son enfant est aussi le sien. N'écoutant pas les règles que lui rappelle Duncan MacLeod qui empêchent qu'un Immortel puisse être parent, Richie voit là l'opportunité qu'il n'aurait jamais d'être père. MacLeod voit également revenir un vieil ennemi, responsable du massacre de la tribu Sioux dans laquelle il vivait voilà plus de cent ans, parmi lesquels sa femme et son fils adoptif.

03.03 Le Révolutionnaire - The Revolutionary
Paul Karros est un Immortel qui a longtemps combattu aux côtés d'hommes opprimés, depuis Spartacus jusqu'à aujourd'hui où il lutte pour une petite nation des Balkans. Charlie se retrouve attiré par son assistante au point de vouloir également rejoindre la lutte, mais Karros se bat-il vraiment pour la paix ou a-t-il d'autres objectifs ?

03.04 La Croix de Saint-Antoine - The Cross of St. Antoine

Joe Dawson a une nouvelle petite amie, une historienne. Celle-ci est assassinée chez eux sous ses yeux, sans qu'il n'ait rien pu faire. En enquêtant sur sa mort, Duncan MacLeod remonte jusqu'au collectionneur Armand Thorne. Il reconnait dans sa collection la croix de Saint Antoine, qu'il sait volée depuis près de deux siècles par l'Immortel John Durgan. Se pourrait-il que Durgan et Thorne ne fasse qu'un ?

03.05 Le Passage - Rite of Passage
Un couple d'amis de Duncan MacLeod a une fille adoptive que celui-ci sait être une pré-Immortelle. Quand elle se tue en voiture, MacLeod doit à la fois réconforter les parents sans pouvoir leur dire la vérité sur leur fille, tout en initiant celle-ci aux nouvelles règles de sa vie d'Immortelle et en lui évitant de s'attirer des ennuis auprès d'un vieil ennemi qui n'en veut qu'à sa tête.

03.06 Descente aux Enfers - Courage
Brion Cullen était un jour le meilleur combattant parmi les Immortels. Aujourd'hui, il est épuisé et a sombré dans la toxicomanie et l'alcoolisme. MacLeod pourra-t-il sauver son vieil ami, qui lui veut s'emparer de la tête de son protégé Richie ?

03.07 Le Masque de l'innocence - The Lamb
Kenny est un jeune Immortel de 10 ans, en fuite depuis la mort de ses parents adoptifs. Recueilli par Duncan et Richie, celui-ci est pourtant tout sauf inoffensif : âgé de plus de 800 ans, il profite des Immortels qui le recueille pour endormir leur méfiance avant de prendre leur tête.

03.08 Obsession - Obsession
David Keogh est un Immortel qui a toujours été en quête d'amour. Quand il révèle sa vraie nature à sa compagne, celle-ci ne peut l'accepter, et se retrouve harcelée par son ancien amant. Elle se tourne alors vers Duncan MacLeod, un ancien ami de David, car elle sait qu'il pourra peut-être le raisonner, ou sinon l'arrêter avec un moyen plus radical.

03.09 L'Ombre de la mort - Shadows
Duncan MacLeod est tourmenté par des cauchemars très réels dans lesquels il se fait décapiter par un mystérieux moine masqué. Dans le même temps, il tombe sur un vieil ami, Garrick, qui est devenu au fil des siècles un expert sur l'esprit humain.

03.10 Le Chantage - Blackmail
Duncan MacLeod a été filmé alors qu'il décapitait Peter Maitlin, un vieil ennemi. Il se retrouve aux prises avec le vidéaste, qui veut le faire chanter afin qu'il tue sa femme, sans quoi la vidéo sera rendue publique. En même temps qu'il doit résoudre ce problème, Lymon Kurlow, le compagnon d'armes de Maitlin, veut se venger.

03.11 Vendetta - Vendetta
Voyou et Immortel, Benny Carbassa a horreur de souffrir. Pour s'éviter ces désagréments, il préfère dénoncer Duncan MacLeod à un gangster vieillisant qui souhaite le voir mourir, ou du moins son « petit-fils »..

03.12 Éducation criminelle - They Also Serve
Michael Christian est Immortel depuis une vingtaine d'années. Jeune et inexpérimenté, il a pourtant récemment pris plusieurs têtes d'Immortels plus expérimentés que lui, ce qui commence à soulever des questions parmi les guetteurs. Quand une vieille connaissance de MacLeod perd également la vie de sa main, Joe Dawson commence à devenir très suspicieux.

03.13 Confiance aveugle - Blind Faith
John Kirin, chef spirituel d'un mouvement sectaire, meurt sur la table d'opération du docteur Lindsey puis revient à la vie. Ses fidèles croient alors à un miracle, ce qui renforce leur foi. Duncan MacLeod croit plutôt qu'il s'agit d'un Immortel et, en lui rendant visite, reconnaît en lui un vieil ennemi responsable du massacre de prisonniers pendant la Guerre d'Espagne, ainsi que d'avoir livré des écoliers cambodgiens aux Khmers rouges.

03.14 Le Chant du bourreau - Song of the Executioner
Lorsque le moine Immortel Paul est retrouvé mort après avoir quitté son monastère pour la première

fois depuis trois siècles, Duncan MacLeod croit savoir qui est son assassin : Kalas. Voilà plusieurs siècles, Paul avait fondé un monastère, refuge pour les Immortels voulant cesser leur vie de combat. Mais Kalas, alors ami de Paul, profitait des Immortels quittant le monastère pour prendre leur tête ; découvert et dénoncé par MacLeod, il fut chassé, et jura alors de se venger.

03.15 Marqué par le destin - Star-Crossed
Après sa « mort », Duncan s'échappe à Paris et retrouve son vieil ami Hugh Fitzcairn, prêt à s'installer après 700 ans de célibat. Malheureusement, Kalas est toujours à ses trousses, et les conséquences pour ses amis pourraient s'avérer funestes.

03.16 Methos - Methos
MacLeod apprend que Kalas est sur les traces de Methos, le mythique plus vieil Immortel encore en vie. Avec son quickening, il pourrait bien devenir tout puissant. Comme il n'hésite pas à assassiner les guetteurs qui se trouvent sur son chemin pour atteindre Methos, Joe Dawson met MacLeod en contact avec Adam Pierson, le grand spécialiste de Methos. Mais celui-ci pourrait être bien plus qu'un simple guetteur.

03.17 Retiens la nuit - Take Back the Night
Lorsque l'Immortelle Ceirdwyn cherche à se venger des tueurs de son mari, c'est à son vieil ami Duncan MacLeod de lui rappeler qu'un œil pour un œil n'est pas forcément le meilleur moyen de faire son deuil.

03.18 Témoin à charge - Testimony
MacLeod avoue son immortalité à Anne juste avant son départ pour Paris. À peine arrivée dans la capitale française, la jeune femme sauve la vie de Tasha, jeune trafiquante de drogue et maîtresse de Kristov, chef de la mafia russe. Duncan a déjà eu affaire à lui au XVIIIe siècle, alors que Kristov était capitaine des cosaques.

03.19 Péchés mortels - Mortal Sins
Quand il était enfant, le Père Bernard a assisté à la mort d'un officier Nazi, Ernst Daimler. Quand ce dernier réapparaît aujourd'hui sans avoir vieilli, le Père Bernard part à la recherche du seul autre homme qu'il a vu revenir d'entre les morts pendant la Seconde Guerre mondiale : Duncan MacLeod.

03.20 Doute légitime - Reasonable Doubt
Duncan MacLeod aide un vieil ami à remettre la main sur une esquisse de Léonard de Vinci, qui lui fut volé. Lorsqu'il rencontre le voleur, il reconnaît en lui Lucas Kagan, qu'il avait connu dans les années 1930, alors qu'il dévalisait des banques. Maurice, de son côté, demande l'aide de Duncan afin de tirer sa nièce des mains de Kagan, son complice.

03.21 Finale [1/2] - Finale I
En voulant tuer Kalas afin de faire plaisir à Duncan MacLeod, Amanda permet à celui-ci de s'échapper de la prison dans laquelle il était enfermé. Voulant toujours la tête de Duncan, Kalas croise la route de la femme d'un guetteur qu'il avait tué, et qui menace de dévoiler l'existence des Immortels au monde.

03.22 Finale [2/2] - Finale II
Christine Salzer révèle le contenu de la base de données des guetteurs à un journaliste, mais le CD contenant ces informations tombe entre les mains de Kalas. Celui-ci propose un marché à Duncan MacLeod : soit il lui offre sa tête, soit il voit son existence et celles des autres Immortels terminées, puisqu'il révèlerait l'existence des Immortels.

■■■■■■ SAISON 04 ■■■■■■

04.01 Retour aux sources - Homeland
Après avoir acheté un ancien bracelet celte chez un antiquaire parisien, MacLeod retourne à Glennfinnan, son village natal, afin de le remettre à sa place, dans la tombe de Debra Campbell, son premier amour. Il y retrouve le premier Immortel qu'il ait affronté sans savoir encore qui il était vraiment à

l'époque.

04.02 Frères d'armes - Brothers in Arms
De retour d'Écosse, Joe Dawson et Duncan McLeod croisent à l'aéroport l'Immortel Andrew Cord. Celui-ci est cependant abattu par Charlie DeSalvo. On apprendra comment Joe est devenu guetteur à la suite de sa rencontre avec Cord lors de la guerre du Viêt Nam.

04.03 L'Homme perdu - The Innocent
Richie rencontre puis prend sous sa protection Mikey, un Immortel simple d'esprit et fasciné par les trains. Il est cependant poursuivi par Tyler King, qui veut sa tête après avoir pris celle de son ancien protecteur, et par la police qui le soupçonne du meurtre de celui-ci.

04.04 Les Rabatteurs - Leader of the Pack
De retour d'un cours d'histoire à l'université, MacLeod est attaqué par une meute de rotweilers. Il reconnaît là la méthode de Kanis, un Immortel qui avait déjà croisé sa route et dont la méthode est d'achever sa victime après que ses chiens l'aient attaquée. Richie, de son côté, retrouve par hasard le jeune drogué qui a tué Tessa et l'avait laissé pour mort.

04.05 Le Porte-Bonheur - Double Eagle
MacLeod retrouve un vieil ami, Kit O'Brady, qui lui propose d'acheter un cheval qui porte le même nom que le casino qu'il possédait au XIXe siècle. Il y voit un signe du destin, puisque poursuivi par la malchance depuis qu'il a perdu son casino au profit d'Amanda.

04.06 Retrouvailles - Reunion
L'enfant-Immortel Kenny, poursuivi par Terence Kincaid, trouve refuge dans la chapelle de l'hôpital où travaille Anne. Celle-ci appelle MacLeod à l'aide, qui accepte de l'accueillir chez lui. Une fois rentrés, ils y retrouvent le mentor de Kenny qu'il n'avait pas revu depuis plus de 800 ans : Amanda.

04.07 Le Colonel - The Colonel
Ivre de vengeance, le colonel Killian parvient à kidnapper MacLeod, qui l'avait fait interner à vie après la Première Guerre Mondiale. De son côté, Amanda se trouve une disciple cambrioleuse en la personne de Melissa, qui sera bien malgré elle impliquée dans les affaires des Immortels.

04.08 La Dérobade - Reluctant Heroes
En revenant du cinéma, Duncan MacLeod et Richie Ryan sont témoins d'une tentative d'assassinat sur un épicier, David markum, dont l'auteur n'est autre qu'une vieille connaissance de MacLeod, Paul Kinman. Celui-ci préfère alors ne pas témoigner, afin de pouvoir le combattre, ce qui n'est pas pour déplaire à l'épicier, qui a perdu sa femme lors de l'agression.

04.09 Pour l'amour de Kali - The Wrath of Kali
L'université dans laquelle enseigne MacLeod a récemment acquis une statue hindoue. L'immortel Kamir, une vieille connaissance de celui-ci, cherche à la ramener dans son pays d'origine, en supprimant tous les obstacles se dressant devant lui.

04.10 Amour à mort - Chivalry
Kristin Gilles est une Immortelle manipulatrice qui a croisé le chemin de Duncan MacLeod près de 3 siècles auparavant. Jalouse, elle avait alors tué la maîtresse de MacLeod car elle refusait de le laisser partir. Aujourd'hui, un nouvel Immortel est tombé dans ses filets : Richie.

04.11 Course contre la mort - Timeless
La pianiste et pré-Immortelle Claudia Jardine est la cible d'un Immortel, Walter Bellman, qui souhaite conserver son génie en la tuant, permettant ainsi à son talent de ne pas être perdu.

04.12 Au bout du tunnel - The Blitz
Lorsqu'une station de métro est dévastée, le docteur Anne Lindsey est sur les lieux. Prisonnière des décombres, Duncan et Richie viennent lui porter secours.

04.13 L'Emprise du Mal (1re partie) - Something Wicked
L'Immortel Jim Coltec est un shaman indien qui avait sauvé dans le passé l'âme de MacLeod. Lorsqu'un dernier combat change sa personnalité et le transforme en être malfaisant, MacLeod veut lui

venir en aide. Obligé de prendre sa tête, celui-ci basculera à son tour dans la haine et la violence, victime d'un « quickening noir ».

04.14 L'Emprise du Mal (2e partie) - Deliverance
Arrivé en France et toujours sous l'emprise de son récent « quickening noir », MacLeod retrouve Methos, venu le secourir. Il refuse cependant toute aide de la part de son ami et pourrait bien rester à jamais un être mauvais et malfaisant.

04.15 Sous la foi du serment - Promises
En 1755, Duncan fit une promesse à l'Immortel Kassim afin de sauver la vie d'un jeune mortel. De nos jours, Kassim vient lui rappeler cette promesse : il lui demande d'assassiner le dictateur tyrannique d'un pays arabe, ce qu'il n'a pu faire lui-même puisque MacLeod l'en a empêché et qu'il doit désormais passer pour mort.

04.16 Le Cadeau de Mathusalem - Methuselah's Gift
Un groupe de guetteurs renégats cherche à mettre la main sur la pierre de Mathusalem, censée rendre Immortel, dont Amanda possède un des cristaux, que lui avait donné Rebecca. Voulant alors dérober les cristaux déjà en possession des guetteurs, elle tombe sur Methos qui cherche la pierre afin de sauver Alexa.

04.17 L'Immortel Cimoli - The Immortal Cimoli
Danny Cimoli, un médiocre magicien, devient Immortel après s'être fait renverser. Il utilise alors son nouveau « talent » dans un tour spectaculaire. MacLeod et Amanda le rencontrent lors de son spectacle et tentent de lui expliquer, en vain, les règles du jeu. Le nouvel Immortel ne l'entend cependant pas de cette oreille, et attire à cause de sa notoriété vers lui un ancien adversaire de MacLeod.

04.18 Amnésie - Through a Glass Darkly
Warren Cochrane est un Immortel qui est devenu amnésique à la suite d'un récent traumatisme, au point d'en oublier qui il est vraiment. Son vieil ami Duncan MacLeod essaye de lui remémorer l'histoire qu'ils ont partagée, lorsqu'ils avaient pris part aux combats afin de libérer l'Écosse du joug anglais, et de leur mission qui était de ramener sur le trône le prince Charles Édouard Stuart.

04.19 La Règle du jeu - Double Jeopardy
De mystérieux cambriolages dans des bijouteries suivis de la mort des employés et des clients mettent la police parisienne sur les traces de Xavier Saint Cloud. L'agent Delaney, que MacLeod avait rencontré deux ans plus tôt, demande de l'aide à ce dernier. Or, MacLeod sait bien que le coupable ne peut être Xavier, puisqu'il lui a pris sa tête.

04.20 Jusqu'à la mort - Till Death
Tous les cent ans, le couple Immortel Gina et Robert De Valicourt renouvelle leur mariage. C'est cependant grâce à Duncan MacLeod et Hugh Fitzcairn que Gina avait rencontré Robert, alors qu'ils se disputaient tous les deux ses faveurs. Aujourd'hui, le mariage des deux Immortels ne tient plus qu'à un fil, et MacLeod va tenter, avec l'aide de Methos, de ranimer leur flamme.

04.21 Le Jour du jugement - Judgement Day
Joe Dawson se rend à Paris, afin de constater le décès de Duncan MacLeod. Il ignore alors qu'il est tombé dans un piège tendu par ses collègues guetteurs afin de le juger, puisqu'il a trop souvent enfreint les règles de la société secrète en aidant ses amis Immortels.

04.22 Minuit moins une - One Minute to Midnight
Joe Dawson a finalement survécu au massacre des guetteurs alors qu'il allait être exécuté. Lui et MacLeod deviennent la cible des guetteurs restants. Tout en essayant de stopper ce massacre, Mac doit également aider son ami Jacob Galati, qui en veut personnellement aux guetteurs depuis qu'ils ont exécuté sa femme.

■■■■■■■ SAISON 05 ■■■■■■■

　　　　　Le guide des épisodes des geeks

05.01 La Prophétie - The Prophecy
L'Immortelle Cassandra retrouve Duncan MacLeod afin qu'il puisse accomplir une prophétie. La première fois qu'ils s'étaient rencontrés, MacLeod n'avait qu'une dizaine d'années et celui-ci croyait que Cassandra était une sorcière habitant la forêt bordant son village, et qu'elle détenait de nombreux pouvoirs.

05.02 Prise de conscience - The End of Innocence
Richie Ryan s'est retrouvé livré à lui-même depuis que Duncan MacLeod, sous l'emprise d'un « quickening noir », a voulu le décapiter. Bien que tout jeune immortel, il a néanmoins réussi à prendre la tête de Carter Wellan, ce qui met sur son chemin Haresh Clay, son ami, décidé à le venger. Clay est également une vieille connaissance de MacLeod : celui-ci lui en veut personnellement depuis qu'il a assisté, impuissant, à l'humiliation et à la décapitation de son mentor, Graham Ashey.

05.03 Chasse à l'homme - Manhunt
Carl Robinson, un vieil ami de Duncan MacLeod, a enfin accompli son rêve : devenir une star du baseball. Malheureusement, un Immortel en veut à sa tête. Obligé de se défendre, il décapite son adversaire devant témoins, ce qui en fait un meurtrier recherché par les autorités et plus particulièrement par Matthew McCormick, un agent du FBI Immortel. Ne sachant que faire, il vient demander de l'aide auprès de MacLeod.

05.04 La Belle Époque - Glory Days
Betsy Fields avait été le grand amour de Joe Dawson. Or, celui-ci n'a pas chercher à revenir dans sa vie à son retour du Viêt Nam, puisque devenu infirme. Aujourd'hui, il a peut-être droit à une nouvelle chance avec elle. Quant à Duncan MacLeod, il voit également une vieille connaissance revenir dans sa vie : Johnny Kelly, un jeune Immortel devenu tueur à gages qu'il avait croisé lors de la prohibition.

05.05 Auteur à Scandale - Dramatic License
Quand Duncan MacLeod devient bien malgré lui le personnage central d'un roman historique, Amanda et lui se rendent chez l'auteur, Caroline Marsch. En effet, celle-ci souhaite engager MacLeod pour personnifier le personnage et faire la promotion de son roman. C'est lors du cocktail où ils étaient invités qu'ils croisent Terrence Coventry, une vieille connaissance de MacLeod. Celui-ci, ex-amant de Marsh, a été tourné en ridicule dans le roman.

05.06 À tout prix - Money No Object
Dans les années 1920, Cory Raines et Amanda furent un couple criminel à la Bonnie et Clyde, usant de leur Immortalité pour déjouer leurs arrestations. Aujourd'hui, Raines retrouve le chemin d'Amanda et lui propose de repartir en virée, au grand désarroi de MacLeod, qui n'approuve pas vraiment ce style de vie.

05.07 L'Esprit vengeur - Haunted
Jennifer Hill pense que l'esprit de son mari Immortel, Alec, est toujours auprès d'elle. Croyant que son mari doit être apaisé en le vengeant, elle trouve Duncan MacLeod, ami d'Alec, et lui demande de tuer son assassin, l'Immortel Gerard Kragan, qui lui en voulait personnellement depuis plus d'un siècle. Richie Ryan et la jeune veuve se retrouvent étrangement attirés, jusqu'à ce que Joe Dawson lui apprenne que c'est lui qui a tué Alec.

05.08 L'Apprenti sorcier - Little Tin God
Gabriel Larca est un Immortel qui se fait passer pour Dieu auprès de jeunes Immortels influençables qui ne savent pas qui ils sont vraiment. Leur tâche est maintenant d'affronter le diable : Duncan MacLeod, celui qui l'avait fait enfermer vivant par son peuple qu'il manipulait de la même façon, voilà plus de 150 ans.

05.09 Le Messager - The Messenger
Un Immortel se fait passer pour Methos afin de prêcher la paix et l'arrêt des combats entre Immortels. Richie Ryan devient son nouvel élève, au grand dam de Duncan MacLeod, et abandonne son épée. Quant au vrai Methos, cette situation l'arrange bien puisque de cette manière ce n'est pas sa tête qu'on viendra chercher.

05.10 Opération Walkyrie - The Valkyrie
L'immortelle Ingrid Henning a eu un jour l'opportunité de tuer Hitler, mais échoua. Depuis, elle assassine les dictateurs et tyrans de par le monde. De nos jours, elle re-croise le chemin de Duncan MacLeod, qui n'entend pas l'aider puisqu'elle n'hésite pas à sacrifier des innocents afin d'arriver à ses fins.

05.11 Les Cavaliers de la Mort - Comes a Horseman
Cassandra refait surface dans la vie de Duncan MacLeod. Il y a des millénaires, alors qu'elle était encore pré-Immortelle, son peuple fut massacré par quatre cavaliers Immortels, qui la réduisirent ensuite en esclavage. Elle reconnait en Methos l'un des tortionnaires.

05.12 Le Retour de l'Apocalypse - Revelations 6:8
Methos propose à Kronos de reformer les cavaliers de l'apocalypse en retrouvant Silas et Caspian, les deux membres manquants, et de semer à nouveau la terreur. Duncan MacLeod est à leur poursuite et va les suivre jusqu'en France, où ils projettent d'utiliser une arme bactériologique.

05.13 Une prison dorée - The Ransom of Richard Redstone
Richie Ryan se fait passer pour un richissime américain. Il se fait malheureusement kidnapper par Marina LeMartin et son frère, endettés, qui veulent sauver le château familial. Duncan MacLeod arrive donc à la rescousse.

05.14 Flamenco - Duende
Voilà près de 150 ans, Duncan MacLeod apprenaît l'art de l'épée et du flamenco auprès de l'Immortel Otavio Consone. Hors celui-ci en voulut à MacLeod d'avoir ravi le cœur de sa promise. Aujourd'hui, Consone se venge d'une danseuse et de sa fille, et retrouve sur son chemin MaLeod.

05.15 La Pierre de Scone - The Stone of Scone
En 1950, Duncan MacLeod et Hugh Fitzcairn s'affrontent au golf. Lorsque Fitz triche et que MacLeod s'en aperçoit, ce dernier se rend compte qu'il avait également triché deux siècles plus tôt et l'avait, à la suite d'un pari, obligé à voler les Joyaux de la Couronne. Amanda, présente, leur propose afin de sauver leur amitié, de dérober la pierre du Destin, précieuse pour les Écossais, qu'elle s'imagine d'une grande valeur marchande.

05.16 Le Pardon - Forgive Us Our Trespasses
Steven Keane est un Immortel qui vient demander des comptes à Duncan MacLeod, car celui-ci a tué deux de ses amis, dont Sean Burns. MacLeod, se sentant cette fois responsable, ne veut pas combattre et est prêt à y laisser la tête.

05.17 Byron, l'Ange Noir - The Modern Prometheus
Lord Byron, en fait Immortel, est aujourd'hui une rock star. Duncan MacLeod, Joe Dawson et un de ses musiciens lui sont présentés par l'entremise de son vieil ami, Methos. Trouvant le guitariste doué, Byron lui propose de le prendre sous son aile, ce qui n'est pas sans danger puisque celui-ci mène une vie très dangereuse.

05.18 Punition suprême - Archangel
Une prophétie vient à s'accomplir : en cette fin de millénaire, le Mal, incarné par le démon zoroastrien Ahriman, cherche à combattre le Bien, personnifié par Duncan MacLeod. Mis en garde, celui-ci commence à avoir des visions et revoit d'anciens ennemis décédés. Richie, Dawson et Methos commencent alors à douter de sa santé mentale.

06.01 Le Nouveau Départ - Avatar
Un an après les terribles évènements ayant menés à la mort de Richie Ryan, Duncan MacLeod revient de l'exil qu'il s'était imposé en Extrême-Orient. Ahriman l'attend cependant à son arrivée.

06.02 L'Affrontement - Armageddon

Avec l'aide du Père Beaufort et de Joe Dawson, Duncan MacLeod commence à trouver le talon d'achille d'Ahriman. Malheureusement, toute personne aidant MacLeod se retrouve également aux prises du démon : les guetteurs, amis de Joe, sont assassinés par Ahriman, tandis que le Père Beaufort est tourmenté par son passé.

06.03 Péché paternel - Sins of the Father
Maintenant que sa banque est dirigée par son petit-fils, George Thomas peut profiter de sa retraite en compagnie de son vieil ami Duncan MacLeod. Mais lorsque sa voiture explose, ce dernier, à la recherche de son tueur, croise le chemin d'une Immortelle, Alex Raven. Celle-ci cherche à respecter une promesse faite voilà plus de 50 ans, qu'importe le prix qu'il en coûtera.

06.04 Immunité Diplomatique - Diplomatic Immunity
L'immortel Willie Kingsley est un escroc usant de sa particularité pour s'enrichir : se faisant « tuer » par un automobiliste, sa « veuve » fait en sorte d'accepter de l'argent en échange de son silence. Mais leur dernière arnaque tourne au drame, sa femme se faisant tuer. Willie va alors trouver son vieil ami Duncan MacLeod afin de retrouver le tueur. Alors que MacLeod recherche la justice, Willie ne veut lui que se venger.

06.05 La Patiente disparue - Patient Number 7
Poursuivie par des tueurs et recherchée par la police, Kyra fuit, sans aucun souvenir de qui elle est vraiment. Elle tombe dans les rues de Paris sur Duncan MacLeod, qui la reconnait. Celui-ci lui explique qu'ils furent amants voilà trois cents ans, qu'elle est un soldat, et… Immortelle. Kyra n'en croit rien ; mais alors si ce n'est pas la vérité, qui en veut à sa tête ?

06.06 Traque sur ordinateur - Black Tower
Voilà quatre cents ans, Devon Marek était un aristocrate passionné par la chasse. Son premier mentor, Duncan MacLeod, l'a forcé à abandonner sa vie, ses terres et ses titres quand il devint Immortel. Marek ne lui ayant jamais pardonné, il cherche aujourd'hui à se venger en traquant MacLeod dans un jeu des plus dangereux.

06.07 Suspects irréprochables - Unusual Suspects
En 1929, Hugh Fitzcairn a enfin tout pour être heureux : un manoir, la fortune et une belle femme. Il est cependant « assassiné ». Il fait donc appel à Duncan MacLeod pour l'aider à trouver son meurtrier, et ce avant que les cadavres ne commencent à s'amonceler.

06.08 Justice - Justice
Quand le meurtrier de sa fille adoptive n'est pas condamné par la justice, l'Immortelle Katya cherche à se venger. Elle trouvera sur son chemin Duncan MacLeod, qui pourra peut-être la raisonner.

06.09 Une photo de trop - Deadly Exposure
L'immortelle Reagan Cole est un chasseur de primes qui voulait prendre quelques vacances à Paris en compagnie de son ami Duncan MacLeod. Elle devient malencontreusement le témoin d'un meurtre, et voudra enquêter.

06.10 Deux de cœur - Two of Hearts
L'immortelle Katherine traque Bartholomew, le meurtrier de son amie, depuis des siècles, qui lui s'enrichit en profitant des guerres de par le monde. Lorsque enfin elle le retrouve, il dirige une œuvre de charité. Mais s'est-il amendé pour autant ?

06.11 Indiscrétions - Indiscretions
L'immortel Morgan Walker cherche à se venger de Methos depuis deux siècles. Quand il tombe sur une guetteuse qui l'espionne, il n'hésite pas à l'enlever. Methos et Joe Dawson partent alors à son secours, celle-ci étant la fille de Joe.

06.12 Être - To Be
En 1946, Duncan MacLeod refusa d'aider Liam O'Rourke à perpétrer un attentat anti-anglais, qui eut pour conséquence l'arrestation de celui-ci et de sa femme mortelle. Quand elle vint à mourir en prison, O'Rourke chercha à se venger de MacLeod. Il enlève alors Amanda et Joe Dawson et lui propose un choix : sa vie contre la leur.

06.13 Ne pas être - Not to Be
Voulant renoncer à la vie pour sauver celle de ses amis, Duncan MacLeod a un aperçu de ce que serait la vie de ses proches s'il n'était jamais venu au monde. Est-ce la fin de Duncan MacLeod ?

1.   Renaissance (Reborn)
«Gentlewoman cambrioleuse» et... immortelle, Amanda s'est taillée au fil des ans une solide réputation de videuse de coffres-forts. Son dernier larcin, une inestimable collection de bijoux, met la police de Chicago sur les dents. Chargés de l'affaire, le sémillant Nick Wolfe et sa coéquipière Claudia ne tardent pas à démasquer la coupable...

2.   La Vérité éternelle (Full Disclosure)
Amanda retrouve Nick qui ne se remet pas de la mort de sa coéquipière. Ils assistent à l'agression d'un vieil indien. Amanda découvre que Mario Cardoza, un des plus dangereux immortels qu'elle ait jamais rencontré, se cache derrière cet assassinat. De peur que Nick remonte jusqu'à lui, Amanda lui dévoile le secret des immortels. Mais Nick ne se résoud pas à laisser ce crime impuni malgré le danger que représente Cardoza...

3.   Héritage mortel (Bloodlines)
Nick est embauché comme garde du corps par son ami Myers. Ils doivent protéger Denise Grady, une puissante femme d'affaires. Celle-ci est la cible d'un attentat raté

4.   Immunité (Immunity)
Une diplomate se sert de son immunité pour faire de l'espionnage industriel. Nick demande à Amanda de l'aider dans cette mission inhabituelle pour lui. Elle devra mettre à profit sa grande connaissance des cambriolages et surtout échapper à un immortel fasciné par elle

5.   Moissons funèbres (So Shall Ye Reap)
Charles Johnson, un vieil ami qu'Amanda a connu en 1968, à Prague, lui demande de l'aider à trouver des indices permettant d'affirmer que son fils a été enlevé

6.   Terre de liberté (Birthright)
Alors qu'elle allait cambrioler une salle des ventes, Amanda est interrompue par une bande de voleur amateurs. Elle se retrouve au coeur d'une tragédie dont les origines remontent au XVIIIème siècle

7.   Crime et châtiment (Crime & Punishment)
Nick est traqué par un ancien joueur de base-ball, condamné à purger une peine de prison pour un meurtre qu'il n'a pas commis

8.   Le Soldat inconnu (The Unknown Soldier)
Enquêtant sur la mort d'un ancien combattant, Nick rencontre John Ray, un soldat immortel. Ce dernier n'a qu'une idée en tête : venger ses compagnons d'armes tombés injustement sur le champ de bataille

9.   L'Homme aux deux visages (Cloak & Dagger)
Meyers, un ami de Nick, demande à Amanda de dérober des documents qui compromettraient Nick dans une affaire de corruption. Elle se retrouve mêlée à un groupe d'anciens espions de la Stasi

10.   Cache-cache (Passion Play)
Lucy, l'amie et la confidente d'Amanda, tente d'éliminer Wilson, un Immortel auteur du meurtre, dans les années 60, de l'homme de sa vie. Elle échoue et supplie Nick et Amanda de l'aider à tuer son ennemi

11.   Ange ou démon (The Devil You Know)
Victor, un immortel qui observe Amanda depuis des siècles, la séduit en lui remémorant ses plus beaux cambriolages. Elle succombe à son charme mais le soupçonne néanmoins d'être en ville pour subtiliser un fabuleux diamant. Le même jour, un ami de Nick est retrouvé assassiné

12.   Départ inattendu (A Matter of Time)
Nick assiste à un meurtre commis par Korda, l'ancien maître d'armes d'Amanda. Dawson, un guetteur, prévient Amanda des noirs desseins de ce dernier. Elle décide de fuir mais Nick refuse de laisser le criminel en liberté

13.   La Filière (The French Connection)
A Paris, Nick est blessé par l'un des hommes de Korda, le redoutable ennemi d'Amanda. Meyers, son partenaire, le recueille et le soigne... Pendant ce temps, Amanda décide de le rejoindre son ami à Paris, afin de lui prouver qu'elle est bien en vie, et qu'elle a fait tout cela pour le protéger de Korda

14.   Agent de star (The Rogue)
Myers demande à Nick d'assurer la protection d'une vedette, victime d'une tentative d'assassinat. Amanda découvre que Brennan, un jeune immortel, veut se venger de Myers qui l'a, naguère, empêché de dérober une grosse somme d'argent

15.   Reconnaissance de dette (Inferno)
Talia, une immortelle qui a sauvé la vie d'Amanda il y a plus de deux siècles, est impliquée dans un trafic d'armes bactériologiques. Nick est chargé de l'affaire

16.   Le Tableau volé (The Frame)
Amanda et Nick livrent à un musée un tableau d'une valeur de 20 millions de dollars, donation d'un jeune et séduisant milliardaire, Trevor. Jade, une ancienne rivale immortelle d'Amanda, parvient à subtiliser la toile

17.   Suspicion (Love & Death)
Au cours d'une prise d'otages opérée par Markham, Myers apprend par hasard qu'Amanda et le terroriste ont été mariés. Aussi, Myers soupçonne Amanda d'être sa complice. Mais l'habitude haineuse de Markham à l'égard d'Amanda dissipe ses craintes

18.   Crime ou délit (Thick as Thieves)
La direction d'un casino a engagé Nick et Amanda pour assurer la sécurité. Quand des gangsters font irruption, Amanda reconnaît, parmi eux, Dexter, un immortel qui fut jadis son ami. Elle refuse de coopérer avec Breslaw, le policier d'Interpol chargé de l'enquête, qui ne comprend pas ses réticences

19.   Manipulation (The Manipulator)
Le journaliste international Tim Helfret accuse Vladimir Rankov, un militaire de haut rang, de meurtre et de trahison. Les motivations de Helfret ne semblent pas très claires et Amanda découvre bientôt quelle est sa véritable identité

20.   Retour inattendu (The Ex-Files)
Lauren, l'ex-femme de Nick, est à Paris. Avocate spécialisée des causes perdues, elle s'est fixée le but de démasquer le Dr Julian Heller. Ce drôle de médecin se livre en fait à un horrible trafic d'organes humains, prélevés sur des détenus et des handicapés mentaux, puis revendus au marché noir. Lorsqu'il s'aperçoit que son réseau est sur le point d'être démantelé, il fait abattre le collègue de Lauren et veut réserver le même sort à la jeune femme. Lauren se réfugie alors chez son ex-mari, et lui demande son aide pour neutraliser Heller. Amanda connaît bien ce dernier, un immortel prêt à tout pour poursuivre son entreprise funeste

21.   Vœux sacrés (War & Peace)
Il y a fort longtemps, alors qu'il n'était encore qu'un jeune immortel, le père Liam Riley travaillait dans l'armée britannique. Un homme, l'ayant connu autrefois en tant que soldat, le retrouve et cherche à se venger de lui. Il parvient à ébranler l'amitié qui le lie à Amanda depuis plus de deux cents ans. Nick met tout en oeuvre pour se débarrasser de cet intrus malfaisant

Highlander

22.   Ultime Révélation (Dead on Arrival)

Evan Peyton est soupçonné d'avoir volé, grâce à l'élaboration de techniques savantes, cent millions de dollars à diverses banques. Un détective privé, qui le prend en filature, disparaît mystérieusement. Nick et Amanda sont sur le point de retrouver la trace de l'enquêteur lorsqu'ils tombent dans le piège tendu par Peyton.

Le guide des épisodes des geeks

Le Caméléon

1.   Le chat et la souris (Pilot)
Un jour, un certain Jarod, un surdoué âgé d'une trentaine d'années, s'évade du «Centre», une organisation destinée à réaliser des expériences secrètes. Deux agents, Sydney et Mlle Parker, sont nommés pour le retrouver. Et ainsi commence une longue traque. À New York, Jarod, en tant que médecin, vient en aide à un garçon victime d'une erreur médicale

2.   Chaque tableau a son histoire (Every Picture Tells A Story)
Jarod devenu garde-côte fait la lumière sur la mort d'un officier en pleine mer. Mlle Parker est confrontée à son passé

3.   Pilote de chasse (Flyer)
Jarod, devenu pilote de l'armée américaine, tente de prouver que le crash ayant causé la mort d'un pilote était dû à une défaillance technique. Mlle Parker doit rendre des comptes à M. Raines

4.   Les jeux sont faits (Curious Jarod)
Las Vegas. Jarod, chef de la sécurité d'un casino, essaie de savoir pourquoi une jeune chanteuse est dans le coma. Mlle Parker fait appel à la mafia pour coincer Jarod.

5.   La pendule en carton (The Paper Clock)
Jarod, devenu avocat, veut faire innocenter un jeune attardé mental accusé à tort de meurtre. Il contacte Sydney pour avoir des renseignements sur sa propre famille

6.   Servir et protéger (To Serve and Protect)
Jarod, motard de la police, veut comprendre pourquoi un vigile de bijouterie a été tué

7.   Un virus parmi nous (A Virus Among Us)
Jarod, virologiste, enquête sur la disparition d'un scientifique de renommée mondiale. Pendant ce temps, Sydney cherche l'absolution auprès d'un prêtre.

8.   Le premier Noël de Jarod (Not Even A Mouse)
Jarod, médecin légiste, enquête pour élucider le meurtre d'un sans domicile fixe. Mlle Parker veut passer Noël avec son père mais celui annule leur dîner.

9.   Chute libre (Mirage)
Jarod, professeur de parachute, enquête sur le décès de son prédécesseur. Celui-ci est mort dans le désert. Mlle Parker reçoit des carnets ayant appartenu à sa mère.

10.   Question de courage (The Better Part Of Valor)
Jarod, sapeur pompier, enquête sur des incendies d'origine criminelle et sur la mort d'une collègue. Sydney fait appel à Angelo, un pensionnaire du Centre, pour retrouver Jarod

11.   Équipe de déminage (Potato Head Blues / Bomb Squad)
À Détroit, Jarod est engagé dans une équipe de déminage afin d'enquêter sur une série d'explosions qui détruisent la ville. Jarod tente également d'aider Rachel, seule témoin d'une explosion à cause laquelle elle a perdu la vue

12.   Jeu de piste (Prison Story)
Un homme va être exécuté pour avoir assassiné un prisonnier. Jarod se fait embaucher comme gardien de prison pour retrouver le vrai coupable. Mlle Parker et Sydney se retrouvent dans un hôtel miteux

13.   L'armée des lâches (Bazooka Jarod)
Capitaine sur l'U.S.S Monroe, Jarod enquête sur la mort d'un marin…

14.   La découverte (Ranger Jarod)
Un grimpeur disparait dans la montagne. Jarod, garde forestier, part à sa recherche. Nia, sa coéquipière, ne le laisse pas indifférent. Un peu perdu face à ses sentiments, il demande conseil à Sydney

15.   Indice d'écoute (Jaroldo!)

Jarod est engagé dans une émission de télévision comme cadreur. Il enquête au cœur des gangs afin de savoir comment son prédécesseur a perdu l'usage d'un bras. Mlle Parker et Sydney sont prisonniers d'un bâtiment en passe d'être démoli. La promiscuité aidant, ils finissent par se confier l'un à l'autre

16.   Le frère jumeau (Under The Reds)
Devenu ambulancier, Jarod enquête sur l'hôpital qui l'a engagé. Sydney rend visite à son frère jumeau qui est dans le coma depuis de longues années

17.   La clé (Keys)
Jarod vient en aide à une petite Haïtienne qui a perdu ses parents à cause d'un garde-côte malveillant. Mlle Parker arrive à le retrouver…

18.   Le grand plongeon (Unhappy Landings)
Marshall, Jarod est chargé de la protection des témoins. Il enquête sur ses collègues pour savoir comment un témoin a pu être tué en étant sous protection. Mlle Parker suit les traces de sa mère…

19.   À la recherche du passé (Jarod's Honor)
Jarod est un tueur à gages. C'est le seul tueur à gages qui protège les gens qu'il doit normalement éliminer. Sydney et Mlle Parker vont à une convention de jumeaux

20.   SL-27 (Baby Love)
Jarod trouve un nouveau-né dans une poubelle. Il cherche à savoir qui l'a abandonné là. Sydney, Mlle Parker et Brooks découvrent un étage secret au sein du Centre

21.   Réunion de famille, première partie (The Dragon House: Part One)
Un homme appelé John Doe s'échappe de la prison où il était enfermé. Considéré comme dangereux et violent, Jarod le traque en tant qu'agent du FBI. Jarod pense que cet homme est un caméléon du nom de Kyle.

22.   Réunion de famille, deuxième partie (The Dragon House: Part Two)
Jarod apprend par Harriet que Kyle n'est autre que son frère. Jarod retourne au Centre pour rencontrer Angelo et Sydney. Il libère Kyle des griffes de M. Raines.

■ SAISON 02 ■

1.   Nouvelle donne (Back From The Dead Again)
Jarod, à la recherche d'un étudiant en médecine, devient professeur d'anatomie. Peu à peu, il se rappelle une simulation que Raines lui a fait subir et se rend compte que celle-ci n'apparaît pas sur ses mini-disques. Parallèlement, les choses évoluent au Centre : M. Parker a disparu et est remplacé par M. Lyle. Une nouvelle traqueuse, Brigitte, est chargée de retrouver Jarod.

2.   Le père et le fils (Scott Free)
Jarod devient perceur de coffre afin d'éviter à un homme d'être séparé de son fils. Mlle Parker entre en conflit avec Brigitte et M. Lyle.

3.   Sur la corde raide (Over The Edge)
Jarod fait partie d'un groupe de secouristes dont un des membres s'est suicidé. Il découvre qu'il se passe des choses étranges au sein de l'équipe. Au Centre, Mlle Parker, Sydney et Broots sont interrogés par le Dr Curtis, un comportementaliste

4.   L'élément révélateur (Exposed)
arod devient photographe de mode pour enquêter sur la mort d'une top-model. Jarod découvre que la jeune femme était harcelée par admirateur. Mlle Parker en apprend un peu plus sur ses origines grâce à un ami de sa mère. M. Parker est de retour.

5.   La beauté cachée (Nip and Tuck)
Jarod se transforme en chirurgien esthétique afin d'aider Tricia, une jeune femme défigurée. Il cherche à savoir qui est le médecin qui l'a défigurée. Broots, qui est suivi et pris en photo, suspecte quelqu'un du Centre d'en vouloir à sa vie. Mlle Parker enquête..

6.   L'échange (Past Sim)
Une des simulations de Jarod a été utilisée pour l'enlèvement d'Emma Barrett, une jeune femme. Celle-ci devait témoigner contre des mafieux japonais. Jarod demande l'aide de Broots pour libérer Emma

7.   Coup double (Collateral Damage)
Jarod s'engage dans l'armée pour faire réhabiliter un soldat mort au Viet-Nam et accusé de trahison. Mlle Parker se voit confier la garde de Debbie, la fille de Broots, pendant que celui-ci est en mission à Miami. Après un début difficile, Mlle Parker se rapproche de Debbie.

8.   Le poids du passé (Hazards)
Jarod assiste impuissant à la tentative de suicide de Dan Healy. Celui-ci se croit responsable de la mort de trois de ses collègues. Jarod enquête. Pendant ce temps, Sydney est confronté à son passé quand il croise un ancien nazi au Centre. Très inquiète, Mlle Parker demande de l'aide à Jarod

9.   Effets spéciaux (F/X)
Jarod veut comprendre pourquoi un spécialiste des effets spéciaux a été grièvement blessé pendant le tournage d'une publicité. Mlle Parker reçoit une vidéo qui montre sa mère tentant d'aider un jeune garçon

10.   Course contre la mort (Indy Show)
Jarod devient coureur automobile pour faire la lumière sur un accident qui a gravement blessé un pilote. Jacob, le frère de Sydney, se réveille quelques heures avant de mourir.

11.   Gigolo (Gigolo Jarod)
Jarod devient escort-boy. Il est loué par une femme qui souhaite divorcer car son mari la néglige. Il accompagne également une femme d'affaires. Cette femme possède un immeuble vétuste dans lequel un jeune garçon a trouvé la mort. La traque de Jarod emmène Mlle Parker, Sydney et Broots dans un sexshop

12.   Cadeau-surprise (Toy Surprise)
Jarod part faire de l'escalade avec un adolescent afin qu'il fasse le deuil de son meilleur ami. Le Centre est évacué pour un exercice d'incendie. Seuls sont restés : Mlle Parker, Broots, Sydney, Angelo, Raines et Brigitte. Brigitte a été engagée pour faire exploser l'hélicoptère de M. Parker, qui doit atterrir au Centre quelques heures plus tard.

13.   Travail d'artiste (A Stand Up Guy)
Jarod intègre le FBI pour innocenter un policier d'un meurtre. M. Lyle cherche à se procurer le code génétique des caméléons

14.   Trou de mémoire (Amnesia)
Jarod souffre d'une amnésie à la suite d'un accident. Il est recueilli par Argyle, dit l'Écossais. Il appelle Le Centre et négocie avec Brigitte. Mlle Parker, Sydney et Broots passent devant la commission T afin de déterminer pourquoi Jarod est toujours en liberté.

15.   La preuve par balles (Bulletproof)
Jarod veut élucider la mort d'un membre d'un groupe d'intervention. Il découvre que ce décès tragique cache une affaire de drogue. Sydney retrouve son amour de jeunesse et apprend qu'il a un fils

16.   Le miroir recomposé (Silence)
Jarod devient un agent du FBI spécialiste en psychologie. Il est chargé d'aider un petit garçon qui s'est réfugié dans le mutisme après avoir été témoin d'une agression. Mlle Parker porte secours à Raines qui s'est fait agresser dans le parking du Centre. L'agresseur a gravé le chiffre 155 sur le bras de Raines

17.   Le crash (Crash)
Jarod offre sa place d'avion à un étudiant mais l'appareil s'écrase. Rongé par la culpabilité, il cherche à découvrir ce qui s'est passé. Sur l'invitation de Jard, Mlle Parker, Sydney et Broots vont à une réunion d'anciens élèves. Ils sont confrontés au passé de Lyle

18.	Un Don du Ciel (Red Rock Jarod)
Jarod vient en aide à un homme dont le fils a été enlevé. Les choses se compliquent lorsque le Centre retrouve la trace de Jarod.

19.	Kidnapping
Jarod se rend en Arizona après avoir reçu un message de Sydney. Ce message était un leurre, il s'agit en réalité d'un piège mis au point par Lyle qui avait simulé sa mort. Jarod est fait prisonnier par Lyle qui compte utiliser le «caméléon» pour revenir au Centre. Mais Jarod reçoit l'aide inespérée de son frère, Kyle

20.	Mensonges (Bank)
Jarod découvre des lettres de Catherine Parker dans un coffre privé et en envoie une à Mlle Parker. Cette dernière se rend dans une banque à Dover, où elle rencontre Jarod qui lui remet d'autres documents et lui montre M. Fenigor à un comptoir. Mais avant que tous les deux puissent lui poser des questions, la banque est braquée. Pris en otage, Jarod est filmé par la télévision. Le Centre envoie une équipe de nettoyeurs.

21.	Patrimoine génétique, première partie (Bloodlines: Part One)
Jarod intègre la clinique NuGenesis, qui est le recours pour les couples en mal d'enfant. Il découvre que c'est grâce à cette clinique qu'il est venu au monde. Angelo commence à retrouver ses facultés grâce à des injections. Mlle Parker découvre qu'elle a un frère jumeau

22.	Patrimoine génétique, deuxième partie (Bloodlines: Part Two)
Davy Simpkins a été enlevé par Le Centre. Jarod, aidé par Angelo, fait l'impossible pour le retrouver.

1.	Troubles mentaux (Crazy)
Jarod entre dans un hôpital psychiatrique en tant que patient afin d'élucider la disparition d'une patiente. À la suite de l'explosion du Centre, Lyle est affecté à la recherche de Jarod.

2.	Le cercle (Hope and Prey)
Jarod est à la recherche de Mike Brodie, un indien qui pourra lui donner l'identité de son père. Mlle Parker met la main sur l'arme qui aurait tué sa mère

3.	Les larmes d'un père (Once in a Blue Moon)
Jarod part à la recherche de Sarah Rickman, victime d'enlèvement. Il est amené à rendre visite à un tueur en série qui enlevait ses victimes de la même façon que le ravisseur de Sarah

4.	Une personne de confiance (Someone to Trust)
Jarod devient un incendiaire pour le compte d'Harold Kindcaid. La femme d'Harold n'est pas insensible au charme de Jarod. Mlle Parker découvre que Lyle a été marié

5.	Trahison (Betrayal)
L'Annexe du Centre a été piratée. Mlle Parker envoie Broots à l'Annexe pour enquêter. À peine arrivé, Broots assiste impuissant au massacre des employés de l'Annexe. Devenu un témoin gênant pour le tireur ainsi qu'un traître pour Le Centre, Broots est traqué de toutes parts. Jarod lui offre son aide.

6.	La Promesse (Parole)
Jarod se fait passer pour un ancien prisonnier, il espère ainsi pouvoir enquêter sur la mort suspecte d'un ancien détenu, tué semble-t-il au cours d'un cambriolage raté. Sur les conseils de Jarod, Sydney se rend à l'hôpital où le mari de Michelle, la mère de son fils Nicholas, est en train de vivre ses derniers instants.

7.	Sauvez mes enfants ! (Homefront)
Jarod se fait passer pour un marchand d'armes afin d'aider une femme à retrouver ses enfants. Jarod a également volé 60 millions de dollars au Centre. Mlle Parker et Broots essaient de retrouver l'argent

8.	Vengeance (Flesh and Blood)

Nicolas, le fils de Sydney, est enlevé par un groupe terroriste. Jarod part à sa recherche. Sydney se porte également au secours de son fils..

9.   Meurtre parfait (Murder 101)
Jarod devient professeur de psychologie criminelle le temps d'enquêter sur la disparition de son prédécesseur..

10.   M. Lee (Mr Lee)
Un homme mystérieux, M. Lee, a été engagé pour retrouver Jarod.

11.   L'Assassin (The Assassin)
Jarod rencontre une jeune femme dans une gare routière. La belle est traquée par un homme, Jarod décide de l'aider. Mlle Parker rencontre Thomas Gates

12.   La clé du passé (Unsinkable)
Jarod est lesté au fond de l'eau. Il se remémore la façon dont il s'est retrouvé dans cette galère. Tout commence par ses retrouvailles avec Argyle à Atlantic City. Mlle Parker se confie à Sydney au sujet de Thomas

13.   Affaires de famille (Pool)
Jarod empêche une jeune femme de tuer un homme dans une ruelle. Mlle Parker présente Thomas à son père..

14.   À l'heure de notre mort (At the Hour of Our Death)
Le petit avion que Jarod pilote s'écrase au milieu de nulle part. Mlle Parker se trouve mal après avoir ouvert un colis envoyé par Jarod..

15.   Compte à rebours (Countdown)
Jarod vient en aide à un garçon qui à besoin d'une greffe de rein. Raines reproche à Mlle Parker d'échouer à ramener Jarod au Centre

16.   Les puissances au pouvoir (PTB)
Jarod devient animateur radio. Son prédécesseur a disparu après avoir été menacé par un auditeur. Thomas demande à Mlle Parker de le suivre dans l'Oregon

17.   Les liens du cœur (Ties That Bind)
Jarod assiste impuissant à l'explosion d'un bateau. Jarod prend l'identité d'un agent du fisc pour coincer les coupables. Mlle Parker annonce son départ à son père.

18.   Pièces manquantes (Wake Up)
Mlle Parker retrouve Thomas mort, une balle dans la tête. Jarod lui apporte son aide pour retrouver le coupable.

19.   Échec... (End Game)
Jarod s'apprête à quitter Atlanta mais se ravise quand il entend parler de l'enlèvement d'un jeune garçon. Il rejoint alors la VCTF et rencontre Samantha Waters, profileuse... Mlle Parker apprend que Brigitte est enceinte...

20.   Projet Alpha (Qallupilluit)
Jarod part dans l'Arctique à la recherche de son père. Il découvre que Le Centre menait des recherches génétiques sur son ADN dans le cadre d'un certain projet Alpha.

21.   Donotérase, première partie (Donoterase: Part One)
Jarod part pour la Caroline du Nord pour rejoindre son père. Il découvre l'existence d'un étrange projet Gemini (Jumeaux) financé par le Centre : l'objectif était de créer un clone : Jarod 2

22.   Donotérase, deuxième partie (Donoterase: Part Two)
Jarod retrouve enfin son père. Ensemble, ils décident de récupérer le clone de Jarod. Mais le plan ne se déroule pas comme prévu

■■■■■■■ SAISON 04 ■■■■■■■■■■■■■■■■■■■■■■■■■■■■■■

                    Le guide des épisodes des geeks

1.   Le monde change (The World's Changing)
Jarod est de retour au Centre, emprisonné dans une cellule où Lyle prend plaisir à le torturer. Broots et Sydney sont à la recherche de Mlle Parker

2.   Survivre (Survival)
Un soldat meurt lors d'une semaine d'entraînement. Jarod intègre la police militaire pour enquêter. Mlle Parker et Lyle sont emprisonnés dans un container.

3.   Le vol de l'ange (Angel's Flight)
Jarod, devenu détective, enquête sur la disparition d'une jeune fille. Adolescente à problèmes, elle fréquentait un groupe de magiciens. Un nouveau personnage apparaît au Centre: M. Cox

4.   Comportement étrange (Risque Business)
Jarod enquête sur le viol d'une thérapeute spécialisée dans le comportement sexuel. Broots est attiré par Mlle Parker..

5.   La folle Équipée (Road Trip)
Jarod aide une jeune femme à repousser son petit ami. Pour le remercier, elle l'embrasse passionnément.

6.   Frissons (Extreme)
Jarod devient fan de sports extrêmes afin d'enquêter sur un saut à l'élastique qui a mal tourné. Mlle Parker découvre de nouvelles informations sur Lyle.

7.   Alibi (Wild Child)
Jarod enquête sur l'histoire d'une enfant sauvage trouvée par un chasseur. Il doit s'opposer aux médecins de l'établissement qui ne voient en elle qu'un sujet de recherche. Jarod prévient Mlle Parker que quelqu'un l'espionne, elle pense que c'est M. Cox et l'espionne à son tour. Mlle Parker a une rencontre clandestine avec son père.

8.   Le négociateur (Rules of Engagement)
Jarod devient agent du FBI afin de libérer un hôpital d'une prise d'otage. M. Parker demande de l'aide à sa fille.

9.   Confrontations ('Til Death Do Us Part)
C'est l'anniversaire du décès de Thomas. Mlle Parker et Jarod cherchent à retrouver son meurtrier. Mlle Parker est bouleversée quand elle comprend que Thomas et Jarod étaient amis. Brigitte est sur le point d'accoucher

10.   Simulations (Spin Doctor)
Dans le passé, quatre ans auparavant, un homme avait aidé Jarod à s'enfuir du centre. Cet homme vient de mourir et sa mort semble maquillée en suicide. Jarod prend l'identité d'un agent, et avec l'aide de Rachel Burke, la remplaçante de Sam Waters de Profiler, cherche le tueur. Au Centre, M. Parker a repris son poste de bonne humeur, et une vieille histoire torture Sidney.

11.   Intrigues à Las Vegas (Cold Dick)
Un détective privé de Las Vegas, Dick Dixon, a une réputation de tombeur. Jarod prend son identité après avoir été appelé par Argyle, pour l'aider à retrouver une call-girl dont il est tombé amoureux. Mais tous ceux que Jarod rencontre se mettent à lui taper dessus. En même temps, Broots qui a intercepté le message d'Argyle s'est mis en planque avec Mlle Parker, dans la suite nuptiale pour ne pas éveiller les soupçons.

12.   Lignes de vie (Lifeline)
Jarod aide un agent de l'ATF à terminer sa mission et à retrouver sa fille. Pendant ce temps-là au Centre, Mlle Parker enquête sur les activités religieuses de Raines dans l'espoir de prouver que sa «conversion» est un mensonge

13.   Les fantômes du passé (Ghosts From The Past)
Voulant aider une congrégation locale, Jarod a infiltré un groupe d'extrême droite d'idéologie proche du KKK. Ils attaquent l'église d'un pasteur afro-américain qui prône l'amitié entre les blancs et les noirs, et ils préparent un gros attentat, sous la direction d'un mystérieux Général. Pendant ce temps,

au Centre, Angelo a perçu que Jarod est en grand danger à cause d'un de ses ennemis mortels. Il passe en revue celles des anciennes affaires de Jarod impliquant les individus les plus dangereux. Parker, Broots et Sidney attendent qu'il ait identifié le danger pour aller le secourir, puis le capturer.

14.   Que la lumière soit (The Agent Of Year Zero)
Immigration : dans un groupe d'étrangers qui s'apprête à prêter serment dans le cadre de leur naturalisation américaine, une jeune asiatique aveugle reconnaît la voix d'un autre, celle d'un criminel de guerre dont elle a été victime. Elle est emmenée à l'Immigration (Immigration and Naturalization Service) pour interrogatoire, Jarod et Willie ont tous deux assistés à la scène, l'homme était un protégé de Lyle. La jeune femme, Kim Chay, est cambodgienne. Jarod et Parker enquêtent chacun dans leur coin, Jarod parvient à s'enfuir avec Kim Chay. Elle lui raconte que l'homme, le Colonel Thon, était un officier supérieur chez les Khmers rouges, qu'il a tué des milliers de gens y compris sa mère, son père et son frère. Lyle prétend que l'homme, était un dissident cambodgien membre des Cambodian Freedom Fighters. Il semble qu'il ait une dette envers cet homme, et qu'en échange, il l'aide à obtenir une nouvelle identité, la citoyenneté, et une poste à responsabilité dans les services portuaires d'où il opèrera de trafic de drogue.

15.   État de manque (Junk)
C'est dans une clinique de traitement de l'addiction que Jarod se fait interner, prétendant être un drogué pour l'infiltrer. Il veut aider une des patientes là-bas qui n'est pas censée y être, et qui doit récupérer la garde de son fils. Jarod a une raison de l'aider qui remonte jusqu'à son histoire au Centre.

16.   Projet Mirage (School Daze)
Jarod entend une conversation où un homme demande à un autre de le débarrasser d'un témoin gênant. Jarod infiltre une école pour protéger le jeune Eric Gantry, mais il lui faut un certain temps pour démêler l'histoire. Pendant ce temps, au Centre, Mlle Parker enquête sur les secrets de Raines

17.   Décomposition (Meltdown)
Jarod a infiltré un groupe de cambrioleurs professionnels, qui travaillent pour un certain Elijah. Leur dernier job était de voler un coffre qui s'avère contenir des capsules de Soman, une substance neurotoxique, et une des capsules a fui. Ils sont tous contaminés, ils n'ont plus que six heures à vivre. Elijah les contacte et leur dit qu'une équipe est en route pour récupérer les capsules et les payer ; il leur indique aussi les moyens pour Jarod de confectionner un antidote. Jarod profite des tensions apportées par le huis clos pour en savoir plus sur leur dernier coup, où une petite fille, Brittany, est morte. Pendant ce temps-là, au Centre, un homme est tué car il cherchait à transmettre à Mlle Parker un dossier sur Mirage. Elle cherche à en savoir plus

18.   Secrets d'outre-tombe (Corn Man)
Jarod achète un camescope trouvé dans la rivière, il est curieux d'y regarder le film qu'il imagine être une petite vidéo familiale. Le film raconte, façon Le Projet Blair Witch la virée d'une mère et sa fille dans la région de son enfance, où elles sont agressées puis kidnappées. Jarod suit leur trace en suivant le film, qui l'amène à une petite ville à l'atmosphère pesante : le shérif est louche, le concierge d'hôtel nie avoir hébergé les deux femmes, et un résident un peu simple parle sans cesse de la malédiction du maïs. Il retrouve le lieu de l'agression. Pendant ce temps là, grâce à un message vidéo de Jarod, Mlle Parker et Broots recherchent Edna, la femme de Raines, qui aurait des révélations à leur faire.

19.   Instinct naturel, première partie (The Inner Sense: Part One)
Jarod est avec Zoey lorsqu'il est contacté par son père. Celui-ci est parvenu à retrouver Emily, la sœur de Jarod. Malheureusement, elle a été agressé par des nettoyeurs et se trouve à l'hôpital. Il apprend qu'il a un autre frère, Ethan.

20.   Instinct naturel, deuxième partie (The Inner Sense: Part Two)
Mlle Parker découvre des éléments déterminant sur les circonstances de la mort de sa mère. Zoey est enlevée par le Centre. Jarod retrouve Ethan.

Épisode 1 : Caméléon contre Caméléon - The Pretender 2001
Jarod, Ethan et Mlle Parker ont survécu au crash du métro. Mlle Parker a des visions de sa mère. Edward Ballinger, un ami de Jarod, celui avec qui il s'était enfui du Centre, un autre Caméléon, actuellement agent de la NSA, a été blessé grièvement par un terroriste. Jarod rejoint la NSA pour participer à l'enquête. Il s'avère qu'ils recherchent un tueur qui est appelé Le Caméléon. Celui-ci joue avec Jarod, lui envoyant des indices indiquant qu'il sait qui il est vraiment. L'enquête de Jarod le conduit non loin du Centre.
M. Parker, qui a tué Raines dans l'épisode précédent, a disparu. Lyle a récupéré le pouce de M. Raines. Mlle Parker entend TT et considère que c'est une piste. On apprend que Raines n'est pas mort, et d'autres révélations sont faites dans l'épisode.

Épisode 2 : L'Antre du Diable - The Pretender: Island of the Haunted
Les recherches de Jarod et Mlle Parker parallèlement les mènent à l'île de Carthis, au large de l'Écosse. C'est une île mystérieuse où se trouve un ancien monastère toujours occupé. Jarod y est accueilli en visiteur. Une tempête s'annonce, et l'île doit être évacuée. Jarod aperçoit sa mère, puis Mlle Parker débarque sur l'île. Tous les deux s'efforcent de trouver le premier le secret de l'île. L'île est à présent déserte, la mère de Jarod est partie, il fait équipe avec Mlle Parker pour trouver des reliques, des rouleaux de parchemins dotés d'un grand pouvoir. Mlle Parker a des visions d'une petite fille.

LOST

Les survivants d'un crach d'avion se retrouvent confrontés à de mystérieux évènements sur une île en apparence déserte...

S01E01 - Le réveil - 1ère partie

Jack, un médecin, se réveille au milieu de la jungle. Il se rappelle que son avion vient de s'écraser sur une île déserte. Après avoir repris ses esprits, il se précipite vers la plage pour aider les survivants. Il découvre l'arrière de l'avion éventré et la plupart des passagers morts mais fait son possible pour soigner les blessés. Le soir, alors que les survivants attendent sur la plage que les secours arrivent, un bruit terrifiant se fait soudainement entendre en provenance de la jungle...

S01E02 - Le réveil - 2ème partie

Après avoir récupéré une radio dans le cockpit de l'avion, Jack, Kate et Charlie échappent à l'attaque d'une créature mystérieuse. De retour sur la plage ils s'aperçoivent que la radio est endommagée. Sayid, un ancien militaire, la répare mais il se rend compte qu'ils sont trop encaissés pour pouvoir capter quelque chose. Avec plusieurs survivants, Kate décide de monter le plus haut possible de l'île afin d'utiliser la radio. Mais ce qu'ils vont réussir à capter n'est pas du tout ce à quoi ils s'attendaient...

S01E03 - Le nouveau départ

Kate, Charlie, Sawyer, Sayid, Boone et Shannon décident de ne rien dire aux autres survivants sur le message qu'ils ont capté en altitude afin que personne ne perde courage... Jack et Hurley découvrent que Kate est la femme que le Marshall ramenait aux Etats-Unis. Quant à Michael, il n'apprécie pas que son fils sympathise avec le mystérieux Locke. Mais l'enfant est davantage préoccupé par la disparition de son chien...

S01E04 - Les pieds sur terre

Les cadavres restant dans le fuselage commencent à se faire dévorer par des animaux sauvages. Les survivants tentent de se mettre d'accord sur la solution à adopter. Les enterrer, les brûler ?... Sayid a construit une sorte d'antenne pour essayer de localiser la source d'énergie qui permet de diffuser le message de la Française en boucle. Kate lui propose son aide... La nourriture commence à manquer. Locke décide de partir à la chasse au sanglier...

S01E05 - A la recherche du père

N'ayant pas pu sauver de la noyade une des rescapés, Jack est rongé par les remords. La fatigue, la déshydratation et le choc post-traumatique aidant, il a des hallucinations. Lorsqu'il s'enfonce dans la forêt sans prévenir, les autres survivants perdent leur leader et doivent faire face au manque d'eau...

S01E06 - Regard vers l'ouest

Jack, Kate, Charlie et Locke se rendent dans la jungle pour aller chercher de l'eau. Pendant ce temps, Jin agresse Michael. La barrière de la langue empêche le Coréen d'expliquer son geste. En attendant de comprendre les raisons de tant de violence, Sayid préfère menotter le Coréen. Sun, de son côté, ne peut s'empêcher de penser à ce qu'était sa vie auparavant et ce qui les a amené ici, elle et son mari...

S01E07 - Le papillon de nuit

Sur la plage, Sayid s'organise avec Kate et Boone pour disposer 3 antennes sur l'île afin de tenter de localiser la source du signal de la française. Pendant ce temps, Jack supervise l'installation dans les grottes. En manque, Charlie veut se rendre utile... sans succès. Agacé, il demande à Locke de lui rendre sa came...

S01E08 - Transfert d'identité

Sayid veut retrouver la personne qui l'a frappé par derrière alors qu'il tentait de localiser la source de l'appel de détresse. Apparemment, le coupable ne veut pas qu'ils quittent l'île... Shannon a du mal à respirer. Son inhalateur est vide. Boone est persuadé que Sawyer est en possession de recharges. Mais ce dernier refuse de coopérer. Sayid décide alors d'employer les grands moyens...

S01E09 - Le choix du soldat

Après avoir dépassé les bornes avec Sawyer, Sayid s'est temporairement isolé du groupe. Alors qu'il explore l'île, il découvre un câble sur la plage. En remontant le câble, il tombe dans un piège. Lorsqu'il reprend ses esprits, il est attaché et torturé par une mystérieuse femme qui vit en solitaire sur l'île depuis de nombreuses années...

S01E10 - Force du destin
Claire rêve que quelqu'un essaie de s'en prendre à son bébé. Mais la scène lui paraît bien réelle. La nuit suivante, elle est réveillée par une personne mal intentionnée qui veut du mal au bébé. Ses cris alertent la petite communauté endormie. Alors que certains s'organisent pour identifier le coupable, Jack commence à croire que tout ceci n'est que le fruit de l'imagination de la jeune femme qui stresse de plus en plus à l'approche de l'accouchement...

S01E11 - Démons intérieurs
Sayid, revenu au camp, prévient les autres qu'ils ne sont pas seuls sur l'île. Et Hurley a découvert que Ethan ne faisait pas partie des passagers de l'avion. Inquiet, Jack part à la recherche de Claire et Charlie. Il découvre les affaires de la jeune femme abandonnées dans la jungle. Les recherches s'organisent alors pour retrouver les deux jeunes gens probablement en danger...

S01E12 - Objet de tous les désirs
Kate tente de récupérer une mallette trouvée au fond d'un lac que Sawyer garde précieusement.Que peut-elle bien renfermer ? Sawyer va-t-il découvrir des choses concernant le passé trouble de la jeune femme ?... Alors que la mer monte, les survivants s'activent pour mettre leurs affaires à l'abri. Seule Shannon continue de se faire bronzer à la grande consternation de son frère... Sayid, lui, se met en tête de déchiffrer les documents qu'il a volé à la française...

S01E13 - Le coeur a ses raisons
Boone surveille jalousement Sayid, qui tourne autour de sa soeur, Shannon. Lorsque celle-cil'interroge sur ses escapades dans la jungle avec Locke, le jeune homme semble embarrassé. Elle n'est d'ailleurs pas la seule à se poser des questions. Sur l'île, tout le monde trouve bizarre que, depuis deux jours, les deux hommes partent chasser à l'aube pour revenir la nuit tombée les mains vides... La faim se faire sentir et Hurley, en manque de nourriture consistante, commence à tourner en rond...

S01E14 - Au nom du fils
Inquiet, Michael cherche Walt, son fils. Lorsqu'il le trouve en compagnie de Locke, ce dernier lui apprenant à se servir d'un couteau, Michael entre dans une colère noire et interdit à Locke d'approcher son fils. Dans la foulée, il décide de construire un radeau pour quitter cette île. L'idée que son enfant de 10 ans puisse grandir en ces lieux lui est insupportable. Mais l'entente entre le père et le fils est très difficile... Charlie, de son côté, recherche les affaires de Claire pour mettre la main sur le journal intime de la jeune femme...

S01E15 - A la dérive
Epuisée puis inconsciente, Claire est ramenée au camp où le médecin l'examine. Lorsqu'elle reprend conscience, la jeune femme, effrayée, semble avoir perdu la mémoire. Une amnésie sélective puisque ses derniers souvenir remontent avant le crash de l'avion. Tout le monde s'interroge sur ce qui a bien pu lui arriver durant son absence. Est-elle un danger pour le reste du groupe ?... Charlie, quant à lui, se retrouve face à face à Ethan qui le prévient que si Claire ne lui est pas rendue, il tuera un à un les naufragés...

S01E16 - Prix de la vengeance
Sawyer est hanté par de terribles cauchemars issus tout droit de son passé. Sa famille avolé en éclats à cause d'un escroc alors qu'il était encore un petit garçon. Aujourd'hui empli de haine, le jeune homme s'en prend à un sanglier venu le déranger dans son sommeil.Il décide de traquer l'animal sans relâche. Mais Kate veille... Après avoir abattu Ethan, Charlie est plus perturbé qu'il n'ose se l'avouer...

S01E17 - Mur du silence
Avec détermination, Michael a pas mal avancé dans la construction du radeau. Mais, dans la nuit, il voit le fruit de ses efforts partir en fumée. Il accuse immédiatement Jin, avec lequel il a eu une altercation dans la journée, d'être le coupable. D'autant plus que celui-ci a des traces de brûlures aux mains... Sous le charme de Shannon, Sayid est cependant quelque peu refroidi par les propos de Boone, le demi-frère...

S01E18 - Loi des nombres

Michael continue à travailler sur la construction du radeau. Il confie à Jack qu'il serait bien de pouvoir envoyer un message de détresse aux bateaux qu'ils seront susceptibles de croiser en pleine mer. Sayid pourrait bien bricoler quelque chose mais le problème reste le même : il leur faut une source d'énergie. Selon Sayid, la française est en possession de batteries, mais lejeune homme refuse de reprendre contact avec elle. Dans les documents que Sayid avait volé à la française, Hurley tombe sur une série dechiffres qui l'intriguent...

S01E19 - Tombé du ciel

Kate s'inquiète pour Sawyer qui souffre de maux de tête... Boone et Locke s'efforcent depuis quatre semaines d'ouvrir cette mystérieuse porte blindée. Alors que le jeune homme désespère de pouvoir y parvenir un jour, Locke garde la foi et attend un signe de l'île. Peu de temps après, il fait un bien étrange rêve qui, il l'espère, l'amènera à la solution. En revanche, il n'avait pas prévu de perdre peu à peu l'usage de ses jambes...

S01E20 - Pour le meilleur et pour le pire

Après que Locke ait ramené Boone dans les grottes, Jack soigne le jeune homme, gravement blessé, avec l'aide très appréciée de Sun. Pendant ce temps, Sayid fait une suprise à Shannon alors qu'ils sont seuls. Quant à Claire, elle semble être sur le point d'accoucher en plein milieu de la forêt, mais Jack n'a pas le temps de s'occuper d'elle ! Kate, Charlie et Jin vont devoir soutenir la jeune femme...

S01E21 - Elle ou lui

Shannon est accablée par le chagrin en apprennant la mort de Boone. Impuissant, Sayid tente de trouver les mots pour la réconforter. Jack, encore tout étourdi, se met à la recherche de Locke qu'il pense responsable de ce qui est arrivé au jeune garçon. Mais Locke reste introuvable ! Bouleversée, la petite communauté se réunit pour rendre un dernier hommage à Boone...

S01E22 - Eternelle fugitive

Le radeau presque prêt, les espoirs d'être secourus naissent ! Arzt, l'un des naufragés diplômé en sciences, prévient Michael que les vents soufflant vers le sud pourrait bien les perdre en Artarctique. Et la mousson approchant, il n'y a plus une minute à perdre. Le départ est alors avancé pour le lendemain. Se sachant recherchée par les autorités, Kate pense que ce radeau est sa chance de sortie. Mais les quatre places sont déjà prises ! En considérant son passé trouble, jusqu'où serait-elle prête à aller pour avoir sa place ?

S01E23 - Exode - 1ère partie

La Française débarque sur la plage pour prévenir les naufragés que les Autres arrivent. Le temps presse, tout le monde met la main à la pate pour permettre au radeau de partir le plus vite possible. Dans le même temps, le signal menaçant ayant été donné, Jack veut trouver un moyen d'ouvrir l'écoutille...

S01E24 - Exode - 2ème partie

Le radeau parti, les survivants rassemblent leurs affaires pour trouver refuge aux grottes avant la tombée de la nuit... Pendant ce temps, Danielle abandonne Jack, Kate, Hurley, Locke et Arzt au Rocher Noir. Ils inspectent rapidement la coque du bateau à la recherche des explosifs qui leur permettraient d'ouvrir l'écoutille... Face à la menace imminente, Claire panique. Elle craint pour la sécurité de son bébé...

S01E25 - L'Exode - 3ème partie

Alors qu'il traverse la jungle en transportant de la dynamite avec Kate, Jack et Hurley, Locke se retrouve en mauvaise posture. L'île a-t-elle décidé de se débarrasser de lui ? Sawyer, Michael, Walt et Jin voguent vers le large à la recherche de secours. Sayid et Charlie sont sur les traces de Danielle, partie à la rencontre des «Autres». Elle espère échanger le bébé de Claire contre la fille qui lui avait été enlevé quelques années plus tôt...

S02E01 - La descente
La trappe, finalement ouverte, donne sur une sorte du tunnel qui descend jusqu'à une quizaine de mètres au moins sous la terre. Tandis que Locke est partisan de tout faire pour explorer les lieux, Jack veut retourner au camp. La menace des autres pèse toujours, et la protection des disparus passent avant tout... Aux grottes, la pression monte. Shannon, qui a perdu le chien que Walt lui avait confié, part à sa recherche...

S02E02 - Seuls au monde
Les «autres» ont emmené Walt avec eux et fait explosé le radeau. Blessé à l'épaule par une balle, Sawyer se réveille dans l'eau. Il nage tant bien que mal vers un amas de planches qui flotte. Alerté par les cris de Michael, il tente de lui porter secours... Kate ne donnant plus de signe de vie, Locke décide de descendre à son tour par la trappe...

S02E03 - 108 minutes
A peine parvenus à rejoindre le rivage, Sawyer et Michael tombent sur Jin qui tentent d'échapper à des poursuivants. Les trois hommes n'ont pas le temps d'agir, ils se retrouvent prisonniers... Une balle perdue endommage l'ordinateur. Desmond panique, il doit à tout prix saisir les codes avant la fin du compte à rebours. Jack trouve cette situation absurde. Pour dissiper les interrogations de Locke et Jack, Desmond leur conseille de visionner un film intitulé «Orientation»...

S02E04 - Le mal aimé
Mis au secret sur l'existence du bunker et de ses spécificités, Hurley a la responsabilité de la nourriture qui y est stocké. Ces changements font naître chez lui des craintes qui lui rappellent de mauvais souvenirs... Pendant ce temps, Sawyer, Michael et Jin en apprennent un peu plus sur ces gens qui les retiennent prisonniers... Claire découvre que la bouteille contenant tous leurs messages leur est revenue. Que doit-elle en conclure sur le sort des survivants qui étaient sur le radeau ?...

S02E05 - Retrouvés
Sun est dans tous ses états : elle a perdu son alliance, son seul lien avec son époux disparu. Quatre jours sont passés, et les chances de le revoir sont minces... Ana-Lucia et ses compagnons décident de faire le plein de provisions avant d'entamer une longue marche jusqu'au camp des autres survivants, de l'autre côté de l'île...

S02E06 - Abandonnée
Jin, Michael et Eko rejoignent le reste du groupe. Ensemble, ils se mettent en route vers le campement des disparus. Mais Sawyer, blessé, a du mal à suivre... Alors qu'elle se rapproche de Sayid, Shannon est une fois de plus hantée par les visions de Walt. Elle décide, avec l'aide de Vincent, de se mettre à la recherche du jeune garçon... Locke propose son aide à Claire, qui a du mal à calmer son fils...

S02E07 - Les autres 48 jours
L'arrière du vol 815 s'est échoué en pleine mer, près du rivage. Certains passagers parviennent à remonter à la surface et nager jusqu'à la plage. Les victimes sont nombreuses et les rescapés sous le choc tentent de venir en aide aux blessés. Ana-Lucia, Eko, Bernard et Libby font partie des survivants. Mais ils ne savent pas encore qu'un danger les menace sur l'île...

S02E08 - La rencontre
Ana-Lucia réalise qu'elle vient de tuer une innocente. Craignant de faire les frais de la fureur d'un homme amoureux désespéré, elle neutralise Sayid et l'attache à un arbre. Ses amis tentent de la faire revenir à la raison. Mais même Eko n'arrive pas à lui faire entendre raison...

S02E09 - Message personnel
Jack seconde Kate au chevet de Sawyer. La jeune femme en profite pour aller cueillir des fruits frais. Elle fait, en chemin, une troublante rencontre... Alors que la plupart des survivants se rendent à l'enterrement de Shannon, Kate préfère rester près de Sawyer. Lorsque celui-ci tente de l'étrangler, elle prend peur : serait-elle en train de perdre la raison ou est-ce l'île qui lui joue des tours ?... Locke fait

découvrir le film à Michael et Eko...

S02E10 - Le psaume 23

Lorsqu'il apprend que Charlie est en possession d'une statuette de la vierge Marie, Eko devient agité. Il oblige le jeune homme à le conduire à l'endroit, au fin fond de la jungle, où il a trouvé la statuette. Connaissant les problèmes de Charlie avec la drogue, Claire n'apprécie pas que celui-ci lui ait caché le contenu de la statuette... Michael n'a qu'un seul objectif : retrouver son fils...

S02E11 - En territoire ennemi

Jack, Locke et Sawyer partent dans la jungle à la recherche de Michael. Armé et déterminé, ce dernier veut retrouver les autres, ceux qui ont enlevé son fils, Walt. Lorsque Kate veut se joindre à eux, Jack s'y oppose fermement. Jin s'apprête également à rejoindre ses amis pour leur prêter main forte, mais Sun tente de l'en dissuader...

S02E12 - Le baptême

Charlie fait un rêve étrange dans lequel il doit sauver Aaron, en danger. Inquiet, le jeune musicien veut s'assurer que l'enfant va bien, mais Claire le tient à distance. Elle ne lui pardonne pas de lui avoir menti. Le comportement de Charlie amène tout le monde à penser qu'il a replongé dans la drogue... Intéressé par Libby, Hurley ne sait comment s'y prendre... Quant à Jack, il passe beaucoup de temps dans la jungle avec Ana Lucia...

S02E13 - Conflits

La tension est à son comble entre Jack et Sawyer. Ce dernier n'apprécie pas qu'on le dépouille de toutes ses affaires... Après l'agression de Sun, les disparus sont divisés. Certains d'entre eux, craignant une attaque des Autres, veulent s'armer pour pouvoir se défendre. D'autres commencent à suspecter que quelqu'un du groupe pourrait bien être derrière tout cela pour avoir accès aux armes, si précieusement gardées. Surtout lorsque l'on sait que Jack et Ana Lucia ont l'intention de préparer une armée au combat...

S02E14 - Un des leurs

Rousseau a capturé un homme dans la jungle. Persuadé qu'il fait partie des Autres, elle le livre à Sayid, car elle sait que celui-ci saura le faire parler et lui soutirer la vérité. L'inconnu prétend être perdu sur l'île depuis quatre mois et ne pas connaître les Autres. Faut-il le croire ? Est-il l'un d'eux ? Sayid a-t-il raison de le ramener au camp ?...

S02E15 - Congés de maternité

Claire est inquiète : son bébé est malade et elle est persuadée qu'il est atteint d'une infection contractée lorsqu'elle avait été kidnappée par les Autres. Des bribes de souvenirs de ces deux semaines effacées de sa mémoire commencent à lui revenir... Jack et Locke gardent le secret sur l'individu qu'ils retiennent prisonnier à la trappe...

S02E16 - Toute la vérité

Sun est prise de nausées et de vertiges. Pour en avoir le coeur net, elle décide de faire un test de grossesse, qui s'avère positif. Mais, étrangement, cette nouvelle ne la rend pas heureuse. Confuse, elle se souvient du temps où Jin et elle tentaient désespérément d'avoir un enfant... Pendant ce temps dans la trappe, Ana-Lucia est appelé en renfort pour interroger le mystérieux Henry Gale...

S02E17 - Bloqué !

Pendant que Ana-Lucia, Sayid et Charlie recherchent la montgolfière pour vérifier son histoire, Henry sème le trouble dans les esprits de Jack et Locke. Inquiet de savoir Ana-Lucia tombée dans un piège, le médecin part à sa rencontre, laissant Locke seul avec le prisonnier. Des événements étranges commencent à se produire dans la trappe...

S02E18 - Dans son monde

Alors qu'il essaie en vain de régler son problème avec la nourriture, Hurley apprend qu'un stock de nourriture a été parachuté sur l'île... Sayid, Ana-Lucia et Charlie sont de retour de leur petite excursion. Ils ont bien trouvé la mongolfière et la tombe. Le problème est que Sayid, toujours sceptique, a tenu à exhumer le corps. Ils ont alors découvert non pas une femme, mais un homme du nom d'Henry Gale. Qui est donc cet imposteur ?...

                     Le guide des épisodes des geeks

S02E19 - S.O.S.

Bernard tente de rassembler un maximum de survivants pour dessiner sur la plage un grand signe "S.O.S." Rose, sa femme, met en doute l'utilité d'un tel message et bientôt, à cause du comportement de Bernard, les autres survivants abandonnent... Pendant ce temps-là, Kate et Jack s'enfoncent dans la jungle, à la rencontre des Autres dans le but de leur proposer un marché...

S02E20 - Compagnon de déroute

Jack et Kate sont de retour au camp avec Michael, très affaibli. Après avoir repris ses esprits, il leur parle des Autres. Ana Lucia tente de reccueillir les confessions du prisonnier. Quant à Hurley, il cherche un moyen d'impressionner Libby...

S02E21 - Sous surveillance

Jack, Sawyer, John et Kate retournent à la trappe pour empêcher Ana Lucia de commettre l'irréparable. Sur place, ils découvrent Michael blessé. Le prisonnier s'est échappé laissant derrière lui les cadavres de Ana Lucia et Libby... Mr Eko entraîne Locke à la poursuivre du fuyard. Sa véritable motivation est d'aider John à découvrir le mystère du point d'interrogation sur l'île...

S02E22 - Ces quatre là

Michael tente de convaincre Jack et quelques autres de l'aider à sauver Walt. Le médecin s'apprête à organiser une armée pour traverser l'île, mais Michael refuse de prendre des risques inutiles. Il tient à ce qu'ils soient en petit comité... A la grande surprise de Charlie, Eko s'installe dans la trappe, oubliant la construction de l'église...

S02E23 - Vivre ensemble...

Alors qu'ils font leurs adieux à Ana Lucia et Libby, les disparus découvrent un bateau qui se dirige vers eux. A bord se trouve Desmond ! A défaut de ne pouvoir fuir l'île, celui-ci se noie dans l'alcool... Sayid, persuadé de la trahison de Michael, propose à Jack un plan pour surprendre les Autres... Quant à Locke, agacé d'avoir été l'instrument d'une expérience durant tout ce temps, il veut savoir ce qu'il se passe lorsqu'on n'appuie plus sur le bouton...

S02E24 - ...Et mourir seul

Après avoir poussé Michael à avouer ses véritables motivations au reste de l'équipe, Jack leur confie qu'il a un plan pour coincre les Autres... Locke a convaincu Desmond de l'aider à découvrir ce qui passe lorsqu'on n'appuie plus sur le bouton une fois le compte à rebours écoulé. Eko, déterminé à les empêcher de commettre cette folie, veut utiliser des explosifs pour faire sauter la porte qui le sépare de l'ordinateur...

████████████ SAISON 03 ████████████

S03E01 - De l'autre côté

Jack, Kate, et Sawyer sont retenus captifs par les Autres. Isolés les uns des autres et désemparés, ils cherchent à comprendre ce qu'il se passe. Où sont-ils ? Que leur veut-on ? L'homme mystérieux connu sous le nom de Henry Gale semble diriger la petite communauté. Juliet, l'une des habitantes de ce campement, établit le contact avec Jack. Mais celui-ci ne semble pas disposé à coopérer et répondre à ses questions...

S03E02 - D'entre les morts

Sur le bateau, la tension monte ! Sans nouvelles de Jack, Jin pense qu'il est temps de rentrer au campement. Mais Sayid ne l'entend pas ainsi. Sun décide alors de trancher en s'opposant à son époux... Kate et Sawyer sont forcés de travailler dans des conditions difficiles sous l'étroite surveillance des Autres...

S03E03 - Embuscade

Après la destruction du bunker, Locke est déboussolé. Sa foi s'est émoussée ces derniers temps et il ne sait que faire. Il décide de communiquer avec l'île pour trouver sa voie... Hurley retourne au campement pour délivrer le message : Jack, Kate et Sawyer sont retenus prisonniers par les Autres...

S03E04 - Une histoire de coeur

Sawyer et Kate tournent en rond dans leurs cages respectives. Las, ils comptent bien trouver un moyen de s'échapper. Des projets qui ne tombent pas dans l'oreille d'un sourd. Ben décide d'y remédier à sa façon... Une femme du campement a été grièvement blessée par balle et a besoin de soins médicaux...

S03E05 - L'heure du jugement

Blessé et fièvreux, Eko, tourmenté par des hallucinations, éprouve le besoin de rendre près de l'avion où son frère a péri. Locke organise une équipe pour partir à sa recherche. Une pierre deux coups car il compte surtout accéder à l'une des stations de l'initiative Dharma qui se trouve près de l'avion accidenté... Jack est persuadé que Ben est la personne atteinte d'une tumeur près de la colonne vertébrale...

S03E06 - Coup d'état

Jack décide de ne pas opérer Ben et le laisser mourir. Kate, de son côté, craint que Pickett, toujours en colère que l'un des leurs ait tué son épouse, ne s'en prenne à Sawyer histoire d'être quitte... Locke préfère enterrer Mr Eko dans la jungle, pour éviter au reste du groupe la souffrance d'un nouvel enterrement...

S03E07 - Loin de chez elle

En pleine opération, Jack menace de laisser mourir Ben si les Autres ne laissent pas Kate et Sawyer prendre la fuite. Il apprend avec stupeur qu'ils sont actuellement sur une autre île plus petite située à 3 kms de son île. Kate et Sawyer trouvent cependant une aide inattendue pour échapper à leurs poursuivants...

S03E08 - Impression de déjà vu

Locke et Sayid sont de retour au campement. Ils doivent annoncer aux autres rescapés la mort de Eko... Desmond fait preuve d'étonnantes facultés à prévenir le futur. Avec l'aide de Hurley, Charlie est déterminé à faire parler Desmond pour savoir ce qu'il lui est arrivé après avoir tourné la clé de sécurité dans le bunker...

S03E09 - Etranger parmi eux

Kate et Sawyer retournent vers leur île, laissant Jack entre les mains de leurs ravisseurs... Juliet va être jugée pour avoir abattu un des leurs. Jack fait la connaissance d'Isabel, chargée de s'assurer que la justice sera rendue comme il se doit...

S03E10 - Chance et malchance

Hurley déprime, il a besoin d'espoir. Le disparu pense avoir trouvé sa chance lorsqu'il trouve un vieux van de l'initiative Dharma abandonné dans la jungle. Il se met en tête de remettre le véhicule en état de marche... Kate et Sawyer sont de retour au campement. La jeune femme n'est cependant pas prête à laisser Jack derrière...

S03E11 - Tapez 77

Kate, Sayid, Locke et Danielle Rousseau marchent depuis deux jours à travers la jungle pour voler au secours de Jack. Ils tombent sur une ancienne station transformée en ferme avec des animaux et équipée d'une antenne parabolique. Sayid tente d'établir le contact avec l'individu qui semble habiter les lieux... Au campement, Sawyer rechigne de ne plus avoir la main mise sur les fournitures. Il reproche aux autres rescapés d'avoir profité de son absence pour lui prendre tout ce qui lui appartenait...

S03E12 - La voie des airs

En apercevant des oiseaux migrateurs, Claire a l'idée de les utiliser pour envoyer un message au monde extérieur. Elle ne comprend pas lorsque Desmond s'en mêle et tente de saboter son plan... Kate, Sayid, Locke et Danielle poursuivent leur chemin avec le prisonnier. Ils espèrent trouver le campement où est retenu prisonnier Jack...

S03E13 - Sans retour

Kate, Sawyer et Locke arrivent au camp des Autres. Il découvrent que Jack n'est pas en cellule. Il vit en toute liberté au sein de la communauté. Serait-il devenu un des leurs ? Kate n'y croit et veut savoir

          Le guide des épisodes des geeks

de quoi il en retourne. John, lui semble avoir d'autres projets en tête...

S03E14 - Jusque dans la tombe
Nikki arrive de la jungle à bout de souffle. Elle s'écroule aussitôt... morte ! Sawyer, Hurley et les autres rescapés s'interrogent sur cette mort subite. La jeune femme n'a aucune blessure. Aurait-elle été empoisonnée ? Et par qui ? Le groupe part à la recherche de Paulo, son ami, dans l'espoir de trouver des explications...

S03E15 - Meilleures ennemies
Hurley prévient Sawyer que les autres disparus en ont assez de son comportement : il ne participe pas à la vie en communauté et est désagréable avec tout le monde. Ils s'apprêtent à voter pour son exil loin du campement. Hurley propose d'aider le jeune homme à se racheter... Locke annonce à Kate qu'il part avec les Autres. Ceux-ci désertent les lieux abandonnant Kate et Juliet dans la jungle où elles doivent survivre en se serrant les coudes...

S03E16 - Une des nôtres
Jack refuse d'abandonner Juliet seule en pleine jungle. En dépit des protestations de Sayid et Kate, il tient absolument à ramener la jeune femme au campement des disparus. Là-bas, Juliet sait qu'elle doit s'attendre à un accueil glacial... Sur la plage, Claire ne sent pas très bien. Charlie décide de s'occuper du petit pendant qu'elle se repose un peu...

S03E17 - L'effet papillon
Desmond a une série de flashs assez confus : quelqu'un va venir sur l'île ! Dans l'une de ses visions, il est dans la jungle avec Hurley, Jin et Charlie quand ce dernier est mortellement blessé. Desmond est tiraillé par sa conscience : doit-il sauver Charlie une fois de plus, ou laisser les choses arriver pour ne rien changer au cours des événements jusqu'à l'arrivée de la personne espérée...

S03E18 - Histoires de femmes
La jeune femme échouée sur l'île est grièvement blessée. Elle parle une langue étrangère que Charlie, Hurley, Jin et Desmond ne comprennent pas... Sun s'inquiète lorsque Jack vient lui poser quelques questions indiscrètes sur le déroulement de sa grossesse. Après son séjour chez les Autres, elle le soupçonne d'en vouloir à son bébé...

S03E19 - Mon père cet escroc
Hurley, Charlie, Jin et Desmond cachent Naomi dans le camp. Ils ne veulent pas prévenir Jack car ils n'ont plus confiance en lui depuis qu'il a passé un séjour chez les Autres et ramené l'un d'eux au sein de leur petite communauté... Locke demande à Sawyer de lui rendre un service...

S03E20 - L'homme de l'ombre
Locke réclame des explications à Ben : le temps est venu d'avoir des réponses ! Et celui-ci est déterminé à obtenir ce qu'il est venu chercher... Sawyer retourne au campement avec l'enregistrement de Juliet. La jeune femme espionne pour le compte de Ben, à la recherche de femmes enceintes...

S03E21 - Meilleurs moments
La tension monte au campement ! Les disparus se préparent à l'arrivée imminente des Autres, cherchant les femmes enceintes indiquées par Juliet... Desmond a eu une autre vision de Charlie : il explique au jeune homme que cette fois-ci il doit mourir afin que les secours puissent venir sur l'île...

S03E22 - Là où tout commence
Alors que Sayid, Bernard et Jin restent au campement pour tendre un piège aux Autres, les disparus suivent Jack jusqu'à la tour radio pour contacter les secours... Charlie est parvenu à la station Miroir où il doit neutraliser le système de brouillage. Mais il est retenu captif par deux femmes qui gardent les lieux. Ben est aussitôt averti que Juliet les a trahi...

S03E23 - ... Et tout finit
Ben tente d'intercepter Jack pour le dissuader de contacter l'extérieur... Accompagné de Juliet, Sawyer retourne au campement pour sauver ses amis retenus prisonniers par les Autres... Mikhail a pour ordre d'exécuter Charlie, Bonnie et Greta pour s'assurer que personne ne puisse neutraliser le système de brouillage de la station...

S04E01 - Le début de la fin
Avec l'arrivée imminente des secours, les naufragés reprennent espoir. De retour sur la plage, Desmond transmet le message que Charlie lui a livré avant de mourir. Naomi leur a menti ! Les gens sur le bateau ne sont pas ce qu'ils prétendent être. La petite bande se dépêche de retrouver les autres pour les prévenir que le bateau est peut-être un piège...

S04E02 - Enfin les secours ?
Leur hélicoptère ayant des ratés, trois individus armés et leur pilote sont parachutés à divers endroits sur l'île ! Jack et Kate trouvent l'un d'eux, un certain Daniel Faraday, dont les intentions semblent assez douteuses. Ces gens sont-ils réellement venus les secourir ? Pendant ce temps, l'autre groupe des survivants suit Locke vers le sud. Ceux-ci font une rencontre inattendue...

S04E03 - Liste noire
Sayid passe un accord avec les nouveaux venus. Il promet de ramener Charlotte saine et sauve si le pilote accepte de l'emmener sur le bateau. Mais Locke, qui retient la jeune femme en otage, se laissera-t-il convaincre ?

S04E04 - Mères ennemies
A la plage, Jack et les autres sont inquiets de ne pas avoir de nouvelles du bateau. Aux baraquements, Kate tient absolument à parler à Miles, que Locke retient captif...

S04E05 - Perdu dans le temps
Jack ne comprend pas que l'hélicoptère ne soit toujours pas arrivé sur le bateau alors qu'il est parti la veille. A bord de l'engin, Desmond et Sayid sont pris dans des turbulences. La traversée a des effets inattendus sur Desmond. Celui-ci réagit étrangement...

S04E06 - L'autre femme
Faraday et Charlotte ont quitté le campement en pleine nuit. Jack décide de partir à leur recherche. Juliet reçoit la visite inattendue d'une vieille connaissance qui l'informe des intentions des deux étrangers... Toujours retenu captif, Ben propose un marché à Locke...

S04E07 - Le choix du pardon
En attendant de rencontrer le capitaine du bateau, Desmond et Sayid sont tenus à l'écart... Jin, ne faisant pas confiance aux nouveaux venus, décide de rejoindre le groupe de Locke. Juliet, inquiète de son état de santé, tente de s'y interposer...

S04E08 - Seconde chance
La confusion règne au sein du groupe de Locke. Ce dernier révèle à ses comparses que le mystérieux contact de Ben sur le bateau est Michael. Et qu'ils ne peuvent pas faire confiance aux gens du bateau car ils ont pour mission de tuer les personnes qui sont sur l'île. Mais Ben est-il réellement digne de confiance ?... Sur le bateau, Sayid réclame des réponses à Michael...

S04E09 - De nouvelles règles
Un dispositif de sécurité alerte Ben, Locke et les autres de l'arrivée imminente d'intrus. Ils doivent se préparer à une attaque... Sur la plage, la mer ramène un corps ! Daniel et Charlotte reconnaissent le médecin du bateau...

S04E10 - Une part de soi
Jack est mal en point, et Juliet doit intervenir. Elle va avoir besoin de matériel pour lui venir en aide... Dans la jungle, Sawyer, Miles, Claire et Aaron se dirigent vers la plage. Avec le danger qui rôde en permanence, parviendront-il à atteindre leur destination sans encombre ?

S04E11 - Le messager
Dans la jungle avec Ben et Hurley, Locke compte sur eux pour trouver la cabane dans l'espoir d'obtenir des réponses de Jacob... De retour sur le bateau, Keamy, furieux, veut savoir qui a fourni des informations le concernant à Benjamin Linus...

S04E12 - Ceux qui restent - 1ère partie

En survolant la plage, l'hélicoptère laisse tomber un sac dans lequel se trouve un téléphone qui leur permet de suivre le déplacement de l'engin. Accompagné de Kate, Jack décide de partir à leur rencontre. En chemin, ils tombent sur Sawyer, Miles et le petit Aaron... De l'autre côté de l'île, Locke entraîne Ben et Hurley à l'Orchidée pour suivre les instructions qui lui ont été données pour sauver l'île. Keamy et ses hommes sont de retour, et ils n'ont pas l'intention de faire de cadeaux...

S04E13 - Ceux qui restent - 2ème partie

Desmond, Michael et Jin cherchent un moyen de désactiver la bombe qui se trouve sur le bateau. Pendant ce temps, Daniel continue de faire des allers-retours pour emmener un maximun de personnes sur le bateau. Pendant ce temps, Ben se rend à Keamy en comptant sur Locke pour rejoindre la station Orchidée...

S04E14 - Ceux qui restent - 3ème partie

En blessant grièvement Keamy, Ben déclenche le dispositif qui arme la bombe à bord du bateau. L'hélicoptère, transportant Jack, Kate et les autres, vient tout juste de s'y poser et Michael n'a pratiquement plus de gaz d'azote pour geler la batterie alimentant la bombe. Le bateau explose quelques minuts plus tard et l'île disparaît...

■■■■ SAISON 05 ■■■■

S05E01 - Les exilés

Ben convainc Jack qu'ils doivent réunir les Six survivants du vol 815 d'Oceanic Airlines pour retourner sur l'île... en emmenant le corps de Locke. L'affaire risque d'être plus difficile que prévue... Sur l'île, ceux laissés en arrière cherchent à comprendre ce qu'il se passe. Le bateau, l'hélicoptère, et même le campement ont disparu. Faraday a une explication : ils ont voyagé dans le temps...

S05E02 - Ne jamais mentir

Desmond se réveille avec l'intime conviction qu'il doit se rendre à Oxford... Recherché par la police, et avec un Sayid inconscient, Hurley est désemparé. Il reçoit les conseils inattendus d'une vieille connaissance... En fuite avec l'enfant, Kate ne sait où aller... jusqu'à l'appel inattendu d'une vieille amie...

S05E03 - La bombe H

Penny tente de dissuader Desmond de quitter le bateau pour se rendre à Oxford. Elle craint que son père ne retrouve leurs traces. Pire, elle craint que l'homme qu'elle aime retourne sur l'île. Mais rien ne semble pouvoir arrêter Desmond... Sur l'île, les disparus tentent de comprendre ce qu'il leur arrive...

S05E04 - Le petit prince

L'état de santé de Charlotte inquiète les disparus. Locke tente de convaincre Sawyer qu'ils doivent retourner à l'Orchidée pour trouver un moyen de ramener ceux qui sont partis afin que tout rentre dans l'ordre sur l'île. De son côté, Kate essaie de découvrir qui veut lui prendre Aaron.

S05E05 - Retour à l'orchidée

Jin, qui a survécu à l'explosion du bateau, rencontre un groupe de naufragés français. Il ne va pas tarder à découvrir qu'une série de flashs le transportent d'une époque à une autre. Locke met le cap vers l'orchidée pour retrouver les autres disparus et ainsi rétablir l'équilibre. Charlotte, très affectée par ces sauts dans le temps, voit des souvenirs remonter à la surface... Quant à Ben, il tente de convaincre Sun que Jin est toujours en vie...

S05E06 - Vol 316

Ben présente Jack et Sun à la femme qui les aidera à retourner sur l'île. Elle leur explique qu'ils n'ont que 36 heures devant eux pour saisir l'occasion de repartir. Après cela, la porte se refermera. Et ils doivent autant que possible recréer les conditions de leur départ de l'île en rassemblant les Oceanic Six... mais aussi Desmond et Locke. Selon elle, leur ticket est le vol 316 de la compagnie Ajira Airways à destination de l'île de Guam, dans le Pacifique...

S05E07 - La vie et la mort de Jeremy Bentham
Les rescapés du vol 316 d'Ajira Airways ont échoué sur une île perdue. Ils découvrent la présence d'un homme chauve en costume, qui ne se souvient pas comment il a atterri là. Une chose est sûre, aucun des passagers ne l'a vu dans l'avion...

S05E08 - Monsieur Lafleur
Locke disparu au fond du puit semble avoir être parvenu à cesser les sauts dans le temps. Reste à Sawyer, Juliet, Jin, Miles et Daniel à découvrir à quelle époque ils sont bloqués. Ils ne tardent pas à le découvrir en rencontrant des membres de l'initiative Dharma...

S05E09 - Namasté
Contrairement aux autres passagers du vol 316 d'Ajira Airways, Jack, Kate et Hurley ont atterri sur l'île 30 ans plus tôt. Ils y retrouvent Sawyer et Jin qui ont intégré l'Initiative Dharma. Sawyer leur demande de rester cacher en attendant de trouver un moyen d'expliquer leur présence aux autres habitants de l'île...

S05E10 - Le prisonnier
L'équipe de l'Initiative Dharma tente de faire parler l'hostile pour savoir quelles étaient ses intentions. Le sort de Sayid se profile plutôt mal. Sawyer tente de lui venir en aide et lui offre une porte de sortie...

S05E11 - Le passé, c'est le passé
Le camp est en ébulition depuis que l'hostile s'est évadé, et la vie du jeune Ben est en danger. Kate et Jack s'interrogent... Doivent-ils intervenir pour sauver la vie d'un jeune garçon ? Ou laisser mourir un redoutable adversaire ?

S05E12 - Ben et l'enfant
Le temps du jugement dernier est arrivé pour Ben. Il demande de l'aide à Locke. En effet, pour expier ses péchés du passé, il doit invoquer le Monstre de Fumée noire...

S05E13 - Parle avec eux
Les soupçons à propos d'une éventuelle brèche dans les systèmes de sécurité s'intensifient après que Ben se soit enfui de l'infirmerie. Miles, peu enthousiaste, est contraint de travailler avec Hurley lorsqu'on lui demande de délivrer un important colis à un haut responsable de la Dharma.

S05E14 - Le facteur humain
De retour sur l'île, Daniel Faraday veut empêcher le drame qui se prépare. Mais le Dr Chang refuse de le prendre au sérieux. Kate et Sawyer ayant été démasqués, ils ne peuvent plus rester au sein de l'Initiative Dharma. Tous se réunissent pour décider quoi faire : quitter l'île en sous-marin ou rejoindre les Autres, les hostiles dans la jungle ?

S05E15 - Suivez le guide
Jack et Kate ne sont pas d'accord sur la direction à prendre pour sauver leurs compagnons. De son côté, Locke affirme son statut de leader des Autres. Sawyer et Juliet sont démasqués par la Dharma Initiative.

S05E16 - Au bout du voyage
Alpert, Ben, Sun et les «Autres» suivent Locke en direction du repaire de Jacob. En 1977, Kate convainc Juliet et Sawyer de l'aider à stopper Jack. Tout trois quittent le sous-marin et rejoignent l'île. Jack et Sayid sont en route pour le «Cygne» avec, dans leur sac, le coeur de la bombe H. Ils sont secourus par Miles, Hurley et Jin après qu'ils ont déclenché une fusillade dans le village Dharma. L'incident est maintenant imminent, il reste peu de temps pour atteindre le «Cygne». Mais soudain, Kate, Juliet et Sawyer leur barrent la route

S05E17 - Au bout du voyage
Après avoir tenté de stopper Jack, Juliet, Kate et Sawyer finissent par accepter de l'aider à faire exploser la bombe H et rayer ainsi les trois dernières années de leurs vies. Locke et Ben finissent par rencontrer Jacob dans son refuge. Au même moment, Ilana et les siens arrivent sur la plage pour montrer à Alpert leur inquiétant chargement

S06E01 - On efface tout
Deux situations parallèles se font face. Dans la première, l'explosion a eu l'effet escompté. A bord du vol Oceanic 815 entre Sydney à Los Angeles, l'appareil subit de violentes turbulences qui cessent rapidement. Mais des choses ont changé : Desmond est là alors qu'à l'origine, il n'était pas à bord. L'avion atterrit à Los Angeles et chacun part de son côté. Dans la seconde situation, le plan a échoué. Des événements sont survenus sur l'île où les rescapés sont toujours bloqués. Kate, Sawyer et Miles tentent de sauver Juliet, prise au piège sous les décombres suite à l'explosion de la bombe. Ils semblent avoir voyagé dans le temps. Ils ne sont plus sur le site du chantier du «Cygne» mais près du bunker après son explosion. Jacob apparaît à Hurley et lui demande de conduire Sayid au Temple pour le sauver...

S06E02 - ... et on recommence
Sawyer enterre Juliet. Miles lui apprend qu'avant de mourir, elle souhaitait lui dire «Ça a marché». Kate, Jack, Hurley et Jin cherchent à rejoindre le Temple pour sauver Sayid. En route, le groupe est capturé par les Autres. Ils sont conduits au Temple où ils rencontrent Dogen, le leader mystérieux des Autres, assisté d'un autre curieux personnage, Lennon. Dogen ordonne qu'on les tue mais se ravise dès que Hurley lui crie qu'ils sont envoyés par Jacob. Dans l'autre réalité, Kate réussit à duper le marshal à l'aéroport de Los Angeles et s'enfuit en sautant dans un taxi et menaçant le chauffeur de son arme. Elle ne remarque même pas la passagère terrifiée : Claire, enceinte. Tandis que ce drame se déroule à l'extérieur de l'aéroport, à l'intérieur, une forte somme d'argent non déclarée est trouvée dans les bagages de Jin. Jack apprend que le corps de son père a été perdu. Il fait la connaissance de Locke qui a perdu sa mallette de couteaux. Le voyant dans son fauteuil roulant, Jack lui donne sa carte de visite en lui proposant une consultation médicale.

S06E03 - Cours Kate, cours
Sur l'île, les amis de Sayid sont étonnés de le voir vivant. Il est emmené par Dogen et Lennon pour un simple interrogatoire qui se révèle être une séance de torture. Les deux hommes prétendent qu'il s'agissait d'un test qu'il a «réussi». Dogen et Lennon demandent à Jack de donner une pilule à Sayid. Dogen refuse de dire ce qu'elle contient, mais lui demande de lui faire confiance. Sawyer parvient à s'échapper du Temple. Il somme Kate de ne pas chercher à le retrouver...

S06E04 - Le remplaçant
Sous les traits de Locke, «l'homme en noir» commence à recruter des personnes. Il échoue avec Richard mais parvient à convaincre Sawyer de le suivre. Pour ce faire, il lui promet de lui révéler pourquoi lui et les autres passagers du vol 815 se trouvent sur l'île. Un jeune garçon étrange apparaît à «l'homme en noir» pour le rappeler à l'ordre. Arrivé dans une grotte, Sawyer apprend qu'il est un candidat. «L'homme en noir» le convainc de laisser l'île à son sort et de partir. Ilana, Ben, Sun et Lapidus décident de partir pour le Temple après avoir enterré le vrai Locke. A Los Angeles, Locke est en fauteuil roulant et vit avec Helen. Il fait la connaissance de Rose et d'Hugo et apprend à accepter son handicap. Après avoir été licencié, il est engagé comme professeur remplaçant dans un lycée où Benjamin Linus enseigne l'histoire.

S06E05 - Jeu de miroirs
A Los Angeles, Jack a des problèmes à communiquer avec son fils, David. Il doit également soutenir sa mère, Margo, confrontée à la mort de son père. Margo trouve avec difficulté le testament de Christian et est surpris d'y voir figurer une inconnue : Claire Littleton. Un soir, David disparaît. Jack est mort d'inquiétude. Il retrouve finalement son fils en train d'auditionner pour intégrer un conservatoire de musique. Là, il rencontre Dogen, dont le fils participe également à l'audition. Jack félicite son fils à la sortie et finit par se réconcilier avec lui. Sur l'île, Claire sort Jin d'un piège dans la jungle et l'emmène «chez elle».

S06E06 - La marche des ténèbres
Dans le monde sans crash, Sayid rend visite à son frère, Omer, qui s'est marié avec Nadia. Celle-ci lui

demande pourquoi il n'a pas voulu d'elle et l'a jetée dans les bras de son frère. Sayid lui répond qu'il ne la mérite pas. Omer est pris à la gorge par un homme à qui il a emprunté de l'argent. Des hommes de main du «prêteur» l'envoient à l'hôpital. Sayid prend les choses en main et tue toute la bande. Dans une salle, il tombe sur un homme ficelé et bâillonné : Jin. «L'homme en noir» envoie Claire au Temple avec un message. Kate rentre au Temple où elle découvre Claire, prisonnière.

S06E07 - Professeur Linus
Dans la réalité alternative dans laquelle le vol 815 ne s'est pas écrasé, Benjamin Linus est un professeur de lycée croyant ferme à sa mission d'enseignant. Pour le bien du lycée et sur les conseils de Locke, il décide de prendre la place du proviseur et va jusqu'à le faire chanter avec l'aide d'Arzt, le professeur de sciences. Mais la situation s'inverse quand le proviseur menace Linus de briser l'avenir d'Alexandra Rousseau, une brillante élève pour laquelle Linus a une grande affection. Sur l'île, Ilana apprend, grâce aux pouvoirs de Miles, que Benjamin a poignardé Jacob.

S06E08 - L'éclaireur
Sur l'île, Jin se réveille dans la cabane de Claire. Sawyer est là, attendant le retour de «l'homme en noir». Ce dernier arrive avec ceux du Temple, dont Kate et Sayid. A Los Angeles, dans la réalité alternative, Sawyer est policier avec Miles. Ce dernier découvre que Sawyer est allé à Sydney. Il lui raconte son histoire et son désir de se venger d'Anthony Cooper. Une voiture vient alors s'écraser contre la leur. Ils finissent par attraper le chauffeur, qui n'est autre que Kate.

S06E09 - Depuis la nuit des temps
Richard affirme aux personnes situées sur la plage qu'il ne peut rien pour eux. Ils sont tous morts et l'île est, en fait, l'Enfer... Au 19ème siècle, Richard est un agriculteur dont la femme, Isabella, est décédée et qui est condamné à mort pour meurtre. Racheté par un marchand d'esclaves, il part pour le Nouveau Monde, enchaîné dans la cale du Black Rock. Pris dans une tempête, ils échouent sur l'île.

S06E10 - Mademoiselle Paik
Sur l'île, le camp de Locke est attaqué. Jin est kidnappé par Zoé qui cherche des renseignements sur des cartes qu'il a tracées à l'époque de Dharma. Il rencontre, ensuite, Widmore qui propose de lui montrer «le paquet». Dans la réalité alternative, Sun et Jin ont atterri à Los Angeles. Ils ne sont pas mariés et cachent leur relation au père de Sun. Les 25 000 dollars de Jin ont été confisqués par la douane.

S06E11 - Et ils vécurent heureux...
Sur l'île, Widmore soumet Desmond à une charge électromagnétique très puissante pour vérifier qu'il peut y résister. Desmond perd connaissance. Dans la réalité alternative, Desmond, le bras droit de Widmore, est chargé par ce dernier de ramener Charlie Pace au gala qu'organise sa femme, Eloïse. Driveshaft doit jouer au cours du gala, à la demande de Daniel Widmore, lui-même musicien. Mais Charlie échappe à Desmond après lui avoir prouvé qu'il existe une vie parallèle à la leur dont ils ont gardé des souvenirs. Dans un flash, Desmond voit alors Penny et fait tout pour la retrouver. Il rencontre Daniel qui lui parle également de cette vraie vie qui est ailleurs et lui indique où trouver Penny, sa demie-sœur. Desmond la rencontre et l'invite à aller boire un café. Sur l'île, Desmond revient à lui et offre son aide à Widmore. Alors qu'il est escorté, Sayid surgit et tue deux gardes, laissant Zoé s'enfuir. Desmond décide de le suivre jusqu'au campement de Locke.

S06E12 - Tout le monde aime Hugo
Sur l'île, le fantôme de Michael convainc Hurley de prendre les choses en main pour éviter que des personnes ne meurent en voulant faire exploser l'avion. Richard décide de continuer à chercher des explosifs. Le groupe est en désaccord : Ben et Miles suivent Richard. Jack, Sun et Lapidus suivent Hurley. Ce dernier les mène au camp de Locke pour «discuter» avec lui. Entre-temps, Sayid a livré Desmond à Locke. Interrogé par ce dernier, Desmond prétend ne pas savoir pourquoi Widmore l'a ramené sur l'île. Locke le conduit à un puits et le jette dedans. Dans la réalité alternative, Hurley est un homme d'affaires, philanthrope et aimé de tous. Sa mère, désespérée de le voir seul, organise un rendez-vous. Alors qu'il attend au restaurant, une femme l'aborde en prétendant qu'ils se sont connus dans une autre vie, sur une île...

S06E13 - La dernière recrue

Sur l'île, arrivé à son campement avec Hurley, Sun et Lapidus, Jack s'entretient avec «l'homme en noir» qui a pris l'apparence de Locke. Ce dernier lui révèle que c'est lui qui est apparu sur l'île sous les traits de Christian Shepard. Il répète qu'ils ne pourront quitter l'île que tous ensemble. Après une attaque de Widmore, Locke décide de passer à l'action et d'aller sur l'île de l'Hydre. Il charge Sawyer d'aller chercher un bateau avec Kate. Il demande à Sayid de tuer Desmond... Dans la réalité parallèle, Sun et Locke arrivent en même temps à l'hôpital. Blessée sur son brancard, Sun «reconnaît» John sur le brancard voisin et crie. Claire a rendez-vous dans une agence d'adoption. Dans le hall, elle fait la connaissance de Desmond qui la convainc de se faire conseiller par une avocate, Ilana.

S06E14 - Rassembler pour mieux tuer

Sur l'île, Jack se réveille dans une pirogue sur l'île de l'Hydre. Avec Locke (L'homme en noir) et Sayid, ils vont délivrer Kate, Sawyer ainsi que ceux capturés par Widmore. Une fois libérés, tous se dirigent vers l'avion d'Air Ajira. Mais il a été piégé et ils doivent se rabattre sur le sous-marin. Sawyer demande à Jack d'empêcher Locke de monter à bord. Ils partent tous à bord du sous-marin, laissant Claire et Locke sur le quai. Ils découvrent alors que ce dernier a placé une bombe dans le sac de Jack pour tous les éliminer en même temps. Dans l'autre réalité, Locke se réveille à l'hôpital suite à son accident.

S06E15 - A la source

Une naufragée échoue sur l'île avant d'être recueillie par une mystérieuse femme qui l'aide à accoucher de deux bébés... avant de la tuer. Celle-ci les élève. L'un est un enfant obéissant et résigné, l'autre est révolté et désireux d'aller au-delà des mers même si leur mère prétend qu'il n'existe rien en dehors de l'île. Mais les enfants rencontrent bientôt des hommes sur l'île. Leur mère leur défend de les approcher car ils sont violents.

S06E16 - Au nom des disparus

Locke continue à mettre en place son plan. Le groupe de Jack est à la recherche de Desmond...

S06E17 - Fin

Ayant pris la succession de Jacob, Jack doit trouver Desmond avant de se rendre au coeur de cette île qu'il doit désormais protéger coûte que coûte. Mais le faux Locke est déjà sur les traces de Desmond, qu'il entend utiliser comme arme pour détruire l'île une bonne fois pour toute ! Miles retrouve Richard dans la jungle. Ensemble, ils sont déterminés à utiliser le C-4 pour détruire l'avion et ainsi empêcher le faux Locke de quitter l'île...

S06E18 - Fin

Desmond ayant enclenché le mécanisme, l'île est sur le point de s'effondrer. Décontenancés par les multiples secousses, Frank, Richard et Miles préparent l'avion pour décoller au plus vite. Et pendant que Jack affronte le faux Locke lors d'un ultime combat, ses amis tentent de braver la tempête et trouver un moyen de rejoindre les autres jusqu'à l'avion...

ONCE UPON A TIME

Suite au sortilège de la méchante reine, les personnages de comte de fée se retrouve dans la réalité en n'ayant aucun souvenir de leur vie passée.

S01E01 - Il était une fois

Le jour de son 28e anniversaire, Emma Swan est très surprise de recevoir la visite de Henry, le fils qu'elle a abandonné dix ans auparavant. Celui-ci la supplie de revenir à Storybrooke, une petite ville du Maine où il habite, et prétend qu'elle est la fille de Blanche-Neige et du Prince charmant et que tous les personnages des contes de fée vivent dans la bourgade. Ne croyant pas un mot de ses paroles, Emma ramène Henry chez lui. Inquiète pour son enfant, elle décide de rester sur place quelque temps. Elle découvre que Henry a été adopté par Regina Mills, la maire de la ville, qui, d'après l'enfant, serait la méchante reine...

S01E02 - Le sort noir

Regina Mills use de son influence en tant que maire pour faire partir Emma de Storybrooke et l'éloigner définitivement de Henry. Pour sortir sa mère biologique de ce mauvais pas, Henry fait appel à Mary Margaret, son institutrice. Dans le monde féérique, retour sur la manière dont la méchante reine a contourné le sort qui régissait l'univers des contes...

S01E03 - Le pont des trolls

A la demande pressante de Henry, Emma convainc Mary Margaret de rendre visite à un homme inconnu qui se trouve dans le coma à l'hôpital, et de lui lire une histoire. Mary Margaret est bouleversée de voir le résultat spectaculaire de son innocente lecture. Dans le monde des contes de fées, le Prince charmant fait la connaissance de Blanche-Neige dans ces circonstances des plus inattendues...

S01E04 - Le prix à payer

Emma tente de venir en aide à Ashley Boyd, une jeune femme enceinte qui est parvenue à échapper à monsieur Gold. Dans le monde des contes, Cendrillon passe avec Tracassin un accord qu'elle va bientôt regretter...

S01E05 - La petite voix de la conscience

Tandis que le shérif Graham fait d'Emma son adjointe, Regina montre des réticences face à cette décision. A Storybrooke, un événement surprenant arrive : la terre se met à trembler et un gouffre géant se forme aux portes de la ville. Henry, toujours à la recherche d'un lien entre les deux univers, décide de l'explorer. Dans le monde féérique des contes, Jiminy Cricket rêve de quitter l'entreprise familiale. Il désire mener sa propre vie pour devenir une autre personne...

S01E06 - Le berger

John Doe doit choisir entre rester avec Kathryn ou la quitter pour Mary Margaret, dont il tombé inexplicablement amoureux. De son côté, Emma surprend le shérif Graham en train de mentir éhontément. Dans l'univers des contes de fées, le Prince charmant aborde un tournant de sa vie...

S01E07 - Le coeur du chasseur

A Storybrooke, alors que Graham se met à avoir des visions de son passé en embrassant Emma, Regina découvre la relation amoureuse du couple. Sa réaction n'est pas sans conséquences pour la petite ville tranquille du Maine. Par ailleurs, dans le monde féérique, la méchante reine cherche un assassin sans pitié pour tuer Blanche-Neige. Quant au shérif Graham, il se met à douter de lui. Il pense avoir perdu la tête après avoir rêvé d'un loup et l'avoir vu à nouveau à son réveil. Une nouvelle chamboule les événements : la ville de Storybrooke est plongée dans le drame. Les habitants sont en deuil et pleurent la mort d'un des leurs...

S01E08 - Le ténébreux

Emma officialise sa candidature à des fonctions officielles, tandis que Regina use de coups bas avec monsieur Gold. Alors qu'il vient en aide à son fils, le passé de Tracassin est révélé...

S01E09 - Hansel et Gretel

Emma tente de venir en aide à deux enfants sans foyer qui recherchent leur père. S'ils ne le trouvent pas, ils seront séparés et placés dans des familles d'accueil. A l'époque des contes de fées, la reine oblige Hansel et Gretel à dérober pour elle un objet appartenant à une sorcière aveugle...

S01E10 - Le vol de la colombe

L'arrivée d'un inconnu en ville suscite la curiosité de Regina et Emma. Au pays des contes de fées, Blanche-Neige a le coeur brisé à l'idée du prochain mariage du Prince charmant. Le Petit Chaperon rouge lui dit qu'elle connaît quelqu'un qui pourrait l'aider..

S01E11 - Le génie

Sidney sollicite l'aide d'Emma pour trouver des preuves qui lui permettront de révéler la corruption de Regina aux habitants de Storybrooke. Le roi Leopold découvre une lampe magique de laquelle s'échappe un génie qui lui propose de réaliser trois de ses voeux...

S01E12 - La Belle et la Bête

Depuis que monsieur Gold a été cambriolé, Emma garde un oeil sur lui, craignant qu'il cherche à se faire justice lui-même. Mary Margaret, Ruby et Ashley organisent une soirée entre filles pour la Saint-Valentin, afin d'oublier leurs déboires sentimentaux. Au royaume des contes, Belle doit faire un sacrifice conséquent afin de protéger son père et de sauver la ville d'une guerre sanglante. Elle accepte le contrat proposé par un monstre et devient sa servante, renonçant à une précieuse liberté. Au fil du temps, elle finit malgré tout par s'attacher à lui...

S01E13 - Le chevalier d'or

David est plongé dans un abime de perplexité. Après s'être longuement interrogé sur sa propre conduite, il se décide néanmoins à faire part à Kathryn de la relation qu'il entretient avec la séduisante Mary Margaret. Ira-t-il jusqu'à mettre un terme à leur projet de mariage qu'il estime être une union sans amour ? De son côté, le Prince charmant est toujours à la recherche de l'insaisissable Blanche-Neige. Avec bonté, il accepte cependant de venir en aide à la pauvre Abigail. Celle-ci doit se lancer dans une dangereuse mission afin de récupérer un objet précieux qu'elle semble avoir égaré...

S01E14 - Nova et Rêveur

Mary Margaret espère qu'en aidant à organiser le Festival annuel des mineurs, elle sera de nouveau acceptée parmi les siens. Elle accepte donc d'aider Leroy et Astrid, l'ambitieuse nonne qui a conquis le coeur du trouble-fête, à vendre leurs bougies. C'est la seule solution pour que les nonnes de Storybrooke ne soient pas chassées, et que leur couvent soit préservé. De son côté, Emma enquête sur la disparition mystérieuse de Kathryn. Au pays des contes, Grincheux tombe amoureux de la belle mais maladroite fée Nova. Mais leur idylle, interdite, est révélée au grand jour...

S01E15 - Le grand méchant loup

Quand Ruby quitte le restaurant de Mère-grand complètement déprimée, Emma décide aussitôt de l'engager comme assistante. Parallèlement, Emma continue d'interroger David au sujet de la disparition de Kathryn. Pendant ce temps, le Petit Chaperon Rouge aspire à s'enfuir avec son véritable amour...

S01E16 - Le chemin des ténèbres

Mary Margaret embauche monsieur Gold comme avocat quand Emma est obligée de l'arrêter pour le meurtre présumé de la femme de David, Kathryn. Dans le pays des contes de fées, le Prince charmant est déterminé à stopper Blanche Neige, dont la mémoire est altérée...

S01E17 - Le chapelier fou

Alors qu'elle cherche toujours à retrouver la trace de Mary Margaret, qui a disparu, Emma est enlevée par un étrange personnage, qui semble fasciné au-delà du raisonnable par tout ce qui tourne de près ou de loin autour des chapeaux. Pendant ce temps, la méchante Reine parvient, à force de ruse et de séduction, à convaincre à un magicien expérimenté de la faire passer du monde des contes de fées au pays des Merveilles. Elle sait qu'ainsi elle pourra voler un précieux artefact qui est en possession de la Reine de coeur...

S01E18 - Daniel

Emma continue sa recherche épuisante de preuves pour innocenter Mary Margaret dans le meurtre de la femme de David, Kathryn. Parallèlement, dans le monde des contes de fée d'autrefois, et avant que le mal ne noircisse son âme, la Reine doit choisir entre trahir sa mère et se marier avec son véritable amour, ou se fiancer à la royauté et vivre dans la famille royale mais sans amour. Enfin, l'évènement qui a poussé la méchante Reine à détester Blanche Neige est révélé...

S01E19 - Le bon fils
Monsieur Gold tente de découvrir la véritable identité d'August, Emma confronte Regina sur son implication dans la disparition de Kathryn, et David essaie de s'excuser et de se réconcilier avec Mary Margaret. Parallèlement, dans le monde des contes de fée, Tracassin souhaite que son fils Baelfire trouve un moyen pour qu'il abandonne ses pouvoirs et redevienne l'homme aimant qu'il était auparavant...

S01E20 - La promesse de Pinocchio
Lors d'une balade en mer, Gepetto et Pinocchio essuient une tempête à laquelle le petit pantin en bois ne survit pas. La fée bleue le transforme à nouveau en petit garçon, ce qui le place sous la menace de la méchante Reine. Gepetto accepte dès lors de fabriquer l'armoire magique qui permettra de sauver Blanche- Neige, à la condition que Pinocchio l'accompagne. A Storybrook, August tente de montrer à Emma qu'elle peut battre Regina et, éventuellement, récupérer la garde de Henry. Alors que Mary Margaret reprend le travail, Regina tente de séduire David...

S01E21 - La pomme empoisonnée
Regina veut utiliser le peu de magie qui lui reste pour empoisonner Emma, restée à Storybrooke pour Henry. Le petit garçon a réussi à la convaincre de ne pas partir pour lever la malédiction. De son côté, Blanche Neige réunit les sept nains, les fées, Grand-mère et le Chaperon rouge pour libérer le Prince charmant et combattre la Reine. Mais Regina finit par convaincre Blanche-Neige de croquer la pomme empoisonnée...

S01E22 - Le véritable amour
Alors qu'Henry est entre la vie et la mort après avoir croqué dans la pomme empoisonné de Regina, cette dernière et Emma font équipe afin de le sauver. Du côté du royaume des contes de fée, Charmant échappe aux griffes de la Méchante Reine et part à la recherche de Blanche Neige

■■■■■■ SAISON 02 ■■■■■■

S02E01 - Le retour de la magie
Mythe et réalité se rejoignent lorsque les héros du pays des contes de fées se réveillent et se souviennent de leur véritable identité. Mais, bien que le sort de Regina ait été rompu, ils ne sont pas transportés dans leur monde et restent à Storybrooke, à leur grand désespoir. Mr Gold a introduit de la magie dans la ville afin de prendre le dessus sur sa rivale. Pendant ce temps au Pays des contes de fées, le Prince Philippe réveille la belle au bois dormant, Aurora, mais découvre avec celle qui l'a accompagné sur son long chemin, Mulan, qu'il va bientôt devoir combattre son pire ennemi...

S02E02 - Prisonniers
Alors qu'elles tentaient d'aider Regina à renvoyer dans l'autre monde le spectre lancé contre elle, Mary Margaret et Emma ont elles aussi été aspirées par le portail. David tente désespérément de trouver un moyen de les ramener auprès de lui. Toujours à Storybrooke, les sept nains tentent de savoir ce qui arrive lorsqu'on essaie de quitter la ville et font une effrayante découverte. Alors que Regina tente de récupérer ses pouvoirs, la panique générale s'amplifie à Storybrooke. Au Pays des contes de fées, la jeune et douce Regina tente de fuir son mariage mais est de nouveau confrontée à Cora, son inflexible et puissante mère...

S02E03 - Lancelot
Après avoir été capturées par Mulan et Aurora, Mary Margaret et Emma sont relâchées par le chef des survivants, Lancelot. Toutes deux ont désormais pour but de retrouver l'armoire en bois qui pourra leur servir de portail vers Storybrooke. Sur place, David retrouve la trace de Jefferson, le chapelier fou et lui demande son aide. Dans le monde des Contes de fées, le Roi George fait boire à Blanche Neige le pire des breuvages...

S02E04 - Le crocodile

Réalisant que Gold n'est pas honnête avec elle et utilise encore la magie, Belle décide de le quitter. Si Gold est prêt à tout pour la récupérer, il réalise rapidement qu'il n'est pas le seul et que quelqu'un d'autre fera tout pour empêcher que Belle ne retombe dans ses bras. Dans le monde des Contes de fées, Rumplestiltskin n'est pas encore la créature maléfique qu'il est appelé à devenir. Encore marié, il continue d'élever son fils de la manière la plus simple qui soit tout en traînant une réputation de lâche. Après une soirée passée au Pub, Milah, sa femme, fait la connaissance de pirates menés par un certain Killian Jones et, en rentrant, avoue à son mari qu'elle n'est pas satisfaite de sa vie auprès de lui, lui reprochant son manque de courage. Le lendemain, Milah a disparu. Lorsque Rumplestiltskin va au port pour la chercher, Killian Jones le défie : il relâchera Milah si Rumplestiltskin est capable de l'affronter comme un homme...

S02E05 - Le docteur

A Storybrooke, Regina lutte pour ne pas avoir recours à la magie et demande l'aide d'Archie. Lorsqu'elle croit apercevoir Daniel, l'amour de sa vie, elle se rue dans son mausolée secret où elle a conservé son corps... Dans le passé, Regina fait l'apprentissage de ses pouvoirs auprès de Rumplestitskin et lui demande de faire revenir Daniel d'entre les morts. Lorsque ce dernier lui répond que ce n'est pas en son pouvoir, Jefferson lui confie, en secret, que, lui, connait quelqu'un capable de réaliser cet exploit, un fameux et mystérieux Docteur...

S02E06 - Tallahassee

Dans la forêt enchantée, Emma accepte de s'allier au Capitaine Crochet afin de mettre la main sur une boussole magique, censée pouvoir les ramener, elle et Mary Margaret, dans leur monde. Pour récupérer l'objet, le duo doit entreprendre de grimper tout en haut d'une tige de haricot, qui les mènera au Royaume du seul et unique Géant encore en vie. Dans notre monde, une Emma beaucoup plus jeune et sur une mauvaise pente fait la connaissance d'un certain Neal Cassidy...

S02E07 - L'enfant de la Lune

A l'approche de la première pleine lune depuis que la malédiction a été rompue, Ruby s'inquiète. Son chaperon rouge a été perdu et 28 ans sont passés depuis sa dernière transformation. Elle n'est plus sûre de savoir comment contrôler le loup-garou qui est en elle. Les craintes de la jeune femme se confirment lorsqu'elle se réveille dans les bois et qu'un homme est retrouvé atrocement mutilé. Tous les soupçons s'abattent sur elle mais, David, certain de son innocence, tente de faire la lumière sur cette affaire. Dans le pays des contes de fées, une Ruby plus jeune contrôle ses transformations grâce à son chaperon rouge. Lorsqu'elle fait la rencontre d'un groupe dont les membres sont aussi des loups, elle apprend qu'il est possible de contrôler son état et réalise qu'il serait peut-être temps d'accepter le loup qui est en elle...

S02E08 - Le charme du sommeil

Dans la forêt enchantée, Cora tente le tout pour le tout pour s'emparer de la boussole enchantée qui lui permettra de s'introduire à Storybrooke. Pendant ce temps, Emma et Mary Margaret, qui la détiennent toujours, découvrent qu'Henry est le garçon qu'Aurora voit dans ses rêves. La princesse accepte de replonger dans le sommeil pour établir un contact avec Henry...

S02E09 - La reine de coeur

Dans le monde des contes de fée, Regina fait la connaissance du Capitaine Crochet et passe un accord avec lui qui permettra à chacun de se débarrasser de son ennemi le plus terrible... A Storybrooke, David n'est toujours pas sorti de son sommeil enchanteur. Regina et Gold ignorent s'il a eu le temps de délivrer son message à Mary Margaret et craignent que ce soit finalement Cora qui traverse le portail. Devraient-ils le bloquer au risque de mettra la vie d'Emma et de sa mère en danger ? Justement, dans la forêt enchantée, les deux jeunes femmes n'ont pas perdu espoir et mettent tout en œuvre pour réussir à devancer Cora et son allié, le Capitaine Crochet...

S02E10 - Le Chant du criquet

Afin de faire plaisir à Henry et montrer qu'elle voit bien les efforts de Regina pour changer, Emma l'invite à la petite fête organisée pour son retour et celui de Mary Margaret. Au même moment, Cora et le Capitaine Crochet arrivent à Storybrooke, fin prêts à mettre en oeuvre leurs desseins personnels. Le lendemain, un meurtre a lieu à Storybrooke et tout laisse à penser que Regina est coupable. Des années auparavant, dans le monde des contes de fées, le Prince Charmant et Blanche Neige ont repris le Royaume et doivent désormais décider du sort de la méchante Reine...

S02E11 - Le Yaoguai
Tandis que Gold teste la formule qui lui permettra de quitter Storybrooke sans perdre la mémoire, le Capitaine Crochet interroge durement Archie afin de connaître le talon d'achille de son ennemi. Des années plus tôt, dans le monde des contes de fées, Belle se met en quête d'une grande aventure, à la hauteur de celles qu'elle lit dans ses livres...

S02E12 - Au nom du frère
Alors que le Capitaine Crochet et une Belle devenue amnésique sont hospitalisés, tout le monde se demande comment gérer le cas du mystérieux inconnu qui a eu un accident de voiture en pénétrant les frontières de la ville. L'homme a-t-il vu quelque chose de magique ? Leurs véritables identités sont-elles en danger ? De son côté, le Dr Whale semble gravement préoccupé. Dans un autre monde, Victor Frankenstein tente de prouver à son père que ses expériences sont capables de changer le monde et l'histoire de leur nom...

S02E13 - Le Petit Géant
Cora ramène à Storybrooke Anton, le géant, bien décidé à se venger de David. La terrible créature croise la route de Mary Margaret. Greg demande à Belle de lui raconter exactement ce qu'elle a vu le soir de l'accident. Quant à Emma et Henry, ils accompagnent monsieur Gold, qui est toujours à la recherche de son fils...

S02E14 - Manhattan
Alors que Emma, Henry et monsieur Gold sont à la recherche du fils de ce dernier à New York, Regina et le capitaine Crochet tentent de mettre la main sur un des objets les plus précieux de Tracassin...

S02E15 - Un poison nommé Cora
A l'approche de son anniversaire, Blanche-Neige rend visite à Johanna, son ancienne nounou. Cette dernière lui a envoyé en cadeau le diadème qu'elle avait reçu des mains de sa mère lorsqu'elle était encore petite fille. En ville, elle surprend une conversation entre Cora et Regina au sujet de la dague de Tracassin et projette alors de les doubler en retrouvant l'objet avant elles. De son côté, monsieur Gold est toujours à New York pour retrouver Bae...

S02E16 - La Fille du meunier
Pour mieux comprendre la relation qui unit Tracassin à Cora, retour sur leur rencontre dans l'univers des contes de fées, alors que Cora n'était encore que la fille d'un meunier vantard...

S02E17 - Bienvenue à Storybrooke
Emma et David demandent à Gold de les aider à protéger Mary Margaret, sous la menace de Regina et passablement dépressive après les événements passés. Pendant ce temps, Henry tente de faire disparaître toute trace de magie à Storybrooke. En 1983, alors que Kurt Flynn et son fils Owen s'apprêtent à camper pour la nuit dans la forêt, une violente tempête s'abat sur eux. Le lendemain matin, ils réalisent que leur camion a été écrasé par un arbre et se dirigent vers la route voisine pour chercher de l'aide. Mais au lieu du paysage habituel, Storybrooke apparaît devant leurs yeux, semblant surgir de nulle part. Père et fils font alors la connaissance de Regina...

S02E18 - Sincère, Altruiste et Courageux
Chacun de leur côté, Mary Margaret et August regrettent leurs actions passées. Emma découvre que Neal a invité sa fiancée Tamara à le rejoindre à Storybrooke...

S02E19 - Lacey
Monsieur Gold passe à l'action. Il décide de demander de l'aide à David pour parvenir à désenvoûter Belle, qui a perdu la mémoire. Il espère réussir à la reconquérir. En parallèle, Regina donne à cette dernière de nouveaux souvenirs. Belle croit à présent être une certaine Lacey. Son comportement change avec sa nouvelle identité. De son côté, Emma fait une découverte. Elle vient d'apprendre ce que ses parents préparent. Elle est envahie par les doutes. Un peu perdue et dépassée par la situation, elle ne sait pas si elle est prête à les suivre. Par ailleurs, les haricots magiques plantés par Anton

et les nains commencent à pousser...

S02E20 - La Méchante Reine
Avec l'aide de Crochet, Regina tente de mettre en oeuvre un plan pour revenir au pays des contes de fées avec Henry. Les soupçons d'Emma au sujet de Tamara ne faiblissent pas...

S02E21 - Deuxième étoile à droite
Greg Mendell et Tamara n'hésitent pas à torturer Regina pour parvenir à leurs fins. Au pays des contes, après avoir franchi un portail, Bae se retrouve au XIXe siècle à Londres, où il rencontre Wendy. Il peine à trouver ses marques dans la capitale britannique, bien différente de celle qu'il connaît...

S02E22 - Et tout droit jusqu'au matin
Bien des années auparavant, à bord du Jolly Rogers. Après avoir sympathisé avec Bae, Hook comprend que ce dernier est le fils de son ennemi juré, Rumpelstiltskin, et de sa bien-aimée Milah. Mais que faire du jeune garçon ? Le livrer aux Garçons Perdus qui le recherchent ou se servir de lui pour assouvir sa vengeance ? A Storybrooke, Gold et Henry apprennent que Neal, blessé par balle, a été envoyé dans un autre monde. Pendant ce temps, Tamara et Greg, accompagné de Hook, mettent en place leur phase finale pour détruire la petite ville

SAISON 03

S03E01 - Il suffit d'y croire
Emma, Regina, David et Mary Margaret arrivent accompagnés du Capitaine Crochet au pays imaginaire mais sont acceuillis par des sirènes très dangereuses. Pendant ce temps, Henry tente d'échapper aux enfants perdus.

S03E02 - L'Orpheline
Peter Pean offre à Emma une carte qui révèlerait la position d'Henry. Mais pour l'utiliser, elle doit admettre sa véritable nature. Pendant ce temps, Monsieur Gold reçoit des conseils de la part d'un être cher. Dans le monde des fées, la méchante Reine fait une proposition surprenante à Blanche-Neige.

S03E03 - Fée Clochette
Toujours à la recherche de la cachette de Peter Pan, le Capitaine Crochet propose de capturer la Fée Clochette afin qu'elle les amène à Peter Pan. Pendant ce temps, celui-ci révèle à Henry pourquoi il l'a amené au Pays Imaginaire. Dans le pays des contes de fées, Neal a une idée afin de retrouver Emma mais il a besoin d'un bien précieux appartenant à Robin des Bois.

S03E04 - Les Enfants perdus
Gold décide d'affronter Pan afin de sauver Henry. Pendant ce temps, Neal rejoint les garçons perdus accompagné de Felix, le bras droit de Peter Pan. Au Pays Enchanté, Rumpletilskin tente de retrouver Baelfire, parti rejoindre un mystérieux joueur de flûte.

S03E05 - La Naissance d'un pirate
Hook convainc David, dont l'ombre mortelle le rapproche de la mort, de l'aider à trouver la clé pour pourrait leur permettre de quitter Neverland. Au Royaume enchanté, Killian Jones et son frère font route vers le Pays Imaginaire afin de trouver une plante magique qui permettrait de soigner les blessés.

S03E06 - Ariel
Regina quitte le groupe d'Emma afin de rejoindre Gold et de le convaincre d'attaquer le camp de Peter Pan. Pendant ce temps, Emma et les autres tentent de sauver Neal emprisonné. Mais ils doivent révéler leur plus grand secret afin de le sauver. Dans le monde des contes, Blanche-Neige est sauvée par une sirène, Ariel. Pour la remercier, elle décide de l'aider à se rapprocher du Prince Eric dont Ariel est follement amoureuse.

S03E07 - La Boîte de Pandore

Depuis le Pays Imaginaire, Gold et Regina envoient Ariel afin de trouver Belle et lui remettre un objet qui permettra de trouver un un second objet pouvant stopper Peter Pan. Pendant ce temps, Emma, Neal et Crochet partent à la recherche de l'ombre de Pan afin de le capturer.

S03E08 - Pense à de jolies choses
Peter Pan conduit Henry dans une mystérieuse grotte où il le convainc qu'il est le seul à pouvoir sauver la magie au Pays Imaginaire. Pendant ce temps, le groupe mené par Emma parvient à retrouver les enfants perdus. Au Royaume enchanté, le jeune Rumpletiltskin reçoit un cadeau qui pourrait lui permettre de prendre un nouveau départ avec son père.

S03E09 - Peter Pan n'échoue jamais
Afin de sauver Henry, Emma et les autres font tout pour stopper Peter Pan avant qu'il ne prenne toute la magie de son coeur. Dans le passé à Storybrook, afin de combler sa solitude, Regina décide d'adopter un bébé et demande l'aide de Monsieur Gold.

S03E10 - Le Nouveau Pays Imaginaire
Les habitants de Storybrook se réjouissent du retour d'Henry et des héros. Mais Peter Pan met en place un nouveau plan qui ébranlera la ville entière.

S03E11 - Garder espoir
Les habitants de Storybrook pour tout pour arrêter Pan avant qu'il ne lance un nouveau sort afin de faire disparaître la ville.

S03E12 - Un pirate dans la ville
Après le sacrifice de Rumpelstiltskin pour empêcher Peter Pan de lancer une nouvelle malédiction, Regina annule son propre sort. Storybrooke disparait et tous ses habitants reviennent au Royaume Enchanté. Emma et Henry sont les seuls à rester dans le présent. Ils vivent désormais à New York et n'ont aucun souvenir de leur passé. Mais tout ne se passe pas comme prévu au Royaume Enchanté. Blanche-Neige, Regina et David font face à une terrible menace. Crochet décide de se rendre à New York pour ramener la Sauveuse.

S03E13 - Chasse aux sorcières
Emma arrive à Storybrooke avec Henry. Elle retrouve ses amis et sa famille mais personne ne se souvient de l'année passée au Royaume Enchanté. Persuadée qu'il s'agit d'une nouvelle malédiction, Emma fait équipe avec Regina pour démasquer le coupable. Dans l'ancien Royaume Enchanté, Regina, avec l'aide de Robin des Bois, tente de pénétrer dans son propre Palais. Ce dernier est occupé par Zelena, la Méchante Sorcière de l'Ouest.

S03E14 - Le fantôme de la peur
Storybrooke, Emma, David, Regina et Crochet sont toujours à la recherche de la Méchante Sorcière de l'Ouest. Cette dernière prépare une mauvaise surprise à David. Elle planifie ses prochains méfaits contre la population sous les yeux de son prisonnier, M. Gold, totalement impuissant. Dans l'ancien Royaume Enchanté, le Prince David grimpe jusqu'à Raiponce, prisonnière d'une tour. Il doit l'aider à faire face à ses peurs si elle veut un jour être libre.

S03E15 - Une vie pour une vie
Neal réussit à retrouver le chemin de Storybrooke. Il tente de renouer le contact avec son fils Henry, qui ne se souvient plus de lui. Neal apprend que son père, Rumplestiltskin, est toujours en vie mais a disparu. Regina se découvre un lien avec Robin des Bois. Dans l'ancien Royaume Enchanté, Neal est anéanti par la mort de son père. Avec l'aide de Belle et du chandelier Lumière, il cherche un moyen magique de ramener Rumplestiltskin des morts.

S03E16 - Verte de jalousie
Avec Rumplestiltskin comme esclave, Zelena défie Regina dans un combat à mort et choque la Méchante Reine en lui révélant leur lien de parenté. Pendant ce temps, la ville se prépare à l'enterrement de Neal. Dans l'ancien Pays d'Oz, Zelena apprend l'existence d'une soeur et découvre que Rumplestiltskin l'entraîne pour devenir une puissante alliée maléfique. Jalouse, Zelena demande au Magicien d'Oz de l'envoyer au Royaume Enchanté...

S03E17 - Le choix du Capitaine Crochet

Ariel retourne à Storybrooke et supplie le Capitaine Crochet de l'aider à trouver le Prince Éric, qui n'est jamais revenu en ville depuis la nouvelle malédiction. Emma accepte que Regina lui apprenne à utiliser la magie afin de l'aider à vaincre Zelena. Mary Margaret et David veulent prouver à Henry qu'ils peuvent être aussi amusants que Crochet. Dans l'ancien Royaume Enchanté, Ariel est persuadée que Crochet est responsable de la disparition d'Éric. Mais le pirate lui révèle que son navire, le Jolly Roger, a été volé. Il ignore qui est le coupable.

S03E18 - Remonter le temps

À Storybrooke, Zelena est parvenue à voler le coeur de Regina. Cette dernière utilise un sort pour communiquer, à travers les limbes, avec sa défunte mère, Cora, et découvrir pourquoi elle a abandonné sa soeur. Dans l'ancien Royaume Enchanté, la jeune Cora, dupée par un homme déclarant être un Prince, se retrouve seule et enceinte. Par chance, elle rencontre un véritable héritier qui pourrait la faire accéder à la vie royale dont elle rêve. Elle doit garder sa grossesse secrète ou elle risque de tout perdre…

S03E19 - Un coeur pour deux

À Storybrooke, Zelena menace de tuer Henry si Crochet, dont les lèvres ont été ensorcelées par la sorcière, n'embrasse pas Emma. La sauveuse perdrait ainsi tous ses pouvoirs magiques. La situation commence à chauffer entre Regina et Robin des Bois. Dans l'ancien Royaume Enchanté, Blanche-Neige et David partent à la recherche de Glinda, la Bonne Sorcière du Sud, pour voir si elle peut les aider à vaincre Zelena. La nouvelle Malédiction qui a renvoyé tous les personnages de contes à Storybrooke provient d'une source inattendue…

S03E20 - Nous ne sommes plus au Kansas

Alors que Mary Margaret est sur le point d'accoucher, les habitants de Storybrooke sont en état d'alerte pour tenter de contrer Zelena avant qu'elle ne vole le nouveau-né et ne mette son plan à exécution. Elle souhaite en effet remonter le temps et changer son destin en effaçant l'existence de Regina. Au Pays d'Oz, Glinda tente de convaincre Zelena de lutter contre ses mauvais penchants et de devenir, comme ses soeurs sorcières, une protectrice d'Oz. Mais l'apparition d'une jeune fille du Kansas est sur le point de causer sa perte…

S03E21 - L'effet papillon

Alors que Mary Margaret et David célèbrent le baptême de leur fils lors d'un couronnement au Café Mère-Grand, Emma et Crochet tombent dans le portail temporel de Zelena et se retrouvent dans l'ancien Royaume Enchanté. Ils cherchent un moyen de rentrer mais ils doivent veiller à ne rien changer au risque d'altérer les vies de leurs amis et de leur famille…

S03E22 - On n'est jamais aussi bien que chez soi

Crochet et Emma se retrouvent piégés dans la Forêt Enchantée. Ils tentent de trouver un moyen pour revenir dans leur ville natale, mais ils pourraient influencer le présent de leurs amis et familles. Pour y arriver, ils ont besoin d'aide

SAISON 04

S04E01 - Elsa et Anna d'Arendelle

Elsa, la reine des neiges, débarque à Storybrooke et recherche sa soeur Anna. Marianne, la femme de Robin des bois, a été ramenée du passé par Emma. Robin annonce à Régina qu'il doit choisir Marianne, lui ayant juré fidélité à leur mariage. Abattue par ce choix, Régina décide de se venger. Dans l'autre monde, la ville d'Arendelle s'apprête à unir Anna et Kristoff. Elsa découvre le journal intime de sa mère et pense qu'elle est la cause de la mort de ses parents...

S04E02 - Un mur de glace

À Storybrooke, Elsa a retrouvé le pendentif de sa soeur dans la boutique de Gold. Après avoir érigé un mur de glace, provoquant une panne de courant et empêchant les habitants de partir, elle menace de geler la ville entièrement si Emma, David et Crochet ne lui apportent pas d'aide pour retrouver Anna. Dans l'autre monde, Anna est partie dans la forêt enchantée à la recherche de réponses concernant les raisons du voyage qui a coûté la vie à ses parents. Elle rencontre David, un berger et ami de son futur mari kristoff.

S04E03 - Jeter un froid
À Storybrooke, Marianne perd connaissance pendant la réunion municipale menée par Mary Margaret et se retrouve peu à peu entièrement gelée. Les habitants découvrent qu'une autre personne possède les mêmes pouvoirs qu'Elsa. Dans l'autre monde, Elsa, inquiète et sans nouvelle de sa sœur, reçoit une missive la prévenant qu'une armée menée par Hans se dirige tout droit sur Arendelle.

S04E04 - L'apprenti sorcier
Gold découvre qu'il est le seul des ténébreux à pouvoir ouvrir la boîte contenant le chapeau magique. Un pouvoir dont il compte bien se servir.

S04E05 - Le reflet du miroir
Emma continue d'aider Elsa à retrouver Anna, sans succès. Lorsque Elsa disparaît à son tour, Emma et Régina vont devoir faire alliance pour la retrouver.

S04E06 - Family Business
Emma est plus déterminée que jamais à contrecarrer le plan machiavélique de la Reine des Neiges contre Elsa et les résidents de Storybrooke. Pendant ce temps, Belle voyage à Arendelle et recherche Grand Pabbie dans l'espoir de retrouver ses souvenirs perdus.

S04E07 - Le pacte
Belle a trouvé un sort pour neutraliser les pouvoirs de la reine des glaces. Localisé dans la tour de l'horloge, Emma l'arrête et la conduit au commissariat pour un interrogatoire, ce qui semble justement être le souhait d'Ingrid… Dans l'autre monde, Ingrid, en compagnie de ses soeurs Helga et Gerda, découvre qu'elle n'arrive pas à maîtriser certains pouvoirs et décide, pour la sécurité de tous, de se mettre à l'écart.

S04E08 - La soeur parfaite (1/2)
Emma n'arrive pas à contrôler ses nouveaux pouvoirs et blesse son fils Henri. Gold lui propose alors un sortilège qui supprime la magie, de manière permanente… Après avoir passé une nuit avec Robin, Régina ne peut se résoudre à rester avec lui si le livre de conte ne lui prédit pas une fin heureuse. Dans l'autre monde, la reine des glaces rend visite à l'apprenti sorcier pour conclure un marché et lui révèle qu'elle a en sa possession la boîte à chapeau. Elle tente de semer la discorde entre Elsa et Anna.

S04E09 - La soeur parfaite (2/2)
À Storybrooke, Ingrid met en garde Emma contre Gold mais celle-ci se rend quand même au rendez-vous qu'il lui a donné. À la bibliothèque, Robin semble avoir trouvé la fin heureuse du livre de conte, tant attendue par Régina. Dans l'autre monde, Elsa et Anna ont récupéré l'urne pour emprisonner Ingrid mais cette dernière déjoue leur plan et jette le sortilège des mille éclats sur Anna.

S04E10 - L'étoile filante
La reine des glaces a jeté son sortilège sur Storybrooke, qui va faire ressortir la méchanceté des habitants à la tombée de la nuit, les poussant ainsi à s'entretuer. Dans l'autre monde, Anna et Kristoff veulent retrouver l'urne où est enfermée Elsa et récupérer « l'étoile filante » mentionnée dans le journal intime de sa mère, qui permet d'exaucer les voeux.

S04E11 - Ultime sacrifice
Anna pense avoir trouvé la solution pour rompre le sortilège jeté par Ingrid, inspiré de la légende du miroir de Trolden. D'après cette légende, seule la mort de la reine des glaces permettrait de rompre la malédiction. Mais le ruban, qui unit Elsa et Emma à Ingrid, les empêche de la tuer. Régina est peut-être la clef qui pourra les libérer de cette emprise…

S04E12 - Le point de non-retour
Malgré le sacrifice d'Ingrid qui a rompu la malédiction, les habitants sont toujours prisonniers de Storybrooke et ceux qui franchissent la frontière ne peuvent plus revenir. Gold et Crochet ont trouvé la porte qui peut les mener dans le monde d'Arendelle, au manoir du sorcier. Régina a ressuscité

Marianne mais le sortilège a laissé du poison en elle. Le seul moyen de la sauver est de lui faire quitter la ville pour entrer dans le monde sans magie…

S04E13 - L'alliance
Gold rejoint Ursula à New York où ils proposent une alliance à Cruella. Gold veut retourner à Storybrooke pour retrouver l'auteur du livre des contes et s'assurer de sa coopération avant que « les héros » ne le retrouvent. À Storybrooke, Emma, Regina, Belle, Crochet et Mary Margaret veulent libérer les fées prisonnières de la boîte magique…

S04E14 - Secret maléfique
Mary Margaret et David s'inquiètent de l'arrivée d'Ursula et Cruella en ville et redoutent qu'elles projettent de faire revenir Maléfique. Henri semble avoir trouvé un indice dans le livre des contes pour retrouver l'auteur et Pinocchio serait la clef…

S04E15 - Le retour du dragon
Regina, en mission d'infiltration, se rapproche de Maléfique, Cruella et Ursula pour découvrir eurs intentions. Maléfique, remise en selle par Regina dans l'autre royaume alors qu'elle était sans pouvoir et vulnérable, décide de lui accorder une nouvelle chance. Mais Emma craint que Regina ne redevienne une des leurs…

S04E16 - La voix de la liberté
Gold, Regina et les trois reines des ténèbres retiennent August en otage pour qu'il dévoile ce qu'il sait sur l'auteur. Emma, David, Crochet et Marie Margaret partent à la recherche de Regina. Celle-ci parvient à leur adresser un message les prévenant du retour de Gold à Storybrooke. Ils partent immédiatement voir Belle pour récupérer la dague, mais elle n'est plus en sa possession… Crochet conclut un pacte avec Cruella, qu'il connaît bien, afin de connaître la raison du retour de Gold.

S04E17 - La licorne
Regina, Emma et Henry tentent de comprendre comment libérer l'auteur, enfermé dans une page du livre des contes. Crochet annonce à Emma, Mary Margaret et David le plan diabolique de Gold, qui rappelle de mauvais souvenirs aux parents d'Emma. Rumplestiltskin, Cruella et Maléfique demandent à Regina de s'emparer de la page à tout prix. En secret, Maléfique est bien décidée à savoir ce qui est arrivé à son enfant…

S04E18 - Un coeur en or
Emma, ses parents et son fils sont à la recherche de l'auteur tandis que Regina va devoir passer un marché avec Gold et choisir entre son amour pour Robin et son amitié pour Emma. Après leur départ de Storybrooke, Robin, Marianne et Roland commencent une nouvelle vie dans l'appartement de Baelfire à New York. Lorsque Gold débarque, il va découvrir qu'une ancienne ennemie est de retour…

S04E19 - La veuve norie
Regina décide de partir à New York pour sauver Robin après avoir découvert que Marianne n'est autre que Zelena, sa soeur, de mèche avec Gold. Toujours à la recherche de l'auteur, Emma doute de plus en plus des dires de ses parents…

S04E20 - Lily
Maléfique demande son aide à Emma pour retrouver sa fille. Emma fait tout de suite le lien avec Lily, son amie d'enfance. Elle accompagne alors Regina à New York et, sur la route, le destin les conduit dans une station service où elles retrouvent Lily…

S04E21 - Des héros et des méchants
À New York, la grossesse de Zelena complique la relation entre Regina et Robin. Regina décide de ramener sa soeur à Storybrooke afin de la garder sous contrôle. Sur place, Lily retrouve sa mère, Maléfique, et si cette dernière abandonne l'idée de se venger, Lily refuse ce revirement et essaie de quitter la ville…

S04E22 - Opération Mangouste
August met « les héros » sur la piste de l'apprenti. Crochet sait où le trouver puisque c'est lui qui l'a

enfermé dans le chapeau magique. Une fois sorti du chapeau, l'apprenti veut les aider à mettre Isaac, l'auteur, hors d'état de nuire. Mais Isaac a réécrit une nouvelle version des livre des contes. Dans sa version, tous les personnages se retrouvent dans la forêt enchantée sauf Henry…

S04E23 - Du côté obscur
Après avoir convaincu Crochet de l'aider, Henry libère Emma, dont les souvenirs sont restés intacts. Crochet se sacrifie pour les aider à mener à terme leur projet. Emma et Henry doivent retrouver Regina au plus vite pour qu'elle empêche le mariage de Robin avec Zelena et annule ainsi l'histoire d'Isaac

<hr>

SAISON 05

S05E01 - La Ténébreuse
En se sacrifiant pour sauver Régina, Emma est devenue la Ténébreuse et demeure introuvable. Inquiets, sa famille et ses amis partent à sa recherche. Dans la forêt enchantée, Rumplestilskin veut initier Emma à la magie des ténèbres. Elle veut trouver Merlin qui, selon l'apprenti, serait capable de détruire les ténèbres.

S05E02 - Excalibur
À Camelot, informé de leur arrivée grâce à la prophétie de Merlin, Arthur invite Emma et sa famille au château où ils rencontrent Guenièvre. Six semaines plus tard, tous sont de retour à Storybrooke mais n'ont aucun souvenir de ce qui s'est passé là-bas. Emma, la Ténébreuse, les a effacés…

S05E03 - La couronne pourpre
À Camelot, Régina et les autres sont à la recherche d'un champignon magique qui leur permettrait de discuter avec Merlin, prisonnier dans un arbre. À Storybrooke, le coffre d'Arthur contenant des reliques magiques a été forcé et le haricot magique leur permettant de rentrer à Camelot, volé…

S05E04 - Le royaume brisé
À Camelot, Arthur révèle à David qu'Excalibur est brisée et lui demande son aide pour retrouver le morceau manquant, qui n'est autre que la dague du Ténébreux. Lancelot est de retour après de nombreuses années d'absence. Marie Margaret, qui a confiance en lui, lui demande de cacher la dague. À Storybrooke, Rumplestilskin veut convaincre la Ténébreuse à s'emparer de l'épée.

S05E05 - L'attrape-rêves
À Camelot, Emma découvre, grâce à l'attrape-rêves, comment Merlin a été transformé en arbre. Avec cette information et l'aide de Régina, elle veut élaborer une potion pour rompre le sort et libérer Merlin. À Storybrooke, Henry organise une fête pour remonter le moral des exilés de Camelot et profite de l'occasion pour inviter Violet.

S05E06 - La quête de Mérida
À Camelot, Merlin, accompagné de Belle et David, libère Mérida et Lancelot. Découvrant les dons de magie de Belle, Mérida l'éloigne de ses compagnons pour l'aider à retrouver ses frères. À Storybrooke, Gold échappe à Mérida. Retrouvé par Belle, il comprend alors que cette dernière est en danger. Régina, Marie Margaret et David ont besoin d'Arthur pour retrouver Merlin…

S05E07 - Nimué
À Camelot, Merlin demande à Emma de l'accompagner pour récupérer la flamme de Prométhée, qui permettra la réunification des deux lames d'Excalibur, et lui signale qu'elle va devoir affronter le tout premier Ténébreux, à l'origine de tout ce mal. 500 ans auparavant, Merlin rencontre Nimué et tombe sous son charme. L'histoire d'Excalibur est révélée…

S05E08 - La flamme de Prométhée
À Camelot, avec l'aide de Zelena, Arthur a lié Merlin à Excalibur et lui ordonne de récupérer la flamme de Prométhée et la dague en possession d'Emma. À Storybrooke, Emma la Ténébreuse sauve Crochet de l'épée d'Arthur et lui révèle qu'elle agit ainsi pour le protéger. Crochet est convaincu que quelque chose s'est passé entre eux à Camelot et cette information est probablement la clé pour la

sauver.

S05E09 - Le casque de DunBroch
À Storybrooke, Arthur demande à Zelena de l'amener dans l'autre royaume pour récupérer le casque de DunBroch, élément qui lui permettrait de restaurer Excalibur. Dans l'autre royaume, Mérida est formée par Mulan au combat. Le roi Fergus, père de Mérida, se rend chez la sorcière et lui demande une arme pour vaincre les envahisseurs. Elle lui propose un casque, permettant d'obtenir tout ce qu'il souhaite…

S05E10 - Duel
Dans la forêt enchantée, Rumplestilskin réveille le désir de vengeance de Crochet, devenu un Ténébreux. Emma le persuade qu'ensemble, ils peuvent lutter contre ces forces du mal. À Storybrooke, Crochet le Ténébreux défi Gold de se mesurer à lui lors d'un duel à l'épée sur son bateau…

S05E11 - La marque de Charon
À Storybrooke, Emma a vu le plan de Crochet le Ténébreux grâce à son attrape-rêves et veut le retrouver avant qu'il ne ressuscite tous les ténébreux. Mais il est déjà trop tard : ils sont déjà dans la ville et ont inscrit sur le bras d'Emma et de sa famille la marque de Charon - connu pour être le passeur des morts dans la mythologie grecque - afin d'échanger leur place et rester dans ce monde…

S05E12 - Une chance de rédemption
Emma et sa famille sont en route vers les enfers. En chemin, elle s'évanouit et communique avec Neal, le père d'Henry. Ce dernier lui demande de renoncer mais elle refuse de laisser Crochet dans le monde des ténèbres. À leur grande surprise, les enfers ressemblent à Storybrooke et retrouver Crochet se révèle plus difficile qu'ils ne l'avaient imaginé.

S05E13 - Cerbère
Grâce à Megara, une prisonnière libérée par Crochet, Emma apprend que ce dernier se trouve dans une grotte gardée par une créature à 3 têtes. Marie Margaret connaît ce monstre, du nom de Cerbère, le chien des enfers appartenant à Hadès. Elle demande l'aide d'Hercule pour le vaincre…

S05E14 - Pacte avec le diable
Refusant de choisir laquelle, entre Emma, Marie Margaret et Regina, il condamne à rester aux enfers, Hadès menace de plonger Crochet dans la rivière des âmes perdues. Gold demande l'aide de Milah, son ex-femme, pour localiser Crochet et conclut un pacte avec Hadès.

S05E15 - L'œil de la tempête
Emma et Crochet reçoivent la visite de Liam, le frère de Crochet. Liam leur fournit une information importante pour les libérer des enfers : tous ceux qui ont tenté de renverser Hadès parlaient d'un livre. Tous partent à la recherche du livre de contes. Hadès impose à Liam de récupérer certaines pages du livre le concernant en échange de son silence sur la raison de sa présence en enfer : l'œil de la tempête.

S05E16 - Jamais sans ma fille
Aux enfers, Gold, sous le contrôle d'Hadès, doit créer un portail pour Storybrook afin de récupérer le bébé de Zelena. Au pays d'Oz, celle-ci cherche une solution pour voyager dans le temps et rencontre Hadès, qui lui propose d'être son allié pour vaincre Dorothy.

S05E17 - La rivière des âmes perdues
Dans l'autre royaume, Belle rencontre Gaston, l'homme qu'elle doit epouser dans l'intérêt de son père. Aux enfers, Belle demande à Gold de trouver une solution pour ne pas être séparé de son enfant mais refuse qu'il ait recours à la magie noire. Hadès propose un accord à Belle : il annule le contrat sur son bébé si elle accepte le combat entre Gold et Gaston, sachant que le perdant est condamné à la rivière des âmes perdues.

S05E18 - Le baiser d'amour véritable
Au pays d'Oz, Ruby et Mulan rencontrent Dorothy. Ensemble, elles cherchent une solution pour vaincre Zelena. Aux enfers, Hadès met en garde Zelena concernant l'arrivée de Ruby. Cette dernière vient se venger de la disparition de Dorothy, prisonnière à Oz d'un charme du sommeil lancé par

Zelena dont seul un véritable baiser d'amour peut la libérer.

S05E19 - temps des adieux
Hadès propose à Zelena un avenir commun à Storybrook dès qu'il pourra quitter les enfers. Belle s'est infligée le charme du sommeil dans l'espoir de sauver son enfant des mains d'Hadès. Pour arrêter Zelena et détruire l'amour naissant avec Hadès, Regina fait appel à sa mère, Cora.

S05E20 - L'oiseau de feu
Hadès demande l'aide d'Emma et sa famille pour retrouver Zelena qui a été enlevée par Peter Pan et Gold. S'ils acceptent, Hadès promet d'effacer leurs noms des pierres tombales, leur permettant ainsi de quitter les enfers. Gold veut échanger Zelena contre l'annulation du contrat sur son enfant mais l'opération « oiseau de feu », qui consiste à libérer toutes les personnes coincées dans ce monde, prend une autre tournure lorsque Crochet découvre qu'il ne peut pas quitter les enfers…

S05E21 - Le cristal de l'Olympe
Emma et sa famille sont de retour à Storybrook et recherchent Hadès, qui veut prendre le contrôle de la ville. Zelena l'avertit que les héros sont à sa recherche mais Hadès possède une arme secrète et redoutable dont il est prêt à se servir : le cristal d'Olympe. Avec Arthur, envoyé aux enfers par Hadès, Crochet cherche les pages manquantes du livre de contes.

S05E22 - Dr Jekyll & Mr Hyde
Grâce au morceau de cristal d'Olympe récupéré dans les cendres d'Hadès, Gold a lancé un charme, liant toute la magie de Storybrooke au cristal. Voyant le mal causé par cette magie, Henry a l'intention de la détruire. Crochet, Zelena, Marie Margaret et David atterrissent dans un royaume inconnu et font la rencontre de Dr Jekyll & Mr Hyde…

S05E23 - Des histoires secrètes
Libérés par le Dr Jekyll, Crochet, Zelena, Marie Margaret et David se trouvent au pays des histoires secrètes. Henry a réussi à détruire la magie. Gold, Emma et Regina vont devoir collaborer ensemble pour retrouver « le dragon », la seule personne ayant encore de la magie

■■■■■■■■■ SAISON 06 ■■■■■■■■■

S06E01 - Le temple de Morphée
Après un pacte conclu avec Gold, le Dr Hyde est à présent aux commandes de Storybrooke et a fait venir des amis à bord d'un dirigeable. Gold sait maintenant qu'il doit aller chercher du sable dans le temple de Morphée pour pouvoir rentrer dans les rêves de Belle et ainsi la réveiller. Emma a des visions et des tremblements; le Dr Hyde semble en savoir plus qu'elle à propos de ses symptômes…

S06E02 - Les vipères d'Agrabah
Un homme mystérieux, engagé dans le passé pour éliminer Blanche Neige et Charmant, est en visite à Storybrooke. Regina cherche une solution pour neutraliser cette nouvelle menace. Emma continue sa thérapie avec Archie et partage ses visions effrayantes de l'avenir. La Méchante Reine essaie de rallier Zelena à ses côtés.

S06E03 - Le soulier de verre
Après avoir consulté la liste des nouveaux arrivants à Storybrooke, Ashley est à la recherche de Clorinda, sa demi-sœur. Regina essaie de soudoyer Hyde pour battre la Méchante Reine mais cette dernière a une longueur d'avance sur elle. David rend visite à Gold pour obtenir des renseignements sur son père.

S06E04 - Le vrai méchant
Le Dr Jekyll tente de fabriquer un sérum pour éliminer Hyde. Mary Margaret reprend son activité de professeure et fait la rencontre, sans le savoir, de Jasmine. Gold a jeté un sort de protection sur le bateau de Crochet où Belle est maintenant retenue prisonnière.

S06E05 - Jasmine et Aladdin

À Agrabah, Jasmine demande l'aide d'Aladdin pour récupérer l'arme secrète et ainsi sauver la ville des mains de Jafar. À Storybrooke, la Méchante Reine dupe Crochet et tente de diviser les membres de sa famille. Emma recherche l'Oracle pour obtenir des informations sur ses visions.

S06E06 - En eaux troubles
À Storybrooke, Emma essaie de convaincre Aladdin de sauver Agrabah. Zelena et la Méchante Reine retiennent Archie prisonnier. Cette dernière réussie à semer le doute entre Henri et Crochet. Dans le passé, Crochet est retenu en captivité par le Capitaine Nemo, à bord du Nautilus.

S06E07 - La pousse magique
Mary Margaret et David doivent céder leur cœur à la Méchante Reine s'ils veulent sauver Storybrooke. S'ils refusent, la Méchante Reine promet de détruire la ville avec l'eau de la rivière des âmes perdues. Emma et sa famille apprennent de la fée bleue que seul l'arbre magique, créé par l'étincelle d'un amour magique, pourra emprisonner la Méchante Reine. Dans l'autre Royaume, Charmant part pour vendre la ferme familiale et en forêt, rencontre Blanche Neige, pourchassée par le bûcheron.

S06E08 - Le rocher de Sisyphe
Après le sort jeté par la Méchante Reine, David et Mary Margaret s'habituent à la vie l'un sans l'autre. Emma et Regina travaillent ensemble pour tendre un piège à la Méchante Reine. Belle et Zelena s'allient et recrutent Aladdin pour voler à Gold un objet magique qui pourrait protéger, Belle et son bébé, de lui pour toujours.

S06E09 - La fée noire
Dans la forêt enchantée, Rumplestilskin vole un nouveau-né pour entrer en contact avec la fée noire. À Storybrooke, Gold utilise la magie pour envoyer un message à Belle. La Méchante Reine essaie de tuer Zelena pour gagner les faveurs de Gold. Jasmine utilise la lampe magique volée par Aladdin lors de sa visite chez Gold.

S06E10 - Trois voeux
Emma, Regina et Crochet découvrent que la Méchante Reine n'est plus invincible. Cette dernière utilise la lampe magique pour réaliser l'un des trois voeux et fait disparaître Emma de Storybrooke. Regina, qui n'est autre que le double de la Méchante Reine, utilise le 2e voeu pour rejoindre Emma dans la forêt enchantée. Gold est à la recherche de son fils.

S06E11 - L'Autre Robin
Désormais piégées dans la Forêt enchantée, Emma et Regina doivent échapper aux recherches du chevalier Henry, déterminé à venger la mort de ses grands-parents. Pendant ce temps, à Storybrooke, David est prêt à tout pour retrouver le fils de Gold et Belle, qui vient d'arriver en ville et pourrait bien concrétiser les tragiques visions d'Emma.

S06E12 - Le vrai meurtrier
David demande à Crochet de l'aide pour découvrir la vérité concernant la mort de son père. Régina est confrontée au côté sombre de Robin et constate qu'il n'est que l'ombre de l'homme qu'elle a connu.

S06E13 - La guerre des ogres
Gold veut sortir Gideon des griffes de la fée noire. Robin demande l'aide de Zelena pour rompre le sort qui leur permettra de quitter Storybrooke et Crochet veut révéler son secret à Emma. Dans l'autre royaume, Rumplestilskin devient le Ténébreux pour combattre une armée d'ogres et sauver son village.

S06E14 - La flèche de Cupidon
La Méchante Reine s'échappe et utilise Robin comme appât pour anéantir Regina. Le capitaine Nemo donne des conseils à Crochet à propos de son secret. Dans l'autre royaume, la Méchante Reine utilise la flèche de Cupidon avec un peu de magie noire pour retrouver Blanche Neige.

S06E15 - L'exil du cœur
Pris au piège à bord du Nautilus et envoyé dans un autre royaume par Gideon, Crochet fait son possible pour retrouver Emma. À Agrabah, Jasmine fait la connaissance d'Ariel, à la recherche d'Éric.

S06E16 - Les remords du lâche
Pour faire revenir Crochet dans son monde, Emma consent à aider Gideon. Ce dernier ne se remet toujours pas de ne pas avoir secouru son ami. Les pouvoirs d'auteur d'Henry se développent.

S06E17 - L'effet d'une fleur
Regina travaille pour briser la malédiction entre David et Mary Margaret. De son côté, Crochet trouve un allié inattendu au pays imaginaire.

S06E18 - Plus jamais seule
Après que la fée noire a enlevé son bébé, Zelena va tout faire pour l'éliminer…

S06E19 - Le livre des prophéties
Le passé de la fée noire est révélé, de même que les raisons qui l'ont poussée à abandonner son fils, Rumplestilskin. Gold découvre qu'il est le Sauveur et qu'il va devoir affronter sa mère…

S06E20 - Mélodie d'amour
Le jour du mariage d'Emma, la Fée Noire réclame le cœur.
Dans la passée, Blanche-Neige fait le vœu que sa fille ait une fin heureuse.

S06E21 - La bataille finale (1/2)
Après que le sort de la fée noire a agi, Henry se réveille seul à Storybrooke. Il découvre qu'Emma est internée en hôpital psychiatrique, confuse entre la réalité et l'imaginaire, et que Fiona, la fée noire, est devenue maire. Regina, Crochet, Marie Margaret, David et Zelena se réveillent dans la Forêt Enchantée et tentent désespérément de retrouver Emma et Henry.

S06E22 - La bataille finale (2/2)
Regina, Crochet, Marie Margaret, David et Zelena sont pris au piège dans le royaume des contes de fées, qui est en train de disparaître, et font tout leur possible pour retrouver Emma et Henry. Celui-ci décide d'affronter seul la Fée Noire dans une bataille finale

---

■ SAISON 07 ■

S07E01 - La Pantoufle de verre
Jeune adulte, Henry fait la rencontre de Cendrillon. Mais lorsque Lady Tremaine, la belle-mère diabolique de celle-ci les menace, il réalise que suivre son cœur demande de faire des choix difficiles. Des années plus tard, sa fille Lucy le retrouve à Seattle, complètement désillusionné. Aux côtés de la Méchante Reine, Capitaine Crochet et Tracassin, elle est déterminée à lui rappeler sa véritable identité afin de l'aider à rompre le sort qui affecte les habitants de Storybrooke.

S07E02 - Double Vie
Henry appelle sa famille à l'aide pour trouver Cendrillon; Jacinda cherche un moyen de voir Lucy; Victoria tente de se débarrasser d'Henry.

S07E03 - Anastasie
Cendrillon gagne un allié improbable; Jacinda tente d'empêcher Victoria de détruire le jardin communautaire tant aimé de Lucy.

S07E04 - Aux confins des royaumes
Tilly tente de conduire Weaver à se souvenir de son vrai lui; Ivy surprend Lucy en train de traiter Rumple, et Belle tentent de protéger leur fin heureuse.

S07E05 - Le Rubis luciole
Tiana demande l'aide du Dr Facilier; Sabine et Jacinda se lancent dans une aventure commerciale risquée; Roni fait une découverte choquante.

S07E06 - Réveil forcé
Regina est surprise de trouver Drizella ayant besoin de son aide; Roni cherche l'aide de Weaver pour trouver des réponses; Tilly offre des conseils à Rogers concernant Eloise Gardener.

　　　　Le guide des épisodes des geeks

S07E07 - Eloise Gardener
La poursuite de la vengeance du capitaine Hook le mène à rencontrer Raiponce; Rogers poursuit sa recherche d'Eloise Gardener; Le complot d'Ivy pour abattre Victoria a des conséquences pour Lucy et Jacinda.

S07E08 - Au Pays des Merveilles
Henry et Ella suivent Alice au pays des merveilles, où Henry découvre une connexion surprenante entre Ella et ce monde étrange; Jacinda renoue avec un vieil ami afin de reprendre la garde de Lucy, mettant à mal sa relation avec Henry.

S07E09 - Rien qu'une petite larme
Victoria conclut un accord avec Weaver pour se libérer de sa prison, dans l'intention de réveiller Anastasia; Mère Gothel propose d'aider la famille de Lady Tremaine.

S07E10 - Le Sabbat des huit
Henry et Ella doivent agir pour protéger Lucy et les autres de la malédiction de Drizella, et Regina est obligée de faire un choix inimaginable; Roni recrute Henry à la recherche de sa soeur; Gothel gagne la confiance d'Anastasia.

S07E11 - L'Orchidée sacrée
Désireux d'améliorer sa magie, Robin entre dans une relation risquée avec Gothel; Roni et Kelly concluent un marché avec Éloïse pour sauver Lucy; les choses se terminent finalement entre Victoria et Ivy.

S07E12 - Le Médaillon de la discorde
Au jour du couronnement de Tiana, une confrontation avec Facilier l'oblige à faire un voyage à travers le Bayou; Sabine renoue avec un vieil ami, mettant en péril ses rêves culinaires; Rogers et Weaver enquêtent sur une sorcière aveugle.

S07E13 - Le Talisman magique
Malgré l'avertissement de Tilly, Rogers conclut un marché avec Eloise. Ivy a du mal à se retrouver après la mort de Victoria. Dans un royaume lointain, Hook confronte le capitaine Ahab à propos d'un talisman mystique.

S07E14 - La Fille de la tour
Rogers travaille pour effacer Tilly dans la mort du Blind Baker. Ivy essaie de se réconcilier avec Anastasia. Pendant ce temps, Samdi fait une confession révélatrice à Roni. Dans le royaume lointain, Alice forge un lien incassable.

S07E15 - Le Cercle des sœurs
Quand le tueur de sorcières attaque, Ivy doit risquer ce qui reste de sa famille; Roni s'interroge sur sa relation avec Samdi alors qu'Henry et Jacinda se rapprochent; Drizella doit faire face à un défi impensable pour rejoindre Gothel's Coven.

S07E16 - Le Grand Tourbillon
Henry a du mal à se décider concernant un emploi potentiel à New York; une révélation est faite dans l'affaire Candy Killer; Margot se confie à Tilly; Hook aide Henry à se prouver à Ella.

S07E17 - Mauvaise Carte
Kelly confronte le Candy Killer après que quelqu'un qu'elle aime soit pris en otage; Samdi utilise Drew pour exécuter un plan mortel; Zelena apprend une dure leçon après sa rencontre avec Hansel et Gretel.

S07E18 - La Gardienne
Après avoir découvert le poignard de Dark One, Weaver a entrepris de le récupérer. Désespéré de retrouver Belle, Rumple rend visite à Alice...

S07E19 - La Clé du bosquet
Tilly et Rogers se retrouvent en danger après une rencontre avec Eloise. La relation entre Henry et Jacinda progresse. Le jeune Gothel cherche à se venger après la destruction de sa maison...

S07E20 - L'Autre moi
Roni demande l'aide de Lucy pour réveiller Henry. Rogers et Weaver vont chez Margot dans l'espoir de se rendre à Tilly...

S07E21 - La Plume de la sagesse
Pour mettre fin au complot de Wish Rumple visant à empêcher Weaver de détruire ses pouvoirs, Henry, Roni, Weaver et Rogers se rendent au royaume des rêves...

S07E22 - La Réunion des mondes
Weaver est confronté au sacrifice ultime en vainquant son alter ego maléfique. Tilly et Margot vont à Storybrooke pour obtenir de l'aide

Le guide des épisodes des geeks

Outlander

A la fin de la seconde guerre mondiale, une infirmière se retrouve propulsée dans l'Écosse du XVIIIème siècle.

S01E01 - Sassenach
Durant sa seconde lune de miel, Claire, une ancienne infirmière de guerre, se retrouve propulsée dans le passé où elle fait la rencontre d'une bande de rebelles écossais.

S01E02 - Le Château de Leoch
En arrivant au château des MacKenzie, Claire fait face aux soupçons des membres du clan, pendant que Jamie révèle un sombre chapitre de son passé.

S01E03 - La Légende de la dame de Balnain
Alors qu'elle commence à se faire à son nouveau rôle de guérisseuse, Claire s'attire les foudres d'un prêtre local en défiant les terribles coutumes de l'époque.

S01E04 - Le serment d'allégeance
Tandis que le clan se prépare à un important évènement, Claire élabore un plan pour s'évader du château, et de nouvelles tensions éclatent entre Jamie et Dougal.

S01E05 - La collecte
En accompagnant Dougal et ses hommes pour collecter les taxes, Claire se retrouve prise de doutes après avoir été témoin de troublantes situations.

S01E06 - Le Commandant de la garnison
Claire reçoit un accueil des plus chaleureux en arrivant à un avant-poste britannique, mais l'apparition d'un visage familier vient rapidement tendre l'ambiance.

S01E07 - Le mariage
Rongée par la culpabilité, Claire décide de franchir une nouvelle étape pour tenir le Capitaine Randall à distance.

S01E08 - D'un monde à l'autre
Pendant que Frank perd peu à peu espoir de retrouver sa femme, Claire et Jamie se lancent à la recherche d'un témoin capable de blanchir Jamie de tout soupçon.

S01E09 - Une bonne correction
Alors que la tension monte d'un cran entre Jamie et Claire, la situation se complique un peu plus à leur arrivée au château de Leoch.

S01E10 - Mon petit doigt me dit
L'arrivée d'un nouveau personnage ravive l'espoir de Jamie et les soupçons de Claire, tandis que la jeune femme affronte un rival et découvre un nouvel aspect de Geillis.

S01E11 - La marque du diable
Après avoir découvert l'incroyable secret de Geillis devant une foule de témoins venus assister à leur procès, Claire se retrouve confrontée à un terrible dilemme.

S01E12 - Lallybroch
Jamie décide d'emmener Claire dans sa maison d'enfance, mais leur arrivée déclenche des conflits familiaux enfouis depuis des années.

S01E13 - La garde
Pendant que la famille s'emploie à dissimuler la véritable identité de Jamie aux membres de la Garde, Claire tente d'apaiser les tensions à l'arrivée du bébé de Jenny.

S01E14 - Une chanson pour Jamie
Donnant représentation sur représentation dans la campagne écossaise dans l'espoir de retrouver Jamie, Claire conclut un marché avec Dougal.

S01E15 - La prison de Wentworth
En tentant de s'introduire dans la prison, Claire et les autres tombent nez à nez avec Randall, bien décidé à assouvir son désir de vengeance.

S01E16 - La rançon d'une âme
Alors que les hommes tentent une dernière fois de libérer Jamie, une confrontation avec Randall tourne à la catastrophe, laissant Claire seule face à ses doutes.

S02E01 - A travers le miroir
Claire se réveille dans les plaines écossaises en l'an 1948. Déboussolée, elle ne parvient pas à faire le deuil de Jamie. Le reverra-t-elle un jour ? A-t-il péri au cours de la bataille de Culloden opposant les jacobites aux anglais ? Confrontée à tant de questions sans réponses, elle doit répondre à celles de son époux, Frank Randall, trop heureux de la retrouver saine et sauve. Claire va-t-elle pouvoir tirer un trait sur Jamie pour se concentrer sur son avenir ? Les deux années écoulées se sont révélées riches en événements. Alors que leurs têtes étaient mises à prix, le couple avait mis le cap vers la France dans l'espoir de changer l'Histoire. A peine arrivés sur les terres françaises, ils ne tardent pas à se faire un dangereux ennemi...

S02E02 - L'introduction à Versailles
A Paris, Jamie lutte contre ses démons et obtient une audience inespérée auprès du chef des Jacobites. A Versailles, Claire fait une découverte troublante...

S02E03 - La partition de musique
Jamie découvre que le Prince Charles ne lui dit pas tout. Claire se sert de ses compétences à de nouvelles fins.

S02E04 - La Dame Blanche
Claire révèle enfin à Jamie ce qu'elle lui cachait et est surprise par sa réaction. La soirée destinée à ridiculiser le Prince Charles prend une tournure chaotique...

S02E05 - Une résurrection inappropriée
Charles met Jamie dans une position terriblement inconfortable. Claire intervient dans une relation délicate, et une rencontre glaçante fait ressurgir un passé cruel...

S02E06 - Double jeu
Grâce au savoir médical de celle-ci, Claire et Jamie font progresser leur plan et confient leur secret à un tiers. Une trahison provoque des conséquences désastreuses...

S02E07 - Faith
Après un séjour éprouvant à l'hôpital, Claire s'active pour faire libérer Jamie et se retrouve en très délicate position avec le roi...

S02E08 - Le repaire du vieux renard
De retour en Ecosse, Claire et Jamie abordent la rébellion sous un nouvel angle. Mais leur plan attise les tensions avec le grand-père de Jamie et le clan Mackenzie.

S02E09 - Je Suis Prest
Jamie apprend à sa drôle de troupe à se battre, tandis que Claire est hantée par des souvenirs de guerre et qu'une lutte des pouvoirs met la mission en péril...

S02E10 - La bataille de Prestonpans
La rébellion est au point mort, paralysée par les querelles du conseil, jusqu'à ce qu'une solution inattendue pour surprendre les britanniques surgisse...

S02E11 - Règlements de compte
Les plans changent soudain. Claire et les Highlanders partent au nord, vers de nouveaux problèmes et des retrouvailles inattendues...

S02E12 - Le Salut de Mary
Tandis que Jamie tentent d'écarter les jacobites de Culloden, Claire se rend au chevet d'Alex Randall, puis de Colum Mackenzie qui lui demande alors un terrible service...

S02E13 - Le talisman
Des secrets longtemps enfouis refont surface quand Claire et sa fille visite l'Ecosse en 1968. Quant à Jamie, toujours en 1746, il s'efforce de sauver ses proches...

■■■■■ ■ SAISON 03 ■■■■■■

S03E01 - Au cœur de la bataille
Ayant miraculeusement survécu après le massacre de la bataille de Culloden, Jamie se retrouve à la merci des impitoyables et victorieux Britanniques. Pendant ce temps-là, Claire, enceinte, tente de s'adapter à la vie du monde moderne des années 1940, à Boston, aux côtés de Frank...

S03E02 - L'Histoire en marche
Les années passent, et Jamie, qui a trouvé refuge sur ses terres à Lallybroch, est contraint de se cacher dans les bois, alors que les soldats anglais, toujours à sa recherche, traquent sa famille. Pendant ce temps, Claire tente de tenir sa promesse de prendre un nouveau départ auprès de son époux et de leur enfant...

S03E03 - Dette d'honneur
Les années passent. Tandis que Brianna grandit, le mariage de ses parents se fragilise. Pendant ce temps, Jamie noue une alliance surprenante en prison...

S03E04 - Ce qui est oublié ou perdu
Alors qu'en 1968 Claire et Brianna, aidées de Roger Wakefield, tentent désespérément de retrouver la trace de Jamie après Culloden, à une autre époque, l'ex-Jacobite a droit à une semi-liberté grâce à la générosité du major Grey. Affecté, sous une fausse identité, en tant que garçon d'écurie au sein de la famille Dunsany, Jamie goûte à contrecoeur aux préoccupations dérisoires et aux intrigues de l'aristocratie...

S03E05 - Liberté et whisky
Après un été mouvementé, Brianna peine à se réacclimater à Harvard. Puis Noël arrive, avec une visite inattendue et plusieurs révélations bouleversantes pour Claire.

S03E06 - A. Malcolm
Quand Claire pénètre dans une imprimerie d'Edimbourg, des décennies de passion, d'espoirs et d'angoisses déferlent en un instant...

S03E07 - Crème de Menthe
Percival parviendra-t-il à prouver que l'imprimeur Alexander Malcolm continue la contrebande dans son dos ? Tandis que Claire n'écoute que sa conscience de médecin, Jamie se démène pour couvrir ses propres traces...

S03E08 - La première femme
Tandis que le retour de Claire à Lallybroch se révèle moins douloureux qu'elle l'escomptait, Jamie apprend à ses dépens le prix des secrets trop bien gardés...

S03E09 - Le pot au noir
Volant au secours de Ian, Jamie et Claire embarquent en hâte pour les Caraïbes, mais la traversée ne manque ni de remous, ni de superstitions, ni de surprises...

S03E10 - Ciel et terre
Alors qu'elle lutte pour stoppe l'épidémie qui ravage le navire, Claire fait une découverte troublante. Une requête de Jamie place Fergus devant un choix impossible...

S03E11 - En territoire inconnu
Epuisée sur le rivage d'une île inconnue après avoir été rejetée par la mer, Claire, obsédée par son désir de retrouver Jamie, marche au hasard en quêtede civilisation...

S03E12 - La Bakra
En Jamaïque, les Fraser renouent avec de vieux amis et se rapprochent enfin de leur objectif. Pour-

tant, un personnage familier menace encore leur mission...

S03E13 - L'oeil du cyclone
Tandis que peu à peu, Claire saisit les vraies motivations de la ravisseuse de Ian, une grotte aux propriétés supposées surnaturelles se transforme en un théâtre macabre...

S04E01 - Le rêve américain
Quatre mois après leur arrivée en Caroline du Nord, Jamie et Claire disent adieu à un ami, croisent le chemin d'un pirate et jaugent la proposition d'un gouverneur.

S04E02 - Un serment inaltérable
Epuisés, Jamie et ses amis apprécient l'accueil chaleureux de sa tante Jocasta. Mais les idées de Claire sur l'esclavage détonnent vite dans la somptueuse plantation...

S04E03 - Passionnément, pas du tout
Claire et Jamie passent une impressionnante nuti d'orage dans les montagnes. La chaude ambiance d'un festival traditionnel embrase le coeur de Roger, qui surprend Brianna.

S04E04 - Points communs
Alors qu'ils se mettent au travail dans leur nouvelle maison, les Fraser font face à plusieurs obstacles. Roger partage quant à lui une grande découverte avec Brianna.

S04E05 - Les sauvages
Lors d'un accouchement, Claire se retrouve au coeur d'un sombre conflit. Quand Jamie se rend en ville pour recruter de nouveaux colons, une surprise de taille l'attend.

S04E06 - Sang de mon sang
Une visite inattendue ravive des souvenirs de Helwater à Jamie et entraîne des tensions à Fraser's Ridge.

S04E07 - De l'autre coté
Après un début de voyage difficile, Brianna trouve refuge auprès d'une personne qui connaissait bien son père. Pendant ce temps, Roger se lance dans sa propre odyssée.

S04E08 - Wilmington
Roger sillonne les rues de Willmington à la recherche de Brianna. Lors d'une soirée au théâtre avec le gouverneur Tryon, Jamie et Claire ont vent d'un complot.

S04E09 - Les oiseaux et les abeilles
Bouleversée par l'épreuve, Brianna se prépare à quitter la ville. Mais l'annonce de la prouesse de Claire au théâtre donne lieu à d'émouvantes retrouvailles.

S04E10 - Au plus profond du coeur
Biranna se rapproche de Jamie tout en s'interrogeant sur son avenir, mais une révélation troublante met leur relation à dure épreuve. Roger entame un voyage pénible.

S04E11 - Tel père, telle fille
À River Run, un dîner organise pour un lord en visite met Brianna dans une situation délicate. Pendant ce temps, Murtagh et Fergus cherchent Bonnet.

S04E12 - Providence
Les nouvelles de Bonnet conduisent Brianna et John à Wilmington. Roger se lie d'amitié avec un autre captif. Fergus et Marsali montent un plan risqué pour aider Murtagh.

S04E13 - Un homme de valeur
Jamie, Claire et Ian atteignent le village iroquois, mais leur proposition de racheter la liberté de Roger tourne mal. À River Run, Brianna anticipe l'arrivée du bébé.

S05E01 - La croix de feu
Comme un mariage réunit famille et amis à Fraser's Ridge, le gouverneur Tryon presse Jamie de traquer Murtagh, et Brianna surprend une conversation perturbante.

S05E02 - Entre deux feux
Jamie et le lieutenant Knox se hâtent vers les lieux d'une violente attaque des Régulateurs. Frustrée par les remèdes populaires, Claire décide de moderniser son cabinet.

S05E03 - Libre arbitre
Tout en constituant une milice, Jamie et Claire s'impliquent pour aider deux frères en servitude à obtenir leur liberté... et se retrouvent dans une situation délicate.

S05E04 - Qui se ressemble s'assemble
La vieille rancœur qui mine une petite ville pourrait déstabiliser l'autorité de Roger sur la milice. Claire et Jamie imaginent l'avenir de la petite Bonnie.

S05E05 - Adoration perpétuelle
Un ancien patient hante la mémoire de Claire. Roger comprend que Brianna lui cache quelque chose. Comme Knox poursuit Murtagh, Jamie se trouve dans une position délicate.

S05E06 - Je brille, mais ne brûle pas
Au mariage de Jocasta, Claire approche un associé de Stephen Bonnet de mauvaise réputation. Roger et Brianna doivent lutter contre une invasion de sauterelles.

S05E07 - The Ballad of Roger Mac
Un ordre de Tryon contre les Régulateurs pousse la loyauté de Jamie à son point de rupture. Roger décide de transmettre un important message à Murtagh.

S05E08 - Famous Last Words

S05E09 - Monsters and Heroes

S05E10 - Mercy Shall Follow Me

S05E11 - Journeycake

S05E12 - What Dreams May Come

S05E13 - Yule Log

PENNY DREADFULL

Dans l'Angleterre victorienne, les personnages les plus emblématiques et terrifiants de la littérature errent dans les rues. Des alliances improbables se forment pour affronter les forces du mal.

01.01 *Night Work* – Besogne nocturne
Dans le Londres troublé de 1891, une énigmatique inconnue approche Ethan Chandler, un jeune américain, pour son courage et son talent au maniement des armes. Elle a besoin de ses services pour une affaire des plus surprenantes et macabres. Celui-ci fait aussitôt la connaissance de l'associé de Mademoiselle Ives, Sir Malcolm Murray, et découvre qu'ils combattent d'étranges et dangereuses créatures surnaturelles. Ethan quittera-t-il sa confortable existence pour risquer sa vie dans un monde dont il ignore tout ? Quant à Sir Malcolm, il comprend vite qu'il va lui falloir s'entourer d'une équipe pour mener à bien la mission qu'il lui tient tant à coeur
_ VAMPIRE[2] ; DÉMON ; LIVRE DES MORTS ; ENFER ; JACK L'ÉVENTREUR ; DR FRANKENSTEIN

01.02 *Seance* – La séance
Vanessa et Sir Malcolm se rendent à une fête organisée par l'égyptologue Sir Ferdinand Lyle. Ils y rencontrent le bel et énigmatique Dorian Gray
_ _ _ _ _ _ _ _ _ _ _ _ _ _ _ _ ADAM ; PROTÉUS ; MUT ; KALI ; DORIAN GRAY; AMUNET ; SERPENT ; AMUN-RA; DIABLE; FÉE

01.03 *Resurrection* – Résurrection
Le Dr Frankenstein doit affronter les fantômes de son passé. Vanessa a une vision de Mina, ce qui aide le groupe à capturer Fenton, un vampire serviteur.
_ RÉSURRECTION ; JANUS ; ADONIS

01.04 *Demimonde* – Le demi-monde
Les sentiments de Vanessa pour Dorian Gray évoluent. Van Helsing aide Frankenstein à trouver un remède pour guérir la maladie de la fille de Sir Malcolm.
_ _ _ _ _ _ _ _ _ _ _ _ _ _ _ _ _ _ BELLADONE ; ST GRAAL ; CUPIDON ; PROMÉTHÉE; PROF. VAN HELSING ; TRISTAN ET ISEULT

01.05 *Closer Than Sister* – Une amitié fusionnelle
Vanessa se souvient de son passé et des événements qui ont mené à la disparition de Mina
_ SORCIÈRE ; GOULE

01.06 *What Death Can Join Together* – Ce que la mort peut unir
Sir Malcolm, Ethan et Sembene montent à bord d'un navire en quarantaine pour retrouver Mina. Van Helsing en dit plus au Dr Frankenstein sur la créature qui a enlevé Mina
_ LUCIFER ; ST JUDE

01.07 *Possession* – Possession
Pendant quatre semaines tourmentées, Sir Malcolm, Ethan, le Dr Frankenstein et Sembene font tout ce qui est en leur pouvoir pour libérer Vanessa de ses démons.
_ SATAN

01.08 *Grand Guignol* – Grand-Guignol
Vanessa, Sir Malcolm, Ethan, Dr Frankenstein et Sembene explorent le théâtre du Grand-Guignol, et sont assaillis par leurs pires cauchemars
_ PARADIS ; LOUP-GAROU ; JÉSUS-CHRIST

02.01 *Fresh Hell* – La fraîcheur de l'enfer
Ethan Chandler se réveille et découvre le massacre du Meriner's Inn, qu'il a perpétré une fois sa nature de loup-garou révélée. Il se prépare à fuir et l'annonce en personne à Vanessa Ives, mais celle-ci est attaquée par trois jeunes créatures féminines aux cicatrices particulières et aux paroles incompréhensibles. Cette nouvelle menace force Sir Murray, qui vient d'enterrer sa fille, à remettre son départ en Afrique pour plus tard. Vanessa a reconnu les marques et les paroles des créatures, les identifiant comme des sorcières au service du Diable.En secret, Victor Frankenstein a préparé le corps de Brona pour la ressusciter et en faire une compagne pour Caliban. Celui-ci tente de s'intégrer dans la ville et trouve un emploi dans un musée de cire de petite envergure tenu par un couple qui voit une op-

---

2   *Première apparition dans la série*

portunité dans la laideur de leur nouvel employé.

02.02 *Verbis Diablo* – Verbis Diablo
Persécutées par les sorcières jusque dans ses prières, Vanessa est épuisée. Malcolm essaie de lui faire reprendre pied en l'amenant dans un lieu d'aide aux personnes souffrant de choléra. Elle y rencontre Caliban avec qui elle sympathise et se confie sur la religion, la créature trouvant plus de sens dans la poésie que dans les textes religieux. Malcolm retrouve plus tard Evelyn, qui l'envoûte secrètement. Alors que le Dr Frankenstein se charge de réintroduire Brona au monde en lui offrant une nouvelle identité, il est rappelé par le groupe, qui a convié Ferdinand Lyle pour en apprendre plus sur la langue des sorcières, le Verbis Diablo, dont certains textes seraient oubliés dans les archives du British Museum. Lyle et Chandler les récupèrent, et ils commencent le déchiffrage. Pendant ce temps, Dorian Gray est abordé par Angélique, une prostituée transgenre

02.03 *The Nightcomers* – Les visiteuses de la nuit
Vanessa raconte à Ethan comment elle a découvert l'existence des Visiteuses de Nuit. Alors qu'elle était hantée par les visions de Mina, elle a recherché de l'aide et a fini dans la maison de la Cureteuse de Bellantree, une sorcière bannie de son clan qui survit en se faisant payer ses potions et des avortements qu'elle pratique sur un lopin de terre du Devon que lui a légué Oliver Cromwell Diablo, mais à mesure qu'elle la côtoie, la Découpeuse prend conscience des pouvoirs et de l'intérêt que lui porte le Démon, mais aussi Evelyn Poole, qui se cache en attendant de pouvoir s'emparer de Vanessa

02.04 *Evil Spirit in Heavenly Places* – Les esprits démoniaques en des lieux célestes
Vanessa raconte finalement son histoire avec la Cureteuse à tout le groupe et font vite le lien avec le texte du Verbis Diablo. Les premières traductions de Lyle montrent que le texte ne serait pas qu'une prophétie racontée par un moine mais une transcription en plusieurs langues mortes des mémoires de Lucifer. Sir Malcolm aide à la traduction pendant que le lendemain, chacun vaque à ses occupations : Vanessa aide Frankenstein à choisir des vêtements de ville pour Lily, dont il est devenu très proche alors que Caliban commence à être séduit par la fille aveugle de son employeur ; Dorian Gray sort au grand jour avec son compagnon travesti. Alors que le détective Rusk découvre le crime des parents du bébé et comprend qu'il a affaire à des forces qui le dépassent, Ethan, inquiet avec le massacre du Mariner's Inn, croise la route de Hecate, une des sorcières, mais s'il la démasque, il croit qu'elle est une envoyée de son père.

02.05 *Above The Vaulted Sky* – Sous la voûte des cieux
L'attaque des sorcières sur la maison Murray pousse le groupe à renforcer leurs défenses par les armes, les fortifications et tous les sortilèges possibles. Mais l'emprise de Mme Kali sur Vanessa et Malcolm est puissante, Vanessa tourmentée par des visions et Malcolm sous le charme de sa nouvelle amante, qui en secret torture l'âme de Mme Murray afin de la pousser au suicide.La demande d'Ethan pour des balles spéciales attire l'attention du détective Rusk, qui soupçonne l'Américain de cacher sa vraie nature. Caliban est confus envers ses sentiments, essayant de séduire Lily mais se sentant plus à l'aise par la fille aveugle de son employeur, alors que Lily est attirée par celui qui se présente comme son cousin, Victor.

02.06 *Glorious Horrors* – Les horreurs sublimes
La nouvelle de la mort de Gladys Murray ébranle Vanessa, mais Malcolm le prend avec une étrange légèreté ; Vanessa et Sembene comprennent que quelque chose a changé chez lui. Dorian Gray décide d'organiser un bal pour officialiser sa liaison avec Angélique et invite autant de personnes qu'il peut : Vanessa, Malcolm et le Dr Frankenstein sont conviés et choisissent de venir accompagnés de Chandler, Miss Poole et Lily respectivement ; seul Chandler refuse l'invitation, traqué par Rusk. Au cours du bal, Dorian Gray reconnait Lily et décide de la séduire à nouveau. Au cours de la soirée, Vanessa se retrouve prise de visions devant les sorcières et perd connaissance. La même nuit, Chandler se fait, à sa demande, enfermer par Sembene dans la cave de la demeure de Murray où il se laisse aller à sa transformation.

02.07 *Little Scorpion* – Petit scorpion
Vanessa et Ethan s'enfuient de Londres et prennent retraite au cottage de l'Avorteuse, sur les landes.
Ils s'habituent rapidement à l'environnement,le temps passe et ils se rapprochent, lorsqu'une per-
sonne du passé de Vanessa refait surface : le baronnet qui a fait tuer la Découpeuse. Alors qu'Ethan
se dévouait pour l'assassiner, Vanessa décide d'utiliser un sort du livre interdit de la Découpeuse
pour que ses chiens le tuent. Ethan est en colère et déçu, car désormais, Vanessa a tué un homme.
Pendant ce temps, Lyle et le Dr Frankenstein en apprennent davantage sur les reliques du Verbis
Diablo. Victor laisse Lily vivre sa vie : elle passe une soirée avec Dorian Gray avant de se rendre dans
un bar, choisir un vieil homme et le tuer pendant l'amour.

— Chaman ; Spectre

02.08 *Momento Mori* – Momento Mori
Victor se perd dans la drogue alors que Caliban lui reproche d'avoir laissé partir Lily et que celle-ci
passe son temps entre Dorian Gray et le corps de ses victimes. Alors que Dorian la délaisse, Ange-
lique finit par découvrir la cache de la demeure de Gray et découvre son secret : il ne vieillit plus
depuis qu'un portait de lui le fait à sa place, devenant le reflet exact de son âme. Malcolm commence
à réaliser que son comportement a trop changé pour que ce soit naturel. Alors que la traduction du
Verbis Diablo révèle que le maître vampire était le frère de Lucifer, Evelyn Poole tente de prendre
possession de l'esprit de Malcolm, mais avec l'aide de Sembene, il parvient peu à peu à se libérer du
sort de la sorcière et jure vengeance. Il part seul l'affronter et se fait vite capturer. Evelyn lui offre une
chance de la rejoindre avant de le laisser affronter son pire cauchemar : la vengeance de sa famille
décédée. Pendant ce temps, Caliban réalise que Lily a parfaitement conscience de sa situation d'expérience de mort après la vie et ne fait que profiter de cette chance pour se venger de sa vie passée

— Apocalypse ; Mara ; Lillith

02.09 *And Hell Itself My Only Foe* – L'enfer est mon seul ennemi
Avec la disparition de sir Malcolm, Frankenstein rappelle Vanessa et Ethan pour les faire revenir à
Londres et préparer la contre-attaque ; la médium et le tireur laissent derrière eux le corps de Warren, qui les avait retrouvé mais qu'ils ont tué. Lyle avoue son double-jeu et préfère se ranger dans le
camp de Vanessa, craignant trop la puissance des sorcières. Ethan sait que Rusk est à ses trousses et
que la pleine lune approche, aussi veut-il repousser l'attaque à la journée du lendemain pour gagner
du temps. Hecate rend alors une visite secrète à Ethan pour le tenter et lui offrir une place aux côtés
du Diable, en tant que Lupus Dei. Quand Vanessa part seule dans la nuit, Victor, Lyle, Ethan et Sembene n'ont d'autre choix que de partir à son secours

— Sirène ; Pandore

02.10 *And They Were Enemies* - Et ils furent ennemis
Vanessa fait face au démon qui lui parle et lit en elle à travers la marionnette à son effigie créée par
Evelyn Poole. Le Diable lui fait miroiter ses plus profonds désirs, une vie de famille normale aux
côtés d'Ethan Chandler, mais alors qu'elle semble tentée, elle refuse et utilise le Verbis Diablo contre
la marionnette pour rompre son lien avec le Diable. Evelyn Poole sent alors sa jeunesse lui échapper
et tente de tuer Vanessa. Malcolm et Lyle tuent deux des sorcières avant de retrouver le corps sans
vie de Sembene et de quitter le manoir. De son côté, Caliban découvre que ses employeurs espèrent
sa coopération pour son freak show mais il préfère les tuer et laisser derrière lui leur fille aveugle
éplorée, alors qu'elle exprimait tout son mépris pour lui. L'heure est au bilan pour les différents
personnages : Malcolm retourne en Afrique rendre le corps de Sembene à son pays, Victor découvre
le couple déviant et immortel de Lily et Dorian Gray, qui le dévaste et le plonge encore plus dans
la drogue, Ethan préfère se rendre à la police plutôt que de fuir avec Vanessa et la mettre en danger
devant sa condition.

— Pentagramme

━━━━━━━━ SAISON 03 ━━━━━━━━

03.01 *The Day Tennyson Died* – Le jour où Tennyson est décédé
Sir Malcolm rencontre une mystérieux natif américain en Afrique. Frankenstein reçoit la visite d'un

ancien ami : le Dr Jekyl. Vanessa, quant à elle, cherche l'aide d'un intriguant et intéressant docteur

03.02 *Predators Far ans Near* – Prédateurs lointains
Lily et Dorian sauve une jeune femme. Sir Malcolm continue son séjour avec l'énigmatique Kaetenay, Ethan reçoit une aide inattendue de la part de Hecate. La relation entre Vanessa et Dr Sweet évolue, mais les forces du mal traquent le moindre de ses mouvements.

03.03 *Good ans Evil Braided Be* – Le bien et le mal entrent
Ethan accepte de faire route avec Hecate, bien qu'il ne lui fasse pas confiance et qu'il cerne mal ses motivations. Ils ont suivis dans le désert par Sir Malcolm et Kaetenay, mais également Rusk et la police américaine, qui suivent les morts laissés par Hecate pour la traversée à venir. Vanessa continue sa thérapie avec le Dr Seward, qui refuse de croire à l'existence des monstres qui la hantent. Pendant ce temps, Frankenstein découvre les miracles du sérum du Dr Jekyll et pense à les combiner à un choc électrique pour faire durer les effets. Dorian Gray et Lily initient Justine à leur vision du monde et en font la première recrue d'une armée de femmes assoiffées de vengeance sur la société

03.04 *A Blade of Grass* – Un brin d'herbe
Vanessa commence sa séance d'hypnose avec le Dr Seward et remémore le visage de la seule personne qui l'ait aidé pendant ses cinq mois en hôpital psychiatrique : le gardien de nuit, qui après sa mort deviendra Caliban. Cependant, le Diable s'est manifesté à travers lui pour la tourmenter. Lors de sa deuxième manifestation, Vanessa a pu assister à l'apparition, toujours à travers le gardien, des deux frères déchus par Dieu et rivaux : le Diable, qui souhaite son âme, et Dracula, qui désire son corps. Connaissant désormais ses ennemis, Vanessa s'est alors résolue à les combattre, mais les médecins ont préféré la trépaner. Le gardien, touché par la condition de Vanessa, a préféré donner sa démission. Le Dr Seward sort péniblement Vanessa de sa transe. Désormais, Vanessa se souvient du nom de son ennemi

03.05 *This World is Our Hell* – Ce monde, notre enfer
Hecate et Ethan avancent dans le désert, devenu aride, tout en étant poursuivis par Rusk et les marshalls, eux-mêmes rattrapés par sir Malcolm et Kaetenay. À mesure que l'eau vient à manquer, l'histoire d'Ethan se révèle : enrôlé de force dans l'armée par son père, il s'est retrouvé contraint de massacrer les Apaches un à un jusqu'à l'écœurement, mais Kaetenay lui a refusé le pardon et l'a forcé à s'attaquer aux ennemis des Apaches. Hecate profite de sa haine envers sa famille et les Apaches pour le tenter de rejoindre les rangs de Lucifer. Elle utilise le sang du Lupus Dei pour invoquer des crotales qui déciment les marshalls ; pendant l'attaque, Kaetenay est mordu. À Londres, Jekyll et Frankenstein parviennent à mettre au point un protocole combinant les domaines de recherche des deux hommes pour guérir un homme de sa rage meurtrière. Frankenstein retrouve l'espoir de récupérer Lily

03.06 *No Beast So Fierce* – Nulle bête plus féroce
Tandis que Rusk se rapproche dangereusement d'Ethan, Justine sème la discorde entre Dorian et Lily, et Vanessa gagne un nouvel allié contre le mal qui la pourchasse.

03.07 *Ebb Tide* – La mer se retire
Tandis que Lily, exaltée, charge sa légion de femmes d'une mission macabre, Vanessa fait un choix dangereux, et les visions de Kaetenay guident Ethan vers son destin.

03.08 *Perpetual Night* – Nuit perpétuelle
Alors qu'une épidémie apocalyptique s'abat sur Londres, Victor décide du sort de Lily, et Ethan se retrouve nez à nez avec le mal qui a séduit Vanessa.

03.09 *The Blessed Dark* – La nuit sacrée
Tandis qu'Ethan découvre une vérité insoutenable, la Créature fait face à un choix moral déchirant. Sir Malcolm et ses alliés s'attaquent au démon qui a ravi Vanessa

ROSWELL

Dans la petite ville de Roswell, la vie de Liz change le jour où Max, un étudiant de son lycée, utilise ses pouvoirs pour lui sauver la vie. C'est un extraterrestre, tout comme sa soeur Isabel et leur ami Michael.

01.01 La Révélation - Pilot
Liz est une étudiante discrète qui travaille au Crashdown. Alors qu'une dispute éclate entre deux clients, Liz est blessée par balle. Max, un étudiant qui se trouve là par hasard, court à son secours. La jeune fille se relève sans la moindre égratignure, Max lui avouera ensuite qu'il est un extraterrestre.

01.02 Soupçons - The Morning After
Une remplaçante arrive au lycée de Roswell, très vite son comportement semble suspect aux yeux de Max et Liz. Le secret de Max, Michael et Isabel semble menacé. D'autant plus lorsque le FBI vient confisquer tous les dossiers du shérif relatifs à la présence d'extraterrestres à Roswell.

01.03 Le Temps d'un rêve - Monsters
Le secret des extraterrestres devient de plus en plus lourd à porter pour Maria. Celle-ci est d'ailleurs sur le point de craquer lorsque le shérif la convoque au commissariat. Inquiets, Liz, Max et Michael l'attendent à la sortie de son rendez-vous. Par ailleurs, en se rendant à l'UFO center, Max obtient un poste lui donnant accès aux archives de Mr Milton.

01.04 Suis ton cœur - Leaving Normal
Liz se réjouit de la venue de Claudia, sa grand-mère dont elle est si proche. Quelques jours après son arrivée, Claudia fait une attaque et se retrouve à l'hôpital. Max est agressé par une bande de garçons qui lui demandent de rester éloigné de Liz. Max soupçonne Kyle et ses copains. Michael décide de venger son ami.

01.05 Le Journal intime - Missing
Liz a perdu son journal intime dans lequel elle confie tous ses secrets, notamment celui de Max. Maria soupçonne Alex de l'avoir volé pour découvrir ce que les filles lui cachent. Alors que le journal reste introuvable, Michael est toujours obsédé par sa dernière vision.

01.06 Le Mystère du dôme - 285 South
Un livre nommé Parmi nous conduit la bande à un dôme géodésique, où ils découvrent des informations qui pourraient bien leur révéler les origines de Max, Isabel et Michael.

01.07 Vers la lumière - River Dog
Le groupe finit par trouver une issue et s'enfuit avec des documents et un pendentif. Isabel fait le lien entre le symbole du pendentif et des symboles dessinés par Max. Rapidement ce symbole les conduit dans une grotte indienne où un vieillard, River Dog, leur fait des révélations

01.08 Sang pour sang - Blood Brother
Alors que Max emmène Liz découvrir son endroit préféré, ils ont un accident et Max reste inconscient. A l'hôpital, la bande s'inquiète de ce que pourrait révéler les analyses de sang. Liz demande alors de l'aide à Alex. Mais pour accepter, Alex aimerait en savoir plus.

01.09 Vague de chaleur - Heat Wave
La vague de chaleur, qui s'abat sur Roswell en plein mois de décembre, est propice aux flirts. Tandis que Michael et Maria « se lâchent «, Liz se pose des questions sur sa situation avec Max.

01.10 Question d'équilibre - The Balance
Max et Isabel s'inquiètent lorsque leur ami Michael tombe gravement malade. Liz, Maria et Alex les soutiennent dans cette épreuve.

01.11 Retour vers l'enfance - The Toy House
Max et sa mère discutent dans la cuisine quand un incendie se déclare. Max se sert de ses pouvoirs pour l'éteindre mais prétend l'avoir éteint avec de l'eau. Le shérif fait douter Mme Evans de cette hypothèse, elle décide alors de fouiller dans l'enfance de Max et y trouve des éléments troublants.

01.12 Le Message - Into the Woods
Un ovni est aperçu à proximité de la réserve indienne, Milton s'empresse d'en informer Max. C'est aussi le week-end camping père-enfants. Tous s'y retrouvent donc. Max et Isabel en profitent pour enquêter sur cet ovni. River Dog surprend Michael au beau milieu de la nuit et l'entraîne là où a été vu l'ovni.

01.13 Le Festival - The Convention
Une Convention sur les extraterrestres a lieu à Roswell. Cette manifestation rassemble un grand nombre de personnes, dont la curiosité a été éveillée par les événements qui se sont déroulés près de la réserve indienne... Everett Hubble, un chasseur d'extraterrestre se trouve parmi la foule...

01.14 Rendez-vous galant - Blind Date
Liz est la gagnante d'un concours radiophonique. Elle passera une soirée dans un restaurant chic avec l'homme de ses rêves... Dépités, Max et Kyle sont curieux de voir comment se déroule cette soirée...

01.15 Indépendance - Independence Day
Max remarque que Michael porte des traces de coups au visage. En l'interrogeant, il apprend que le père de Michael le bat depuis quelque temps. Max jure de ne rien révéler à Isabel mais il n'arrive pas à tenir sa promesse. Isabel conseille alors à Michael de quitter le domicile familial...

01.16 À fleur de peau - Sexual Healing
Lors d'un baiser passionné avec Max, Liz vit alors une étrange expérience : elle a l'impression d'être emportée dans un tourbillon et voit des étoiles. Ils renouvellent alors cette fabuleuse expérience. Cette fois, chacun a un flash...

01.17 Carte blanche - Crazy
Mlle Topolsky est de retour à Roswell pour prévenir la bande qu'un chasseur d'aliens s'est lancé à leur recherche. Elle leur conseille de ne pas se faire remarquer et d'agir comme des adolescents normaux...

01.18 Attirance fatale - Tess, Lies and Videotape
Max est irrésistiblement attiré par Tess Harding, la mystérieuse nouvelle amie d'Isabel...

01.19 Mise au point - Four Square
Isabel est troublée par le rêve récurrent qu'elle fait. Elle y est en effet très intime avec Michael... Tess, la nouvelle, continue d'intriguer tout le monde...

01.20 À la poursuite de Max - Max to the Max
Liz est prise en otage par Nasedo qui a pris l'apparence de Max...

01.21 Le Prisonnier - The White Room
Max est capturé par les agents spéciaux du gouvernement. Après l'expérience qu'elle a eu avec l'agent Pierce, Tess sait qu'il va vouloir l'étudier mais ne le tuera pas...

01.22 Un nouveau départ - Destiny
Grâce à la complicité du shérif Valenti, Max est sauvé. Mais Pierce continue de les traquer...

▬▬▬ SAISON 02 ▬▬▬

02.01 Cadmium-X - Skin and Bones
Un géologue expert débarque dans le bureau du shérif Valenti : alors qu'il effectuait des analyses dans le désert, au bord de la nationale, il a trouvé un os avec son détecteur de métal ! Valenti se demande si cette découverte n'a pas un lien avec la disparition de l'agent Pierce, dont il avait pourtant

brûlé le corps un an auparavant en présence de Max et Michael. L'agent Hanson décide de procéder à une investigation plus poussée sur les lieux où a été découvert l'os...

02.02 Situation de crise - Ask Not
Après avoir découvert le corps de Nasedo, Max court alerter Isabel et Tess. Tous trois emportent son cadavre et tentent d'utiliser les pierres de la chambre d'incubation pour le ramener à la vie. En vain. Max et ses amis sont maintenant seuls face à ce mystérieux ennemi...

02.03 Surprise - Surprise
Les amis d'Isabel lui organisent une petite fête surprise d'anniversaire au Crashdown. Malgré l'émotion plaisante qui règne au début de la soirée, Isabel se montre fortement perturbée quand elle a des hallucinations où elle voit Tess ligotée. Pour essayer de la détendre, Alex, déguisé en policier pour l'occasion, lui fait un strip-tease improvisé ! Cette initiative déplaît à Isabel, persuadée que Tess a des problèmes. Alors que les festivités s'achèvent sur une fausse note, Liz découvre que Mme Whitaker a intercepté à plusieurs reprises ses appels téléphoniques, et qu'elle pourrait être impliquée dans le meurtre de Nasedo...

02.04 Été 47 - Summer of '47
Michael a raté un contrôle d'histoire, car il était à la recherche du Granilithe. En guise de sanction, son professeur lui ordonne d'écrire la biographie de Hal Carver, un vieux monsieur qui fut l'un des témoins du crash de l'engin spatial à Roswell, durant l'été 1947...

02.05 La Fin du monde - The End of the World
Le Max du futur revient dans le présent pour avertir Liz d'une sombre prédiction. Si le jeune couple ne se sépare pas, Tess pourrait quitter la planète, qui serait alors menacée de chaos..

02.06 Décomposition - Harvest
Michael informe ses amis que Courtney fait partie du gang des Skins ; le député Whitaker aurait donc travaillé avec elle. La mort de ce dernier, assassiné par Isabel, est officiellement attribuée à un accident de voiture. Max croit que les Skins tentent ainsi de masquer la vérité pour empêcher le gouvernement de mener des investigations plus poussées...

02.07 Ville morte - Wipeout!
La ville de Roswell est déserte : toute la population semble s'être volatilisée. Max et ses amis sont convaincus que les skins sont à l'origine de cette disparition. Courtney leur apprend alors que les habitants de la ville ont été projetés dans des mondes parallèles...

02.08 À chacun son double - Meet the Dupes
Les doubles de Max, Isabel, Michael et Tess viennent sur Terre à l'occasion d'un sommet réunissant à New York les représentants des six planètes du système solaire. Le faux Michael tue le faux Max. Ces doubles doivent alors rencontrer leurs homologues afin de convaincre le vrai Max d'assister au sommet...

02.09 Négociations - Max in the City
Max Evans se rend avec Tess et les doubles de Michael et Isabel à New York pour assister au sommet. Restée à Roswell, Liz Parker se demande comment va évoluer sa relation avec Max. Elle révèle à Maria les prémonitions du Max du futur...

02.10 L'Esprit de Noël - A Roswell Christmas Carol
Un homme est renversé par une voiture en tentant de protéger sa fille. Témoin de la scène, Max refuse d'utiliser ses pouvoirs pour ressusciter ce père de famille car il prendrait le risque de dévoiler son identité...

02.11 Servir et protéger - To Serve and Protect
Isabel a des visions concernant une certaine Laurie Dupree, qui a été enterrée vivante, à Roswell. Elle en informe son frère Max, ainsi que le shérif Valenti. Tous les trois vont essayer de localiser la jeune

fille, avant qu'il ne soit trop tard...

02.12 Laurie - We Are Family
Sauvée par Max et ses amis, Laurie Dupree, qui avait été enterrée vivante, est maintenant hospitalisée. Mais lorsque Michael cherche à la voir, elle a disparu. Le shérif, qui les a aidés, est suspendu jusqu'à la réunion du conseil municipal pour n'avoir pas respecté la procédure habituelle. C'est l'agent Duff qui est chargé d'enquêter sur cette affaire...

02.13 Le Côté humain - Disturbing Behavior
Laurie, la femme qui avait été enterrée vivante, et que Max et ses amis ont sauvée, est persuadée qu'elle a été attaquée par des extraterrestres. Max a découvert qu'elle s'est enfuie de l'hôpital. Isabel le rejoint et, avec Michael, ils tentent d'en savoir plus sur son passé. Qui est vraiment Laurie ?

02.14 Oxygène - How the Other Half Lives
Laurie apprend à Michael que son grand-père lui a transmis une anomalie génétique qui pousse les aliens à s'intéresser à elle. Ils recherchent, en effet, un porteur pour infecter les humains. Par ailleurs, Grant, que traquent Valenti et Duff, enlève Isabel...

02.15 Viva Las Vegas - Viva Las Vegas
Durant la nuit, Max reçoit la visite de Michael, à qui les Dupree ont donné de l'argent pour qu'il interrompe ses recherches sur le grand-père de Laurie. Avec cette somme, Michael veut s'offrir un week-end à Las Vegas, en compagnie de tous ses amis, afin de ne plus penser aux cauchemars qui le hantent. Seule Liz hésite...

02.16 Haute tension - Heart of Mine
Liz et Sean ont rendez-vous pour dîner. La soirée finit par un tendre baiser. De son côté, Max plonge dans son passé, sur sa planète, et se souvient de sa relation avec Tess...

02.17 Mauvais Choix - Cry Your Name
Alex est tué dans un accident de voiture. La nouvelle touche particulièrement Isabel. L'enquête conclut à un suicide, mais Liz réfute cette conclusion. L'équipe décide d'en savoir plus...

02.18 Mort suspecte - It's Too Late and It's Too Bad
Liz continue son enquête sur la mort mystérieuse d'Alex. Elle pense avoir trouvé une piste en la personne de Leanna, l'ancienne petite amie du disparu quand il séjournait en Suède...

02.19 Trop tard - Baby, It's You
Tess apprend à Max qu'elle est enceinte de lui. Il l'avoue à sa sœur Isabel... Liz et Maria avec l'aide de Michael continuent leur enquête sur le campus et trouvent des choses très intéressantes.

02.20 Vérité cachée - Off the Menu
L'extraterrestre Larek s'est introduit dans le corps de Brody Davis pour assister au sommet de New York. Brody ne se sent plus lui-même. Il menace de contacter le FBI si Max ne lui dit pas toute la vérité. A bout de nerfs, il prend en otages des individus dans l'UFO Center...

02.21 Le Départ - The Departure
Max, Isabel, Michael et Tess ont pris leur décision : ils vont quitter la Terre et rejoindre leur planète. Bouleversée, Liz accepte de voir partir celui qu'elle aime : il doit suivre son destin. Max, cependant, est partagé entre son désir de sauver son enfant, qui ne peut vivre sur Terre, et celui de rester auprès d'elle...

■■■■■■ SAISON 03 ■■■■■■■■■■

03.01 Hold-up - Busted

Max, hanté par l'image de son fils disparu, entraîne Liz dans une recherche effrénée de l'enfant. Leur enquête les mène à un supermarché où se dissimule un vaisseau spatial. Le couple, dénoncé par un mystérieux informateur, est arrêté pour tentative de hold-up. De son côté, Isabel poursuit une liaison clandestine avec Jesse, un bel avocat. Michael est, quant à lui, très occupé à mettre de l'ordre dans sa vie...

03.02 Pris sur le vif - Michael, the Guys and the Great Snapple Caper
Michael, tout fier d'avoir décroché un poste de vigile, déchante vite. Sa maladresse lui vaut d'être prestement limogé par son employeur. De son côté, Kyle est désormais seul à assumer les dépenses de sa famille depuis que son père a perdu sa plaque de shérif. Après plusieurs mois sans rien faire, il décide de se lancer dans une carrière musicale avec un groupe local, au grand désespoir de son fils. Max et Liz continuent à se voir malgré le désaccord de leurs parents...

03.03 Décisions délicates - Significant Others
Aidée par le fantôme d'Alex, Isabel surmonte ses peurs et assume ses sentiments envers Jesse. Maria, délaissée par Michael, a la surprise de le retrouver au bowling et de découvrir un aspect de sa personnalité qui lui était totalement inconnu. De leur côté, Max et Liz affrontent le père de la jeune femme qui désapprouve leur relation...

03.04 La Traque - Secrets and Lies
Max part enquêter à Hollywood où un meurtre a été commis. Il est persuadé que l'auteur en est un extra-terrestre. Ses investigations le conduisent dans les studios de la Paramount, sur le plateau d'une production fantastique : « They are among us ». Et contre toute attente, le jeune homme se retrouve à auditionner pour interpréter le rôle d'un extra-terrestre dans un épisode de la série « Star Trek ». Le producteur Jonathan Frakes remarque ses talents d'acteur...

03.05 Un monde impitoyable - Control
Max demande à Kal Langley de l'aider à retrouver son fils : il est le seul à pouvoir localiser le vaisseau et surtout à savoir le piloter. Mais son ancien protecteur se met en colère et refuse catégoriquement de l'épauler. Il le menace même violemment... Isabel annonce ses fiançailles à ses proches. Une nouvelle qui sidère sa mère, Diane, et ses amies. Toutes essaient de la dissuader d'épouser Jesse. En vain. Isabel attend patiemment le retour de Max pour lui faire part de l'événement. Diane, fébrile, l'appelle sur son portable : il doit convaincre sa sœur de renoncer à ce mariage. Mais l'arrivée inopinée de Langley met fin à cette conversation. Max, au cours de sa discussion avec Kal, s'aperçoit qu'il peut lui donner des ordres...

03.06 Invité surprise - To Have and to Hold
À quelques jours de son mariage avec Jesse, Isabel rêve qu'elle embrasse langoureusement un homme autre que son futur époux. Perturbée, elle se confie à Kyle. De leur côté, Max - qui a accepté d'être le témoin des mariés - et Michael parviennent à prélever une goutte du sang de Jesse et décident d'analyser cet échantillon...

03.07 Lune de miel - Interruptus
Isabel et Jesse partent en voyage de noces dans une station balnéaire californienne. Jaloux, Kivar les rejoint et tente de droguer Jesse... Pendant ce temps, Michael et ses amis questionnent Kyle au sujet de Kivar, dont le comportement les intrigue. Max leur révèle que, dans leur autre vie, l'alien les avait tués avec la complicité d'Isabel. Grâce aux scientifiques, ils ont pu être ramenés à la vie...

03.08 Fausse Note - Behind the Music
Maria reçoit la visite de son amour de jeunesse, Billy Darden. Ces retrouvailles permettent à la jeune femme de renouer avec sa passion pour la musique. Pendant ce temps, le père de Max continue ses recherches alors qu'Isabelle et Jesse emménagent dans leur nouvel appartement...

03.09 Le Monde de Samuel - Samuel Rising
Les fêtes de Noël approchent... Au Crashdown, un jeune autiste, Samuel, s'approche de Max en

l'appelant «papa». Max est alors persuadé que son propre fils essaie d'entrer en contact avec lui par le biais de cet enfant... Isabelle a, qui tente de trouver un père Noël pour sa soirée caritative, décrète que Maria et Liz joueront le rôle des elfes... Jim annonce à Kyle qu'il a invité une fille pour le réveillon...

03.10 Enigma - A Tale of Two Parties
C'est le réveillon du jour de l'an. Pour l'occasion, une fête se déroule dans la ville : Enigma. Il s'agit de trouver des indices dispersés un peu partout, une sorte de chasse au trésor. Maria, Max, Kyle et Isabel se rendent au lycée où se trouve le premier indice. Cependant, ils se fourvoient pour le 2e indice... Entre-temps, Michael est pris d'une violente crise : il est hypersensible et tous ses sens sont développés. Il n'est plus en mesure de contrôler ses pouvoirs. Quel est l'origine de ce mal ?

03.11 J'ai épousé une extra-terrestre ! - I Married an Alien
Isabel est inquiète : elle a découvert que l'ami journaliste de Jesse enquête sur elle ainsi que sur Max et Michael. Il a vu ce dernier utiliser ses pouvoirs ! Elle se met à imaginer ce que serait sa vie si son mari savait qu'elle était une extra-terrestre...

03.12 Symptômes - Ch-Ch-Changes
Liz découvre qu'elle est en train de se transformer en extraterrestre au contact de Max. Aussi décide-t-elle de quitter Roswell pour s'installer dans un pensionnat du Vermont... De son côté, Maria se voit proposer un contrat par une maison de disques new-yorkaise...

03.13 Panacée - Panacea
En raison de réduction d'effectifs chez Meta-Chem Pharmaceutique, les agents de sécurité ne sont plus que deux la nuit, Mickael fait équipe avec Monk. Tandis que Maria, à New York, tente une carrière de pop star, Liz, elle, découvre la vie de pensionnaire qu'elle a choisie avec l'espoir de redevenir une jeune fille normale en s'éloignant de son entourage et de Max. Le meurtre de Monk lors d'une ronde de surveillance déclenche des événements que les trois adolescents de Roswell ont du mal à contrôler, malgré l'aide de Valenti. De même Liz s'aperçoit qu'elle maîtrise difficilement ses sentiments pour Max et les pouvoirs qu'il lui a transmis...

03.14 La Blessure - Chant Down Babylon
En forçant Max à utiliser ses pouvoirs sur Clayton, son vieux mari agonisant, Iris Wheeler, propriétaire de Meta-Chem, provoque la mort du jeune homme. Arrivés trop tard pour sauver Max, Isabel et Michael sont la cible des hommes d'Iris. Au cours de cette altercation, Isabel est gravement blessée. Michael révèle alors à Jess décontenancé que sa femme n'est pas humaine. Pendant que celle-ci se débat entre vie et trépas, Clayton comprend qu'outre la jeunesse, il a également hérité du corps de Max et de ses sentiments pour Liz. Une ambiguïté qui, après avoir charmé Iris, pique sa jalousie...

03.15 Le Nouveau Roi - Who Died and Made You King?
Découvrir qu'il a épousé une extra-terrestre affecte Jesse au point de consulter le docteur Weiss, un psychanalyste. Michael craint que celui-ci ne révèle la vérité au thérapeute. Réalisant qu'il porte en lui le sceau royal d'Antar, il se voit investi des pleins pouvoirs de Max et décide d'agir seul. Son injonction brutale à Weiss, sommé de ne plus recevoir Jess, a un effet désastreux. Affolé, le médecin prévient le FBI...

03.16 Crash - Crash
Témoin d'une collision en plein ciel entre deux appareils, Michael est convaincu que Griffin, le pilote de l'avion de chasse, n'est pas mort dans le crash. C'est pourtant ce que l'armée de l'air s'efforce de faire croire au public et à la presse, qui pensent voir une nouvelle affaire d'ovni. Écœurée par les mensonges du major Carlson, Connie, la fille de Griffin, se fie à Michael. Ils se font fort de retrouver son père...

03.17 Quatre Extraterrestres et un couffin - Four Aliens and a Baby
Le vaisseau spatial qui a percuté l'avion de Griffin est au secret à la base Rogers. Lorsqu'un bébé apparaît dans l'habitacle de l'étrange appareil, le laboratoire est soudain le théâtre d'un carnage. L'enfant

disparaît ; ordre est donné de le retrouver. Roswell est sous haute surveillance de l'armée. Chez les Evans, l'ambiance n'est pas moins tendue. Mis en demeure par leurs parents de s'expliquer, Isabel et Max lèvent le voile sur leur ascendance extra-terrestre quand Tess fait irruption. Elle porte dans ses bras le fils qu'elle a eu avec Max. C'est elle qui pilotait le vaisseau...

03.18 Vers le futur - Graduation

Depuis son retour à Roswell Liz a repris son histoire avec Max. La mort de Tess dans l'explosion de la base Rogers lui permet d'envisager un avenir serein. Brutalement pourtant elle est prise de visions qui lui révèlent l'avenir. L'une d'elles présage de sa mort et celle de ses amis au cours d'une prochaine convention sur les ovnis. Après délibération, le petit groupe décide de quitter Roswell à la suite de la remise des diplômes. Le destin reste implacable, mais, ensemble, les amis sauront le maîtriser...

   Le guide des épisodes des geeks

SLIDERS LES MONDES PARALLÈLES

S01E01 - Monde selon Lénine (part 1)
Quinn, étudiant surdoué, n'en croit pas ses yeux. Dans son laboratoire de fortune, des forces magnétiques surgissent de nulle part, laissant apparaître un «trou» cosmique. Il sait qu'un évènement extraordinaire l'attend. Avec Wade, sa meilleure amie, et Maximilian, son professeur de physique, Quinn va tenter une expérience hors du commun. Après quelques secondes d'appré-hension, tous trois franchissent le «passage»

S01E02 - Monde selon Lénine (part 2)
Après avoir réussi à expédier plusieurs objets à travers le tunnel ouvert par son appareil, Quinn décide de franchir le vortex. L'expérience terminée, il revient dans son laboratoire et constate, à sa grande surprise, qu'il a un double. Celui-ci est parvenu à résoudre l'équation du voyage interdimensionnel, rendant possible le passage dans des mondes parallèles...

S01E03 - Un monde sans maladie
Les voyageurs se retrouvent dans un monde paradisiaque, où, suite à la découverte de gisements de pétrole, l'argent coule à flots dans les rues de San Francisco. Mais ils doivent poursuivre leur chemin, et c'est ainsi qu'ils se retrouvent dans une dimension ravagée par la maladie, sans aucun médicament pour enrayer le virus Q...

S01E04 - Fin du monde
Les glisseurs arrivent dans un monde qui s'apprêtent à être détruit par une météorite. Le sort de la planète ne dépend plus que du professeur Arturo et d'un jeune scientifique...

S01E05 - Un monde très « British «
Les voyageurs s'échappent d'un monde parallèle sur le point d'être englouti par un raz de marée, et se retrouvent dans une autre dimension, où l'Angleterre est sortie vainqueur de la Révolution, et où les Etats-Unis d'Amérique s'appellent les Etats Britanniques d'Amérique ! Arturo Francisco a mis au point un plan malicieux pour tuer l'héritier de la Couronne, le Prince Harold, qui n'a pas de descendance. Son geste provoquerait donc la fin de la monarchie...

S01E06 - Un monde hippie
Imaginez des mondes cachés dans des dimensions parallèles qui vivent tout ce qui aurait pu advenir à l'homme Imaginez un monde où les Soviets ont gagné la Guerre Froide, un monde sans antibiotiques, un monde où les rôles homme/femme sont inversés... Imaginez maintenant un jeune génie nommé Quinn Mallory qui a réussi à construire une machine qui permet de voyager au sein de ces dimensions parallèles qu'il explore en compagnie de son mentor, le professeur Maximillian Arturo, son amie Wade Wells et le musicien Rembrandt Brown...

S01E07 - Monde de l'intellect
Quinn prend la place de son double dans un monde où les scientifiques sont beaucoup plus populaires que les sportifs.

S01E08 - Un monde au féminin
Les glisseurs attérrissent dans un monde gouverné par les femmes et où les hommes sont considérés comme le «sexe faible».

S01E09 - Un monde pour Rembrandt
Rembrandt est pris pour son double qui fut dans ce monde une légende de rock tragiquement disparu. Cependant, un vieil ennemi est bien décidé à le voir disparaître définitivement.

S01E10 - Un monde parfait
Nos aventuriers arrivent dans une dimension parallèle, qui semble être un véritable paradis : tout le monde est gentil, et les rues sont particulièrement calmes.

S02E01 - Un monde mystique
Alors que nos voyageurs errent dans l'espace-temps, Quinn se blesse accidentellement...

S02E02 - Un monde sans homme
Nos 4 glisseurs arrivent sur un monde où un virus à éliminer la plupart des hommes. La planète est alors dominé par les femmes. Quinn, Arturo et Rembrandt sont très vite repérés par les autorités de San Francisco qui les enferment dans un centre de reproduction où tous les hommes doivent contribuer à la repopulation de la ville. Ils arrivent à s'échapper mais Arturo est attrapé par les Australiens qui eux aussi ont besoin de reproducteurs alors que Quinn va peut-être répondre aux attentes d'une femme mûre. C'est Wade qui va s'employer à faire libérer Arturo...

S02E03 - Un monde sans technologie
Pendant un voyage, un éclair s'abat sur le vortex et endommage l'horloge. Les glisseurs se retrouvent alors dans un monde sans technologie, et Quinn, enfermé et invisible aux yeux des autres tente de se libérer grâce à une jeune fille qui entend des voix...

S02E04 - Un monde impitoyable
Nos aventuriers débarquent dans une dimension où les Etats-Unis portent le nom de République du Texas, et où le monde des affaires est aux mains de solides cow-boys... En état de légitime défense, Quinn se voit dans l'obligation d'abattre l'un d'eux. Au lieu d'être arrêté pour meurtre, il est poursuivi par des chasseurs de têtes qui veulent l'engager à prix d'or...

S02E05 - Un monde carcéral
Les glisseurs arrivent dans un monde où San Francisco est une prison de haute sécurité...

S02E06 - Un monde sans constitution
Quinn et ses amis glissent dans un monde où le 5e amendement n'existe pas. Un homme se bat pour la constitution et il va recevoir l'aide des glisseurs.

S02E07 - Monde des dinosaures
Les glisseurs arrivent dans monde où les dinosaures existent encore. Ils sont alors menacés par l'un d'entre eux.

S02E08 - Un monde de renommée
Les aventuriers débarquent dans une autre dimension... Persuadés qu'ils sont de retour chez eux, les quatre voyageurs se mettent à la recherche de leurs familles et amis.

S02E09 - Un monde clairvoyant
Les voyageurs de l'espace-temps atterrissent dans un monde où tous les habitants sont dotés de dons de voyance. Un individu, à l'allure sympathique, décide de faire de Wade son épouse. Après avoir réfléchi à la question, la jeune femme refuse, car elle sait que si elle unit sa vie à un étranger, elle ne rentrera jamais chez elle...

S02E10 - Un monde incorruptible
Les glisseurs arrivent dans un monde contrôlé par la mafia.

S02E11 - Un monde de jeunes
Les glisseurs arrivent dans un monde où le pouvoir n'appartient qu'aux jeunes, les personnes âgées sont quant à elles mises àl'écart.

S02E12 - Un monde d'envahisseurs
Les glisseurs arrivent dans un monde dévasté. Ils sont soudain attaqués par un vaisseau... piloté par un mi-singe, mi-homme.

S02E13 - Monde de Chronos
Dans ce monde, la flèche du temps ne se pointe pas vers le futur mais vers le passé.

S03E01 - Un monde de jeux mortels
Malgré leur refus, les voyageurs du temps sont contraints de participer à un jeu dangereux, dans lequel les participants doivent choisir leurs armes. Il s'agit d'une simulation de guerre, mais l'on peut y perdre réellement la vie

S03E02 - Un monde sans ressource
Les «Sliders» émergent dans un nouveau monde où l'énergie se fait rare. Ils se font piéger par une scientifique, Logan St-Clair, qui travaille également sur le projet «Sliders»

S03E03 - Un monde de tornades
Les glisseurs se retrouvent dans un monde où les tornades se produisent à répétition. Ces tornades brouillent le minuteur et les glisseurs ne peuvent plus glisser....

S03E04 - Un monde retrouvé
Ce monde ressemble à la terre d'origine des glisseurs, à une différence près, les évènements surviennent avec 12 années de retard.

S03E05 - Un monde obsédant
Les sliders doivent lutter contre les «Maîtres des rêves» qui dirigent la dimension en manipulant les fantasmes de ses habitants.

S03E06 - Un monde d'eau pure
Difficile de vivre dans un monde sans eau... Mais l'espoir renaît quand les sliders rencontrent Devin qui possède le pouvoir de détecter les sources.

S03E07 - Un monde enchanté
Le monde dans lequel se retrouvent les sliders est dirigé par des druides aux pouvoirs magiques. Quinn et ses amis doivent affronter le sorcier Gareth qui a tué les Mallory de cette dimension.

S03E08 - Un monde de feu sacré
Sans s'en apercevoir, les glisseurs emmènent dans une autre dimension une créature de feu qui provoque d'importants dégâts.

S03E09 - Un monde de partage
Dans ce monde, ce sont les hommes qui tombent enceintes. Rembrandt fait partie de l'un d'entre eux.

S03E10 - Un monde de justice médiatique
A peine arrivé sur une nouvelle Terre, Quinn est pris pour le double qu'il remplace et s'apprête à être jugé... au cours d'un jeu télévisé, dont le public détermine l'issue du procès.

S03E11 - Un monde d'androïdes
Un bien horrible monde que celui où viennent d'atterrir les Sliders : tous les humains y ont en effet été remplacés par des robots, dont le créateur a décidé de s'en prendre à Quinn et à Rembrandt...

S03E12 - Un monde endetté
Bienvenue dans ce gigantesque centre commercial, où les gens sont obligés de dépenser jusqu'à 80 % de leur salaire, sous peine d'être jetés en prison...

S03E13 - Un monde de stress
Les sliders arrivent dans un monde dans lequel, Arturo, suite à un lavage de cerveau, se prend pour Sherlock Holmes, et enquête sur une série de meurtres, qui se révèlent bientôt bien loin d'être desti-

nés à divertir les gens...

S03E14 - Un monde de pyramides
Arturo, Rembrandt et Wade se retrouvent enfermés dans une pyramide en même temps qu'un vilain scarabée, tandis que Quinn et le minuteur ont disparus...

S03E15 - Un monde d'éternelle jeunesse
Dans le nouveau monde visité par les Sliders, personne ne semble avoir plus de 35 ans...

S03E16 - Un monde d'exode (1)
Dans la salle de contrôle d'un satellite, un officier militaire reçoit des informations inhabituelles, qu'il transmet aussitôt au scientifique, le docteur Jariabek : le satellite a décelé un objet qui serait en train de pénétrer dans l'espace intersidéral du système... Avant d'avoir terminé sa conversation, l'officier est assassiné... Les voyageurs du temps atterrissent en Russie, dans une ville où tous les habitants se sont réfugiés dans des abris... Une voiture arrive à vive allure, fait une embardée et prend feu. Les voyageurs se précipitent au secours du conducteur, qui n'est autre que Jariabek. Il veut les mettre en garde contre quelque chose mais, trop tard, il décède des suites de ses blessures

S03E17 - Un monde d'exode (part 2)
Les Sliders arrivent dans un monde sur le point de disparaître, et doivent aider les gens à glisser rapidement vers une autre terre...

S03E18 - Un monde de zombies
Toujours à la recherche du colonel Rickman, les glisseurs découvrent un monde où un virus afait des gens des hordes de zombies. En plus, Quinn est mordu par l'un d'eux...

S03E19 - Un monde alien
Un symbiote qui s'infiltre dans le corps des gens pour prendre leur contrôle prend possession de Maggie...

S03E20 - Un monde de nécrophage
Chaque nuit, Wade est en proie à d'horribles cauchemars, dans lesquels lui apparaissent d'hideuses créatures venues d'un monde souterrain... Les voyageurs du temps atterrissent dans une forêt où ils rencontrent une étrange tribu. Tout à coup, le sol s'entrouvre dans un fracas épouvantable, et Wade est happée dans la faille, qui se referme aussitôt

S03E21 - Un monde de brume
Les Sliders arrivent dans un monde où la brume épaisse est toxique pour les humains...

S03E22 - Un monde de trafic
Quinn et Rembrandt, à bord d'un avion, s'écrasent dans la jungle en compagnie de leur cargaison : deux serpents...

S03E23 - Un monde de déjà vu
Les Sliders doivent venir en aide aux gens qu'ils avaient placé en sécurité, car ils ont des problèmes causés par des dinosaures...

S03E24 - Un monde selon Stocker
Une foule compacte attend avec impatience qu'un groupe de rock fasse son entrée sur scène.

S03E25 - Un monde hybride
Les voyageurs du temps échouent en pleine mer. Alors qu'ils rejoignent la côte à la nage, ils réalisent que la Californie est devenue un archipel. Se sentant observés, ils remarquent qu'ils sont suivis par une étrange créature.

SAISON 04

S04E01 - Un monde sous tutelle

Trois mois après avoir été séparés de Rembrandt et de Wade, Quinn et Maggie arrivent enfin à retourner sur Earth Prime. Hélas, une mauvaise surprise les attend : leur monde a été envahi par les Kromaggs. Rembrandt et Quinn ont été emprisonnés, quant à Wade, elle aurait été emmenée sur une Terre parallèle afin de subir des expérimentations de croisements entre les Kromaggs et les humains.

S04E02 - Un monde de faux prophètes

Le monde visité par les Sliders est dominé par la religion, qui pousse certaines personnes à franchir une sorte de vortex, en réalité un incinérateur, après avoir donné toute leur fortune à un homme qu'ils adorent...

S04E03 - Un monde de cobayes

Les glisseurs s'évadent d'un monde où Rembrandt allait être offert en sacrifice, pour se faire capturer dans un autre où les Kromaggs règnent en maîtres... Alors qu'ils espèrent trouver un indice pour tenter de retrouver la trace de Wade, on leur confisque le minuteur...

S04E04 - Un monde virtuel

Les Sliders arrivent dans un monde où la réalité virtuelle fait partie du quotidien. Maggie, qui a subi un accident suite à une explosion, se retrouve branchée sur un appareil de réalité virtuelle. Cependant, les intentions des personnes qui l'ont recueillie ne sont pas des meilleures, et le secret de la glisse, au travers de son esprit, risque d'être dévoilé et utilisé à des fins douteuses.

S04E05 - Un monde surpeuplé

Les Sliders atterrissent dans un monde vide de population, où règne le chaos le plus total. Quinn découvre un journal dans lequel est écrit que la population a quitté ce monde le jour même où il a commencé à glisser. En visitant le sous-sol de la maison des Mallory, les Sliders comprennent que tout l'équipement de glisse a été détruit. Quinn va alors faire la rencontre de son double, qui est à l'origine de cette étrange situation.

S04E06 - Un monde fraternel

Quinn finit enfin dans un monde vivant selon les traditions Amish, par retrouver son frère, Colin Mallory. Il semble être très mal vu par les habitants de la communauté, qui le traitent entre autre de nécromancien, alors que lui passe tout son temps à inventer deltaplanes et autres machines...

S04E07 - Un monde heureux

Les Sliders arrivent dans un monde où toutes sortes de drogues semblent avoir été légalisées, et dont l'usage est même ouvertement encouragé.

S04E08 - Un monde fantomatique

Afin d'échapper à une pluie acide, les Sliders doivent se réfugier dans un hôtel, dont les clients ont, semblent-ils, une fâcheuse tendance à s'enfuir. Alors qu'il est resté seul dans la chambre tandis que les autres sont descendus au bar, Colin a la visite du fantôme d'un petit garçon...

S04E09 - Un monde sans issue

Les Sliders arrivent dans un monde où une atmosphère toxique a anéanti toute forme de vie, et ont le malheur de tomber dans un étrange labyrinthe hors duquel il est impossible de glisser. Ils vont alors découvrir sur leur chemin des Kromaggs et d'étranges créatures semi-humaines.

S04E10 - Un monde dévasté

Après un saut en avion, Quinn s'est blessé à la tête. Colin part donc, dans le nouveau monde inconnu, à la recherche de secours. Une jeune femme lui vient en aide...

S04E11 - Un monde de répression

Dans le monde où arrivent nos aventuriers, le nazisme s'est étendu à toute le surface du globe. Rembrandt est bientôt capturé par des racistes. Le groupe rencontre également un jeune homme, à qui l'on annonce que la mère serait impure...

S04E12 - Un monde inhumain
Les Sliders arrivent dans un monde paradisiaque mais qui se révèle vite être un véritable terrain de chasse à l'homme qui sert d'entraînement aux Kromaggs. Ils y retrouvent une jeune femme, une des seules rescapées de la race humaine qui doit tenter d'échapper aux armes meurtrières des Kromaggs.

S04E13 - Un monde télévisé
Les Sliders glissent dans un monde où les médias et la télévision plus particulièrement semblent avoir une place importante.

S04E14 - Un monde de retrouvailles
Les Sliders arrivent dans un monde où une jeune femme, Christina, s'est échappée d'un camp d'élevage Krommagg avec son bébé, moitié humain, moitié Krommags. Christina a connu Wade, qui était elle aussi prisonnière. Ils retrouvent les coordonnées du monde dont Christina est originaire, mais glissent avant de pouvoir découvrir où Wade a été envoyée.

S04E15 - Un monde connecté
Le groupe de quatre glisseurs se divise en deux après la glisse : Colin et Maggie se retrouvent dans la rue et Quinn et Rembrandt sont coincés à l'intérieur d'un bâtiment. Un jeune homme tente de s'introduire dans le bâtiment mais trois hommes sont à sa poursuite. Heureusement, Colin et Maggie arrivent à les faire fuir. Il s'agit d'un monde dans lequel les personnes connectées au réseau principal, «les inliners», dirigent la société, et dans lequel les «offliners», au contraire, sont condamnés à vivre dans des ghettos.

S04E16 - Un monde robotisé
Les Sliders tombent dans un monde où la technologie a été prohibée. Quinn, Colin et Rembrandt ont malheureusement glissé à leur insu avec le double de Maggie de la Terre précédente ! La vraie Maggie est donc coincée dans l'autre monde, dans lequel l'Union Soviétique est en guerre avec les Etats-Unis. Elle ne tarde pas à comprendre que son double est soupçonnée d'espionnage.

S04E17 - Un monde de synthèse
Les Sliders arrivent dans un monde où la population semble totalement vidée de toute conscience. De retour à l'hôtel Chandler, ils font la connaissance du propriétaire, Archibald Chandler, qui fait preuve d'une sollicitude particulière : il assouvit tous leurs désirs, tant qu'ils restent à l'hôtel ! Les Glisseurs comprennent qu'ils sont en réalité à l'extérieur de l'hôtel mais qu'un ordinateur simule tout le décor qui les entoure. Tels des hologrammes prisonniers dans cet environnement virtuel, ils tentent de se sortir des griffes du propriétaire de l'hôtel.

S04E18 - Un monde cupide
Les Sliders voyagent - une fois n'est pas coutume - en diligence afin de se rendre dans une villerestée à l'âge du far west. Mais alors qu'ils tentent d'échapper à une attaque, Colin tombe de la diligence. Quinn est inquiet à l'idée de ne pas le retrouver...

S04E19 - Un monde de clones
Quinn est pris pour un clone dans un monde où ceux-ci sont élevés afin de permettre les dons d'organes. On veut lui prélever ses yeux. Ses amis viennent pour le délivrer, mais s'aperçoivent peu après qu'ils n'ont libéré qu'un clone...

S04E20 - Un monde d'élus
Après avoir sauvé une fillette, qui aurait dû sauter dans un gouffre pour s'offrir en sacrifice, nos glisseurs comprennent qu'ils sont dans un monde où le bien-être qui semble s'emparer d'eux risque de leur ôter l'envie de repartir...

S04E21 - Un monde en déroute
A leur arrivée dans un nouveau monde, Rembrandt et Colin s'aperçoivent qu'ils sont séparés de Quinn et Maggie. Lorsque ceux-ci finissent par les rejoindre, Rembrandt et Colin trouvent que ce

monde en guerre est également des plus étranges...

S04E22 - Un monde d'illusions

Après un séjour dans un monde de géants, les glisseurs débarquent dans un nouveau monde où ils vont rester 624 heures. Mais le temps leur paraît interminable en attendant.

S05E01 - Un monde sans ancrage

Quinn, Rembrandt, Colin et Maggie sautent dans le vortex après s'être battus contre un ennemi. Mais à la sortie du tunnel, Colin et Quinn ont disparu ! Rembrandt et Maggie se retrouvent face à un inconnu qui prétend être Quinn, mais qui ne comprend pas bien ce qui lui est arrivé...

S05E02 - Un monde de fluctuations quantiques

Le nouveau groupe de glisseurs est donc maintenant composé de Rembrandt, Maggie, Mallory et Diana Davis. Mallory est en proie à une véritable crise d'identité, tiraillé par les deux personnalités de Quinn qui persistent en lui...

S05E03 - Un monde en guerre

Les Sliders arrivent dans un monde où la population semble totalement vidée de toute conscience. De retour à l'hôtel Chandler, ils font la connaissance du propriétaire, Archibald Chandler, qui fait preuve d'une sollicitude particulière : il assouvit tous leurs désirs, tant qu'ils restent à l'hôtel ! Les Glisseurs comprennent qu'ils sont en réalité à l'extérieur de l'hôtel mais qu'un ordinateur simule tout le décor qui les entoure.

S05E04 - Un monde loin des barbares

Les Sliders arrivent en pleine campagne, dans un décor de Far-West. Conduits en diligence en ville, ils sont attaqués par une bande de mercenaires dirigés par un certain Mister Kay. La diligence part en laissant Colin seul, alors qu'il est blessé. Ses amis tentent de prévenir le shérif de la ville mais ce dernier ne semble pas très coopérant : il procède à un chantage douteux, et Maggie est alors obligée de remplacer la chanteuse du saloon !

S05E05 - Un monde de félicité illusoire

Les Sliders arrivent dans un monde où la population semble totalement vidée de toute conscience. De retour à l'hôtel Chandler, ils font la connaissance du propriétaire, Archibald Chandler, qui fait preuve d'une sollicitude particulière : il assouvit tous leurs désirs, tant qu'ils restent à l'hôtel ! Les Glisseurs comprennent qu'ils sont en réalité à l'extérieur de l'hôtel mais qu'un ordinateur simule tout le décor qui les entoure.

S05E06 - Un monde de crédit illimité

Les Sliders arrivent en pleine campagne, dans un décor de Far-West. Conduits en diligence en ville, ils sont attaqués par une bande de mercenaires dirigés par un certain Mister Kay. La diligence part en laissant Colin seul, alors qu'il est blessé. Ses amis tentent de prévenir le shérif de la ville mais ce dernier ne semble pas très coopérant : il procède à un chantage douteux, et Maggie est alors obligée de remplacer la chanteuse du saloon !

S05E07 - Un monde de presse à scandale

Les Sliders arrivent dans un monde où la population semble totalement vidée de toute conscience. De retour à l'hôtel Chandler, ils font la connaissance du propriétaire, Archibald Chandler, qui fait preuve d'une sollicitude particulière : il assouvit tous leurs désirs, tant qu'ils restent à l'hôtel ! Les Glisseurs comprennent qu'ils sont en réalité à l'extérieur de l'hôtel mais qu'un ordinateur simule tout le décor qui les entoure.

S05E08 - Un monde de café jazz
Les voyageurs du temps se retrouvent dans un monde qui ressemble à la Bosnie. Ils sont sur le point de s'en aller lorsqu'ils aperçoivent une jeune fille poursuivie par un imposant individu nommé El Sid. Alors qu'ils tentent de soustraire la demoiselle à son poursuivant, le chrono temporel se met en marche, et les voilà entraînés dans une autre dimension avec Michele et El Sid ! Le monde en question est en fait la ville de San Francisco transformée en prison.

S05E09 - Un monde de conquète spatiale
Les Sliders arrivent dans un monde où la population semble totalement vidée de toute conscience. De retour à l'hôtel Chandler, ils font la connaissance du propriétaire, Archibald Chandler, qui fait preuve d'une sollicitude particulière : il assouvit tous leurs désirs, tant qu'ils restent à l'hôtel ! Les Glisseurs comprennent qu'ils sont en réalité à l'extérieur de l'hôtel mais qu'un ordinateur simule tout le décor qui les entoure.

S05E10 - Un monde de fumeurs
Les Sliders arrivent en pleine campagne, dans un décor de Far-West. Conduits en diligence en ville, ils sont attaqués par une bande de mercenaires dirigés par un certain Mister Kay. La diligence part en laissant Colin seul, alors qu'il est blessé. Ses amis tentent de prévenir le shérif de la ville mais ce dernier ne semble pas très coopérant : il procède à un chantage douteux, et Maggie est alors obligée de remplacer la chanteuse du saloon !

S05E11 - Un monde requiem
Rembrandt arrive enfin à localiser Wade, qui est utilisée par les Kromaggs pour mener une attaque contre les humains de la Terre première. Hélas, Rembrandt retrouve une Wade bien différente de celle qu'il connaissait...

S05E12 - Un monde de créativité proscrite
Les Sliders arrivent en pleine campagne, dans un décor de Far-West. Conduits en diligence en ville, ils sont attaqués par une bande de mercenaires dirigés par un certain Mister Kay. La diligence part en laissant Colin seul, alors qu'il est blessé. Ses amis tentent de prévenir le shérif de la ville mais ce dernier ne semble pas très coopérant : il procède à un chantage douteux, et Maggie est alors obligée de remplacer la chanteuse du saloon !

S05E13 - Un monde de morts programmées
Les Sliders reviennent d'un monde aux allures d'île paradisiaque où les indigènes s'apprêtaient à sacrifier Rembrandt au cours d'une cérémonie. Puis ils glissent dans un monde en guerre où ils doivent redoubler de vigilance pour ne pas être blessés. Cette terre sert de base militaire aux Kromaggs.

S05E14 - Un monde de pirates
Les Sliders reviennent d'un monde aux allures d'île paradisiaque où les indigènes s'apprêtaient à sacrifier Rembrandt au cours d'une cérémonie. Puis ils glissent dans un monde en guerre où ils doivent redoubler de vigilance pour ne pas être blessés. Cette terre sert de base militaire aux Kromaggs.

S05E15 - Un monde où le cristal vit
Le Minuteur présentant un dysfonctionnement de taille, les Glisseurs doivent se reconvertir en cambrioleurs afin de dérober une pierre précieuse servant à la réparation de l'appareil...

S05E16 - Un monde de poussière
Les Sliders reviennent d'un monde aux allures d'île paradisiaque où les indigènes s'apprêtaient à sacrifier Rembrandt au cours d'une cérémonie. Puis ils glissent dans un monde en guerre où ils doivent redoubler de vigilance pour ne pas être blessés. Cette terre sert de base militaire aux Kromaggs.

S05E17 - Un monde prêt à disparaître
Les Sliders reviennent d'un monde aux allures d'île paradisiaque où les indigènes s'apprêtaient à sacrifier Rembrandt au cours d'une cérémonie. Puis ils glissent dans un monde en guerre où ils doivent

redoubler de vigilance pour ne pas être blessés. Cette terre sert de base militaire aux Kromaggs.

S05E18 - Un monde de fans

Les Sliders arrivent en pleine campagne, dans un décor de Far-West. Conduits en diligence en ville, ils sont attaqués par une bande de mercenaires dirigés par un certain Mister Kay. La diligence part en laissant Colin seul, alors qu'il est blessé. Ses amis tentent de prévenir le shérif de la ville mais ce dernier ne semble pas très coopérant : il procède à un chantage douteux, et Maggie est alors obligée de remplacer la chanteuse du saloon !

SMALLVILLE

La jeunesse de Superman, Clark Kent, dans la ville de Smallville au Texas.

S01E01 - Bienvenue sur Terre
1989, une pluie de météorites s'abat sur Smallville, dans le Kansas, entraînant la destruction de la ville. Au même moment, en rase campagne, Jonathan et Martha Kent ont un accident de voiture. Alors qu'ils sont encore sous le choc, un petit garçon nu leur apparaît, comme tombé du ciel. Le couple décide de l'adopter et l'appelle Clark... 2001, Clark est adulte. Il a deux amis, Pete et Chloe, et est amoureux de la jolie Lana Lang. Il gagne aussi l'amitié et la reconnaissance du richissime héritier de l'empire Luthor, Lex, qu'il sauve d'un accident de voiture. Mais Clark n'est pas un garçon comme les autres. Il semble posséder des pouvoirs surnaturels...

S01E02 - Métamorphose
Après la fête annuelle du lycée, Greg Arkin, un collectionneur d'insectes, est piqué par certaines de ses bestioles dont les cages se sont ouvertes. Il se réfugie dans sa chambre, couvert de boursouflures. Soudain, il se retrouve suspendu au plafond, tel un insecte...

S01E03 - Tête brûlée
Walt, l'entraîneur de l'équipe de football de Smallville, savoure la 199e victoire de ses sportifs, tranquillement installé dans son sauna où se trouvent des morceaux de kryptonite. Furieux d'apprendre que plusieurs joueurs ne participeront pas au prochain match pour avoir triché à leur examen de mathématiques, il jette sa serviette sur son bureau qui prend alors feu. Walt, qui se sait maintenant doté de pouvoirs, demande à Clark de rejoindre son groupe. Celui-ci, qui ignore tout des nouveaux dons de son coach, accepte...

S01E04 - Sosies
Lex Luthor, le meilleur ami de Clark, est recherché pour braquage à main armée. Lorsque tous deux se retrouvent nez à nez, Lex réagit violemment et projette son camarade dans une vitrine. A cette occasion, Clark découvre qu'il a un nouveau pouvoir, celui de voir à travers les choses grâce aux rayons X...

S01E05 - Corps de glace
Lors d'une soirée entre amis autour d'un feu de camp, Sean, un dragueur impénitent, fait des avances à Chloe qui se laisse charmer. Plus tard, le jeune homme participe à un match de football qui se déroule au bord du lac. Il s'avance sur le lac gelé, au fond duquel se trouve de la kryptonite, pour récupérer le ballon. La glace se brise et Sean se noie...

S01E06 - Prédictions
Dans le cadre de leur programme scolaire, Clark, Pete et Lana se rendent dans une maison de retraite. Clark et Pete font la lecture à une aveugle possédant des dons de voyance tandis que Lana emmène Harry, dans son fauteuil roulant, faire une promenade au bord du lac. En voulant ramasser son briquet, Harry tombe dans l'eau. Il entre alors en contact avec de la kryptonite et retrouve une seconde jeunesse...

S01E07 - Faim de loup
Jodi est une jeune fille obèse, obsédée par son poids. Alors qu'elle discute avec ses camarades Pete et Chloe, elle est victime de railleries de la part d'autres élèves. Blessée, désormais déterminée à maigrir, elle décide de ne plus se nourrir que de plantes à base de kryptonite...

S01E08 - Niveau - 3
Un ancien ami des Kent, Earl Jenkins, souffre de violentes convulsions depuis qu'il travaille pour Luthor Corp, en particulier au nettoyage du niveau -3 de l'entreprise. Il vient voir le père de Clark, le seul en qui il a, dit-il, confiance...

S01E09 - Sur le fil du rasoir

Lors d'une visite à Métropolis, Clark sauve in-extremis un sans-abri des roues d'un bus qui lui fonce droit dessus. Le chauffeur ayant, semble-t-il, eu une crise cardiaque. Mais Clark ne sait pas qu'il a été observé par Phelan, un policier sans scrupules. Celui-ci décide de lui faire du chantage et lui fait une offre qu'il ne peut refuser : l'aider à réaliser des coups malhonnêtes ou le dénoncer...

S01E10 - Transparences
Une adolescente du nom de Amy, dont la famille vit et travaille dans le manoir des Luthor, est amoureuse de Lex. Dans les gradins du stade du lycée, Troy vole le carnet intime d'Amy. Mais peu après, dans les vestiaires, le même Troy est agressé par ses affaires de sport, dont une haltère qui est en lévitation dans les airs ! Alertés par ses cris, Clark et Pete accourent et l'aident à se relever. Mais une silhouette traverse la vapeur des douches, et disparaît...

S01E11 - Poigne de fer
Un homme d'affaires capable d'influer sur les décisions des personnes en leur serrant simplement la main a l'intention de racheter la ferme des Kent. Il projette de la transformer en une entreprise industrielle...

S01E12 - Homme ordinaire
Lors d'une sortie scolaire - au cours de laquelle les étudiants doivent collecter des pierres -, Clark est chargé de rechercher Eric, le fils du professeur, qui a disparu. Il le retrouve sur un pont, en équilibre instable...

S01E13 - Passe-murailles
Le manoir de Lex est cambriolé par des hommes qui ont le pouvoir de passer à travers les murs. Lex est d'autant plus étonné que ces derniers ont dérobé la preuve de son projet secret...

S01E14 - Fantômes du passé
Une nouvelle fois, de sombres événements du passé de Lex Luthor refont surface. A Metropolis, quelques années auparavant, il fut à l'origine de la mort d'un individu. Ce dernier réapparaît, mystérieusement...

S01E15 - Nicodemus
Clark doit résoudre le mystère qui entoure la fleur Nicodemus. Cette plante étrange possède la vertu de modifier radicalement le caractère de ceux qui inhalent son pollen, avant de les plonger dans un coma profond. Tous les habitants de Smallville semblent contaminés : Jonathan devient macho, Lana tente de séduire Clark, et Pete veut tuer Lex !...

S01E16 - Pensées secrètes
Par une nuit sombre, Martha renverse accidentellement un jeune garçon, Ryan. Les Kent accueillent chez eux le blessé, sans se douter qu'il fuit ses beaux-parents. Ayant le don de lire dans les pensées d'autrui, Ryan était exploité à des fins criminelles. Il choisit donc de feindre l'amnésie...

S01E17 - Cendres
Clark doit retrouver un homme infecté par la Kryptonite qui prétend soulager les gens âgés et malades en les réduisant en cendres. Le père de Whitney, souffrant, pourrait bien être sa prochaine victime...

S01E18 - Abeilles tueuses
Clark voit dans l'élection du délégué de classe l'occasion de se fondre dans la masse et de devenir «un jeune homme normal». Mais ses concurrents sont attaqués par un essaim d'abeilles et il se voit contraint, une fois de plus, d'utiliser ses pouvoirs...

S01E19 - Télékinésie
Un étudiant en art, privé de l'utilisation de ses mains à la suite d'un accident, découvre qu'il possède le don de télékinésie. Il cherche alors à se venger de ceux qu'il tient pour responsables de son handicap... De son côté, Lana éprouve un fort sentiment de jalousie envers Chloe qu'elle a vue avec Clark...

S01E20 - Loin des yeux
Clark et Lana se lancent dans une course contre la montre pour retrouver Chloé qui a été enlevée.
Lana est dotée d'un pouvoir particulier : elle est capable de voir à travers les yeux du kidnappeur...

S01E21 - Avis de tempête
Clark retrouve la pièce manquante de son vaisseau. Il est donc sur le point de découvrir d'où il vient
et sa réelle identité. Pendant ce temps, Lex découvre que son père a fermé la plantation et lui ordonne de retourner à Métropolis

■■■■■ ■ SAISON 02 ■■■■■

S02E01 - Dans l'oeil du cyclone
Clark dirige son vaisseau au coeur de la tornade qui s'abat sur Smallville. Violemment secoué et frappé par la foudre, l'engin tombe en panne et perd de l'altitude. Egalement victime du cyclone, prisonnière de sa voiture, Lana est en danger. Alors qu'elle s'est réfugiée à l'arrière du véhicule, Clark surgit
et, sans qu'elle s'en aperçoive, se met au-dessus d'elle pour la protéger... Dans son manoir, Lex regarde
son père, coincé sous une colonne, le supplier de lui venir en aide. Finalement, après une longue
hésitation, il se décide à le sauver. Mais le plafond s'effondre ! Lorsque Lex parvient enfin à s'extirper
des gravats, son père a perdu connaissance...

S02E02 - Regard de braise
Après avoir blessé accidentellement Lana, Clark part se cacher. Il a découvert un incroyable pouvoir
qu'il n'arrive pas à maîtriser. Or il doit y parvenir pour empêcher Lex Luthor de tuer son père...

S02E03 - Duplicité
Pete tombe sur le vaisseau spatial de Clark dans un champ de maïs. Malgré les réticences de ses
parents, Clark décide d'avouer son secret à son ami. De son côté, Lex Luthor a une altercation avec le
Pr Steven Hamilton, l'un des scientifiques qui avait attiré son attention grâce à ses recherches...

S02E04 - Rouge
Clark se métamorphose au contact de fragments de météorites rouges introduits au lycée. Au grand
étonnement de son entourage, il devient un adolescent rebelle. Il oublie ses inhibitions et n'hésite
pas à déclarer sa flamme à Lana. Mais le nouveau Clark peut aussi se révéler dangereux s'il utilise ses
pouvoirs à mauvais escient...

S02E05 - De l'ombre à la lumière
Clark s'inquiète quand il apprend qu'un mystérieux poète, Byron, dépose des mots doux destinés à
Lana sur la tombe de ses parents. Mais Lana, intriguée par le comportement du jeune homme, veut
faire sa connaissance. Elle et Clark sympathisent bientôt avec l'inconnu. Ils le raccompagnent chez
lui et sont accueillis par son père, fusil en mains, qui leur demandent de déguerpir. Le lendemain,
Clark et ses amis retournent libérer Byron : ses parents le retenaient prisonnier, enchaîné...

S02E06 - Nos plus belles années
Swimmer Troy se noie pendant une séance de natation. Lorsque son corps émerge de l'eau, il a l'aspect d'un vieillard. Chrissy, sa petite amie au passé trouble, l'a embrassé juste avant sa mort. Chrissy
est une mutante qui vampirise ses victimes pour rester jeune. Pendant que Clark enquête sur cette
affaire, les difficultés financières s'accumulent à la ferme. Martha reprend contact avec son père, William, pour lui demander de l'aide, ce qui déplaît fortement à Jonathan. Clark, lui, est ravi à l'idée de
rencontrer son grand-père. Il se démène pour rapprocher les deux hommes mais les choses tournent
mal...

S02E07 - A.D.N.
Une mystérieuse femme rend visite aux Kent, et prétend être la mère de Clark. Elle contraint alors les
parents de Clark à révéler à leur fils les circonstances de sa découverte dans un champ de maïs. Clark

                         Le guide des épisodes des geeks

apprend ainsi pourquoi son père déteste les Luthors. Il découvre également les modalités de son adoption et qui a vraiment sauvé Lex de la mort...

S02E08 - Ryan

Dans un laboratoire, un homme fait subir des expériences à Ryan, l'ami télépathe de Clark. Quand Ryan s'aperçoit que le médecin veut contrôler ses capacités surnaturelles, il essaie de s'échapper et appelle Clark à son secours. Quand ce dernier veut localiser l'hôpital, il ne trouve aucun établissement du nom de Summerholt à Edge City...

S02E09 - Dichotomie

Pendant un cours de travaux partiques, Ian, un élève très brillant, est descendu en flammes par le professeur qui trouve que le coupe-papier qu'il a fabriqué n'est pas réussi. A la fin du cours, l'adolescent, qui veut suivre les cours de la prestigieuse fondation Luthor, demande à Clark d'utiliser ses pouvoirs pour savoir quelle note il a obtenu. En apprenant que le professeur l'a gratifié d'un C, il est furieux. Clark découvre également que Ian sort en même temps avec Chloe et Lana. Il les avertit mais elles préfèrent dans un premier temps ignorer l'information...

S02E10 - Mythe des origines

Alors qu'il est en train de faire du vélo-cross avec Pete, Clark tombe dans une grotte. Il y fait deux découvertes merveilleuses : d'anciennes inscriptions indiennes qui pourraient être la clef de son identité et une ravissante jeune fille qui lui apparaît comme étant son âme sur. Pour conserver les mystérieux caractères, Clark rejoint le combat que mène Lex contre son père, et l'aide à stopper les ouvriers du bâtiment de Lionel qui s'apprêtent à détruire la grotte...

S02E11 - Retour du héros

Whitney Fordman revient à Smallville après avoir servi dans la Marine. Il espère renouer avec Lana. Mais l'attitude étrange de Whitney pousse Clark à s'interroger sur les mobiles de son ami... Dans le même temps, Lex découvre une photo de sa nouvelle petite amie, le Dr Helen Bryce, en compagnie de son père, Lionel...

S02E12 - Affaires de famille

Après s'être fait souffler un contrat de plusieurs millions de dollars par LutherCorp, Lex soupçonne son père d'avoir truffé le manoir de micros et de caméras pour l'espionner. Pour se venger, il envoie une équipe de malfrats dans ses bureaux pour qu'ils installent un système de surveillance sophistiqué. Quand il apprend que Lionel et Martha travaillent dans l'immeuble, il décide d'annuler l'opération. Mais les hommes de mains se mettent en tête de repartir avec un petit butin. Ils surprennent Lionel et Martha et les prennent en otage...

S02E13 - Suspects

Lionel est blessé par balles dans le manoir de Lex. Jonathan est arrêté par la police qui retrouve une bouteille d'alcool et l'arme du forfait à bord de sa voiture. Lorsque Clark et Martha lui demandent son emploi du temps de la nuit passée, Jonathan ne se souvient de rien. De son côté, Lana a été témoin d'une altercation entre les deux hommes...

S02E14 - Adrénaline

Pete et Chloe ont été infectés par un parasite, qui les transforme en casse-cou à la recherche de sensations fortes. Pete utilise de la kryptonite rouge afin de persuader Clark de les rejoindre dans leur dangereuse aventure. Non seulement Clark se sert de ses pouvoirs, mais il embrasse Chloe devant une Lana sous le choc...

S02E15 - Fils prodigue

Lex retrouve Lucas, son frère, que Lionel a abandonné à sa naissance pour le faire adopter. Désormais majeur, Lucas pourrait l'aider à nuire à leur père... Clark postule au Talon. Il espère pouvoir passer plus de temps au côté de Lana...

S02E16 - Agent toxique

La poussière de météore fait des ravages chez les Kent. Après Martha, c'est au tour de Clark de tomber gravement malade. Chloe et Lana sont désespérées à l'idée de perdre leur ami. Pendant ce temps, Helen reçoit une offre d'emploi hors de Smalville qui contraint Lex à s'interroger sur leur relation...

S02E17 - Dernier espoir

Déterminé à en apprendre plus sur ses origines, Clark se rend à New-York. Il doit y rencontrer le professeur Swann, un génial savant qui est en possession d'un message en provenance de Krypton pour lui. Pendant ce temps, une nouvelle dispute avec Chloé décide Lana à déménager...

S02E18 - Visiteur

Un des camarades de classe de Clark, Cyrus Krupp, prétend être un extraterrestre et semble le prouver en faisant une démonstration de sa vision laser. Clark commence à le prendre au sérieux...

S02E19 - Chevalier servant

Lorsqu'il apprend que Lana a été agressée par un étudiant, Clark perd son sang-froid et blesse le jeune homme. L'affaire s'envenime : poursuivis par la justice, les Kent risquent d'être dépossédés de leur ferme. Une situation qui pousse Clark à tout mettre en uvre pour arrêter la machine judiciaire, mais aussi à douter de ses pouvoirs... L'ex-petit ami d'Helen arrive en ville, déterminé à la reconquérir. Mais la belle rejetant ses avances, il se met à la harceler. Ce qui exaspère Lex, au plus haut point...

S02E20 - Force égale

Témoin du braquage d'un camion de la Luthor Corporation transportant de la kryptonite, Clark veut s'interposer mais ne parvient pas à neutraliser les voleurs. Pour empêcher le jeune Texan de les dénoncer à la police, les truands s'en prennent à Jonathan et Martha, ses parents...

S02E21 - Accélération

Lana est hantée par le fantôme d'une amie d'enfance. Après en avoir parlé à Clark, ce dernier découvre que la petite fille n'est qu'un clone fabriqué avec de la kryptonite. Comprenant que son amie est en danger, Clark fait tout pour la sauver. Dans le même temps, Lex apprend que son père, Lionel, finance un programme de recherche sur le clonage...

S02E22 - Grand jour approche

Le Dr Walden émerge de son coma et prononce plusieurs fois cette phrase étrange : «Le grand jour approche». Puis il révèle à Lex et Lionel que Clark est un alien et doit être anéanti. Clark confie son inquiétude à ses parents : Walden semble désormais doté de pouvoirs surnaturels. Il peut donc lire le langage de Krypton et découvrir ainsi son identité. De son côté, Lana rend visite à Clark et le trouve occupé à écrire le discours qu'il prononcera aux fiançailles de Lex. Elle lui a apporté un gâteau d'anniversaire. Très touché, Clark embrasse la jeune fille...

S02E23 - Exil

Tandis que le vaisseau s'illumine, une voix mystérieuse s'adresse à Clark et se présente comme la mémoire et la volonté de son père, Jor-El, et lui explique qu'il est temps pour lui d'accomplir sa destinée, de quitter Smallville et de conquérir le monde. Mais Clark s'y refuse... Lex avoue à Helen que c'est bien lui qui a volé l'éprouvette dans son bureau pour faire analysert le sang de Clark. Furieuse de cette trahison, elle décide de rompre et annuler le mariage... Clark et Lana décident de se rendre ensemble au mariage de Helen et Lex. Mais il leur faut parler à Chloe au sujet de leur relation

■■■ SAISON 03 ■■■

S03E01 - Sang des héritiers - 1ère partie

Sous l'influence de la kryptonite rouge, Clark, qui vit à Metropolis, se retrouve impliqué avec un baron du crime du nom de Morgan Edge qui l'embauche pour s'introduire chez LuthorCorp. Pendant ce temps, Jonathan, prêt à tout pour recomposer sa famille, prend des mesures draconiennes pour ramener Clark à la maison. Au manoir, Lionel accuse Helen d'avoir tué Lex...

S03E02 - Sang des héritiers - 2ème partie
Après que Jor-El ait octroyé temporairement des supers-pouvoirs à Jonathan, celui-ci s'engage avec son fils dans une terrible bataille au sommet de l'immeuble LuthorCorp. Entretemps, Lex revient chez lui et se demande qui de Lionel ou d'Helen a provoqué son accident d'avion...

S03E03 - Justicier
Clark découvre que quelqu'un s'attaque aux personnes affectées par la kryptonite et apprend que sa prochaine victime sera Lex. Il utilise alors ses pouvoirs pour sauver Lex mais se retrouve pris au dépourvu lorsque le tueur découvre son point faible et lui tire dessus avec une balle en kryptonite...

S03E04 - Prisonnier de ses rêves
Clark rêve qu'il est poursuivi par une jeune fille effrayée qui lui demande son aide. Mais après avoir appris que la jeune fille n'est autre que sa voisine plongée dans un coma depuis plusieurs années, il demande l'aide de Lana pour découvrir la vérité - mettant Lana en grand danger... Pendant ce temps, Lionel exige de Lex qu'il subisse une évaluation psychologique complète avant de le réembaucher...

S03E05 - Incontrôlable
Perry White, un journaliste promis à une belle carrière mais détruite par Lionel Luthor, se rend à Smallville à la recherche d'histoires d'extraterrestres pour une émission de presse à scandales. Bien qu'étant constamment en état d'ébriété, Perry pense avoir vu Clark utiliser son extraordinaire rapidité, et conçoit un dangereux plan pour pousser Clark à dévoiler ses supers-pouvoirs... Entretemps, Lex découvre que Perry possède une preuve accablante sur le passé douteux de Lionel...

S03E06 - Fureur de vivre
Le grand-oncle de Lana, qui a été condamné il y a 40 ans pour le meurtre de sa femme, lui montre la photo de l'homme qui aurait réellement assassiné sa tante. Lana est bouleversée de découvrir que l'homme ressemble trait pour trait à Clark ! Certain que l'homme est Jor-El, l'enquête de Clark le mène vers un médaillon kryptonien qui lui permet de voir des morceaux du passé - et donc la vie que Jor-El lui a préparé avant son arrivée sur Terre...

S03E07 - Aimant humain
Clark a des soupçons sur Lana qui, subitement attirée par un étudiant, commence à agir de façon rebelle, ce qui l'amène à se retrouver en prison. Les soupçons de Clark se confirment lorsqu'il découvre que le nouveau petit ami de Lana possède des pouvoirs magnétiques lui permettant de déplacer des objets et de modifier les émotions des gens, mais quand il essaie de libérer Lana de l'emprise paranormale qui la contrôle, celle-ci tente de le tuer... Pendant ce temps, Lex découvre que Chloe fait des recherches sur le passé de Lionel et lui propose d'unir leurs forces contre son père...

S03E08 - Paranoïa
Lex retrouve Morgan Edge et le pousse à avouer ses combines douteuses avec Lionel, mais avant que Lex puisse les transmettre à la police, quelqu'un tente de l'assassiner au manoir. Echappant de peu à la mort, Lex s'enfuit et demande à Clark de l'aider. Cependant, lorsque Clark retourne au manoir pour enquêter, il ne trouve rien de suspect, et commence à se demander si cela est vraiment arrivé, surtout après que Lionel annonce que Lex a eu un traumatisme psychotique et qu'il devrait être enfermé...

S03E09 - Electrochocs
Lex s'associe avec 3 krypto-mutants pour attirer Clark dans l'hôpital afin qu'il l'aide à s'échapper après avoir entendu que Lionel ait demandé qu'on lui fasse subir des électrochocs pour effacer sa mémoire. Cependant, le plan tourne mal quand Lex se fait doubler par ses 'associés' qui utilisent de la kryptonite pour annihiler les pouvoirs de Clark. Entretemps, Lana rencontre un mystérieux étranger

à l'hôpital...

S03E10 - Murmures
En essayant d'arrêter des voleurs, Clark devient temporairement aveugle après avoir reçu une rafale de sa vision thermique dans les yeux qui s'est reflétée par un morceau de kryptonite, et se rend rapidement compte que son corps a développé une super-ouïe pour compenser son manque de vision. Cependant, comme auparavant avec ses précédents dons, Clark n'a pas tout à fait le contrôle de son nouveau pouvoir...

S03E11 - Mes meilleurs ennemis
Clark tente d'écraser Chloe en la pourchassant avec sa voiture. Après un choc, il reprend ses esprits mais ne se souvient pas de ce qui vient de se produire. A son dernier souvenir, il était à la bibliothèque et il venait de recevoir un mail étrange. La situation se corse lorsque Lana tente à son tour de tuer Chloe. Qui peut bien en vouloir à ce point à la jeune femme ? Lana confie à Clark qu'elle voit un autre garçon...

S03E12 - Autre monde
Clark découvre que Jordan, un nouveau venu au lycée de Smallville, peut prédire le futur. Il 'voit' ainsi Mr Altman, l'entraîneur, se faire renverser par une voiture. Et Clark ignore encore qu'il va tout bouleverser en sauvant Mr Altman d'une mort certaine... Entretemps, Lex, trouvant le comportement d'Adam suspect, enquête sur son passé et découvre des informations étonnantes...

S03E13 - Fond la caisse
Après que Pete ait volontairement interrompu une course de rue, les organisateurs menacent de le tuer. Il demande alors à Clark d'utiliser ses pouvoirs pour les arrêter. Furieux que Pete se soit mis dans une telle position, Clark doit trouver un moyen de sauver son ami tout en protégeant son secret... Jonathan, de son côté, se retrouve à l'hôpital après un malaise. Serait-ce les premières conséquences de son accord avec Jor-El ?

S03E14 - Ames soeurs
L'ascenseur dans lequel il se trouve étant sur le point de s'écraser, Clark est obligé d'utiliser ses pouvoirs devant Alicia, une nouvelle élève, mais il est surpris de découvrir qu'elle possède elle aussi ses propres pouvoirs. Un lien se crée entre eux par le biais de leurs pouvoirs, mais les choses tournent mal quand Alicia devient obsédée à l'idée de partager Clark avec d'autres personnes, surtout Lana. Entre temps, Lana demande à Lex d'enquêter sur Adam...

S03E15 - Resurrection
Alors que son père passe des examens à l'hôpital, Clark se lie d'amitié avec un jeune garçon, Garrett, dont le frère Vince vient juste de mourir d'une maladie du foie. Cependant, le lendemain, tout le monde est surpris de voir Vince réapparaître... Jonathan, de son côté, accepte l'opération à coeur ouvert...

S03E16 - Futur antérieur
Clark reçoit un appel paniqué de Lana et entend un coup de feu juste avant que la ligne ne raccroche. Mais quand il arrive au Talon, il est stupéfait de découvrir qu'elle est en vie et que tout va bien. Clark réalise alors que l'appel était prévu pour le lendemain et que c'est Adam qui tirera sur Lana...

S03E17 - Pacte
Quand Jonathan commence à se comporter de façon étrange, Clark croit que Jor-El envoie des messages à Jonathan par le biais de la clé. Le jeune garçon se rend alors dans les cavernes Kawatche pour affronter son père biologique, mais Lionel le surprend. Les éléments que ce dernier parvient à rassembler l'amènent directement vers le Dr Swann. Face à face, les 2 milliardaires concluent un accord...

S03E18 - Prix de la vérité

Quand Chloe inhale par accident un mystérieux krypto-gaz, elle se rend compte que cela lui sert de sérum de vérité avec toutes les personnes qui rentrent en contact avec elle. Pour la journaliste en herbe qu'elle est, cela va au-delà de tout ce qu'elle pouvait espérer. Elle va pouvoir connaître les secrets de chacun et enfin découvrir la vérité sur Clark. Mais un tel don n'est pas sans conséquences...

S03E19 - Mémoire dans la peau
Croyant qu'une information importante sur le passé de son père a été perdue lors de l'effacement de sa mémoire, Lex décide de rejoindre un programme d'expérimentation du Dr Garner pour retrouver ses souvenirs. Mais l'expérience a des effets secondaires pour le moins inquiétant. En effet, Lana trouve Lex sur le bord de la corniche en train d'hurler le prénom de son frère nourisson décédé il y a quelques années. Inquiète, elle met Clark au courant...

S03E20 - Légende
Lorsqu'un indien Kawatche dérobe un couteau mythique provenant des grottes, il acquiert des super-pouvoirs identiques à ceux de Clark, ce qui amène le jeune homme à penser qu'il est le légendaire Naman, «l'homme qui est tombé des étoiles». Clark, découvrant la légende Kawatche présageant que cette lame pourrait tuer Ziget, tente de le récupérer avant que le jeune indien ne l'utilise contre Lionel, l'ennemi présumé de Naman...

S03E21 - Chantage
Le départ de Lana pour Paris approche. Clark semble décidé à révéler son secret à la jeune femme pour qu'ils puissent enfin être ensemble. Mais Emily, une amie d'enfance de celle-ci, refait son apparition à Smallville. Dotée du supers pouvoirs, elle a l'intention de laisser personne s'immiscer entre Lana et elle. Et encore moins de laisser son amie partir pour Paris...

S03E22 - Destinées
Les choses s'accélèrent à Smallville lorsque Kara, une jolie jeune fille dotée de super-pouvoirs, assure venir de Krypton et essaye de convaincre Clark d'accomplir sa destinée. Déboussolé, le jeune homme tente de trouver conseils auprès de ses parents adoptifs, mais il est choqué quand Kara oblige Jonathan à enfin révéler les termes de l'accord passé avec Jor-El... De son côté, Lex compte sur Chloe et Clark pour témoigner contre son père... Quant à Lana, elle est enfin prête pour partir à Paris

■■■■ SAISON 04 ■■■■

S04E01 - Renaissance
Alors que Lois Lane est en chemin pour Smallville afin d'enquêter sur la mort de sa cousine Chloe, elle tombe sur un Clark reprogrammé en Kal-El... Trois mois après son attaque, Jonathan est toujours dans le coma. Le médecin, pensant qu'il n'y a plus rien à faire pour lui, tente de convaincre Martha de débrancher la machine qui le maintient artificiellement en vie... A Paris, Lana s'est découvert un nouveau petit ami du nom de Jason. Et Lex est sur la trace de mystérieux artefacts...

S04E02 - Confrontations
Clark et Lois Lane enquêtent sur la disparition de Chloe, mais sont interrompus par un officier de l'armée, le Général Sam Lane, qui se révèle être le père de Lois. Lois suspecte son père d'en savoir plus sur ce qui est arrivé à Chloe qu'il ne veut bien l'admettre, et Clark découvre que Sam Lane a été récemment en contact avec Lex. Suspectant que Chloe est toujours en vie, Lionel envoie un assassin ayant la faculté de transformer ses membres en armes métalliques afin d'empêcher la jeune fille de témoigner contre lui... Lana, de retour de Paris, fait la connaissance de Lois...

S04E03 - Beauté empoisonnée
De retour au lycée avec une nouvelle apparence, Abby 'le laideron' espère devenir populaire. Elle doit

ces changements à la chirurgie esthétique, un traitement spécial à base de kryptonite que sa mère a mis au point. Evidemment, cela ne va pas sans effets secondaires... Tandis que Chloe encourage sa cousine Lois à travailler pour la Torche, Clark décide d'intégrer l'équipe de foot du lycée contre l'avis de son père. Il y fait la commaissance de Jason, le petit ami secret de Lana, engagé comme assistant du coach...

S04E04 - Fou d'amour
Après avoir bu un mystérieux breuvage à base de kryptonite, un joueur de l'équipe de football de l'école tombe sous le charme d'une pom-pom girls et est prêt à exécuter ses quatre volontés. Férocement jaloux d'un regard que le coach Teague a jeté sur elle, le joueur ensorcelé tente de tuer l'entraîneur. Heureusement, Clark intervient à temps...

S04E05 - Sans limite
Après qu'il se trouve avec son fils à Metropolis, Jonathan manque de peu de se faire écraser par une voiture. Clark, qui a assisté à la scène, sait qu'un jeune garçon, doté d'un extraordinaire rapidité, est intervenu pour sauver la vie de Jonathan. Et il en a profité au passage pour voler le porte-feuille de Jonathan. Clark convainc son père de ne pas faire opposition sur la carte de crédit pour pouvoir retrouver la trace de cet étrange voleur à travers ses transactions...

S04E06 - Dans la peau d'un autre
Clark entend un son douloureux qui l'attire à la prison où est détenu Lionel. Lorsqu'il surprend Lionel essayant de poignarder Lex à l'aide d'une étrange pierre brillante, Clark saisit la pierre provoquant l'échange de leur corps. Comprenant que son nouveau corps possède des supers pouvoirs, Lionel commence aussitôt à provoquer des dégâts à Smallville. Piégé derrière des barreaux sans ses pouvoirs, Clark doit trouver un moyen pour récupérer son corps et ses pouvoirs afin de sauver ses amis et sa famille...

S04E07 - La force des mots
Enquêtant sur les paris illégaux pour les besoins d'un article, Chloe fait la connaissance de Mikail Mxyzptlk, un étudiant étranger intégré au lycée de Smallville par Luthorcorp. Le jeune homme utilise ses pouvoirs pour contrôler les joueurs du match de foot sur lequel les paris ont été effectués. Entrainé dans une chute incontrôlable alors que le match touche à sa fin, Clark blesse grièvement un joueur de l'équipe adverse...

S04E08 - Les trois sorcières
Lana s'est procuré par internet un livre de sortilèges du XVIIe siècle ayant appartenu à la comtesse Isabelle Theroux. En feuilletant les pages, elle se retrouve possédée par l'esprit maléfique de la redoutable sorcière. Réincarnée dans le corps de son héritière, Isabelle entend poursuivre sa quête des trois pierres du pouvoir...

S04E09 - De père en fils
Lors d'une soirée, Lex rencontre une jeune femme avec laquelle il passe la nuit. Au petit matin, il est réveillé par les cris de la femme de chambre. A ses côtés, la demoiselle gît dans un bain de sang. Accusé du meurtre, Lex fait la une des journaux. Clark, qui mène sa propre enquête, obtient l'aide d'une source inattendue : Lionel Luthor... Entretemps, Lana fait la connaissance de la mère de Jason...

S04E10 - Peur panique
Une expérience secrète initiée chez Luthorcorp tourne mal et provoque la libération d'une dangereuse toxine dans toute la ville. Ceux qui sont infectés se retrouvent confrontés à leur pire cauchemar avant de tomber dans le coma. Jason est l'une des premières victimes...

S04E11 - Seul
Guérie selon son médecin traitant, Alicia sort de la clinique Belle Reve. Libre, elle se rend à Smallville pour présenter ses excuses à Clark. Ce dernier, sensible à cette démarche, est d'autant plus touché que la jeune fille est la seule à le comprendre, la seule à connaître son secret, et donc la seule

avec laquelle il a l'impression de se sentir normal et exceptionnel à la fois. Clark tiendra-t-il compte des mises en garde de ses parents ou succombera-t-il à nouveau au charme d'Alicia ?... Lana , de son côté, tente de comprendre pourquoi Jason a rompu avec elle...

S04E12 - Désignée coupable

Clark sort toujours avec Alicia en dépit de ce que pensent sa famille et ses amis. Et lorsque quelqu'un tente de tuer Lana, c'est Alicia qui est immédiatement soupçonnée. La jeune femme a beau nié mais personne ne veut la croire. Seul Clark lui donne le bénéfice du doute... jusqu'à ce qu'il découvre qu'elle ne porte plus le bracelet l'empêchant d'utiliser ses pouvoirs... Quant à Genevieve, l'énigmatique mère de Jason, elle propose un marché à Lex...

S04E13 - Jeu dangereux

Clark reçoit une bourse pour intégrer l'université de Metropolis et son équipe de foot. Geoff Johns, vedette de l'équipe et originaire de Smallville, l'accueille à bras ouverts... Lois Lane, de son côté, a des ennuis après une altercation avec l'un des joueurs de l'équipe. Le jeune homme est à l'hôpital dans un état grave...

S04E14 - Entre chien et loup

En rentrant chez les Kent, Lois percute un chien avec sa voiture. Elle ramène l'animal à la ferme pour lui porter secours. Mais le chien se rétablit assez vite et semble doté d'une force étonnante. Alors que Clark commence à s'attacher à son nouvel ami, Lois débute des recherches pour retrouver son propriétaire...

S04E15 - Dans l'enfer de Shanghaï

Alors que les Kent apprennent par la télé la mort du Pr Swann, Clark reçoit un courrier du défunt qui l'amène jusqu'à Jor-El, son père naturel, qui lui révèle que sa destinée est d'éviter que les 3 pierres renfermant le savoir de leur civilisation tombent entre de mauvaises mains susceptibles de mener le monde à sa perte... Lana découvre que Jason lui a menti et qu'il se trouve à Shangaï avec Lex sur les traces du mystère Isabelle Theroux...

S04E16 - Lucy

Lucy, la jeune soeur de Lois, débarque en ville. Elle s'impose chez les Kent et séduit toutes les personnes qu'elle rencontre au grand dam de Lois, jalouse de sa soeur. Intriguée par la jeune fille, Clark la suit et la surprend en train de voler de l'argent dans la caisse du Talon. Il l'oblige ainsi à révéler la vérité sur sa soudaine apparition à Smallville : une vérité qui pourrait bien mettre Lois en danger... L'appartement de Lana et Jason a été mis à sac et le cristal, pourtant très bien caché, volé. Qui a bien pu dérober la pierre tant convoitée ?

S04E17 - Lex contre Lex

Chez Luthorcorp, Lex assiste, plein d'espoirs, à une expérience menée par l'un de ses empoyés, le Dr Sinclair. La température de la kryptonite utilisée augmente dangereusement et crée une explosion qui affecte étrangement le jeune milliardaire. Des conséquences qui donnent un aperçu de l'avenir de Lex Luthor...

S04E18 - De corps en corps

Le bal de fin d'année du lycée bat son plein à Smallville, et Chloe, furieuse, s'apprête à mettre le feu au bâtiment après avoir assommé Jonathan Kent, le père de Clark. Elle semble vouloir se venger de tous. Qu'est-ce qui a bien pu pousser la jeune journaliste à commettre un tel crime ?

S04E19 - Amnésie

Lois donne un coup de main au Talon pendant que les Kent sont à Metropolis où Jonathan doit passer un examen pour son coeur. Profitant de la confusion qui règne à cette heure d'affluence, un jeune homme vole la caisse. Alors que Lois tente de s'interposer, ce dernier utilise sa faculté de lui faire oublier les dernières minutes...

S04E20 - L'enfant qui venait d'ailleurs

Clark et Lana découvrent un bébé abandonné dans un champ. Ils l'emmènent immédiatement à l'hôpital. L'enfant, abandonné par ses parents, est en parfaite santé. Les services sociaux n'ayant pas de place, Clark et Lana décident de s'occuper de lui en attendant... De son côté, Genevieve exige de Lionel qu'il se procure la pierre dont Lex est en possession s'il ne veut pas qu'elle s'en prenne à son fils...

S04E21 - A jamais

C'est le dernier jour de cours au lycée de Smallville. Brendan, photographe de l'école, a recréé un faux lycée où il a décidé de retenir prisonnier certains élèves afin de faire perdurer cette époque glorieuse... Quant à Lex et son père, ils sont retenus prisonniers par les Teague. Genevieve et Jason semblent déterminés à utiliser la torture pour savoir où se trouve le cristal que Lionel leur a extorqué...

S04E22 - Chaos

En rentrant chez elle, Lana se retrouve face à Geneviève qui l'attend une arme à la main. La mère de Jason exige que la jeune fille lui remette la pierre dont elle est en possession. Une bagarre s'ensuit et du sang coule sur l'artefact. Les conséquences sont terribles : une nouvelle pluie de météorites s'apprête à s'abattre sur Smallville. Réveillé par un cauchemar troublant, Clark prévient ses parents qu'il a un mauvais pressentiment

■■■■■■ SAISON 05 ■■■■■■

S05E01 - Simple mortel

Clark découvre la Forteresse de Solitude. Jor-El lui explique qu'il doit débuter son apprentissage afin d'être prêt pour sauver cette planète... Lana est témoin du crash d'un vaisseau spatial. Plutôt agressif, le couple qui en sort recherche un certain Kal-El... Jonathan tente de retrouver son épouse dans les débris de leur maison... Dans les grottes, Lex reprend connaissance et s'interroge sur ce qu'il vient de se passer. Et où est Chloé ?...

S05E02 - Haute trahison

Jor-El a retiré à Clark ses pouvoirs, le rendant humain. Ravi de finalement être «normal», Clark poursuit une relation avec Lana, en faisant table rase du passé. Cependant, trois patients de Belle Reve en fuite débarquent à la ferme et oblige Clark à s'introduire au niveau 3 de Luthorcorp pour se procurer le sérum dont ils ont besoin. Clark doit trouver une solution pour sauver sa famille sans ses supers-pouvoirs...

S05E03 - Sacrifice

Insouciants, Clark et Lana ont savouré leur première nuit passé ensemble. Ils n'ont pas idée de ce que la journée leur réserve. S'apprêtant à rejoindre l'université de Métropolis, Chloe reçoit un étrange appel de Gabriel Duncan, un ami qui bossait avec elle à la Torche. Il lui conseille vivement de quitter Smallville car la ville sera rayée de la carte d'ici une heure. Le jeune homme s'apprête en effet à lâcher un missile sur Smallville. Inquiète, Chloe se rend chez les Kent...

S05E04 - Aquaman

A la plage avec ses amis, Lois, partie nager, se cogne la tête en plongeant dans le lac. Avant que Clark ait pu la sauver, un mystérieux nageur, Arthur Curry, vient à son secours. Frustré, Clark n'apprécie pas ce jeune homme qui nage plus vite que lui et tourne autour de Lois. Avec l'aide de Chloe, il cherche à en savoir plus sur A.C... Professeur d'Histoire à l'université de Metropolis, Milton Fine propose à Clark un poste d'assistant de recherche...

S05E05 - Bal des vampires

Inscrite au dernier moment, Lana a été acceptée à l'Université de Metropolis. Recherchant un logement, elle s'inscrit dans une fraternité qui a des coutumes quelques peu particulières... Chloé postule au Daily Planet pour un stage, mais la rédactrice en chef se révèle plus coriace que prévu... Lex n'apprécie pas que le professeur Fine fasse des recherches approfondies sur tout ce qui le concerne...

S05E06 - Vieil ami
Alors qu'elle bosse tard au Daily Planet, Chloe reçoit un appel étrange d'une jeune femme, retrouvée morte quelques heures plus tard. La victime se révèle être une strip-teaseuse. Une photo compromettante montre le respectable sénateur Jake Jennings en compagnie de la dénommée Melissa. Jonathan est déçu de voir son vieil ami ainsi compromis dans une telle histoire. Mais Jennings nie connaître cette femme et préfère laisser les soupçons se porter vers Lex Luthor, qui fait campagne contre lui pour le prochain mandat de sénateur...

S05E07 - A cran
Clark quitte précipitamment Lana après d'être coupé avec un fragment d'une kryptonite inconnue, envoyée par Lex. Sur la route qui le mène à Smallville, le jeune homme est victime d'une tentative de meurtre... Jonathan hésite encore à se présenter en tant que candidat aux prochaines élections sénatoriales contre Lex Luthor. Martha s'inquiète des retombées que cette campagne pourrait avoir sur la santé de son mari... Agacée par les mensonges et le comportement ultra-protecteur de Lex, Lana exige la vérité...

S05E08 - Pris au piège
Après avoir retrouvé sa mère inconsciente devant la maison, Clark est inquiet. Il n'a pas oublié l'accord de Jor-El : sa vie contre celle d'un proche ! Ses craintes semblent se confirmer lorsque le lendemain Martha a les premiers symptômes. La médecine n'ayant pas de réponse, Clark se tourne vers le Professeur Fine... Lionel Luthor pousse Chloe à enquêter du côté du Professeur Fine...

S05E09 - esprit de Noël
Alors qu'il s'apprête à donner le feu vert pour compromettre la campagne de Jonathan Kent, Lex est victime d'un homicide. Hospitalisé d'urgence, dans un état grave, il voit en rêve la vie qu'il pourrait avoir s'il décidait de s'éloigner de son père et de la LuthorCorp. Dans cette vie alternative, Lex est marié à Lana. Parents d'un petit garçon, le couple vit heureux depuis 7 ans...

S05E10 - Fanatique
Jonathan reçoit des appels anonymes menaçants pour l'inciter à abandonner sa campagne électorale... Quant à Lex, il met tous les moyens à sa disposition afin de remporter les élections. Il a notamment engagé quelqu'un pour trouver des infos compromettantes susceptibles de mettre son adversaire définitvement hors course. Lex reçoit quelques étudiants qui soutiennent activement sa campagne, dont Samantha Dunn, l'une de ses plus ferventes supportrices...

S05E11 - Engrenage
Deux officiers de police débarquent au manoir des Luthor et retiennent Lex en otage. Ils exigent de savoir où se trouve le vaisseau. L'officier Flynn a en effet été témoin de l'atterrissage du vaisseau spatial lors de la pluie de météorites. Il a aussi vu une équipe de Lex emporter l'engin... Lana déplore le comportement distant de Clark. Quant à Jonathan, il commence à se poser des questions sur les dépenses effectuées par Lois pour sa campagne...

S05E12 - Pour le meilleur et pour le pire
Craignant de perdre Lana, Clark lui dévoile enfin son secret. Il emmène la jeune femme dans sa forteresse de solitude et la demande en mariage. Sous le choc de ces révélations successives, Lana ne sait quoi décider... Entretemps, Jonathan et Lex se préparent à découvrir les résultats des élections sénatoriales...

S05E13 - L'ange de la vengeance
A Metropolis pour apporter les affaires de son défunt mari à des nécessiteux, Martha se fait agresser

par des voyous. Une justicière masquée vole heureusement à son secours et lui sauve la vie. Clark, qui ne se remet pas de la mort de Jonathan, est déterminé à retrouver les voleurs et leur reprendre la montre qu'ils ont dérobé...

S05E14 - Possédée

La foudre qui s'abat sur le Talon libère l'esprit d'une jeune fille. Un esprit que seule Chloé semble voir. Lois trouve sa cousine dans la salle de bains les veines coupées au niveau des poignets. Hospitalisée, Chloé ne comprend pas ce qui lui est arrivé. Le médecin pense qu'elle a fait une tentative de suicide. Clark s'inquiète pour son amie : serait-elle en train de devenir folle ?... comme sa mère... Martha étudie sérieusement la proposition qui lui a été faite de prendre la place de Jonathan au Sénat...

S05E15 - Le cyborg

Compatissant, le Dr Hong libère un homme mi-humain mi-machine répondant au nom de Victor Stone. Retenu prisonnier, le jeune homme a fait l'objet d'expérimentations. Lors de son évasion, il est renversé par la voiture de Lana. Accompagnée à l'hôpital, celle-ci ne comprend pas comment il a pu s'en sortir sans une égratignure. Troublée, elle appelle Clark...

S05E16 - Hypnose

Sous l'emprise de Simone, qui utilise l'hypnose pour contrôler les autres, Clark lui révèle son secret et est envoyé pour tuer Lex. Pendant ce temps, ce dernier part à la recherche du Professeur Fine, réfugié au Honduras, pour lui demander des comptes.

S05E17 - L'au-delà

Bouleversée par sa rupture avec Clark, Lana tombe sous l'influence d'un étudiant en médecine qui expérimente un dangereux sérum à base de kryptonite, permettant aux gens de voyager dans l'au-delà et de communiquer avec les êtres chers. Lana est impatiente de le tester. Lorsque Clark rentre du Honduras pour l'aider, le docteur réussit à lui injecter le sérum et Clark parle avec son père... l'avertissant que Lionel connaît son secret. D'ailleurs, ce dernier continue de se rapprocher de Martha.

S05E18 - Soeur de coeur

Clark se lie d'amitié avec une fillette ayant le pouvoir télékinésique de briser le verre et à qui il doit venir en aide lorsqu'elle est soupçonnée d'avoir tué sa mère, victime d'une violente agression. Pendant ce temps, Chloé est témoin de la complicité grandissante entre Lana et Lex.

S05E19 - Aucune pitié

Lionel est pris en otage par un vengeur masqué qui le force à jouer à de périlleux jeux de survie. Clark révèle à sa mère que Lionel connaît son secret et s'inquiète également de leur amitié naissante. Peu après, Martha est kidnappée et se retrouve aux côtés de Lionel à lutter pour rester en vie...

S05E20 - Invisible

Graham, un jeune homme que Clark a sauvé in extremis d'un accident, décide de lui rendre la pareille en projetant de tuer Lex, de manière à réunir de nouveau Lana et Clark. Avant de se faire agresser, Lex prend contact avec Fine. Puis Chloe confond Graham avec un tueur à gage, surnommé «le caméléon», maître dans l'art de la dissimulation...

S05E21 - Oracle

Au cimetière, le fantôme de Jonathan visite Clark et lui demande d'éliminer Lionel, alors que ce dernier désire collaborer avec son fils. Pendant ce temps, Fine, dont le virus est élaboré, fait tout ce qui est en son pouvoir pour obtenir le vaccin de Lex. Une réaction incroyable se produit lorsque Lex se voit injecter sa propre découverte scientifique...

S05E22 - L'hôte du diable

Le professeur Milton Fine a libéré le virus capable de tuer des millions de personnes sur terre et provoque un chaos d'une ampleur mondiale. Il donnera l'antidote à Clark à condition que ce dernier libère Zod. Pour le stopper, Clark se tourne vers Lionel qui établit le contact avec Kal-El. Pendant ce temps, Lex confie le secret de ses pouvoirs à Lana et assiste à son propre avènement

S06E01 - L'Apocalypse
Envoyé dans la zone fantôme, une prison krypronienne créée par Jor-El, Clark se retrouve sans pouvoirs et entouré de criminels avides de revanche exilés par son père. Pendant ce temps, ayant pris possession du corps de Lex, Zod retient Lana captive en exigeant d'elle un héritier et entame ses projets pour transformer la Terre en une version de Krypton avec l'aide du disque dur du vaisseau spatial. Après que l'avion de Lois et Martha se soit écrasé près de la Forteresse de Solitude, Jor-El explique à Martha comment tuer Zod. De retour au Daily Planet, Chloe retrouve un ancien flirt, Jimmy Olsen...

S06E02 - Sous surveillance
Clark travaille dur pour réparer les dégats causés par Zod. Alors qu'il s'affaire à la grange, il découvre qu'il a attrapé son premier rhume. Lois, qui voit tomber du ciel la porte de la grange, se met en tête d'élucider ce mystère... L'école étant fermée pour cause de rénovation, Lana s'installe au manoir des Luthor où Lex lui a fait préparer une chambre. Celui-ci semble d'ailleurs très préoccupé. Il a le sentiment étrange, depuis quelques jours, d'être suivi...

S06E03 - Paradis perdu
Se sentant toujours coupable des dégâts qu'il a causé sous l'emprise de Zod, Lex organise une soirée de charité costumée pour la ville... Alors que Jimmy tente de se rapprocher de Chloé, une jeune femme est tuée dans les bois. Le garçon qui m'accompagnait reste introuvable. Chloé informe Clark des derniers événements... Martha espère obtenir un financement de la part d'Oliver Queen. Mais Lois éconduit par erreur le jeune homme...

S06E04 - L'archer vert
Lors d'une soirée de bienfaisance, Lois est témoin du vol par Green Arrow d'un précieux collier porté par Martha Kent. Déterminée à trouver qui se cache derrière ce costume, la jeune femme demande l'aide de Chloé... Lionel confie à Lana qu'il sait que Lex est en possession d'une technologie extraterrestre susceptible de faire des ravages. Craignant que son fils en fasse un mauvais usage, il compte sur elle pour empêcher qu'un drame se produise...

S06E05 - Post Mortem
La réunion d'anciens élèves de l'académie Excelsior, une école privée où sont allés Lex et Oliver Queen, tourne au drame. Les retrouvailles font remonter de mauvais souvenirs à la surface. A l'époque, Lex et son ami Duncan étaient les souffres-douleur d'Oliver et sa bande. Ceux-ci semblent frapper les uns après les autres par de tragiques accidents mortels. Une série de drames qui ressemble fort à une vengeance...

S06E06 - Le duel
Grâce au satellite des Queen, Chloé localise le crash d'une des créatures échappées de la zone fantôme en Californie. Elle semble se rapprocher de Smallville... Clark reçoit la visite surprise de Raya. Il est heureux de la savoir en vie... Lana est contactée par le Dr Groll qui lui confie toutes les données sur ses travaux avant de prendre la fuite et disparaître loin des Luthor...

S06E07 - Indestructible
Clark découvre que Green Arrow s'est fait tiré dessus alors qu'il essayait de sauver un couple d'un carjacking, mais Oliver dément avoir été blessé. Il se porte même d'ailleurs mieux... Martha est décidée à préparer un vrai festin pour Thanksgiving et à y inviter quelques amis. Clark, n'a pas le coeur à

fêter ce premier Thanksgiving sans son père...

S06E08 - Haute fréquence
Depuis qu'un intrus a pénétré le manoir des Luthor, Lex a mystérieusement disparu... Clark apprend que l'équipage entier d'un cargo a été massacré par une créature évadée de la zone fantôme. Il se rend à Seattle où le bateau a été remorqué...

S06E09 - Sous terre
Clark découvre que le propriétaire de la ferme voisine, Jed McNally, exploite des travailleurs immigrés. Il les retient prisonniers et les force à travailler. Clark accueille chez lui Javier, un jeune immigré clandestin à la recherche de sa mère. Le jeune garçon est inquiet de la disparition de son ami Francisco alors qu'ils tentaient de fuir...

S06E10 - Eaux troubles
Une célébrité du baseball trouve mystérieusement la mort dans un petit bassin... Lana confie à Chloé qu'elle a des réserve sur la demande en mariage de Lex. Elle n'a apparemment pas encore définitivement tourner la page avec Clark. La confidence se retrouve aussitôt étalée le lendemain dans le Daily Planet... Lois tente de rassemble des infos pour découvrir la véritable identité de Green Arrow...

S06E11 - Les cinq fantastiques
Clark et Chloé se démènent toujours pour en savoir plus sur les expériences effectuées au mystérieux niveau 33.1 de LutherCorp et son lien avec Belle-Rêve... Bart Allen réapparaît à Smallville. Il promet à Clark qu'il a changé et cessé de voler. En fait, Oliver Queen a fait appel à lui en renfort pour s'attaquer à LutherCorp...

S06E12 - Juste une illusion
Clark ne comprend pas ce qui lui arrive. Il se retrouve interné malgré lui dans un asile psychiatrique. Le Dr Hudson, qui se charge de son cas, lui explique qu'il est ici depuis 5 ans, à cause de ses élucubrations fantaisistes sur de pseudos superpouvoirs, une descendance alien et une identité secrète...

S06E13 - Loïs et Clark
C'est la Saint Valentin et Lois et Clark rumine chacun de leur côté le désastre leur vie affective. Lois se laisser tenter par nouveau rouge à lèvres à base de kryptonite rouge. Envoutée, elle jette son dévolu sur Clark et décide de passer à l'action. L'effet de la kryptonite rouge pourrait bien faire resurgir le mauvais Clark... Lana fait la paix avec Chloé et lui demande d'être sa demoiselle d'honneur...

S06E14 - Harcèlement
Lana est déterminée à découvrir le secret de Clark. La jeune femme est cependant préoccupée par autre chose : quelqu'un semble l'observer et la traquer. Inquiet, Lex place des hommes pour la protéger. Lana décide cependant de faire appel à Chloé...

S06E15 - Le cobaye
Clark et Chloe découvrent que Tobias, un de leurs anciens camarades aveugle depuis la dernière pluie de météorites, a la capacité d'identifier les personnes infectées par ces météorites. Il est utilisé par le Dr Bethany afin de localiser des cobayes pour ses expériences financées par Lex lui-même...

S06E16 - Le mariage
Le grand jour est arrivé : Lex et Lana vont se marier ! Clark s'en veut d'avoir laissé ainsi filer l'élue de son coeur. Chloé tente de convaincre son ami à agir et empêcher ce mariage. Lex, pour sa part, craint que Lana renonce au dernier moment à l'épouser. Un coup de fil pourrait bien tout faire basculer...

S06E17 - L'homme d'acier
Depuis le mariage de Lex et Lana, Clark dépense son énergie et sa colère en s'attaquant aux malfrats qui rôdent dans les parages. Oliver informe son ami de l'existence d'un club de combat sur internet où s'affrontent des individus contaminés par la kryptonite. Clark fait appel à Chloé pour essayer de localiser la source de l'émission. Il reconnaît l'un des combattants comme étant un des prisonniers

échappés de la zone fantôme... Lois, à la recherche d'un bon article, met son nez dans le dossier sur lequel travaillent Clark et Chloé...

S06E18 - Manipulation
Chloé confie à Clark qu'elle a des absentes répétées. Que fait-elle durant toutes ces heures dont elle ne se souvient pas ? Ensemble, ils découvrent qu'elle a agressé Lex la nuit dernière pour lui voler un disque dur. Surprise, Chloé y découvre des données en rapport avec sa mère, Moira, internée depuis des années dans un asile...

S06E19 - Némésis
Une explosion dans des souterrains près de Smallville alerte les autorités. L'épouse d'un soldat des Forces Spéciales y retient Lex en otage. Persuadée que son mari n'a pas péri dans le crash d'un hélicoptère, elle a mené sa propre enquête et découvert l'implication de LuthorCorp. Déterminée à découvrir la vérité, elle menace de tout faire exploser si Lex ne passe pas aux aveux...

S06E20 - Un grand classique
Un drame est survenu au Daily Planet ! Lana a été grièvement blessée par un inconnu. Chloé et Jimmy, qui ont aperçu le tueur, n'ont pas eu le temps de l'identifier. Et la victime, inconsciente, est hospitalisée. Clark se met aussitôt sur l'affaire avec Chloé, pendant que Lois mène sa propre enquête. Bien que personne ne lui ait demandé son avis, Jimmy semble avoir sa propre théorie...

S06E21 - Projet Ares
Lex développe dans le plus grand secret le projet Arès, une expérience effectuée sur Wes Keenan, un militaire supposé être mort au combat en Afghanistan. Lorsque le sénateur Burke, impliqué dans l'affaire, menace de mettre fin à leur association, Lex décide de se débarrasser de lui en utilisant sa nouvelle «arme». Lois, témoin de l'attaque, reconnaît Wes qu'elle a connu dans un camp militaire...

S06E22 - Révélation
Lionel révèle à Lex qu'il a forcé Lana à l'épouser. La jeune femme, agacée par tous ces mensonges, est décidée à quitter Lex. Mais celui-ci la laissera-t-il partir ?... Depuis la mort de Wes, Lois mène sa propre enquête pour découvrir les dessous de cette affaire. Elle est possession d'une série de numéros que Wes ne cessait de répéter avant de succomber... Lex presse son équipe de capturer l'entité alien qui lui permettra de mettre sur pied son armée

S07E01 - **L'épreuve**
Clark doit affronter Bizarro, évadé de la fantôme zone. Mais suite à la destruction du barrage, un immense torrent d'eau se déverse sur les plaines, mettant en danger la population. Lex, qui vient d'être arrêté pour le meurtre de Lana, se retrouve submergé dans une voiture de police au fond des eaux... Lois tente de sauver sa peau et celle de Chloé, inconsciente...

S07E02 - Première rencontre
Lana décédée, plus rien ne retient Clark à Smallville. Alors qu'il informe Lois de son prochain départ, ils découvrent un vaisseau spatial. Mais Kara s'interpose violemment pour les empêcher de toucher au vaisseau. Comme tous les Kryptoniens qu'il a croisé jusqu'ici, Clark pense que la jeune femme est dangereuse. Lois, elle, brûle d'impatience d'écrire un article sur cette découverte...

S07E03 - La princesse de glace
Après des années passées enfermée et cryogénisée dans son vaisseau, Kara meurt d'envie de goûter aux plaisirs de la vie terrienne. Clark la met en garde sur l'importance de s'intégrer afin d'éviter que ne soit dévoilées leurs véritables identités. La jeune femme profite des festivités qui se déroulent à Smallville pour s'inscrire au concours de la Reine du maïs... Lana révèle à Clark qu'elle est en vie !

Elle n'est cependant pas prête à rendre cette nouvelle publique...

S07E04 - Este perpetua
Chloé découvre que l'une de ses anciennes camarades de lycée, un krypto-monstre depuis enfermé à Belle-Rêve, a été soignée par un certain Dr Curtis Knox. Intriguée, Chloé prend rendez-vous avec ce spécialiste... Clark reçoit une mise en garde contre Kara ! La jeune femme pourrait bien se révéler dangereuse...

S07E05 - Warrior Angel
Smallville est le centre d'attraction des medias avec le tournage de «Warrior Angel», un film adapté d'un célèbre comic-book. Au cours d'une scène, l'actrice principale, Rachel Davenport, échappe de peu à un terrible accident, sauvée in extremis par Clark. Lorsque les autorités découvrent qu'il s'agissait en réalité d'une tentative de meurtre, le jeune Kent propose à la diva de se réfugier à la ferme...

S07E06 - Le cristal
Clark craint le pire lorsqu'il apprend que Kara est à Washington pour rechercher son cristal. La jeune femme sait que la Sécurité Intérieure est en possession du cristal. Jusqu'où ira-t-elle pour s'emparer du seul lien avec sa planète...

S07E07 - La ruse d'Isis
Lana absorbe accidentellement les pouvoirs de Clark. Invincible, elle décide d'utiliser ses nouveaux talents pour coincer Lex. Le comportement de la jeune femme devient de plus en plus agressif. Clark découvre la femme qu'il aime sous un autre jour...

S07E08 - L'anneau de la victoire
Troublé, Clark entend la voix de sa mère biologique, Lara, l'appeler à l'aide à travers le cristal de Kara. Il décide de la libérer, en dépit des avertissements de Jor-El. Combien de temps faudra-t-il à Clark pour comprendre qu'il est manipulé par Zor-El ? Ne sera-t-il alors pas trop tard ?

S07E09 - Gemini
Après son séjour à la Forteresse, Clark revient à Smallville. Il est décidé à aider la jeune femme à faire tomber Lex. Pour cela, elle doit lui communiquer toutes les informations qu'elle a accumulé sur Lex... Un inconnu menace de s'en prendre à Chloé si Lois n'accepte pas d'écrire un article sur Lex, révélant ses expériences réalisées sur le clonage humain...

S07E10 - Le contrat rempli
Alors que Clark est prisonnier des glaces dans la Forteresse de Solitude, Bizarro s'accapare sa vie aux côtés de Lana. Ne sachant pas qu'elle côtoie Bizarro, Lana profite du «nouveau Clark» et partage les informations qu'elle a rassemblé sur un tueur en série qui vide ses victimes de leurs éléments minéraux. Tous deux parviennent à la conclusion qu'il doit s'agir de Brainiac, et Bizarro se lance à sa recherche. Inquiète, Chloé se rend compte que Clark agit bizarrement... Grant révèle à Lionel qu'il est son fils disparu, Julian...

S07E11 - Le cri
Oliver Green est de retour en ville ! Le millionnaire s'offre les services de Chloé pour hacker les serveurs de Lex Luthor. Une mystérieuse jeune femme intercepte les données «volées» par Chloé. Clark est mécontent lorsqu'il apprend qu'Oliver a embarqué Chloé sur une affaire qui a mis la vie de son amie en danger...

S07E12 - Réminiscences
Lois suit Lex jusqu'à Détroit, où il a retrouvé la trace de Kara, amnésique. Elle est entre les mains de Finley, un jeune homme qui la retient captive. La confrontation tourne au drame, Finley ne voulant pas être séparé de Kara ! Lex est grièvement blessé et Lois devient prisonnière...

S07E13 - Volte-face
Pete, le vieil ami de Clark, est de retour à Smallville. Contaminé par la kryptonite, le jeune homme

est doté d'un super-pouvoir. Contrairement à Clark qui vit dans l'ombre sous le poids des mensonges, il est attiré vers la lumière et veut rendre public l'existence de personnes génétiquement modifiées... Toujours amnésique, Kara pense que Clark et Lana lui cachent la vérité sur son passé. Elle trouve une oreille attentive auprès de Lex...

S07E14 - La prophétie
Lionel est préoccupé par l'envoi d'une série de messages inquiétants. Pendant ce temps, Clark est capturé à la ferme par des hommes armés. Il est retenu prisonnier dans une cellule chargée à la kryptonite. Inquiètes la disparition de Clark, Chloé et Lana mènent l'enquête... Lex propose à Kara d'employer des méthodes radicales pour l'aider à retrouver sa mémoire...

S07E15 - Veritas
Brainiac propose à Kara d'unir leurs efforts pour l'aider à retourner sur Krypton... Lois fait équipe avec Jimmy pour enquêter sur la mort de Patricia Swann. Pendant ce temps, Lex tente de remettre les pièces du puzzle en place pour découvrir ce que cache Veritas...

S07E16 - Les clés du pouvoir
Alors que son père est mort, Lex poursuit sa quête insatiable de Veritas, prêt à tout pour réunir les trois clés du pouvoir. De leur côté, Loïs et Jimmy ont la preuve que Lionel a été assassiné. Clark est inquiet pour Lana, internée dans un asile. Mais, le plus important est d'empêcher Lex de percer son secret...

S07E17 - La colère des Dieux
Jimmy s'inquiète ! Alors qu'il essaie de ranimer la flamme de leur passion, Chloé semble accaparer par ses responsabilités au sein d'Isis. Un agent de la sécurité nationale entre en contact avec lui et lui apprend que Chloé, suspecté d'actes de piratage, est sous surveillance. Clark, qui recherche désespérément Brainiac, le seul à pouvoir venir en aide à Lana, pousse Chloé à employer des méthodes pas très recommandables...

S07E18 - L'arbre de Sainte-Kilda
Un soir, Lex est agressé au manoir par un inconnu qui grave sur son torse un message destiné à Clark. Quand Chloé découvre que le dernier survivant du cercle Veritas vit au Québec, Clark et Lex veulent chacun être le premier à trouver ce mystérieux disciple...

S07E19 - Un monde sans Clark
Le sort de la planète dépend de Clark contraint de stopper Brainiac avant qu'il ne soit trop tard. Impuissant face à cette situation, Clark demande à son père comment aurait été le monde s'il n'avait jamais été envoyé sur Terre...

S07E20 - Par-delà le bien et le mal
Clark découvre que Kara est responsable de la mort du dernier membre en vie de Veritas. Il s'inquiète pour sa cousine dont le comportement est inhabituel... Lex, qui a envoyé une expédition en arctique, fait pression sur Jimmy Olsen pour la convaincre de cesser ses recherches sur lui

---

SAISON 08

S08E01 - L'Odyssée
Tess Mercer prend la direction des opérations à la tête de LuthorCorp, selon les instructions laissées par Lex. Celui-ci, ainsi que Clark, ont disparu depuis leur confrontation en Arctique. L'Archer vert, aidé de Black Canary et Aquaman, est également à la recherche de Clark... Lois, de son côté, tente d'en savoir plus sur la disparition de sa cousine. Le Département de la Sécurité Intérieure, qui avait arrêté la jeune femme, déclare n'avoir aucun dossier au nom de Chloé Sullivan...

S08E02 - L'esprit d'équipe

Les premiers pas de Clark au Daily Planet sont mouvementés. Dès son premier jour, il vole au secours des victimes d'un attentat à la bombe. Chloé, arrivée rapidement sur les lieux, apporte également sa contribution avec l'aide de Davis, un jeune et charmant secouriste...

S08E03 - Les fleurs du mal

La Ligue de Justice, dirigée par Green Arrow, explore l'Arctique à la recherche de Clark, qui a disparu lorsque la Forteresse s'est effondrée. L'équipe se confronte rapidement avec le nouveau directeur de la Luthorcorp, Tess Mercer. Pendant ce temps, Chloé est détenue prisonnière par un groupe mystérieux qui a découvert qu'elle a un nouveau pouvoir, et les pouvoirs de Clark ont été retirés par Jor-El.

S08E04 - Maxima

Tess et son équipe effectue des tests sur le cristal de Clark qu'elle a rapporté d'arctique, lançan une lumière intense dans l'univers. Ceci a pour conséquence l'arrivée de Maxima, une reine de la planète Almerac, recherchant son âme soeur qu'elle croit provenir du signal. Malheureusement, son pouvoir est trop fort pour les humains et chaque baiser qu'elle donne les tue. La séductrice Maxima arrive à Métropolis et commence ses recherches, en commençant par Jimmy.

S08E05 - Fiançailles sous haute tension

Après qu'ils quittent leur fête de fiançailles, Chloe et Jimmy sont enlevés par un bijoutier psychotique qui a été marqué émotionnellement par l'infidélité de son épouse et maintenant enlève des couples et les soumet à un détecteur de mensonges avec l'aide d'une kryptonite améliorée qui les choque s'ils mentent. Le ravisseur demande alors à Chloe si elle aime quelqu'un d'autre. Entre-temps, dans l'effort de trouver Chloe et Jimmy, Clark et Lois posent comme un couple et sont eux-mêmes enlevés puis interrogés dans le but de savoir ce qu'ils ressentent l'un pour l'autre.

S08E06 - L'ombre

Clark se penche sur une récente attaque dans un théâtre, qui est peut-être l'oeuvre d'un tueur en série. Pensant qu'il pourrait s'agir de quelqu'un infecté par les météorites, il exige que Chloe lui fournisse le noms des personnes qui la consultent à la Fondation Isis, ce qui provoque un clash entre les deux amis. Davis craint que ses malaises ne signifient qu'il soit le tueur et il recueille les éléments de preuves qui pourraient l'impliquer. Craignant le pire, il confesse ses soupçons à Chloe.

S08E07 - Identité

Jimmy a pris une photo de Clark arrivant en super vitesse pour sauver Loïs d'un agresseur et parvient à identifier du rouge et du bleu qui sont flou sur la pellicule. Jimmy la montre à Tess, qui décide de la mettre en première page du Daily Planet. Clark craint que son identité soit découverte, et demande alors à Chloé de faire pression sur Jimmy, mais elle refuse.

S08E08 - La zone fantôme

Clark reçoit un paquet anonyme contenant le cristal que Tess a trouvé dans l'Arctique. Quand il prend le cristal, il l'active ce qui l'envoit lui et Loïs dans la zone Fantôme où ils retrouvent Kara. Kara ouvre un portail pour que Loïs reparte, mais la femme de Zod, Faora s'échappe avec elle et prend possession du corps de Loïs. Et c'est une Loïs possédée qui se déchaîne sur Metropolis.

S08E09 - Abysse

Brainiac commence à supprimer les souvenirs de Chloé un par un jusqu'à ce que la seule personne dont elle se souvienne est Davis. Clark réalise que le seul moyen d'arrêter Brainiac de prendre le contrôle de Chloé est de reconstruire la forteresse et demande à Jor El de la soigner.

S08E10 - Noces de sang

Chloé est emballée de se marier à Jimmy. Oliver dit à Clark qu'il pense qu'il a découvert où se cache Lex et prend son envol pour Cuba afin de vérifier. Mais, lorsqu'il arrive sur place, il est choqué de trouver Lana à la place. Clark et Lois se rapprochent mais le chaos intervient lorsque Doomsday provoque des dégâts à la cérémonie de mariage et tente d'enlever Chloé.

S08E11 - La légion
Le lendemain de l'attaque de Doomsday pendant le mariage de Chloé et Jimmy laisse Clark choqué, et au moment de se mettre à la recherche de Chloé, le «Persuader» apparait et l'attaque. Rokk, Imra et Garth, aussi connu comme La Legion viennent du futur pour stopper le «Persuader». Le groupe réalise alors que Brainiac a prit le contrôle de Chloé. Pendant ce temps, à la forteresse, Chloé/Brainiac informe Davis qu'il est Doomsday et qu'il a été crée dans le but de tuer l'autre kryptonien et détruire le monde.

S08E12 - Promethée
Clark découvre que John Jones s'est fait tirer dessus alors qu'il enquêtait sur une affaire, Clark endosse alors l'uniforme de police pour découvrir le coupable. Pendant ce temps, Lana essaie de convaincre Tess que Lex n'est pas l'homme qu'elle croit. Les nouvelles consternantes de Lana forcent Tess à réévaluer sa position en tant que gérante de Luthorcorp.

S08E13 - Invincible
Lana a été kidnappée, et Clark multiplie les efforts pour découvrir ce qui est arrivé à sa bien-aimée. Il tient Tess Mercer pour responsable de ce kidnapping...

S08E14 - Requiem
Tout le Conseil d'administration de LuthorCorp est réuni au siège pour une réunion au cours de laquelle Oliver Queen informe les membres qu'avec l'aide de Tess, il a pris le contrôle de la société. La réunion est interrompue par l'explosion d'une bombe. Oliver est le seul rescapé de cette attaque. Clark mène l'enquête avec l'aide de Lana, dotée elle aussi désormais de super-pouvoirs...

S08E15 - L'ennemi public no1
Linda Lake revient à Metropolis et menace d'exposer le secret de Clark , sauf s'il promet de lui donner des informations exclusives sur le Red-Blue Blur, elle pourrait ainsi devenir une reporter star à nouveau. Refusant son chantage, Clark révèle son secret à Lois et lui demande d'écrire son histoire pour le Daily Planet.

S08E16 - Turbulences
Tess invite Clark à une conférence de presse à New York, mais lorsque une explosion retentit dans l'avion privé qui les emmènent, Clark doit trouver une solution pour sauver tout le monde sans que Tess n'apprenne son secret. Sans qu'il le sache, Tess a organisée l'explosion pour forcer Clark à dévoiler ses pouvoirs. Dans le même temps, Davis découvre un moyen surprenant de contrôler le monstre en lui.

S08E17 - Fais un voeu
Lors de la fête d'anniversaire de Chloé, une mystérieuse magicienne prénommée Zatanna fait le souhait que Chloé ressemble plus à Loïs et échange le corps des deux jeunes femmes. Zatanna recherche le livre de sorts de son père afin de pouvoir invoquer son esprit, mais pas avant d'avoir exaucé le voeu le plus cher de Clark. Cassie demande de l'aide à Oliver, elle lui demande de voler un objet que Lex avait avant qu'il ne disparaisse. Elle propose d'assouvir le moindre désir du jeune homme s'il réussit. Un sort est lancé sur Clark, pour qu'il croit qu'il est un simple reporter avec des lunettes. Alors qu'elle est Lois, Chloé voit Clark lui révéler ses sentiments pour elle.

S08E18 - Immortel
Tess tente de tuer Davis en faisant exploser son camion. Cependant, après qu'il se soit échappé, elle réalise qu'elle a besoin d'aide pour le détruire et se tourne vers Clark. Elle révèle alors à ce dernier les secrets d'enfance de Davis avec les Luthor et lui laisse entendre qu'elle connaît la véritable identité de Clark. Au même moment, Davis part trouver Chloé afin qu'elle puisse l'aider.

S08E19 - Talons Aiguilles
Loïs croit qu'elle a besoin d'un gros scoop pour conforter sa réputation de journaliste star mais le Flou Rouge et Bleu continuent de lui échapper. Cependant, alors que Chloé se fait agresser, Loïs in-

tervient pour repousser un de ceux qui l'attaquent et se sert de cette occasion pour prétendre qu'il y a un nouveau superhéros en ville, Stiletto. Clark est inquiet, Loïs pourrait se blesser en prétendant être une superhéroïne, mais alors qu'il est capturé par des voyous avec de la kryptonite, Loïs intervient pour remettre les choses en ordre.

S08E20 - La Belle Et La Bête
Clark découvre que Davis est toujours en vie et reproche à Chloé de le protéger. Oliver découvre Jimmy entrant de force dans l'appartement de Chloé et les choses s'aggravent lorsque Davis sort de l'ombre et les attaque tous les deux.

S08E21 - Les Mains Sales
Chloe revient et supplie Clark de tuer Davis, affirmant qu'il ne peut plus garder la bête sous contrôle. Tess a assemblé une équipe de Krypto-monstres, dont Plastique, pour traquer Davis afin que Clark puisse le tuer. Toutefois, les choses échappent au contrôle de Tess lorsque l'équipe découvre qu'elle les a doublés.

S08E22 - Le Jugement Dernier
Oliver dit à Clark qu'il faut tuer Davis car Doomsday est une menace sérieuse qui doit être arrêtée à tout prix. Cependant, Clark refuse de prendre une vie humaine, si bien que l'Archer Vert et son équipe décident de prendre les choses en mains. Loïs s'en prend à Tess mais la lutte prend une tournure inattendue. Pendant ce temps, Chloe se retrouve au milieu de la bataille que se livrent Oliver et Clark sur la mort de Davis.

■■■■■■■■■ SAISON 09 ■■■■■■■■■

S09E01 - Humain, Trop Humain
Après trois semaines d'absence, Lois est de retour à Métropolis mais ne semble avoir aucun souvenir de sa disparition... Peu après, elle fait la rencontre de son nouveau collègue au Daily Planet. Tess, quant à elle, fait la connaissance de mystérieux militaires... De son côté, Clark doit dire adieu à Lois avant de commencer son entraînement avec Jor-El.

S09E02 - Cyber Force
John Corben, le nouveau collègue de Lois, subit une étrange transformation physique et se voit doté de fabuleux pouvoirs. Clark se voit obliger d'intervenir quand Corben s'en prend à Lois.

S09E03 - Code rouge
Zod et ses soldats libèrent un virus dans l'air qui transforme les humains en zombies. Le seul moyen pour l'arrêter est de faire un antidote à partir du sang d'un autre Kryptonien. Après que Loïs soit infectée, Chloé demande à Clark de donner son sang pour enrayer l'épidémie...

S09E04 - Le silence d'or
Tess emmène Oliver au gala organisé par Queen Industries afin de rassurer le conseil mais Toyman arrive afin de se venger d'Oliver. Ce dernier doit avouer avoir tué Lex sinon Toyman fera exploser les lieux à l'aide d'une bombe. Pendant ce temps, dans le cadre de son entraînement, Jor-El donne à Clark la capacité d'entendre les pensées des autres personnes.

S09E05 - Game Over
Oliver se fait droguer puis kidnapper par une femme nommée Victoria alias Roulette, qui dit à Oliver qu'il est impliqué dans un jeu dangereux et qu'il doit se battre pour sa vie. Après que Victoria soit retrouvée morte, Oliver est arrêté par la police et se tourne vers Chloé pour de l'aide. De son côté, Lois en veut à Clark pour ne pas lui avoir parlé de la tentative de suicide d'Oliver.

S09E06 - Coeurs croisés

Oliver essaye d'aider une jeune fille des rues, Mia alias Speedy, à fuir sa vie dangereuse en lui offrant de l'entrainer, mais Mia le double. Lois demande à Clark de l'aider pour postuler à un poste de présentatrice de télévision, mais les deux sont stupéfaits lorsque la chaîne les veut tous les deux pour travailler en équipe.

S09E07 - La chute de Kandor
Jor-El, à la recherche de son fils Kal-El, débarque mystérieusement à la ferme des Kent où il rencontre Chloe. Convaincu que Red Blue Blur est en fait Jor-El, Zod demande de l'aide à Tess afin de le retrouver et le forcer à révéler le secret de ses pouvoirs. Quand Clark réalise que Jor-El est vivant et qu'il est sur la planète Terre, il se dépêche de partir à sa recherche, car il doit le retrouver avant Zod.

S09E08 - Alter Ego
Zan et Jayna, les super jumeaux, viennent à Métropolis pour aider The Blur à combattre le crime. Mais ils font capoter les sauvetages et mettent Clark en difficulté avec la police. Clark décide de révéler l'identité du Blur pour protéger sa réputation...

S09E09 - Pandora
Tess prend des mesures pour en savoir plus sur ce que Lois a vu dans l'avenir : un Clark impuissant subordonné à Zod, et Chloe et Oliver à la tête d'un groupe de résistance contre les Kandoriens.

S09E10 - Le Mentor
Dark Archer, ancien professeur d'Oliver, cherche à se venger de son ancien élève en prenant Lois et Chloé pour cible. Oliver affronte le Dark Archer mais les choses ne se déroulent pas comme prévu, et Clark décide d'intervenir...

S09E11 - L'étoffe des héros 1
Chloé a des ennuis avec Sylvester Pemberton, un homme qui la traque et la menace. Il sait qu'elle est à la tête d'une équipe de super-héros, et lui demande de l'aide. Mais avant de pouvoir révéler son identité, il est tué. Clark et Chloé mènent l'enquêtent et se retrouvent à l'ancien QG de la Justice Society of America, où ils font d'étonnantes rencontres...

S09E12 - L'étoffe des héros 2
Chloé a des ennuis avec Sylvester Pemberton, un homme qui la traque et la menace. Il sait qu'elle est à la tête d'une équipe de super-héros, et lui demande de l'aide. Mais avant de pouvoir révéler son identité, il est tué. Clark et Chloé mènent l'enquêtent et se retrouvent à l'ancien QG de la Justice Society of America, où ils font d'étonnantes rencontres...

S09E13 - Icare
Clark rencontre Zatanna à une convention sur les comic books. Celle-ci prétend que son père a ensorcelé un exemplaire de Warrior Angel et qu'il renferme des pouvoirs magiques. Mais quelqu'un vole la BD, développe des supers-pouvoirs et s'en sert pour sauver Chloé d'un grave accident. Loïs, quant à elle, est jalouse de la relation entre Clark et Zatanna...

S09E14 - Tes désirs sont des ordres
C'est la Saint Valentin. Pendant que Clark est à un rendez-vous avec Lois, il est accidentellement infecté par de la kryptonite qui a la particularité d'accomplir des vœux. Clark dit à Lois qu'il souhaite une relation plus traditionnelle, donc Lois quitte le journal, emménage avec lui et prépare leur mariage...

S09E15 - L'envol
Pour connaître la source de leurs pouvoirs, les kandoriens font des expériences sur des humains. Bernard Chisholm, un de leur cobaye s'échappe et décide de prouver la présence des extraterrestres. Pour ce faire, il enlève Loïs et l'oblige à écrire un article sur le sujet. Zod et Clark se lancent chacun de leur côté à la recherche de Bernard.

S09E16 - La sorcière d'argent
Clark et Lois partent en tête en tête romantique hors de la ville quand leurs plans sont compromis par une rencontre avec Chloe et Oliver au Bed and Breakfast Inn. Ils sont tous interrompus par l'arrivée de Silver Banshee qui visent Clark et Oliver. Pendant ce temps, Tess affronte Zod...

S09E17 - La reine blanche
Tess met en place un plan complexe afin de kidnapper Green Arrow et le livre à Amanda Waller qui lui annonce que le gouvernement le recrute pour servir son pays. Cependant il réussit à s'échapper avant que son identité ne soit révélée. Oliver fait part de son aventure à Clark et Chloe et, ensemble, se mettent à faire des recherches. Mais Clark est surpris de trouver sur son chemin John Jones enquêtant lui aussi sur l'enlèvement d'Oliver. Clark pense que John garde certaines informations pour lui. Waller menace de tuer Chloe à moins que Clark ne lui donne les noms et les emplacements du reste des membres de la Ligue de Justice.

S09E18 - L'alliance
Zod qui continue à se faire passer pour «Red-Blue Blur», demande à Lois d'enquêter sur un des laboratoires secrets de Tess. Mais une explosion détruit le laboratoire et Lois est sauvée in extremis par John Corben qui faisait l'objet d'expériences multiples. En se rendant sur le lieu de l'explosion, Clark s'expose à de la kryptonite rouge et est infecté. Il conduit Zod à la Forteresse. Tess et Chloe font alors appel à John Corben afin qu'il intervienne avant que Clark ne révèle tous ses secrets !

S09E19 - Charade
Alors que Lois enquête sur la sortie de prison prématurée de l'ancien procureur Raymond Sacks, celui-ci la surprend et pointe son arme sur elle. «Red-Blue Blur» vient à la rescousse de Chloe mais son sauvetage est pris en photo par un livreur qui prévoit de la vendre à Raymond Sacks. Lois et Clark tentent d'intervertir la livraison de la photo et rencontrent Maxwell Lord, un ennemi de Superman... Chloe découvre le secret de Zod.

S09E20 - Le nerf de la guerre
En entrant dans la Tour de guet, Tess déclenche le système de sécurité programmé par Chloe et les deux jeunes femmes se retrouvent alors enfermées. Chloe découvre que les Kandoriens partagent une information à partir du serveur de la Tour de guet. Clark apprend que Zod a retrouvé ses superpouvoirs.

S09E21 - Le livre de Rao
A la grande surprise de Clark, Martha Kent revient à Smallville avec son nouveau petit ami, Perry White. Lois et Perry, qui réalisent qu'ils travaillent sur le même histoire concernant la Reine Rouge, décident de faire équipe et se retrouvent dans une situation dangereuse. Chloe aide Clark à trouver le Livre De Rao, dans lequel ils espèrent apprendre comment vaincre Zod et son armée...

S09E22 - La loi du plus fort
Zod lâche ses troupe sur le monde, ce qui force Chloé à appeler du renfort. Pendant ce temps, il raconte à Lois qu'il est le Flou et lui demande de voler le Livre de Rao à Clark. Partagée, elle demande à Clark d'être honnête avec elle sur tout, mais il refuse

■■■■■■■ SAISON 10 ■■■■■■■

S10E01 - Le projet Cadmus
Lois trouve Clark inanimé, un poignard de kryptonite planté dans le corps. Après le lui avoir retiré, elle s'enfuit avant qu'il ne se réveille, afin de protéger son secret. Clark, qui oscille entre la vie et la mort, fait un rêve étrange dans lequel son père, Jonathan, lui délivre un message. De son côté, Tess, laissée pour morte, se réveille dans un laboratoire de la LuthorCorp tandis que Chloe se sacrifie pour

sauver Oliver...

S10E02 - Les amants maudits
Après le départ de Lois pour l'Egypte, le «Daily Planet» engage la journaliste Cat Grant pour la remplacer. Aussitôt, la jeune femme est prise pour cible par un certain Deadshot...

S10E03 - Supergirl
Clark est abasourdi quand Kara revient sur Terre, sans dissimuler ses pouvoirs, et lui annonce que c'est Jor-El qui l'envoie. Celui-ci l'aurait missionnée pour repousser les forces du mal, estimant que Clark n'en est pas capable. De son côté, Lois affronte Gordon Godfrey, qui menace de révéler l'identité de l'Archer vert...

S10E04 - Voyage initiatique
Lois tente de remonter le moral de Clark en l'emmenant à une soirée organisée par d'anciens élèves du lycée de Smallville. Clark se remémore alors les bons moments passés aux côtés de Lana et de Chloe. Lois, de son côté, est furieuse de constater que personne ne se souvient d'elle après les cinq ans qu'elle a passés au lycée. Brainiac, venu du futur, emmène Clark explorer son passé, son présent et son avenir. Il lui montre ce qui s'est réellement passé le soir où son père adoptif est mort...

S10E05 - Un amour de flou
Lois décide de révéler à Clark qu'elle sait qu'il n'est autre que Blur, mais se retrouve possédée par l'âme de la déesse Isis lorsqu'elle se pare du collier accidentellement rapporté d'Egypte. Cat Grant, la surprenant faisant usage de ses nouveaux pouvoirs, pense que Lois est Blur. De leur côté, Oliver et Clark demandent à Tess de les aider à déposséder Lois...

S10E06 - Les récoltes du mal
Alors qu'ils partent en reportage, Lois fait part à Clark de son agacement quant à la surprotection qu'il lui accorde, et lui assure qu'elle est capable de se débrouiller toute seule. C'est alors qu'elle est kidnappée par une étrange communauté qui souhaite la sacrifier en l'honneur de son dieu. Pendant ce temps, Tess cherche un remède qui pourrait empêcher son fils Alexander de grandir aussi vite...

S10E07 - Code d'honneur
Alors que tout le monde prépare Thanksgiving, le général Sam Lane et Lucy Lane arrivent à l'improviste chez Lois et Clark afin de leur faire une surprise. Mais la situation est tendue entre Clark et le général. Pendant ce temps, la Suicide Squad, menée par Rick Flag, ourdit l'assassinat de Sam...

S10E08 - L'oiseau bleu
Lois découvre une vidéo réalisée par sa mère avant de mourir. Après avoir visionné ce message posthume, elle prend une grande décision concernant sa relation avec Clark. Elle se rend alors à la Forteresse, où elle se retrouve face-à-face avec Jor-El et Lara. Pendant ce temps, Tess fait un cauchemar et se retrouve dans le passé, à l'époque où elle était à l'orphelinat de Granny Goodness...

S10E09 - L'Omega
Tout en continuant à protéger le reste de l'équipe, Oliver s'enregistre sur le fichier des super-héros afin de suivre les directives du gouvernement. Comme il le soupçonnait, il découvre que cette nouvelle loi n'est qu'un piège tendu par le colonel Slade Wilson afin de capturer tous les super héros et de les soumettre à des tests. Aquaman et sa nouvelle épouse, Mera, s'unissent à Clark pour tenter de libérer Oliver...

S10E10 - La boîte à miroirs
Tess fait l'acquisition d'une boîte kryptonienne ayant appartenu à Lionel Luthor. Quand Clark active accidentellement la boîte, il est transporté dans un monde parallèle. Dans cet univers, c'est Lionel qui découvre le jeune homme dans le champ de maïs et non les Kent. Encore plus inquiétant, Clark Luthor, le frère de Lex, est un meurtrier, Loïs est fiancée à Oliver et tous deux détestent Clark...

S10E11 - La bague au doigt

La loi anti-superhéros est entrée en vigueur. Très vite, les événements prennent une mauvaise tournure pour Clark et ses amis. Ainsi, l'Archer vert, qui tentait d'empêcher une agression, est attaqué par les citoyens. Clark découvre que les agresseurs d'Oliver portent tous le même tatouage noir...

S10E12 - Avatars

Le groupe VRA relâche Clark, Oliver, Lois et Dinah, qu'il avait kidnappés lors des funérailles de Carter. Après leur libération, chacun d'eux a des flashbacks de même nature. Dans leurs visions, ils sont retenus prisonniers par Chloe. Dinah met en garde ses amis sur la véritable nature de Chloe qui, selon elle, serait une traîtresse. Si Oliver rejette ses allégations, Clark n'est plus certain de pouvoir faire confiance à Chloe depuis sa disparition inexpliquée...

S10E13 - Un pas vers la lumière

Clark est surpris de voir Martha au journal télévisé, interviewée lors d'un rassemblement pro-justiciers. Cependant, la surprise laisse rapidement place à l'horreur quand Martha se fait tirer dessus en direct. Lois et Chloe décident de réconforter Clark en lui montrant des vidéos de milliers de pro-justiciers affirmant leur soutien au Blur. Parallèlement, Lionel révèle son existence au monde entier et réclame son bien : LuthorCorp...

S10E14 - Les sept péchés capitaux

Chloe et Oliver sont pris pour des agents du FBI en train d'enquêter sur une série de meurtres commis par Darkseid. Ils sont kidnappés par des sbires du criminel. Celui-ci tente d'infecter Chloe avec sa force noire. Parallèlement, Lois demande à Clark de mieux cacher sa véritable identité et lui propose un déguisement de super-héros...

S10E15 - Nuit d'ivresse

Zatanna envoie une bouteille de champagne ensorcelé à Lois et Clark pour célébrer leur enterrement de vie de célibataire. Le lendemain de la fête, personne ne se souvient de ce qui s'est passé. Alors qu'elle tente de se remémorer ses faites et gestes de la veille, Lois s'aperçoit qu'elle a perdu sa bague de fiançailles. Elle entraîne Oliver au Casino Fortune, où elle pense l'avoir perdue. Les deux jeunes gens se heurtent à Amos Fortune, l'excentrique propriétaire du casino, qui les accuse de lui avoir dérobé de l'argent. Pendant ce temps, Clark dit à Chloe qu'il se souvient avoir volé un fourgon blindé la nuit précédente...

S10E16 - Le clone

Tess révéle à Clark que Conner combine à part égale les codes génétiques de ses deux pères : Lex et lui. Clark prend alors en charge l'éducation de l'enfant pour l'aider à maîtriser ses pouvoirs et s'assurer qu'il choisira de se battre du côté du bien. De son côté, Tess se lance dans un combat sans merci contre Lionel pour le contrôle de l'empire LuthorCor...

S10E17 - L'autre dimension

Clark Kent trouve un miroir portail dans la grange. Clark Luthor le surprend et l'envoie dans un univers parallèle, où le jeune homme se heurte à Jonathan Kent, très énervé. Pendant ce temps, dans le monde réel, Clark Luthor rend visite à Tess. Il la menace : si elle ne se rallie pas à lui, il la tuera sans hésiter. De son côté, Lois demande à Emil de l'aider à ramener Clark dans le monde réel...

S10E18 - Booster

Après les événements des derniers jours, Lois conseille à Clark de faire profil bas afin de ne pas attirer l'attention sur lui. En l'absence de Clark Kent, la presse se trouve rapidement un nouveau super-héros...

S10E19 - Les gladiateurs

Tess apprend que le général Slade a été retrouvé inconscient dans la rue, preuve qu'un prisonnier a réussi à quitter la Zone fantôme. Clark et Oliver décident d'y retourner pour s'assurer qu'aucun autre fantôme ne s'échappe. Mais les deux hommes se font capturer par Zod, qui cherche à se venger de son exclusion de la prison kryptonienne. Pendant ce temps, Lois découvre que Clark a confié un

Le guide des épisodes des geeks

secret à Tess alors qu'elle-même n'a pas été mise dans la confidence...

S10E20 - Prophecy

Clark emmène Lois dans sa forteresse pour demander la bénédiction de leur union par Jor-el. En guise de réponse, celui-ci fait don des pouvoirs de Clark à Lois pour une journée. La jeune femme découvre alors les bons et les mauvais côtés de la mission de Clark. Malheureusement, c'est le moment que choisit Toyman pour revenir à Metropolis. Lois doit l'affronter à la place de Clark...

S10E21 - Finale

A quelques heures de son union avec Lois, Clark est pris de doutes. Malgré tout, les deux jeunes gens règlent les derniers détails de leur mariage, ignorant que, de son côté, Darkseid a la ferme intention de perturber la cérémonie. L'Apocalypse étant proche, Lionel décide de mettre son plan à exécution. Pour ressusciter son fils, il doit notamment enlever Tess...

S10E22 - Finale

L'histoire de Clark Kent touche à sa fin lorsque le jeune homme s'apprête à revêtir le costume qui fera de lui Superman. Avec le retour de Lex Luthor, appelé à être son plus grand ennemi, la destinée du superhéros s'amorce

STARGATE ATLANTIS

Reprenant le flambeau de la mythique équipe SG-1, la nouvelle et valeureuse expédition Stargate Atlantis s'engouffre au fin fond de la galaxie de Pégase sur les traces de la citée perdue des anciens : Atlantis. Mais leur longue quête ne sera pas de tout repos : le danger n'a jamais été aussi proche. Cette galaxie est peuplée de Wraith, créature se nourrissant de l'énergie vitale des Hommes.

01.01 Une nouvelle ère 1/2 Rising, part 1
La découverte des coordonnées de la cité d'Atlantis permet au docteur Elizabeth Weir de former une équipe internationale, regroupant les meilleurs scientifiques et militaires, afin d'aller l'explorer.

01.02 Une nouvelle ère 2/2 Rising, part 2
L'Expédition se retrouve confrontée à la question d'abandonner Atlantis, immergée sous l'océan. Par la suite, le major Sheppard lance une mission de sauvetage pour délivrer ses compagnons captifs des Wraiths.

01.03 Invulnérable Hide and Seek
Tandis que l'Expédition s'installe dans la cité, Beckett effectue les premiers essais d'inoculation du gène ATA. Au même moment, un Athosien libère une créature énergivore menaçant Atlantis et ses habitants.

01.04 38 minutes Thirty Eight Minutes
Au cours d'une mission, Sheppard est victime d'un insecte alien. Mais après avoir essuyé des tirs ennemis en repartant, le Jumper de l'équipe se retrouve coincé dans la porte spatiale.

01.05 Soupçons Suspicion
Le doute règne sur Atlantis lorsqu'on découvre qu'il existe un espion sur la cité après que l'équipe de Sheppard ait été victime de plusieurs attaques wraiths lors de missions d'exploration.

01.06 Fin de l'innocence
Le Major Sheppard et son équipe visitent un monde et y détectent une source d'énergie, avant de s'écraser et de se rendre compte que leurs appareils ne fonctionnent plus. Ils font ensuite la rencontre des habitants de cette planète, qui se plient à un sacrifice suicidaire pour dissuader les Wraiths de venir sur leur planète. McKay découvre alors l'existence d'un champ magnétique...

01.07 Sérum
L'équipe visite un monde, celui des Hoffans, où les Wraiths viennent régulièrement se nourrir, mais qui chaque fois se reconstruit et tente de se défendre contre eux. Leur plus grande recherche concerne un vaccin anti-Wraith. Le Major Sheppard propose alors l'aide de Carson dans l'élaboration du vaccin...

01.08 Apparences
A la recherche d'un partenariat commercial pour des vivres, une mission est envoyée sur la planète des Genii, un peuple fermier avec lequel Tayla a déjà fait des échanges. A la grande surprise de Sheppard, les Genii préfèrent du C4 à des médicaments contre leurs récoltes. Son étonnement est d'autant plus grand quand McKay et lui découvrent l'existence d'un gigantesque réseau sous-terrain...

01.09 Retour sur Terre
Une expédition menée sur une planète a montré que cette dernière recèlerait suffisamment d'énergie pour créer un vortex vers la Terre. Le Dr Weir accompagne l'équipe qui retourne sur cette planète pour tenter l'expérience, qui réussit. Ils parviennent alors à contacter le SGC et retourner sur Terre. Mais tout ne semble pas si réel...

01.10 En pleine tempête - 1ère partie
Une énorme tempête arrive sur Atlantis. Sheppard et Ford vont sur une autre planète pour négocier l'évacuation d'Atlantis, pendant que McKay et Zelenka cherchent un moyen d'alimenter le bouclier protégeant Atlantis. Cependant, les Genii ont appris que Atlantis allait être vulnérable..

01.11 En pleine tempête - 2ème partie
McKay, Weir et le personnel d'Atlantis sont toujours les prisonniers des Genii, alors que seul Sheppard leur échappe encore et que Tayla, Ford et Carson sont toujours bloqués sur le continent. Pendant ce temps, la tempête s'intensifie, et McKay continue de chercher un moyen d'alimenter les boucliers alors qu'Atlantis est de plus en plus menacée..

01.12 Duel

En explorant l'espace, Sheppard, McKay ainsi que les docteurs Abrams et Gaul tombent sur un gigantesque vaisseau-mère abandonné, datant de la bataille des Anciens. A proximité, ils captent un très faible signal de détresse en Wraith et décident d'atterrir sur la planète attenante. Sur place, dans le désert aride, ils découvrent un vaisseau de ravitaillement Wraith où des cadavres jonchent les lieux où les épargnés ont fini par devenir cannibales. Pourtant, des milliers de corps humains chrysalidés sont entreposés, pouvant nourrir un bastion Wraith sur des milliers d'années. Sentant le danger imminent, Sheppard donne l'ordre d'évacuer.

01.13 irus

Durant une inspection de routine sur Atlantis, un groupe sous le commandement du docteur McKay lance une alerte et plusieurs décèdent d'une rupture d'anévrisme générée par des hallucinations. Pour le docteur cartésien, ces décès ne paraissent pas naturels et l'ordre est donné de mettre Atlantis sous quarantaine. Isolée, l'équipe de chercheurs de McKay découvrent un laboratoire en virologie des Anciens totalement dévasté. Défiant l'autorité du docteur Weir, Sheppard et Teyla partent en combinaison anti-contamination à la poursuite d'un échappé du groupe. Rapidement, la cité détecte le nano-virus du forcené et se bloque au point de laisser les résidents sans contrôle de la situation. Persuadé d'être le prochain sur la liste, McKay énonce ses dernières volontés

01.14 Le sanctuaire Sanctuary

L'équipe découvre un monde protégé des Wraiths. Pour convaincre sa protectrice de partager ce refuge, Sheppard l'amène sur Atlantis. Mais McKay a des doutes sur sa véritable identité.

01.15 Le grand sommeil Before I Sleep

En explorant la Cité, Sheppard et son équipe font la rencontre d'une vieille femme en stase depuis 10 000 ans. En la réanimant, l'équipe découvre qu'il s'agit d'Elizabeth Weir.

01.16 La communauté des Quinze The Brotherhood

L'équipe de Sheppard se lance dans une quête pour retrouver un E2PZ caché sur une planète par un Ancien. Mais rapidement, une vieille connaissance va la rejoindre.

01.17 Derniers messages Letters From Pegasus

Alors que trois vaisseaux-ruches wraiths font route vers Atlantis, McKay trouve une astuce pour envoyer un message de détresse et des informations sur la Cité au SGC.

01.18 Sous hypnose The Gift

Victime de cauchemars, Teyla part en mission avec l'équipe dans une ancienne base scientifique wraith. Après des analyses, Beckett et Weir lui révèlent la véritable raison de ses troubles.

01.19 Assiégés 1/2 The Siege, part 1

L'Expédition tente de réactiver le satellite de défense afin de stopper l'avancée de l'ennemi. Pendant que Zelenka prépare l'autodestruction de la Cité, Sheppard découvre qu'un Wraith est caché sur Atlantis.

01.20 Assiégés 2/2 The Siege, part 2

Le SGC envoie un contingent militaire afin d'organiser la résistance face à l'ennemi. Mais malgré les moyens déployés, la Cité semble perdue.

SAISON 02

02.01 Sous le feu de l'ennemi The Siege, part 3

Alors que l'arrivée du Dédale permet de venir à bout du dernier vaisseau wraith, une seconde vague fait route vers Atlantis. Le désespoir semble gagner les membres de l'Expédition.

02.02 I.A The Intruder

Alors que le Dédale effectue son retour sur Atlantis, un mystérieux virus informatique prend le contrôle des différents systèmes de bord du croiseur terrien.

02.03 Chasse à l'Homme Runner
Les Terriens partent à la recherche du lieutenant Ford qui s'est enfui après avoir été exposé à l'enzyme wraith. Cependant, ils vont faire la rencontre d'un homme devenu la proie des Wraiths.

02.04 À corps perdu Duet
Le téléporteur d'un Dart wraith transfère accidentellement la conscience du lieutenant Cadman dans la tête de McKay. Zelenka et l'équipe scientifique d'Atlantis font tout pour corriger la situation.

02.05 Les condamnés Condemned
Sheppard et son équipe arrivent sur une planète qui vit en relative harmonie avec les Wraiths. Intriguée, Weir se rend sur place pour entrer en contact avec l'autorité locale.

02.06 L'expérience interdite Trinity
Alors que Sheppard et McKay tentent de remettre en marche un avant-poste militaire Ancien, Ronon revoit un ancien compagnon satedan et apprend que son peuple n'a pas été totalement annihilé.

02.07 Instinct Instinct
L'équipe découvre une jeune fille wraith qui est élevée par un humain, se cachant des habitants de son village et craignant pour sa vie.

02.08 Mutation Conversion
Le temps est compté pour l'équipe qui doit à tout prix trouver un remède face à la transformation rapide de Sheppard en Wraith.

02.09 L'Aurore Aurora
Quand l'équipe découvre un vaisseau Ancien, McKay et Sheppard sont surpris d'apprendre que l'équipage à bord a découvert une faille dans la technologie wraith.

02.10 L'union fait la force 1/2 The Lost Boys
L'équipe de Sheppard est capturée par le lieutenant Ford, qui dirige un groupe de drogués à l'enzyme wraith, dans le but de monter une opération kamikaze contre un vaisseau-ruche.

02.11 L'union fait la force 2/2 The Hive
Alors que l'équipe est capturée par les Wraiths et que Sheppard est interrogé par la Reine, McKay, resté prisonnier sur la base de Ford, tente de se libérer afin de prévenir Atlantis.

02.12 Tempus fugit Epiphany
Sheppard se retrouve coincé sur une planète où le temps passe plus rapidement, sans possibilité de contacter son équipe ou de rejoindre Atlantis.

02.13 Masse critique Critical Mass
Alors qu'un espion de la Confrérie a posé une bombe sur Atlantis et que deux croiseurs wraiths sont en route, Weir et son équipe font tout pour trouver une solution avant qu'il ne soit trop tard.

02.14 L'ivresse des profondeurs Grace Under Pressure
Quand le docteur McKay se retrouve prisonnier d'un Jumper en perdition dans l'océan, il doit compter sur Samantha Carter pour survivre.

02.15 La Tour The Tower
L'équipe découvre un monde qui possède des technologies défensives anciennes et est contrôlé par une famille royale. Sheppard se retrouve être le pion dans la rivalité entre les héritiers du trône.

02.16 Possédés The Long Goodbye
Sheppard et Weir deviennent une menace pour Atlantis lorsque leur esprit se retrouve être sous le contrôle de deux entités hostiles.

02.17 Coup d'état
Alors que le major Lorne disparaît dans des circonstances étranges, le bras droit du chef Genii, Ladon, propose un marché à Atlantis pour utiliser sa force militaire et effectuer un coup d'Etat. L'armistice signée avec ce vieil ennemi touche bientôt à sa fin

  Le guide des épisodes des geeks

02.18 Traitement de choc
Michael se réveille amnésique dans le laboratoire du docteur Beckett et suspecte bientôt l'équipe d'Atlantis de l'avoir utilisé comme cobaye pour tester leur virus qui transformerait tout Wraith en être humain

02.19 Inferno
L'équipe de Sheppard tente d'évacuer le peuple taranien qui puise son énergie du supervolcan sur lequel leur base a été bâtie. Mais le volcan se réveille

02.20 Les alliés
Atlantis scelle une alliance avec une faction rebelle Wraith, menée par Michael, pour anéantir les autres Wraith, avec qui ils sont en guerre civile. Mais soudain la faction se ravise, McKay et Ronon sont retenus prisonniers et Sheppard disparaît sous les feux de l'ennemi. Durant leur fuite, les Wraith ont téléchargé les données de localisation de la Terre

03.01 Menace sur la Terre No Man's Land
Atlantis tente d'empêcher deux vaisseaux-ruches d'atteindre la Terre. Sheppard doit faire équipe avec un vieil ennemi pour sauver McKay et Ronon retenus prisonniers à bord de l'un des vaisseaux.

03.02 Transformation Misbegotten
L'équipe doit décider du sort des rescapés wraiths qu'ils ont transformés en humains. Sur Terre, les décisions d'Elizabeth Weir sont remises en question par les membres de la CIS.

03.03 Irrésistible Irresistible
L'équipe de Sheppard fait la rencontre d'un homme qui est adoré par tous ceux qui le côtoient. Sa présence sur Atlantis produit rapidement des effets étranges chez les membres de l'Expédition.

03.04 Face à face Sateda
Ronon Dex est capturé par le commandant wraith responsable de l'anéantissement de son peuple et le ramène sur Sateda dans le but de faire de lui de nouveau un coureur.

03.05 Copies conformes Progeny
L'Expédition Atlantis découvre un monde peuplé par des Anciens ayant toujours forme humaine et étant à l'abri de la menace des Wraiths.

03.06 Le monde réel The Real World
Weir se réveille sur Terre dans un institut psychiatrique. On lui apprend alors que la porte des étoiles et Atlantis ne sont que le produit de son imagination.

03.07 Intérêts communs Common Ground
Sheppard est retenu prisonnier par Kolya. Ce dernier menace de se servir de lui comme nourriture pour un Wraith si Weir ne satisfait pas toutes ses demandes.

03.08 La guerre des génies McKay and Mrs. Miller
Rodney McKay tente de convaincre sa sœur, Jeannie Millier, de venir sur Atlantis afin de l'aider à reformer le projet Arcturus.

03.09 La machine infernale Phantoms
Le comportement des membres de l'équipe de Sheppard est influencé par une technologie extraterrestre lors d'une mission pour secourir une équipe porté disparue.

03.10 Exil forcé 1/2 The Return, part 1
Le Dédale rencontre un vaisseau spatial endommagé ayant à son bord des Anciens. De retour sur Atlantis, les Anciens reprennent le contrôle de la Cité et exigent le départ de l'Expédition.

03.11 Exil forcé 2/2 The Return, part 2

L'équipe doit secourir le général O'Neill et Richard Woolsey qui ont été fait prisonniers par les Asurans qui contrôlent désormais Atlantis.

03.12 Le chant des baleines Echoes
Les habitants d'Atlantis commencent à subir d'étranges visions et à tomber malade lorsque plusieurs baleines se dirigent vers la Cité.

03.13 Invincible Irresponsible
L'équipe rencontre de nouveau Lucius manipulant les habitants d'une autre planète sans défense grâce à une technologie des Anciens qui semblent le rendre invincible.

03.14 Le péril de la sagesse Tao of Rodney
Alors que McKay acquiert de nouvelles capacités cognitives grâce à un appareil Ancien, sa vie pourrait bien être en danger suite aux révélations faites sur cette technologie.

03.15 Les jeux sont faits The Game
Sheppard et McKay découvrent que l'un de leurs jeux vidéo contrôle la population d'une vraie planète dans la galaxie de Pégase et que cette dernière est sur le point d'entrer en guerre.

03.16 Âmes en détresse The Ark
Les derniers survivants d'une civilisation sont retrouvés en hibernation. Leur survie est menacée lorsque leur équipement d'hibernation est sévèrement endommagé.

03.17 Une question d'éthique Sunday
Une journée de repos pour les membres de l'Expédition Atlantis vire en tragédie lorsqu'une explosion retentit dans l'une des sections de la Cité entraînant la mort de plusieurs personnes.

03.18 Immersion Submersion
L'équipe part explorer une station géothermale sous-marine de la planète Lantia, délaissée par les Anciens. Rapidement, Teyla sent que la station n'est peut-être pas tout à fait déserte.

03.19 L'équilibre parfait Vengeance
Sans nouvelles depuis plusieurs semaines des Taranians, Sheppard et son équipe se rendent sur leur nouvelle base afin d'enquêter sur la situation.

03.20 Nom de code : Horizon First Strike
Les Terriens lancent une attaque contre le monde natal des Asurans lorsque l'on découvre que ces derniers construisent une flotte de vaisseaux de guerre dans le but de se rendre sur Terre.

■■■■■■■ SAISON 04 ■■■■■■■

04.01 À la dérive Adrift
Alors qu'Atlantis est à la dérive dans l'espace, l'Expédition tente par tous les moyens de rejoindre leur nouveau monde avant qu'il ne soit trop tard.

04.02 Dernier recours Lifeline
Alors que le temps leur est compté, Weir et l'équipe de Sheppard se lancent dans une mission à haut risque dans le but de s'emparer d'un E2PZ appartenant aux Réplicateurs, sur Asuras.

04.03 Retrouvailles Reunion
Lorsque Ronon retrouve d'anciens compagnons, il doit décider s'il désire demeurer sur Atlantis ou les rejoindre. Pendant ce temps, le colonel Carter arrive sur Atlantis pour prendre la tête de l'Expédition.

04.04 Cauchemar sur Atlantis Doppelganger
Sheppard réveille accidentellement une forme de vie cristalline qui désire éliminer le reste de l'Expédition en envahissant leurs cauchemars sous la forme de Sheppard.

04.05 Les Voyageurs Travelers
Le colonel Sheppard est capturé par les habitants d'un vaisseau spatial qui désirent utiliser son habileté à manipuler les technologies des Anciens à leur avantage.

04.06 Perte de mémoire Tabula Rasa
Quand un virus cause une amnésie de tout le monde à l'exception de Teyla et Ronon, l'équipe Atlantis doit trouver un remède avant que leur mémoire ne soit complètement effacée.

04.07 Seules contre tous Missing
Teyla et le docteur Keller visitent la nouvelle Athos quand elles sont attaquées par un peuple de guerriers primitifs.

04.08 Le prophète The Seer
À la recherche des Athosiens, l'équipe rencontre un homme ayant d'impressionnants pouvoirs prophétiques qui leur prédit un avenir très sombre pour Atlantis.

04.09 Programmation mortelle Miller's Crossing
Un homme kidnappe McKay et sa sœur Jeannie, sur Terre, et leur demande de reprogrammer des nanites aliens afin de guérir sa fille atteinte d'un grave cancer.

04.10 Double collision This Mortal Coil
Lorsqu'un drone percute la Cité, l'Expédition craint que les Réplicateurs ne les aient retrouvés. Mais quand Weir fait sa réapparition, l'équipe se rend compte que cette sonde fait juste partie d'un plus grand mystère.

04.11 Alliance forcée Be All My Sins Remember'd
La menace réplicateur prend de l'ampleur et Atlantis est en quête de nouveaux alliés afin d'anéantir l'immense armada ennemie.

04.12 Conséquences Spoil of War
Atlantis entreprend avec succès le sauvetage d'un vaisseau ruche partiellement endommagé ainsi que la récupération d'importantes informations pouvant les aider dans leur guerre contre les Wraiths.

04.13 Quarantaine Quarantine
Atlantis verrouille inexplicablement ses différentes sections, laissant les habitants de la Cité dans une situation plus que préoccupante.

04.14 Harmony Harmony
Sheppard et McKay doivent protéger une jeune princesse qui doit faire son pèlerinage avant d'être reine. Mais un dangereux ennemi en veut à sa vie...

04.15 Banni Outcast
Sheppard retourne sur Terre pour assister à l'enterrement de son père avant d'être recruté pour récupérer un Réplicateur à forme humaine créé par un laboratoire sur Terre.

04.16 Trio Trio
McKay, Carter et Keller se retrouvent coincés dans une salle souterraine sur le point de s'effondrer à tout instant au fond d'un abysse.

04.17 Infiltration wraith Midway
Teal'c vient sur Atlantis pour préparer Ronon aux questions de la CIS. Mais ils devront travailler ensemble quand des Wraiths réussissent à prendre Midway avec l'ordre de se rendre sur Terre.

04.18 Hybrides 1/2 The Kindred, part 1
Alors qu'une mystérieuse nouvelle épidémie balaie la galaxie de Pégase, Teyla est convaincue par une vision que le père de son enfant essaie de communiquer avec elle.

04.19 Hybrides 2/2 The Kindred, part 2
Toute l'équipe d'Atlantis est surprise quand un ancien ami que tout le monde croyait mort revient miraculeusement parmi eux.

04.20 Le dernier Homme The Last Man
Sheppard retourne sur Atlantis après une mission et trouve la Cité abandonnée. A la place de l'océan,
Atlantis se trouve entourée de dunes de sable à perte de vue

05.01 La vie avant tout Search and Rescue
Alors que Carter organise une mission de sauvetage pour secourir l'équipe de Sheppard des décombres d'un complexe, elle doit faire face à Michael qui convoite lui aussi les survivants.

05.02 Contamination The Seed
Un organisme alien transforme l'apparence du docteur Keller et menace petit à petit toute la Cité.
Le docteur Beckett, sorti entre-temps de sa stase, s'emploie pour trouver une solution à ce problème.

05.03 Une question d'honneur Broken Ties
Les Wraiths capturent Ronon et lui font subir un lavage de cerveau afin d'en faire l'un de leurs ado-
rateurs.

05.04 Tous les possibles The Daedalus Variations
Sheppard et son équipe enquêtent sur le Dédale qui vient mystérieusement d'apparaître, à la dérive
et abandonné. Ils découvrent alors qu'une machine expérimentale les fait voyager dans plusieurs
univers alternatifs, sans possible retour dans leur propre réalité.

05.05 Les fantômes du passé Ghost in the Machine
Quand les Réplicateurs asurans tentent d'effectuer leur Ascension, cela entraine quelques problèmes,
et le docteur Weir utilise Fran pour communiquer avec Atlantis.

05.05 Seconde enfance The Shrine
Rodney McKay souffre d'une version pégasienne du virus Alzheimer et perd très rapidement la
mémoire. Son état a été diagnostiqué trop tard pour le soigner mais Ronon pourrait bien avoir la
réponse qui le sauvera.

05.07 Les démons de la brume Whispers
Le docteur Beckett est appelé pour aider une équipe enquêtant sur l'un des laboratoires qui a appartenu à Michael.

05.08 La nouvelle reine The Queen
Teyla se fait passer pour la reine de Todd afin de mener des négociations avec d'autres vaisseaux
ruche.

05.09 Jeu de piste Tracker
L'équipe se rend sur un monde récemment visité par les Wraiths, mais ils doivent rapidement secourir le docteur Keller qui s'est fait kidnappée par un coureur.

05.10 Premier contact 1/2 First Contact, part 1
Pendant que Daniel Jackson se rend sur Atlantis pour enquêter sur un laboratoire de Janus, Todd et
une délégation wraith arrivent sur le Dédale pour travailler sur la génothérapie de Keller.

05.11 La tribu perdue 2/2 The Lost Tribe, part 2
Toujours captifs, Rodney et Daniel découvrent l'identité de leur geôlier. Pendant ce temps, Todd détourne le Dédale pour détruire l'Attero, responsable de la destruction de plusieurs vaisseaux wraiths
dans la galaxie.

05.12 Les Balarans Outsiders
Sheppard et son équipe doivent évacuer des survivants de l'empoisonnement à la drogue hoffan
avant qu'ils ne soient exterminés par les Wraiths.

                    Le guide des épisodes des geeks

05.13 Inquisition Inquisition
L'équipe de Sheppard doit répondre de ses actes dans la galaxie face à une coalition d'humains de Pégase.

05.14 Le fils prodigue The Prodigal
Michael et son armée d'hybrides s'infiltrent sur Atlantis et prennent le contrôle de la salle de contrôle et d'embarquement, menaçant de la détruire si l'enfant de Teyla ne leur est pas remis.

05.15 Les Sekkaris Remnants
Alors que Sheppard a été enlevé et que Woolsey fait la connaissance de la mystérieuse docteur Conrad, l'Expédition fait une découverte sur la nature d'une ancienne race ayant vécue sur cette planète.

05.16 Rendez-vous glacial Brain Storm
Rodney McKay retrouve son rival lors d'une démonstration scientifique qui va réserver des sueurs froides à tous les invités.

05.17 Entre la vie et la mort Infection
Lorsque la ruche de Todd apparait en orbite d'Atlantis, l'équipe de Sheppard découvre que son équipage a été frappé d'une maladie qu'ils ont contribué à créer.

05.18 Identité Identity
Alors que le corps de Keller a été pris comme hôte par l'esprit d'une criminelle, l'esprit de Jennifer est quant à lui transféré dans le corps de la criminelle qui doit répondre de ses crimes.

05.19 Las Vegas Vegas
Dans une réalité parallèle, à Las Vegas, le détective John Sheppard doit enquêter sur une série de meurtres sauvages de personnes, mortes des suites d'une aspiration rapide de leur force vitale.

05.20 L'empire contre-attaque Enemy at the Gate
Lorsqu'un lieutenant de Todd utilise un E2PZ pour améliorer son vaisseau ruche, tous les moyens sont mis en œuvre pour contrer cet ennemi surpuissant.

Stargate Origins

S01E01 - Episode 1
La jeune Catherine Langford se lance dans une aventure inattendue pour percer le mystère de ce qui se cache au-delà de la porte des étoiles et ainsi sauver la Terre des ténèbres.

S01E02 - Episode 2
Les intentions du Dr Brücke deviennent plus claires à mesure qu'il met à l'épreuve ses théories sur la découverte de Langford. Tandis que le potentiel de l'anneau est révélé, Brücke décide de kidnapper le professeur Langford, et de retenir Catherine en otage.

S01E03 - Episode 3
S'extirpant intelligemment de ses ravisseurs, Catherine recrute deux soldats pour une mission de sauvetage. Pendant ce temps, le professeur Langford et Brücke font face à une nouvelle force puissante.

S01E04 - Episode 4
Catherine, Beal et Wasif sont rapidement dépassés après leur arrivée dans un autre monde, dans lequel ils rencontrent un puissant guerrier extraterrestre.

S01E05 - Episode 5
Afin de faire profil bas, l'équipe suit son nouveau guide vers une colonie autochtone tandis que les Allemands complotent pour forger une alliance avec les maîtres extraterrestres de la planète.

S01E06 - Episode 6
Le professeur Langford est obligé d'aider Brücke et Aset à négocier une alliance aussi difficile que menaçante.

S01E07 - Episode 7
Brücke imagine un nouveau plan diabolique pour son retour sur Terre. De son côté, Catherine noue des liens avec les nouveaux amis de l'équipe et entrevoit ce qu'il adviendrait si Brücke venait à trouver un moyen de quitter la planète.

S01E08 - Episode 8
Aset emmène ses invités à l'avant-poste de Nosdevli, où se tient une épreuve de combat destinée à démontrer la valeur d'un serviteur envers son maître. Brücke, quant à lui, se retrouve dans une position difficile.

S01E09 - Episode 9
Beal dirige une équipe pour infiltrer le temple d'Aset, et le professeur Langford prend position.

S01E10 - Episode 10
Alors que le puissant Ra approche du temple, Catherine confronte Brücke, déclenchant une suite d'événements qui changera son destin pour toujours.

Stargate SG-1

■ 01.01– 01.02 Enfants des Dieux - Children of the Gods
Lorsque des extraterrestres débarquent sur Terre par la porte des étoiles, le colonel O'Neill reprend contact avec Daniel Jackson, un archéologue resté sur Abydos après la victoire sur Ra.

— Apophis (E) ; Amaunet (E)

■ 01.03 L'ennemi intérieur - The Enemy Within
Lorsque le Major Kawalsky est pris comme hôte par un Goa'uld, le SGC tente l'impossible pour extraire ce symbiote sans entraîner la mort de son hôte.

■ 01.04 Émancipation – Emancipation
L'arrivée de SG-1 par la porte des étoiles sur la planète Simarka remet en question la place de la femme et l'oppression de celle-ci dans cette société.

■ 01.05 La théorie de Broca - The Broca Divide
Les membres de SG-1 sont infectés par un virus qui les transforme en êtres primitifs. Le docteur Fraiser doit alors trouver rapidement un vaccin avant qu'il ne soit trop tard.

■ 01.06 Le Premier Commandement - The First Commandment
Envoyés à la rescousse de SG-9, les membres de SG-1 découvrent que la population locale travaille comme des esclaves pour leur dieu, le capitaine Hansen de SG-9.

1er commandement (JC)

■ 01.07 Double – Cold Lazarus
SG-1 découvre une forme de vie cristalline possédant la faculté de prendre l'apparence des organismes avec laquelle elle désire communiquer.

— Lazare (JC)

■ 01.08 Les Nox - The Nox
Pressé par le Gouvernement d'acquérir de nouvelles technologies, SG-1 tente de capturer une créature possédant un pouvoir d'occultation. L'opération tourne au drame lorsque Apophis arrive.

— Nox (GR)

■ 01.09 Les Désignés - Brief Candle
SG-1 découvre une race possédant un cycle de vie extrêmement court. La situation devient critique lorsque O'Neill commence à souffrir de ce vieillissement accéléré.

— Pelops (GR) ; Argos (GR)

■ 01.10 Le Marteau de Thor - Thor's Hammer
Teal'c et O'Neill sont téléportés dans un labyrinthe lors de leur arrivée sur Cimméria, une planète possédant une technologie la protégeant des Goa'ulds.

— Thor (S) ; Asgards (S) ; Valkyries (S) ; Mur de Mjrnard (S)

■ 01.11 Le Supplice de Tantale - The Torment of Tantalus
En visionnant les archives de l'US Air Force, Daniel découvre qu'une personne aurait franchi la porte des étoiles en 1945 et serait toujours coincée sur une planète extraterrestre.

Tantale (GR) ; Asgards (S) ; Nox (E) ; Héliopolis (E); Anciens[3]

■ 01.12 Retour sur Chulak - Bloodlines
Teal'c apprend que son fils Ry'ac, est à présent en âge de porter son premier symbiote. Il décide de repartir sur Chulak pour empêcher ce rituel.

■ 01.13 Le feu et l'Eau - Fire and Water

3– *Les Anciens étant cités dans 80% des épisodes de la série, ils n'apparaissent que la première fois dans ce guide ⊠ Anciens : Cf. Latona (GR) & Lantian (H)*

Daniel est retenu prisonnier par une créature extraterrestre tandis que les membres de SG-1 remettent en doute leurs souvenirs de la mort de Daniel.

— Omoroca (M) ; Belus (M) ; Oannes (M) ; Babylon (M)

■ 01.14 Hathor - Hathor
Des fouilles archéologiques permettent de découvrir un sarcophage contenant la Goa'uld Hathor, qui décide de s'emparer du SGC afin d'y créer sa nouvelle armée.

–(GR) ; Cérès (GR) ; Ishtar (M)

■ 01.15 Cassandra - Singularity
Un virus cause la mort de tous les habitants d'une planète, à l'exception une petite fille nommée Cassandra. Carter la prend sous son aile sans se douter qu'il s'agit d'une ruse des Goa'ulds.

— Nirrti (I) ; Cassandra (GR)

■ 01.16 Le Procès - Cor-ai
Sur la planète Cartago, un homme accuse Teal'c d'avoir tué son père alors qu'il servait les Goa'ulds. Teal'c est alors jugé et condamné à mort. O'Neill tente de prouver l'innocence de Teal'c.

■ 01.17 Les Réfugiés - Enigma
SG-1 secoure les Tollans, une race très avancée technologiquement mais doit rapidement leur trouver un nouveau refuge avant que le colonel Maybourne ne les fassent prisonniers.

■ 01.18 Portés Disparus – Solitudes
Après un dysfonctionnement de la porte des étoiles, Carter et O'Neill se retrouvent coincés dans un endroit au climat arctique, la porte des étoiles ne fonctionnant plus.

■ 01.19 Les Doubles Robotiques - Tin Man
Après leur retour de mission, les membres de SG-1 sont choqués de découvrir qu'ils ont été transformés en robot.

■ 01.20 Une Dimension trop Réelle - There but for the Grace of God
Après avoir touché un miroir sur un planète ayant récemment été attaqué par les Goa'ulds, Jackson se retrouve dans un univers parallèle ou la Terre est attaquée par les Goa'ulds.

■ 01.21 Décision Politique – Politics
Le sénateur Kinsey interroge SG-1 pour vérifier la rentabilité du programme porte des étoiles. Pendant ce temps, les Goa'ulds s'apprêtent à envahir la Terre.

— Pandore (GR) ; (Cf. S01-E01 / S01-E02 / S01-E04 / S01-E09)

■ 01.22 Dans le nid du serpent - Within the Serpent's Graps
SG-1 décide d'aller sur la planète dont Daniel a découvert les coordonnées dans l'univers parallèle. Ils se retrouvent à bord d'un vaisseau goa'uld s'apprêtant à envahir la Terre.

— Apophis (E)

▬▬▬▬ SAISON 02 ▬▬▬▬

■ 02.01 La morsure du serpent - The Serpent's Lair
Toujours en cavale à bord d'un vaisseau goa'uld en route vers la Terre, SG-1 essaie d'empêcher l'irréparable avec l'aide du jaffa Bra'tac, le mentor de Teal'c.

— Apophis (E)

■ 02.02 La tête à l'envers - In the Line of Duty
Alors que SG-1 fait face à une sanglante attaque goa'uld sur Nasya, le capitaine Carter est prise comme hôte par un tok'ra, membre d'une faction goa'uld rebelle.

■ 02.03 Perpétuité – Prisoners

Après avoir aidé involontairement un meurtrier en fuite, SG-1 est envoyé sur une planète pénitentiaire où elle fera la connaissance de Linéa, une prisonnière très respectée pour ses grands pouvoirs
— Botany Bay (H)

■ 02.04 Le maître du jeu - The Gamekeeper
Au cours d'une mission d'exploration, les membres de SG-1 sont subitement faits prisonniers par d'étranges machines qui leur font alors revivre les pires moments de leur existence

■ 02.05 La princesse Shyla - Need
Sur un monde inconnu, SG-1 est envoyée travailler dans des mines tandis que Daniel expérimente le sarcophage goa'uld sur les conseils de la princesse Shyla, après qu'il lui ait

■ 02.06 L'œil de pierre - Thor's Chariot
Parce qu'ils se sentent responsables de l'invasion de la planète Cimmeria par les Goa'uld, les membres de SG-1 décident de retourner dans ce monde pour sauver la population
— Thor (S) ; Odin (S) ; Horus (E); Ra(E) ; Hathor (E)

■ 02.07 Message dans une bouteille -Message in a Bottle
Les membres du SG-1 rapportent un objet d'une planète inconnue. Mais il s'avère rapidement que cet objet est radioactif. Mais, au moment de le renvoyer sur sa planète d'origine, de grandes pointes en sortent pour s'attacher au mur

■ 02.08 Famille – Family
Les membres du SG-1 volent au secours de Ry'ac, le fils de Teal'c qui semble prisonnier d'Apophis
— Apophis (E)

■ 02.09 Secrets - Secrets
Le Dr Jackson, de retour sur Abydos, découvre à son grand étonnement que Sha're a déjà rejoint les siens et qu'elle est enceinte
— Apophis (E) ; Amaunet (E) ; Harsesis (E) ; Heru'ur (E)

■ 02.10 Le fléau - Bane
L'équipe du SG-1 est en reconnaissance sur une planète qui semble avoir été abandonnée par tous les habitants. O'Neill et ses hommes ne tardent pas, à leurs dépens, à découvrir la vérité

■ 02.11 + 02.12 La Tok'ra – 1re partie + 2e partie - The Tok'ra (part 1) + (part 2)
Samantha, après avoir vu quelques souvenirs de Jolinar en rêve, demande l'autorisation de partir à la recherche des Tok'ras, qui luttent contre les Grands maîtres goa'ulds
— Ra (E)

■ 02.13 Les esprits - Spirits
Sur une planète inconnue, une civilisation ayant gardé toutes les valeurs ancestrales de la culture indienne, telle qu'on l'a connue sur Terre, est régie par des esprits qui, apparemment, ont eu la force et la technologie nécessaires pour chasser les Goa'uld de ce territoire

■ 02.14 La clé de voute - TouchStone
La mission du SG-1 est d'étudier les effets de la technologie du dispositif Touchstone
— Clé de voute (H)

■ 02.15 La cinquième race - The Fifth Race
Sur une planète éloignée, l'équipe du SG-1 découvre une salle mystérieuse dans laquelle est stockée le savoir des quatre races les plus évoluées de la galaxie
— Asgards (S) ; Nox (GR) ; Othala (S)

■ 02.16 Une question de temps - A Matter of Time
Un mystérieux signal parvient jusqu'à la base : SG-10 est en perdition sur une planète menacée par

un trou noir. La porte des étoiles ne veut plus se refermer et la Terre entière risque de se faire aspirer dans un tourbillon du temps

■ 02.17 Transferts - Holidays
Sur une planète inconnue, Jackson, Teal'c et O'Neill rencontrent un curieux vieillard qui a en sa possession une étrange machine. Daniel Jackson touche l'engin en même temps que le vieil homme, et chacun se retrouve transféré dans le corps de l'autre
— Ma'chello (H)

■ 02.18 La colère des Dieux - Serpent's Song
L'équipe du colonel O'Neill récupère Apophis à l'agonie
— Apophis (E) ; Sok'ar (E) ; Her'ur (E) ; Amon (E)

■ 02.19 Le faux pas - One False Step
L'arrivée de l'équipe du SG-1 sur une autre planète déclenche une vaste épidémie dont sont victimes les autochtones. Les analyses effectuées ne révèlent pourtant rien d'anormal... jusqu'à ce que tout l'équipage soit à son tour contaminé.

■ 02.20 L'ennemi invisible - Show and Tell
Un enfant humain qui prétend être accompagné de sa mère invisible arrive au SGC et prévient qu'une attaque de reetous, aliens invisibles et puissants, est imminente.

■ 02.21 1969 - 1969
Un dysfonctionnement de la porte ramène SG-1 sur Terre en 1969. SG-1 entreprend alors de regagner son époque sans altérer le cours des choses et reçoit une aide inattendue

■ 02.22 Après un long sommeil - Out of Mind
Jack se réveille dans un SGC futuriste et que tous ceux de son époque sont morts, y compris les membres de son équipe. Mais les choses ne sont pas ce qu'elles semblent être...
— — — — — — — — — — —Hathor (E) ; (Cf. ep. 01.08 / 02.06 / 02.15 / 01.10 /01.21 / 02.01 / 02.18 / 02.09 / 01.17 / 02.07)

■■■■■■■■■■■■■■■ SAISON 03 ■■■■■■■■■■■■■■■■■■■■■■

■ 03.01 Dans l'antre des Goa'ulds - Into the Fire
Après le refus du gouvernement d'effectuer une mission de secours pour libérer SG-1, Teal'c retourne sur Chulak pour former sa propre armée afin de libérer ses amis.
— —Hathor (E); Apophis (E)

■ 03.02 Seth – Seth
Les Tok'ras informent SG-1 qu'un seigneur goa'uld nommé Seth se cacherait sur Terre depuis des milliers d'années. SG-1 et Jacob Carter font donc une enquête pour localiser Seth.
— — — — — — — — — — — Seth - Setesh (E); Typhon (GR); Apophis (E) ; Gizeh (E) ; Ra (E) ; Hathor (E) ; Horus (E) ; Stonehege (H)

■ 03.03 Diplomatie - Fair Game
Le SGC est informé par Thor que les Goa'ulds s'apprêtent à attaquer la Terre pour venger la mort d'Hathor. Le seul espoir de la Terre repose sur la création d'un traité entre les Goa'ulds et le SGC.
— — — — — — — — — — — — — — Thor (S) , Asgard (S) ; Hathor (E) ; Cronos (Titan, Zeus, Héra, Poseidon, Hades) (GR) ; Sokar (E) ; Apophis (E) ; Yu (AN) ; Nirrti (I) ; Cassandra (GR)

■ 03.04 Héritage – Legacy
En mission, SG-1 découvre les restes de 9 rebelles goa'ulds. De retour sur Terre, Daniel commence à avoir des hallucinations qui l'entraîne au bord de la folie
— Ma'chello (H)

■ 03.05 Méthodes d'apprentissage - Learning Curve
SG-1 entre en contact avec les habitants de planète Orban, une civilisation utilisant leurs enfants

pour faire avancer le niveau intellectuel de toute la population.

— Argos (GR) ; Chalchiutlicue (AN) ; Teotihuacan (AN)

■ **03.06 De l'autre côté du miroir - Point of View**
Les doubles de Carter et de Kowalsky sont capturés près du miroir quantique dans la zone 51. Ces derniers demandent l'assistance du SGC pour vaincre l'invasion goa'uld dans leur réalité

■ **03.07 Le chasseur de prime - Deadman Switch**
SG-1 est capturée par un mystérieux chasseur de primes qui travaille au service des Goa'ulds. Ce dernier les force à capturer un membre de la Tok'ra recherché par les Goa'ulds.

— Sokar (E)

■ **03.08 Les démons - Demons**
SG-1 rencontre une société chrétienne médiévale terrorisée par un Unas travaillant pour Sokar. Les membres de SG-1 sont alors accusés d'être sous le contrôle de démons.

— Sokar (E)/ Satan (JC) ; Ra (E) ; Apophis (E) ; Hathor (E) ; Dieu (D) ; Démons (JC) ; Archange St Michel (JC) ; David et Goliath (JC)

■ **03.09 Règles de combat - Rules of Engagement**
SG-1 débarque au milieu d'un combat entre une équipe SG inconnue et des Jaffas. Les membres de SG-1 décident alors d'intervenir, mais sont vite fait prisonniers.

— Apophis (E) ; Sokar (Cf. 02.18) (E)

■ **03.10 Le jour sans fin - Forever in a day**
Daniel doit faire son deuil de Sha're car cette dernière fut abattue par Teal'c lors d'une mission pour secourir des Abydossiens ayant été capturés par les Goa'ulds.

— Amaunet (E) ; Harsesis (E)

■ **03.11 Le passé oublié - Past and Present**
SG-1 découvre une planète où tous les habitants sont affectés par une étrange amnésie. En leur portant assistance, SG-1 découvre qu'une habitante de cette planète ne leur est pas étrangère…
■ **03.12 Les flammes de l'enfer – 1ère partie - Jolinar's Memories- Part1**
a Tok'ra informe le SGC que Selmak été capturé et emprisonné par Sokar. SG-1, en compagnie de Martouf, est envoyée en mission de secours sur Netu, une planète ressemblant à l'enfer.

— Sokar (E) ; Satan (JC) ; Enfer (D) ; Apophis (E)

■ **03.13 Les flammes de l'enfer – 2ème partie - The Devil you Know- part 2**

— Sokar (E) ; Satan (JC) ; Enfer (D) ; Apophis (E)

■ **03.14 Invasions - Foothold**
En revenant d'une mission, SG-1 découvre que des extraterrestres possédant la faculté de se métamorphoser ont pris le contrôle du SGC.

■ **03.15 Simulation – Pretense**
Les Tollans convoquent SG-1 à un procès ayant lieu sur Tollana. Le procès a pour but de déterminer qui de Klorel ou de Skaara aura le contrôle exclusif du corps de Skaara

— Horu'ur (E) ; Nox (GR)

■ **03.16 Un étrange compagnon - Urgo**
SG-1 revient de mission sans aucun souvenir. Après une visite à l'infirmerie, les membres de SG-1 découvrent qu'ils se sont fait implanter une puce dans le cerveau.

■ **03.17 La pluie de feu - A hundred days**
La porte des étoiles de la planète Edora disparaît après avoir été frappée par un astéroïde, laissant le colonel O'Neill coincé sur ce monde sans espoir d'être secouru

■ 03.18 Trahisons - Shades of Gray
Jack est renvoyé de SG-1 après avoir volé une technologie aux Tollans. Après quelques temps, Jack
est contacté par Maybourne qui lui offre de commander une équipe SG un peu spéciale.

— ASGARD (S)

■ 03.19 Un nouveau monde - New ground
SG-1 est emprisonnée lorsque leur arrivée sur Bedrosia provoque une guerre idéologique. Teal'c, qui
n'a pas été capturé, devra secourir ses amis avec l'aide de Niam, un archéologue Bedrosien.

— NEFERTUM (E)

■ 03.20 Instinct maternel - Maternal Instinct
SG-1 découvre la planète mythique Kheb et doit retrouver l'enfant Harcesis, le fils de Sha're et Apophis, avant que l'armée d'Apophis ne débarque pour le capturer.

HARSESIS (E) ; AMAUNET (E) ; APOPHIS (E) ; SOKAR (E) ; OMA DESALA (MÈRE NATURE) (D)

■ 03.21 Le Crâne de cristal - Crystal Skull
Un artefact extraterrestre provoque la disparition de Jackson. Le reste de l'équipe doit demander
l'aide du grand-père de Daniel qui aurait déjà vécu une expérience similaire avec l'artefact.

QUETLZELCOATL (AN)

■ 03.22 Némésis -Nemesis
SG-1 doit venir en aide à Thor, dont le vaisseau est infesté par les Réplicateurs, une espèce robotique
hostile qui menace d'envahir la Terre.

NÉMÉSIS (GR) ; THOR (S) ; ASGARDS (S) ; APOPHIS (E) ; BILISKNER (S) ; APOPHIS (E)

SAISON 04

■ 04.01 Victoires illusoires - Small Victories
Thor demande l'aide du SGC pour empêcher les Réplicateurs d'envahir la planète d'origine des
Asgards. Sur Terre, O'Neill, Daniel et Teal'c tentent d'empêcher les Réplicateurs d'envahir la Terre.

THOR (S)

■ 04.02 L'autre côté - The Other side
Le SGC est contacté par une race qui leur propose de partager leurs technologies avancées en échange
du support du SGC pour vaincre leur ennemi.

■ 04.03 Expérimentation harsardeuse – Upgrades
SG-1 accepte de participer à une expérience des Tok'ras où ils portent des bracelets Ataniks, une
technologie leur permettant d'obtenir une force et une vitesse surhumaine.

FREYA (S) ; APOPHIS (E)

■ 04.04 Destins croisés – Crossroads
Teal'c revoit son ancienne connaissance, qui lui annonce qu'elle a découvert une méthode pour communiquer avec son symbiote et vaincre les Goa'ulds

EGÉRIA (E) ; RA (E) ; APOPHIS (E) ; CRONOS (GR)

■ 04.05 Divisez pour conquérir - Divide and Conquer
Lorsqu'un membre du SGC tente de tuer un haut dirigeant tok'ra, la Tok'ra soupçonne que le personnel du SGC pourrait être victime d'une méthode indétectable de manipulation psychique

CF. 04.03

■ 04.06 L'histoire sans fin - Window of Opportunity
O'Neill et Teal'c sont accidentellement coincés dans une boucle temporelle et revivent constamment
les mêmes 10 heures encore et encore.

■ 04.07 Eaux troubles - Watergate

Les Russes récupèrent une porte des étoiles au fond de l'océan et opèrent un programme « Stargate ». Lorsqu'une mission tourne à la catastrophe, ces derniers demandent l'aide du SGC

■ 04.08 Primitifs - The First Ones
Lors d'une fouille archéologique, Daniel est capturé par un Unas. Le SGC organise alors une mission de secours mais ils rencontrent assez vite leur lot de problèmes
CLÉOPÂTRE (H) ; CLIO (GR) ; BRUTUS (H) ; JULIUS (H)

■ 04.09 Terre brulée - Scortched Earth
Peu de temps après avoir relocalisé les Enkarans, SG-1 découvre qu'un vaisseau extraterrestre est en train de terraformer la planète pour une toute autre forme de vie

■ 04.10 Sous la glace - Beneath the Surface
Après que leurs mémoires eut été effacées et remplacées par les dirigeants d'une planète en ère glacière, les membres de SG-1 sont forcés à travailler dans une usine souterraine

■ 04.11 Point de non-retour - Point of no Return
SG-1 enquête sur un individu possédant une grande connaissance du projet « Porte des Étoiles » et qui clame être lui-même un extraterrestre

■ 04.12 Perdus dans l'espace – Tangent
Le vol d'essai du X-301 tourne à la catastrophe lorsque Teal'c et O'Neill perdent le contrôle du vaisseau et se retrouvent coincés dans l'espace sans aucune possibilité de revenir sur Terre.
HERU'UR (E) ; APOPHIS (E)

■ 04.13 La malédiction - The Curse
Lors de la mort de son mentor, Daniel retourne à Chicago pour assister au service funéraire et découvre qu'avant sa mort, son mentor étudiait une jarre possédant des symboles goa'ulds.
ISIS (E) ; OSIRIS (E) ; RA (E) ; SOKAR (E) ; HATHOR (E) ; SETH (E)

■ 04.14 Le venin du serpent - The Serpent's Venom
SG-1 doit empêcher à tout prix une alliance entre Apophis et Heru'ur. Sur Chulak, Teal'c est capturé lorsqu'il tentait de recruter de Jaffas pour lutter contre les Goa'ulds
APOPHIS (E) ; HORUS (E) ; SOKAR (E) ; CRONOS (GR)

■ 04.15 Réaction en chaine - Chain Reaction
SG-1 doit s'ajuster à un nouveau général lorsque Hammond décide de prendre sa retraite. O'Neill mène son enquête et découvre qu' Hammond n'aurait pas quitter de son plein gré.

■ 04.16 2010 - 2010
Dix ans dans le futur, les anciens membres de SG-1 doivent parvenir à envoyer un message dans le passé pour empêcher l'annihilation de la race humaine.
■ 04.17 Pouvoir absolu - Absolut power
Après sa rencontre avec l'enfant Harcesis, Daniel reçoit toute la connaissance des Goa'ulds. Les membres de SG-1 commencent alors à remarquer des changements dans son comportement.
HARSESIS (E) ; AMONET (E) ; APOPHIS (E) ; ABYDOS (E)

■ 04.18 La lumière - The Light
SG-1 arrive sur une planète servant de « centre de villégiature » Goa'uld où ils deviennent rapidement hypnotisés par une magnifique et mortelle lumière

■ 04.19 Prodige - Prodigy
Carter tente de motiver une brillante étudiante assez rebelle, en l'emmenant en mission avec SG-1, mais cette aventure prend une tournure tragique lorsque d'étranges bestioles attaquent

■ 04.20 Entité - Entity

Le guide des épisodes des geeks

Le SGC est envahi par une entité informatique qui prend rapidement le contrôle des ordinateurs du SGC avant de se réfugier dans le corps du major Carter.

■ 04.21 Répliques - Double Jeopardy
SG-1 tente de vaincre les forces du seigneur goa'uld Cronos qui a pris le contrôle de la planète Juna après la rébellion de ses habitants contre Heru'ur
— CRONOS (GR) ; HERU'UR (E)

■ 04.22 Exode – Exodus
SG-1 participe à l'évacuation de la base Tok'ra mais l'opération est compromise lorsqu'un espion révèle leur position. Ils échafaudent alors un plan ingénieux pour anéantir la flotte d'Apophis.
— APOPHIS (E) ; CRONOS (GR)

■■■■■■■■■■■■ SAISON 05 ■■

■ 05.01 Ennemis jurés – Enemies
SG-1 se retrouve accidentellement coincé dans une lointaine galaxie au côté d'Apophis, qui menace de les annihiler. Teal'c subit un lavage de cerveau et redevient fidèle à Apophis.
— APOPHIS (E) ; SOKAR (E)

■ 05.02 Le seuil – Threshold
Sa mémoire ayant été altérée par Apophis, Teal'c, avec l'aide de Bra'tac doit entreprendre un ancien rituel pour pouvoir redécouvrir sa vraie personnalité
— APOPHIS (E) ; CRONOS (GR) ; RA (E)

■ 05.03 Ascension – Ascension
De retour de mission, Carter découvre qu'elle a été suivie par un extraterrestre nommé Orlin et que ce dernier en est tombé amoureux en la voyant
— ASCENSION (JC)

■ 05.04 Le cinquième homme - The Fifth Man
O'Neill et le lieutenant Tyler sont coincés derrière les lignes ennemis. Au SGC, le reste de l'équipe découvre à leur grande stupéfaction qu'il n'y a jamais eu de lieutenant Tyler.

■ 05.05 Mission soleil rouge - Red sky
En voyageant par la porte des étoiles, SG-1 découvre qu'ils ont involontairement mis en danger toute la population d'une planète et demande l'aide des Asgards pour empêcher cette catastrophe.
— — — — — — — — — — — — — — — — — ODIN (S) ; FREYRL (S) ; MIDGARD (S) ; THOR (S) ; ASGARDS (S) ; RAGNAROK (S)

■ 05.06 Rite initiatique - Rite of Passage
Cassandra tombe soudainement malade, obligeant SG-1 à retourner sur Hanka où ils découvrent qu'elle aurait été la victime d'expérimentations génétiques effectuées par Nirrti
— NIRRTI (I) ; CASSANDRA (GR) ; CRONOS (GR)

■ 05.07 Maîtres et serviteurs - Beast of Burden
Lorsque Chaka est fait prisonnier par une culture utilisant les Unas comme esclaves, SG-1 tente d'obtenir sa libération mais se retrouve rapidement au beau milieu d'une guerre civile

■ 05.08 La tombe - The Tomb
SG-1 doit faire équipe avec les Russes lorsqu'une équipe SG est portée disparue dans une mystérieuse ziggourat datant de plusieurs milliers d'années
— THOR (S) ; MARDUK (M) ; TIAMAT (M)

■ 05.09 Traquenard - Between Two Fire
Lorsque les Tollans offrent de partager leur technologies avancées avec la Terre, SG-1 est envoyé en mission pour déterminer la raison de cette décision
— APOPHIS (E)

■ 05.10 Les faux amis - 2001
SG-1 rencontre un nouvel allié potentiel dans la lutte contre les Goa'ulds, mais il ne savent pas encore le terrible secret des Aschens

■ 05.11 Ultime recours - Desperate Mesures
Lorsque Carter est kidnappée, Hammond autorise O'Neill et Daniel à mener une investigation. Ceux-ci remontent la piste jusqu'à un hôpital où se déroulent de dangereuses expérimentations

■ 05.12 Wormhole X-treme - Wormhole X-treme
Martin Lloyd écrit un scénario pour un studio de télévision qui ressemble beaucoup au programme « Porte des Etoiles ». O'Neill est envoyé pour le ramener à la raison

■ 05.13 L'épreuve du feu - Proving Ground
Pendant l'entraînement de cadets de l'Air force, O'Neill découvre qu'il pourrait y avoir une invasion extraterrestre au SGC. Il doit alors enrôler les jeunes cadets pour libérer le SGC
— Argos (GR)

■ 05.14 48 heures - 48 hours
Teal'c se retrouve coincé dans la mémoire tampon de la porte des ét

■ 05.15 Sans issue -1ère partie - Summit - Part 1

Anubis (E) ; Yu (AN) ; Osiris (E) ; Isis (E) ; Cronos (GR) ; Apophis (E) ; Nirrti (I) ; Bastet (E) ; Kali (I) ; Sobek (E) ; Baal (M) ; Sokar (E) ; Morrigane (E) ; Olokum (AN) ; Yu (AN)

■ 05.16 Sans issus – 2ème partie - Last stand – Part 2
La guerre contre les Goa'ulds prend de l'ampleur et la Tok'ra envoie Daniel à un sommet entre les seigneurs goa'ulds. Au même moment, les Goa'ulds envahissent la planète des Tok'ras.
Anubis (E) ; Yu (AN) ; Osiris (E) ; Isis (E) ; Cronos (GR) ; Apophis (E) ; Nirrti (I) ; Bastet (E) ; Kali (I) ; Sobek (E) ; Baal (M) ; Sokar (E) ; Morrigane (E) ; Olokum (AN) ; Yu (AN)

■ 05.17 Impact - Fail Safe
Le SGC découvre qu'un astéroïde se dirige droit sur la Terre. Ne pouvant contacter les Asgards et les Tok'ras, SG-1 décide d'utiliser un vaisseau cargo pour aller détruire l'astéroïde.
— Asgards (S) ; Cassiopée (GR) ; Freyr (S)

■ 05.18 Le guerrier - The Warrior
Un Jaffa charismatique nommé K'tano tente de rallier son peuple dans la lutte contre les Goa'ulds. Avec l'appui de Bra'tac, K'tano décide de forger une alliance avec la Terre
— Imotep (E) ; Nirrti (I)

■ 05.19 Menaces - Menace
SG-1 découvre une jeune androïde possédant la faculté de contrôler le Réplicateurs. SG-1 y voit alors une opportunité pour aider les Asgards dans leur guerre contre les Réplicateurs

■ 05.20 La sentinelle - The Sentinel
SG-1 doit recruter deux criminels pour réparer la Sentinelle, une arme défensive très avancée, avant que la planète ne tombe sous le contrôle des Goa'ulds
— Svarog (AN)

■ 05.21 Zénith – Meridian
Daniel est exposé à une forte dose de radiation lorsqu'il tente de venir en aide à des scientifiques développant une arme de destruction massive pour annihiler leurs ennemis
— Asgard (S)

■ 05.22 Révélations – Revelations
Les Asgards informent le SGC que Thor a été tué par les Goa'ulds et qu'ils ont besoin de leur aide

pour secourir un scientifique asgard coincé sur une planète envahie par les Goa'ulds.

SAISON 06

■ **06.01 - 06.02 Rédemption – 1ʳᵉ partie + 2ᵉ partie - Redemption – Part 1 + Part 2**
Lorsque la Terre est attaquée par Anubis, O'Neill et Carter tentent de contacter leurs alliés grâce au X-302 mais la mission est un échec

■ **06.03 Réunion - Descent**
SG-1 est coincée dans le vaisseau mère d'Anubis qui s'est écrasé dans l'océan Pacifique. SG-1 doit rapidement s'échapper avant que l'eau n'envahisse le vaisseau

■ **06.04 Prisonnière des glaces - Frozen**
Des scientifiques postés en Antarctique découvrent une femme ayant été emprisonnée dans la glace. SG-1 est envoyée pour enquêter et est infectée par un virus mortel

■ **06.05 L'expérience secrète – Nightwalkers**
Carter, Teal'c et Jonas enquêtent dans une petite ville sur la mort d'un scientifique ayant un lien avec un Goa'uld. Ils remarquent alors que les habitants ont un comportement bien étrange

■ **06.06 Abysse – Abyss**
O'Neill, sous le contrôle d'un symbiote Tok'ra, est capturé et torturé par Ba'al. Pendant son incarcération, il est visité par un vieil ami qui lui demande de faire un choix difficile

■ **06.07 Résistance - Shadow play**
Des diplomates Kelowniens visitent le SGC pour demander une assistance militaire. Le docteur Keiran, l'ancien mentor de Jonas, l'avise alors qu'il a créé un groupe de résistant sur Kelowna

■ **06.08 Acte de bravoure - The Other Guys**
Lorsque les membres de SG-1 sont capturés par les Goa'ulds, une équipe de scientifiques décident d'aller les secourir. Mais est ce que SG-1 a vraiment besoin de leur aide ?

■ **06.09 L'union fait la force – Allegiance**
La tension augmente entre les alliés de la Terre lorsque le site Alpha devient le refuge pour des Tok'ras en fuite et pour plusieurs Jaffas

■ **06.10 La reine – The Cure**
Une civilisation offre au SGC un médicament pouvant guérir toutes les maladies connues. En enquêtant sur ce médicament, SG-1 découvre qu'il est créer à partir de symbiotes goa'ulds.

■ **06.11 Prométhée – Prometheus**
Une journaliste menace de tout révéler sur un projet militaire top secret. Le SGC décide alors de lui faire visiter le X-303, ne se doutant pas que cette journaliste est utilisée par le NID

■ **06.12 Evolution - Unnatural selection**
Les Asgards demandent l'aide de SG-1 pour mener à bien un plan audacieux contre les Réplicateurs

qui ont pris le contrôle d'une planète asgarde
Asgards (S) ; Thor (S)

■ 06.13 Hallucinations - Sight Unseen
Lorsqu'une technologie rapportée par SG-1 affecte la population civile aux alentours de la base, SG-1 doit rapidement trouver une solution avant la panique générale

■ 06.14 Ecrans de fumée - Somke and Mirrors
O'Neill est accusé du meurtre du sénateur Kinsey. Le reste de SG-1 enquête pour essayer de démontrer l'innocence de O'Neill dans cette affaire

■ 06.15 Paradis perdu - Paradise Lost
O'Neill et Maybourne sont téléportés dans un endroit éloigné par un portail furling. Ils devront alors apprendre à coopérer pour survivre jusqu'à l'arrivée des secours
Asgard (S) ; Nox (GR)

■ 06.16 Métamorphose – Metamorphosis
SG-1 tente de secourir les habitants d'une planète qui servent de cobayes à Nirrti pour ses expérimentations génétiques mais ils sont capturés et deviennent ses nouveaux cobayes
Nirrti (I)

■ 06.17 Secrets d'état – Disclosure
Le Pentagone révèle l'existence du SGC aux gouvernements chinois, français et britannique et doit défendre le fait que le programme soit contrôlé par l'armée américaine.
Thor (S) – Asgard (S) ; (Cf. : 02.07 ; 02.14 ; 02.15 ; 02.16 ; 03.14 ; 03.18 ; 03.22 ; 04.12 ;
04.15 ; 04.22 ; 05.17 ; 05.19 ; 05.20 ; 05.22 ; 06.01 ; 06.02 ; 06.11)

■ 06.18 Les rescapés - Forsaken
Les membres de l'équipe SG-1 découvrent un vaisseau s'étant écrasé sur une planète et sont attaqués par des extraterrestres lorsqu'ils tentent de porter assistance aux survivants du vaisseau.

■ 06.19 La porte des rêves - The Changeling
Ayant été blessé après une embuscade des Goa'ulds, Teal'c et Bra'tac doivent se partager le même symbiote, ce qui provoquent d'étranges hallucinations chez Teal'c
Apophis (E)

■ 06.20 En quête du passé – Memento
Le Promethée est forcé d'atterrir sur un monde inconnu où la porte des étoiles est leur seul espoir de retourner sur Terre. Cependant, la population locale n'a jamais découvert la porte
Prométhée (GR) ; Abydos (E) ; Horus (E) ; Salomon (JC)

■ 06.21 La prophétie – Prophecy
SG-1 découvre un population esclave d'un Goa'uld nommé « Mot », mais leurs plans pour libérer cette population sont compromis lorsque Jonas expérimente d'étranges visions du futur.
Mot (M) ; Yu (AN) ; Baal (M) ; Nirrti (I) ; Anubis (E)

■ 06.22 Pacte avec le diable - Full Circle
Daniel avertit SG-1 que Anubis se dirige vers Abydos pour y récupérer une arme puissante: « L'Oeil de Râ ». SG-1 débarque alors sur Abydos pour protéger la planète des attaques d'Anubis.
Anubis (E) ; Abydos (E) ; Ra (E) ; Yu (AN) ; Apophis (E) ; Osiris (E)

SAISON 07

■ 07.01 Retour aux sources – 1ère partie - Fallen – Part 1
SG-1 découvre Daniel vivant sur une planète extraterrestre. Daniel souffre d'amnésie et ne se sou-

vient plus de qui il est. SG-1 élabore un plan pour détruire l'arme surpuissante d'Anubis

– ANUBIS (E) ; ACHILLE (GR) ; ABYDOS (E) ; YU (AN) ; ASGARD (S)

■ 07.02 Retour aux sources – 2ème partie - Homecoming – Part 2

SG-1 découvre Daniel vivant sur une planète extraterrestre. Daniel souffre d'amnésie et ne se souvient plus de qui il est. SG-1 élabore un plan pour détruire l'arme surpuissante d'Anubis.

– ANUBIS (E) ; ACHILLE (GR) ; ABYDOS (E) ; YU (AN) ; ASGARD (S)

■ 07.03 L'apprenti sorcier - Fragile balance

Un adolescent se présente au SGC et affirme qu'il est Jack O'Neill. Lorsque Fraiser examine le jeune O'Neill, elle fait une stupéfiante découverte

– LOKI (S) ; THOR (S)

■ 07.04 Les esclaves d'Erebus – Orpheus

Teal'c doit mettre de côté son doute envers ses capacités lorsque SG-1 part en mission pour secourir Bra'tac et Rya'c qui sont prisonniers d'un camp de la mort pour Jaffa

– EREBUS (GR) ; ORPHÉE (GR) ; BAAL (M)

■ 07.05 Le réseau - Revisions

L'équipe débarque sur une planète dont l'atmosphère toxique oblige les habitants à vivre dans une structure contrôlée par un ordinateur central.

– MORRIGANE (C) ; MAHG MAR (C)

■ 07.06 Vaisseau fantôme - Lifeboat

Lorsque SG-1 découvre un vaisseau extraterrestre s'étant écrasé, plusieurs personnalités de passagers du vaisseau sont transférées dans le cerveau de Daniel

■ 07.07 Les envahisseurs - Enemy Mine

Lorsque des Unas sauvages empêchent le SGC d'exploiter une toute nouvelle mine de Naquadah, SG-1 doit demander l'aide de Chaka pour empêcher un massacre

■ 07.08 La grande épreuve - Space Race

Le major Carter assiste Warrick lors d'une course spatiale, où le vainqueur se voit accorder un important contrat avec la plus grosse compagnie de la planète

■ 07.09 Le vengeur - Avenger 2.0

Jay Felger, un scientifique du SGC, crée un virus informatique capable de mettre hors d'usage une porte des étoiles, mais il désactivera par accident tout le réseau des portes des étoiles

– BA'AL (M)

■ 07.10 Les amazones - Birthright

SG-1 découvre une colonie de femmes jaffas fugitives qui doivent attaquer d'autres Jaffas pour se procurer des symbiotes goa'ulds

– AMAZONES (GR) ; MOLOC (M) ; ISHTAR (M) ; APOPHIS (E)

■ 07.11 - 07.12 La fontaine de jouvence – 1ère partie + 2ème partie - Evolution – part 1 + part 2

Le SGC enquête sur l'apparition de supers soldats créés génétiquement par Anubis. Daniel voyage en Honduras à la recherche d'une technologie qui permettrait de vaincre ces supers soldats.

– – – – – – – – – – – – – – – ANUBIS (E) ; TILGATH (AN) ; FONTAINE DE JOUVENCE (D) ; TARTARE (GR) ; THOT (E)

■ 07.13 Le voyage intérieur – Grace

Durant une mission pour récupérer le Prométhée, Carter se réveille pour découvrir qu'elle est toute seul sur le vaisseau. Elle commence alors à avoir des étranges hallucinations

– PROMÉTHÉE (GR) ; GRACE (GR)

■ 07.14 Dangereuse alliance - Fallout

Lorsque les Kelowniens découvrent un important gisement de naquadria, Jonas Quinn demande

l'aide de la Terre pour éviter la destruction totale de sa planète
— Anubis (E) ; Baal (M)

■ 07.15 Chimères – Chimera
Samantha débute une relation avec un détective, à qui elle doit cacher la vérité sur son travail. Daniel découvre qu'Osiris manipule ses rêves pour découvrir l'emplacement de la Cité Perdue
— Osiris (E) ; Anubis (E) ; Gizeh (E)

■ 07.16 La fin de l'union - Death Knell
Lorsque les Goa'ulds découvrent et attaquent le site Alpha, SG-1 est envoyée pour porter secours aux survivants et pour retrouver Samantha qui est poursuivie par un super soldat
—Anubis (E) ; Olokum (AN) ; Telchac (AN) ; Heru'ur (E) ; Apophis (E)

■ 07.17 - 07.18 Héros – 1ère partie + 2ème partie - Heroes - part 1+ part 2
Une équipe de tournage débarque pour documenter le travail effectué au SGC mais découvre que les membres du SGC ne sont pas très enclins à participer

■ 07.19 Résurrection – Resurrection
SG-1 enquête sur un laboratoire secret du NID utilisé par un scientifique sans scrupule pour créer par manipulation génétique un hybride humain-goa'uld
—Sekhmet (E) ; Ra (E)

■ 07.20 Lutte de pouvoir – Inauguration
Le sénateur Kinsey tente de convaincre le nouveau Président des Etats-Unis de lui confier le contrôle du SGC. Mais Hammond n'a pas l'intention de le laisser gagner si facilement
(Cf. 02.15 ; 03.20 ; 04.03 ; 04.15 ; 04.20 ; 05.01 ; 05.21 ; 06.13 ; 06.15 ; 06.17 ; 06.22)

■ 07.21 - 07.22 La cité perdue – 1ère partie + 2ème partie - The Lost City – part 1 + part 2

O'Neill doit prendre une importante décision pour empêcher le savoir des Anciens de tomber entre les mains des Goa'ulds. Bra'tac informe le SGC que Anubis se dirige vers la Terre
— Anubis (E) ; Thor (S) ; Asgard (S)

SAISON 08

■ 08.01 - 08.02 Mésalliance – 1ère partie + 2nde partie - New Order – part 1 + part 2
Carter et Teal'c tentent de contacter les Asgards pour sauver O'Neill mais découvrent que l'ennemi le plus féroce des Asgards, les Réplicateurs, sont de retour pour se venger
— Amaterasu (AN) ; Yu (AN) ; Aegir (S) ; Thor (S) ; Camulus (C) ; Ba'al (M) ; Valhalla (S) ; Asgard (S) ; Anubis (E)

■ 08.03 Quarantaine – Lockdown
Le SGC est placé en quarantaine lors qu'un officier Russe est atteint d'une mystérieuse maladie. Cependant, cette maladie pourrait ne pas en être une
— Anubis (E)

■ 08.04 Heure H - Zero Hour
O'Neill et le SGC doivent se préparer à la visite du Président des États-Unis, mais plusieurs catastrophes surviennent dont la capture de SG-1 par le seigneur goa'uld Ba'al
— Ba'al (M) ; Camulus (C) ; Anubis (E)

■ 08.05 Le feu aux poudres – Icon
Daniel Jackson se retrouve coincé sur une autre planète lorsque l'arrivée de SG-1 provoque un violent conflit entre deux nations

■ 08.06 Avatar - Avatar
Teal'c est prisonnier dans une simulation virtuelle dans laquelle il doit protéger le SGC contre un

super soldat s'étant introduit dans la base.

■ 08.07 Monde cruel - Affinity
Teal'c est prisonnier dans une simulation virtuelle dans laquelle il doit protéger le SGC contre un super soldat s'étant introduit dans la base.

■ 08.08 Aux yeux de tous - Covenant
Lorsqu'un homme d'affaire reconnu, menace de dévoiler l'existence des extraterrestres à la population, le SGC n'a d'autre choix que de l'informer de la situation
— Loki (S) ; Thor (s) ; Asgard (S)

■ 08.09 Discordes – Sacrifices
Le mariage de Rya'c est le dernier souci de Teal'c lorsque Ishta est capturée par Moloc après une tentative ratée de révolte contre les Goa'ulds
—Ishtar (M) ; Moloc (M) ; Apophis (E) ; Baal (M)

■ 08.10 Sans pitié – Endgame
Lorsque la porte des étoiles est volée, SG-1 découvre qu'une organisation criminelle possède un vaisseau en orbite terrestre. Teal'c enquête sur la mort de plusieurs milliers de Jaffas
— Ba'al (M) ; Anubis (E) ; Osiris (E)

■ 08.11 En détresse - Prometheus unbound
Après que le Prométhée eut répondu à un signal de détresse de la part d'un vaisseau goa'uld, Daniel se voit prisonnier lorsque le vaisseau se fait voler
—Pégase (GR) ; Atlantide (GR) ; Prométhée (GR) ; Camulus (C)

■ 08.12 Vulnérable - Gemini
Un double du colonel Carter demande l'aide du SGC pour vaincre le Réplicateur «Numéro 5» qui aurait trouvé une façon de neutraliser la toute dernière arme des Asgards

■ 08.13 Une vielle connaissance - It's Good to be King
SG-1 vient en aide à un peuple sur le point d'être envahi par les Goa'ulds, sans se douter que le roi de ce peuple n'est nul autre que Harry Maybourne
—Arès (GR) ; Baal (M); Bastet (E) ; Olokum (AN); Morrigane (C); Amaterasu (AN); Yu (AN); Janus (GR)

■ 08.14 Alerte maximale - Full Alert
Les relations entre les États-Unis et la Russie de détériorent lorsque les militaires Russes affirment que le gouvernement Américain a été infiltré par les Goa'ulds.

■ 08.15 Rien à perdre - Citizen Joe
Un coiffeur de l'Indiana contacte Jack O'Neill, affirmant avoir eut des visions des missions de SG-1 depuis plus de 7 ans
(Cf. : 01.21 ; 02.01 ; 02.15 ; 02.21 ; 03.17 ; 05.12 ; 05.21 ; 06.06 ; 07.01 ; 07.04 ; 07.11 ; 07.12 ; 07.17 ; 07.18 ; 07.22)

■ 08.16 - 08.17 La dernière chance – 1ère partie + 2nde partie - Reckoning – part 1 + part 2
Les Réplicateurs entre en guerre contre les Goa'ulds, forçant Ba'al à demander l'assistance de la Terre. La résistance jaffa assemble une armée pour reprendre une ville sainte
—Ba'al (M) ; Anubis (E) ; Dakara (H) ; Amaterasu (AN) ; Yu (AN)

■ 08.18 Pour la vie – Threads
Daniel doit décider s'il préfère mettre sa vie en danger ou faire son ascension lorsque Oma Desala lui offre une seconde chance
— Anubis (E) ; Oma Desala (mère nature) (D) ; Baal (M)

■ 08.19 - 08.20 Retour vers le futur – 1ère partie + 2nde partie - Moebius – part 1 + part 2
SG-1 voyage dans le passé pour récupérer un E2PZ appartenant à Ra, le très puissant Goa'uld qui

dirigea autrefois l'Égypte Ancienne
– – – – – Dédale (GR) ; Anubis (E) ; Prométhée (GR) ; Asgard (S) ; Ra (E) ; Gizeh (E) ; Pégase (GR) ; Abydos (E) ; Apophis (E)

■■■■ SAISON 09 ■■■■

■ 09.01 - 09.02 Le trésor d'Avalon – 1ère partie + 2nde partie - Avalon – part 1 + part 2
Un militaire tente de reformer SG-1 après que l'équipe eut été séparée. Vala demande l'aide de Daniel pour découvrir un trésor des Anciens qui serait caché sur Terre
– – Avalon (A) ; Glastonbury (A) ; Dédale (GR) ; Merlin (A) ; Roi Arthur (A) ; Excalibur (A) ; Cronos (GR) ; Atlantide (GR)

■ 09.03 Le livre des origines – Origin
Le SGC rencontre les premiers prêcheurs des Oris dans notre galaxie, et apprend que ces êtres très évolués n'ont aucune tolérance envers ceux qui n'adhèrent pas à leur culte
– Horus (E)

■ 09.04 Ce lien qui nous unit - The Ties That Bind
Daniel et Vala partent à la recherche d'un appareil pouvant rompre les liens psychiques qui les unissent, pendant que le SGC doit faire fasse à une importante réduction de son budget
– –Grannus (E) ; Bastet (E) ; Camulus (E) ; Atlantide (GR) ; Pégase (GR)

■ 09.05 Prosélytisme - The Power That Be
Lorsque Vala confesse avoir manipulé les habitants de P8X-412 qui la considéraient comme une déesse, elle est emprisonnée et jugée pour son crime.
– –Quetesh (E)

■ 09.06 Le piège - Beach Head
Samantha retourne au SGC lorsque les Oris prennent le contrôle d'une planète et projettent de s'en servir comme base pour envahir notre galaxie
– Nérus (H) ; Baal (M) ; Anubis (E)

■ 09.07 Terre d'asile - Ex Deus Machina
Les tensions entre les Jaffas et le SGC ne cessent d'augmenter lorsque l'on découvre qu'un ancien seigneur goa'uld se serait réfugié sur Terre
– Ba'al (M) ; Yu (AN)

■ 09.08 Pour l'honneur – Babylon
Mitchell est blessé lors d'un combat contre un guerrier d'une mythique tribu jaffa et se voit forcer d'apprendre leur technique de combat pour qu'il puisse participer à un combat à mort
– Babylon (M) ; Iskkur (M)

■ 09.09 Prototype - Prototype
SG-1 ramène au SGC un hybride humain-goa'uld créé par Anubis découvert dans une chambre cryogénique dans un laboratoire caché sur P3X-584
– Nirrti (I) ; Anubis (E)

■ 09.10 - 09.11 Le quatrième chevalier de l'Apocalypse – 1ère partie + 2nde partie - The Fourth Horseman – part 1 + part 2
La Terre est infectée par une maladie mortelle créée par les Oris, poussant un ancien ami de SG-1 à se manifester. Gerak propose que la nation jaffa adopte la religion des Oris
– Chevalier de l'Apocalypse (JC)

■ 09.12 Dommage collatérale - Collateral Damage
Le colonel Mitchell est faussement accusé de meurtre, mais il se souvient du crime grâce à une technologie permettant de greffer des souvenirs dans une autre personne
– Asgard (S)

■ **09.13 Effet domino - Ripple Effect**

Un dysfonctionnement de la porte des étoiles provoque l'arrivée d'une multitude de copies de l'équipe SG-1. Le SGC recherche une façon de retourner chacune des équipes dans sa réalité

— Amaterasu (AN) ; Kvasir (S) ; Thor (S) ; Baal (M) ; Heimdall (S)

■ **09.14 Prise de contrôle – Stronghold**

Ba'al manipule des membres du Haut conseil jaffa pour faire échec à leur volonté de démocratie tandis que Mitchell fait face à une décision difficile concernant un vieil ami

— Ba'al (M) ; Apophis (E)

■ **09.15 Ingérence – Ethon**

Daniel est retenu prisonnier sur un monde sous l'influence des Oris et le Prométhée se retrouve pris sous le feu ennemi quand SG-1 tente de le secourir

— Prométhée (GR)

■ **09.16 Hors limites - Off the Grid**

SG-1 est capturée sur une autre planète quand un marché avec l'Alliance Lucienne tourne mal et que la porte des étoiles de cette planète disparaît

— Odyssée (GR) ; Néron (H) ; Ba'al (M)

■ **09.17 Le châtiment - The Scourge**

La visite d'une base de recherche organisée pour un groupe de diplomates étrangers tourne à la catastrophe lorsqu'une espèce d'insectes carnivores s'échappent d'un laboratoire

■ **09.18 Le manteau d'Arthur - Arthur's Mantle**

Sam, Cameron puis Daniel sont bloqués dans une dimension parallèle. Devenus invisibles par l'activation du journal de Merlin, ils découvrent un important message : la mise au point d'une arme pour détruire les Orii. Pendant ce temps, Teal'c court à l'aide des Sodan, à nouveau victimes de la malédiction d'un prêcheur

— Arthur (A) ; Glastonbury (A)

■ **09.19 La grande croisade - Crusade**

Vala contacte SG1 pour les prévenir de l'invasion imminente des Orii qui sont en train de construire de redoutables vaisseaux de guerre et d'enrôler leurs fidèles dans une véritable croisade interstellaire. Elle a été également choisie pour porter l'enfant de ces faux dieux !

■ **09.20 La première vague - Camelot**

Pendant que le général Landry négocie la conservation du projet Porte des Etoiles avec les Russes, Daniel et Cameron partent à la recherche de l'arme secrète de Merlin dans le village de Camelot. Munis de ce St Graal, les coalitions militaires espèrent repousser l'invasion des Orii.

— Camelot (A) ; Merlin (A) ; Arthur (A) ; Mordred (A) ; Kvasir (S); St-Graal (A); Pierre de sang (D); Korolev (H)

■■■■■■■■ SAISON 10 ■■■■■■■■

■ **10.01 L'Oricy - Flesh and Blood**

Tandis que les Oris envahissent notre galaxie, Vala et Daniel doivent négocier avec leur chef, Adria, la fille de Vala qui a été vieillit rapidement par les Oris pour servir leur cause.

— Kvasir (S) ; Asgard (S) ; Odyssée (GR)

■ **10.02 Dans les bras de Morphée – Morpheus**

SG-1 enquête sur un problème sur une autre planète lorsqu'ils deviennent eux-mêmes des victimes, ils ne peuvent plus rester éveiller. Au SGC, Vala effectue des tests pour être assignée à SG-1

— Morphée (GR) ; Morgane (A) ; Gauvain (A)

■ **10.03 Chassé-croisé - The Pegasus Project**

SG-1 visite Atlantis avec l'espoir d'empêcher les Oris d'envoyer une autre vague de vaisseaux par la Superporte. Daniel et Vala découvrent une nouvelle piste sur l'emplacement de l'arme de Merlin

———————————————— Pégase (GR) ; Atlantis (GR) ; Merlin (A) ; Morgane (A) ; Arthur (A) ; Camelot (A)

■ 10.04 La guerre des clones – Insiders

Lorsque Ba'al demande l'assistance du SGC, SG-1 doit alors capturer tous ses clones dans le but de découvrir lequel est le Ba'al d'origine

——————————————————————————— Ba'al (M) ; Camulus (C) ; Quetesh (E)

■ 10.05 La créature - Uninvited

Teal'c découvre un monde où une mystérieuse créature attaque sauvagement les habitants. Landry et Mitchell prennent quelques jours de repos dans un chalet.

■ 10.06 Wormhole X-treme, le film – 200

Martin Lloyd demande l'aide du SGC lorsque sa série télévisée basée sur le programme « Porte des Étoiles » est adaptée au cinéma

————————————————————————————— Telchac (AN)

■ 10.07 La riposte - Counter-Strike

Les Jaffas contre-attaquent contre les Oris en utilisant l'arme des Anciens sur Dakara. SG-1 tente d'intervenir mais se retrouve au milieu d'une guerre qu'ils ne peuvent arrêter

—————————————————————————————— Dakara (H)

■ 10.08 Amnésie - Momento Mori

Amnésique et fugitive, Vala accepte un travail de serveuse dans un restaurant tout en tentant de découvrir qui elle est et ce qui lui est arrivée.

————————— Athéna (GR) ; Baal (M) ; Quetesh (E) ; Cronos (GR) ; Camulus (C) ; Svarog (AN) ; Anubis (E)

■ 10.09 Aux mains des rebelles - Company of Thieves

Mitchell doit s'infiltrer sous couverture au sein de l'Alliance lucienne dans le but de secourir les membres de SG-1 et de l'Odyssée qui ont été fait prisonniers

——————————————————————— Dédale (GR) ; Pégase (GR)

■ 10.10 - 10.11 La quête du Graal – 1ère partie + 2nde partie - The Quest – part 1 + part 2

SG-1 s'engage dans une course contre la montre pour récupérer l'arme de Merlin avant que celle-ci ne tombe entre les mains de Ba'al, ou encore pire, de Adria

————————————————— Le Graal (A); Camelot (A) ; Morgane (A) ; Merlin (A) ; Guenièvre (A) ; Galaad (A) ; Perceval (A) ; Mordred (A) ; Atlantis (GR) ; Asgard (S)

■ 10.12 La grande illusion - Line in the Sand

SG-1 tente de défendre une planète contre une invasion des Oris en cachant les habitants dans une autre dimension

■ 10.13 Dimension parallèle - The Road Not Taken

Carter se voit projetée accidentellement dans un univers parallèle où la Terre est attaquée par les Oris et n'aura d'autre choix que de leur portée assistance si elle désire retourner dans son univers

————————————————— Atlantis (GR); Pégase (GR); Dédale (GR); Prométhée (GR)

■ 10.14 Question de confiance - The Shroud

L'équipe est stupéfaite de découvrir que l'un des leurs, Daniel Jackson, a été transformé en prêcheur par les Oris

————————————————— Merlin (A) ; Baal (M) ; Dédale (GR) ; Pégase (GR) ; Odyssée (GR)

■ 10.15 Morts ou vif - Bounty

L'Alliance lucienne ayant mis un prix sur leur tête, les membres de SG-1 sont pourchassés sur Terre par des chasseurs de primes

■ 10.16 Prise d'otage - Bad Guys

Lorsque SG-1 débarque accidentellement dans une musée par la porte des étoiles, ils sont confondus pour un groupe de rebelles tentant de renverser le gouvernement local

■ 10.17 La loi du talion – Talion

Lorsqu'un regroupement de Jaffas est sauvagement attaqué, Teal'c part en solitaire pour prendre sa revenge sur l'auteur de cette attaque

—— Loi du Talion (JC) ; Dakara (H) ; Odysée (GR)

■ 10.18 Un air de famille - Family ties

Jacek, le père de Vala, contacte le SGC clamant qu'il possède des informations vitales qui pourraient avoir un impact sur la survie de la Terre

■ 10.19 La symbiose du mal – Domiunion

SG-1 élabore un plan pour capturer Adria en utilisant Vala comme appât. Cependant, l'intervention de Ba'al risque de tout compromettre

——— Baal (M) ; Odysée (GR)

■ 10.20 Le temps d'une vie - Unending

Les membres de SG-1 doivent vivre le reste de leur vie dans l'Odyssée lorsque le vaisseau est prisonnier d'un champ de dilatation temporel

—— Odysée (GR) ; Thor (S) ; Asgards (S)

TÉLÉFILMS

■ L'Arche de Vérité - The Arch of Truth

Tandis que les Oris préparent leur assaut final contre la Terre, SG-1 doit voyager vers la galaxie originelle des Oris pour tenter d'éviter le massacre

———————————————— Arche d'Alliance (JC) ; Pégase (GR) ; Odysée (GR) ; Merlin (A) ; Morgane (A) ; Atlantis (GR)

■ Continuum – Continuum

Après la disparition de Teal'c et Vala, SG-1 réalise que la ligne temporelle a été modifiée pour effacer le SGC

Ba'al (M) ; Quetesh (E) ; Apophis (E) ; Cronos (GR) ; Ra (E) ; Nirrti (I) ; Yu (AN) ; Achille (GR) ; Alexandrie (E) ; Camulus (C)

Le guide des épisodes des geeks

STARGATE UNIVERS

01.01 Air 1/3 Air, part 1
Lorsque la base secrète Icare est attaquée, le personnel est évacué par la porte des étoiles et se retrouve à bord du Destinée, un vaisseau ancien, situé aux confins de l'univers.

01.02 Air 2/3 Air, part 2
Coincés sur le Destinée, les évacués de la base Icare explorent le vaisseau et découvrent que ce dernier est en très mauvais état et que les systèmes de survie sont sur le point de rendre l'âme.

01.03 Air 3/3 Air, part 3
Le lieutenant Scott dirige une mission sur une planète désertique dans le but de récupérer un minerai capable de réparer le système de purification de l'air du vaisseau.

01.04 Ombre et lumière 1/2 Darkness
La survie des évacués d'Icare est menacée lorsque les réserves énergétiques du vaisseau sont presque épuisées et que le docteur Rush devient mentalement instable.

01.05 Ombre et lumière 2/2 Light
Alors que le Destinée est sur une trajectoire de collision avec une étoile, l'équipage doit décider qui restera et qui utilisera la seule navette du vaisseau pour s'échapper et tenter de trouver une planète habitable.

01.06 Eau Water
Malgré le rationnement de l'eau potable sur le vaisseau, le colonel Young et le lieutenant Scott n'ont d'autre choix que de monter une expédition sur une dangereuse planète couverte de glace.

01.07 Terre Earth
Alors que l'équipage utilise les pierres de communication pour entrer en contact avec parents et amis sur Terre, le SGC propose un plan dangereux pour tenter de les ramener à la maison.

01.08 Les naufragés du temps Time
Une équipe du Destinée se rend sur une planète découvre un kino contenant des images de l'équipage qui n'ont jamais été enregistrées.

01.09 Un nouvel espoir Life
L'équipage découvre un dispositif qui leur offre la possibilité de retourner à la maison.

01.10 Soupçons Justice
Le colonel Young cède les commandes du vaisseau après avoir été impliqué dans le meurtre d'un des membres de l'équipage.

01.11 Premier contact Space
Un dysfonctionnement avec les pierres de communications envoie l'esprit du colonel Young dans le corps d'un être inconnu puis un vaisseau alien attaque le Destinée et enlève Chloe.

01.12 Mutinerie Divided
Pendant que Scott et Young recherchent un dispositif de traçage alien sur la coque du Destinée, Rush, Wray et quelques civils tentent un coup d'état pour reprendre le contrôle du vaisseau aux militaires.

01.13 Eden Faith
D'une manière inattendue, le Destinée sort de VSL pour entrer en orbite d'une étoile inconnue avec une seule planète dans le système et le compte à rebours du vaisseau ne se déclenche pas.

01.14 Regrets éternels Human
Le docteur Rush désobéit aux ordres et se connecte à l'ordinateur du vaisseau à travers l'interface neuronale pour essayer d'obtenir le code permettant de débloquer les commandes.

01.15 Seuls au monde Lost
Le Destinée repart en VSL en laissant Scott, Eli, Chloe et Greer pris au piège dans les ruines d'un labyrinthe souterrain. Cela oblige Rush et le colonel Young à élaborer un plan pour les récupérer

avant que le vaisseau ne quitte la galaxie.

01.16 A la dérive Sabotage
Une experte en hyperpropulsion arrive sur le Destinée grâce aux pierres de communication lorsque le vaisseau subit une avarie avant atteindre sa prochaine destination, ce qui laisse l'équipage à la dérive.

01.17 La somme de toutes les peurs Pain
T.J. doit identifier la cause d'une infection lorsque l'équipage du vaisseau est en proie à des hallucinations qui font remonter les peurs et les craintes de chacun.

01.18 Ennemi intérieur Subversion
Le docteur Rush et le Commandement planétaire enquêtent sur le colonel Telford qui est soupçonné de livrer des informations sur le Destinée à l'Alliance Lucienne.

01.19 L'assaut 1/2 Incursion, part 1
L'Alliance lucienne parvient à infiltrer le Destinée et prend en otage plusieurs membres de l'équipage pour obtenir le contrôle du vaisseau.

01.20 L'assaut 2/2 Incursion, part 2
Tandis que le colonel Young et Kiva continuent de s'affronter pour s'assurer le contrôle du Destinée, un pulsar binaire émettant des radiations mortelles menace tout l'équipage...

■■■■■■■■■■ SAISON 02 ■■■■■■■■■■■■■■■■■■■■

02.01 Main mise Intervention
Toujours pris en otage par Dannic, le colonel Young et la plupart du personnel militaire sont à la merci de l'Alliance lucienne.

02.02 Retombées Aftermath
Alors que la situation du Destinée est toujours précaire, le docteur Rush fait une découverte qui va modifier sa position à bord du vaisseau...

02.03 Miroir Awakening
La rencontre avec un vaisseau ancien amène son lot de bonnes et de mauvaises nouvelles pour l'équipage...

02.04 Influence Pathogen
Le changement de comportement de Chloe inquiète le reste de l'équipage d'autant plus que la jeune femme développe de nouvelles capacités intellectuelles...

02.05 Cloverdale Cloverdale
Pendant une mission d'exploration sur une planète avec son équipe, le lieutenant Scott fait une rencontre avec une créature agressive ressemblant à une plante qui l'attaque et l'infecte...

02.06 À bout Trial and Error
Une série de visions plus vraies que nature amènent le colonel Young à se poser la question de savoir s'il a les capacités pour assurer son rôle de commandant du Destinée...

02.07 Pour le bien de tous The Greater Good
Le colonel Young et le docteur Rush se retrouvent coincés à bord d'un vaisseau extraterrestre et ce dernier devra protéger son secret pour sortir de cette situation embarrassante...

02.08 Sans pitié Malice
Pour venger un être cher, le docteur Rush va mener une vendetta contre Simeon sur une planète désertique...

02.09 Retour d'Eden Visitation
Tandis que Chloe poursuit sa transformation, le docteur Caine et son groupe réapparaissent mystérieusement près du Destinée à bord d'une navette...

02.10 Confrontation 1/2 Resurgence
Alors qu'une journée ordinaire commence pour l'équipage, le Destinée détecte une signature énergétique et sort de son bond VSL en plein milieu d'un champ de débris spatials...

02.11 Confrontation 2/2 Deliverance
Alors que l'affrontement contre la race hostile continue, le lieutenant Scott va faire face à un avenir incertain en ce qui concerne sa liaison avec Chloe...

02.12 Rush2 Twin destinies
Un docteur Rush alternatif revient du futur pour mettre en garde l'équipage au sujet de quelque chose à ne surtout pas faire mais malheureusement sa mise en garde ne sera pas entendue…

02.13 De part et d'autre Alliances
Alors que Wray et Greer utilisent les pierres de communication, l'Alliance lucienne lance une attaque sur le Commandement planétaire...

02.14 D'un corps à l'autre Hope
Lorsque Chloe utilise les pierres de communication, l'esprit de Ginn réapparait dans son corps. Pendant ce temps, le docteur Volker est en train de succomber à une maladie rénale que le lieutenant Tamara Johansen n'est pas en mesure de soigner...

02.15 Passage en force Seizure
Le Commandement planétaire tente de convaincre l'un de leur allié de les laisser utiliser leur planète pour composer l'adresse du Destinée. Pendant ce temps, le docteur Rush se retrouve coincé dans une simulation créée par Amanda Perry.

02.16 La peur en face The Hunt
Lors d'une exploration sur une planète, deux membres de l'équipe sont attaqués et capturés par une créature sauvage. Une mission de sauvetage est organisée, mais celle-ci sera périlleuse...

02.17 Les enfants du Destinée Common Descent
Une équipe du Destinée utilise la porte des étoiles pour se rendre sur une planète. Sur place, ils sont accueillis par deux autochtones, Ellie et Jason, qui parlent parfaitement anglais et désignent les membres de l'équipe comme étant leurs ancêtres...

02.18 Novus Epilogue
De retour sur leur planète d'origine, les descendants du Destinée découvrent que celle-ci a été abandonnée et est sur le point d'être détruite par une réaction sismique en chaîne...

02.19 Les ailes d'Icare - Blockade
Alors qu'il tente de recharger dans une étoile, le Destinée est attaqué par les drones. Eli Wallace suggère de recharger dans une géante bleue, une étoile si chaude que leur ennemi ne pensera pas à les attendre à cet endroit...

02.20 Une famille - Gauntlet
Bloqués par les vaisseaux de contrôle des drones à proximité de toutes les portes des étoiles, l'équipage doit trouver une solution dans les plus brefs délais pour se ravitailler en eau et en nourriture...

Supernatural

Deux frères parcourent les Etats-Unis au volant de leur Impala pour aller tuer des monstres.

01.01   *Pilot* - La Dame blanche
Dean et Sam avait respectivement six ans et quelques mois lorsque leur mère a été tuée par une force surnaturelle. Vingt ans plus tard, alors que Dean n'a jamais cessé depuis de chasser les forces du Mal avec son père, Sam a préféré se retirer pour mener une vie normale et poursuivre ses études avec sa petite-amie Jessica. Mais les deux frères font à nouveau équipe lorsque leur père ne donne plus signe de vie pendant plusieurs jours, alors qu'il était sur l'affaire de «la femme en blanc»...
———————————————————— Poltergeist[4] (LF); Pentagramme (M); Démon (M); Fantôme (LF); Dame blanche (LF)

01.02.   *Wendigo* - Wendigo
Trois jeunes campeurs se font agresser en pleine nuit dans les bois par une mystérieuse créature. Sur les traces de leur père, Sam et Dean atterrissent à Black Water Ridge. Ils se font passer pour des gardes forestiers afin d'aider Haley et son frangin à retrouver leur frère Tommy, qui n'a pas donné de nouvelles depuis 3 jours. Ce qui n'est pas dans ses habitudes...
———————————————————— Wendigo (A) ; Skinwalker (A) ; Black dog (A)

01.03.   *Dead in the Water* - L'Esprit du lac
Alors qu'elle nage dans le lac, Sophie Carlton est happée vers le fond après avoir entendu des voix. Sam et Dean découvrent le fait divers dans le journal. Le lac fouillé de fond en comble, le corps n'a pas été retrouvé. L'affaire est d'autant plus étrange que trois personnes se sont noyées cette année. Les frères Winchester se rendent dans le Wisconsin pour mener leur enquête...
———————————————————— Wraith (LF)

01.04.   *Phantom Traveler* - Le Fantôme voyageur
Jerry Panowski, un homme auquel John Winchester était venu en aide il y a quelques années pour une histoire de poltergeist, fait à nouveau appel aux services de la famille. Il raconte aux frères Winchester les circonstances mystérieuses du crash de l'un de ses avions. Dean et Sam décident d'interroger les quelques rescapés pour en savoir plus. Y avait-il quelque chose de maléfique sur ce vol ?...
———————————————————— ; Nazareth (JC) ; Christ (JC) ; Arche de Noé (JC) ; Enfer (M) ; Exorcisme (JC

01.05.   *Bloody Mary* - La Légende de Bloody Mary
Sam et Dean sont dans l'Ohio. Un homme a été retrouvé par l'une de ses filles dans la salle de bains. Les causes de la mort sont plus qu'étranges vu qu'il perdait son sang par les globes oculaires. Un rapport avec le fait que la cadette de la maison a invoqué, pour plaisanter avec ses amies, Bloody Mary, une sorcière légendaire qui arrache les yeux de ses victimes ?
———————————————————— Sorcière (M)

01.06.   *Skin* - Faux Frère
Sam convainc son frère de se rendre à Saint Louis. Il veut venir en aide à ses amis de fac. Zach, le frère de Rebecca, a été arrêté pour meurtre. Rebecca apprend aux frères Winchester qu'une vidéo de surveillance a filmé Zach sur un autre lieu ce soir-là alors qu'il était avec elle. Comment est-il possible de se retrouver à deux endroits en même temps ?...
———————————————————— Loup-garou (LF) ; Shapeshifter (LF)

01.07.   *Hook Man* - L'Homme au crochet
Sam et Dean se rendent dans l'Iowa où le membre d'une fraternité d'étudiants a été victime d'un tueur au crochet alors qu'il était en compagnie de Lori Sorenson, la fille du pasteur de la ville. Les deux frangins tentent d'en savoir plus sur l'affaire et faire la part des choses entre légendes urbaines et esprits frappeurs

01.08.   *Bugs* - La Vallée maudite
En lisant les faits divers, comme d'habitude dans le journal, Sam tombe sur une étrange histoire. Le cerveau de la victime se serait désintégré en peu de temps. Sentant l'affaire louche, les frères Winchester se rendent dans l'Oklahoma pour en savoir plus. Ils arrivent dans l'ancienne vallée de Oasis Plains qu'un promoteur immobilier a investi depuis plusieurs pour y construire une zone

—————————————————————————————————

4   *Il s'agit de la première apparition dans la série.*

résidentielle

01.09. *Home* - La Maison des cauchemars
Sam voit dans ses rêves que les actuels occupants de la maison de son enfance sont en difficultés. Il tente de convaincre son frère Dean qu'ils doivent retourner à Lawrence, dans leur Kansas natal, pour s'assurer que tout va bien. Sur place, ils découvrent qu'une nouvelle famille vient de s'installer dans leur ancienne maison. En reconnaissant la femme de son cauchemar, Sam acquiert la certitude que quelque chose de terrible va se produire.

01.10. *Asylum* - Terreur à l'asile
Après avoir reçu des coordonnées par sms, Dean est convaincu que son père veut qu'ils se rendent dans l'Illinois pour une nouvelle affaire. Il trouve dans le journal de celui-ci un article consacré à des événements survenus dans un asile. Une nouvelle virée qui n'enchante guère Sam ! Le jeune homme se pose beaucoup de questions et aimerait obtenir des réponses

01.11. *Scarecrow* - L'Épouvantail
Dean et Sam reçoivent un coup de fil de leur père. Ce dernier leur demande de ne pas le rechercher mais de continuer de sauver des vies en essayant de résoudre des affaires surnaturelles. Il leur communique aussitôt les noms de trois couples portés disparus à un an d'intervale. La piste les conduit en Indiana...

01.12. *Faith* - Magie noire
En affrontant un démon, Dean se fait électrocuter. Les séquelles sont nombreuses et il ne lui reste que quelques mois à vivre. Sam est complètement abattu et cherche désespérément un moyen de sauver son frère. Il pense avoir trouvé une réponse auprès d'un guérisseur qui prétend accomplir des miracles. Cependant, Dean et Sam se rendent compte que le guérisseur se fait aider par La Grande Faucheuse

01.13. *Route 666* - Route 666
Dean est contacté par son premier amour, Cassie, une afro-américaine, qui lui demande d'aller dans la région du Mississippi pour enquêter sur une série de meurtres raciaux. Les meurtres semblent commis par un camion sans chauffeur, ne laissant aucune trace. Par ailleurs, Sam est surpris de voir son frère repousser les sentiments qu'il éprouve encore pour Cassie

01.14. *Nightmare* - Télékinésie
Sam fait un rêve prémonitoire dans lequel un homme est tué, mais le meurtre est déguisé en suicide. Sam arrive à convaincre Dean d'enquêter, mais ils se trouvent tous les deux face à une énigme, ne trouvant aucun indice qui laisserait penser à une mort surnaturelle

01.15. *The Benders* - Les Chasseurs
Sam et Dean partent pour le Minnesota où un garçon a été témoin de la disparition d'un homme dans les airs. Tandis qu'ils cherchent des indices, Sam est enlevé par une "chose" qu'il croit surnaturelle et Dean se retrouve seul à chercher désespérément son frère. Ils sont toutefois surpris lorsqu'ils se rendent compte que les kidnappeurs sont bel et bien humains et qu'ils utilisent les captifs comme proies pour une expédition de chasse plutôt étrange.

01.16. *Shadow* - Daeva
Pendant qu'ils enquêtent sur une mort mystérieuse à Chicago, Sam et Dean, rencontrent par hasard Meg, qui est emballée de revoir Sam. Mais ils apprennent assez vite que Meg est responsable de plusieurs meurtres et vont essayer de l'arrêter. Malheureusement, elle les devance et libère des esprits pour leur tendre une embuscade. Sam et Dean se rendent alors compte que le piège ne leur est pas destiné, mais que c'est leur père qu'elle tente de capturer

01.17. *Hell House* - À force de volonté
Sam et Dean enquêtent sur une maison hantée par le fantôme d'un homme qui a tué ses six filles pendant les années 30. Les frères découvrent un site web consacré à cette légende et s'aperçoivent que la ville est en train de provoquer l'esprit diabolique via le site web, sans même s'en rendre compte.

— Sulfure (A) ; Tulpa (H) ; Golem (JC) ; Mordechai (JC)

01.18. *Something Wicked* - La Strige
Sam et Dean enquêtent dans une petite ville du Wisconsin où des enfants tombent dans le coma sans aucun motif apparent. Les frères découvrent qu'une sorcière est entrée dans la chambre des enfants en rampant pour leur voler leur "force de vie". Pendant que les deux frères combattent la sorcière, Dean se souvient d'une erreur faite dans le passé qui a presque coûté la vie de Sam, alors à la merci de cette même sorcière

—Strige (A)

01.19. *Provenance* - Le Tableau hanté
Un jeune couple est assassiné à son domicile peu de temps après avoir acheté un tableau daté du début du siècle représentant une famille. En étudiant l'histoire des acquéreurs, Sam et Dean, apprennent que toutes les personnes qui ont acheté ce tableau ont été assassinées.

01.20. *Dead Man's Blood* - Le Retour des vampires
Un chasseur de vampires, mentor de John dans le passé, est retrouvé mort. Sam et Dean, sont surpris de voir leur propre père essayer d'élucider l'affaire. Quand John découvre que des vampires ont volé un vieux fusil qui a le pouvoir de tuer tous les êtres surnaturels, la famille Winchester se lance à la recherche de ce fusil afin de le récupérer et détruire le démon qui s'est emparé de la mère des deux frères...

— Vampire (M)

01.21. *Salvation* - Délivrance (1ère partie)
Sam fait un rêve prémonitoire où il voit une famille attaquée par la même créature qui a tué sa mère auparavant. Les deux frères prennent alors la route vers la petite ville de Salvation dans l'Iowa, afin de sauver la famille et éviter un autre massacre. John va les quitter pour retrouver Meg et essayer de récupérer le fusil sans lequel ils ne pourront tuer le démon...

01.22. *Devil's Trap* - Délivrance (2ème partie)
En route pour retrouver leur père et le sauver des griffes de Meg, Sam et Dean font appel à Bobby, un vieil ami, pour qu'il les aide à attirer Meg en lui tendant un piège. Après l'avoir capturée et exorcisée, elle révèle où se trouve John. Mais pour récupérer leur père, les deux frères vont devoir mener une lutte sans merci contre le démon qu'ils poursuivaient depuis la mort de leur mère

—Salomon (JC)

■ SAISON 02 ■

02.01. *In My time Of Dying* - Le Sacrifice
Victimes d'un accident de la route, les Winchester sont transférer d'urgence à l'hôpital. A son réveil, Dean découvre que personne ne peut le voir. Et pour cause, il est en réalité dans le coma et c'est son esprit qui hante les couloirs hospitaliers. Il ne tarde pas à se rendre compte qu'une entité surnaturelle rôde également dans le coin... Alors que Sam s'inquiète de l'état de santé de son frère, John semble avoir quelque idée derrière la tête. Son fils le soupçonne de vouloir se remettre aussitôt à la chasse au démon...

—Vaudou (A)

02.02. *Everybody Loves A Clown* - Le Clown
Les frères Winchester tentent de faire face. En attendant de pouvoir repartir à la chasse au démon, ils s'intéressent à un meurtre mystérieux survenu dans les parages, impliquant un étrange clown

— Rakshasa (H)

02.03. *Bloodlust* - Au-delà des apparences
Sam et Dean repartent à l'aventure sur une nouvelle affaire qui les conduit dans le Montana où du

bétail a été mutilé et deux meurtres ont eu lieu. Ils découvrent rapidement que les deux victimes, dont la tête a été tranchée, étaient des vampires...

————————————————————————————————————— Chupacabra (LF)

02.04. *Children Shouldn't Play With Dead Things* - Vengeance d'outre-tombe
Après la mort de son père, Sam ressent le besoin d'aller se reccueillir sur la tombe de sa mère. Dans le cimétière, Dean flaire une histoire pas très nette autour de la tombe d'une jeune étudiante enterrée il y a tout juste 3 jours. Les herbes mortes autour de la tombe forment un cercle parfait qui n'a rien de très naturel

————————————————————————————————————— Zombie (LF)

02.05. *Simon Said* - Sous contrôle
Sam a une nouvelle vision. Il y voit un homme qui, après avoir reçu un appel sur son portable, entre dans une boutique où il achète une arme, et tue de sang-froid le vendeur avant de se donner la mort de la façon la plus sereine qui soit. Les frères Winchester tentent de trouver des réponses auprès d'Ash. Ils espèrent avoir une nouvelle piste du démon...

————————————————————————————————————— Samaritain (JC)

02.06. *No Exit* - Sans issue
Jo dirige les frères Winchester sur un dossier qu'elle a elle-même rassemblé : des jeunes femmes blondes disparaissent dans un immeuble. Sam et Dean partent à la chasse au démon ou autre créature maléfique responsable de ces rapts. Malgré l'opposition de sa mère, Jo décide de les y rejoindre...

————————————————————————————————————— Ectoplasme (LF)

02.07. *The Usual Suspects* - La Main de la justice
Alors qu'ils enquêtent sur un meurtre à Baltimore, les frères Winchester sont arrêtés par la police. Dean est retrouvé par deux officiers sur les lieux d'un crime près de la victime. Suspecté de meurtre, il est mis aux arrêts. Les inspecteurs Ballard et Sheridan interrogent les frères Winchester pour prouver la culpabilité du suspect. La situation est d'autant plus critique pour Dean que son dossier ne plaide pas en sa faveur ! Le jeune homme, déjà recherché pour un autre meurtre survenu à Saint Louis, est officiellement mort selon les autorités

02.08. *Crossroad Blues* - Le Pacte
Les frères Winchester se penchent sur une nouvelle affaire. Deux jours avant de se donner la mort, un homme avait parlé d'un terrifiant chie noir qui le traquait. Véridique ou simple légende ? C'est ce que vont essayer de savoir Sam et Dean

————————————————————————— Black dog (A ; Crossroad demon (JC) ; Goofer dust (A)

02.09. *Croatoan* - Croatoan
A la suite d'une vision de Sam, les frères Winchester se rendent à Rivergrove en se faisant passer pour des marshalls. Ils recherchent un homme du nom de Duane Tanner. Très vite, ils s'aperçoivent que quelque chose ne tourne pas rond dans cette ville

————————————————————————————————————— Dever / Reshef (E)

02.10. *Hunted* - Traqué
Lorsque son frère lui avoue la confidence que leur père lui a faite avant de mourir, Sam se fâche. Une révélation qui soulève tant d'interrogations ! Le jeune homme serait-il maléfique ? Pourquoi son père pensait-il qu'il doit à tout prix être protégé ? Et surtout qu'est-ce qui pourrait bien amener Dean à devoir tuer son frangin ? Sam est déterminé à faire son possible pour retrouver d'autres personnes qui, comme lui, ont des pouvoirs psychiques et seraient impliqués dans une guerre imminente

————————————————————————————————————— Destiné (L)

02.11. *Playthings* - Maggie et Rose
Alors qu'il cherche à retrouver la trace d'Ava Wilson, mystérieusement disparue après avoir assassinée son fiancé, Sam apprend qu'un hôtel du Connecticut est la proie d'événements étranges. Il se rend aussitôt sur place avec son frère Dean. Ils y découvrent des signes vaudous

02.12. *Nightshifter* - Le Polymorphe
Les frères Winchester enquêtent sur une série de crimes où le voleur, sans passé criminel, commet

un hold-up du jour au lendemain et se suicide après son méfait

02.13. *Houses of the Holy* - Ange ou Démon
Sam s'intéresse à une femme internée dans un asile psychiatrique après avoir commis un meurtre : elle prétend qu'un ange qui lui est apparu dans une merveilleuse lumière blanche lui a demandé au nom du seigneur de tuer un homme diabolique. Et elle est le 2ème cas du genre en ville. Alors que Dean plaide pour la folie ou un démon, Sam n'exclut pas l'existence des anges...

— Ange (JC) ; Archange Michael (JC) ; Sacrement (JC) ; Archange Raphael (JC)

02.14. *Born Under a Bad Sign* - Possédé
Dean est très contrarié : Sam a disparu depuis une semaine. Lorsqu'il reçoit enfin des nouvelles de son frère, celui-ci ne se souvient pas de ce qui lui est arrivé. Il a repris ses esprits dans une chambre d'hôtel avec ses vêtements tâchés de sang. Dean mène l'enquête pour essayer de reconstituer les pièces du puzzle...

02.15. *Tall Tales* - Frères ennemis
Les frères Winchester enquêtent sur un campus universitaire où un professeur s'y est suicidé récemment en se jetant par la fenêtre. Or, les étudiants colportent une légende selon laquelle une étudiante, qui avait une liaison avec un professeur, se serait défenestrée 30 ans auparavant. Alors qu'ils tentent de savoir si les lieux sont hantés, Sam et Dean sont confrontés à une série d'événements étranges qui les dépassent. Déroutés, ils demandent l'aide de Bobby...

— Alien (LF) ; Trickster (L) ; Loki (GS) ; Anansi (A)

02.16. *Roadkill* - Le Temps des adieux
Dean et Sam viennent en aide à une jeune femme seule et effrayée au bord de la route en pleine nuit. Elle s'appelle Molly et leur raconte ce qui lui est arrivé. Elle se rendait au lac Tahoe avec son mari David lorsqu'ils ont perdu le contrôle de la voiture en voulant éviter un homme au milieu de la route. Etourdie à cause de l'accident, Molly découvre que son époux a mystérieusement disparu. A sa recherche, elle fait une étrange rencontre dans les bois.

02.17. *Heart* - Les Loups-garous
Sam et Dean travaillent sur une nouvelle affaire : en un an plusieurs cadavres ont été découverts dans un sale état, comme s'ils avaient été agressés par un loup. Fait étrange, il leur manque à chaque fois le coeur. La dernière victime en date est un avocat du nom de Nate Mulligan. Une jeune employée du cabinet, Madison, a retrouvé le corps au petit matin...

02.18. *Hollywood Babylon* - Le Chef-d'Œuvre de l'horreur
Un technicien trouve la mort dans de mystérieuses circonstances sur le plateau de tournage d'un film d'horreur. Il n'en faut pas plus pour que la rumeur se répande que le plateau est hanté. Sam et Dean débarquent au studio pour élucider cette affaire...

— Babylone (JC)

02.19. *Folsom Prison Blues* - Les Taulards
Depuis trois mois des morts suspectes sont découvertes dans le pénitencier de Green River. Un ami de leur père demandent aux frères Winchester d'élucider cette curieuse affaire. Dean entraîne son frère dans cette dangereuse mission. Pour mener leur enquête, ils sont obligés de se faire arrêter et incarcérer dans la prison du comté

02.20. *What Is and What Should Never Be* - Comme dans un rêve
Après avoir été attaqué par un génie, Dean se réveille dans le lit d'une ravissante inconnue. Il découvre que dans cette réalité sa mère est toujours en vie et que les démons n'ont pas de place...

— Djinn (M)

02.21. *All Hell Breaks Loose: Part 1* - L'Armée des ténèbres (1ère partie)
San se réveille dans une ville fantôme en compagnie d'autres personnes, qui comme lui, ont la particularité d'avoir un don. Ils ne savent pas comment ils sont arrivés jusqu'ici. Sam tente d'éveiller ses compagnons d'infortune à la terrible réalité qu'ils vont devoir affronter. La bataille a commencé...

— Apocalypse (JC) ; Acheri (A)

02.22. *All Hell Breaks Loose: Part 2* - L'Armée des ténèbres - (2ème partie)
Dean est effondré par la mort de son frère ! Refusant de le laisser partir, il passe un pacte : la vie de Sam contre son âme... Jake, qui a battu tous ses autres adversaires, est l'élu qui devra accomplir la tâche que lui réserve le démon aux yeux jaunes.

█████████ SAISON 03 ████████████████████████████████

03.01. *The Magnificent Seven* - Les Sept Péchés Capitaux
Depuis son pacte démoniaque, Dean est bien décidé à jouir de chaque jour malgré la situation critique. La bouche de l'enfer ayant été ouverte, les démons se sont répandus sur la Terre. Sur une piste, Bobby appelle les frères Winchester à l'aide
– –PÉCHÉS (JC)

03.02. *The Kids are Alright* - Les Enfants perdus
En raison d'une envie irrépressible de Dean de revoir l'une de ses anciennes conquêtes, les frères Winchester se retrouvent à Cicero, dans l'Indiana, où une série d'incidents étranges sont survenus. Sam est contacté par la mystérieuse jeune femme qui lui a sauvé la vie
– BANSHEE (LF) ; CHANGELING (LF)

03.03. *Bad Day at Black Rock* - Baraka
Sam et Dean apprennent l'existence d'un box appartennant à leur père. Celui-ci y entreposait ses affaires. Sur place, ils découvrent qu'une boîte renfermant une force maléfique a été volée. Leur chance pourrait bien tourner...
– S^TE HÉLÈNE (JC) ; PANDORE (GR)

03.04. *Sin City* - Sin City
Les frères Winchester mènent l'enquête dans une ville de l'Ohio où la population s'adonne à la boisson, au sexe et au jeu. Certains habitants ayant adopté un comportement destructeur du jour au lendemain, Dean et Sam cherchent à en savoir plus... Pendant ce temps, Bobby essaie de réparer le Colt...
– –SUCCUBES (D) ; LUCIFER (JC) ; DIEU (JC) ; AZAZEL (D)

03.05. *Bedtime Stories* - Il était une fois...
Dean et Sam enquêtent sur une agression violente. Les Winchester pensaient avoir à faire à un loup-garou, mais la seule victime, qui a échappé au carnage, en donne une description banale

03.06. *Red Sky at Morning* - Le Vaisseau fantôme
Une jeune femme est retrouvée morte dans sa douche. Peu avant de mourir, la victime avait raconté à sa tante avoir aperçu un vieux bateau. Cette histoire rappelle à Sam une légende autour d'un bateau fantôme qui apparaît tous les 37 ans, avec à chaque fois une série de noyades mystérieuses...
– MAIN DE GLOIRE (LF) ; ADONIS (GR) ; CAÏN (JC) ; ABEL (JC)

03.07. *Fresh Blood* - Rouge sang
Les deux frangins sont à la poursuite d'un vampire qui a déjà fait deux victimes. La dénommée Lucy ne comprend pas ce qui lui arrive. Elle est prise d'une faim irrépressible que seul le sang peut calmer... Pendant ce temps, Gordon se rapproche de son but : tuer Sam Winchester, qu'il considère comme étant très dangereux

03.08. *A Very Supernatural Christmas* - Le Festin du Père Noël
En cette période de Noël, des victimes sont kidnappées durant la nuit par une créature qui s'introduit par la cheminée. Existerait-il un Père Noël maléfique ? Dean et Sean s'interrogent et mènent l'enquête...
– – – KRAMPUS (LF) ; BELSNICKEL ; (LF) BLACK PETU (LF) ; GRINCH (LF) ; ST NICOLAS (LF) ; PÈRE FOUETTARD (LF) ; PÈRE NOËL (LF)

03.09. *Malleus Maleficarum* - Les Reines du Sabbat
Un homme a perdu son épouse dans d'étranges circonstances. Les frères Winchester enquêtent sur cette affaire. Ils établissent vite un lien avec de la magie noire très ancienne. Il leur faut trouver le

mobile pour démasquer le coupable, adepte de sorcellerie...

— Sabbat (JC)

03.10. *Dream a Little Dream of Me* - Faites de beaux rêves
Dean et Sam sont informés que leur ami Bobby est dans le coma. Le médecin ignore la cause de cet état. Le patient, pourtant en bonne santé, est plongé dans un profond sommeil. Les deux frangins cherchent des indices pour découvrir ce qui est arrivé à leur ami...

03.11. *Mystery Spot* - Un jour sans fin
Alors qu'ils enquêtent sur la disparition d'un homme dans un mystérieux établissement, Sam assiste impuissant à la mort de son frère. Le matin suivant, à son réveil, il découvre que Dean est en vie et que la journée se reproduit à l'identique

03.12. *Jus in Bello* - Jus in Bello
Sur les traces de Bela pour récupérer le Colt qu'elle leur a dérobé, Sam et Dean se font piéger. Capturés par l'agent du FBI Henrickson, ils sont enfermés dans le poste de police local en attendant d'être transférés dans une prison fédérale de haute sécurité

— Yeti (LF) ; Lillith (JC)

03.13. *Ghostfacers* - Les Ghostfacers
Harry Spangler et Ed Zeddmore, deux passionnés de surnatural, ont composé une équipe chargée de traquer les fantômes. S'intéressant à une maison dans laquelle sont survenus des événements étranges, ils décident de mener l'enquête et de filmer leurs aventures afin de proposer un pilote d'émission destinée à la télévision...

03.14. *Long-Distance Call* - Rejoins-moi
Les frères Winchester se rendent à Milan, dans l'Ohio, où un banquier s'est fait sauter la tête. Celui-ci était-il la cible d'un esprit ? D'autres personnes en ville reçoivent des appels étranges

— Crocotta (A)

03.15. *Time is On My Side* - Le Secret de l'immortalité
Sam et Dean s'intéressent au cas d'un homme qui s'est fait volé le foi par un inconnu. D'après les empreintes trouvées sur le corps, l'agresseur serait mort en 1981. Les Winchester partent à la chasse au zombie... à moins qu'il ne s'agisse d'autre chose !

03.16. *No Rest for the Wicked* - Les Chiens de l'enfer
Dean n'a plus que quelques heures avant la fin du compte de rebours. Tout le monde est à cran pour trouver un moyen de récupérer le contrat détenu par Lilith. Sam propose de faire appel à Ruby, mais son frère s'y refuse...

— Chien de l'enfer / Hellhound (M)

SAISON 04

04.01. *Lazarus Rising* - La Main de Dieu
Quatre mois plus tard, Dean reprend connaissance dans un cercueil, enterré au milieu de nulle part. Déboussolé, il tente de reprendre contact avec son frère et Bobby

— Lazare (JC) ; Castiel (JC)

04.02. *Are You There, God? It's Me, Dean Winchester* - Anges et Démons
Alors qu'ils cherchent à en savoir plus sur le mystérieux Castiel, Sam, Dean et Bobby sont alertés par le meurtre de plusieurs chasseurs de démons du coin. Seront-ils les prochains sur la liste ?

— Cavaliers de l'Apocalypse (JC)

04.03. *In The Beginning* - Au commencement
Dean est propulsé dans les années à Lawrence, dans le Kansas. Il y fait la connaissance de John Winchester, son père, encore célibataire. Ce retour vers le passé lui permettra-t-il d'éviter à ses parents de connaître le tragique destin qui les attend ?

04.04. *Metamorphosis* - Métamorphose

Dean et Sam sont informés par un autre chasseur qu'un danger se prépare dans le Missouri. Sans comprendre ce qu'il lui arrive, un homme se tranforme peu à peu en rougarou. Ils doivent intervenir avant qu'il ne fasse des victimes. Mais les frères Winchester ne sont pas d'accord sur la façon de procéder...

— Rougarou (LF)

04.05. *Monster Movie* - Film d'épouvante
Les frères Winchester se rendent en Pennsylvanie pour enquêter sur un meurtre perpétré semble-t-il par un vampire. Dean a besoin de se concentrer sur une affaire de ce genre pour oublier un peu toutes ces histoires de fin du monde. Il ne se doute pas de ce qui l'attend...

04.06. *Yellow Fever* - Le Mal des fantômes
Sam et Dean s'intéresse à une mort suspecte dans une petite ville du Colorado. Ils découvrent que peu de temps avant son décès, la victime était effrayée et paranoïaque...

— Buru Buru (J)

04.07. *Its the Great Pumpkin, Sam Winchester* - La Légende d'Halloween
Deux jours avant Halloween, un homme est retrouvé après avoir avalé des lames de rasoir cachés dans des bonbons. Les frères Winchester pensent qu'il s'agit de l'oeuvre d'une sorcière avide de vengeance

— Samain (A) ; Leprechaun (LF) ; Uriel (JC)

04.08. *Wishful Thinking* - Le Puits aux souhaits
Sam et Sean s'intéressent à une affaire des plus étranges : un fantôme hanterait les douches de femmes. Leur enquête les mène sur la piste d'un bigfoot. La ville semble le théâtre d'événements pour le moins bizarres

— Tiamat (E)

04.09. *I Know What You Did Last Summer* - Souvenirs de l'au-delà
Ruby prévient les frères Winchester que les démons ont pour ordre de retrouver et ramener en vie une certaine Anna Milton, échappée d'un asile. Vu l'intérêt porté à la jeune femme, la piste promet d'être intéressante. Mais Dean porte peu de crédits aux bavardages de Ruby...

— Alastair (D)

04.10. *Heaven and Hell* - Disgrâce
Les frères Winchester doivent affronter les anges pour protéger Anna. Pourquoi représente-elle une telle menace pour eux ? Qui est-elle réellement ? Sam et Dean se retrouvent pris au milieu d'un combat entre l'Enfer et le Paradis

— Paradis (JC) ; Enfer (M)

04.11. *Family Remains* - Entre les murs
Histoire de s'occuper l'esprit, Dean cherche activement une affaire sur laquelle travailler. Le cas d'un homme découpé dans une maison fermée à clés attire son attention. Les frères Winchester se rendent sur place pour mener leur enquête

04.12. *Criss Angel Is A Douchebag* - Comme par magie
Sam et Dean se rendent à une convention sur la magie, où un homme a succombé à une mort mystérieuse : 10 coups de couteaux sans que sa chemise ne soit percée...

04.13. *After School Special* - L'Esprit vengeur
Sam s'intéresse à la mort d'une élève dans un lycée, où la coupable affirme être possédée. Ces investigations ramènent les frères Winchester à leurs jeunes années dans cette même école

04.14. *Sex and Violence* - Le Venin de la sirène
Dans une petite ville de l'Iowa, trois hommes ont tué leurs épouses du jour au lendemain. Rien ne prédestinait un tel acte ! En menant l'enquête, les frères Winchester découvrent un point commun entre les trois coupables

— Siren (L) ; Sirène (M)

04.15. *Death Takes a Holiday* - De l'autre côté

Supernatural   339

Bobby met les Winchester sur le cas d'une petite ville du Wyoming, où des morts ne meurent pas...
même en recevant une balle à bout-portant en pleine poitrine. Le faucheur local serait-il en grève ou
en vacances ?

04.16. *On the Head of a Pin* - Le Premier Sceau
Des anges meurent les uns après les autres. Castiel et Uriel ont besoin de Dean pour faire parler
Alastair, et découvrir qui est derrière tout ça...

04.17. *It's a Terrible Life* - Nés pour chasser
Alors que Dean s'épanouit dans un poste à haute responsabilité au service marketing et ventes d'une
grande société, Sam, affecté à la hot-line, fait de curieux rêves peuplés de démons, vampires et autres
créatures surnaturelles. Quand il croise Dean dans l'ascenseur, il a l'impression de le connaître
— Zachariel (JC)

04.18. *The Monster at the End of This Book* - Le Prophète
Les frères Winchester débarquent chez un libraire lorsque celui-ci leur apprend l'existence d'une
série de livres baptisés «Supernatural» ayant pour héros Sam et Dean et racontant leur histoire telle
qu'elle s'est déroulée depuis 2005...
— Tulpa (H) ; Prophète (L)

04.19. *Jump the Shark* - Trois Frères
Sam et Dean sont contactés par un certain Adam. Ce dernier dit rechercher son père, John Winchester. Les frères pensent d'abord à un démon essayant de les piéger, lorsqu'ils découvrent qu'il s'agit
réellement de leur frère
— Goule (LF)

04.20. *The Rapture* - Le Pénitent
Alors qu'il se rend à un rendez-vous fixé par Castiel, Dean découvre que l'ange a disparu, rendant
son enveloppe à son propriétaire : Jimmy Novack. Les Winchester cherchent à obtenir de celui-ci des
réponses

04.21. *When the Levee Breaks* - Le Diable au corps
Dean et Bobby ont enfermé Sam dans une pièce d'urgence. A contre-coeur, ils y laissent le jeune
homme pour le sevrer de son besoin de sang de démons...
—Armageddon (JC)

04.22. *Lucifer Rising* - Le Réveil de Lucifer
L'apocalypse se prépare et Zachariah ainsi que Castiel informent Dean qu'il est temps de remplir sa
mission : arrêter Lucifer, tandis que Sam part en quête de Lilith pour la tuer avec l'aide de Ruby...

■ SAISON 05 ■

05.01. *Sympathy for the Devil* - Sympathie envers le Diable
Sam et Dean regardent Lucifer émerger de l'enfer. Les deux frères, avec l'aide de Bobby, doivent
maintenant faire face aux conséquences de l'arrivée de Lucifer, ainsi qu'aux nouvelles apportées par
Chuck, le prophète
— Énoch (JC)

05.02. *Good God, Y'All!* - Premier Pas vers l'enfer
Les deux frères vont à la rescousse d'autres chasseurs coincés dans une ville entièrement peuplée
de démons. Les quelques survivants se préparent à la bataille mais les apparences sont trompeuses

05.03. *Free To Be You and Me* - Seuls sur la route
Les frères Winchester décident d'un commun accord d'emprunter des chemins différents. Pendant
que Dean continue de chasser les démons, Sam, effrayé par sa soif de sang et de pouvoir, se rend en
Oklahoma pour prendre de la distance. Mais le Mal semble être partout

05.04. *The End* - Apocalypse 2014
Sam souhaite reprendre la chasse avec son frère Dean. Zaccharie envoie ce dernier en 2014 afin qu'il

puisse juger de ce qu'il arrivera s'il persiste à refuser de servir d'hôte à Michel
— Jéhovah (JC) ; Achille (GR)

05.05. *Fallen Idol* - Idoles assassines
Les habitants d'une petite ville sont tués par de célèbres icônes décédées : Abraham Lincoln, Gandhi, et même la voiture de James Dean. Cependant, après que deux adolescentes aient déclaré le kidnapping de leur amie, les frères Winchester ne savent plus vraiment ce qu'ils doivent chasser
— Leshii (A)

05.06. *I Believe the Children Are Our Future* - L'Antéchrist
Les frères Winchester font équipe comme au bon vieux temps sur une série de cas bizarres dans une petite ville du Nebraska. On dirait que des petites farces ont tourné à la tragédie : une adolescente s'arrache la moitié du crane à cause du poil à gratter, une fée des dents réclame son dû
— Cambion (D) ; Katako (J) ; Antéchrist (JC)

05.07. *The Curious Case of Dean Winchester* - Jeu d'argent, jeu de temps
Les Winchester découvrent qu'un sorcier organise des parties de poker où l'ont joue des années de vie contre de l'argent. Bobby, voyant là une chance de sortir de sa chaise roulante, y parie 25 ans et perd. Dean décide de jouer à son tour, pour sauver la vie de Bobby, mais perd aussi, laissant à Sam la responsabilité de les sauver...

05.08. *Changing Channels* - Téléportation / De l'autre côté de l'écran
Sam et Dean affrontent de nouveau l'illusionniste. Ce dernier les fait passer d'une série télévisée à l'autre. Dans quel but ? Ont-il une chance de le convaincre de rejoindre leur rang pour combattre les forces du Mal ?
— Gabriel (JC)

05.09. *The Real Ghostbusters* - Les Incroyables Aventures de Sam et Dean
Becky (la super fan de supernatural) utilise le téléphone de Chuck pour attirer les frères Winchester à une convention de supernatural où tout le monde est déguisé en Sam et Dean. L'une des activités est un jeu de rôle grandeur nature mais les choses tournent mal quand un vrai fantôme se mêle à la partie.

05.10. *Abandon All Hope…* - Les Faucheuses
Sam, Dean et Castiel sont à la recherche du Colt, espérant pouvoir renvoyer Lucifer en enfer grâce à lui. Ils sont rejoints par Bobby, Ellen et Jo pour ce qui pourrait être leur dernière nuit sur terre.
— Carthage (HG)

05.11. *Sam, Interrupted* - Vol au-dessus d'un nid de démons
Sam, Dean et Castiel sont à la recherche du Colt, espérant pouvoir renvoyer Lucifer en enfer grâce à lui. Ils sont rejoints par Bobby, Ellen et Jo pour ce qui pourrait être leur dernière nuit sur terre.

05.12. *Swap Meat* - L'Apprenti sorcier
Les frères Winchester se penchent sur ce qui devrait être le cas d'un fantôme hantant une maison : alors qu'il effectue ses recherches, Sam fait une mauvaise rencontre et se retrouve dans le corps d'un adolescent...

05.13. *The Song Remains the Same* - Le Retour d'Anna
Annie est de retour sur Terre avec la ferme intention de tuer Sam, pour avorter les plans de Satan. Lorsque Castiel l'empêche de parvenir à ses fins, elle décide de faire un saut vers le passé pour liquider les parents des frères Winchester...

05.14. *My Bloody Valentine* - Passions dévorantes
La Saint-Valentin se profile sous un jour macabre pour les frères Winchester. Sam et Dean enquêtent sur un couple qui s'est entretué à l'issu de leur premier rendez-vous. Serait-ce l'affaire d'un démon, d'un fantôme ou de... Cupidon ?
— Kraken (LF) ; ; Cupidon (GR) ; Cherubin (JC)

05.15. *Dead Men Don't Wear Plaid* - Les Morts-Vivants
Les frères Winchester s'intéressent à un meurtre perpétré dans une petite ville du Dakota du Sud,

près de chez Bobby. Un témoin aurait vu Benny Sutton être assassiné par un homme mort 5 ans auparavant

05.16. *Dark Side of the Moon* - Axis Mundi
Sam et Dean sont tirés de leur sommeil par deux chasseurs déterminés à les tuer pour les empêcher de jouer le rôle que le destin leur réserve dans l'Apocalypse
JOSHUA (JC)

05.17. *99 Problems* - Prophéties funestes
Sam et Dean sont encerclés par un grand nombre de démons mais parviennent à s'en tirer grâce à l'intervention des habitants d'une petite ville, entraînés à traquer et tuer les démons. Pourtant certains d'entre eux réservent des surprises à nos deux héros...
LA GRANDE PROSTITUÉE (JC)

05.18. *Point of No Return* - Plan B
Alors que Dean a décidé de capituler et servir Michael, les frères Winchester découvrent que les Anges ont trouvé un autre candidat dans cette guerre : leur frère illégitime, Adam

05.19. *Hammer of the God* - Le Panthéon
Pris au milieu d'une tempête, Dean et Sam sont contraints de faire une halte au fin fond de l'Indiana. Ils tombent sur un hôtel de prestige avec une clientèle et un personnel de grande classe. Assez curieux de trouver un tel endroit dans un coin aussi perdu ! A moins que ce ne soit un piège tendu aux Winchester
ARCHE DE NOÉ (JC) ; MERCURE (GR) ; GANESH (H) ; ODIN (GS) ; KALI (H) ; BARON SAMEDI (A); BALDUR (GS) ; VALHALLA (GS)

05.20. *The Devil You Know* - Meilleurs Ennemis
Déterminés à retrouver les deux derniers anneaux susceptibles de piéger Lucifer, Sam et Dean sont à la recherche de Peste. Plusieurs villes ont été contaminées par une épidémie de grippe foudroyante. Mais à l'arrivée des Winchester, Peste est déjà loin, près à atteindre sa prochaine cible. Le démon Crowley propose à Dean et à Sam de les aider, et les met sur la piste de Brady, un démon qui leur permettra de remonter jusqu'à Peste.

05.21. *Two Minutes To Midnight* - La Onzième Heure
Lorsque Crowley vient à Bobby en proposant de lui indiquer l'emplacement du 4ème cavalier de l'apocalypse, celui se tient prêt à tout, même à payer le prix fort. De leur côté, Sam et Dean ont fort à faire contre Peste qui lâche un virus mortel contre eux, forçant Castiel à intervenir

05.22. *Swan Song* - La paix viendra
C'est la dernière ligne droite ! Le temps est venu pour les Winchester d'affronter leur destinée. En d'autres termes, combattre Lucifer. Dean se résoud à laisser Sam prendre le risque d'accepter la proposition de Satan, pour mieux le piéger. Parviendront-ils à faire rentrer le diable dans sa boîte ?

SAISON 06

06.01. *Exile on Main St.* - L'Adieu aux armes
Une année s'est écoulée depuis que Sam a été englouti par les entrailles de la terre. Et comme promis, Dean n'a pas cherché à le ressusciter. L'ex chasseur de démon s'est depuis posé et mène une vie respectable auprès de Lisa et de son fils, Ben. Mais après tout ce qu'il a vécu toute sa vie durant, Dean est toujours sur ses gardes. Une affaire étrange attire son attention

06.02. *Two and a Half Men* - Baby Blues
Alors que Dean s'installe avec sa famille dans une nouvelle maison, Sam et ses nouveaux partenaires s'intéressent à une série de meurtres dans le Michigan qui pourraient bien être d'origine surnaturelle. Quatre couples ont été assassinés, et à chaque fois le bébé a disparu

06.03. *The Third Man* - Le Bâton de Moïse
Dean a décidé de se remettre en selle. Il rejoint son frère dans une petite ville de Pennsylvanie pour

enquêter sur la mort étrange de plusieurs policiers. Sorcellerie, créature démoniaque ou vengeance ?

— Moïse (JC) ; Plaie d'Égypte (JC) ; Balthazar (JC) ; Femme de Lot (JC)

06.04. *Weekend at Bobby's* - La Lamia

Alors que les frères Winchester son à la chasse aux démons, Bobby cherche toujours un moyen de récupérer son âme cédée à Crowley. Celui-ci refuse de la lui rendre et lui a laissé 10 années pour en profiter, avant de réclamer son dû

— Lamia (GR) ; Okami (J) ; Leprechaun (LF)

06.05 *Live Free or Twi-Hard* - . L'Alpha

La disparition de plusieurs jeunes filles proches de leur majorité attire l'attention de Dean et Sam. Les deux frères mènent l'enquête. Ils découvrent que la dernière disparue s'intéressait de très près aux vampires...

— Alpha (L) ;

06.06. *You Can't Handle the Truth* - Veritas

Une nouvelle affaire attire l'attention de Sam : pas moins de quatre suicides sont survenus en deux semaines dans une petite bourgade de l'Illinois. Les frères Winchester mènent l'enquête en commençant par la dernière victime, une jeune serveuse qui a mis brutalement fin à ses jours. Dean est davantage préoccupé par le cas de Sam, dont il ne reconnaît plus les agissements. Il est persuadé que l'homme qui est à ses côtés est un imposteur, et il demande à Bobby de l'aider à découvrir qui il est ou ce qu'il est

— Veritas (L) ; Doppelgänger (L)

06.07. *Family Matters* - Entretien avec un vampire

Dean sollicite l'aide de Castiel pour comprendre ce qui ne va pas avec son frère. Depuis son retour, Sam n'est plus vraiment le même. Ils doivent découvrir qui l'a sorti de la cage de Lucifer, pour en savoir plus ce qu'il lui arrive

—Purgatoire (JC)

06.08. *All Dogs Go to Heaven* - La Meute

Crowley met les Winchester sur la piste d'un loup-garou. A contre-coeur, Sam et Dean mènent l'enquête. Ils ne tardent pas à découvrir que la créature n'est pas un loup-garou...

06.09. *Clap Your Hands If You Believe...* - Rencontre du troisième type

Sam et Dean enquêtent sur des disparitions qui pourraient être liées à l'apparition de «crop circles». Selon les témoignages de plusieurs habitants, des extra-terrestres seraient à l'origine de ces événements. Certains auraient même vu des lumières dans le ciel. Les frères Winchester vont devoir démêler le vrai du faux pour trouver une explication à cette affaire...

— Fée (LF) ; Spite (LF) ; Spriggan (LF) ; Boggart (LF) ; Brownie (LF) ; Gnome (LF) ; Troll (LF) ; Avalon (Ar) ; Oberon (LF) ; Elfe (LF) ; Le petit peuple (LF) ; Cercle de culture (LF) ; Hobbit (LF)

06.10. *Caged Heat* - Paix à son âme

Dean ne supporte plus de capturer des démons pour le compte de Crowley, sachant qu'il n'a même pas l'assurance que son frère puisse récupérer son âme un jour. Lorsqu'une vieille ennemie fait sa réapparition dans le coin, les Winchester découvrent qu'ils pourraient bénéficier de son aide pour contrer Crowley

06.11. *Appointment in Samarra* - Rendez-vous avec la mort

A situation désespérée, acte désespéré ! Ne sachant plus que faire pour récupérer l'âme de Sam, Dean tente une expérience risquée. Il paie un médecin pour le tuer quelques instants, le temps d'entrer en contact avec la Mort et lui proposer un marché

— Rendez-vous à Samarra (LF)

06.12. *Like A Virgin* - L'Épée de Bruncwik

En dépit des risques et des protestations de son frère, Dean a fait réintégrer l'âme de Sam dans son corps d'origine. Reste à savoir comment va réagir le jeune Winchester au réveil... Pour s'occuper, Dean décide d'aider Bobby sur une étrange affaire : le crash d'un avion. Des deux occupants, la dépouille de l'homme a été retrouvé carbonisée à 25 kilomètres de la carcasse de l'avion et la femme

Supernatural

semble avoir disparue

BRUNCWICK (HG) ; DRAGON (LF) ;MONSTRE DU LOCH NESS (LF) ; ESCALIBUR (AR)

06.13. *Unforgiven* - L'Arachnée
En enquêtant dans le Rhode Island sur la disparition de trois jeunes femmes ,Sam voit des souvenirs remonter à la surface. Il a déjà travaillé ici quelques mois plus tôt avec son grand-père. Se sentant coupable de ne pas avoir mis un terme définitif à cette affaire qui a cause d'autres victimes, celui-ci tient à rester en ville pour démasquer le coupable. Dean tente de l'en dissuader, conscient que tous ces souvenirs risquent de briser le mur de sa mémoire susceptible de causer d'irréparables dommages...

ARACHNÉE (GR)

06.14. *Mannequin 3: The Reckoning* - La Colère des mannequins
Dean et Sam se rendent dans le New Jersey pour enquêter sur l'assassinat d'un employé d'entretien dans le laboratoire d'une école fermé à clés. Un meurtre similaire se reproduit le lendemain dans une usine du coin. Quel peut bien être le point commun entre ces crimes ?

06.15. *The French Mistake* - Arrêt sur image
Pour détourner l'attention de Raphaël, Balthazar envoie les frères Winchester dans un monde parallèle où ils sont Jensen Ackles et Jared Padalecki, les héros d'une série télé intitulée «Supernatural». Loin d'être au bout de leurs surprises, ils découvrent que Sam est marié à une actrice qui ressemble à l'ancien démon Ruby et que Cass est un comédien du nom de Misha Collins

VIRGILE (HG)

06.16. *...And Then There Were None* - Le Retour d'Ève
Les chasseurs de démons sont en alerte. La Mère de tous les monstres a été libérée, et depuis toute une série d'incidents se sont produits dans le coin. Sur une nouvelle affaire, Sam, Dean et Bobby croisent la route de Rufus. Et ils ne tardent pas à tomber sur Samuel, également à la recherche de l'énigmatique créature

ÈVE (JC) ; HARPIE (GR) ; JÉSUS-CHRIST (JC) ; BERSERK (GS)

06.17. *My Heart Will Go On* - Titanic
Après l'issue tragique de leur dernière aventure, Bobby noie son chagrin dans l'alcool. Sam et Dean, impuissants, se lancent sur une nouvelle affaire : les membres d'une famille de Pennsylvanie meurent les uns après les autres. A quelle sorte de malédiction sont-ils confrontés ?

MOIRES / PARQUES (GR) ; ATROPOS (GR)

06.18. *Frontierland* - Les Mystères de l'Ouest
Dean, Sam et Bobby cherchent un moyen de tuer la «Mère de tous». Ils découvrent dans les écrits que les cendres d'un phénix pourraient bien neutraliser cette redoutable adversaire. Et selon le journal de Samuel Colt, l'inventeur du célèbre Colt qui leur a sauvé la vie bien des fois, celui-ci a autrefois chassé un phénix. Dean demande alors à Castiel de l'expédier son frère et lui dans le Wyoming, à la date du 5 mars 1861, soit le jour où Colt a croisé le chemin d'un phénix...

PHŒNIX (LF)

06.19. *Mommy Dearest* - À feu et à sang
Armée, la petite bande est prête à affronter Eve. Ils parviennent à localiser la Mère de tous les monstres dans une petite ville de l'Oregon. Une ville en apparence tranquille, en apparence seulement

DAVID ET GOLIATH (JC) ;TOUR DE BABEL (JC) ; SODOME ET GOMORE (JC)

06.20. *The Man Who Would Be King* - L'Ange déchu
Castiel culpabilise du double jeu auquel il joue avec les Winchester. Crowley, pour sa part, n'apprécie pas de se savoir en danger. Sam, Dean et Bobby, informés par Eve qu'il est toujours en vie, sont sur ses traces pour terminer le boulot. Il tente de convaincre son complice d'en finir avec les Winchester

HADÈS (GR)

06.21. *Let It Bleed* - La Clé du purgatoire
Des démons kidnappent Ben et Lisa pour faire pression sur Dean, et l'obliger à lâcher l'affaire. Ac-

culés, les frères Winchester sont contraints de se trouver des alliés inattendus pour faire face à ce qui les attend

06.22. *The Man Who Knew Too Much* - L'homme qui en savait trop
Poursuivi par la police, Sam trouve refuge dans un bar. Il lui faut trouver une solution pour se sortir du pétrin, mais le jeune homme est amnésique. Il ne se souvient même pas de son nom. Il sait juste qu'il y a urgence et qu'il doit agir rapidement... avant qu'il ne soit trop tard !
—————————————————————————————————————— Judas (JC)

■■■■■■■■■ SAISON 07 ■■■■■■■■■■■■■■■■■■■■■■■■■■■■■■■■■■

07.01. *Meet the New Boss* - Les Léviathans
Doté de ses nouveaux pouvoir, Castiel fait le ménage sur Terre et au Paradis, se débarrassant des infidèles et des menteurs. Les Winchester se retrouvent impuissants face à la puissance de leur ancien allié. La situation est d'autant plus critique que le mur qui préservait la santé mentale de Sam est brisé...
————————————————————————————————————— Léviathans (LF)

07.02. *Hello Cruel World* - Marée noire
Sam serait-il en train de perdre l'esprit ? Lucifer tente de le convaincre qu'il n'a jamais la cage, qu'il est toujours prisonnier à ses côtés, qu'il a créé ce monde pour mieux pouvoir le torturer encore et encore. La réalité actuelle aux côtés de Dean, Bobby et autres Leviathans n'est-elle qu'une illusion ?

07.03. *The Girl Next Door* - Amour de jeunesse
Les Winchester échappent de peu aux Léviathans grâce à l'aide de Bobby. Contraint de prendre la fuite, Sam s'intéresse à une nouvelle affaire pendant que son frère est assigné à domicile à cause d'une jambe dans le plâtre. Une nouvelle série de meurtres rappelle au jeune Winchester des crimes perpétrés par une étrange créature lorsqu'il était gamin. Il mène alors son enquête en solo
————————————————————————————————————— Kitsune (J)

07.04. *Defending Your Life* - Osiris
Les frères Winchester s'attaquent à une affaire «classique» pour se changer les idées. Un homme a été écrasé par une sorte de voiture fantôme à son domicile situé au 10ème étage d'un immeuble. Comment une telle chose est possible ? Sam et Dean mènent l'enquête, mais ce dernier semble avoir du mal à gérer sa culpabilité
—— Osiris (E)

07.05. *Shut Up, Dr. Phil* - Ma sorcière bien-aimée
Quand les habitants d'une petite ville de l'Indiana trouvent la mort dans des circonstances étranges, les frères Winchester s'intéressent de près à l'affaire. Leurs investigations les amènent sur la piste d'une sorcière en colère qui userait de ses pouvoirs pour assouvir sa vengeance
———————————————————————————————————— Walachian (HG)

07.06. *Slash Fiction* - Copies conformes
Alors qu'ils ont capturé un Levianthan, Sam et Sam apprennent que deux de ces créatures ont pris leur apparence, faisant d'eux les criminels les plus recherchés du pays en terrorisant les villes qu'ils traversent. Leurs visages étant désormais de notoriété publique, les Winchester vont avoir du mal à se lancer à la poursuite de leurs doubles
———————————————————————————————————— Thessaly (HG)

07.07. *The Mentalists* - Les Mentalistes
En colère suite à la trahison de Dean, Sam poursuit depuis quelques jours son chemin seul. Les deux frères se retrouvent par la force des choses dans la petite ville de Lily Dale, peuplée de nombreux médiums. Plusieurs voyants sont mystérieusement assassinés les uns après les autres. Sam et Dean parviendront-ils à mettre leurs griefs de côté pour stopper ce massacre ?
—— Wicca (A)

07.08. *Season Seven, Time for a Wedding!* - Le Philtre d'amour
Dean s'attendait au pire quant au comportement de son frère. Alors que tout semble être miraculeusement rentré dans l'ordre dans la tête de Sam, celui-ci retrouve une vieille connaissance du passé qui va changer sa vie à jamais

07.09. *How to Win Friends and Influence Monsters* - Le Diable du New Jerser
Sam, Dean se Bobby se lancent à la chasse d'une mystérieuse créature qui sème quelques cadavres sur son passage dans une forêt du New Jersey. Selon la légende locale, il s'agit du Diable du New Jersey

07.10. *Death's Door* - Aux portes de la mort
Bobby est grièvement blessé. Alors que Sam et Dean le conduisent aux urgences, leur ami se perd dans le labyrinthe de ses pensées à la recherche d'une porte de sortie : trouvera-t-il la vie ou la mort ?

07.11. *Adventures in Babysitting* - Les Vetâlas
Alors que Dean poursuit la piste laissée par Bobby dans l'espoir de coincer Dick Roman, Sam vient en aide à Krissy, une jeune fille dont le père chasseur a disparu depuis quelques jours. Le jeune Winchester mène l'enquête en solo
VETALA (GR)

07.12. *Time After Time After Time* - Les Incorruptibles
Alors qu'il enquête avec son frère sur des cas de vieillissement prématurément mortel, Dean se retrouve propulsé en 1944. Il y fait la connaissance d'Eliot Ness en personne
CRONOS (GR) ; CHRONOS (GR)

07.13. *The Slice Girls* - Les Amazones
Les Winchester enquêtent sur une série de meurtres peu communs : les victimes ont les pieds et les mains coupés et un mystérieux symbole gravé sur la poitrine. Dean, qui a du mal à trouver un sens à sa vie depuis la disparition de Bobby, fait une charmante rencontre dans un bar, pendant que son frère mène quelques recherches dans l'université locale. Sam ne tarde pas à découvrir que le symbole est celui d'amazones guerrières
AMAZONES (GR) ; ST GRAAL (JC) ; HARMONIE (GR) ; ARÈS (GR)

07.14. *Plucky Pennywhistle's Magic Menagerie* - La Ménagerie enchantée
De retour au Kansas pour une enquête «ordinaire», Sam est loin de se douter qu'il va devoir une fois de plus affronter sa plus grande peur : les clowns ! Tout débute par la mort d'un père de famille. Les Winchester doivent démêler cette histoire. Qui pourrait bien être impliqué : l'épouse, la nounou ou quelqu'un d'autre ? Les deux frères découvrent que la fille de la victime a participé la veille à une fête d'anniversaire organisée au Plucky, véritable ménagerie qui fait le bonheur des enfants...
OCTOPOS (L) ; LICORNE (LF)

07.15. *Repo Man* - Invocations
Les Winchester sont de retour dans l'Idaho sur les traces d'un démon qu'ils avaient neutralisé quatre ans plus tôt. Celui-ci semble de retour pour achever sa tâche. Sam et Dean retrouvent Jeffrey, l'employé de la poste que le démon avait possédé à l'époque

07.16. *Out With the Old* - Un parfum d'antan
Sam et Dean se rendent à Portland pour enquêter sur la mort mystérieuse d'une jeune danseuse. Les chaussons maudits ne seraient pas les seuls accessoires disséminés dans la nature et susceptibles de causer la mort sur leur passage

07.17. *The Born-Again Identity* - La Mémoire dans la peau
Sam est au bout du rouleau. Hanté par Lucifer, il n'a pas trouvé le sommeil depuis plusieurs jour et est hospitalisé. Son état de santé est inquiétant. Lucifer tente de pousser Sam à commettre l'irréparable afin de connaître un repos éternel. Pendant ce temps, Dean essaie de trouver un moyen de venir en aide à son frère. Un chasseur le met sur une piste intéressante
EMMANUEL (JC)

07.18. *Party On, Garth* - Le Shojo
Chasseur de démons autodidacte, Garth travaille sur une affaire des plus sanglantes dans le Kansas.

De jeunes gens sont assassinés, pratiquement déchiquetés en pleine forêt. Dépassé par les événements, Garth fait appel aux Winchester...
SHOJO (J)

07.19. *Of Grave Importance* - Le Manoir de Van Ness
Le fantôme de Bobby tente d'aider Dean et Sam à retrouver une vieille amie prise au piège dans une maison hantée. Vu que les Winchester ne le voient pas, il va devoir prendre des initiatives

07.20. *The Girl with the Dungeons and Dragons Tattoo* - Soleil vert
Les Winchester découvrent que Dick Roman est en possession du disque dur de Frank Devereaux. Celui-ci contient des données sensibles et un hacker s'apprête à le décrypter. Sam et Dean essaient d'empêcher que les informations tombent en de mauvaises mains. Et Bobby leur apporte son aide... à sa façon !

07.21. *Reading Is Fundamental* - La Parole de Dieu
Meg, «l'infirmière démon», appelle Sam et Dean pour leur dire que Castiel s'est réveillé. Au même moment, Kevin, un étudiant, est foudroyé et devient l'élu. Il est le seul à pouvoir traduire les inscriptions de la Pierre de Dieu volée à Roman. Les anges sont à sa poursuite, donnant du fil à retordre aux Winchester
MÉTATRON (JC) ; ESTER (JC)

07.22. *There Will Be Blood* - L'Arme fatale
Alors que le plan diabolique de Dick se met peu à peu en place, les Winchester doivent trouver les ingrédients manquants pour éliminer leur adversaire. Il leur faut en premier lieu le sang d'un Alpha. Sur la piste du vampire, ils traînent avec eux un Bobby qui tente de contenir sa colère

07.23. *Survival of the Fittest* - L'Assaut final
Dick propose un marché à Crowley pour déjouer le plan des Winchester. De leur côté, Dean et Sam réunissent tous les ingrédients susceptibles de détruire leur ennemi. Lors de leur affrontement avec Dick, ils espèrent avoir le soutien de Castiel. Mais les préoccupations de ce dernier semblent bien loin des enjeux actuels. Quant à Bobby, guidé par la colère, fera-t-il échouer le plan ?

SAISON 08

08.01. *We Need to Talk About Kevin* - Retour à la normale
Pris au piège au Purgatoire, Dean ne trouve pas d'issue, et Castiel reste introuvable. Heureusement, un compagnon d'armes, dont les motifs d'évasion sont encore plus forts, pourrait avoir une option. Loin de là, Sam est parvenu à se construire une vie sans son frère, quand Dean réapparaît mystérieusement. Alors que les Winchester tentent de s'adapter à ces retrouvailles abruptes, ils font une choquante découverte qui pourrait les amener sur une mission susceptible de leur permettre de régler de vieux comptes

08.02. *What's Up, Tiger Mommy?* - Vente aux enchères
Le jeune Kevin s'inquiète pour sa mère. Alors qu'il part avec Sam et Dean la chercher, tous trois découvrent que madame Tran est cernée par les démons, contrôlés par Crowley. Sauvée in extremis, elle décide de se joindre à eux dans la quête de la tablette. Leurs recherches les conduisent alors dans le Wyoming, où ils participent à une vente aux enchères très spéciale...
PLUTUS / PLUTON (GR) ; HESPERUS (GR) ; THOR (GS) ; MJOÏR (GS)

08.03. *Heartache* - L'Arrache-cœur
Sam et Dean enquêtent sur une série de morts où toutes les victimes ont pourpoint commun d'avoir un organe transplanté venant d'un seul et unique donneur: le quaterback Brick Holmes. Les frères Winchester décident de rendre visite à la mère du défunt sportif. Bien qu'elle soit coopérante, les frères Winchester ne semblent pas totalement convaincus par ses révélations

08.04. *Bitten* - Caméra au poing
Sam et Dean enquêtent dans un campus universitaire où deux étudiants ont été tués. Dans l'appar-

tement des victimes, ils trouvent un message sur l'ordinateur :» Ca n'aurait jamais dû se terminer comme ça ! «. Une vidéo se lance : les premières images montrent Brian, Mike et Kate traquant un animal sauvage à la force surhumaine. C'est alors que Sam et Dean apparaissent eux aussi dans la vidéo

08.05. *Blood Brother* - Les Vampirates
Dean et Castiel se retrouvent au Purgatoire, tandis que Sam reste seul sur Terre. Dean réussit à sortir du Purgatoire puis retrouve Sam, qui avait arrêté la chasse après la mort de Dick.

08.06. *Southern Comfort* - Le Soldat inconnu
Sam et Dean font équipe avec Garth, qui a repris le travail de Bobby, alors qu'ils traquent un fantôme qui possède d'innocentes personnes...

— Revenant (LF) ; Œdipe (GR) ; Dixie (LF) ; Spectre (LF)

08.07 *A Little Slice of Kevin* - . Delta Mendota
Sam et Dean enquêtent sur une série d'étranges disparitions. Ils sont surpris lorsque Castiel réapparaît, sans se souvenir de la façon dont il a échappé au Purgatoire. Pendant ce temps, Trans Consult est sur le point de créer une arme capable de détruire Crowley et ses sbires

08.08. *Hunteri Heroici* - Quoi de neuf docteur ?
Castiel décide de devenir chasseur, tout comme Sam et Dean. Mais sa première journée de chasse s'avère surprenante lorsqu'ils enquêtent sur une série de meurtres mystérieux

08.09. *Citizen Fang* - Qui sème le vent...
Martin, un ami chasseur des frères Winchester, les prévient que Benny pourrait avoir tué un collègue. Dean part à la recherche de Benny qui lui annonce qu'un vieil ami vampire, Desmond, l'a contacté pour créer un nouveau nid. Ensemble, ils partent le tuer

08.10. *Torn and Frayed* - La Tablette des anges
Sam revoit Amelia qui lui pose un ultimatum : il doit choisir entre elle ou Dean. Naomi demande à Castiel de sauver Samandriel, retenu en otage et torturé par Crowley, avant qu'il ne fasse trop de révélations. Celui-ci appelle les deux frères afin de l'aider à trouver où Crowley cache Samandriel

08.11. *LARP and the Real Girl* - L'Arbre et la Douleur
Sam et Dean enquêtent dans le monde des jeux de rôle grandeur nature, où deux rôlistes ont été tués. Ils se rendent au rassemblement «Moondoor» pour enquêter et découvrent que la reine du royaume n'est autre que Charlie, la hackeuse qui les avait aidés à combattre les Léviathans

08.12. *As Time Goes By* - Abbadon
Quand un homme, prétendant s'appeler Henry Winchester, débarque dans la chambre d'hôtel de Sam et Dean, ces derniers sont très étonnés. Une fois l'effet de surprise dissipé, Henry leur explique qu'il est leur grand-père et qu'il a voyagé à travers le temps pour échapper au démon Abbadon qui est à ses trousses

— Abbadon (D) ; Atlantide (GR)

08.13. *Everybody Hates Hitler* - L'Ordre de Thulé
Sam et Dean enquêtent sur la disparition d'un rabbin, mort par combustion spontanée. Ils découvrent que le vieil homme faisait des recherches dans de vieux registres et qu'un nécromancien nazi était à ses trousses. Pendant leur enquête, les frères Winchester se font attaquer par une créature impressionnante, le Golem. Ils sont sauvés in extremis par son propriétaire, Aaron, le petit-fils du rabbin décédé, qui leur avoue qu'il ne sait pas comment contrôler ce monstre

— Abraham (JC) ; Golem (JC) ; Judah (JC)

08.14. *Trial and Error* - Les Trois Épreuves
Kevin a enfin réussi à déchiffrer la tablette et sait maintenant comment refermer à tout jamais les portes de l'Enfer. Il explique à Sam et Dean qu'une personne doit réussir trois tests établis par Dieu. Le premier des deux frères qui réussira la première épreuve devra obligatoirement accomplir les deux autres... Qui de Dean ou Sam aura cette lourde tâche ?

— Hercule (GR)

08.15. *Man's Best Friend With Benefits* - Les Familiers
Sam et Dean viennent au secours d'un policier, James Frampton, qui a rêvé avoir tué une prostituée. A son réveil, il découvre sa chemise pleine de sang. Alors que les deux frères enquêtent, le chien de James se transforme sous les yeux de Sam en femme. Il s'agit, en réalité, d'un «familier» : un chien de sorcier...

08.16. *Remember the Titans* - Le Choc des Titans
Lorsqu'un homme, Shane, meurt et revient à la vie chaque jour, Sam et Dean décident d'enquêter sur ce qui pourrait être une probable affaire de zombie. Alors que tous les jours des inconnus viennent voir Shane, les frères Winchester en déduisent qu'il serait victime de la malédiction de Zeus et qu'il s'agirait en réalité de Prométhée, le titan créateur de la race humaine. Pour mettre fin à ce sortilège, Sam et Dean doivent trouver Zeus
– – – – – – – – – – Prométhée (GR) ; Zeus (GR) ; Olympiens (GR) ; Artémis (GR) ; Gorgone (GR) ; Minotaure (GR) ; Titan (GR)

08.17. *Goodbye Stranger* - Les Cryptes de Lucifer
Lorsque Castiel réapparaît, il annonce aux frères Winchester que Crowley a lancé des démons à la recherche d'une crypte contenant des parchemins permettant de déchiffrer la tablette sans l'aide du prophète. L'ange décide d'apporter son aide aux deux frères dans leur quête. En empêchant Crowley de trouver la crypte en premier, Sam, Dean et Castiel libèrent Meg qui était retenue en otage...
– CHUPACABRA (A)

08.18. *Freaks And Geeks* - La chasse est ouverte
Alors que Sam et Dean enquêtent sur une affaire de vampires, ils découvrent que Krissy, une ado qu'ils avaient sauvée avec son père il y a quelques années, est devenue chasseuse. La jeune fille veut venger son père en tuant le vampire responsable de sa mort. Les deux frères découvrent que Krissy et deux autres ados vivent dans une maison, sous la coupole de Victor, un homme qui leur apprend les rudiments de la chasse

08.19. *Taxi Driver* - Aller-retour pour l'enfer
Kevin appelle Sam et Dean à l'aide car il entend sans cesse la voix de Crowley dans sa tête et commence à devenir fou. Il leur révèle également qu'il a réussi à déchiffrer la deuxième épreuve pour fermer les portes de l'Enfer. Les deux frères décident alors d'invoquer Ajay, un démon des «crossroads», pour qu'il aide Sam à entrer en Enfer afin de faire sortir une âme innocente pour l'emmener au Paradis. Mais tout ne se passe pas comme prévu...

08.20. *Pac-Man Fever* - Game over
Après avoir été bloqué au Purgatoire pendant une mission, Sam est mis au repos forcé par Dean. Charlie contacte ce dernier à propos d'une affaire où toutes les victimes ont les organes liquéfiés. Tous deux partent enquêter à la morgue et font face à un médecin légiste peu coopérant. Le soir même, la jeune femme est enlevée par un Djinn. En tentant de la sauver, Dean découvre que Charlie cache un secret

08.21. *The Great Escapist* - Le Roi de l'évasion
Crowley séquestre Kevin dans un faux monde qu'il a créé autour de lui afin de faire croire à sa victime qu'il est encore en sécurité dans sa cachette. Il espère lui soutirer des informations en envoyant un Sam et un Dean virtuels. Pendant ce temps, les frères Winchester reçoivent une vidéo posthume de Kevin. Tous deux partent alors à la recherche de Metatron, le messager de Dieu, pour sauver Kevin et découvrir la troisième épreuve

08.22. *Clip Show* - Jeu de massacres
En fouillant dans les fichiers des Hommes de lettres, Sam et Dean découvrent un vieux film. Celui-ci montre deux prêtres en train d'exorciser une possédée. La cérémonie ne ressemble en rien aux rites habituels. Le plus âgé des deux prêtres, le père Thompson, fait notamment boire son propre sang à la femme, provoquant involontairement sa mort et celle du démon. Sam, intrigué, découvre que le vieux curé est mort, mais que son partenaire est toujours en vie. Les deux frères se rendent à Saint Louis pour le rencontrer. Celui-ci leur révèle que le père Thompson pensait qu'il était possible de guérir les démons. De leur côté, Castiel et Metatron tentent de fermer les portes du Paradis
– GALAAD (AR) ; CHEVALIER DE LA TABLE RONDE (AR)

08.23. *Sacrifice* - L'Arc de Cupidon
Sam et Dean rencontrent Crowley pour entamer des négociations mais profitent de l'occasion pour le capturer. Ils cherchent ainsi à accomplir la troisième et dernière épreuve. Pendant ce temps, Castiel et Metatron tentent de compléter la seconde épreuve de la Tablette des Anges. Mais, lorsque Naomi et ses hommes capturent Metatron, Castiel vient demander l'aide de Dean

— Néphilim (JC)

■■■■■■■■■ SAISON 09 ■■■■■■■■■

09.01. *I Think I'm Gonna Like It Here* - Bienvenue sur Terre
Sam est mourant. Et Dean est impuissant. Il tourne en rond à l'hôpital alors que le monde a été témoin d'une pluie de météorites sans précédent, masquant en fait la chute des Anges. Des milliers d'Anges - bons et mauvais - ont perdu leurs ailes et trouvé refuge sur Terre. Désespéré, Dean prie pour que quelqu'un vienne sauver son frère. Castiel est aux abonnés absents. Et pour cause, il est devenu humain et doit se faire à sa nouvelle condition. L'appel de l'aîné des Winchester a été entendu. Mais pas forcément par des personnes bien intentionnées

— Ézéchiel (JC)

09.02. *Devil May Care* - Que le Diable l'emporte
Sam remis sur pieds, les frères Winchester retournent au bunker, où Castiel doit les y rejoindre. Avec les anges déchus, la Terre est envahie de potentielles bombes en puissance. Il va y avoir fort à faire pour les stopper. Pendant ce temps, Abaddon refait surface et tente de se constituer une petite armée de démons pour prendre la place laissée vacante par Crowkey et ainsi conquérir l'Enfer

09.03. *I'm No Angel* - Humain, trop humain
Quelqu'un rassemble une armée d'anges déchus, ce qui ne laisse présager rien de bon. Ce mystérieux leader envoie certains des siens pour traquer Castiel, jugé responsable de la destruction du Paradis. Devenu humain, avec tout ce que cela présuppose de faiblesses, celui-ci s'efforce tant bien que mal d'échapper à ses poursuivants. De leur côté, les Winchester mènent leur propre enquête pour retrouver leur ami avant qu'il ne soit trop tard

— Barthélémy (JC)

09.04. *Slumber Party* - La Clé d'Oz
Sam et Dean découvrent un très vieil ordinateur dans une salle du QG des Hommes de Lettres. Ils font appel à Charlie pour essayer de comprendre comment se servir de la machine. Le trio ne tarde pas à faire la rencontre de Dorothy. La légendaire héroïne du Magicien d'Oz traque depuis très longtemps la Méchante sorcière de l'Ouest. Cette dernière recherche quelque chose de très particulier caché dans la maison des Hommes de Lettres. Charlie, en quête d'une excitante aventure empreinte de magie, pourrait en avoir pour ses frais

09.05. *Dog Dean Afternoon* - Un après-midi de chien
La mort mystérieuse d'un taxidermiste attire l'attention des Winchester. Le crime est-il d'origine surnaturelle ? Telle est la question. Lorsqu'un 2ème meurtre est commis, Sam et Dean réalisent qu'ils détiennent un témoin présent sur les lieux les deux fois : le Colonel, un berger allemand. Mais comment faire parler un chien ? Dans le monde des Winchester, tout est possible

— Chaman (M)

09.06 *Heaven Can't Wait* - . Les Mains de la miséricorde
Alors qu'il tente de se fondre dans la masse, Castiel repère une affaire louche qui pourrait intéresser les Winchester. Trop content de pouvoir échapper à quelques recherches ennuyeuses avec Kevin et son frère, Dean se rend en Idaho pour mener l'enquête, où quatre personnes ont connu une mort pour le moins étrange

— Ephraïm (JC) ; Main de gloire (LF)

09.07. *Bad Boys* - Mauvaise Graine
Dean reçoit un appel d'une vieille connaissance, Sonny, en quête d'aide pour une sombre histoire de

fantôme. Sam n'en revient pas de découvrir une page inconnue de l'adolescence de son frère. A 16 ans, l'adolescent a en effet été pris en flagrant délit de vol et envoyé durant deux mois dans une maison de redressement. Marchant sur les traces de son passé, Dean se remémore quelques souvenirs

09.08. *Rock and a Hard Place* - Vœu de chasteté
Le shérif Mills attire les Winchester dans le Dakota du sud, au coeur d'une petite ville touchée par plusieurs disparitions. Lorsqu'une voiture est complètement retournée au cours du dernier rapt, il ne fait plus aucun doute pour l'ex-amie de Bobby que cette affaire a un caractère peu commun, qui entre davantage dans le cadre de celui des chasseurs de surnaturel. Le seul dénominateur commun entre les disparus est qu'ils appartenaient tous à la même église. Sam et Dean suivent donc la piste en s'infiltrant au sein de la communauté
— Vesta (GR)

09.09. *Holy Terror* - La Sainte Mélodie
Les Anges se livrent à une guerre civile des plus sanglantes sur Terre. Deux clans s'affrontent pour constituer une armée dans l'espoir de prendre le pouvoir à Metatron au Paradis. Castiel veut aider à sa façon les Winchester pour étouffer le conflit. La présence de l'ange déchu dans les parages n'est pas du goût d'Ezekiel. Sam, d'ailleurs, suspecte fortement que quelque chose ne tourne pas rond en lui. Il a de trop nombreuses absences. Dean fait de son mieux pour apaiser les angoisses de son frère
— Gadreel (JC)

09.10. *Road Trip* - . Union sacrée
L'ange qui a pris possession de Sam a passé un accord avec Metatron et tué Kevin. Dean est décidé à mettre fin à cette mascarade. Après avoir recouvré sa grâce par des moyens plus que douteux, Castiel lui propose son aide. Et Crowley pourrait bien se révéler être le 3ème mousquetaire leur permettant de récupérer Sam
— Adam (JC)

09.11. *First Born* - La Première Lame
Sam a réussi à reprendre le contrôle de son corps. La possession a cependant laissé des traces en lui... Suite à une altercation avec son frère, Dean a pris le large. Il se voit proposer par Crowley de faire équipe pour mettre la main sur une mystérieuse Lame, qui selon la légende leur permettrait de détruire Abaddon, l'un des Cavaliers de l'Enfer. Cet improbable duo se met en route pour mener l'enquête
— Kraken (LF)

09.12. *Sharp Teeth* - . Une faim de loup
Six mois après sa disparition, Garth refait surface. Le jeune homme a été heurté par une voiture en plein nuit, alors qu'il prenait la fuite. Selon son dossier, il aurait tué la vache d'un fermier. Alertés, Sam et Dean se retrouvent bon gré mal gré à l'hôpital. Les deux frères sauront-ils mettre leurs désaccords de côté pour élucider cette affaire ?
— Fenrir (GS) ; Ragnarok (GS)

09.13. *The Purge* - Les Pishtacos
Sam et Dean se rendent dans le Minnesota pour enquêter sur une mort des plus étranges. La victime, un habitué des compétitions de nourriture, s'est littéralement «asséché» en l'espace de quelques secondes. Serait-ce l'oeuvre d'une sorcière ? Alors qu'un second meurtre survient, les Winchester suivent une piste qui les conduit jusqu'à un centre de bien-être. Les deux hommes se font embaucher dans le spa pour poursuivre leurs investigations de l'intérieur
— Pistacos (A)

09.14. *Captives* - En attente du paradis
Les Winchester découvrent avec stupéfaction que le bunker des Hommes de Lettres est hanté. Comme les lieux sont verrouillés, il ne pourrait s'agir que d'une personne décédée à l'intérieur. La possibilité que ce soit Kevin devient dès lors plus qu'une éventualité... Sur les traces de Metatron, Castiel est capturé par les partisans de Bartholomew

09.15. *Thinman* - Façon Scooby-Doo
Les Winchester s'intéressent à la mort d'une adolescente, assassinée dans sa chambre. Une photo

d'elle prise avant de mourir montre la présence de ce qui semble être un fantôme. Sur les lieux du crime, Dean et Sam croisent les Ghostfacers. Déjà sur l'affaire, ceux-ci pensent qu'il s'agit de l'œuvre de Thinman, une légende née sur le net

09.16. *Blade Runners* - Blade Runners
Les Winchester sont inquiets. Ils n'ont plus de nouvelles de Crowley. Et celui-ci est censé retrouver la Lame - la seule et l'unique - capable du tuer un Chevalier. Ils veulent s'en servir pour mettre fin au règne d'Abaddon. Seulement le Roi de l'Enfer, devenu addict au sang humain, part à la dérive. Sam et Dean décident de reprendre les choses en mains...

09.17. *Mother's Little Helper* - Le Couvent des âmes
Après avoir utilisé pour la première fois la Première Lame, Dean combat des sentiments contradictoires. Refusant de se confier à son frère, il trouve une oreille attentive auprès d'un allié improbable... Pendant ce temps, Sam s'intéresse à une affaire impliquant plusieurs habitants devenus subitement violents. Le jeune homme, qui suspecte un cas de possession, fait la connaissance d'une dame âgée. Celle-ci lui conte sa rencontre en 1958 avec un Homme de Lettres, Henry Winchester, et une certaine Josie

09.18. *Meta Fiction* - Le Héros de l'histoire
La traque d'Abaddon ne donne rien. Par contre, des crimes groupés sont découverts : il s'agit d'anges piégés par Gadreel, le bras droit de Metatron. Castiel trouve sur son chemin un allié inattendu pour l'épauler dans son combat. Quant aux Winchester, ils vont également croiser une vieille connaissance... beaucoup moins amicale

09.19. *Alex Annie Alexis Ann* - Le Bal des vampires
Le shérif Jody Mills appelle les Winchester à la rescousse. Elle a abattu un vampire, mais il semblerait qu'il ne soit pas le seul dans le coin. Une jeune fugueuse a abandonné le groupe après avoir vécu avec eux durant des années, leur servant de nourriture. Elle est tiraillée entre son émancipation et son attachement aux vampires. Sam et Dean parviendront-ils à la convaincre de faire ce qui est juste ?

09.20. *Bloodlines* - La Guerre des monstres
Jeune flic téméraire, Ennis Roth assiste - ébahi - à une scène effroyable impliquant un monstre. Il se retrouve malgré lui au milieu d'une guerre ancestrale opposant des familles surnaturelles qui règnent sur la ville de Chicago à l'insu des humains. Alertés par le caractère inhabituel du crime, Sam et Dean Winchester prennent aussitôt l'affaire en mains. Ennis va découvrir un monde nouveau et dangereux, peuplé de loup-garous, polymorphes, vampires et autres djinns

09.21. *King of the Damned* - La Nouvelle Reine
Castiel s'est monté malgré lui une équipe pour affronter Metatron, dans l'espoir de reconquérir le Paradis. Il va avoir besoin de l'aide des Wibnchester pour pousser aux aveux un ange qui prétend être lié à Metatron. De son côté, Abaddon trouve un moyen de pression sur Crowley. Elle espère l'amener à neutraliser Sam et Dean, en possession de la seule arme susceptible d'éliminer un Chevalier de l'Enfer

09.22. *Stairway to Heaven* - Jeu de dames
Suite à une nouvelle série de crimes, Castiel fait encore appel aux Winchester. Sam et Dean découvrent que la cible était un ange de Metatron. Qui a commandité cet acte ? Une chose sûre : le coupable faisait partie de l'armée de Castiel. Inquiet de l'avancée inattendue de son rival, le nouveau locataire du Paradis tente de renforcer son équipe
-- JOSHIA (JC)

09.23. *Do You Believe in Miracles?* - Le Faiseur de miracles
Dean a agressé Gadreel alors que celui-ci venait proposer son aide. L'aîné des Winchester, porteur de la Marque de Caïn, est hors de contrôle. Contournant les mises en garde de son frère, il s'associe avec Crowley pour coincer Metatron. Sam, Castiel et Gadreel élaborent un plan de leur côté. Mais il nécessite de s'introduire au Paradis...
--- PURAH (JC) ; PURA (L)

                                    Le guide des épisodes des geeks

10.01. *Black* - La Vie rêvée des anges
Depuis sa métamorphose démoniaque, Dean parcourt le monde en compagnie de Crowley. Il s'amuse comme un petit fou en semant la zizanie et parfois la mort sur son passage… Au grand dam de Sam, son frère, qui le recherche désespérément et tente de comprendre ce qu'il lui est arrivé. Pendant ce temps, la grâce de Castiel s'affaiblit de jour en jour quand Hannah lui demande de l'aide pour traquer Daniel et Adina, deux anges rebelles.
— —Daniel (JC)

10.02. *Reichenbach* - Accro à la mort
Dean, toujours plus agressif, échappe au contrôle de Crowley qui s'en inquiète. Il dévoile alors à Dean que la marque de Caïn demande à être nourrie et lui offre l'exécution d'un contrat pour contenir sa violence. De son côté, Sam réussit à échapper à Cole, son kidnappeur persuadé que Dean est le meurtrier de son père et désireux de se venger. Il traque Sam dans l'espoir que celui-ci le mène à son frère. Pendant ce temps, l'état de Castiel empire et Hannah se voit contrainte de demander de l'aide auprès de Metatron.

10.03. *Soul Survivor* - Traitement de choc
Sam tente de sauver son frère en lui injectant du sang sanctifié mais Dean rejette l'aide fraternelle. D'autant que ce traitement pourrait le tuer… Entretemps, Crowley découvre que ses récents exploits avec le frère Winchester sapent son autorité en enfer. Il recherche alors de l'aide auprès d'un allié aussi réticent qu'inattendu : Castiel ! Ce dernier, dont l'état se dégrade à vue d'œil, refuse toujours de prendre l'âme d'un autre ange pour restaurer sa grâce

10.04. *Paper Moon* - Lune de papier
Le rituel du sang purifié semble avoir fonctionné et Dean ne souhaite qu'une chose : de l'action ! Ça tombe bien, un article dans la presse les lance sur la piste de crimes qui ressemblent à des attaques de loup-garou. Très vite, ils mettent la main sur une surprenante suspecte : Kate, la louve que les frères Winchester ont laissé vivre… Mais un nouveau meurtre commis alors que Kate est retenue par Sam et Dean bouleverse la donne !

10.05. *Fan fiction* - Fan Fiction
Mme Chandler, professeur de théâtre, a disparu ; Sam et Dean décident d'enquêter. Mais l'investigation leur réserve une drôle de surprise : la troupe de théâtre du lycée monte une œuvre intitulée «Supernatural», une comédie musicale retraçant la vie des frères Winchester et basée sur les livres de Carver Edlund. Il semblerait que Calliope, muse de la poésie épique, ait décidé de s'en mêler pour inspirer l'auteur en donnant vie aux créatures issues du récit
— Calliope (GR) ; Muse (GR) ; Boogeyman (LF)

10.06. *Ask Jeeves* - Secret d'Alcôve
Un étrange message sur la boîte vocale de Bobby laisse entendre qu'il est légataire d'une certaine Mme Lacroix, une femme assez argentée. Bien décidés à tirer quelques fonds de cette situation, les frères Winchester se rendent à la lecture du testament pour le représenter. A leur arrivée, les funérailles ont déjà eu lieu mais la lecture du testament ne se fera que le lendemain. Ils se retrouvent ainsi au milieu d'une étrange famille, tous plus avides les uns que les autres de mettre la main sur le pactole

10.07. *Girls, Girls, Girls* - Rowena
Dean rencontre un démon qui s'appuie sur un réseau de filles pour récupérer des âmes. Les Winchester remontent à la source du réseau mais quelqu'un les a devancés et les démons sont éliminés. Tout indique que la sorcellerie soit la raison de cette éradication démoniaque. Sam et Dean découvrent que c'est l'œuvre d'une sorcière nommée Rowena : elle recrute des filles pour les former à la sorcellerie et ainsi créer son propre conseil… Pendant ce temps, Hannah est rattrapée par le passé de son hôte et ceci n'arrange en rien les affaires de Castiel !
— —Rowena (HG)

10.08. *Hibbing 911* - Shérif, fais-moi peur
Hibbings, Minnesota. L'officier Jody Mills participe à un colloque de shérifs et se retrouve à travailler, le temps d'un week-end, avec Donna Hanscum, une jeune policière pour le moins enthousiaste. Alors que Mills pense toucher le fond, un cadavre est découvert, à moitié dévoré, dans le district. De l'avis général, l'enquête s'oriente aussitôt vers la piste d'une attaque d'animal. Mais le shérif Jody Mills, forte de son expérience, ne partage pas ce point de vue et préfère appeler les frères Winchester

10.09. *The Things We Left Behind* - Au nom du père
Castiel décide de faire amende honorable auprès de James Novak, son hôte, en retrouvant sa fille, Claire, et la fait sortir du foyer dans lequel elle séjourne. Mais, à peine libérée, cette dernière lui fausse compagnie et Castiel appelle les Winchester à la rescousse pour la retrouver. Ceux-ci acceptent même si Dean se sait toujours affecté par la Marque de Caïn… Pendant ce temps, en enfer, Crowley est confronté à son plus grand dilemme : que faire de sa mère ?

10.10. *The Hunter Games* - Fergus
Castiel, Sam et Dean sont préoccupés : la Marque de Caïn prend l'ascendant sur son porteur ! Malgré leurs efforts déployés, ils ne trouvent aucun remède. L'unique option est de sortir Metatron de sa geôle. Il leur apprend qu'il leur faudra mettre la main sur la Première Lame !Par ailleurs, c'est le temps des complots : d'un côté, Rowena se joue de Crowley pour monter les démons contre lui ; de l'autre, Claire cherche à se venger de Dean pour le meurtre de son ami, Randy

10.11. *There's No Place Like Home* - Du côté Obscur
Charlie est revenue du pays d'Oz ! Sam l'apprend avec stupeur via une vidéo sur le net montrant Charlie en train de torturer un homme. Les deux frères partent à sa rencontre, pensant qu'elle chasse de son côté… Mais leur surprise monte d'un cran lorsqu'ils réalisent que la si charmante Charlie s'est scindée en deux personnes, libérant les deux facettes de sa personnalité : la gentille et la méchante. Et la version obscure cherche à accomplir sa vengeance

10.12. *About a Boy* - La Fontaine de jouvence
Dean est obsédé par la Marque de Caïn et cherche désespérément un moyen de la retirer. Pour le distraire, Sam lui propose un cas de disparition suspecte. Les premiers éléments d'enquête délivrent une étrange conclusion : les personnes ne disparaissent pas, elles sont ramenées à l'état d'adolescent par Hansel (celui du conte «Hansel & Gretel») qui les livre à la sorcière pour la rassasier. Dean se fait capturer et se retrouve avec son corps de 14 ans… et tous les problèmes afférents !

— FONTAINE DE JOUVENCE (M)

10.13. *Halt and Catch Fire* - Meurtre par accident
Les frères Winchester se lancent dans une chasse au fantôme tueur. Ils doivent impérativement l'arrêter car trois victimes sont déjà à déplorer. S'ils ont réussi à déterminer son identité et la raison de sa soif de vengeance, Sam et Dean ne savent toujours pas comment le fantôme s'y prend pour tuer les gens à travers des appareils électroniques. Les investigations semblent indiquer que l'esprit vengeur utilise internet et le wifi pour accomplir ses méfaits

10.14. *The Executioner's Song* - Le Chant du bourreau
Caïn est de retour ! Et sa soif de sang est intacte… Castiel et les frères Winchester veulent mettre un terme à ses agissements et l'éliminer. Mais pour le retrouver, ils ont besoin de la Première Lame, détenue par Crowley. Or, ce dernier doit faire face à une attaque déclenchée par sa mère lorsqu'il décide d'aider Castiel et ses deux compères

10.15. *The Things They Carried* - Le Ver de Khan
Dean souhaite mettre un terme à ses recherches sur la Marque de Caïn mais, malgré cette décision, Sam continue l'investigation. Dean suspecte son frère de lui cacher des éléments importants mais préfère se concentrer sur un nouveau meurtre étrange qui les conduit à Cole. Ensemble, ils découvrent qu'un «ver de Kahn» infecte des hommes, les poussant à commettre des meurtres. Malencontreusement, l'infection touche Cole

10.16. *Paint It Black* - Examen de conscience
Sam et Dean enquêtent sur une série de suicides dont les victimes n'ont qu'un point commun : ils

fréquentaient tous la même paroisse et venaient de s'y confesser. Les soupçons se portent logiquement sur le prêtre officiant… Pendant ce temps, en enfer, Crowley a capturé Olivette, la dirigeante du Grand Conseil, et l'amène jusqu'à Rowena

10.17. *Inside Man* - L'Échappée belle

Le souvenir des actes commis sous l'emprise de la marque de Caïn hante Dean et seul Metatron semble en mesure de le débarrasser de cette malédiction. Sam et Castiel font appel à Bobby, un allié au sein du Paradis, qui va aider à la libération de l'ange emprisonné. A qui va profiter cette évasion ? Pendant ce temps, Dean se retrouve face à Rowena

10.18. *Book of the Damned* - Le Livre des Damnés

Charlie revient d'Espagne avec, dans ses bagages, le Livre des Damnés. Elle en informe Sam et Dean car cet ouvrage pourrait les aider à enlever la Marque de Caïn. Les Winchester accourent à sa rescousse lorsqu'elle leur explique qu'une famille prétend en être le propriétaire légitime et ne reculera devant rien pour le récupérer. D'ailleurs, l'un deux, Jacob Styne, s'est déjà manifesté et a tiré sur Charlie… Castiel et Metatron, quant à eux, sont en route pour récupérer la grâce de Castiel.

10.19. *The Werther Project*- La Boîte de Werther

Rowena explique à Sam qu'elle peut déchiffrer le Livre des Damnés si celui-ci lui rapporte le codex d'une sorcière morte depuis longtemps. Ce codex est scellé dans une boîte magique créée par Magnus, l'ancien Homme de Lettres. Mais Sam a sous-estimé la puissance du sceau protecteur et, en ouvrant la boîte tant convoitée, met sa vie ainsi que celle de Dean en danger

10.20. *Angel Heart* - Planète Claire

Claire réapparaît et elle cherche sa mère, Amelia, disparue depuis des années. Castiel, qui se sent coupable d'avoir brisé la vie de cette famille, veut l'aider et fait appel aux frères Winchester. Leur but : réunir la mère et la fille après tout ce temps. Leurs investigations les mènent sur la piste de Tamiel, un ange grégorien ! Tout à coup, le happy end que Castiel entrevoyait pour Claire n'est plus si évident

— TAMIEL (JC)

10.21. *Dark Dynasty* - Œil pour œil

Rowena est dans une impasse avec le Livre des Damnés. Sam demande à Charlie de l'aider à déchiffrer les textes. Castiel joue les conciliateurs entre les deux femmes qui devront travailler de concert pour enlever la marque sur le bras de Dean. Ce dernier commence d'ailleurs à suspecter quelque chose quand il capture un autre membre de la famille Styne (dont le vrai nom est Frankenstein) et l'interroge au sujet du livre... Pendant ce temps, Crowley apprend la disparition de sa mère et la soupçonne de lui préparer un mauvais tour

— LOI DU TALION (JC)

10.22. *The Prisoner* - La Vengeance à tout prix

Miné par la disparition de Charlie, Dean veut venger sa mort Il se met en chasse, bien décidé à faire payer la famille Styne… Sur place, Dean se laisse dominer par la marque sur son bras pour perpétrer un vrai carnage ! Pendant ce temps, Sam reçoit la clé de décryptage envoyé par Charlie juste avant son décès. Rowena exige de Sam qu'il remplisse sa part du marché avant qu'elle ne déchiffre le livre. Sam part donc tuer Crowley

10.23. *Brother's Keeper* - Ex nihilo

Pendant que Castiel négocie avec Crowley pour obtenir les trois ingrédients nécessaires à Rowena pour lancer le sort, Sam suit sur les traces de son frère qui sombre lentement mais surement sous la coupe de la Marque. Il invoque même La Mort pour mettre fin à son calvaire mais la Faucheuse ne peut rien pour lui sans libérer un force primitive terrible sur Terre… Dean prend alors une décision qui va bouleverser sa vie… et celle de Sam !

■■■■■■■ SAISON 11 ■■■■■■■■■■■■■■■■■■■■■■

11.01. *Out of the Darkness, Into the Fire* - Amara

Les Ténèbres ont été libérées sur Terre... Dean et Sam découvrent les ravages causés par cette entité et l'infection qu'elle propage auprès des humains. Les deux frères décident donc de la combattre et la renvoyer d'où elle vient... Pendant ce temps, Castiel se débat avec les effets rémanents du sort de Rowena. Il se souvient du combat qui l'opposa à Crowley et réalise que l'issue n'est peut-être pas aussi définitive qu'il le pensait

— AMARA (H)

11.02. *Form and Void* - L'Être et le Néant

Une fois le bébé et Jenna en sécurité chez la grand-mère de cette dernière, Dean rejoint son frère aux prises avec une ville infestés d'humains contaminés. Durant le trajet, il reçoit un appel de Jenna qui réclame son aide : Amara, le bébé sauvé, fait preuve de capacités peu banales... C'est le moment que choisit Crowley pour intervenir. Sam, de son côté, se retrouve seul pour combattre le fléau qui infeste la ville mais finit par trouver un remède à la pandémie

— JONAH (JC)

11.03. *The Bad Seed* - Affamée

Rowena cherche à tout prix à renforcer son pouvoir afin de se protéger des frères Winchester. Ceux-ci veulent aider Castiel afin qu'il guérisse du sort jeté par la sorcière mais doivent également chercher la jeune Amara, devenue une jeune fille et qui semble connectée aux Ténèbres. Actuellement en enfer, elle est en compagnie de Crowley qui tente de s'en servir pour arriver à ses fins. Mais le roi des Enfers va vite s'apercevoir que contrôler les Ténèbres n'est pas chose aisée et celles-ci pourraient bien échapper à son emprise

—NACHZEHRER (LF) ; CHARON (GR)

11.04. *Baby* - Comme au bon vieux temps

Sam et Dean partent chasser une créature, mi-vampire mi-goule, qui s'est mis en tête de lever une armée afin de lutter contre les Ténèbres... le tout raconté du point de vue de l'Impala des Winchester !

11.05. *Thin Lizzie* - Sans état d'âme

Sam et Dean enquêtent sur une série de meurtres se produisant dans un B&B d'une petite ville du Maine, qui était autrefois la demeure de Lizzie Borden. Lorsqu'un habitant du coin, Len, leur dit qu'il a vu une petite fille dans les environs au moment des meurtres, les frères Winchester réalisent qu'Amara pourrait être responsable de ces événements...

11.06. *Our Little World* - Ni Dieu ni maître

Castiel tente d'obtenir l'aide de Metatron pour arrêter les Ténèbres. Toutefois, Metatron se plait dans sa nouvelle vie de vidéaste indépendant pour une chaîne d'informations locale et n'a l'intention d'aider ni les Winchester, ni Castiel. Pendant ce temps, Crowley perd peu à peu son emprise sur Amara

11.07. *Plush* - . Bas les masques

Le shérif Donna Hanscum refait parler d'elle... Elle appelle les frères Winchester à la rescousse pour l'aider dans une affaire de meurtre qui a eu lieu dans sa ville. Les circonstances du crime présente bien des aspects surnaturels, notamment l'auteur : un Lapin Tueur ! En parallèle, Sam a toujours des visions, selon lui, envoyées par Dieu et il s'interroge à ce sujet... pour la plus grande exaspération de son frère

11.08. *Just My Imagination* - Nos amis imaginaires

Sam est surpris par la soudaine apparition de Sully, son ami d'enfance imaginaire. Pris au dépourvu, Sam ne comprend pas les raisons du retour de Sully et en cherche les raisons. Plus étonnant encore, Dean peut le voir lui aussi... Une série de flashbacks révèlent les liens d'amitié entre Sully et Sam et pourquoi ce dernier avait tant besoin de son ami imaginaire

— ZANNA (A)

11.09. *O Brother Where Art Thou?* - Divine Comédie

Amara, dans ses tentatives pour rencontrer Dieu, n'hésite pas à semer la mort sur ses pas. Pour l'arrêter, Sam décide de se fier à ses visions qui lui enjoignent de se rendre dans la cage et rencontrer Lucifer. Il planifie alors la rencontre avec l'aide Crowley et Rowena qu'il a sollicités. Pendant ce temps, Dean se rapproche d'Amara et cherche à comprendre cette fascination qu'elle exerce sur lui.

— BUISSON ARDANT (JC) ; LIMBE (JC)

11.10. *The Devil in the Details* - Dis-moi oui

Sam est désormais piégé dans la cage avec Lucifer. Celui-ci détient un moyen pour l'en extirper et propose à Sam un marché, mais le prix de la sortie est exorbitant ! Pendant ce temps, Dean et Castiel s'intéressent au châtiment céleste qui aurait bien pu tuer Amara

— AMBRIEL (JC)

11.11. *Into the Mystic* - Le Cri de la Banshee

La nouvelle affaire sur laquelle enquêtent les frères Winchester est décidément bien étrange : les personnes meurent de façon violente après avoir entendu une mystérieuse chanson... Mortelle mélodie !

— BANSHEE (A)

11.12. *Don't You Forget About Me* - Linge sale en famille

Claire est convaincue que les récents meurtres commis dans la ville sont d'ordre surnaturel. Elle fait alors appel aux frères Winchester pour enquêter. Ils retrouvent le shérif Jody Mills qui leur apprend que Claire a connu quelques soucis récemment : elle a attaqué des personnes normales, persuadée qu'il s'agissait de monstres !

11.13. *Love Hurts* - Baiser mortel

Sam et Dean enquêtent sur une série de meurtres liés à la Saint-Valentin et découvrent qu'ils sont en présence d'une ancienne malédiction : la personne touchée par un baiser le 14 février est condamnée à mourir !

— QAREEN (A)

11.14. *The Vessel* - L'Arche d'alliance

Dans l'espoir de trouver une arme capable de vaincre Amara, Dean convainc Castiel (alias Lucifer) de lui faire remonter le temps, jusqu'au moment de la disparition de la Main de Dieu. Lucifer voit là l'opportunité de se procurer une arme de cette puissance et accepte : il envoie Dean en 1944, dans le sous-marin destiné à faire disparaître la Main de Dieu

— AARON (JC)

11.15. *Beyond the Mat* - Sur le ring

Dean tombe sur l'annonce nécrologique d'un catcheur que Sam et lui, enfants, admiraient. Ayant besoin d'une pause dans leur lutte contre les Ténèbres, ils décident de se rendre aux obsèques pour lui rendre une dernier hommage. La cérémonie rassemble de nombreux catcheurs dont un certain Shawn Harley, jeune champion au tempérament bouillant. Les frères Winchester décident d'assister à un match pour revivre leurs sensations d'enfance mais la mort d'un des participants les replonge dans le travail...

11.16. *Safe House* - La Première Règle

Une ancienne créature, libérée accidentellement dans une vieille maison, attaque une mère et son enfant, les plongeant dans le coma. Lors de l'enquête, Sam et Dean découvrent que Bobby Singer et Rufus ont déjà pourchassé ce monstre des années plus tôt. Les frères Winchester font un plongeon dans le passé pour découvrir le moyen de le neutraliser

— BZKU (J)

11.17. *Red Meat* - Deuxième Chance

Les frères Winchester affrontent un duo de loups-garous qui détiennent deux personnes. Sur le point d'être vaincue, l'une des créatures tire sur Sam. Dean parvient à exfiltrer son frère, entre la vie et la mort, ainsi que les prisonniers mais apprend qu'une meute est sur leurs traces, bien décidée à les éliminer

11.18. *Hell's Angel* - La Corne de Josué

La bataille épique pour le pouvoir commence quand Lucifer décide de se rendre au Paradis et tente de s'y imposer. Son but : rétablir son pouvoir sur le Paradis et son armée d'anges ! Pendant ce temps, Crowley contacte Sam et Dean et leur confie son plan pour anéantir les Ténèbres... Lui aussi veut reconquérir sa place, sur le trône de l'Enfer !

— JOSUÉ (JC) ; PYRRHUS (GR)

11.19. *The Chitters* - Les Bisaan

Dans une petite ville du Colorado, des disparitions suspectes surviennent tous les 27 ans. Alertés, les frères Winchester s'y rendent pour enquêter. Ils y rencontrent deux chasseurs de monstres qui semblent avoir un problème personnel à régler avec les responsables de ces disparitions...

Basan (A)

11.20. *Don't Call Me Shurley* - Chuck tout-puissant
Amara répand un épais brouillard noir sur une petite ville, provoquant une vague de folie parmi les habitants. Dean et Sam découvrent qu'il s'agit d'une version plus toxique du virus de la veine noire, déjà utilisé par Amara auparavant. Alliés au shérif pour protéger la ville, les frères Winchester découvrent que leur remède ne fonctionne pas sur cette souche. C'est le moment choisi par Chuck, l'ex prophète, pour réapparaître avec une proposition plutôt alléchante

11.21. *All in the Family* - Donatello
Amara montre à Dean comment torturer Lucifer. Inquiets pour Castiel, les frères Winchesteront échafaudent un plan pour le soustraire des griffes d'Amara : Dean doit se montrer très convaincant auprès de Dieu afin qu'il intervienne et mette fin aux agissements des Ténèbres, alias Amara

11.22. *We Happy Few* - L'Ombre et la Lumière
C'est un combat titanesque qui va opposer le Créateur aux Ténèbres ! Le Ciel et l'Enfer uniront leurs efforts pour soutenir Dieu contre sa soeur, Amara. En effet, toutes les créatures de Dieu ont accepté de se joindre aux démons pour combattre les Ténèbres... Toutes sauf une : Rowena qui, en soutenant Amara, compte bien avancer ses propres pions.

11.23. *Alpha and Omega* - Les Liens du sang
Les deux parties sont prêtes pour l'affrontement final. Chuck tente de circonvenir Amara mais doit faire face à des déconvenues. Sa soeur semble donc sur le point de l'emporter. Mais Dean s'interpose et tente de lui démontrer que la fin du monde n'est pas inéluctable

Omega (L)

■■■■■ SAISON 12 ■■■■■■■■■■■■■■■

12.01. *Keep Calm and Carry On* - Résurrection
Dean a du mal à gérer un face-à-face inattendu avec sa mère, Mary Winchester. De son côté, Sam doit se battre pour sa vie après que Toni lui ait tiré dessus.

12.02. *Mamma Mia* - Mamma Mia
Dean et Castiel poursuivent leurs efforts pour retrouver Sam. Mary insiste pour les accompagner dans leur quête. Castiel compte sur Rowena pour régler son problème avec Lucifer

12.03. *The Foundry* - Cœurs gelés
Castiel s'est lancé sur les traces de Lucifer mais, pour le retrouver, il doit se résigner à une alliance avec Crowley. Pendant ce temps, Dean, Sam et Mary suivent une piste qui les mène dans un entrepôt désaffecté où résonnent encore les cris d'un bébé

Mylings (Lf)

12.04. *American Nightmare* - Le Cauchemar de Marga
Un prêtre signale qu'un démon s'en est pris à une femme dans son église. Sam et Dean mènent leur enquête et tentent de retrouver une famille très pratiquante qui semble être mêlée à cette affaire

12.05. *The One You've Been Waiting For* - Fureur de vivre
Les frères Winchester apprennent que l'âme d'Adolf Hitler a été scellée dans une montre de poche des années 1930. L'artefact pousse le propriétaire temporaire à commettre des meurtres contre sa volonté. Sam et Dean comprennent alors l'urgence de la situation : ils doivent contrer un groupe de nécromanciens neo-nazis qui veut ramener le Führer dans le monde des vivants

12.06. *Celebrating the Life of Asa Fox* - Veillée funèbre
Les frères Winchester prennent part à un rassemblement de chasseurs pour rendre hommage à l'un des leurs, Asa Fox, tombé il y a peu. Mais la célébration tourne court lorsque le démon responsable

de la tragédie décide d'éliminer les chasseurs un par un. Sam, Dean et Mary s'en mêlent et combattent la créature maléfique

12.07. *Rock Never Dies* - Anguille sous Rock
Lucifer possède toujours le corps de Vince Vincente et comprend que son statut de rock star lui confère un incroyable ascendant, notamment sur ses fans. Il organise un concert VIP à l'issue duquel il compte tuer tous les spectateurs venus l'écouter.

12.08. *Lotus* - Le Nephilim
Lucifer, prêt à tout pour vaincre, se rend à la Maison-Blanche. Ce qui amène Sam, Dean, Castiel, Crowley et Rowena à se rassembler pour l'empêcher d'accroître son pouvoir...

12.09. *First Blood* - Le Deal de Billy
Les frères Winchester sont conduits dans un centre gouvernemental secret, situé dans le parc national des Rocky Mountain. Ils y sont enfermés dans des cellules séparées. Là, ils se font passer pour mort pour tenter de s'échapper

12.10. *Lily Sunder Has Some Regrets* - Lily Sunder
Les Winchester et Castiel enquêtent sur le meurtre d'un ange nommé Benjamin. Mais Mirabel est assassinée par la sorcière Lily Sunder. Castiel et Ishim expliquent alors aux deux frères qu'en 1901, Lily Sunder a été mariée à un ange dont elle a eu une fille.

12.11. *Regarding Dean* - C'est qui Dean ?
Lucifer, insatiable dans sa quête du pouvoir absolu, parvient à convaincre le président des États-Unis, qui ignore tout de son identité et de ses intentions, de s'associer à lui. Sam et Dean luttent pour l'empêcher de mettre ses projets à exécution.

12.12. *Stuck in the Middle (With You)* - La Lance de Michel
Mary sollicite l'aide de ses fils, Dean et Sam, ainsi que celle de Castiel pour une affaire sur laquelle elle enquête. Mais elle ne leur dit pas que la section britannique des Hommes de Lettres est impliquée.

12.13. *Family Feud* - L'Étoile
Quand Sam et Dean enquête sur un meurtre dans un musée, ils découvrent qu'un fantôme lié à un bateau ayant sombré en 1723 est au cœur du mystère. Après avoir découvert qu'il s'agit du bateau sur lequel Gavin, le fils de Crowley aurait dû embarquer, ils demandent l'aide de Rowena pour le localiser. Kelly Kline trouve refuge auprès d'un démon après avoir subi une attaque angélique.

12.14. *The Raid* - Raid sur les Vampires
La destruction d'un nid de vampire par les Hommes de Lettres britanniques est mise en péril par l'apparition de l'Alpha alors que Mary tente de convaincre ses fils de rejoindre les Hommes de Lettres britanniques.

12.15. *Somewhere Between Heaven and Hell* - De mauvais poil
Pendant que Castiel est sur la trace de Kelly Kline, Sam et Dean enquêtent sur la mort suspecte d'un campeur causée par un chien de l'enfer.

12.16. *Ladies Drink Free* - Émancipation
Sam et Dean enquêtent sur une affaire de loup-garou en compagnie de Mick qui souhaite avoir une expérience de terrain. En chemin, ils rencontrent Claire Novak.

12.17. *The British Invasion* - Erreur de jeunesse
Les deux frères retrouvent Kelly Kline grâce à Eileen (la chasseuse sourde rencontré il y a quelques épisodes) mais la rencontre tourne mal car Dagon s'en mêle. De son côté, Lucifer, retenu par Crowley, cherche un moyen de s'affranchir d'un système que ce dernier a mis en place pour le rendre docile.

12.18. *The Memory Remains* - Black Bill

Les deux frères sont sur une affaire étrange concernant Black Bill. Ketch et ses hommes en profitent pour envahir le bunker des garçons et recueillir un maximum d'informations sur eux.

— Pan (Gr) ; Satyre (GR) ; Moloch (E)

12.19. *The Future* - L'Enfant roi
Kelly Kline, toujours prisonnière de Dagon, tente de se suicider pour empêcher son fils de commettre d'horribles méfaits. Mais les pouvoirs maléfiques du fœtus l'empêche de mourir. Pendant ce temps, Castiel et l'ange Kelvin sont sur la piste de Dagon.

— Marie de Nazareth (JC)

12.20. *Twigs and Twine and Tasha Banes* - Brindilles et ficelles
Les frères Winchester viennent en aide à Alicia et Max Banes pour essayer de retrouver leur mère qui ne donne plus de nouvelles depuis plusieurs jours. Sur place, ils découvrent que la mère des jumeaux n'est plus vraiment la même.

12.21. *There's Something About Mary* - Lavage de cerveau
Après avoir appris la mort de leur amie Eileen, Sam et Dean découvrent des micros dans leur bunker et décident de tendre un piège aux hommes de lettres britanniques. Ils réussissent alors à capturer Toni Bevell et la ramène dans le Bunker. Sur place, Arthur Ketch et Mary, qui a subi un lavage de cerveau, les attendent pour tenter de se débarrasser des Winchester.

12.22. *Who We Are* - Je vous salue Mary
Alors que Mary tente de tuer Jody Mills, les frères Winchester arrivent à temps pour empêcher le meurtre de leur amie par leur mère. Ils décident alors de rassembler des chasseurs afin de mener une opération visant à se débarrasser des hommes de lettres britanniques. Pendant ce temps, Dean pénètre dans l'esprit de sa mère pour essayer de la guérir.

12.23. *All Along the Watchtower* - L'Autre monde
Castiel et Kelly Kline trouvent refuge dans une maison isolée pour protéger la naissance du Néphilim. Mais Sam et Dean réussissent à les retrouver et, sur place, ils découvrent une fissure menant à une réalité alternative où l'apocalypse a ravagé la Terre. Lucifer arrive à son tour pour prendre possession du bébé...

▮▮▮▮ SAISON 13 ▮▮▮▮

13.01 Jack - *Lost and Found*
Sam et Dean reprennent le cours de leur vie, endeuillés après la mort de leur mère, de Crowley et de Castiel. La naissance de Jack les divise quant à la gestion d'un Nephilim. Entraînée dans ce nouveau monde apocalyptique, Mary doit apprendre à survivre face à la menace de Lucifer.

13.02 Vague de puissance - *The Rising Son*
Sam et Dean découvrent ce dont Jack est capable avec ses pouvoirs.

— Shedim (J.C))

13.03 Lithomancie - *Patience*
Un fantôme tue son ami et le Missouri fait appel à Dean et Jody pour protéger sa petite-fille, Patience, et pourrait être le prochain sur la liste des victimes. Sam continue de travailler avec Jack pour contrôler ses pouvoirs.

13.04 Catharsis - *The Big Empty*
Lorsque plusieurs patients de la conseillère en deuil Mia Vallens sont morts, Dean, Sam et Jack enquêtent sur le mystère qui entoure les meurtres et, chacun par inadvertance, sont contraints de faire face à leur propre chagrin non résolu.

13.05 Quoi de neuf, docteur ? - *Advanced Thanatology*
Sam et Dean travaillent sur un cas impliquant le fantôme d'un docteur dément; ils reçoivent de l'aide d'une source inattendue; Castiel retrouve son chemin vers les Winchester.

— Thanatos (GR)

13.06   Règlement de compte à OK Corral - *Tombstone*
Castiel est réuni avec Jack et avec Sam et Dean, ils se dirigent vers une vieille ville endormie de
l'ouest pour enquêter sur un meurtre. Dean arrive à vivre son fantasme d'enfance quand il se retrouve face à face avec un célèbre hors-la-loi à l'arme à feu.
— Athéna (GR)

13.07   Faux Jumeaux - *War of the Worlds*
Alors que Dean et Sam poursuivent leur recherche de Jack, ils tombent sur un ennemi familier; Luci-
fer parvient à échapper à l'emprise de Michael et trouve un allié improbable et surtout peu disposé.
— Dumah (JC)

13.08   Le Casse du siècle - *The Scorpion and the Frog*
Les Winchesters acceptent de voler une malle appartenant à un démon en échange d'un sort qu'ils
peuvent utiliser pour retrouver Jack.
—Basilic (LF) ; Reine de Sheeba (JC)

13.09   Les Marche-rêves - *The Bad Place*
Jack, désespéré de prouver à Sam et Dean qu'il est bon et qu'il peut contrôler ses pouvoirs, fait appel
à un marcheur de rêves nommé Kaia pour l'aider à trouver Mary Winchester et la sauver de l'univers
alternatif. Cependant, quand les plans tournent mal, les frères Winchester sont ceux qui ont besoin
d'épargne.
— Dream-walker (A) ; Kaia (A)

13.10   Compagnes d'armes - *Wayward Sisters*
Quand Dean et Sam disparaissent, Jody Mills appelle Claire Novak et lui dit de rentrer à la maison,
ils doivent trouver les Winchester. Alors qu'ils cherchent Kaia, le capteur de rêves qui a ouvert la
faille, Jody s'inquiète de la vision de Patience.

13.11   L'affaire papillon - *Breakdown*
Donna appelle Dean et Sam pour l'aider après que sa nièce Wendy disparaisse. Ils découvrent qu'elle
a été kidnappée par un homme qui vend des parties humaines à des monstres dans des ventes aux
enchères en ligne et course pour la sauver.

13.12   Le Grimoire noir - *Various and Sundry Villains*
Dean est victime d'un couple de sorcières, ses soeurs Jamie et Jennie Plum qui réussissent à voler un
puissant livre de sorts des Winchester. Quand Dean et Sam vont après le livre, ils reçoivent l'aide
d'un allié puissant et surprenant quand Rowena, de retour des morts, intervient pour les aider.

13.13   Longue vie au roi - *Devil's Bargain*
Dean, Castiel et Sam partent à la recherche de Lucifer qui, quant à lui, conclut un contrat improbable
avec un guérisseur local appelé Sister Jo. Asmodée se rapproche de trouver Jack.

13.14   Les Bonnes Intentions - *Good Intentions*
Jack et Mary échappent aux griffes de Michael et finissent par trouver un allié chez Bobby Singer;
Sam, Dean et Castiel continuent de chercher un moyen d'ouvrir une brèche; l'un des leurs peut tra-
vailler contre eux et leur coûter un temps précieux.
Abramelin (JC) ; Gog & Magog (JC); Angélique (JC) ; Arbre de vie (M)

13.15   Le Plus Saint des hommes - *A Most Holy Man*
Sam et Dean sont sur le point de rassembler tout ce dont ils ont besoin pour ouvrir une faille dans le
monde apocalyptique et peut-être sauver Mary et Jack. L'ingrédient manquant conduit les Winchesters à un marché noir pour les reliques religieuses où tout n'est pas toujours comme il semble.
St Ignatius (JC) ; St Pierre (JC)

13.16   Scoobynatural - *Scoobynatural*
Propulsés dans l'univers du célèbre dessin animé Scooby-Doo, Sam, Dean et Castiel doivent joindre
leurs forces avec le Scooby gang pour résoudre un mystère très fantomatique

13.17   Le Sceau de Salomon - *The Thing*
Sam et Dean continuent à rassembler les pièces nécessaires pour ouvrir une faille à l'autre monde

afin de sauver leur famille. Leur dernière quête les amène à un bunker Men of Letters des années 1920 et à un dieu affamé d'une autre dimension. Pendant ce temps, Ketch prend une décision choquante à propos de Gabriel après une rencontre désordonnée avec Asmodée.

13.18   Les Souffrances de Gabriel - *Bring 'em Back Alive*
Lucifer règne sur le ciel mais les choses ne se passent pas exactement comme prévu, exaspérant sa première dame, Jo. Sam et Castiel sont perplexes par le retour de Gabriel. Pendant ce temps, Dean se rapproche de Mary et Jack.

13.19   Funeralia - *Funeralia*
Sam et Dean doivent arrêter Rowena, qui est en mission mortelle. Pendant ce temps, Castiel regarde au ciel pour recruter des anges pour une invasion imminente, mais est choqué non seulement par ce qu'il trouve, mais par qui.
— INDRA (H)

13.20   Le Panthéon nordique - *Unfinished Business*
Gabriel est de retour et traîne Dean et Sam dans son complot pour se venger des demi-dieux qui l'ont vendu à Asmodée. Pendant ce temps, la confiance croissante de Jack conduit à des décisions imprudentes qui pourraient mettre les autres en danger.
— SLEIPNIR (GS) ; NARFI (GS)

13.21   La Faille - *Beat the Devil*
Sam, Dean, Castiel et Gabriel doivent travailler ensemble s'ils veulent ramener Mary et Jack. Pendant ce temps, la rencontre de Rowena avec Lucifer peut changer le résultat du voyage pour l'un de nos héros.

13.22   Exodus - *Exodus*
Sam et Dean conçoivent un plan qui sauvera des vies innocentes. Pendant ce temps, Jack continue à lutter contre les conséquences de ses décisions.

13.23   L'Épée de St. Michel - *Let the Good Times Roll*
Nos héros, Sam et Dean Winchester, continuent d'être testés dans la bataille entre le bien et le mal, mais une décision impulsive pourrait changer la vie de l'un des frères pour toujours.

■ SAISON14 ■

14.01.   L'Étranger - *Stranger in a Strange Land*
Sam sollicite l'aide de tout le monde pour tenter de retrouver Dean. Pendant ce temps, Castiel rencontre une source peu fiable et Jack, qui s'adapte à sa vie humaine, acquiert de nouvelles compétences tout en cherchant à comprendre comment s'intégrer dans ce monde de chasseurs

14.02.   Complètement marteau ! - *Gods and Monsters*
Sam a trouvé un indice sur l'endroit où est Dean, et il décide d'enquêter avec l'aide de Mary et Bobby. De son côté, Castiel donne un sage conseil à Jack.

14.03.   La Cicatrice - *The Scar*
Alors qu'il essaye de comprendre ce qui est arrivé à Dean, Sam demande l'aide du shérif Jody Mills, lequel pourrait déjà travailler sur l'affaire sans même le savoir. Dans le même temps, Castiel continue d'être une figure paternelle pour Jack.

14.04.   L'Homme à la hache - *Mint Condition*
Sam doit rapidement trouver une solution lorsque des figurines prennent vie et que Dean se retrouve dans un réel film d'horreur.

14.05.   La Logique du cauchemar - *Nightmare Logic*
Une chasse qui a mal tourné laisse Maggie dans un endroit inconnu. Sam, Dean, Mary et Bobby se lancent quant à eux à sa recherche, mais ce qu'ils découvrent ressemble à leurs pires cauchemars.

14.06.   La Mouche - *Optimism*

Sam et Charlie font équipe pour enquêter sur une série de disparitions. Pendant ce temps, Jack pense avoir trouvé une affaire et tente de convaincre Dean de s'associer à lui pour la chasse.

14.07. Abraxas - *Unhuman Nature*
Sam et Castiel recherchent un chaman qui pourrait peut-être aider un ami. En parallèle, Nick essaye de trouver des réponses concernant la mort de son épouse et de son fils, tandis que Jack se tourne vers Dean pour obtenir de l'aide et profiter de l'expérience humaine.

14.08. La Plus Merveilleuse des vies - *Byzantium*
Tandis que Sam et Dean unissent leurs forces à un allié inattendu, Heaven fait face à l'attaque d'une force obscure, ce qui pousse Castiel à un énorme sacrifice pour redresser la situation.

14.09. L'œuf et la Lance - *The Spear*
Sam et Dean demandent l'aide de leur ami Garth pour obtenir des informations sur les projets de Michael. Alors que les frères se séparent pour rechercher des armes qui peuvent les aider dans leur lutte contre l'Archange, le combat est peut-être déjà perdu.

14.10. Nihilisme - *Nihilism*
Michael a repris le contrôle de Dean. Sam élabore un plan afin d'arrêter Michael et d'atteindre Dean avant que quiconque ne meure.

14.11. La Boîte de Ma'lak - *Damaged Goods*
Dean passe du temps avec Mary et Donna. Nick trouve enfin la réponse qu'il cherchait. Quant à Sam, il fait face à un choix inimaginable.

14.12. Le Nouveau prophète - *Prophet and Loss*
Sam et Dean doivent trouver un moyen de stopper l'effusion de sang. Donatello, dans son état actuel, brouille par inadvertance l'ordre des futurs prophètes. Nick, lui, doit faire face à son passé.

14.13. Paradoxe temporel - *Lebanon*
300ème épisode de la série.Sam et Dean se tournent vers les forces occultes afin de trouver une solution à leur problème. Mais, au lieu d'une résolution, ils vont découvrir beaucoup plus que ce qu'ils avaient imaginé.

14.14. Le Baiser de la gorgone - *Ouroboros*
Sam et Dean demandent à Rowena de les aider afin de mettre la main sur un demi-dieu qui se nourrit de chair humaine. Le défi de garder Michael à distance s'avère plus difficile que prévu.

14.15. La Clé du bonheur - *Peace of Mind*
Sam et Castiel enquêtent dans une petite ville pittoresque de l'Arkansas mais le lieu n'est pas aussi idyllique qu'il n'y paraît. Dean et Jack font un voyage en voiture pour rendre visite à un vieil ami

14.16. Kohonta - *Don't Go in the Woods*
Sam et Dean sont perplexes face à un monstre dont ils n'ont jamais entendu parler auparavant. Jack fait de son mieux pour impressionner un nouveau groupe d'amis.

14.17. Le Plein d'âme - *Game Night*
Sam et Dean viennent en aide à un ami dans le besoin. Pendant ce temps, Mary s'inquiète pour Jack et Castiel. Elle fait appel à Jo / Anael avec l'espoir qu'un miracle se produise.

14.18. Absence - *Absence*
Sam et Dean continuent de s'inquiéter de l'état de Jack.

14.19. Sans pitié - *Jack in the Box*
Sam, Dean et Castiel enquêtent sur une série de meurtres suspects qui ont un point commun faisant référence à la Bible.

14.20. Après le Chaos - *Moriah*
Sam, Dean et Castiel se lancent dans une bataille épique. Pendant ce temps, Jack est navré par les mensonges et un vieil ami revient...

S15E01 - Back and to the Future
Sam, Dean et Castiel doivent assurer la protection du monde après que les âmes de l'enfer ont été relâchées. De nouveau sur Terre, elles sont libres de tuer à leur guise...

S15E02 - Raising Hell
Sam, Dean et Castiel font appel à Rowena afin de les aider à tenir les mauvaises âmes à distance. Ils bénéficient de l'assistance inattendue de Ketch.

S15E03 - The Rupture
Sam, Dean et Rowena combattent sans relâche afin d'empêcher l'Enfer de s'échapper. Castiel ne peut pardonner une trahison...

S15E04 - Atomic Monsters
Sam et Dean enquêtent sur la mort mystérieuse d'une fille et la disparition d'une autre.

S15E05 - Proverbs 17:3
Sam et Dean ne sont pas sortis d'affaire...

S15E06 - Golden Time
Sam et Dean reçoivent la visite d'un vieil ami. Pendant ce temps, Castiel enquête sur la disparition d'un adolescent.

S15E07 - Last Call
Dean s'occupe d'une affaire, seul. Pendant ce temps, Castiel a une idée ingénieuse pour aider Sam à retrouver confiance en Dieu.

S15E08 - Our Father, Who Aren't In Heaven
Sam, Dean et Castiel continuent de trouver un moyen de vaincre Chuck. Leurs solutions les conduisent vers des lieux inattendus et auprès d'alliés improbables.

S15E09 - The Trap
Sam et Eileen sont confrontés à une vérité brutale. Pendant ce temps, Dean et Cass travaillent ensemble dans l'espoir d'avoir une longueur d'avance sur Chuck.

S15E10 - The Heroes' Journey
Sam et Dean ont pris la route afin d'aider un vieil ami. Bientôt, ce sont eux qui pourraient avoir besoin de secours...

S15E11 - The Gamblers
Dean et Sam jouent gros : ils testent leur chance dans une partie de billard dont le gagnant rafle le jackpot. Pendant ce temps, Castiel traque un meurtrier potentiel, mais pas pour des raisons que l'on pourrait imaginer...

S15E12 - Galaxy Brain
Sam et Dean répondent à un appel désespéré et, avec Castiel, Jack et Jody, aident à la résolution du problème. Billie surprend tout le monde lors d'une visite au bunker.

S15E13 - Destiny's Child
Sam et Dean recherchent le moindre détail qui pourrait leur donner un avantage sur Dieu. Ils en viennent à frapper à la porte de Jo et apprennent l'existence d'un secret qui est pourrait être mort avec Ruby. Pendant ce temps, Castiel demande à Jack de réaliser l'impensable pour aider les frères dans leur quête...

S15E14 - Last Holiday
Sam et Dean découvrent une nymphe des bois vivant dans un bunker et déterminée à protéger sa famille à tout prix.

S15E15 - Gimme Shelter

Castiel et Jack travaillent sur une affaire impliquant les membres d'une église locale. Pendant ce temps, Sam et Dean partent à la recherche d'Amara.

S15E16 - Drag Me Away (From You)
Sam et Dean enquêtent sur le meutre d'un de leurs amis d'enfance; le cas les mène dans un hôtel qu'ils ont fréuenté par le passé et les déroute. En effet, les frères Winchester doivent revenir sur une affaire qu'ils pensaient résolue depuis longtemps.

S15E17 - Unity
Dean accompagne Jack qui a besoin de compléter un rituel destiné à battre Chuck. Sam et Castiel, quand a eux, sont en désaccord et chacun cherche les réponses à ses propres questions.

S15E18 - The Truth
Le plan est finalement lancé. Sam, Dean, Castiel et Jack réussissent à coopérer et se battent ensemble pour atteindre leur objectif commum.

S15E19 - Inherit the Earth
La bataille contre Dieu fait rage : l'issue de cet affrontement décidera du sort du monde. C'est alors qu'un visage familier réapparait et se joint au combat.

S15E20 - Carry On
Alors qu'ils mènent une vie rangée, Sam et Dean reprennent du service lorqu'un meutre et un enlèvement d'enfant les mènent sur la piste des vampires.

Sydney Fox, l'aventurière

Sydney Fox est professeur d'archéologie à l'université. Accompagné de son assistant Nigel, elle parcourt le monde à la recherche de relique.

S01E01 - Sur les traces du Bouddha
Sydney Fox, professeur d'histoire, est sollicitée par des paysans venus du Népal afin de retrouver le bol de Siddharta. Accompagnée de Nigel, son assistant, elle part au Népal dans le but de retrouver l'objet sacré. Malheureusement, elle y retrouve un vieux rival, Stevie Harper, prêt à tout pour l'empêcher d'arriver à ses fins. Stevie travaille pour Michael Chan, dont l'entreprise est au bord de la faillite et qui souhaite à tout prix récupérer le trésor...

S01E02 - Sous-sols du crime
Le petit-fils d'un homme emprisonné pour meurtre persuade Sydney de retrouver le pistolet d'Al Capone qui, espère-t-il, pourra innocenter son grand-père. Sydney découvre des indices dans un hôtel de Chicago fréquenté à l'époque par Capone et ses gangsters. De son côté, Nigel trouve une femme nommée Lori...

S01E03 - Bouche diabolique
De retour d'une expédition, Sydney atterrit en catastrophe au couvent de Nova Scotia. Là, les Soeurs de la Pitié lui demandent de partir à la recherche des reliques de Soeur Evangeline, dont le corps décapité il y a 400 ans n'a jamais été retrouvé...

S01E04 - Drapeau oublié
Sydney et Nigel possèdent une vielle photo représentant le drapeau des pionniers de Californie détruit, croit-on, pendant le conflit de 1846. Nos héros se retrouvent dans la petite ville de Larivee, où ils rencontrent Jake Whitney, un ancien minier, qui dit savoir où se trouve le drapeau. Sydney et Nigel finissent par déchiffrer le langage du vieil homme, mais le retrouvent mort dans une mine d'or abandonnée. Ils craignent qu'il ait été assassiné alors qu'il essayait lui-même de retrouver le drapeau...

S01E05 - Corde sensible
Un musicien déchu fait appel à Sydney pour retrouver une guitare qui lui a été offerte par Elvis Presley quand ils étaient tous deux GI. En dépit des réticences de Nigel, ils partent à trois à Nashville puis en Allemagne. Sydney Fox ne tarde par à comprendre que cette guitare n'a pas qu'une valeur sentimentale. Elle intéresse plusieurs personnes dont un espion de la Guerre Froide...

S01E06 - Gant du champion
Frank Newhouse, star de baseball pour le moins arrogante, engage Sydney afin de retrouver le gant magique ayant autrefois appartenu au légendaire joueur Jimmy Jonesboro, et qui fut volé il y a cinquante ans. Sydney et Nigel partent à la recherche du gant, mais ils sont suivis de près par un vieux rival de Sydney, Kurt Reiner. Nos deux chasseurs de reliques pourront-ils mettre de côté leurs différents et mettre leurs forces en commun pour retrouver l'objet fétiche ?

S01E07 - Formule en or
Un membre d'une agence des services secrets américains persuade Sydney de l'accompagner dans une mission secrète. Ils doivent localiser un manuscrit contenant la formule permettant de transformer le plomb en or. Avec ce seul indice, Sydney et Nigel se retrouvent pris dans une bataille opposant deux espions, chacun d'entre eux clamant que l'autre veut voler la formule. Sydney doit prendre une décision rapide pour se tirer de ce mauvais pas, et ramener la formule entre des mains honnêtes...

S01E08 - Pierre de rune
Stewie Harper, un vieil ami et rival de Sydney, s'est à nouveau empêtré dans de drôles d'histoires. Il se rend à l'université en se faisant passer pour un professeur. Mais il a en fait besoin de l'aide de Sydney pour retrouver une relique...

S01E09 - Secrets de Casanova

Coqueluche du football international, Roberto Giannini s'adresse à Sydney et Nigel pour retrouver le livre renfermant les secrets de Casanova. Cette quête est devenue pour lui une obsession. En effet, Sydney découvre que le footballeur a une seconde passion : l'agent Kate Crowley. Mais Roberto parviendra-t-il à partager ses sentiments avec Kate et comprendra-t-il ce que Casanova entend par 'véritable amour' ?...

S01E10 - Labyrinthe

Un certain Stavros fait miroiter à Claudia et Sydney qu'elles pourraient retrouver la trace d'un ancien bijou. Pour cela, il leur faut aller dans le fameux labyrinthe du Minotaure pour récupérer la clef. Les deux femmes mordent à l'hameçon et tombent bientôt au milieu d'une querelle familiale qui oppose Stavros à son père. Tous deux veulent retrouver le labyrinthe ainsi que la pelote de fil d'or permettant de ne pas se perdre...

S01E11 - Affaire de la Couronne

La découverte d'un ancien parchemin permettrait de retrouver la couronne perdue de Brian Boru, le dernier roi d'Irlande. Sydney et sa vieille amie d'enfance, Molly, accompagnées de Nigel, font un saut à Dublin pour enquêter sur le clan O'Donnell. Ces derniers sont réputés être des traîtres depuis que leur aïeul, Hugh O'Donnell, au service du roi Boru, a prêté serment au roi d'Angleterre. La recherche de la couronne se transforme en recherche de la Vérité : Nigel, Molly et Sydney découvrent un secret de famille qui pourrait bien changer un chapitre de l'histoire d'Irlande...

S01E12 - Sarcophage de Jade

Sydney et Nigel se rendent dans le nord afin d'enquêter sur une antiquité chinoise rejetée sur le rivage en Alaska, à plus de 5000 kilomètres de son lieu d'origine, près de 3000 ans après sa disparition. La légende raconte qu'un jeune empereur chinois sculpta un sarcophage en jade pour sa jeune femme qui portait un collier d'un prix inestimable. Mais le corps de l'Impératrice ne fut jamais laissé en paix, les bandits n'ayant de cesse de piller le cercueil. En arrivant en Alaska, Sydney et Nigel réalisent qu'ils ne sont pas les seuls à rechercher la relique. Deux ex-prétendants de Sydney sont sur le coup...

S01E13 - Lumière du diamant

Bruce Farrow, un vieil ami de Sydney, est accusé d'avoir pillé le tombeau de Toutmosis III et d'avoir dérobé le légendaire diamant du pharaon. Sydney et Nigel s'envolent vers le Caire afin de traquer le véritable pilleur de tombes. Leur enquête les mène ensuite à Amsterdam où la pierre doit être découpée puis vendue...

S01E14 - Neuf vies

Elizabeth Ruckeyser, conservateur de l'Institut Crawford à New York, convoque Sydney et Nigel afin de retrouver la statue sacrée de la déesse Mafdet, qui a une forme de chat. Cette ancienne relique égyptienne vaut une fortune. Une vieille malédiction prédit que quiconque la volera, moura des griffes du chat. Leur quête les mène dans les bas-fonds de Manhattan, où ils retrouvent des cadavres couverts de mystérieuses griffures. La déesse Mafdet cherche-t-elle à se venger ou bien quelqu'un tente-t-il de réaliser l'ancienne prophétie ?

S01E15 - Affaire de coeur

Sydney et Nigel se rendent en Écosse à la recherche d'une nouvelle relique : des anneaux entrelacés. Ces anneaux datent du 15e siècle et appartenaient autrefois à un couple d'amoureux. La légende raconte que quiconque portera ces anneaux trouvera le bonheur éternel. Leur employeur possède un des deux anneaux et souhaiterait savoir si la légende est juste. Une fois arrivée dans ces montagnes, Sydney se retrouve dans un château en ruine, lorsqu'elle découvre que son rival, François du Marier, est également à la recherche de l'anneau manquant, mais pour des raisons nettement moins romantiques...

S01E16 - Au royaume de l'illusion

Rex Rolands, un célèbre magicien, fait appel à Sydney afin de retrouver un sceptre incrusté de pierres précieuses ayant appartenu à la famille royale de Hongrie. Rex, Sydney et Nigel se rendent à Atlantic City dans le Château Magique, qui fut autrefois la demeure du Grand Brodsky, escroc notoire, qui avait volé le sceptre au début de ce siècle. Alors que Sydney et Nigel naviguent au milieu des multiples recoins du château, quelqu'un est bien décidé à les stopper...

S01E17 - Joyaux de Marie-Antoinette
Un parchemin caché à l'intérieur d'un cheval en bois du temps de Louis XVI divulgue un secret. Jérôme Halezan, longtemps considéré comme l'amant de Marie-Antoinette, aurait caché une couronne dans une bouteille de vin, fabriquée par lui-même. La chasse au trésor commence... Ainsi, Sydney et Nigel sont à la recherche de ces fameux voleurs...

S01E18 - Dernier chevalier
Des moines apportent le mystérieux médaillon du Temple des Chevaliers au Dr Jaebert, conservateur à l'Institut français des Antiquités. Sydney et Nigel se rendent à Paris pour authentifier la trouvaille ainsi que la légende qui l'accompagne : au temps des Croisades, en 1307, Jacques de Molay, Grand Maître du Temple des Chevaliers, ordre créé pour protéger les pèlerins sur la Terre Sainte, avait pour mission de cacher des documents sacrés et l'épée du Grand Maître hors de portée de ses ennemis...

S01E19 - Lettre d'amour
Nicole Chamfort est étudiante dans la classe de Sydney. Elle est convaincue que, à la veille de la révolution, deux amoureux de son ancien village se sont mariés secrètement, juste avant que le jeune marié ne soit assassiné par les révolutionnaires. Si cela s'avérait juste, le fils illégitime de la mariée serait l'héritier en titre du village. Or, de nombreux investisseurs sont aujourd'hui intéressés par son acquisition...

S01E20 - Lamaé
A la demande de son vieil ami, l'écrivain Eric Dalt, Sydney entraîne Nigel à Bruxelles afin de retrouver le cadran solaire sacré de Zeus. Eric est convaincu que sa petite amie est une Lamaé, une femme vampire descendant de Lamia, une des maîtresses de Zeus. La mythologie raconte qu'Hera jeta un sort sur Lamia, la transformant en serpent, afin de l'éloigner de Zeus. Depuis, ses descendantes hypnotisent les hommes, pour finalement les tuer. Le sort ne peut être brisé que par le cadran solaire...

S01E21 - Calice de la vérité
L'un des anciens guides de Sydney, le professeur Chandler, disparaît avant d'avoir accompli l'oeuvre de sa vie : retrouver le calice de la Vérité, une relique en rubis du XIIIe siècle, disparue depuis plus de 200 ans. Munis d'un parchemin berbère et des notes du professeur, Sydney et Nigel partent à la recherche de la mystérieuse coupe dans une académie de cuisine à Paris où ils s'inscrivent comme étudiants...

S01E22 - Souvenirs de Montmartre
La grand-mère de Sydney, autrefois chanteuse au Moulin Rouge, a été accusée du vol d'un médaillon que lui avait confié son amant, Philip Ashcroft, un agent secret anglais. Isabelle a tout perdu avant la Seconde guerre mondiale. Philip devait ramener de Russie ce médaillon qu'Ivan Le Grand avait offert à sa femme, mais il a été tué avant d'avoir pu le remettre à Churchill. Cette pierre précieuse n'a jamais été retrouvée. Afin de rétablir la vérité, Sydney veut retrouver le médaillon...

■■■■■ ■ SAISON 02 ■■■■■■■ ■■■■

S02E01 - Dernier solstice

Suite à l'appel d'un vieil ami, Ross, Sydney entraîne Nigel en Afrique pour une mission atypique : ils doivent remettre dans sa cachette d'origine un trésor que Ross a sorti du temple de Woot. S'ils ne le remettent pas en place avant le solstice d'hiver, ils risquent de déclencher une grande malédiction...

S02E02 - Culte de Kali
Sydney et Nigel se rendent à Calcutta pour retrouver le précieux fourreau du poignard de Kali, sans lequel on ne peut arrêter l'influence néfaste de la déesse indienne de la destruction. Mais en Inde, où rien n'est comme il paraît, ils vont avoir à infiltrer le culte de Kali pour s'assurer que le poignard ne frappera plus jamais...

S02E03 - Descente aux enfers
Dans une région éloignée du Pérou, Sydney et Nigel récupèrent un vase légendaire contenant l'esprit d'un guerrier. Mais quand leur avion s'écrase en pleine jungle, ils vont devoir faire face à des rebelles armés et à un de leur dangereux rival. Seule l'aide de l'esprit du guerrier pourra les aider à échapper à leurs ennemis...

S02E04 - Civilisation perdue
Derek Lloyd, un agent trouble du gouvernement, qui avait déjà joué de sales tours à Sydney et Nigel sur une précédente affaire, attire Sydney en Nouvelle Guinée en kidnappant Nigel. Nos deux héros ne sont pas persuadés du bien fondé de la quête de Derek, mais sont séduits par la possibilité de retrouver une civilisation disparue, Kai Nomata...

S02E05 - Amour à haut risque
A la fois nerveuse et excitée à l'idée de revoir un ancien prétendant, Sydney est surprise de constater que Tony a plus en tête qu'il n'y paraît. Il est à la recherche de l'idole de Lono, à Hawaï, qui fut volée par les hommes du capitaine Cook en 1779. La recherche l'entraîne à Madagascar, où elle devra affronter un autre chasseur de reliques...

S02E06 - Cartes du destin
Sydney, Nigel et Claudia se retrouvent en Roumanie à la recherche de la couronne perdue du Roi des Gitans. Avec l'aide d'un très beau gitan, Adrian, ils retrouvent la couronne, mais se heurtent au célèbre chasseur de relique, Vulture, qui a pour habitude de voler ses collègues...

S02E07 - Mandala du dragon
Randall Fox, ingénieur en charge de la construction de barrages, demande à sa fille Sydney de le rejoindre en Chine. Sur son nouveau chantier, des moines s'opposent à l'ouverture du barrage, persuadés que leur statue perdue de longue date, l'impératrice Jade, se trouve dans la vallée. Ils se lancent donc sur la piste de la statue...

S02E08 - Vacances romaines
Le Professeur Penrose, un collègue de Sydney, a des vues sur la cuirasse de César, réputée pour rendre celui qui la porte invincible. Il se rend à Rome afin de récupérer un ancien texte. Claudia part à l'aéroport et prend sur elle de suivre un étranger qui porte le fameux document jusqu'en Italie. Sydney et Nigel se lancent à sa poursuite, la croyant en grand danger...

S02E09 - Ensorcellement
Deux étudiants de Sydney disparaissent lors d'une étude sur les rituels vaudous. Sydney et Nigel se rendent à la Nouvelle Orléans, où ils découvrent que les deux étudiants ont été transformés en zombies. Avec l'aide d'un spécialiste en sorcellerie, ils retrouvent la fameuse Croix Noire à temps pour sauver les deux jeunes gens...

S02E10 - Expédition maudite
Joan, une ancienne étudiante de Sydney, disparaît lors d'une mystérieuse mission à Myanmar. Sydney et Nigel se lancent à sa recherche avec pour seul indice une bande vidéo. Sur leur chemin, ils rencontrent un étrange monstre, mi-homme, mi-bête, ancien petit ami de Joan et victime d'un sort.

Nos héros vont devoir sauver Joan ainsi qu'eux-mêmes afin d'éviter de subir le même sort...

S02E11 - Silence, on tourne !
Sydney et Nigel travaillent en qualité de conseillers techniques sur un film du type Indiana Jones, lorsqu'ils réalisent que certains des accessoires du film sont d'authentiques reliques issues de la tombe perdue du Pharaon Amun II. Laissant Claudia sur le tournage, ils se rendent en Egypte afin de trouver la tombe...

S02E12 - Kidnapping
Sydney se fait kidnapper pendant une opération conduite par Cate, une amie travaillant à Interpol. Cate demande alors l'aide de Nigel et Claudia. Pendant ce temps, Sydney doit affronter Edward Patel, le prêtre démoniaque de Kali, qui veut la sacrifier à la déesse...

S02E13 - Réincarnation
Claudia a des visions concernant le passé, à propos de Cléopâtre. Sa vision d'un collier en émeraude qui n'a jamais été retrouvé, l'emmène, ainsi que Sydney à Alexandrie à la recherche du bijou. Elles se heurtent à un célèbre voleur surnommé le Scorpion, prêt à tout pour récupérer le collier...

S02E14 - Yeux dans la nuit
Sydney et Nigel travaillent sur un projet à Saint Louis. Ils cherchent à retrouver la relique qui permettrait de prouver que les nords américains étaient aussi avancés que les Mayas. Dans leur quête, ils sont confrontés à une conspiration qui cherche à cacher l'existence de cette relique...

S02E15 - Chasse à l'homme
Alors qu'ils se trouvent dans les steppes de Russie, à la recherche d'une ancienne épée, perdue il y a 2000 ans, Sydney, Nigel et leur escorte sont attaqués par une bande de rebelles. Quand Sydney reprend conscience deux semaines plus tard, elle se retrouve dans un pavillon de chasse au fin fond des bois...

S02E16 - Nostradamus
Quand les services secrets demandent à Sydney de les aider à empêcher un assassinat, elle commence par refuser. Elle est une chasseuse de reliques, en aucun cas un agent secret. Mais quand l'agent Watson lui dévoile qu'une prédiction de Nostradamus la désigne comme étant la clé afin d'éviter ce meurtre, elle ne peut résister...

S02E17 - Légende du loup-garou
Quand Vladimir Bugos, grand théoricien, déclare avoir trouvé le Faucon en Or de Maribor, Sydney est très sceptique dans un premier temps. Mais quand elle se rend en Europe de l'Est, accompagnée de Nigel, Bugos a disparu. Ils partent à sa recherche...

S02E18 - Valise diplomatique
Sydney et Nigel retrouvent le sceptre de Gunthar, et ce grâce à l'aide de Frédéric, archiviste au Louvre. Ce sceptre a toujours garanti la victoire à son propriétaire à travers les âges. Mais Frédéric ne travaille pas vraiment pour le Louvre. Il vole le sceptre et le vend à un diplomate turc sans scrupules et féru d'antiquités. Sydney et Nigel partent à sa recherche...

S02E19 - Masque
Lorsqu'un masque antique en bronze défigure un mannequin lors d'une séance photo, Sydney et Nigel savent presque immédiatement de quoi il retourne. Pendant la Révolution française, un bourreau, né complètement défiguré, aurait jeté un sort au masque qu'il portait. Tant que le masque ne sera pas près de son propriétaire, il défigurera toute personne qui le portera...

S02E20 - Frères ennemis
Preston, le frère de Nigel, contacte Sydney afin que cette dernière l'aide à retrouver la bague qu'Anne Boleyn a léguée à sa soeur, Elizabeth, juste avant d'être décapitée. Nigel ne souhaite pas s'engager dans cette aventure dans la mesure où il ne s'entend pas franchement avec son frère. Sydney finit par

le convaincre...

S02E21 - Épée de Saint Gabriel

Depuis que son père lui a raconté la légende de Saint Gabriel terrassant le démon, Nigel n'a eu de cesse de retrouver l'épée et prouver que l'histoire était vraie. Il trouve enfin sa chance lors d'un voyage dans un monastère en France avec Sydney, où ils doivent secourir un prêtre qui les a aidés. Mais quand le prêtre trouve finalement l'épée, Sydney et Nigel se rendent compte qu'ils ont été dupés et qu'ils ont libéré le démon...

S02E22 - Antidote

Allan, un ancien soupirant de Sydney, se rend à son hôtel avec de très mauvaises nouvelles : l'héritier d'un groupe pharmaceutique, qui est à la recherche de la Croix Tau de Jérusalem, a contaminé Allan avec un virus. Allan mourra dans les 12 heures si la Croix n'est pas retrouvée. Une course effrénée contre la montre s'engage alors...

■■■■■■ SAISON 03 ■■■■■■

S03E01 - Salaire de l'exploit

Sydney et Nigel sont sur la piste d'une relique. Kane, un rival de Sydney, a le plan pour la récupérer, mais il est capturé par un seigneur de la guerre, Shandar. Sydney et Nigel réussissent à récupérer le plan, mais Kane et Shandar se lancent à leur poursuite...

S03E02 - Amour impossible

Après avoir effectué une mission à Bali, Sydney retrouve un de ses anciens amis, Gray. Elle décide de rester en vacances avec lui, pendant que Nigel retourne aux Etats-Unis. Malheureusement, un autre vieil ami, l'intrépide agent de la CIA, Derek Lloyd, est à Bali, à la recherche d'une relique. Il veut la retrouver afin que le gouvernement américain puisse la remettre aux autorités indonésiennes pour gagner des appuis politiques. Mais les Chinois sont également à la recherche de la relique. Sydney ne peut résister et se lance dans l'aventure...

S03E03 - Homme à la cicatrice

Le mentor de Sydney était archéologue et fut assassiné à cause d'un antique collier égyptien. Sydney, alors âgée de 10 ans, a été témoin de ce meurtre...

S03E04 - Lumière de la vérité

Alors qu'un homme est sur le point d'assassiner le Prince Shareem, un étudiant de Sydney, il se fait tuer par le garde du corps de ce dernier. Shareem est à la recherche de la lampe de vérité, une lampe qui révèle la vraie nature de quiconque la tient...

S03E05 - Île au trésor

Jamie Palmerston, femme d'un ancien chasseur de reliques mort dernièrement, demande l'aide de Sydney afin de retrouver le trésor dont parle Robert Louis Stevenson dans «L'île aux trésors». Nigel retrouve Jamie et Sydney aux Caraïbes, et ils se mettent en quête d'indices que Stevenson aurait laissés. Sur place, deux hommes, également à la recherche de la relique, se font assassiner...

S03E06 - Diamant éternel

Sydney et Nigel traversent le Moyen Orient pour aller à la rencontre d'une ancienne amie de Sydney qui est devenue reine. Mais lorsqu'ils arrivent, ils apprennent la mort mystérieuse de cette dernière. La reine était à la recherche du fameux diamant de Nadir, à qui l'on prête des vertus particulières...

S03E07 - Baiser des ténèbres

De nos jours, Lucas Blackmer, écrivain sexy, demande de l'aide à Sydney afin de récupérer un calice supposé permettre à un vampire de rester en vie. Le comte Stanislov disparut avec ce calice 300 ans auparavant...

S03E08 - Âme du sorcier
Sydney et Nigel sont en Amérique Centrale avec leur guide Carlos et tentent d'entrer dans une pyramide aztèque. A l'intérieur, ils retrouvent une statue ornée d'un oeil en rubis. Mais Carlos les double, et les laisse en emportant la statue. Sydney et Nigel réussissent malgré tout à sortir de la pyramide, mais ce n'est que pour trouver Carlos sans vie...

S03E09 - Incognito
Sydney et Nigel sont poursuivis par des chasseurs de têtes après avoir rerouvé une lancette, avec laquelle Nigel se coupe. Ils doivent affronter un chasseur de relique rival, qui se trouve être le sosie de Nigel...

S03E10 - Collier du mal
Sydney est soudainement empoignée par un homme qui lui passe un collier autour du cou. Le lendemain matin, sous l'influence de Carson Inez, Sydney part pour la Grèce où elle aide Carson à localiser la tombe d'Athena. Nigel est persuadé que Sydney est sous l'emprise du collier et ne peut réfléchir par elle-même...

S03E11 - Danger sur le campus
1692, Nouvelle Angleterre. Sunna, charmante sorcière, se fait capturer ainsi que ses proches, et tuer par des chasseurs de sorcières. Une amulette est la seule preuve de leur existence. De nos jours, deux jeunes étudiantes, Meg et Christy, s'apprêtent à passer leurs examens. Afin de lui offrir un porte bonheur, Christy offre à Meg une amulette. Mais peu de temps après, Meg a une crise de spasmes...

S03E12 - Femme en danger
Sydney est à la recherche d'une relique. Elle est accompagnée dans sa quête d'une journaliste et d'un caméraman. Mais alors que Sydney entre dans le temple, une rébellion éclate au sein de Gamora...

S03E13 - Tombée du ciel
L'homme d'affaires Bobby Green demande à Sydney d'enquêter sur l'origine d'une étrange pièce de métal trouvée dans l'Etat de Washington. Les agents gouvernementaux sont déjà sur place. Sydney et Nigel accompagnés du shérif Dark Feather, sont sur une piste...

S03E14 - Cendres de Confucius
Sydney et Nigel doivent rencontrer le professeur Cho au Cambodge mais leur vol est détourné par Masters, un spécialiste en explosion. Ce dernier les emmène voir De Viega qui les charge d'une étrange mission : récupérer l'urne contenant les cendres de Confucius qui se trouve sous un champs truffé de mines prêtes à exploser. Pour s'assurer de leur coopération, De Viega a kidnappé Karen...

S03E15 - Amazones
Sydney essaie de contacter un de ses anciens professeurs, le Professeur Evans. Ce dernier a quitté l'enseignement pour assouvir sa passion et mener à bien ses recherches sur les douze travaux d'Hercule. Mais alors que Sydney l'appelle sur son portable, c'est une femme qui décroche. Sydney entend ensuite des bruits de combat...

S03E16 - Prison de glace
Sydney et Nigel partent pour l'Arctique retrouver une momie Anasazi vieille de quatre cents ans découverte dans la glace. Accompagnés d'un plombier, Simpson, et d'un auditeur, Knowles, ils rejoignent une station d'étude scientifique censée être occupée par huit personnes. Mais quand ils arrivent, la base est vide...

S03E17 - Croix du roi Arthur
A la recherche d'une relique, Nigel et Sydney se retrouvent impliqués dans l'enquête d'un meurtre. L'arme du crime semble être une relique de l'époque du Roi Arthur...

S03E18 - Rivale
Nigel et Sydney partent en Espagne à la recherche des joyaux de la Couronne. Mais le professeur avec qui ils avaient rendez-vous est mort et l'arme du crime n'est autre que l'arbalète de Sydney...

S03E19 - Vilain défaut
Sydney et Nigel se lancent à la recherche de la boîte de Pandore. Ils s'envolent pour Baraq en Perse et tentent d'entrer dans le palais qui cache la fameuse boîte...

S03E20 - Pouvoir suprême
Sydney et Nigel font route vers le Moyen-Orient pour trouver une ancienne ceinture de guerrier. Ils font la connaissance d'une charmante fratrie qui recherche cette relique depuis toujours car elle appartenait à leur famille. Mais nos deux héros doivent affronter les guerriers du maître des lieux qui détient la fameuse ceinture.

S03E21 - Eau de jouvence
Sydney Fox et Nigel Bailey sont enrôlés par Preston, le grand frère narcissique de Nigel, afin de régler une vieille rivalité entre pays. La quête de la Fontaine de Jouvence tourne vite à la course contre Sean James, le principal rival de Sydney, et contre une mystérieuse femme prête à tout pour récupérer la moindre goutte du précieux liquide...

S03E22 - Mystère des druides
Sydney et Nigel recherchent une ancienne relique et la vérité sur le mystère du site de Stonehenge. Le fils du plus impitoyable rival de Sydney les rejoint, espérant trouver une relique perdue avant son père. Sydney craint que leur rival et son groupe de joyeux druides ne soient sur leur pas. Pourront-ils découvrir le secret de Stonehenge à temps ?

Teen Wolf

01.01. La Morsure - *Wolf Moon*
Scott McCall est un adolescent tout ce qu'il y a de plus ordinaire. Il n'est pas le plus populaire de son lycée, il n'en est pas la risée non plus... Un soir, son meilleur ami Stiles le convainc de suivre en cachette les recherches de la police pour retrouver un corps dans les bois alentours. Au cours de cette expédition, il se retrouve nez à nez avec une bête étrange et particulièrement féroce. Il réchappe de peu à cette attaque et, chanceux, avec une seule blessure: une vilaine morsure. Le lendemain, Scott se sent bizarre. Sans qu'il le sache encore, sa vie vient de changer. Il est devenu un loup-garou...
—————————————————————— Lycanthropie[5] (L); Loup-garou (F); Beacon Hill (L); Lycaon (GR); Aconit (P)

01.02. Transformation incontrôlée - *Second Chance at First Line*
Le jeune loup-garou, qui se trouve être un as de Lacrosse ne contrôle plus ses nerfs sur le terrain et va laisser quelques bleus à ses adversaires. Scott a un premier rendez-vous romantique avec Allison, mais il devient plutôt sceptique lorsqu'il réalise que cette sortie se fera en compagnie de Lydia et Jackson! Pendant ce temps, le père de Stiles, le shérif Stilinski, est attaqué par une créature mystérieuse.
—— Alfa (L); Beta (L)

01.03. L'Appel de la meute - *Pack Mentality*
Scott est excité à l'idée de son premier rendez-vous galant avec Allison. Cependant, ce rendez-vous devient un rendez-vous de groupe confus avec Lydia et Jackson.
Pendant ce temps, une attaque mystérieuse d'animal a lieu, mettant le père de Stiles, le Shérif Stilinski, en état d'alerte.

01.04. 48 heures - *Magic Bullet*
Un nouveau chasseur se pointe le nez en ville et met la vie de Derek en danger. Mais il se trouve que ce nouveau chasseur est en fait la tante de Allisson. Derek n'a donc pas d'autres choix que de demander l'aide de Scott et Stiles pour se sortir du pétrin! Pendant ce temps, Scott tente de survivre à l'épreuve du dîner en famille en compagnie d'Allison et son père tandis que Stiles tente de sauver la vie de Derek, gravement blessé.

01.05. Le Puma - *The Tell*
Il y a une nouvelle attaque d'animal impliquant Lydia et Jackson, ce qui soulève plus d'interrogations sur les animaux sauvages. Également le soir même il y a la fameuse réunion parent prof.
De leur côté, Scott et Allison sèchent les cours pendant que Derek doit faire face seul aux chasseurs de loups-garous.
——————————————————————————————————— Satan (A); La Bête du Gévaudan (A)

01.06. Pulsations - *Heart Monitor*
Avec l'aide de Stiles, Scott essaie de trouver des solutions pour empêcher sa transformation en loup-garou. Pendant ce temps, Derek tente d'obtenir le soutien de Scott dans sa recherche d'un mystérieux personnage traqué à la fois par les chasseurs et les loups-garous.

01.07. Une nuit au lycée - *Night School*
Stiles et Scott tombent nez à nez avec le concierge, mais l'Alpha le tue. Ils s'enfuient.

01.08. L'Emprise de la Lune - *Lunatic*
Tandis que Derek fuit les policiers, Stiles se retrouve seul pour aider Scott à affronter sa deuxième pleine lune. Pendant ce temps, Jackson profite du fait que Scott et Allison ne sont plus ensemble pour se rapprocher d'Allison.

01.09. L'Alpha - *Wolf's Bane*
Jackson commence à avoir des doutes et à accumuler des indices concernant la vraie nature de Scott. Mais sans le savoir, en s'approchant de la vérité, il met la vie de Scott et la sienne en danger. Pendant ce temps, Allison se pose des questions sur l'attitude bizarre de sa famille...

---

5   *Il s'agit de la première apparition dans la série.*

01.10. Esprit d'équipe - *Co-Captain*
Scott s'efforce d'agir pour protéger les personnes qu'il aime, dont Allison, qui commence à suivre des pistes sur l'histoire de sa famille. Entre-temps, Stiles est proche de résoudre le mystère caché au sujet de la famille de Derek.

01.11. Le Bal - *Formality*
Le bal d'hiver a lieu à l'école. Scott lutte pour défendre ses amis et ses ennemis tout en protégeant son secret vis-à-vis d'Allison.

— SHAPESHIFTER (A)

01.12. Code d'honneur - *Code Breaker*
Scott se retrouve plongé dans une guerre entre les chasseurs et les loups-garous. Il demande l'aide de ses amis et ennemis pour mettre un terme aux meurtres mystérieux et reconquérir Allison.

■ SAISON 02 ■

02.01. L'Omega - *Omega*
Alors que Derek, devenu l'Alpha, a mordu Jackson, Scott et Allison vivent désormais leur relation en cachette des parents d'Allison. De son côté, Stiles ne quitte pas le chevet de Lydia qui, à la suite d'hallucinations, s'enfuit de l'hôpital. Allison, Scott et Stiles partent à la recherche de Lydia afin de la trouver avant les chasseurs quand des attaques sont perpétrées. Scott et Stiles pensent que c'est Lydia qui en est responsable.

— LICORNE (F); OMEGA (L)

02.02. La chasse est ouverte - *Shape Shifted*
Isaac, un camarade de classe de Scott et de Stiles, a des difficultés avec son père qui le maltraite. Au cours d'un dîner, où Isaac annonce à son père qu'il a eu un D, la situation dégénère. Isaac fuit son père qui le poursuit et finit par retrouver son vélo. Il pense voir Isaac mais se rend compte de son erreur trop tard. Pendant ce temps, Scott s'inquiète de l'arrivée du grand-père d'Allison tandis que les parents d'Allison kidnappe le proviseur du lycée de Beacon Hills. De plus, alors que Lydia revient au lycée et que Jackson a l'intention de filmer sa transformation, Scott détecte un autre loup-garou.

02.03. Question de pouvoir - *Ice Pick*
Derek s'œuvre à la constitution de sa meute. À la suite d'une chute en escalade, une jeune élève nommée Erica est transférée à l'hôpital où Derek lui propose de la transformer.

— AURA (A)

02.04. Abomination - *Abomination*
Le patron de Scott, le Dr. Deaton, avoue à Scott qu'il connaît bien son espèce et qu'il peut l'aider. En revanche, il ne sait pas ce qu'est la nouvelle menace mais indique à Scott que les Argent peuvent le savoir, car ils possèdent un manuel de toutes les créatures qu'ils ont découvertes.

02.05. Meute contre Meute - *Venomous*
Derek, aidé de sa meute, est à la recherche du Kanima, la nouvelle créature.

02.06. L'Art de la guerre - *Frenemy*
Le Kanima sévit dans une boîte de nuit où il essaie d'atteindre Danny pour le tuer. Scott et Stiles l'enlèvent pour comprendre pourquoi il commet tous ces meurtres, Derek a pris les devant et à attrapé le Kanima sur le parking de la boîte, il a été surpris par la rapidité de guérison de cette chose et décide donc d'appeler Scott en renfort, mais ils vont devoir partir très vite car Gérard arrive.

02.07. Sous contrôle - *Restraint*
Scott cherche un moyen d'aider l'hôte du kanima, mais il devient de plus en plus incontrôlable... De son côté, Derek est bien décidé à se débarrasser de la créature et demande à Erica de trouver des informations auprès de Stiles...

02.08. L'Imagination et le Savoir - *Raving*
Scott et Stiles élaborent un plan pour piéger le kanima, aidés par la meute de Derek que Scott a re-

jointe pour capturer le kanima et trouver qui le contrôle, tandis que la mère d'Allison met au point son propre plan pour s'occuper du cas de Scott une bonne fois pour toutes. Mais rien ne se passe comme prévu.

— Sorcière (M); Sorbier (A)

02.09. La Lune des vers - *Party Guessed*
Derek doit s'occuper de ses 3 Betas pour qu'ils ne tuent personne lors de la pleine lune du mois de mars, le soir de l'anniversaire de Lydia. Jackson, Stiles, Allison, Lydia et Scott ont d'étranges illusions lors de la soirée. Stiles continue d'enquêter de son côté pour découvrir pourquoi le Kanima tue ces personnes en particulier.

—Triskèle (A)

02.10. Furie - *Fury*
Scott, Stiles et son père vont au commissariat dans l'intention de trouver des preuves contre le maître du Kanima. Malheureusement, ce dernier leur rend visite.

— Furie (GR); Œdipe (GR); Orestes (GR)

02.11. Compte à rebours - *Battlefield*
Gerard pose un ultimatum à Scott, pendant que les betas de Derek (Erica et Boyd) décident de rejoindre une autre meute, le soir de la finale de crosse...

02.12. Immortels - *Master Plan*
Les recherches commencent pour retrouver Stiles, tandis que Gérard dévoile son véritable plan.

■■■■■■■ SAISON 03 ■■■■■■■

03.01. Plaies ouvertes - *Tattoo*
Isaac est emmené à l'hôpital après avoir échappé à deux Alphas grâce à une jeune femme. Celle-ci demande à la mère de Scott de joindre l'Alpha. Isaac demande à Melissa de joindre Scott qui, une fois sur place, se heurte à un Alpha.
Dans le même temps, Allison est de retour en ville tandis que Lydia semble s'être bien remise des évènements concernant Jackson. Scott, quant à lui, a passé son été à travailler et à étudier en essayant de faire abstraction de son côté loup-garou. Mais les cours reprennent et de drôles de choses se passent.

— Deucalion (GR)

03.02. Le Risque et la Récompense - *Chaos Rising*
Alors que Scott et Stiles se trouvent à une soirée d'anniversaire d'une amie d'enfance de Stiles, Heather, l'organisatrice et amie en question, disparaît. De son côté, Derek utilise les capacités de Peter pour tenter de trouver Erica et Boyd mais Peter étant encore faible, il ne voit que des images floues.

03.03. La Chasse - *Fireflies*
Boyd et Cora sont dans la nature et essaient de tuer tous ceux qu'ils croisent. Scott, Derek et Isaac les traquent sans grand succès : ils demandent donc au père d'Allison de les y aider. Ils arrivent à les enfermer dans le lycée mais une professeure y travaille encore.

03.04. Prédateur - *Unleashed*
Au lycée, alors que Scott aimerait découvrir la présence des jumeaux, Isaac, en conflit avec eux, veut prendre sa revanche mais ne fait que créer d'autres problèmes. Enfin, Deucalion rend une visite à Derek pour lui demander de rejoindre sa meute.

— Gui (P); Kali (A); Druide (C)

03.05. Tensions - *Frayed*
Alors qu'ils font un voyage en bus, Scott et ses amis se remémorent la bataille qui a eu lieu entre la meute des Alphas et la meute de Derek. Scott, qui a du mal à récupérer, est certain que Derek est mort et n'en revient pas. De son côté, Allison a décidé de suivre le bus, accompagnée de Lydia.

— Hydre (F); Hercule (GR)

03.06. Motel California - *Motel California*
Les élèves s'arrêtent dans un hôtel pour y passer la nuit avant de reprendre la route le lendemain.
Sauf que dans ce lieu, 198 personnes sont mortes par suicide tandis que Lydia entend des voix.

03.07. Les Guérisseurs - *Currents*
Derek, Boyd et Isaac se préparent à recevoir les Alphas, décidés à tuer Derek ou à l'obliger à rejoindre leur meute. Le Dr Deaton se fait enlever, mais a le temps de prévenir Scott, qui doit ainsi le
rechercher. Il le retrouve dans la banque où Erica est morte. Derek, étant contrôlé par les Alphas,
tue Boyd. Avant sa mort, ce dernier se souvient de la mort d'Erica pendant son combat contre Kali.

— ESPRIT (F)

03.08. Œil pour œil - *Visionary*
Deux récits simultanés composent cet épisode : Le premier est raconté par Peter afin d'expliquer
l'amertume coutumière de Derek, tandis que l'autre, relaté par Gerard Argent à qui Scott et Allison
ont rendu visite, vise à expliquer la rivalité qui règne entre les loups garous et les chasseurs, ainsi
qu'à révéler quelques détails sur Deucalion.

— — — — — — — — — — — THALIA (GR); NEMETON (C); PROMÉTHÉE (GR); TITAN (GR;ZEUS (GR) LE SCORPION ET LA GRENOUILLE (A)

03.09. La Fille qui en savait trop - *The Girl Who Knew TooMuch*
Les sacrifices se poursuivent. Alors que Scott et ses amis continuent de chercher le tueur, son identité
est révélée...

— BANSHEE (C)

03.10. Laissés pour compte - *The Overlooked*
Scott et Derek sont piégés avec Deucalion et les jumeaux Alphas dans l'hôpital de Beacon Hills qui
a été évacué à cause de la tempête. Jennifer essaye de fuir Deucalion mais ce dernier la coince avec
Derek dans un ascenseur où elle lui raconte son passé.

— ODIN (GS); BALDER (GS); FRIGG (GS) ; LOKI (GS)

03.11. Le Nemeton - *Alpha Pact*
Les événements s'accélèrent : d'un côté, Peter et Derek tentent de sauver Cora au prix du pouvoir
d'Alpha de Derek. De l'autre, Jennifer capture le père d'Allison et cette dernière se prépare alors à
tenter une expérience périlleuse avec Stiles et Scott pour sauver la vie de leurs trois parents respectifs.

03.12. Éclipse lunaire - *Lunar Ellipse*
Allison, Stiles et Scott savent maintenant où se trouve le Nemeton et où sont retenus leurs parents,
mais le plus dur reste à faire. D'autre part, Kali souhaite toujours venger Ennis et les chances de
Derek face à elle se sont amoindries. Vers la fin de l'épisode, quelque chose de spécial se passe avec
Scott. Quelque chose d'inattendu comme une nouvelle transformation.

03.13. Ancrage - *Anchors*
Scott, Stiles et Allison font toujours face aux conséquences de leurs pseudo-mort pour le sacrifice lors
du rituel. Celles-ci commencent à prendre une tournure de manière très différentes pour chacun,
tandis que Lydia s'efforce de reprendre une vie normale. Le shérif Stilinski essaie de résoudre une
enquête sur une jeune fille disparue.

— APOLLON (GR)

03.14. Malia - *More Bad Than Good*
Scott et ses amis réfléchissent à un moyen d'attraper le coyote, qu'ils pensent être Malia, avant qu'il
ne soit traqué. Un allié improbable aide Derek et Peter.

03.15. Musca - *Galvanize*
William Barrow est un meurtrier qui s'est échappé du Memorial Beacon Hills avant qu'il ne subisse
une opération. Scott et Stiles vont tenter de l'arrêter grâce au pouvoir de Lydia. Derek et Peter vont
tenter d'entrer en connexion avec la mère de Derek. Isaac est attaqué par trois silhouettes encapuchonnées.

— ENFER (A); BELZÉBUTH (A)

03.16. La Marque - *Illuminated*
Danny et Ethan organisent une fête d'Halloween dans le local de Derek, mais les silhouettes encapuchonnées font irruption à la fête...

— Kɪᴛsᴜɴᴇ (A)

03.17. Doigt d'argent - *Silverfinger*
Le père d'Allison raconte que pendant son séjour au Japon, alors qu'il avait 18 ans, lui et les membres des yakuza japonais ont rencontré les silhouettes encapuchonnées qui se sont révélées être des Oni. Stiles est épuisé à cause de tous ces événements. Melissa découvre alors que les symptômes que Stiles développe sont les mêmes que ceux de sa mère Claudia.

— Fᴏxꜰɪʀᴇ (A); Oɴɪ (A) ; Nᴏɢɪᴛsᴜɴᴇ (A)

03.18. L'Énigme - *Riddled*
Stiles a disparu et ne sait pas où il se trouve. Tout son entourage se mobilise pour le retrouver avec le peu d'indices qu'il a eu le temps de fournir à Scott.

03.19. Poison - *Letharia Vulpina*
Allison et Lydia décident d'aller parler à Peter pour permettre à Lydia de contrôler son pouvoir, elle finira par apprendre un secret de taille à propos de Peter en découvrant quel souvenir lui a pris sa sœur Talia. Entre-temps, une bombe explose au commissariat de police et blesse Derek qui a protégé Chris Argent. Les onis font face à Scott et Kira. Le docteur Deaton trouve un moyen de lutter contre le nogitsune.

— Yᴜᴋɪ (L)

03.20. Eichen House - *Echo House*
Stiles a pris la décision d'être interné en hôpital psychiatrique pour éviter de faire du mal à autrui sous l'influence du nogitsune. Mais il s'avère que Malia, la jeune fille à laquelle Scott et lui ont rendu forme humaine, est internée dans le même hôpital. Pendant ce temps, Allison, Lydia, Aiden, Ethan, Kira et Scott cherchent un moyen de retrouver le parchemin qui permettra de libérer Stiles de l'emprise du nogitsune.

— Bᴇʀsᴇʀᴋ (GS)

03.21. Le Renard et le loup - *The Fox and the Wolf*
La mère de Kira s'est décidée à raconter les origines du Nogitsune

— Rᴇɪsʜɪ (A) ; Kɪᴛsᴜɴᴇᴛsᴜᴋɪ (A)

03.22. Dans la tête de Stiles - *De-Void*
Alors que le nogitsune corrompt Isaac, les jumeaux et Derek pour que les proches de Scott se battent entre eux, ce dernier s'infiltre avec Lydia dans l'esprit de Stiles pour le ramener.

03.23. Insatiable - *Insatiable*
Alors que Stiles est à moitié libéré du Nogitsune, ce dernier kidnappe Lydia. Scott, accompagné d'Allison, Isaac, Kira et du vrai Stiles, part à sa recherche. Allison se fait tuer par un Oni.

03.24. Le Coup divin - *The Divine Move*
Isaac et Chris s'aperçoivent que si Allison a réussi à tuer un oni, c'est grâce à une flèche en argent. Le nogitsune ordonne aux onis d'attaquer l'hôpital et le bureau du shérif. Derek, Ethan et Aiden partent affronter les onis, tandis que Scott, Stiles, Lydia et Kira se retrouvent face au nogitsune, qui dit à Stiles que pour sauver tout le monde, il doit se sacrifier. Aiden se fera tuer par un oni.

■■■■■ SAISON 04 ■■■■■

04.01. La Lune sombre - *The Dark Moon*
Après le combat contre les onis et le nogitsune, ainsi que la mort d'Allison et celle d'Aiden, Scott, Stiles, Malia, Kira et Lydia partent au Mexique sur les traces de Derek qui semble avoir été kidnappé par les Calaveras, une famille de chasseurs mexicaine. Après avoir voulu négocier avec eux, ils vont découvrir l'existence d'une nouvelle créature inconnue dont l'identité va réveiller des souvenirs et

vont recevoir l'aide inattendue d'un guide afin de retrouver l'endroit où se trouve Derek.

— Nagual (A); Tezcatlipoca (A)

04.02. 117 - *117*
Scott, Stiles, Malia, Kira et Lydia ont fini par retrouver Derek mais ce dernier n'est pas dans son état normal. En effet, redevenu plus jeune, il ne se souvient plus de son passé et de l'incendie qui a décimé sa famille.

—Fontaine de Jouvence (M)

04.03. Sourd - *Muted*
Alors que Stiles et Scott reprennent le chemin des entraînements de crosse, un nouveau joueur du nom de Liam vient bouleverser la position de Scott dans l'équipe. Pendant ce temps-là, le shérif et Lydia enquêtent sur un triple homicide qui a eu lieu la nuit dernière.

— Wendigo (A)

04.04. Le Bienfaiteur - *The Benefactor*
La pleine lune arrive à grands pas. Alors que Stiles attache Malia dans la cave de la maison de Lydia, Scott essaie de raisonner Liam qui essaie de survivre à la douleur qu'engendre la pleine lune sur son nouveau statut de loup-garou. Pendant ce temps, le shérif Stilinski et Derek découvrent que le tueur à la hache est en réalité un assassin payé pour tuer des cibles. Lydia, quant à elle, découvre la clé permettant de déboguer le programme qu'elle a écrit parmi les notes de maths laissées à Malia. Ce programme révèle une liste de personnes surnaturelles à tuer dans laquelle ils figurent tous.

04.05. Liam - *I.E.D*
Lydia a déchiffré le code qui a permis de connaître un tiers de la liste noire de créatures surnaturelles, mais il lui reste encore deux mots clés à déchiffrer afin d'obtenir la liste complète. Pour cela, elle cherche à obtenir de l'aide d'une vieille connaissance.
De leur côté, Liam et Kira s'apprêtent à prendre part à leur premier match de crosse, tandis que Derek et Chris Argent sont toujours à la recherche de Kate.

04.06. Orphelins - *Orphaned*
Parrish est informé de la situation par Stiles et Lydia. Ils cherchent alors à décoder la troisième partie de la liste. Pour cela, ils se rendent à Eichen House voir Meredith.
Violet est arrêtée par la police, son petit ami cherche alors à la faire libérer. Pour cela, il empoisonne et kidnappe Liam et demande à Scott en contrepartie de la retrouver car sans cela, Liam mourra empoisonné. Scott et Chris Argent partent donc à la recherche de Violet.
Pendant ce temps, Derek et Malia cherchent la meute de Brett dans les bois.

04.07. Bien armé - *Weaponized*
Après avoir écouté la cassette, Scott et Stiles comprennent que quelqu'un veut vraiment voir mortes toutes les créatures surnaturelles. Scott prévoit de parler à Derek tandis que Stiles lui conseille d'être prudent vis-à-vis de Peter. Dans le même temps, Malia prévient Scott et Stiles qu'ils ont retrouvé la meute de Satomi tandis que Derek amène Braeden à l'hôpital. Et alors que l'examen pour les bourses universitaires commence, la mère de Lydia se rend compte qu'un mystérieux virus fait son apparition et met tout le monde en quarantaine. Ce qu'elle ne sait pas, c'est que l'épidémie dépasse le périmètre de l'école.

04.08. L'heure est venue - *Time of Death*
Scott, Stiles, Kira et Liam mettent en place un plan périlleux pour Scott afin de découvrir l'identité du Bienfaiteur. De son côté, Braeden propose à Derek de lui apprendre à se servir d'une arme quand elle découvre qu'il a perdu ses pouvoirs.
Malia, maintenant qu'elle connaît sa véritable identité, est confrontée à son passé. Dans le même temps, Lydia apprend une chose importante concernant sa grand-mère.

04.09. Périssable - *Perishable*
Alors que le shérif adjoint Parrish survit mystérieusement à une tentative de meurtre, il commence à s'interroger sur sa nature. Lydia et Stiles s'efforcent de déchiffrer le code du message laissé par la grand-mère de la jeune fille. Le reste du groupe subit toujours des attaques de la part de personnes

bien décidées à empocher la récompense pour leur mise à mort.

————————————————————————————————————— Sirène (M)

04.10. Les Monstres - *Monstrous*
La meute de Satomi est poursuivie par des tueurs. Mais Kira la retrouve, la sauve, puis la conduit à Scott. Kira et Scott doivent protéger la meute des assauts des assassins toujours avides de récompenses. Mais pour cela, ils vont avoir besoin d'aide. Pendant ce temps, Meredith est au commissariat afin d'y être interrogée car elle est soupçonnée d'être «Le Bienfaiteur». D'abord réticente à dire quoi que ce soit, Meredith va finir par accepter de parler, mais à une seule personne : Peter Hale. De son côté, Stiles retrouve Malia et ils cherchent alors des réponses en écoutant la cassette de la grand-mère de Lydia. Ils découvrent que la solution pour tout arrêter pourrait être dans la maison du lac.

04.11. La Promesse pour la mort - *A Promise to the Dead*
Alors que le Dr Deaton se rend à Eichen House afin d'obtenir des réponses sur ce qui arrive à Derek, Liam est en proie à des hallucinations terrifiantes qui vont aller jusqu'à le paralyser lors d'un match de crosse. De son côté, Scott rend l'argent à Derek qui lui fait des confidences. Ce dernier offre son loft à Scott pour qu'il puisse passer une nuit magique avec Kira mais la soirée va rapidement se transformer en un véritable cauchemar quand Kate va faire son apparition. Enfin, Chris Argent retrouve la trace de Kate et Peter demande un service surprenant à Malia en échange de l'identité de sa mère.

———————————————————————————— Artémis (GR); Actaeon (GR)

04.12. Fumée et Miroirs - *Smoke and Mirrors*
La meute et les amis de Scott décident de se rendre au Mexique, pour sauver le vrai Alpha et sa petite amie Kira. Alors qu'ils sont sur le départ, Stiles remarque l'absence de Lydia et Mason va le chercher; mais il se retrouve emprisonné avec elle par un guerrier fauve.

————————————————————————————————— Obsidienne (P)

■■■■■■■■ SAISON 05 ■■■■■■■■

05.01. Les Créatures de la nuit - *Creatures of the Night*
Lydia, enfermée à Eichen House, tente de s'échapper mais est ramenée à l'intérieur par des gardiens. Sous forme de flashback, elle se souvient de ce qui s'est passé cette année-là. Elle croit raconter ses souvenirs à Aiden mais ce n'est pas lui.

——————————————————————————————————— Wild Hunt (C)

05.02. Terreurs nocturnes - *Parasomnia*
Tracy, une jeune fille de terminale, raconte ses «rêves» (genre de terreurs nocturnes) à la psychologue du collège qui n'est autre que la mère de Lydia, quand elle vomit un liquide noir avec des plumes de corbeaux.

05.03. En plein rêve - *Dreamcatchers*
Alors que Donovan doit être conduit en prison, il menace le père de Stiles au commissariat, devant ses hommes et en présence de Stiles et Scott. Les adjoints l'emmènent alors, et son avocat, le père de Tracy, fait partie du voyage. Sur le trajet, le conducteur a une crise cardiaque.

05.04. Phase terminale - *Condition Terminal*
Parrish se souvient d'une de ses conversations avec Lydia : il lui parle d'un rêve qu'il fait depuis six mois dans lequel il porte un corps pour le déposer sur un arbre gigantesque. Lydia lui révèle que l'arbre existe réellement: c'est le Néméton, et que c'est ce même arbre qui l'a attiré ici. Cependant, Parrish ne révèle pas à Lydia la fin du rêve dans lequel il dépose le corps tandis que du feu apparaît sur la majeure partie de son corps. Il y a alors une centaine de cadavres près du Néméton.

————————————————————————— Garuda (A); Chimère (F)

05.05. Tout un roman - *A Novel Approach*
Donovan agresse Stiles, qui finit par s'enfuir dans le lycée. Un combat s'ensuit dans la bibliothèque et Donovan se fait transpercer le ventre par une barre métallique. Il meurt sur le coup. Stiles, sous le choc, essaye de joindre la police et quand ces derniers arrivent, Stiles attend dehors, en cachette. Il

apprend que les policiers n'ont pas trouvé de corps.

– SLUAGH (C)

05.06. Le Livre de la mort - *Required Reading*
Le shérif Stilinski découvre 8 grands trous sur le terrain de crosse, ce qui suggère que les Médecins de l'Horreur ont créé 8 nouvelles chimères. Parrish commence à enseigner à Lydia comment se battre. Le groupe lit le livre du Dr Valack.

05.07. Mauvaises Fréquences - *Strange Frequencies*
Theo convainc Stiles de l'aider à cacher la vérité sur la mort de Josh. Hayden est attaquée par les Médecins de l'Horreur, mais Liam la sauve et l'emmène chez elle. La mère de Kira, Noshiko, l'averti que « le renard intérieur » de Kira lutte pour prendre le contrôle. Theo et Stiles restent à la clinique vétérinaire pour savoir qui vole les corps des chimères mortes.

05.08. Ouroboros - *Ouroboros*
Deaton enquête sur les Medecins de l'Horreur, mais la Louve du Désert fait alors son apparition et le capture. Elle lui confie qu'elle a l'intention de tuer Malia.

– OUROBOROS (A)

05.09. Mensonges par omission - *Lies of Omission*
Scott doit faire face au retour de son asthme et à un sentiment croissant de désespoir, car le groupe se parle de moins en moins et chacun garde ses secrets.

05.10. Asthme sévère - *Status Asthmaticus*
Scott apprend à Liam qu'Hayden est trop faible et va mourir s'il la mord. Pendant cela, une mystérieuse créature fait son apparition et saccage Beacon Hills.

–BLACK DOG (F); HELLHOUND (F)

05.11. La Dernière Chimère - *The Last Chimera*
Lydia, avec l'aide du Docteur Valack à une vision où elle voit la sœur de Theo sans son cœur. Elle découvre que dans le passé, les Docteurs ont transplanté le cœur de sa sœur à Theo afin de faire de lui une chimère.

– FENRIS (GS)

05.12. Damnatio Memoriae - *Damnatio Memoriae*
Hayden et Liam sont attaqués par une créature massive, qu'identifie Scott plus tard comme la dernière chimère des Médecins de l'Horreur. Scott et Stiles parviennent à se réconcilier et commencent à enquêter sur la créature.

– SKINWALKER (A) ; DAMNATIO MEMORIAE (L)

05.13. Codominance - *Codominance*
Theo et Tracy sont confrontés aux Médecins de l'Horreur et à la Bête, après que Theo a révélé que les Docteurs tentent d'aider la Bête à se souvenir de son passé afin de libérer toute sa puissance. Pendant ce temps, les Teriantropes informent Kira et Noshiko qu'ils ont l'intention de tester Kira pour voir si elle peut apprendre à se contrôler. Si c'est impossible, elle devra rester avec eux pour toujours.

05.14. Le Sabre et l'Esprit - *The Sword and the Spirit*
Chris et Gérard trouvent de nombreux cadavres dans les égouts, tous des victimes de la Bête. Scott et Liam découvrent le repaire souterrain des Médecins de l'Horreur, où ils se retrouvent nez à nez avec Chris et Gerard. Ils découvrent une peinture dans l'antre des Médecins de l'Horreur, qui dépeint une bataille entre la Bête et un Chien de l'Enfer.

05.15. Pouvoirs sans limite - *Amplification*
Alors que la Bête se déchaîne à travers Beacon Hills, Parrish tente de l'arrêter en utilisant son pouvoir de Chien de l'Enfer, mais il est facilement défait. Deaton avertit Scott et Stiles que si le Dr Valack fore un trou dans le crâne de Lydia pour amplifier ses pouvoirs, il risque de déclencher un cri suralimenté qui tuera tout le monde autour d'elle.

05.16. D'une meute à l'autre - *Lie Ability*
Parrish domine facilement Tracy, Josh et Corey, mais Theo parvient à l'arrêter en l'empalant avec un

tuyau. Pendant ce temps, Valack s'échappe avec Lydia, et Stiles et Theo vont à leur poursuite. Scott et Liam trouvent Meredith, qui explique à Scott que Parrish peut trouver Lydia.

05.17. Menace imminente - *A Credible Threat*
Parrish sort en pleine nuit et est suivi par Scott, Stiles et Liam, qui veulent savoir ce qu'il fait quand il quitte son lit inconscient. Ils le suivent jusqu'au lycée où ils découvrent que la Bête a encore massacré des gens, mais ils réalisent aussi qu'elle devient plus intelligente car elle essaie de leur tendre un piège. Parrish arrive soudain et prend la Bête en chasse.

— Cerbère (GR) ; Garmr (GS) ; Black Shuck (C)

05.18. La Servante du Gévaudan - *The Maid of Gévaudan*
Parrish décide de quitter Beacon Hills, se considérant trop dangereux. Chris et Gerard racontent à Lydia l'histoire de Marie-Jeanne Valet, le premier chasseur de loup-garou, mais également la femme qui a tué la première Bête du Gévaudan.

05.19. La Bête de Beacon Hills - *The Beast of Beacon Hills*
Mason est enlevé par les Médecins de l'Horreur. Lydia et le Shérif Stilinski persuadent tous les deux Parrish de rester à Beacon Hills et de lutter contre la Bête. Deucalion révèle qu'il aurait pu s'échapper à tout moment, et conseille Theo sur ce qu'il faut faire pour absorber le pouvoir de la Bête.

05.20. Apothéose - *Apotheosis*
Sebastien se lance à la recherche de la canne des Docteurs, que Gérard révèle comme étant la lance que Marie-Jeanne a utilisé pour tuer la première Bête.

■■■■■■■ SAISON 06 ■■■■■■■

06.01. Souvenir perdu - *Memory Lost*
Trois mois après avoir vaincu Sebastien Valet et Theo Raeken, Scott, Stiles, Lydia et Malia se préparent à passer leur dernier mois au lycée. Liam et Hayden trouvent un jeune garçon nommé Alex, dont les parents ont été enlevés par un homme à cheval.

06.02. Superposition - *Superposition*
Lydia, Scott et Malia tentent de se rappeler de Stiles. Les trois amis remarquent qu'il y a quelqu'un qui manque dans leur vie.

06.03. Crépuscule - *Sundowning*
Chris Argent, de retour à Beacon Hills, demande l'aide de Mélissa pour retrouver le loup garou responsable des meurtres qui ont lieu.

06.04. Reliques - *Relics*
Melissa et Chris Argent sont sur la piste dans les bois du loup garou responsable de plusieurs meurtres depuis plusieurs semaines, alors qu'ils tombent sur deux nouvelles victimes, et croisent accidentellement Malia courant dans les bois, qui n'arrive pas à se contrôler. Lydia continue à enquêter sur la disparition de Stiles, et est à la recherche d'une relique qu'il aurait pu laisser derrière lui. Elle essaie d'enquêter dans la maison de Stilinski, mais Claudia l'arrête

06.05. Silence radio - *Radio Silence*
Après avoir été enlevé par les cavaliers fantômes, Stiles se retrouve dans une gare abandonnée avec un grand nombre d'autres personnes qui ont été effacées par les cavaliers. Une de ces personnes est Peter Hale.

06.06. Ville fantôme - *Ghosted*
En se lavant les mains dans les toilettes, Lydia regarde un miroir lorsque celui-ci l'attire à l'intérieur et se retrouve à une fête dans la ville de Canaan où le chaos commence à s'ensuivre. Les gens hurlent, courent dans toutes les directions et finissent par disparaître dans une bouffée de fumée verte.

— Armoise (P); Caleb (A) ; Miel (P) ; Morrigan (C)

06.07. Sans cœur - *Heartless*
Scott et Malia refusent de faire confiance à Theo, mais Liam les convainc qu'il peut être utile. Lydia pense que Claudia est un fantôme comme Caleb, conjuré par le shérif Stilinski pour combler le vide

dans sa vie créée par l'effacement de Stiles.

06.08. Guerre éclair - *Blitzkrieg*
M. Douglas explique ce qu'est la chasse sauvage mais personne ne le croit. Le shérif se rappelant petit-à-petit de la chambre de Stiles jusqu'à s'en rappeler entièrement. Scott, Lydia, Malia, Liam et Peter tentent de trouver un moyen de sauver Stiles.

06.09. Souviens-toi - *Remember*
Alors que Liam et Noah délivrent Theo pour qu'ils se battent à leurs côtés, les Cavaliers Fantomes débarquent au commissariat et effacent Noah. Liam et Theo se réfugient à l'hôpital, puis Theo se sacrifie pour sauver Liam se faisant effacer à son tour.

06.10. La Dernière Chevauchée - *Riders on the Storm*
Stiles entend Lydia et essai d'arriver à temps vers la faille, il est aidé par son père qui disperse la foule à la « gare ». Mais Lydia est la seule à avoir vu Stiles et il n'est plus là.

06.11. Le Roi des rats - *Said the Spider to the Fly*
Alors que Scott, Lydia et Malia se préparent à partir de Beacon Hills et que Liam ne sait pas comment régir face à leur départ, une créature s'échappe de l'asile d'Eichen House...

06.12. Talent brut - *Raw Talent*
Scott et Malia cherchent le propriétaire d'une balle, inquiets qu'un nouveau chasseur de loup-garou soit à Beacon Hills. Pendant ce temps-là, Lydia doit faire face à ses peurs à l'asile d' Eichen House.

06.13. Les Images fantômes - *After Images*
Scott et les autres recherchent désespérément Brett Talbot, membre de la meute de Satomi, blessé et pourchassé par Gérard et Monroe. Pendant ce temps-là, Melissa et Argent examinent un cadavre...

06.14. Sans visage - *Face-to-Faceless*
Scott, Lydia et Malia doivent prendre des mesures drastiques pour mettre fin à la montée de la violence dans Beacon Hills, alors que Liam fait face à un défi important au lycée.

06.15. Bras de fer - *Pressure Test*
Un allié inattendu rejoint Scott et sa meute alors qu'ils essayent de protéger deux nouveaux loups garous, les derniers membres de la meute de Satomi. Pendant ce temps-là, Mason et Corey demandent de l'aide à Deaton pour identifier la créature qui s'est échappé de la chasse sauvage...

06.16. Le Déclencheur - *Triggers*
Liam, Theo et Mason font équipe et tentent d'attirer les chasseurs loin de Beacon Hills, pendant que Scott, Malia, Lydia et Argent essaient de pénétrer dans l'arsenal de Gerard afin de détruire toutes les armes.

06.17. Les Loups-garous de Londres - *Werewolves of London*
Après une attaque choquante laissant la meute sans solution, le père et la mère de Scott ainsi que Mason et Lydia sont blessés. Scott décide de contre attaquer Gerard et son armée et s'engage à recruter des renforts en allant demander des conseils et de l'aide auprès de Deucalion et Peter.

06.18. Génotype - *Genotype*
Le groupe a compris que l'Anuk-Ite s'était divisé en deux personnes qui cherchent à fusionner. Ils se séparent en trois groupes : Théo et Mason partent à la recherche d'Aaron, une moitié ; Scott et Liam rendent visite à Mme Finch pour déterminer l'identité de l'autre moitié, tandis que Malia et Lydia s'efforcent de ramener un Chien de l'Enfer à la vie pour savoir comment vaincre l'Anuk-Ite...

06.19. Nuit de cristal - *Broken Glass*
Maintenant qu'ils savent que l'Anuk-ite peut pétrifier, Scott et Malia doivent apprendre à se battre à l'aveugle avec l'aide de Deucalion, tandis qu'Argent cherche un vieil allié. Quant à Liam, il réalise

que leurs ennemis sont plus nombreux qu'il le pensait...

06.20.   Carnage ! - *The Wolves of War*
Episode concluant la série.

TrueBlood

Lorsque les japonais parviennent à créer du sang artificiel (le Trublodd), les vampire sortent du cercueil. Trueblood nous raconte le quotidien de Sookie, une humaine parvenant à lien dans les pensées des gens mais l'esprit des vampires lui restent impénétrable.

01.01.   Amour interdit - *Strange Love*
Sookie tombe sous le charme du vampire Bill Campton. Tara commence à travailler ua Merlotte.
Jason rend visite à une amie qui cotoie les vampires.
———————————————————————————————— Vampire[6] (M + F) ; Loup-garou (F)

01.02.   Première Fois - *The First Taste*
Bill sauve Sookie de la revanche des Rattray. Des vampires assoifés de sang accueillent Sookie dans
la maison de Bill.
———————————————————————————— Satan (JC) ; Démon (M); Jésus-Christ (JC)

01.03.   À moi - *Mine*
Sam cherche un remède à la solitude tandis que Tara cherche à échapper à l'alcoolisme de sa mère.
———————————————————————— Diane (GR) ; Diable (JC) ; Armageddon (JC)

01.04.   Qui s'y frotte s'y pique - *Escape from Dragon House*
A nouveau soupçonné de meurtre, Jason demande à Sookie d'utiliser ses pouvoirs pour trouver le
vrai meutrier.
———————————————————————— Dragon (F) ; Paradis (JC) ; Ange (JC)

01.05.   Sang pour sang - *Sparks Fly Out*
Bill s'atire les faveurs de l'auditoire d'Adèle à l'église. Sam essaie de se rapprocher de Sookie. Sookie
fait une découverte terrifiante.
———————————————————— Ambroisie (GR) ; Zombie (F) ; Livre des Révélations (JC)

01.06.   Lourde Absence - *Cold Ground*
Sookie cherche un refuge qui l'empêche de lire dans le esprits. La mère de Tara doit se débarrasser
d'un démon.

01.07.   Tout feu tout flamme - *Burning House of Love*
Le pasé douloureux de Sookie pousse Bill à passer à l'action. Jason rencontre une fille qui n'a pas
froid aux yeux au Fanftasia.
———————————————————— Eau bénite (JC) ; Exorcisme (JC) ; Gaïa (GR)

01.08.   La Quatrième Personne - *The Fourth Man in the Fire*
Sookie utilise ses pouvoirs pour démasquer un voleur au Fangtasia. La petite amies dev Jason dé-
voile son côté sombre.
———————————————————————————————— Vaudou (A) ; Monstre (F)

01.09.   Plaisir d'amour - *Plaisir D'Amour*
Bill paie la protection de Sookie. Jason et Amy enlèvent un vampire pour assouvir leur soif de sang.
———————————————————————————————————— Marie (JC)

01.10.   Le Grand Secret - *I Don't Wanna Know*
Sam partage un secret avec Sookie. Tara se montre choquée par les vraies intentions de mademoi-
selle Jeanette.
———————————————————————————— Shapeshifter (F) ; Angélique (A)

01.11.   Jusqu'à ce que la mort nous sépare - *To Love Is to Bury*
Bil purge sa peine imposée par le tribunal. Sam et Sookie se rapproche en l'absence de Bill.

01.12.   La Fin d'un cauchemar - *You'll Be the Death of Me*
Sookie trouve un lien entre tous les meurtre commis à Bon Temps et termine son enquête dans les
griffes de l'assassin.

---

6   *Il s'agit de la première apparition dans la série.*

02.01. Le Goût du sang - *Nothing but the Blood*
Un meutre choquant près du Merlotte ébranle va ville de Bon Temps et tout particulièrement Sookie.
— Sᴛ Pᴀᴜʟ (JC) ; Pᴀɴ (GR) ; Dᴀᴘʜɴé (GR)

02.02. Que la fête commence - *Keep This Party Going*
Jessica donne du fil à retordre à Bille et Sookie. Jason fait impression sur les dirigeants de l'Église de la communauté du Soleil. Maryann jète un sort aux clients du Merlotte.
— Eᴅᴇɴ (JC) ; Mᴏïsᴇ (JC) ; Aʙʀᴀᴄᴀᴅʀᴀʙʀᴀ (A)

02.03. Coup de griffe - *Scratches*
Sookie survit à une terrible attaque et conclu un marché avec Eric. Jessica trouve en Hoyt un prétendant enthousiaste.

02.04. D'un claquement de doigts - *Shake and Fingerpop*
Bill, Sookie et Jessica se rendent à Dallas. Maryann organise une f^te pour l'anniversaire de Tara. Jason est promu.
— Lᴀᴢᴀʀᴇ (JC) ; Dʀᴀᴄᴜʟᴀ (A) ; Cᴀïɴ (JC) ; Éᴠᴇ (JC) ; Aɴᴜʙɪs (A) ; Aʟᴘʜᴀ (A)

02.05. Ne m'abandonne jamais - *Never Let Me Go*
Sookie élabore un plan pour retrouver le vampire Godric. Jason brille au camp d'entrainement. Maryann étudie les différentes possibilités d'emménagement.
— — — — — — — — — — — — — — — — — — Sᴏʀᴄɪèʀᴇ (M + F) ; Mᴀʀɪᴇ-Mᴀᴅᴇʟᴇɪɴᴇ (JC) ; Vᴀʟʜᴀʟʟᴀ (A) ; Rᴏɪ ᴅᴇ Sʜᴇᴇʙᴀ (JC)

02.06. La Fin du voyage - *Hard-Hearted Hannah*
Sookie n'est pas la seule à recherche Godric. Bill affronte son violent passé. Sam suit Daphné dans une escapage sauvage.
— Péᴄʜés (JC) ; Sᴛ Pɪᴇʀʀᴇ (JC)

02.07. Émancipation - *Release Me*
Sam, trahi, se trouve dans une situation dangereuse. Bill tnte de sauver Sookie mais Lorena l'en empêche. Jason transgrsse un tabou religieux.
— Kᴀʟɪ (A) ; Lɪʟʟɪᴛʜ (JC) ; Isɪs (A) ; Méɴᴀᴅᴇ (GR) ; Dʏᴏɴɪsᴏs (Gʀ)

02.08. Lassitude du vampire - *Timebomb*
Sookie est sauvée par Eric.Sam fait une horrible découverte. Jason règle sa dette aux vampires.
— Jᴜᴅᴀs (Isᴄᴀʀɪᴏᴛ) (JC)

02.09. Les Condamnés - *I Will Rise Up*
Eric piège Sookie pour qu'elle boive son sang. Hoyt et Jessica rencontrent Maxine. Sam s'enfuit.

02.10. Le jour se lève - *New World in My View*
Sam et Andy ne sont pas bien reçu au Merlotte. Sookie essaie de percer les ténèbres qui consumment Tara.
— —Bᴀᴄᴄʜᴜs (GR)

02.11. Frénésie - *Frenzy*
Bill part à la recherche d'un reine vampire pour obtenir des informations sur la ménade. Sam demande de l'aide à un allié inattendu.
— Sᴏᴅᴏᴍᴇ (JC)

02.12. Et si le sauveur n'existait pas - *Beyond Here Lies Nothin'*
Sookie, Bill et Sam forment la dernière,ligne de défence contre le plan diabolique de Maryan.
— — — — — — — — — — — — — — — Bʀᴏᴍɪᴏs (GR) ; Dᴇɴᴛʀɪᴛès (GR) ; Eɴᴏʀᴄʜᴇ (GR) ; Tɪᴛᴀɴ (Gʀ) ; Aᴛʜéɴᴀ (Gʀ) ; Aʟɪᴇɴ (F)

03.01. Du mauvais sang - *Bad Blood*
Sookie demande de l'aide à Eric pour retrouver Bill. Jason et Andy tentent de dissimuler la vérité. Sam commence à chercher ses parents biologiques. Tara a besoin de réconfort.

03.02. Beautés brisées - *Beautifully Broken*
Le roi du Mississippi élabore une stratégie pour renforcer son pouvoir. Eric se souvient de so passé. Sam test la force des lien qui l'unissent à sa famille.

03.03. Douloureuse vérité - *It Hurts Me Too*
Sookie se rend à Jackson, dans le Mississippi, accompagné d'Alcide, un loup-garou, pour rechercher Bill. Flranklin charme, Tara et sort Jessica du pétrin.
-- Fantôme (F)

03.04. Neuf Crimes - *9 Crimes*
Sookie et Alcide se rendent à la fête de fiançailles d'un loup-garou. Eric n'a plus que quelques jours pour retrouver Bill.

03.05. Problème - *Trouble*
Russell tente de découvrir la véritable identité de Sookie. Jason est persuadée que la mystérieuse Crystal est la femme de sa vie.

03.06. J'ai le droit de chanter du blues - *I Got a Right to Sing the Blues*
Sookie, Bill et Tara courent un grave danger. Russell dévoile ses plans à Eric.
-- Tonantzi (A) ; Chango (A)

03.07. Tomber à terre - *Hitting the Ground*
Sookie est pr^te à tout pour sauver bill. Sam se rend à un combat de chien. Russell tourne le dos à l'Autorité.

03.08. Nuit au soleil - *Night on the Sun*
Sookie remet son couple en question.Jason va prendre des risques. Eric montre à Russell à quel point il lui est dévoué.

03.09. Tout est brisé - *Everything is Broken*
Bill découvre la véritable identité de Sookie. Eric se retrouve eàal'bri en captivité. Russell jure à ses ennemi qu'il se vengera.
--- Jaguar (A) ; Jéhova (JC) ; Hallelujah (JC)

03.10. Je sens un traître - *I Smell a Rat*
Bill dit à Sookie qu'elle est en danger tandis qu'Eric évite la vengence de Russell.
--- Fée (M + F) ; Ellyllon (A) ; Wicca (A)

03.11. Sang frais - *Fresh Blood*
Bill tente, encore une fois, de gagner la confiance de Sookie. Eric et Russell parviennent à un compromis. Une face cachée de Sam refait surface.
-- Sel (A)

03.12. Le diable est toujours là - *Evil Is Going On*
C'ets l'heure de l'affrontement final entre Eric, Bill et Russell. Sookie envisage sa vie sans vampire.
--- Nirvana (A)

1.	*Eric and Pam*	2.	*Jessica*
3.	*Sookie, Tara and Lafayette*	4.	*Sam*
5.	*Bill*	6.	*Jason*

04.01. Elle n'est pas là - *She's Not There*
Sookie revient à Bon Temps et découvre que le temps à filé. Eric et Bill tentent de regagner la confiance des humains. Jesus veut convaincre Lafayette de rejoindre un cercle de sorciers.
–Mab (A) ; Minerve (GR)

04.02. Tu as le fumet d'un dîner - *You Smell Like Dinner*
Alors que Sookie s'adapte aux nouvelles réalités, Jason croule sous les responsabilités à Hotshot. Une congrégation de sorciers locaux attire l'attention de Bil.
Skinwalker (F)

04.03. Si tu m'aimes, pourquoi je meurs ? - *If You Love Me, Why Am I Dyin'?*
Sookie retrouve Eric complètement déboussolé et contacte Alcide tadis que Marnie exerce ses nouveaux pouvoirs.

04.04. Je vis et je brûle - *I'm Alive and on Fire*
Alors que Tommy et Bill se retrouvent en famille, Jason parvient à s'enfuir et Marnie cherche conseille pour briser un sort.
Nécromancie (A) ; Salem (A) ; Aegir (A) ; Ran (A) ; Léthé (GR) ; Hadès (GR) ; Mnémesonis (GR)

04.05. Le Diable et moi - *Me and the Devil*
Sookie découvre le côté tendre d'Eric. Pam se décompose. Bill s'implique personnellement dans a crise des nécromanciens. Jesus et Lafayette font route vers le Mexique.
Gandhi (A) ; Chaman (A); 10 Commandements (JC)

04.06. J'aurais aimé être la Lune - *I Wish I Was the Moon*
Pendant la pleine lune, Sookie part à la recherche de Jason. Marnie et Lafayette invoquent les esprits du passé.
Serpent (A) ; Yemaya (A)

04.07. La Lumière froide et grise de l'aube - *Cold, Grey Light of Dawn*
Alors que Marnie est possédée par les esprits des morts, Bill émet un arrêté impopulaire pour protéger les vampires de la lumière du soleil.
Résurrection (JC)

04.08. Les Liens du sort - *Spellbound*
Bill et Marnie se préparent à un violent affrontement. Eric et Sookie prêtent un serment d'allégeance au roi. Lafayette devient le pion d'un esprit tourmenté.

04.09. Sortons d'ici - *Let's Get Out of Here*
Sookie a deux amours. Jesus tente de libérer Lafayette de l'esprit qui l'habite. Bill et Nan se disputent à propos de l'ordre du jour. Marnie s'attaque aux vampires lors d'un «meeting de la tolérance».

04.10. La maison brûle - *Burning Down the House*
Alors que l'enfer se déchaîne à Shreveport, Sookie utilise ses pouvoirs pour sauver Bill et dans le même temps, brise un sortilège obligeant Marnie / Antonia à réexaminer sa mission.

04.11. Âme de feu - *Soul of Fire*
Alors que l'affrontement entre vampire et wiccan atteint son paroxysme, Sookie utilise ses pouvoir pour empêcher Marnie d'ensorceler et de pousser au suicide Bil,l Eric et Pam .

04.12. Quand je mourrai - *And When I Die*
Les esprits des morts convervent vers Bon temps tandis que Sookie et deux extraordinaires vampires affrontent la dernière incarnation de Marnie.
Samhain (A)

05.01. Transformez-la ! - *Turn! Turn! Turn!*
Sookie et Lafayette prennent soin de Tara et Debbie. Eric rencontre une femme appartenant à son passé. Alcide apport de mauvaises nouvelles à Sookie.

05.02. L'autorité gagne toujours - *Authority Always Wins*
Tara réapparaît à Bon Temps. Salomé, de l'Autorité, a des questions pour Bill et Eric.
— SALOMÉ (JC) ; ADAM (JC)

05.03. Quoi que je sois, tu m'as transformée - *Whatever I Am, You Made Me*
Bill et Eric font une proposition au gardien de l'Autorité. Steve Newlin a un nouveau travail. Sookie demande de l'aide à Pam.
— JEAN-BAPTISTE (JC)

05.04. On se retrouvera - *We'll Meet Again*
Eric et Bill ont peur pour leur vie. Lafayette met la vie de Sookie en danger. Roman et Salomé éradiquent un traître au sen de l'Autorité.
— JOB (JC) ; ARBRE DE JUDAS (JC)

05.05. On va s'éclater ! - *Let's Boot and Rally*
Bill et Eric demandent à Sookie de les aider à retrouver Russell. Jason fait un rêve perturbant.
— IFRIT (A) ; LEPRECHAUN (A)

05.06. Sans espoir - *Hopeless*
Bill et Eric sont sauvés par l'Autorité. Roman expose ses plans à Russell.

05.07. Au commencement - *In the Beginning*
Salomé révèle ses vraies allégeances. Sookie accepte son côté humain. Sam flaire un mauvais coup. Alcide se prépare à un combat.
— AGRIPPA (A)

05.08. Quelqu'un que je connaissais bien - *Somebody That I Used to Know*
L'Autorité se réjouit d'un évènement. Sookie et Jason se rendent sur le lieu de mort de leurs parents. Luna est coincée avec Sam.

05.09. Tout le monde veut régir le monde - *Everybody Wants to Rule the World*
Salomé est le Conseil célèbrent le début d'une guerre sainte de vampire. Sookie est menacée par des fanatiques anti-surnaturel.

05.10. La Fin d'une époque - *Gone, Gone, Gone*
Bill amplifie la violence entre vampires, à la faveur de l'Autorité. Jason découvre un mystérieux parchemin.
— ELIJAH (JC)

05.11. Coucher de soleil - *Sunset*
Bill glisse vers une ferveur religieuse plus intense. Sookie demande de l'aide aux fées pour découvrir un secret de famille.

05.12. Sauve qui peut - *Save Yourself*
Eric se lance dans une mission finale et désespérée pour sauver Bill avant qu'il ne perde son humanité.
— PIXIES (A) ; PROPHÈTE (A) ; ST GRAAL (JC)

06.01. Qui es-tu vraiment ? - *Who Are You Really?*
La réincarnation sanglante de Bill inaugure une nouvelle ère pour les vampires, humains et fées.

06.02. Le Soleil - *The Sun*
Sookie rencontre un bel inconu. Eric enlève le gouverneur. Bill profite de ses nouveaux pouvoirs.

06.03. Tu n'es pas bon - *You're No Good*
Bill cherche une solution à une catastrophe imminente. Eric enlève quelqu'un. Sam cherche à retrouver les siens.

06.04. Je suis ton homme - *I'm Your Man*
Sookie invite Ben à dîner. Eric frppe Burell là où ça fait mal. Les filles fées d'Andy ont de plus en plus de mal.

06.05. Envoie la souffrance se faire… - *Fuck The Pain Away*
Lafayette invoque les esprits des parents morts de Sookie. Warlow se remémore ses souvenirs douloureux avec Lilith.
—— St Marc (JC)

06.06. Ne me sens-tu pas ? - *Don't You Feel Me*
Sookie se réfugie dans un endroit uniquement accessible par les fées. Bill cherche Lilith. Eric fait une découverte surprenante.

06.07. Les Funérailles - *In the Evening*
Eric fait allégeance à Bill pour sauver Nora. Bill s'implante à Bon Temps.

06.08. La Mort dans la peau - *Dead Meat*
Sookie est confronter à un dilemme majeur pendant que la crise avec les vampires s'aggrave. Alcide fait un choix impactant.
—— Destiné (A)

06.09. Hymne à la vie - *Life Matters*
Bill aide les vampires à voir la lumière. Bon Temps se remémore une personne disparue.

06.10. Il faut sauver la population - *Radioactive*
Sookie demande à Warlow d'aller plus doucement. Bill paie le prix de sa rédemption.

07.01. Jésus sera là - *Jesus Gonna Be Here*
Bon Temps est attaqué par une bande de vampire infectée par l'hépatite V.

07.02. Je t'ai retrouvé - *I Found You*
Sookie et Jason visitent une ville abandonnée à la recherches d'indices. Pam continue à chercher Eric.
—— Reaper (F)

07.03. Tous aux abris ! - *Fire in the Hole*
Sookie élabore un plan dangereux. pam essaie de motiver Eric.

07.04. La Mort n'est qu'un début - *Death Is the Not the End*
Sookie enrôle une bande d'humain et de vampire pour traquer les vampires infectés par l'hépatite V.
—— Cronos (GR)

07.05. Cause perdue - *Lost Cause*
Sookie organise une soirée d'intégration. Eric et Pam partent à Dallas pour une collecte de fond.

07.06. Le Karma - *Karma*
Sookie fait une découverte déconcertante. Eric et Pam forgent une alliance improbable.
———————————————————— Ashram (A) ; Bodhisattva (A) ; Bouddha (A)

07.07. Une dernière fois - *One Last Time*
Sookie espère un miraacle. Eric et Pam se rapprochent de Sarah. Adilyn et wade trouvent refuge auprès de Violet.
——————————————————————————— Chêne (A) ; Nain (F) ; St Esprit (JC)

07.08. Plus près....du sol - *Getting Closer...to the Ground*
Sookie risque sa vie pour Bill.Eric reconsidère ses options. Lettie Mae trouve la sortie. Violet paie sa dette.
———————————————— Le Messie (JC) ; Hélène de Troie (A) ; Cléopâtre (A)

07.09. Aimer et mourir - *Love Is to Die*
Bill rend fole Sookie .Hoyt se rappelle son passé. Eric fait face à un dilemme.
———————————————————— Salvation (JC) ; Marie de Béthanie (JC)

07.10. Merci - *Thank You*
Sookie et ses amis de Bon Temps tournent une page pour en ouvrir une nouvelle.

01.01 Le Commencement - Pilot
New York se réveille avec l'arrivée d'un gigantesque vaisseau extra-terrestre au-dessus de la ville. Dans la panique, le vaisseau laisse apparaître le visage rassurant d'Anna qui annonce au monde entier que les « visiteurs » viennent en paix. Un homme d'affaires, Ryan Nichols, un prêtre, Jack Landry et l'agent du FBI Erica Evans sont pourtant sauvagement attaqués par des V lors d'une réunion regroupant des personnes sceptiques. Cette dernière finit par tuer son partenaire, un V infiltré au FBI tandis que son fils Tyler, attiré par les V se rend sur le vaisseau mère et fait la connaissance de la charmante Lisa. Par ailleurs, le journaliste Chad Decker choisit d'interviewer Anna, la leader des V, pour faire décoller sa carrière.

01.02 Ne faites confiance à personne - There is No Normal Anymore
Après le massacre à l'entrepôt, Erica et Jack sont témoins de l'arrivée de nouveaux V qui viennent nettoyer l'entrepôt, en appelant les secours ils se rendent compte que les visiteurs sont partout. Par la suite elle enquête sur la disparition présumé de Dale, son partenaire laissé pour mort. Tyler devient membre du programme des ambassadeurs de la paix aux côtés de Brendon et Lisa afin de promouvoir la sympathie de la population envers les V... mais les choses ne se passent pas comme prévu lorsqu'il frappe un homme anti-V. De son côté, Chad décide de montrer à Anna qu'il peut contrôler l'opinion publique en présentant, contre la volonté des V, un débat sur leur présence.

01.03 Une ère nouvelle - A Bright New Day
Le gouvernement américain met en place des relations diplomatiques avec les Visiteurs et délivre des visas d'entrée permettant à Anna et à ses congénères de fouler le sol des États-Unis. Anna entreprend de manipuler l'opinion publique en ralliant à sa cause la veuve d'un pilote de l'US Airforce décédé à la suite de l'arrivée des V. Chargée de protéger les hauts dignitaires V au sein même de l'ambassade des V à New York à la suite de menaces d'attentat, Erica découvre que les vestes des Visiteurs sont toutes équipées de microcaméras leur permettant de contrôler les moindres faits et gestes des humains. Puis, Erica sauve la vie de Marcus lors d'un pseudo attentat monté de toutes pièces par Anna. Dans le même temps, Ryan fait part à Georgie de son désir de reformer la «Cinquième colonne», le premier groupe de Visiteurs à s'être opposé à l'ordre établi. Pour ce faire, Ryan entre en contact avec un ancien rebelle V...

01.04 La Résurrection de la 5e Colonne - It's Only The Beginning
Anna poursuit son opération de séduction auprès des humains en promettant de plus en plus sur le plan médical, notamment grâce à l'injection d'une nouvelle molécule. Erica, Jack et Ryan découvrent que ces injections sont inoffensives: les V s'en sont servies pour faire diversion. Ils ont, en fait, introduit une molécule toxique, le R6, dans des doses de vaccins antigrippaux. ils détruisent l'entrepôt. La confiance s'installe entre Ryan et Erica. Cette dernière se méfiait de lui après avoir appris qu'il était un Visiteur. De retour de cette opération, Jack se fait poignarder dans l'enceinte de l'église. Après avoir appris que Dale avait été assassiné à bord de son vaisseau, Anna convoque tous les suspects et demande au coupable de se dénoncer. Sur le point d'avouer, Joshua se fait devancer par David qui se sacrifie pour le protéger. Anna ordonne qu'il soit écorché. Tyler est invité à bord du vaisseau où Anna lui en fait visiter les parties les plus secrètes et officialise sa relation avec Lisa.

01.05 Une nouvelle armée - Welcome To The
Jack est conduit dans un état critique au centre de santé des Visiteurs où ces derniers, en plus de le soigner, lui administrent une dose de R6. Chad, qui ne veut pas se sentir redevable de quoi que ce soit envers Anna, hésite à se faire soigner par les Visiteurs. Il n'est pas convaincu que le diagnostic établi par les médecins soit fondé. Grâce à la complicité du docteur Pearlman, une Visiteur femme, Ryan découvre que le R6 contient une molécule qui interagit directement sur l'ADN humain en produisant une sorte de signal traceur permettant aux Visiteurs de repérer les terriens. Sous couvert d'apporter leur aide au FBI dans l'enquête sur l'explosion de l'entrepôt, les Visiteurs trouvent un coupable idéal en la personne de Kyle Hobbes, un mercenaire, ancien militaire. Pour les Visiteurs, Hobbes représente une menace car, grâce à son expérience des armes et de la guerre, il est tout à fait

à même de former la résistance humaine...

01.06 L'Heure des sacrifices - Pound of Flesh
Anna demande à Joshua de faire passer un test d'empathie à tous les Visiteurs présents sur le vaisseau afin de déterminer leur capacité à ressentir des émotions humaines et ainsi, à démasquer les membres de la «Cinquième colonne». Erica, Jack, Ryan, Georgie et Hobbes prévoient de lancer un appel aux armes pendant l'intervention officielle d'Anna pour le lancement du programme «Vivre à bord». Craignant de voir Tyler y participer, Erica le conduit chez son père pour le mettre à l'abri. Ryan monte dans le vaisseau pirater le message d'Anna et en profiter pour récupérer une dose de phosphore qu'il ne peut trouver qu'à bord. Val en a absolument besoin pour ne pas succomber à sa grossesse. Inquiet de ne pas le voir venir, Georgie décide d'aller à son secours et se sacrifie pour qu'il puisse retourner auprès de sa famille.

01.07 John May - John May
Erica, Ryan, Jack et Hobbes se rendent dans la maison où résidait John May, l'ancien leader de la «Cinquième Colonne», afin d'y trouver un appareil de communication alien leur permettant de contacter Joshua à bord du vaisseau. Ils espèrent ainsi pouvoir mettre au point un plan qui les aidera à libérer Georgie. Sur le vaisseau Mère, Anna et Marcus font venir un expert en torture afin de faire parler Georgie, il résiste aux méthodes employées : devant cette résistance Anna décide de faire revivre à Geogie le massacre de sa famille. Tyler, apprends par Lisa que Joe n'est pas son vrai père, il décide de quitter la maison et d'aller vivre sur le vaisseau mère. Erica, Ryan, Hobbes et Jack découvrent le dispositif pour contacter la 5e colonne, ils contactent Joshua et peuvent ainsi parler une dernière fois à Georgie. Val est de plus en plus inquiète au sujet de son bébé...

01.08 On ne gagnera jamais - We Can't Win
Anna se rend avec Chad, au siège des Nations Unies à Genève pour convaincre le monde de ses bonnes intentions, proposant même d'offrir au monde «l'énergie bleue», une énergie révolutionnaire. Dans un premier temps mal reçue par le secrétaire général des Nations Unies qui ne l'avait pas invitée, elle réussit un coup d'éclat auprès de l'opinion publique et politique. En effet, Anna permet d'éviter une catastrophe humanitaire à la suite d'une inondation sur une petite île grâce à la mise à disposition de cette fameuse énergie. Pendant ce temps-là, Lisa passe le test de fiabilité et échoue. Val s'enfuit après avoir découvert des secrets sur la vie de Ryan dans leur appartement, ainsi que des faux papiers et les véritables images de son échographie. Elle se rend dans un centre médicalisé des visiteurs pour y passer des examens au sujet de son bébé. Ryan part à sa recherche. Les visiteurs éliminent des résistants de la 5e colonne un-à-un en tentant de protéger un résistant, elle capture un tueur de résistants. Joshua ment sur la réussite du test de Lisa à Anna...

01.09 Un nouveau départ - Heretic's Fork
Soucieux de protéger son futur enfant, Ryan emmène Val loin de la ville chez des personnes ayant aidé des membres de la «Cinquième Colonne» dans le passé. Il laisse Erica, Jack et Hobbes reprendre le flambeau de la lutte active sur le terrain. Chad se fait filmer en train de se faire opérer de son anévrisme cérébral. En échange de sa guérison, il promet à Anna d'enquêter sur la « Cinquième Colonne ». Anna intensifie le programme « Vivre à bord » tout en ayant deux objectifs majeurs : retrouver Val, Ryan et leur enfant hybride et inciter Tyler à venir vivre à bord du vaisseau. Elle charge Lisa de cette mission. Mais cette dernière, qui semble éprouver de plus en plus de sentiments pour le jeune homme, refuse de le livrer à sa mère. Parallèlement, Marcus envoie un soldat Visiteur à la poursuite de Ryan...

01.10 Dérapage incontrôlé - Hearts and Minds
Ryan apprend qu'Anna prévoit d'envoyer une unité de traqueurs chargés de retrouver les responsables de l'échec de son soldat. Après avoir longuement hésité, il décide avec Erica, Hobbes et Jack d'abattre la navette à bord de laquelle ils doivent arriver...

01.11 Le Temps des doutes - Fruition
Erica apprend qu'une femme «V» aurait été victime d'une agression. C'est Lisa. Grâce à Joshua, qu'elle rencontre pour la première fois, Erica découvre que cette prétendue agression n'est, en réalité, qu'une mise en scène orchestrée par Anna. Les «V» accusent deux hommes d'être les responsables

V

de cet acte : Kyle Hobbes et un certain Lawrence Parker, un chercheur spécialiste en armement qui, avec d'autres confrères, a mis au point une bactérie susceptible de nuire aux espèces reptiliennes et, par conséquent, aux Visiteurs. Menant un double jeu, Hobbes dérobe le disque dur de l'ordinateur de Parker sur lequel figure l'ensemble de ses recherches. Il compte s'en servir comme monnaie d'échange auprès de Marcus afin que les extraterrestres détruisent toutes les informations qu'ils détiennent sur lui. Consciente qu'Anna manipule son fils, Erica tente d'en faire de même avec Lisa. La jeune femme ne sait si elle doit continuer à obéir à sa mère ou se rebeller.

01.12 Choisir son camp - Red Sky

Le bébé de Val et de Ryan est sur le point de naître. La future mère se fait enlever par un soldat V qui l'emmène sur le vaisseau-mère. Elle accouche d'un bébé mi-humain, mi-lézard. En tuant la génitrice par injection, Anna tente de profiter de la douleur de Ryan, faiblesse humaine dont elle affirme vouloir protéger sa race, pour le retourner par le bliss... ainsi que par les marques naissantes d'affection de sa progéniture. Erica est invitée avec son fils, Tyler, à un diner en compagnie d'Anna et de Lisa sur le Vaisseau-Mère afin de discuter les termes de la future installation de Tyler à bord. Saturée des ingérences qui ciblent, entre autres, sa vie familiale, l'agent Evans passe à la contre-offensive et projette de détruire la finalité de tous ces tracas : les soldats engendrés par Anna. Aidée par Joshua, l'absence de Marcus à bord et Lisa, qu'elle achève de retourner, elle profite de son séjour pour détruire le nid gigantesque en pleine phase d'éclosion. Chad, quant à lui, devant la réalité des actes que ses compromis personnels ont cautionné, n'arrive plus à soutenir les faux semblants de sa carrière de présentateur lorsque le lieu où les Vs emmènent les gens du programme «Vivre à Bord» lui sont révélés de la bouche même du «traître de la cinquième colonne». Marcus, de son côté, tente d'acheter Hobbes et lui demande de bien vouloir infiltrer la Cinquième Colonne car ils « l'ont » débusquée. Lisa, qui a déjà expérimenté la manière avec laquelle ses compétences ont été remerciées, se détermine à trahir sa mère. Libéré par Lisa, Joshua se sacrifie en faisant diversion et demande à Erica de le tuer afin que personne ne la suspecte. Au sol, Jack assume son passé et dévoile ses opinions au grand jour, dans un sermon polémique qui vide peu à peu l'église dont le père Travis se félicitait du regain de fréquentation, depuis l'apparition des visiteurs. Anna découvre ses soldats morts dans l'œuf et, à l'énumération des dégâts, cède dans un long cri à la contagion de l'émotion humaine la plus basique sous les regards ironiques de son second...et de Lisa. Elle décide de se venger et déclenche, sans se soucier des avertissements de Marcus, le « protocole ». Soudain le ciel des différentes capitales mondiales devient rouge et de nombreux vaisseaux venus de loin recouvrent la sphère terrestre.

Épisode spécial : V, The Arrival

Cet épisode relate l'arrivée des Visiteurs, permettant aux nouveaux téléspectateurs de prendre la série en cours.

■■■■■■ SAISON 02 ■■■■■■

02.01 Après la pluie - Red Rain

Cela fait maintenant quatre jours que le rouge envahit le ciel... Du fait des sentiments humains qu'elle a pu ressentir, les capitaines des vingt-neuf vaisseaux V sont maintenant convaincus que Anna — Commandante suprême des V — a perdu tout contrôle. Erica Evans —agent de la cinquième colonne — cherche à aller à la rencontre d'Anna pour avoir des réponses sur le ciel rouge. La cinquième colonne fait connaissance avec le Dr Sydney Miller, un scientifique qui a mené ses recherches sur les Visiteurs et le ciel rouge et apprennent le véritable objectif de ce dernier. Tandis qu'Anna commence à être envahie par les sentiments humains, elle se voit contrainte de reprendre contact avec une vieille connaissance et c'est alors qu'un personnage clé fait son apparition...

02.02 La reine emprisonnée - Serpent's Tooth

Anna reprend contact avec sa mère, Diana, qu'elle a fait passer pour morte quinze ans plus tôt afin d'accéder au commandement suprême des Visiteurs. Une nouvelle branche de la cinquième colonne fait son apparition, plus radicale, qui se compose principalement d'activistes kamikazes. Erica

Evans, agent de la cellule du FBI chargée du contre-terrorisme V est sur l'enquête. Devant la montée des violences anti-V, Anna recours au chantage affectif auprès de Ryan Nichols — agent dormant V de la cinquième colonne — pour démasquer la rébellion…

02.03 Rendre l'âme - Laid Bare

Erica se réveille dans la voiture après que cette dernière a fait plusieurs tonneaux. Malik est déjà sortie et frappe dès lors Erica. Elles se battent hors de la voiture mais alors que Malik s'apprête à manger Erica, cette dernière la frappe contre un arbre et l'assomme. Les autres membres de la Cinquième colonne arrivent en voiture et capturent Malik pour l'interroger. Anna quant à elle teste de plus en plus Lisa suite aux recommandations de sa mère, qui avait elle-même essayé de transformer Anna. Le père Jack est de plus en plus discrédité lorsqu'une émeute éclate dans son église, et Tyler tourne une vidéo pour faire du mal à Jack sous les ordres d'Anna. Malik, est pour finir tuée après avoir été torturé par Ryan et Hobbes. Elle leur révèle une information capitale pour sauver une victime des Visiteurs. Erica apprend des nouvelles inquiétantes sur sa grossesse et sur Tyler. Joshua met au point une machine pour extraire l'âme des humains. Lisa quant à elle se confie à Erica sur les intentions de sa mère. Chad Decker rejoint la Cinquième Colonne.

02.04 Alliances contre nature - Unholy Alliance

Trois ambassadeurs de la paix sont retrouvés assassinés. Au bureau du FBI, Erica rencontre son nouveau partenaire Chris Bolling, avec qui elle avait suivie sa formation. Ryan livre le minimum d'informations à Anna sur la Cinquième Colonne, qui insiste pour qu'il se rapproche d'Eli Cohn, le leader d'une faction radicale. Erica, Hobbes et Ryan trouvent le repaire d'Eli. Malgré leurs désaccords, ils s'entendent pour faire attribuer l'assassinat de l'agent Malik à des membres fidèles de l'organisation de Cohn. Lors d'un raid mené par Erica et des agents du FBI, deux inconnus sont arrêtés. Au Vatican, Anna force le collège des cardinaux à se joindre officiellement aux V et à condamner les prêtres anti-V. Anna découvre que l'un des proches conseillers de l'évêque est un agent dormant qui avait travaillé pour Diana. Anna l'oblige à retourner sur le vaisseau mère, sous le couvert de son bénévolat en tant que premier missionnaire chez les V. Elle essaie de savoir ce qu'il a appris sur les émotions et l'âme humaine, mais il refuse de reconnaître Anna comme reine et insiste sur le fait qu'il ne partagera ses connaissances qu'avec Diana. Anna le mène alors à sa mère, qui le tue avant qu'Anna ne l'emmène à nouveau. Diana informe sa fille que les émotions humaines sont en fait une bénédiction plutôt qu'une malédiction pour les V. Après la mort du prêtre, Anna sent enfin qu'elle en sait suffisamment pour utiliser les émotions et l'âme contre les hommes. Tyler et ses amis saccagent l'église de Jack pour se venger des attentats suicide. Paul et Chris découvrent une vidéo de surveillance où Erica et Jack conversent et ils commencent à les suspecter. Jack se rend compte que Tyler a vandalisé l'église et en fait part à Erica. Ryan retourne au navire V et donne à Anna la tête coupée de l'agent Malik. Ryan supplie Anna de prodiguer sa félicité à sa fille, mais Anna refuse et lui ordonne d'infiltrer l'organisation d'Eli Cohn afin d'éliminer définitivement la Cinquième Colonne.

02.05 Concordia - Concordia

Anna révèle les plans de son dernier cadeau à l'humanité,»Concordia», des structures-citadelles qui seront construites par les humains, mais avec la technologie des V. Chad Decker est le premier à voir ce projet présenté par Anna qui prétend que celui-ci créera de nombreux emplois dans le monde. Cependant, la réelle vocation de «Concordia» sera d'être utilisé dans la prochaine phase de l'invasion pour le transport, vers les vaisseaux mère, des femmes qui seront utilisées pour la reproduction. En secret, Anna jubile à l'idée qu'en construisant «Concordia», les humains creuseront leurs propres tombes. Pendant ce temps, Erica offre à Tyler un gateau pour son 18e anniversaire. Mais Tyler est plus préoccupé par son père qui ne l'a pas encore appelé. Erica appelle Joe, son ex-mari, et lui dit qu'ils doivent parler de Tyler. Erica se rend compte que les Visiteurs ont une influence notable sur Tyler. Pour tenter de la neutraliser, elle et Joe se mettent d'accord pour lui offrir un voyage à travers le pays à moto, et pour être à nouveau réunis. Anna réplique en offrant à Tyler une formation à l'école de pilote. Ryan approche Eli Cohn et lui demande son aide pour abattre Anna lors de la soirée organisée pour la présentation de «Concordia». Lorsque cette idée est proposée au reste de la Cinquième Colonne, Erica et le Père Jack refusent tout d'abord. Puis, Erica change d'avis, modifiant le plan afin que les dommages collatéraux soient minimes. Le plan est mis à exécution, tout se passe bien jusqu'à ce que Ryan appelle Marcus, l'avertissant de la tentative d'assassinat. Marcus en informe Anna, et prend sa place sur scène. Erica se précipite sur la scène et embrasse Tyler pour permettre à Hobbes d'abattre Marcus. Thomas, l'ingénieur de l'Université «Concordia» est nommé nouveau bras droit d'Anna. Hobbes et Cohn sont furieux que leur plan ait été déjoué par Ryan. Le Père Jack est confronté au Père Travis, qui l'informe que son comportement récent peut donner raison au Vatican de l'excommunier. Tyler décide finalement de choisir le cadeau de sa famille au lieu de l'accueil des Visiteurs. Au FBI, le partenaire d'Erica trouve son comportement étrange, lui et Paul Kendrick décident d'enquêter sur elle. Ryan, traitant avec Anna, est invité à infiltrer davantage la Cinquième Colonne. Il se soumet, la reconnaissant comme « Reine ».

02.06 Bouclier humain - Siege

Chad Decker et sa nouvelle coprésentatrice, Carrie, informent de la tentative d'assassinat et de l'état de Marcus qui reste inconnu. Anna jure qu'elle va détruire la Cinquième Colonne et Eli Cohn, et que le sacrifice de Marcus sera vengé. Pendant ce temps, Erica fait l'objet d'une suspicion accrue de la part du FBI. Erica demande à Hobbes de localiser Ryan qui les a trahis pour protéger sa fille. Anna ordonne à Ryan de traquer et de tuer Eli Cohn afin qu'elle offre plus d'aide à sa fille. Le Père Travis annonce au Père Jack qu'il est relevé de sa cure, Cohn appelle Erica, l'informant qu'ils ont pris Ryan. Mais Ryan est surveillé par un tracker V, Anna et Thomas avertissent anonymement le FBI, forçant ainsi les humains à faire le sale boulot. Erica demande à Ryan pourquoi il a trahi ses alliés, il s'explique au sujet de sa fille et leur demande de partir, ou bien ils seront tous morts. Erica décide de feindre d'être prise en otage. Anna annonce que les deux parents de Tyler doivent mourir afin que les plans des Visiteurs pour Tyler puissent continuer. Joe et Tyler regardent un match de football quand ils voient Erica prise en otage. Joe part retrouver Erica. Le FBI utilise une technologie V pour voir leurs cibles dans le bâtiment. Alors que le FBI est sur le point de porter le coup final, Cohn active ses kamikazes présents dans la foule à l'extérieur. Ryan s'excuse auprès d'Erica, qui lui dit simplement «au revoir». Joe arrive à l'intérieur de l'immeuble grâce à l'aide d'un agent V dormant, Ray Caldwell. Cohn annonce à Erica qu'elle sera le chef de la Cinquième Colonne. Le groupe, à l'exclusion de Cohn, sort du bâtiment qu'Hobbes fait ensuite exploser. Joe est tué dans la fusillade qui s'ensuit et Tyler en colère quitte Erica en la blâmant. Lisa rencontre sa grand-mère, qui conspire contre Anna. Erica réunit Chad, Jack, et Hobbes. Elle annonce que la Cinquième Colonne va maintenant passer à l'offensive.

02.07 Sélection artificielle - Birth Pangs

Erica Evans — nouvellement désignée par Eli Cohn comme chef de la cinquième colonne — part à Bangkok pour rencontrer l'ensemble des lieutenants de la rébellion. La cinquième colonne retrouve alors le médecin qui s'était occupé de la grossesse d'Erica Evans, qui se trouve être à Hong Kong, ils découvrent l'existence d'une liste de vingt-neuf jeunes mâles humains ayant survécu à la génothérapie V, liste dont fait partie Tyler Evans — le propre fils d'Erica Evans. Le docteur Sydney Miller — qui vient de rejoindre la cinquième colonne — comprend alors le vaste plan des Visiteurs : réunir l'ensemble des meilleurs gènes humains pour enrichir le patrimoine génétique V grâce à une reproduction inter-espèces par le biais de la future reine Visiteur, Lisa…

02.08 La Fin justifie les moyens - Uneasy Lies the Head

Le plan d'Anna — Commandante suprême des Visiteurs — de récupération du meilleur patrimoine génétique de l'humanité à des fins de reproduction est sur le point d'aboutir, malheureusement, les vingt-neuf jeunes mâles humains pré-sélectionnés pour fertiliser la future reine des Visiteurs — Lisa — meurent soudainement, alors que le taux de phosphore de Tyler Evans n'est pas suffisant pour assurer une fertilisation de Lisa. Erika Evans, à l'aide de la cinquième colonne à travers le monde, va tout faire pour empêcher Anna de terminer sa compilation des meilleurs gènes humains…

02.09 L'Invasion est en marche - Devil in a Blue Dress

Anna inaugure le chantier de lancement du vaste programme de construction « Concordia », dernier « cadeau des Visiteurs à l'humanité » afin de finaliser son plan d'invasion massive. Le rapprochement manifeste entre Tyler Evans et sa mère — Erica Evans — ainsi que les critiques de plus en plus acerbes de Carrie, la coprésentatrice de Chad Deker, perturbe la stratégie d'invasion d'Anna. Marcus — fidèle lieutenant d'Anna — prend contact avec « sa » reine, Diana, qui lui affirme qu'Anna est éprise d'émotions humaines, et qu'elle mènera leur espèce à la perte. Dans le même temps, Anna réalise qu'elle aura du mal à contrôler l'âme humaine et décide, pour maîtriser l'humanité, de lui faire profiter de sa félicité...

02.10 La Fin du monde - Mother's Day
Anna se concentre sur la procréation de Lisa avec Tyler afin d'assurer l'évolution des Visiteurs, tandis qu'Erica et la cinquième colonne enrôlent Lisa afin de porter un coup visant à destituer Anna avant que l'humanité ne soit détruite, pendant que Ryan et Joshua sortent Diana de sa prison afin qu'elle reprenne le pouvoir. Malheureusement, l'attaque échoue, ce qui a des conséquences dévastatrices...

██████████ V : LES VISITEURS - SAISON 01 ██████████

S01E01 - Le jour de la libération
Mike Donovan est un reporter à l'esprit critique acéré. Lors d'un reportage dangereux, il surprend l'arrivée d'un immense vaisseau spacial. Ce qu'il ignore, c'est que des dizaines de vaisseaux de ce type se positionnent au-dessus des plus grandes villes du monde. La population de la Terre est euphorique et exhaltée à l'idée que des extraterrestres soient venus sur Terre, mais une pointe d'angoisse se fait aussi sentir devant l'inconnu que cela représente. Un an après que les Visiteurs aient été bannis de la Terre par la poussière rouge, La Terre célèbre le jour de la libération. Diana capturée dans son vaisseau mère un an plus tôt, est sur le point de répondre de ses crimes contre l'Humanité.

S01E02 - Triax
Réunie avec ses troupes, Diana jure de prendre la Terre par le force et de mener les Visiteurs à la victoire finale. Les Visiteurs envahissent la ville de Los Angeles, et Nathan Bates propose un marché à Diana - si elle accepte d'épargner L.A., il ne lâchera plus la Poussière Rouge dans l'atmosphère.

S01E03 - L'évasion
Beaucoup d'humains collaborent maintenant avec eux. Quand Diana fait une apparition en public, la Résistance voit là une opportunité d'exposer les véritables intentions des Visiteurs à la face du monde

S01E04 - Déception
Dans la banlieue de Los Angeles, territoire des Visiteurs, Robin Maxwell est à la recherche de sa fille Elisabeth, dont elle ignore la métamorphose. Interceptant un mystérieux message, Kyle se retrouve dans les locaux secrets du Q.G. des résistants

S01E05 - Sanction
Donovan se rend aux Visiteurs pour sauver son fils. Diana entend ses collègues comploter contre elle. Elle dit à son leader qu'elle seule peut lui succéder car elle a un espion dans la Résistance. Willie un alien amical se soumet à des tests pour que Julie puisse développer leur défense contre les Visiteurs. L'arme qu'elle met au point est utilisée contre les Visiteurs avec succès.

S01E06 - Le choix du visiteur
Des habitants de Rawlinville, communauté minière située dans les montagnes au Nord de Los Angeles, ont passé un pacte redoutable avec Diana : en échange d'une forte quantité d'or, ils se sont engagés à extraire le cobalt, métal indispensable pour l'armement des Visiteurs

S01E07 - Zoom
Mike Donovan et Ham Tyler parviennent à éviter de justesse les gardes du corps de Nathan Bates

S01E08 - Dissident
Les essais concluant d'une nouvelle invention, l'émission d'un champ magnétique d'une puissance redoutable, suggère à Diana l'idée d'un plan de guerre diabolique pour renforcer le pouvoir des «Visiteurs» : enfermer toute la ville de Los Angeles dans le rayon pour s'en assurer le contrôle. Chef de la cité, Nathan Bates accepte une fois de plus de collaborer à condition que Diana lui garantisse

l'échappatoire d'un couloir dans le champ magnétique

S01E09 - Joyeux Noël
En faisant entrer clandestinement des enfants réfugiés à Los Angeles, Mike Donovan et Ham Tyler parviennent à éviter de justesse les gardes du corps de Nathan Bates et des soldats «visiteurs»

S01E10 - L'échange
Kyle et Ham Tyler tentent à eux deux d'attirer un vaisseau des Visiteurs dans un guet-apens. Mais les rôles s'inversent et les deux hommes sont faits prisonniers

S01E11 - Le héros
Les Aliens cherchent à démontrer que la Résistance est une attaque terroriste contre les frontières de la science, espérant ainsi faire basculer l'opinion publique contre les rebelles. Tandis que Nathan est plongé dans un coma, son associé Chaing prend les pleins pouvoirs et fait un marché avec Charles. En utilisant une image de synthèse de Bates, un réseau de télévision déclare que jusqu'à ce que la Résistance se rende, un otage sera exécuté chaque jour

S01E12 - Traître
Un Visiteur appartenant à la «Cinquième Colonne» confie à Willie les plans secrets d'un gigantesque trafic d'armes. Une patrouille surprend les deux hommes et le traitre est abattu

S01E13 - Le mariage
Réalisant que la présence de Diana menace sa toute-puissance, Charles force la jeune femme à l'épouser. Selon la législation extraterrestre, celle-ci devrait alors regagner sa planète... Durant une échauffourée, Juliet réussit à délivrer l'enfant d'une amie des griffes des Visiteurs

S01E14 - Le champion
Diana accuse Lydia d'être responsable de l'assassinat de Charles. Emprisonnée, celle-ci refuse de se suicider, comme le lui a conseillé Diana. Bien au contraire, la jeune femme réclame un procès. Pendant ce temps, Mike Donovan et Kyle Bates font la connaissance de Kathy, une jeune et séduisante veuve dont Mike va tomber amoureux

S01E15 - Les cougouars
Dans un hôpital de fortune aménagé dans une ferme située à plusieurs kilomètres de Los Angeles, le docteur Julie Parrish tente de soigner les victimes d'une épidémie de diphtérie, qui se développe de manière incontrôlable dans la vallée. Les stocks de sérum destinés à sauver les malheureux sont rapidement épuisés... Comme Donovan et ses hommes sont éparpillés dans le maquis aux abords de Los Angeles, Kyle réussit à convaincre une bande de malfrats, surnommés les Chats Sauvages, d'aller dérober les ampoules de sérum dans un entrepôt appartenant aux Visiteurs

S01E16 - Le parrain
Robert, membre de la cinquième colonne, fait échouer une embuscade tendue par Diana à Mike Donovan, Kyle et Willie, puis il vole les cristaux de beryllium qui sont la source d'énergie des lasers de la navette spatiale. Tandis que Lydia se rejouit de ce nouvel échec de Diana qui espérait redevenir Commandant suprême, Philip leur ordonne de retrouver le traître. Robert, qui fuit avec sa femme enceinte, Glenda, est surpris par Philip et Diana au moment où il vole un appareil

S01E17 - Dure bataille
Philip, le commandant des Visiteurs, et Diana célèbrent à bord du vaisseau-mère l'installation d'un ordinateur perfectionné qui permettra aux Visiteurs de recevoir à travers les galaxies les plans du Chef Suprême pour la victoire finale. Diana et Oswald sont inquiets parce qu'ils n'ont pas pu découvrir le petit génie terrien qui depuis quelques semaines pénètre dans leur système

S01E18 - Le volcan
Jonathan, membre de la cinquième colonne, vole une liste énumérant tous les chefs rebelles et l'endroit où ils se trouvent. Blessé à mort, il parvient à cacher la liste et, dans son dernier souffle, tente de révéler à Philip où il l'a dissimulée mais Philip ne comprend pas son balbutiement. Philip rencontre secrètement Mike Donovan et Julie Parrish pour les prévenir qu'il serait désastreux que la liste tombe entre les mains de Diana

S01E19 - Le retour

Acculés dans un piège des «Visiteurs» dont ils ne peuvent plus réchapper, les résistants s'apprêtent à commettre un suicide collectif quand soudain les hauts parleurs de la ville diffusent l'ordre incroyable d'un cessez-le-feu. Philip annonce par ailleurs la prochaine venue du chef suprême des «Visiteurs». Diana, furieuse, l'accuse ouvertement d'être un traître à leur cause. Elizabeth, «l'enfant stellaire» dépositaire des deux civilisations, rentre en contact avec le chef suprême qui souhaite la rencontrer lors de sa visite sur terre

V

WALKING DEAD

Dans un monde poste-apocalyptique où les Hommes sont devenus des zombis, les quelques humains qui restent luttent pour survivre.

S01E01 - Passé décomposé
Dans le Kentucky, Rick Grimes, un policier, se réveille à l'hôpital après plusieurs semaines de coma provoqué par une fusillade qui a mal tourné. Il découvre que le monde, ravagé par une épidémie, est envahi par les morts-vivants. Rick ne songe qu'à une chose : retrouver sa femme Lori et son fils Carl. Il se rend chez lui mais constate qu'ils ont disparu, puis rencontre Morgan et son fils Duane, qui se terrent dans leur maison. L'homme lui explique que la seule façon de tuer les zombies est de les atteindre à la tête. Il lui indique aussi qu'il existe un camp de réfugiés aux alentours d'Atlanta...

S01E02 - Tripes
Rick parvient à s'extraire du char et rencontre un groupe de survivants avec le jeune Glenn, Andrea, Morales, T-Dog et Merle Dixon, un homme passablement raciste et énervé. Tous sont réfugiés dans un immeuble et se demandent comment en sortir. Les zombies tentent de prendre d'assaut le bâtiment. Rick est obligé d'attacher Dixon pour le calmer car son attitude envers T-Dog envenime la situation. Le petit groupe pense d'abord à s'échapper par les égouts. Dans le camp de réfugiés à l'extérieur de la ville, Lori et Shane deviennent amants...

S01E03 - T'as qu'à discuter avec les grenouilles
Rick, Glenn et le petit groupe de survivants parviennent à rejoindre le camp de réfugiés situé dans les montagnes aux alentours d'Atlanta. Rick retrouve sa femme Lori et son fils Carl. Son ancien coéquipier, Shane, qui était devenu l'amant de Lori, est forcément surpris du retour de Rick. Le cas de Merle Dixon fait débat : fallait-il le laisser attaché sur le toit sans défense ? La découverte d'un mort-vivant aux abords du camp et le retour de Daryl Dixon, le frère de Merle, précipitent les choses : Rick décide de retourner à Atlanta pour délivrer Merle et récupérer des armes et des munitions...

S01E04 - Le gang
A Atlanta, Rick, Glenn, T-Dog et Daryl cherchent Merle, qui a réussi à s'enfuir malgré sa main coupée. En voulant récupérer le sac d'armes, ils rencontrent un autre groupe de survivants, qui eux aussi veulent s'emparer des munitions. Le gang capture Glenn et les deux parties vont devoir négocier. Au camp en dehors de la ville, alors qu'Andrea s'est rapprochée de sa soeur Amy, Jim montre des signes d'inquiétude. L'homme ne cesse de creuser des tombes et semble perdre toute notion de la réalité. Les autres habitants du camp décident de l'attacher de manière préventive...

S01E05 - Feux de forêt
Après l'attaque du campement, tous les survivants sont résignés et abattus. Andrea pleure sa soeur Amy, Shane reproche à Rick d'être parti à Atlanta et d'avoir laissé le camp sans renfort, mais c'est surtout l'état de santé de Jim qui inquiète. Il a été mordu par un mort-vivant et sa santé se dégrade. Rick cherche du soutien chez Lori et propose au groupe de quitter les montagnes pour essayer de trouver le centre de soins et de prévention des maladies infectieuses. Il pense que l'endroit est encore protégé par l'armée. Tous prennent la route alors que Jim est de plus en plus fiévreux...

S01E06 - Sujet-test 19
Rick et les survivants pénètrent dans le centre de soins et de recherche sur les maladies infectieuses. Là, le docteur Edwin Jenner les accueille. Il est le seul scientifique présent et vit seul depuis plusieurs mois. Après avoir profité d'un repos auquel ils n'avaient plus goûté depuis longtemps, Rick, Shane et le groupe se posent beaucoup de questions sur ce qui s'est passé dans le centre. Le docteur Jenner leur explique l'état le plus avancé de la recherche sur ce qui transforme les morts en zombies. Mais la situation n'est pas aussi idéale qu'il n'y paraît...

◼◼◼◼ SAISON 02 ◼◼◼◼◼◼◼◼◼◼◼◼◼◼◼◼◼◼◼◼◼◼◼

S02E01 - Ce qui nous attend
Les survivants se retrouvent bloqués sur une route envahie par des carcasses de voitures. Ils décident d'en profiter pour siphonner les réservoirs. C'est alors qu'ils sont surpris par un groupe de

zombies. Dale tente de superviser les opérations du haut du camion, tandis que Sophia, imprudente, est poursuivie par un groupe de zombies tenaces. Rick parvient à tuer les créatures qui menaçaient Sophia mais la jeune fille disparaît. Rick et les autres se lancent à sa poursuite...

S02E02 - Saignée

Otis, le chasseur, a indiqué à Rick que les habitants de la ferme pourraient sauver Carl, blessé par balles. Le policier, qui porte son fils inconscient, tente désespérément de rejoindre la ferme. Le docteur Hershel Greene, propriétaire de l'endroit, pense pouvoir sauver le garçon en pratiquant une transfusion sanguine. Rick, qui possède le même groupe sanguin que son fils, donne son sang. Mais le médecin a besoin de matériel médical pour pouvoir opérer correctement. Otis et Shane se portent volontaires pour aller en chercher dans le lycée voisin. Pendant ce temps, Andrea est attaquée par un zombie. Elle est sauvée in extremis par Maggie, la fille de Hershel...

S02E03 - Le tout pour le tout

L'angoisse règne toujours à la ferme. Le petit Carl est entre la vie et la mort. Les familles Greene et Grimes attendent des nouvelles de Shane et Otis, partis chercher du matériel médical au lycée. Mais ce qu'ils ne savent pas, c'est que Shane et Otis sont désormais prisonniers du lycée, qui est peu à peu envahi par une horde de zombies. De leur côté, Daryl et Andrea continuent à rechercher Sophia.

S02E04 - Rose Cherokee

Tous les survivants se retrouvent à la ferme des Greene. Maggie et Glenn, profitant d'une escapade au bourg voisin, se laissent aller à leur attirance mutuelle. Shane, depuis la mort d'Otis, a du mal à dissimuler sa part sombre. Pendant ce temps, Daryl continue de chercher la jeune Sophia disparue...

S02E05 - Le Chupacabra

Dans les bois aux alentours de la ferme de la famille Greene, Daryl s'aventure à la recherche d'indices sur la disparition de Sophia. Malencontreusement, il se blesse assez gravement. Pour ne rien arranger, il doit faire face à des zombies et malgré ses talents de chasseur, sa situation devient critique. Pendant ce temps, Rick devine qu'il est en train de se passer quelque chose de grave. A la ferme d'Herschel Greene, les relations entre Glenn et Maggie deviennent plus évidentes. Glenn a une appréciation positive sur l'attitude de Maggie mais doute encore des sentiments naissants entre eux...

S02E06 - Secrets

Pour les survivants emmenés par Rick Grimes, les temps deviennent difficiles : alors que l'humanité des uns et des autres est mise à rude épreuve et que le danger est omniprésent à cause des zombies, les relations entre humains sont constamment sur la corde raide. Le jeune Glenn devient ainsi le dépositaire de deux lourds secrets. Va-t-il en supporter le poids ? De son côté, Rick doit révéler un élément de la vie d'une personne proche de lui. Qu'en sera-t-il des conséquences ? Andrea, quant à elle, développe de nouvelles aptitudes et doit s'en servir lors d'un affrontement sans merci...

S02E07 - Déjà plus ou moins mort

Entre les survivants, emmenés par Rick, et les habitants de la ferme Greene, les discussions sont vives sur l'attitude à adopter face au monde et ce qu'il est devenu. Hershel refuse de voir une certaine réalité. Andrea, de son côté, affirme sa personnalité et sort peu à peu de sa coquille. Entre les secrets des uns et des autres, l'ambiance devient pesante. Mais tous prennent de plus en plus conscience que dans ce monde devenu un enfer permanent, tout un chacun est considéré comme de la nourriture pour les autres...

S02E08 - Nebraska

Les morts vivants retenus dans la grange ont tous été tués. La tension monte d'un cran au sein du petit groupe de survivants. Hershel Greene veut que Rick et ses amis quittent immédiatement sa ferme. Shane s'en prend à Rick et l'accuse de ne pas être assez réaliste sur la situation, sachant que Sophia se trouvait dans la grange. Dale prévient Andrea et Lori de se méfier de Shane et de sa personnalité trouble, d'autant plus qu'il le soupçonne de ne pas avoir dit toute la vérité sur la mort d'Otis...

S02E09 - Le Doigt sur la détente

Pour les survivants, la situation ne s'améliore pas. Après les multiples dissensions qui ont fait exploser le groupe, où l'attitude de Shane a été un élément déterminant, chacun tente de suivre sa propre voie. Rick et Glenn ont suivi Hershel lorsqu'il est parti en ville alors qu'il s'était fait une règle de ne jamais quitter sa ferme. Malencontreusement, les trois hommes se retrouvent pris au piège et doivent se battre contre des morts-vivants. De son côté, Shane découvre que Lori est en danger...

S02E10 - A dix-huit miles, au moins
Rick, accompagné de Shane, emmène Randall au plus loin de la ferme des Greene pour le perdre afin qu'il n'en retrouve pas le chemin. Ils l'abandonnent dans une ancienne école et se disputent quant à son sort. Shane veut l'exécuter alors que Rick demande une nuit pour réfléchir à cette question. Mais les trois hommes sont attaqués par des rôdeurs. A la ferme, Beth, désespérée de vivre dans un monde aussi violent, veut mettre fin à ses jours. Lori et Andrea n'ont pas la même opinion sur l'attitude à adopter vis-à-vis d'elle. Quant à Maggie, elle cherche surtout à protéger sa soeur...

S02E11 - Juge, Juré et Bourreau
Alors que l'hiver approche et que les survivants tentent de s'organiser pour rester loin des ennuis et des morts-vivants qui rôdent aux alentours, l'ambiance dans le groupe est toujours aussi pesante. Rick et Shane ne s'entendent pas sur l'attitude à adopter vis-à-vis de Randall. A la ferme, Dale s'interroge sur la part d'humanité qui subsiste encore dans le groupe. Les actions du jeune Carl portent à conséquences. Quant à Beth, Andrea et Lori continuent de la surveiller après sa tentative de suicide...

S02E12 - Les Meilleurs Anges de notre nature
Dale a été attaqué par un rôdeur aux alentours de la ferme et il n'a pas survécu à ses blessures. Tout le monde dans le groupe est choqué par sa disparition, car il représentait une part d'humanité dans ce monde violent. Rick, Shane et les autres doivent maintenant redoubler d'attention car les rôdeurs peuvent frapper à n'importe quel moment. Leur priorité reste la sécurité du groupe. De plus, Randall pose problème. Rick voulait le tuer mais il n'a pas pu l'exécuter sous les yeux de son fils. Le jeune homme est-il fiable ?...

S02E13 - Près du feu mourant
De retour des bois qui entourent la ferme, Rick et son fils Carl découvrent que l'endroit où ils vivent depuis plusieurs semaines est devenu un véritable chaos. Le petit groupe de survivants est complètement séparé et les derniers semblants d'unité ont volé en éclats. La ferme des Greene n'est plus le havre de paix espéré par certains. De plus, le leadership de Rick sur le groupe est désormais remis en cause...

■■■■■■■■■ SAISON 03 ■■■■■■■■■

S03E01 - Graines
Après la nuit traumatisante au cours de laquelle ils ont dû abandonner la ferme de Hershel, Rick et les autres survivants cherchent un nouvel abri. Cela devient d'autant plus urgent qu'ils ont passé plusieurs mois dehors à la merci des rôdeurs, que tous sont épuisés et que l'accouchement de Lori est imminent. Après avoir fouillé toutes les maisons des alentours, ils arrivent à un endroit qu'ils n'avaient pas encore visité. Mais celui-ci est investi par les morts-vivants et risque d'être difficile à s'approprier. Rick, dont les décisions ne sont plus discutées, choisit cependant de saisir cette chance et entâmc la sécurisation des lieux...

S03E02 - Malade
L'opération pour éliminer les rôdeurs de la prison et accéder au stock d'armes et de médicaments a pris une tournure dramatique pour Hershel qui s'est fait mordre par un mort-vivant. Il est entre la vie et la mort après que Rick l'ai amputé d'une jambe pour tenter de le sauver. D'autre part, les survivants réalisent qu'ils ne sont pas les seuls à occuper la prison. Ils doivent trouver un arrangement pour co-habiter avec les détenus qui y vivent. Mais peuvent-ils leur faire confiance ? Ces derniers, qui étaient restés reclus près du garde-manger, n'avaient pas mesuré l'ampleur de la situation a

l'extérieur...

S03E03 - Marchez avec moi
Andrea et Michonne sont témoin d'un accident d'hélicoptère. Méfiantes, elles se cachent pour assister à la scène. Alors que les survivants sont pris en charge par des hommes armés, elles se font repérer et sont emmenées dans un endroit protégé des zombies appelé Woodbury. Dirigé par un homme énigmatique qui se fait appeler le gourverneur, elles y trouvent des soins médicaux, de quoi reprendre des forces et Andrea découvre que Merle Dixon, le frère de Daryl, est encore en vie. Mais si cette dernière semble apprécier le lieu, Michonne se méfie de ses apparences trop idylliques...

S03E04 - Un tueur à l'intérieur
A Woodbury, le gouverneur tente en vain d'obtenir la confiance de Michonne. Celle-ci est bien décidée à lever le camp dès que possible. Andrea, elle, n'est pas pressée de s'en aller et donne à Merle toutes les informations dont elle dispose sur son frère. Pendant ce temps, à la prison, les efforts du groupe pour rendre l'endroit vivable commencent à porter leurs fruits. Hershel, désormais rétabli, fait ses premiers pas aidé de béquilles et s'imagine vivre paisiblement dans cet endroit. Mais ce bonheur est de courte durée puisqu'une nouvelle fois, les rôdeurs mettent la vie des survivants en danger...

S03E05 - Dis-le
Rick est inconsolable après la décès de Lori et ce sont les autres survivants qui prennent en charge le nouveau-né. Tandis que Maggie et Daryl partent à la recherche de nourriture et de matériel de puériculture, Glenn lui, entreprend d'enterrer les corps. A Woodbury, Michonne, qui veut récupérer son arme, fouille dans les affaires du gouverneur et découvre certains de ses secrets. Cela renforce sa volonté de partir rapidement et engendre une nouvelle dispute avec Andrea qui, elle, sent de plus en plus à sa place dans cette communauté. Alors que la première part seule, la seconde assiste à un spectacle pour le moins particulier...

S03E06 - La traque
A nouveau en errance dans la forêt après avoir quitté Woodbury, Michonne n'est plus menacée uniquement par les morts-vivants, elle doit aussi se cacher des hommes de main du gouverneur qui sont à ses trousses. Andrea, au contraire, s'investit de plus en plus dans la vie du village et se rapproche du gouverneur. Dans le même temps, à la prison, Rick s'isole du groupe et ne parvient pas à se remettre de la mort de Lori. Phénomène étrange : il reçoit un coup de téléphone. Glenn et Maggie, sont, eux, partis chercher des vivres mais font une mauvaise rencontre...

S03E07 - Quand les morts approchent
Maggie et Glenn ont été capturés par le gouverneur qui tente de leur soutirer des informations sur leur lieu de vie. Michonne a, elle, trouvé la prison et fait la connaissance de Rick. Elle lui apprend l'existence de Woodbury et que ses amis y sont retenus. Avec l'aide de Daryl, Oscar et de cette nouvelle combattante, ils tentent de leur venir en aide...

S03E08 - Une vie de souffrance
Rick et les autres sont partis en mission pour tenter de libérer Maggie et Glenn. Malgré le peu de confiance qu'ils accordent à Michonne, ils parviennent à entrer dans la ville fortifiée. Tandis que Michonne découvre les sombres secrets du gouverneur, Andréa se bat sans le savoir contre ses anciens amis et Daryl apprend que son frère vit à Woodbury. Pendant ce temps, à la prison, Carl fait la connaissance de nouveaux survivants...

S03E09 - Le roi du suicide
Daryl et Merle, qui se sont retrouvés lors d'un duel à mort imposé par le gouverneur, parviennent à s'échapper tout deux vivants de Woodbury. Mais face à la personnalité de son frère et à la violence dont celui-ci a fait preuve envers Glenn et Maggie, Daryl préfère quitter le groupe et partir de son côté avec Merle. De retour à la prison, Rick, plus méfiant que jamais et toujours en proie à des visions, congédie Tyreese et les siens qui comptaient s'installer dans une partie du bâtiment. Dans le même temps, Andrea tente de contenir la panique qui s'empare des habitants de Woodbury...

S03E10 - Chez nous

Rick ne cesse d'apercevoir Lori et le groupe s'inquiète de ses réactions parfois incontrôlées. Tous tentent de trouver une solution pour parer aux représailles du gouverneur. Alors que certains pensent survivre en fuyant la prison, d'autres ne peuvent se résoudre à quitter ces lieux qu'ils ont mis tant de temps et d'énergie à s'approprier. Mais le gouverneur dispose de bien plus d'armes et d'hommes qu'ils n'en auront jamais. Pendant ce temps, à Woodburry, ce dernier assure à Andrea ne pas vouloir se venger. Il lui confie son envie de céder son rôle de leader. Mais joue-t-il franc jeu ? A la prison, le groupe de Rick, va vite le savoir...

S03E11 - Entre deux feux

La guerre est officiellement déclarée depuis que le gouverneur a attaqué la prison à l'aide d'une four-gonnette remplie de rôdeurs. Le leader de Woodburry fait le bilan de ses ressources disponibles en hommes et en armes, sollicitant l'aide de tous les habitants afin de lever une armée. Andrea, qui veut à tout prix éviter un bain de sang, se rend à la prison pour discuter avec ses anciens amis. Là-bas, le retour de Daryl et de Merle suscite la crainte mais permet d'avoir des informations sur l'ennemi. Alors que deux solutions semblent s'offrir au groupe de Rick : fuir ou attaquer, Carol propose à Andrea un plan alternatif...

S03E12 - Retrouvailles

Le groupe décide finalement de rester à la prison et de se préparer à une nouvelle attaque du gou-verneur. Rick, qui dispose des clés du local de son ancien commissariat de police, se propose de chercher des armes et des munitions. En compagnie de Michonne et de Carl, il se rend dans son ancienne ville, là où tout a commencé, et fait la rencontre d'une vieille connaissance. Carl, qui a bien grandit et porte désormais sa propre arme, décide de partir seul en mission. Mais l'aide de Michonne va finalement s'avérer utile et permet à cette dernière d'enfin gagner la confiance du jeune garçon...

S03E13 - Une flèche sur la porte

Les leaders de la prison et de Woodburry se rencontrent pour tenter de trouver un accord de paix. Chacun vient avec sa proposition mais celle de Rick, de partager le territoire en deux, de sorte à ne jamais se recroiser, ne satisfait pas le gouverneur. Celui-ci, toujours dans un esprit de vengeance, lui propose un tout autre marché et promet en échange d'épargner la prison et ses habitants. Là-bas, Maggie et Glenn peinent à calmer Merle qui s'est mis en tête d'écourter l'entrevue de Rick en abattant purement et simplement le gouverneur. Déterminé, il tente de rallier Michonne à sa cause...

S03E14 - La proie

Alors qu'à Woodburry, Andrea et Milton ouvrent les yeux sur la personnalité de leur leader, à la prison, Rick reconsidère l'offre de livrer Michonne au gouverneur...

S03E15 - Cette triste vie

Rick et son groupe doivent faire face à un problème a priori insoluble. Les circonstances exigent pourtant une décision rapide. En effet, la nécessité d'une trêve avec le gouverneur se faisant de plus en plus pressante, les survivants vont devoir se résoudre à des sacrifices exorbitants. Michonne, surtout, est en danger : Rick demande à Merle de kidnapper la jeune femme et de l'envoyer chez le gouverneur. Sur le chemin, tous deux tombent dans une embuscade...

S03E16 - Bienvenue dans le tombeau

Après avoir demandé qu'on lui livre Michonne comme condition à la paix entre les groupes, le gou-verneur franchit une nouvelle étape. Mais la mort de Merle accroît la tension. Andrea est toujours retenue prisonnière à Woodburry. Elle ne peut empêcher le gouverneur de prendre la décision d'at-taquer la prison. Rick et les siens vont devoir se battre face à des hommes lourdement armés et vont devoir improviser pour s'en sortir vivants...

■■■■■■■■■ SAISON 04 ■■■■■■■■■■■■■■

S04E01 - 30 jours sans accident

Plusieurs mois se sont écoulés pour les rescapés. Autour de Rick, ils continuent de lutter pour leur survie. Face à eux, les zombies se montrent plus féroces, plus nombreux et plus dangereux. Les hommes aussi sont une menace, en particulier le gouverneur, plein de rancune à l'égard de Rick.

S04E02 - Infectés
Patrick tombe malade et, faute de soins adaptés, meurt rapidement. Peu de temps après, il se met à attaquer les survivants dans la prison. D'autres rescapés, atteints de la grippe comme Patrick, décèdent et se transforment en morts-vivants. Pour sauver la communauté, Rick décide de mettre les malades en quarantaine...

S04E03 - Isolement
L'épidémie de grippe n'est toujours pas maîtrisée. La plupart des survivants sont en quarantaine, y compris Sasha et Glenn. Face à l'urgence de la situation, Daryl décide de suivre les conseils de Hershel et d'aller récupérer des médicaments dans une ex-école vétérinaire, située à quelques kilomètres de la prison. Tyreese veut retrouver la personne qui a brûlé vif David et Karen...

S04E04 - Indifférence
Plusieurs mois se sont écoulés pour les rescapés. Autour de Rick, ils continuent de lutter pour leur survie. Face à eux, les zombies se montrent plus féroces, plus nombreux et plus dangereux. Les hommes aussi sont une menace, en particulier le gouverneur, plein de rancune à l'égard de Rick...

S04E05 - Internement
En attendant les médicaments, Hershel fait tout ce qu'il peut pour maîtriser l'épidémie, soignant les uns et achevant ceux qui se transforment en zombies. Rick rentre à la prison sans Carol, ce qui ne manque pas de susciter des interrogations parmi les survivants. Avec l'aide de Carl, il tente de repousser une horde de morts-vivants qui ont réussi à détruire le grillage...

S04E06 - Appât vivant
Réfugiés dans la prison, les survivants parviennent à établir une cohabitation harmonieuse. Ils ont le sentiment de mener enfin une vie presque idéale. Mais, à plus long terme, seront-ils capables de maintenir leur humanité et leur entente face aux menaces extérieures ?

S04E07 - Poids mort
A l'extérieur de la prison, les événements se précipitent. Un fait survenu dans un camp proche du pénitencier a des conséquences aussi graves qu'inattendues. Dans la prison, qui est devenue le refuge le plus sûr des survivants, l'arrivée de nouveaux rescapés provoque des tensions. La paix fragile qui règne entre les hommes est menacée...

S04E08 - Désespéré
Dans la prison, les survivants sont soulagés : le calme est revenu. Chacun baisse la garde, prêt à s'installer dans une certaine forme de normalité. Seul Rick se montre préoccupé. Malheureusement, le danger n'est pas loin. Le Gouverneur est en train de recruter des hommes pour lancer un assaut massif contre la prison...

S04E09 - Après
Les survivants se sont séparés à la chute de la prison. Ceux qui sont demeurés dans le pénitencier mènent une vie presque parfaite. Mais d'autres sont en fuite dans les rues de Woodbury, en danger et vulnérables. Rick et Carl, eux, tombent par hasard sur une maison vide en pleine forêt, tandis que Daryl et Beth se rendent compte qu'ils sont observés par un mystérieux inconnu : une nouvelle menace pointe...

S04E10 - Détenus
Les groupes de survivants, qui s'étaient dispersés, se rassemblent à nouveau à Woodburry. Malheureusement, il apparaît vite que le mystérieux tueur rôde peut-être encore dans les parages...

S04E11 - Revendiqué
Dans la maison qui leur sert de refuge provisoire, Rick tente de retrouver des forces. Michonne et Carl en profitent pour aller chercher du ravitaillement. Rick s'assoupit, mais il est réveillé par des hommes en armes qui ont investi les lieux. Plus loin, Glenn et Tara sont en compagnie d'Abraham Ford, un ancien militaire, et de ses deux amis, Rosita et Eugene : selon Ford, Eugene doit rallier Was-

hington à tout prix...

S04E12 - Parenthèse
Perdus dans les bois peuplés de zombies, Beth et Daryl tentent de survivre : ils doivent échapper aux rôdeurs et trouver de quoi manger. Soudain Beth a envie de prendre un verre mais devant l'attitude sceptique de Daryl, elle doit s'employer à le motiver et à ne pas plonger dans le pessimisme ambiant...

S04E13 - Seul
Après avoir découvert une maison, dont les placards sont pleins de nourriture, Daryl et Beth pensent avoir trouvé un refuge sûr. De leur côté, Sasha, Bob et Maggie sillonnent les routes, en quête d'un lieu tranquille et sécurisant...

S04E14 - Le Verger
Tyreese, Carol, Lizzie et Mika découvrent une petite maison dans un endroit qui semble protégé du monde extérieur. Alors que le petit groupe décide de s'y arrêter pour reprendre des forces, Carol et Tyreese se rendent compte que Lizzie est particulièrement confuse dans son approche des morts-vivants. Elle continue de penser qu'ils sont inoffensifs et que l'on peut vivre avec...

S04E15 - Nous
Pendant que Daryl tente de s'adapter au groupe mené par Joe, Glenn et Tara décident d'emprunter un tunnel peuplé de zombies pour rejoindre plus rapidement le groupe de Maggie, après que Glenn a eu la confirmation que celle-ci est bel et bien vivante...

S04E16 - A
Protégée dans l'enceinte de la prison, la communauté des survivants s'est organisée au fil du temps. Au dehors, les zombies rôdent, mais ils ne sont pas la seule menace. Le Gouverneur, plein de rancune à l'égard de Rick, prépare sa vengeance.

■■■■■■■■■■ SAISON 05 ■■■■■■■■■■

S05E01 - Pas de sanctuaire
Rick et une partie du groupe de survivants pensaient avoir trouvé un nouveau refuge, mais la communauté du Terminus semble cacher un terrifiant secret. Et ce qu'ils vont découvrir pourrait repousser toutes les limites de l'horreur... Quant au reste du groupe, Carol et Tyreese sont toujours en chemin, avec Judith, le bébé de Rick. Et Beth a été enlevée par un mystérieux groupe. Mais c'est sans compter sur l'opiniâtreté retrouvée de l'ex-shérif...

S05E02 - Étrangers
Les réserves s'affaiblissent et ne sachant pas s'il peut faire confiance aux personnes qui les entourent, Rick conduit une mission dont le résultat ne vaut pas forcément les risques encourus

S05E03 - Quatre murs et un toit
Bob, blessé à mort, n'en a plus pour très longtemps alors que l'infâme Gareth et sa bande reviennent vers l'église pour capturer Rick et ses compagnons.

S05E04 - L'Hôpital
Beth se réveille dans un hôpital d'Atlanta : elle a été récupérée par un groupe de policiers qui ont transformé le bâtiment en forteresse coupée du monde.

S05E05 - Développement personnel
Abraham, Eugene, Rosita, Tara, Glenn et Maggie sont en route vers Washington mais le chemin est parsemé d'embûches et les zombies rôdent partout.

S05E06 - Anéanti
Dans la nuit, Carol et Daryl suivent la voiture marquée d'une croix blanche qui les mène dans la banlieue d'Atlanta : ils espèrent retrouver Beth.

S05E07 - Croix
Daryl revient à l'église et informe Rick que Beth et Carol sont prisonnières à l'hôpital d'Atlanta : il est décidé d'organiser une opération de sauvetage.

S05E08 - Coda
A Atlanta, Rick et son groupe veulent échanger leurs deux prisonniers contre Beth et Carol mais il va falloir négocier avec Dawn et son escouade de policiers.

S05E09 - Ce qui s'est passé et le monde dans lequel on vit
Noah amène Rick, Tyreese, Michonne et Glenn dans un endroit censé être protégé du monde extérieur mais en arrivant, tout est désert et il n'y a plus de vie.

S05E10 - Les Autres
Rick et les survivants errent sur les routes, épuisés, affamés, désespérés, à bout de force, et certains donnent des signes évidents de fragilité.

S05E11 - La Distance
Le mystérieux Aaron propose à Rick et son groupe d'intégrer la communauté d'Alexandria, un endroit censé être protégé du monde extérieur, mais Rick est méfiant.

S05E12 - Souvenez-vous
Rick et ses compagnons découvent la communauté d'Alexandria et sa dirigeante Deanna Monroe : les survivants vont devoir s'adapter à ce nouvel univers.

S05E13 - Oublier
A Alexandria, Rick, Daryl et Carol restent sur leurs gardes alors que Sasha se demande si la véritable existence est à l'intérieur ou à l'extérieur de ces murs.

S05E14 - Perte
Alors que certains secrets d'Alexandria commencent à émerger, Glenn et une petite équipe entreprennent une expédition qui s'avère assez dangereuse.

S05E15 - Essayer
Alors que Daryl et Aaron sont en reconnaissance dans les bois, à Alexandria, les rapports se tendent entre Rick et Deanna, à propos de Jessie.

S05E16 - Conquérir
Alors que Daryl et Aaron se retrouvent pris au piège dans un entrepôt, à Alexandria, le sort de Rick va se jouer lors d'une sorte de conseil communautaire.

■■■■■ SAISON 06 ■■■■■

S06E01 - Comme si c'était la première fois
Le groupe de Rick a toujours des difficultés à s'intégrer à Alexandria. Alors que de multiples menaces forcent la communauté à durcir leur attitude, Rick et les autres doivent faire marche arrière concernant le comportement violent qu'ils ont adopté.

S06E02 - JSS
La communauté d'Alexandria est attaquée par la bande des Wolves, des hommes violents qui sont devenus cannibales : Carol et Morgan mènent la riposte.

S06E03 - Merci
Rick, Michonne, Glenn et quelques autres tentent de rallier Alexandria au plus vite avant que des centaines de zombies ne s'y rendent, attirés par le bruit.

S06E04 - Ici n'est pas ici
Le passé de Morgan se dévoile, sa survie dans les bois et sa rencontre essentielle avec un homme nommé Eastman, qui lui enseigne des valeurs primordiales.

S06E05 - Maintenant

De retour à Alexandria, Rick tente de motiver les habitants de la communauté à rester en alerte alors que Maggie veut partir à la recherche de Glenn.

S06E06 - Toujours responsable
Daryl, Abraham et Sasha sont attaqués par une bande de mercenaires et sont séparés dans la bataille : Daryl rencontre un groupe de trois personnes.

S06E07 - Attention
Glenn a survécu miraculeusement et tente de rallier la communauté alors qu'à Alexandria, Rick s'interroge sur l'attitude trop pacifiste de Morgan.

S06E08 - D'un bout à l'autre
Après l'incident de la tour, la situation devient critique à Alexandria : les nombreux zombies entrent dans le périmètre de la communauté.

S06E09 - Sans Issue
Pete mort, Rick, leader fragile, prend le contrôle d'Alexandria. Les zombies s'accumulent aux portes de la cité, également menacée par les Wolfes.

S06E10 - L'autre monde
Rick et Daryl croisent Jésus, un homme mystérieux avec de nombreux secrets. Pendant ce temps, Michonne aide Spencer, alors que Carl récupère de sa blessure.

S06E11 - Les noeuds se défont
Jésus amène Rick et le groupe à la colonie Hilltop, une communauté paisible éclipsée par la puissance de Negan et Les Sauveurs.

S06E12 - Pas encore demain
De retour de Hilltop, Rick rallie Alexandrie à une attaque surprise sur Les Sauveurs. Deux membres du groupe sont capturés.

S06E13 - Le même bateau
Carol et Maggie vont devoir se battre après avoir été capturées par un groupe des Sauveurs...

S06E14 - Deux fois plus long
Après une petite victoire contre Les Sauveurs, une course d'alimentation dirigée par Daryl tourne mal quand lui et son groupe croisent Dwight.

S06E15 - Est
Daryl et Rosita traquent Dwight, alors que Glenn et Michonne tombent dans un piège.

S06E16 - Dernier jour sur Terre
Morgan fait un sacrifice dans le but de sauver Carol. Pendant ce temps, Rick et le groupe voyage à Hilltop avec une Maggie en difficultés.

SAISON 07

S07E01 - Le jour viendra où tu ne le seras plus
La situation est toujours compliquée à Alexandria : le ravitaillement fait défaut et Tara doit partir chercher de quoi nourrir les survivants. Un groupe découvre une nouvelle communauté gérée par un certain Ezekiel, très épris du pouvoir qu'il exerce. Negan, lui aussi, entend se faire respecter. La violence est son moyen de pression favori.

S07E02 - Le Puits
Pour un certain nombre de rescapés, la nouvelle communauté tout juste découverte semble apporter abri et réconfort. Mais tout est-il aussi parfait qu'il y paraît ? Rien n'est moins sûr. Certains événements troublants commencent à semer le doute dans l'esprit des fugitifs. Leurs sauveurs ne sont peut-être pas aussi bienveillants qu'ils veulent bien le dire...

S07E03 - La Cellule

Le guide des épisodes des geeks

Rick Grimes et ses fidèles compagnons d'infortune découvrent une nouvelle communauté de survivants. Dans cet endroit, les ressources sont en abondance. Mais passé les premières impressions, Rick et les siens comprennent que profiter de cette manne aura un prix. Sont-ils prêts à faire de nouveaux sacrifices ?

S07E04 - Service
Rick et ses compagnons tentent de se remettre de leur rencontre violente avec Negan, le chef des Sauveurs. De nouveau dans les murs d'Alexandria, ils doivent pourtant s'attendre à la visite du terrible propriétaire de Lucille, car la communauté est désormais sous son joug.

S07E05 - Des mecs qui ont la gnaque
Dans la communauté de la Colline, l'ambiance n'est pas joyeuse. Carl et Enid espèrent toutefois que l'endroit pourra les protéger. Mais les ennemis rôdent et Jesus doit faire face à une attaque des Sauveurs, emmené par un certain Simon.

S07E06 - Donne-moi ta parole
Presque par hasard, les survivants découvrent encore une nouvelle communauté, quelque chose de très différent de ce dont ils avaient l'habitude. Comment Rick et les siens vont réagir alors que la menace de Negan et de ses Sauveurs est toujours présente ?

S07E07 - Chante-moi une chanson
Daryl a été fait prisonnier du groupe des Sauveurs. L'ex-motard découvre le Sanctuaire, le repère des Sauveurs, et les «codes» de vie des troupes de Negan. De leur côté, les survivants d'Alexandria, qui sont rackettés par les Sauveurs, doivent rapidement trouver plus de ressources pour subsister.

S07E08 - Les cœurs battent toujours
Negan fait une visite inattendue à Alexandria pendant que Rick et son groupe continuent les recherches de fournitures. Mais les choses dérapent très vite.

S07E09 - Une pierre sur la route
Rick et ses amis décident de rassembler plusieurs groupes afin de lutter contre Negan. Jesus apprend à Rick l'existence du Royaume et de son Roi Ezekiel.

S07E10 - De nouveaux meilleurs amis
Au Royaume, Daryl apprend qu'Ezekiel fournit les Sauveurs en provisions et que Carol pourrait potentiellement devenir une cible des Sauveurs en chassant seule dans la forêt. De son côté, le groupe de Rick rencontre une nouvelle communauté qui vit au milieu d'une immense décharge et qui a capturé le père Gabriel.

S07E11 - Divers Ennemis et Autres Menaces
Un des membres d'Alexandria découvre qu'ils doivent traverser le monde mystérieux, confus et terrifiant du camp des Sauveurs.

S07E12 - Dis okay
Rick et Michonne partent à la recherche d'armes, afin de conclure le marché qu'ils ont passé avec la communauté de la décharge. Ils finissent par en trouver dans une ancienne fête foraine infestée de zombies. De son côté, Rosita n'est pas satisfaite de la situation : elle ne pense qu'à sa vengeance contre les Sauveurs...

S07E13 - Enterrez-moi ici
Chaque semaine, les gens du Royaume délivrent de la nourriture pour le compte des Sauveurs. Lors d'un rendez-vous hebdomadaire, la rencontre entre les deux groupes se passe mal. Gavin, l'un des Sauveurs, constate qu'il manque un melon dans la livraison. La tension monte rapidement même si Morgan tente de calmer les esprits, et d'autant que Jared, un autre Sauveur, a la gachette facile. Pour punir les hommes d'Ezekiel, Jared tire sur Benjamin...

S07E14 - L'Autre Côté
A la Colline, Maggie retrouve des forces et son aura grandit dans la communauté. Daryl, lui, reste mutique. Rosita et Sasha sont bien décidées à aller dans le repaire des Sauveurs pour tuer Negan. Soudain, une bande de Sauveurs menés par Simon débarque dans les lieux : ils recherchent

quelqu'un en particulier...

S07E15 - Ce qu'il leur manque
Sasha est détenue prisonnière chez les Sauveurs et le redoutable Negan lui propose d'intégrer leur groupe. De son côté, Tara emmène Rick et les siens dans la communauté qui vit près de l'océan afin de récupérer des armes. Mais sur place, la leader Natania refuse catégoriquement toute aide au groupe de Rick...

S07E16 - Le Premier Jour du reste de ta vie
Rick apprend par Dwight que Negan doit bientôt arriver à Alexandria. La riposte s'organise, Rick ayant l'intention d'en finir avec les Sauveurs. La communauté d'Alexandria est rassurée quand celle de la décharge se joint à eux. Derrière les murs, tout le monde se prépare à un affrontement avec les Sauveurs...

S08E01 - Miséricorde
Rick et son groupe, avec Kingdom et Hilltop, se sont regroupés pour amener le combat à Negan et aux Sauveurs.

S08E02 - Les Damnés
Le plan impliquant Alexandrians, Kingdommers et Hilltoppers se déroule; Alors que Rick continue à se battre, il rencontre un visage familier.

S08E03 - Monstres
Le conflit avec les Sauveurs conduit à des conséquences inattendues pour Hilltop, le Royaume et Alexandrie.

S08E04 - Un type ordinaire
Une nouvelle arme dans l'arsenal du Sauveur s'avère être un obstacle géant alors que les combats continuent entre les forces de Rick et celles des Sauveurs.

S08E05 - Une terreur comme vous
Un regard attentif sur Negan et la vie des Sauveurs pendant le conflit à travers un regard familier.

S08E06 - Le Roi, la Veuve et Rick
Avec des choses qui cherchent Rick et le groupe, une dispute éclate au Hilltop, où les conséquences de la décision sont la vie contre la mort.

S08E07 - Après, c'est maintenant
Negan doit obtenir l'aide de ses lieutenants pour résoudre un énorme problème face au Sanctuaire. Rick et le groupe continuent d'adopter le plan.

S08E08 - Y'a que comme ça que ça peut marcher
Chaque histoire et bataille se brisent ensemble alors que tout ce que Rick et son groupe ont fait seront mis à l'épreuve.

S08E09 - Honneur
Rick fait face à de nouvelles difficultés après une bataille. Pendant ce temps, la lutte se poursuit dans d'autres communautés alors que les principaux membres sont confrontés à des décisions difficiles.

S08E10 - Les Égarés et les Pillards
Les groupes unissent leurs forces et convergent sur le sommet de la colline. Aaron et Enid recherchent des alliés. Simon prend les choses en main.

S08E11 - Vivant ou Mort ou
Daryl se retrouve en mauvaise compagnie alors que son groupe se dirige vers l'Hilltop; La foi de Gabriel est testée.

S08E12 - La Clé
Le leadership de Hilltop fait face à un dilemme difficile après l'arrivée de visiteurs inattendus; Rick
se retrouve face à face avec un adversaire.

S08E13 - Ne nous égare pas
Des problèmes surviennent lorsque des visiteurs inattendus arrivent au sommet de la colline et que
la communauté est mise en action; découvertes déchirantes sont faites.

S08E14 - Ça compte encore
Un prisonnier de Heaps fait une découverte, Carol cherche quelqu'un dans la forêt voisine. Rick et
Morgan se retrouvent en compagnie d'étrangers.

S08E15 - Valeur
Avec la menace des Sauveurs qui se profile encore, Aaron continue de chercher des alliés. Daryl et
Rosita agissent et affrontent un vieil ami.

S08E16 - Colère
Les communautés unissent leurs forces dans la dernière position contre les Sauveurs alors que la
guerre totale se déroule.

█████████ SAISON 09 █████████

S09E01 - A New Beginning
Dix-huit mois après la fin de la guerre contre les Sauveurs, une paix fragile règne sur les différentes
communautés de survivants. Afin de reconstruire une civilisation telle qu'imaginée par son fils Carl,
Rick et son groupe entament une expédition risquée jusqu'à Washington pour récupérer du matériel
agricole.

S09E02 - The Bridge
Les communautés unissent leurs forces pour restaurer un pont qui facilitera le commerce et la communication entre elles. Alors que de nombreuses tensions éclatent sur le chantier, l'erreur d'un Sauveur met la vie de quelqu'un en danger.

S09E03 - Warning Signs
La vision de Rick pour un avenir meilleur se retrouve menacée lorsqu'une mystérieuse disparition
divise le camp de travail dans lequel les différentes communautés réparent un pont.

S09E04 - The Obliged
Des erreurs du passé mettent en péril le projet de Rick pour un futur civilisé.

S09E05 - What Comes After
Alors qu'il s'évertue à préserver la sécurité des communautés, ainsi que l'idéal dont rêvait son fils
Carl, Rick doit faire face à son passé.

S09E06 - Who Are You Now ?
A l'extérieur des murs qui assurent la sécurité de la communauté, les survivants rencontrent des
inconnus et doivent décider si ils peuvent ou non leur faire confiance.

S09E07 - Stradivarius
A la recherche d'un vieil ami vivant seul dans une région sauvage regorgeant de zombies, Carol et
les survivants s'engagent sur une route périlleuse pour trouver un nouvel abri.

S09E08 - Evolution
Alors qu'ils recherchent l'un de leur camarade égaré, un groupe de survivants découvre une menace
surprenante qui pourrait tous les condamner...

S09E09 - Adaptation
Le groupe des survivants doit une fois de plus trouver les ressources nécessaires pour se relever
après bien des épreuves, d'autant qu'un nouveau danger menace. Les mystérieux Chuchoteurs

entrent en scène et leurs intentions ne paraissent pas pacifiques. De son côté, Negan se remet en question et revisite son passé...

S09E10 - Omega
Les résidents de Hilltop se demandent si le dernier arrivé est un prisonnier ou un réfugié. Alors qu'ils apprennent l'existence d'un groupe de sauvages portant des masques, Daryl, Michonne et leurs compagnons se lancent dans une mission de sauvetage afin de retrouver les disparus.

S09E11 - Bounty
Le groupe sauvage, dirigé par Alpha, affronte les Hilltop afin de retrouver la fille de ce dernier. Un ravitaillement pour le Royaume se transforme en une quête dangereuse.

S09E12 - Guardians
Tandis qu'une communauté tente d'apaiser les tensions qui menacent de diviser le groupe, la véritable nature d'une bande se précise. Au même moment, un sauvetage a des conséquences mortelles.

S09E13 - Chokepoint
La mission de sauvetage de Daryl oblige Alpha à libérer un groupe. Elle souhaite récupérer ce qui lui appartient même si elle doit payer le prix fort. Les projets du Royaume visant à réunir les communautés sont mis en péril.

S09E14 - Scars
L'arrivée d'un étranger contraint Alexandria à panser enfin de vieilles blessures. A cette occasion, des secrets du passé se révèlent.

S09E15 - The Calm Before
La foire du Royaume a lieu. Les quatre communautés se rassemblent pour la première fois depuis des années. Alors que certains pactes sont renouvelés, d'autres accords sont envisagés à un prix beaucoup plus élevé.

S09E16 - The Storm
Après une perte accablante, les communautés doivent affronter une terrible tempête de neige. Tandis qu'un groupe décèle un ennemi venant de l'intérieur de leur bande, un autre doit prendre une décision de vie ou de mort.

█████████ SAISON 10 ███████████

S10E01 - Lines We Cross
A Oceanside, le groupe continue son entraînement au cas où ils rencontraient à nouveau The Whisperers. Les héros essaient de maintenir leur idée de la civilisation...

S10E02 - We Are the End of the World
Les origines d'Alpha et de Beta sont révélées lors d'un flashback. Alpha essaie d'aider Lydia à se préparer pour leur voyage avec les morts. Quant aux Whisperers, ils créent des troupeaux.

S10E03 - Ghosts
Alexandria est submergée par un épisode paranoïaque face à la menace des Chuchoteurs. Au même moment, Carol se débat avec son désir désespéré de vengeance.

S10E04 - Silence the Whisperers
Negan ressent le poids des peurs de la part des Aexandrians alors que leur paranoïa à propos des Chuchoteurs s'accroît. Un problème de sécurité surprend le groupe au sommet de Hilltop...

S10E05 - What It Always Is
Les provisions au sommet de la colline disparaissent. Un Alexandrian idolâtre Negan. Au même moment, Ezekial tente de cacher son secret...

S10E06 - Bonds
Carol fait équipe avec Daryl pour une mission. Pendant ce temps, Siddiq trouve qu'il est plus diffi-

                    Le guide des épisodes des geeks

cile que prévu de percer un mystère.

S10E07 - Open Your Eyes
Daryl devient mal à l'aise lorsque Carol commence à dépasser les limites. Alpha et Beta partagent des réserves sur un individu.

S10E08 - The World Before
La tension commence à monter à Oceanside à la suite d'un combat tandis que les Alexandrians se lancent dans une mission à gros enjeux.

S10E09 - Squeeze
Quelques survivants se retrouvent dans une situation assez complexe et doivent trouver une solution pour s'en sortir.

S10E10 - Stalker
Un groupe de survivants doit défendre la communauté d'Alexandria qui est attaquée par un groupe de Chuchoteurs violents.

S10E11 - Morning Star
Les survivants de la communauté de la Colline doivent-ils se battre ou au contraire fuir les Chuchoteurs qui arrivent ?

S10E12 - Walk With Us
Alpha, toujours accompagnée de sa horde de Chuchoteurs, et avec l'aide de Negan, attaque la communauté de la Colline.

S10E13 - What We Become
Michonne décide de raccompagner Virgil sur son île. En échange, il fournit des armes à la jeune femme.

S10E14 - Look at the Flowers
L'incendie qui a eu lieu à la Colline va laisser des traces chez les survivants, qui doivent se réorganiser en urgence.

S10E15 - The Tower
L'ultime combat contre les Chuchoteurs approche à grands pas. Eugene fait la connaissance de Princesse et son groupe.

S10E16

X-Files

X-Files

Les agents Mulder et Scully, du FBI, enquêtent sur les cas non-résolus spéciaux (les fichiers X - X-files) à travers tous les USA. Ces enquêtes nous mènent aux frontières du réel.

S01E01 - Nous ne sommes pas seuls
Le Dr Scully est chargée de surveiller les activités d'un certain agent Mulder pour définir si son travail est digne d'intérêt pour le FBI. Il l'emmène en Oregon enquêter sur le meurtre de plusieurs lycéens qu'il pense être des victimes d'expériences pratiquées par des extra-terrestres...Note : L'homme à la cigarette apparaît déjà dans l'épisode pilote. Celui-ci tiendra une grande importance dans la conspiration.

S01E02 - Gorge Profonde
Contre la volonté de personnages haut placés, Mulder et Scully enquêtent sur la disparition d'un pilote d'essai dans une base aérienne de l'US Air Force en Idaho. Mulder soupçonne des expériences sur des appareils utilisant une technologie extra-terrestre...

S01E03 - Compressions
Un meurtre atroce commis dans un lieu sans aucune voie d'accès ressemble à des affaires non-classées datant de 1933 et 1963. Mulder et Scully tentent de traquer et d'arrêter ce tueur en série centenaire...

S01E04 - Enlèvement
Une femme qui prétend avoir vu un ovni dans son enfance voit sa fille adolescente, disparaître au cours d'une excursion en camping. Tout semble indiquer l'implication d'extra-terrestres, mais contre toute attente, il faudra se tourner vers le fils cadet de la femme pour trouver la clef du mystère...

S01E05 - Diable du New Jersey
Malgré la volonté évidente de la police d'Atlantic City d'étouffer la découverte d'un corps humain cannibalisé dans le Parc National du New Jersey, Mulder poursuit son enquête sur ce qu'il pense être un maillon manquant dans l'évolution de l'espèce humaine. Pendant ce temps, Scully qui assiste à l'anniversaire de son filleul, se pose des questions sur l'orientation de sa vie...

S01E06 - Ombre de la mort
Quand deux cadavres sont découverts en Philadelphie, Mulder et Scully sont chargés de l'enquête. La piste les mène vers une secrétaire en deuil de son employeur qui vient de mettre fin à sa vie, apparemment protégée par une mystérieuse force surnaturelle...

S01E07 - Fantôme dans l'ordinateur
Suite à l'électrocution du patron d'une compagnie d'informatique, un ancien coéquipier de Mulder lui demande de l'aider sur l'affaire. Grâce aux informations de Gorge Profonde, Mulder et Scully doivent arrêter le meurtrier, tout en luttant conte le Ministère de la Défense et... l'immeuble lui-même.

S01E08 - Projet Arctique
Quand la dernière émission radio d'une mission de recherche en Arctique dit « On n'est pas ce qu'on a l'air d'être... », Mulder et Scully sont envoyés dans l'équipe d'investigation sur le site en Alaska. A leur arrivée, ils découvrent la présence d'un parasite inconnu qui s'en prend désormais à eux.

S01E09 - Espace
Après l'annulation du lancement d'une navette spatiale pour cause de défaillance technique, une employée de la NASA qui soupçonne une tentative de sabotage, demande à Mulder et Scully de s'occuper de l'affaire. Le superviseur des missions, ancien astronaute, est apparemment possédé par quelque chose rencontré au cours de sa dernière sortie en espace.

S01E10 - Ange déchu
Mulder est informé par Gorge Profonde sur une opération de couverture du gouvernement pour dissimuler un crash Ovni. Parvenu sur le site, il rencontre un mordu d'ufologie dont la présence ne peut pas être fortuite : les militaires s'apprêtent à établir le contact avec une autre forme de vie. Confronté à l'armée, Mulder voit sa position au sein du FBI mise en péril...Note : Mulder rencontre dans cet épisode Max Fenig, personnage que l'on retrouvera dans un double épisode quelques an-

nées plus tard.

S01E11 - Eve

Mulder et Scully enquêtent sur deux meurtres identiques situés à des milliers de kilomètres de distance. Le plus étrange est que les petites filles des deux hommes qui n'ont pourtant aucun lien de parenté, se ressemblent comme des soeurs jumelles.

S01E12 - Incendiaire

Une ancienne petite amie de Mulder, qui travaille désormais à Scotland Yard, fait appel à ses services pour protéger un membre du Parlement Britannique en visite officielle aux Etats-Unis. Situation que n'apprécie guère Scully, en proie à des signes évidents de jalousie. Mulder devra surmonter sa peur du feu pour traquer un tueur en série dotés de pouvoirs de pyrokinésie...

S01E13 - Message

Alors qu'elle vient de perdre son père et de jeter ses cendres à la mer, Scully enquête sur la disparition d'un couple, apparemment kidnappé par un serial killer déjà connu du FBI. Elle suit la piste d'un condamné à mort, Luther Lee Boggs, qui se dit extralucide et lui propose de l'aider contre une remise de peine. Face à l'incrédulité de Mulder, Scully reste seule à croire que cet homme peut les aider à retrouver la trace du couple disparu...

S01E14 - Masculin-féminin

Une femme et un homme qui se sont rencontrés dans une discothèque passent la nuit ensemble. Soudain, l'homme se met à suffoquer et meurt sous les yeux de la jeune femme qui se transforme en homme...

S01E15 - Lazare

Dana Scully et son collègue du FBI, Jack Willis, ont été informés qu'un couple de braqueurs, Lula et Dupré, allaient commettre un nouveau hold-up dans une banque de Washington. Les deux agents se font passer pour des clients et attendent l'arrivée des truands. Mais l'opération tourne mal...

S01E16 - Vengeance d'outre-tombe

Mulder est appelé d'urgence dans une bijouterie où vient de se dérouler un cambriolage. Le braqueur a en effet laissé sur les lieux de son forfait une lettre à l'intention de l'agent spécial. Ce dernier semble particulièrement troublé : le style et le graphisme de l'écriture ressemblent à s'y méprendre à ceux de John Barnett, un voyou que Mulder avait arrêté voilà un peu plus de cinq ans...

S01E17 - Entité biologique extraterrestre

Mulder et Scully enquêtent sur un OVNI observé à Reagan, dans le Tennessee. Ils interrogent un conducteur de camion nommé Ranheim, qui déclare avoir tiré au fusil de chasse sur un objet mystérieux dans le ciel. Cependant, les déclarations de Reinheim varient...

S01E18 - Église des miracles

La curiosité de Mulder est piquée à vif lorsque Scully lui montre l'enregistrement vidéo du révérend Calvin Hartley avec son fils adoptif Samuel, âgé de 18 ans, qui tiennent un service religieux dans leur congrégation. On y voit Samuel poser sa main sur une femme souffrante. Scully explique à Mulder que la malade a été transportée à l'hôpital, où elle est décédée sans que l'on ait pu trouver une cause logique à sa mort...

S01E19 - Métamorphose

Jim Parker et son fils Lyle élèvent du bétail dans un ranch isolé du Montana. Ils sont attaqués par une créature féroce qui semble être un loup. Dans l'obscurité et sous un violent orage, Jim dégaine et le tue. Lorsqu'il examine le corps, il se rend compte qu'il s'agit de Joseph Goodensnake, un Indien. Mulder convainc Scully de l'aider à enquêter sur ce qui ne lui semble pas, à priori, être un phénomène surnaturel, mais plutôt un tragique accident...

S01E20 - Quand vient la nuit

Fox Mulder et Dana Scully quittent leurs confortables bureaux du FBI pour aller respirer le grand air : les deux agents s'intéressent à l'étrange disparition d'un groupe de trente bûcherons aguerris qui travaillaient en plein coeur d'une forêt de l'Etat de Washington, au nord ouest des Etats-Unis.

Sur place, Fox et Dana sont accueillis par Freddy, de la police locale, et Steve, un responsable de la compagnie qui employait les bûcherons. Tous quatre s'enfoncent au coeur de la forêt, à la recherche des disparus...

S01E21 - Retour de Tooms
Mulder n'en croit pas ses oreilles : Eugène Tooms, interné depuis plusieurs années dans un hôpital psychiatrique, vient d'être remis en liberté par une commission d'experts juridiques et médicaux. Même s'il n'a jamais réussi à prouver sa culpabilité, Mulder est convaincu que Tooms, qui a l'apparence d'un homme d'une trentaine d'années, est l'auteur de 19 méfaits commis par séries de cinq à trente ans d'intervalle...

S01E22 - Renaissance
L'inspecteur de police Sharon Lazard, recueille une fillette perdue prénommée Michelle et la confie au détective Barbala pour l'interroger. Peu de temps après, Barbala est projeté contre la fenêtre avec violence et s'écrase plusieurs mètres plus bas. Persuadé qu'il ne s'est pas suicidé et qu'il était seul avec Michelle à ce moment, Lazard contacte Mulder et Scully...

S01E23 - Roland
Un terrible drame vient de se produire à l'institut technologique de Washington : le professeur Surnow, qui travaillait à l'élaboration d'un nouveau type de moteur à réaction, a été enfermé dans la soufflerie lors d'un essai nocturne. Le malheureux a été happé par la machine. Six mois plus tôt, un autre scientifique du centre avait trouvé la mort dans d'étranges circonstances...

S01E24 - Hybrides
Pourtant blessé par une balle, un fugitif sème la police qui le poursuit en disparaissant dans un lac. En dépit de plusieurs heures de recherches, son corps n'est mystérieusement pas retrouvé. En commençant l'enquête, Mulder découvre que la voiture du fugitif a été subrepticement remplacée par une autre, et remonte la piste jusqu'à un dénommé Dr Berube, qui se montre peu coopérant...

SAISON 02

S02E01 - Petits hommes verts
Le bureau des affaires non classées du FBI a été démantelé. Mulder, dont les travaux devenaient trop dérangeants, a été muté sur une banale affaire d'écoute téléphonique. Une mise au placard à peine voilée... Un soir, il est discrètement convoqué chez le sénateur Matheson, qui fut l'un de ses plus ardents défenseurs. L'homme politique prétend que l'observatoire d'Arecibo, à Porto-Rico, récemment fermé pour cause de restrictions budgétaires, aurait reçu des messages provenant de l'espace...

S02E02 - Hôte
A bord d'un cargo russe, un organisme à forme humaine s'est installé dans le réservoir des eaux usées. Devant la désolante banalité de ses nouvelles missions, Mulder envisage de quitter définitivement le FBI. Scully pratique l'autopsie d'un membre de l'équipage du cargo et découvre une sorte de vers installé dans le cadavre. Une suite de cas similaires conduit les deux agents à enquêter sur cette mystérieuse créature vivant dans les égouts...

S02E03 - Mauvais sang
C'est la stupeur à Baltimore : un citoyen jusque là respectable vient d'éliminer les dix personnes qui se trouvaient avec lui dans un ascenseur. L'agresseur a été lui-même rattrapé par un vigile alors qu'il tentait de s'enfuir. Quelques jours plus tard, c'est un garagiste de la ville qui est retrouvé sans vie. Sa dernière cliente, Mme McRoberts, est aussitôt soupçonnée par Mulder, qui a été chargé de l'enquête...

S02E04 - Insomnies
Paul Grissom, un médecin spécialisé dans les troubles du sommeil, est victime d'une crise cardiaque foudroyante. Avant de décéder, le défunt a appelé les pompiers pour signaler un incendie à son domicile. Mais la police ne trouve aucune trace de feu sur les lieux du drame. Intrigué par l'affaire,

Mulder demande à son supérieur, Skinner, d'être chargé du dossier...

S02E05 - Duane Barry - 1ère partie
Duane Barry, un ancien agent du FBI, prend en otage son psychologue et trois autres personnes dans une agence de voyages. En échange de leur libération, il demande à être conduit sur le site où il dit avoir été enlevé par des extraterrestres. L'intérêt que leur porte Mulder rapproche les deux hommes et l'aide à gagner peu à peu la confiance de Barry, mais Scully qui le connaît bien met rapidement Mulder en garde contre sa mythomanie et ses hallucinations...

S02E06 - Duane Barry - 2ème partie
Scully a été enlevée par Duane Barry, un homme mentalement dérangé qui croit que des extraterrestres le poursuivent. Mulder retrouve leur trace grâce à la vidéo faite lors de leur arrestation pour excès de vitesse et part à la recherche de Scully, qui est apparue vivante, dans les montagnes de Virginie. Mulder doit également tenir tête à son nouveau coéquipier, Krycek, qui semble faire tout son possible pour l'empêcher de les retrouver...

S02E07 - Vampires
Plusieurs semaines se sont écoulées depuis la mystérieuse disparition de l'agent Dana Scully. Une dernière fois, Fox Mulder fouille le bureau de sa collègue, à la recherche d'un éventuel indice. L'agent du FBI, spécialiste des sciences occultes et des phénomènes inexpliqués, s'apprête à partir pour Los Angeles, où on l'attend pour élucider une série de meurtres...

S02E08 - Coma
Alors que la mère de Scully commence à perdre espoir, le corps de Dana réapparaît soudainement dans un petit hôpital local mais dans un état critique : dans le coma, elle doit être maintenue en vie par assistance respiratoire. Son ADN semble avoir été modifié et un mystérieux inconnu vient dérober un échantillon de son sang sous les yeux de Mulder...

S02E09 - Intra-terrestres
Pasadena, Californie. L'Institut d'Observation Volcanologique capte un message sur une fréquence d'urgence, lancé par une équipe de chercheurs partis explorer l'intérieur d'un volcan, au moyen d'un robot ultra-perfectionné : le «Firewalker». Une liaison vidéo avec le camp de base permet de découvrir le sol du cratère, puis le corps du chef de l'expédition, un sismologue de renom...

S02E10 - Musée rouge
Mulder enquête sur le cas de Gary Kane, un adolescent disparu qui a été retrouvé par la police, errant en sous-vêtements dans un bois. Il ne semble avoir subi aucune violence, mais une phrase étrange a été écrite sur son dos. Sur les conseils du shérif, Mulder rend visite à la communauté du Musée rouge, dont le leader intervient auprès de ses fidèles au moyen d'un ordinateur...

S02E11 - Excelsis Dei
Michelle, infirmière de la maison de retraite Excelsis Dei, a été agressée par une force invisible. Doutant du témoignage de la jeune femme, la police a rapidement classé l'affaire. En désespoir de cause, elle contacte Mulder et Scully. Les deux agents mènent l'enquête dans cet établissement spécialisé dans les troubles du comportement liés à la sénilité...

S02E12 - Aubrey
Depuis qu'elle est enceinte, B.J Morrow affirme avoir des visions effrayantes. Dernièrement, elle a vu un homme ensevelir un corps et a été capable de localiser exactement le lieu où le retrouver. Grâce aux empreintes dentaires du cadavre, Mulder et Scully réussissent à identifier le corps comme étant celui d'un ancien agent du FBI, Sam Chaney, disparu avec son coéquipier dans les années 40. Intrigués par les dons de B.J., Mulder et Scully partent enquêter sur place...

S02E13 - Fétichiste
A Minneapolis, la police est à la recherche de l'individu qui a profané plusieurs tombes. Habitués aux affaires sensibles, Mulder et Scully sont appelés en renfort. Malgré son expérience, Dana est troublée par ce nouveau dossier. Mulder, lui, garde la tête froide. Il sait qu'il doit agir vite : s'il reste impuni trop longtemps, le fétichiste risque de s'intéresser à des «proies» vivantes pour compléter sa collection de trophées...

S02E14 - Main de l'enfer
A la demande du shérif, Mulder et Scully se rendent dans une petite ville habitée par une communauté sataniste. Des adolescents ont délivré une puissante force démoniaque en récitant une formule
de magie noire et l'un d'entre eux, qui n'a pu s'échapper, est retrouvé mutilé. Lors de l'interrogatoire,
il s'avère que les adolescents semblent avoir perdu la mémoire...

S02E15 - Mystère vaudou
Un camp de réfugiés haïtiens est le théâtre d'accidents mystérieux : deux Marines ont été retrouvés
morts. La thèse du suicide est avancée et le cas a été bouclé, mais la veuve de Robin McAlpin croit à
une autre version. Le vaudou pourrait avoir un lien avec la mort des marines, depuis que Beauvais,
un révolutionnaire détenu en cellule d'isolation, a menacé de voler les âmes de tous les marines à
moins que son peuple ne soit libéré...

S02E16 - Colonie - 1ère partie
Un vaisseau spatial, qui selon les médias est un avion russe, tombe dans l'océan arctique. Une équipe
de chercheurs qui travaillait non loin du site vient à l'aide du pilote, mais celui-ci a disparu. Ce chasseur de prime commence à tuer des médecins qui ont en commun de pratiquer l'avortement, en dé-
guisant son crime sous l'incendie de la clinique où ils exercent. L'enquête de Mulder patine lorsqu'il
apprend que les corps des victimes ne sont jamais retrouvés...

S02E17 - Colonie - 2ème partie
Mulder a retrouvé sa soeur, kidnappée par des extraterrestres dans son enfance. Le chasseur de
primes la recherche et piège Scully dans sa chambre d'hôtel en prenant l'apparence de Mulder. Il
aurait pour mission de mettre fin à une colonie d'extraterrestres installée sur terre depuis 1940, en
éliminant tous les clones qu'ils ont créés, dont Samantha est un des modèles originaux...

S02E18 - Parole de singe
Une puissante force invisible sème la terreur dans une petite ville de l'Idaho. L'affaire se complique
lorsque certains animaux du zoo disparaissent de leur cage en se dématérialisant, peu avant les
meurtres. Mulder et Scully doivent de plus démêler les témoignages et accusations des employés du
zoo qui ont tous leur idée du coupable...

S02E19 - Vaisseau fantôme
Le lieutenant Harper est l'unique rescapé du naufrage d'un bateau de la Marine, qui a mystérieusement sombré au fond des eaux de l'atlantique nord. A l'hôpital, Scully se rend compte que le jeune
homme de 28 ans a en réalité l'apparence d'un vieillard. Mulder, qui lie l'affaire à un projet militaire
secret lancé pendant la seconde guerre mondiale, a déjà un semblant de réponse à la question et part
à la recherche de l'épave du USS Ardent...

S02E20 - Faux frères siamois
Mulder et Scully assistent à un enterrement pas comme les autres. Le défunt, Jerald Glasburgh, était
l'un des meilleurs illusionnistes américains mais, à cause de son allure physique, il ne se produisait
que parmi des phénomènes de foires. L'homme souffrait en effet d'une maladie congénitale qui
déssèche l'épiderme et ressemble à une peau en écailles. Jerald a été assassiné. L'arme du crime est
d'origine inconnue...

S02E21 - Calusaris
Après la mort d'un enfant de deux ans, Mulder part sur les traces d'un esprit frappeur qu'une photo
de l'accident a révélé. En enquêtant auprès de la famille, Mulder et Scully font la connaissance de
Golda, la gouvernante roumaine des enfants. Elle accuse Charlie, 8 ans, d'être responsable de la mort
de son petit frère et organise chez elle des cérémonies religieuses afin de repousser le diable, avec un
groupe d'hommes appelés Calusaris...

S02E22 - Contamination
Un virus inconnu a causé la mort de deux détenus dans un pénitencier fédéral. Une quinzaine de prisonniers semblent eux aussi contaminés par ce mal inexplicable. Le FBI est saisi de l'affaire lorsque
deux prisonniers réputés dangereux profitent de la situation pour se faire la belle...

S02E23 - Ombre mortelle

La police de Richmond, dans l'Etat de Virginie, enquête sur une série de disparitions suspectes. La dernière en date est celle d'un certain Patrick Newirth, qui s'est littéralement volatilisé dans sa chambre d'hôtel. L'inspectrice chargée du dossier, Kelly Ryan, demande officieusement l'aide des agents spéciaux du FBI, Fox Mulder et Dana Scully...

S02E24 - Petite ville tranquille
Mulder et Scully viennent enquêter sur la disparition d'un inspecteur sanitaire et découvrent dans un champ les traces d'une récente cérémonie sacrificielle. Lorsque la maîtresse de cet homme, qui paraît beaucoup plus jeune que son âge, meurt dans des conditions inhabituelles, l'autopsie de son corps révèle la maladie de Creutzfeldt-Jacob. Mulder en vient vite à penser qu'un groupe de cannibales utilise la chair de ses victimes pour rester éternellement jeunes...

S02E25 - Anasazi
Mulder est entré en possession d'une disquette codée en Navajo, contenant l'intégralité des dossiers secrets du ministère de la Défense. Mais son père, qui a travaillé pour le ministère et dont le nom apparaît dans les dossiers, apprend qu'il est en possession de cette disquette et lui demande de lui rendre visite. Avant qu'il ne puisse lui avouer la vérité, Alex Krycek le tue d'une balle et s'enfuit...

■■■■■■ SAISON 03 ■■■■■■

S03E01 - Chemin de la bénédiction
Mulder a disparu avec la disquette contenant les dossiers secrets du ministère de la Défense. Scully part à sa recherche et pense même à démissionner du FBI, lorsqu'elle découvre qu'on lui a implanté une puce électronique dans le cou. Mulder est en fait retrouvé dans le désert du Nouveau Mexique et secouru par un groupe d'Indiens Navajo qui pratiquent sur lui un long rituel de guérison et lui font reprendre conscience...

S03E02 - Opération Presse-Papier
Mulder recherche l'assassin de son père avec Scully et Skinner, qui détient désormais la disquette tant recherchée. Ils rencontrent Victor Klemper, un ancien collègue de son père qui leur révèle l'existence de l'opération Presse Papier : les Etats-Unis protégeaient des criminels de guerre en échange de leurs connaissances scientifiques. Guidés vers une mine contenant des milliers de dossiers et d'échantillons, ils en apprennent un peu plus sur ce fameux projet secret...

S03E03 - Coup de foudre
Dans une salle de jeux vidéo, à Conneville (Oklahoma), Darin et Jack se disputent. La discussion s'envenime et Jack frappe Darin. Un peu plus tard, Darin semble pouvoir manipuler l'électricité de la salle à sa guise. Effrayé, Jack tente de fuir en voiture mais un champ électrique intense englobe son véhicule et le tue. Le juge local révèle que cinq autres jeunes gens sont morts de façon identique...

S03E04 - Voyances par procuration
Un tueur en série décime des voyants malhonnêtes et sort leurs tripes de manière à y lire l'avenir. Appelés sur l'enquête, Mulder et Scully rencontrent Clyde Bruckman, un homme qui a découvert un des corps et semble avoir certains pouvoirs psychiques : il est capable de donner des détails précis des meurtres et peut prévoir l'endroit où seront retrouvées les futures victimes...

S03E05 - Liste
Après la mort du prisonnier Napoleon «Neech» Manley sur la chaise électrique, un garde est retrouvé mort dans la cellule qu'il avait occupée pendant onze ans. Convaincu qu'il se réincarnerait, Neech avait laissé une liste de cinq personnes desquelles il voulait absolument se venger et dont un autre condamné est en possession. Mais ce dernier propose de ne donner les noms qu'à condition d'être transféré dans une autre prison, ce que le directeur refuse...

S03E06 - Meurtres sur Internet
Mulder et Scully assistent l'inspecteur Cross sur l'affaire d'un tueur qui laisse les corps de ses victimes se décomposer, à tel point que l'identification est rarement possible et les enveloppe d'une

sorte de mucus. Beau parleur sur Internet, le tueur trouve ses victimes sur des sites de rencontres. Selon Mulder, qui a déjà vu un cas similaire, l'homme utiliserait la graisse de ces jeunes femmes pour compenser sa propre déficience cellulaire et survivre...

S03E07 - Corps astral
Un homme tronc manipule par son esprit des militaires. Il les empêche de se suicider après avoir tué toute leur famille, dans le but de les voir souffrir. Défiant le protocole militaire qui suspend leur enquête, Mulder et Scully tentent de retrouver l'identité du soldat fantôme plusieurs fois apparu aux victimes, mais l'esprit, qui réussit à prendre des formes diverses, tue un à un les principaux témoins...

S03E08 - Souvenir d'oubliette
Lucy Householder a été enlevée lorsqu'elle avait 8 ans et retrouvée indemne cinq ans plus tard. Alors que son kidnappeur court toujours, elle se retrouve en liaison psychique avec une jeune fille, Amy Jacobs, qui vient d'être enlevée à son tour et est retenue prisonnière dans une oubliette. Lorsque Mulder se penche sur l'enquête et retrouve le potentiel agresseur d'Amy, le photographe scolaire, Lucy le reconnaît immédiatement...

S03E09 - Monstres d'utilité publique - 1ère partie
Scully apprend que les implants collectent des informations et reproduisent artificiellement les processus mentaux. Elle découvre le Centre de Recherche sur les maladies, une ancienne léproserie, où sont fabriquées les puces. Pendant ce temps, à bord du train pour le Canada, Mulder tente de découvrir qui est derrière toutes ces expériences. Mais il doit affronter 'le rouquin' et se retrouve piégé dans un wagon. Sans code d'ouverture, il ne peut sortir sans faire exploser une bombe...

S03E10 - Monstres d'utilité publique - 2ème partie
Tandis que Scully poursuit ses recherches sur l'implant métallique qu'elle portait en elle, Mulder se retrouve pris au piège dans le train censé contenir le cadavre d'un extra-terrestre. Le problème, c'est qu'il n'est pas tout seul : un assassin a été chargé d'éliminer le savant japonais qui a en charge le corps en question...

S03E11 - Révélations
Le révérend Finley, un homme d'église qui feignait de recevoir les stigmates devant sa paroisse est assassiné. Afin de protéger un jeune étudiant, Kevin Kryder, qui présente les mêmes symptômes, Mulder s'entretient avec son père, interné pour avoir proclamé que le garçon était le fils de Dieu. Celui-ci lui annonce que la mort de son fils pourrait entraîner la fin du monde...

S03E12 - Guerre des coprophages
Appelé pour exterminer une colonie de cafards, le Dr Bugger meurt comme asphyxié avant qu'un flot de ces insectes ne vienne engloutir son corps. Malgré les explications rationnelles de Scully, Mulder ne peut s'empêcher d'enquêter et découvre plus tard qu'un jeune homme s'est mutilé avec une lame de rasoir, convaincu que des cafards étaient entrés dans son corps...

S03E13 - Ames damnées
Un rare alignement des planètes prévu par une astrologue pourrait être la cause d'étranges comportements. Après plusieurs morts suspectes de lycéens à Comity, Mulder et Scully interrogent deux jeunes étudiantes, qui ont assisté au décès anormal de deux de leurs camarades et dont les capacités télékinésiques semblent avoir un lien avec l'affaire...

S03E14 - Visage de l'horreur
Un tueur en série est incarcéré après le meurtre d'un modèle qui posait devant un groupe d'étudiants en arts. Clamant son innocence, celui-ci dit avoir été possédé par une force négative qui l'a poussé à tuer. Mulder retrouve sur l'enquête un de ses anciens professeurs, l'agent Patterson. Celui-ci avait une devise qu'il enseignait autrefois : pour traquer un monstre, il faut en devenir un soi-même...

S03E15 - Épave - 1ère partie
Un bateau de sauvetage français recherche la carcasse d'un avion de la seconde guerre mondiale tombé dans le Pacifique. Gauthier, un plongeur envoyé en éclaireur, y découvre le pilote encore vivant, une membrane noire lui recouvrant les yeux. Croyant être victime d'hallucinations, il remonte

à la surface... Mulder part pour Hong Kong afin de retrouver le commanditaire des recherches de l'épave et y rencontre Alex Krycek...

S03E16 - Épave - 2ème partie

Mulder poursuit Krycek pour récupérer la disquette contenant les dossiers secrets du ministère de la Défense, volée à Skinner. Lors de rencontres avec ses indicateurs, il commence à en apprendre plus sur la présence possible d'un extraterrestre au fond de l'océan, qui utiliserait le diesel pour passer d'un corps à un autre. Quant à Scully, elle est sur le point de découvrir l'assassin de sa soeur grâce au témoignage de Skinner...

S03E17 - Autosuggestion

Mulder et Scully sont appelés à retrouver un tueur en cavale. Ce dernier est capable de projeter sa propre volonté sur les gens qui l'entourent et de les forcer à faire ce qu'il désire. Face à la difficulté de le garder en observation dans les locaux du FBI, Pusher réussit à s'enfuir de nouveau. A sa poursuite, Mulder va malheureusement faire l'expérience de sa puissante force mentale...

S03E18 - Malédiction

Suite à la disparition de deux personnes associées à un artefact sacré, Mulder et Scully enquêtent sur ce qui ressemble à une malédiction causée par la découverte des restes d'une femme shaman. Leur principal suspect est l'un des membres de l'expédition s'adonnant à des hallucinogènes rituels...

S03E19 - Règle du jeu

Après avoir été appelés par le gardien d'un crématorium de San Francisco qui a vu un homme brûler vif, Mulder et Scully remontent la piste jusqu'à Chinatown. Ils y découvrent une loterie plutôt macabre dans un restaurant abandonné où les participants mettent en jeu un de leurs organes contre une chance de gagner le jackpot, certains d'entre eux finissant même au cimetière...

S03E20 - Seigneur du magma

Scully profite de sa rencontre avec le fameux romancier Jose Chung pour donner sa version des faits d'une affaire d'enlèvements de deux adolescents et de deux Petits Gris par l'extra-terrestre Lord Kinbote...

S03E21 - Visite

Après avoir passé la nuit avec une prostituée, Skinner se réveille auprès de son corps sans vie, et devient ainsi le premier suspect du meurtre. Scully suppose qu'il souffre de troubles du sommeil qui ont pu le rendre violent. Mais lorsque Mulder interroge le psychanalyste de Skinner, il apprend que celui-ci est depuis longtemps hanté par un rêve dans lequel il est confronté à une vieille femme. Mulder pense que c'est l'acte d'un succube...

S03E22 - Dents du lac

Le lac Heuvelmans attire de nombreux touristes car il est connu pour héberger un monstre légendaire, similaire à celui du Loch Ness. Mais lorsque celui-ci devient le théâtre de plusieurs disparitions et attaques en une semaine, Mulder et Scully viennent étudier l'affaire. Comme toujours Scully propose des explications rationnelles aux accidents, mais Mulder commence à croire sérieusement à la présence d'une créature dans le lac...

S03E23 - Hallucinations

Mulder est contacté par un nouvel informateur inconnu qui le met sur la piste de plusieurs meurtres dont les auteurs sont victimes d'hallucinations. Dans l'appartement de l'un d'entre eux, interné en hôpital psychiatrique, les agents trouvent des cassettes vidéo sur lesquelles les informations télévisées ont été enregistrées. Alors que Scully est elle-même victime d'hallucinations après les avoir visionnées, Mulder pense que des sortes de messages subliminaux pourraient être à l'origine des meurtres...

S03E24 - Anagramme

Dans un fast-food, un homme étrange guérit miraculeusement, par imposition des mains, les blessures des victimes. Lorsque la police arrive sur les lieux, il a disparu et aucun ne peut décrire l'incident de façon cohérente. Analysant plan sur plan la vidéo de la fusillade, Mulder et Scully voient l'homme étrange prendre l'apparence d'une autre personne. Mulder décide de le retrouver pour qu'il guérisse sa mère, hospitalisée dans un état critique, à la suite d'une altercation avec l'homme à la cigarette...

S04E01 - Tout ne doit pas mourir
Mulder et Scully protègent la vie de Smith, mystérieux personnage qui a décidé de tout révéler au sujet de la conspiration gouvernementale. Smith est doublement précieux car il possède le pouvoir de ramener les gens à la vie, et peut, à coup sûr, arracher la mère de Mulder du profond coma où elle est plongée. Alors qu'un tueur quasi-invisible est sur leur trace, Smith et Mulder pénètrent dans une propriété. Mulder y découvre les clones de Samantha. Mais avant que Smith ne révèle tout, le tueur à gages met fins à ses jours. Scully, de son côté, s'est aperçue que Smith et ses clones se livraient à un recencement de la population mondiale...

S04E02 - La meute
Mulder et Scully se rendent dans une petite ville de Pennsylvanie où le corps d'un nourrisson présentant de graves malformations génétiques a été découvert proche d'une vieille ferme. Le shérif local apprend aux deux agents que l'endroit est habité par trois frères dégénérés issus d'une lignée de consanguins...

S04E03 - Teliko
Au cours d'un trajet en avion, un homme d'affaires afro-américain est retrouvé mort, dépourvu de toute pigmentation : ses cheveux sont devenus blancs, ses yeux ont perdu toute couleur et reflètent une indicible terreur. L'autopsie d'une seconde victime révèle une graine de fleur tropicale originaire d'Afrique de l'Ouest. Lorsque Mulder rend visite à l'ambassadeur du Burkina Faso, celui-ci lui fait part du mythe de Teliko, un monstre légendaire qui viderait les hommes de leur pigmentation...

S04E04 - Hurleurs
Dans l'état du Michigan, certaines jeunes femmes victimes d'un kidnappeur sont endormies au moyen d'un sédatif et emmenées dans un endroit secret et reculé pour être lobotomisées. En essayant un nouveau photomaton, Mulder reçoit une photo de Scully entourée de démons...

S04E05 - Pré où je suis mort
Un groupe d'agents du FBI, parmi lesquels se trouvent Mulder et Scully, prend d'assaut les locaux d'une secte religieuse. Leur chef n'est néanmoins pas retrouvé et Mulder, mu par une force incontrôlable, se dirige vers un ancien bunker de la guerre de sécession. Il y découvre alors Ephesian, le leader de la secte, entouré de six jeunes femmes prêtes à avaler un poison mortel. En interrogeant sous hypnose une des membres du groupe, Mulder se rend compte qu'ils se sont connus dans une vie antérieure...

S04E06 - Sanguinarium
L'unité de chirurgie esthétique d'une clinique est le théâtre d'un meurtre atroce d'un des patients par un chirurgien qui affirme avoir été possédé au moment du crime. Les investigations mènent Mulder et Scully sur la piste d'une infirmière soupçonnée de pratiques sataniques...

S04E07 - Homme à la cigarette
Haut responsable du FBI, l'homme à la cigarette a toujours été une énigme pour l'agent spécial Fox Mulder. Mais, à force de recherches discrètes et multipliées, ce dernier a enfin réussi à mettre la main sur des documents ultra-confidentiels qui retracent la carrière de son ennemi intime... En 1962, on retrouve la trace de l'homme à la cigarette à Fort Braggs. Âgé d'une trentaine d'années, ce capitaine au parcours exemplaire mais dont le père, espion au profit de l'URSS, a été condamné à mort, est un jour convoqué par plusieurs responsables militaires. Ces derniers critiquent l'attitude de la Maison Blanche dans l'affaire de la Baie des Cochons...

S04E08 - Tunguska - 1ère partie
Mulder a reçu des informations d'un contact anonyme au sujet d'un probable attentat à Oklahoma.

Mais pendant l'intervention du FBI, Mulder et Scully partent à la poursuite d'un camion transportant des explosifs et y retrouvent Alex Krycek, qui s'avère être le nouvel informateur. Celui-ci dirige les agents vers un diplomate, pour récupérer un fragment de météorite dont il est en possession. Mais alors que le Dr Sacks l'examine dans son laboratoire en le perçant, un liquide noirâtre jaillit et libère des vers qui envahissent aussitôt son corps et le paralysent...

S04E09 - Tunguska - 2ème partie

Emprisonné avec Krycek dans un goulag en Russie, Mulder parvient à s'échapper en détournant un camion de livraison. En cavale dans la nature, il est poursuivi par le chauffeur du camion, qui le rattrape et finit par lui expliquer que de nombreuses personnes dans la région ont pu échapper à la torture au goulag en se laissant amputer du bras gauche. Quant à Scully, elle est toujours auditionnée par une sous-commission de sénateurs au sujet de la disparition de Mulder...

S04E10 - Coeurs de tissu

Grâce à une sorte de rêve prémonitoire, Mulder retrouve le corps d'une petite fille assassinée et enterrée dans un parc. Le tueur ayant découpé dans ses habits un morceau de tissu en forme de coeur, l'agent retrouve alors la marque de John Lee Roche, qu'il a autrefois arrêté. Roche avoue treize crimes, mais lors d'un second rêve, Mulder découvre la cachette du cahier regroupant les coeurs de tissu et s'aperçoit qu'il en contient seize. Roche parle alors de la soeur de Mulder...

S04E11 - El Chupacabra

Une étrange pluie jaune est tombée sur un camp d'immigrés hispaniques, en Californie. Le corps de Maria Dorantes est retrouvé dans une flaque du mystérieux produit, le nez, les yeux et les lèvres presque entièrement rongées. La communauté évoque immédiatement El Chupacabra, une créature mexicaine populaire. Mais il s'avère également que le jeune homme qui l'accompagnait, Eladio, est soupçonné par son propre frère d'être l'assassin. Celui-ci, qui se trouvait être le petit ami de Maria, est convaincu que la jalousie a poussé son frère à commettre le crime...

S04E12 - Régénérations

Au cours d'un accident de la route, l'ambulancier Leonard Betts est décapité. Quelques jours plus tard, son corps disparaît de la morgue, laissant à Scully la possibilité d'examiner un tissu provenant de sa tête. L'agent s'aperçoit que ses cellules étaient toutes fortement cancéreuses. Mulder en conclut alors que Betts devait posséder un incroyable pouvoir de régénération. En allant interroger sa mère, les agents apprennent que Betts est mort dans un accident de voiture six ans auparavant...

S04E13 - Jamais Plus

Avant de partir en vacances, Mulder confie à Scully des affaires qu'il aimerait voir résolues. Pourtant décidée à profiter de son absence pour prendre soin d'elle-même, Scully suit la piste d'un Russe, supposé avoir des informations sur les extraterrestres. Au cours de l'enquête qui la conduit chez un tatoueur, elle rencontre Ed, un jeune homme qui vient de se faire tatouer une Pin-up sur le bras et l'invite à dîner. Mais le lendemain, des inspecteurs informent Scully que la voisine de Ed a disparu et qu'il a laissé du sang dans l'appartement...

S04E14 - Journal de mort

Scully vient d'apprendre qu'elle est atteinte d'une tumeur inopérable, située entre les sinus et le cerveau. Elle décide de contacter une association de femmes, qui ont autrefois été enlevées et ont toutes développé la même maladie après s'être fait ôter une plaque de métal du cou. Parallèlement, Mulder soupçonne le Dr Scanlon, qui a traité le cancer de toutes ces femmes, d'être à l'origine des enlèvements...

S04E15 - Prière des morts

Issac Luria, un commerçant juif de la communauté hassidique, est victime d'une bande de truands. Quelques jours plus tard, après son enterrement, l'un des assassins est découvert, à son tour, étranglé avec les empreintes d'Issac Luria sur son corps. Dans le quartier, la rumeur annonce qu'Issac Luria est revenu pour se venger...

S04E16 - Homme invisible

Une foule importante est agglutinée aux alentours du Memorial des vétérans du Vietnam de Washington. Pour marquer le début de l'importante cérémonie commémorative, le général Benjamin Bloch monte sur le podium et entame son discours. Pendant ce temps, à quelques centaines de mètres de là, Mulder, Scully et d'autres agents du F.B.I. traquent fièvreusement un homme armé qui s'est glissé dans la foule...

S04E17 - Tempus Fugit - 1ère partie

Alors que Mulder et Scully fêtent le 33ème anniversaire de Dana dans un pub, une femme les approche et leur annonce que son frère, Max Fening, est mort dans un accident d'avion. Sur le lieu du crash, les agents extraient des décombres un corps apparemment brûlé par de fortes radiations. Quant aux surveillants de la tour de contrôle, ils affirment avoir perdu tout contact radio avec l'avion et avoir repéré un radar inconnu qui pénétrait dans l'espace aérien de l'avion...

S04E18 - Tempus Fugit - 2ème partie

Alors qu'il plonge pour étudier la carcasse d'un OVNI tombé en mer, Mulder est attrapé et fait prisonnier par des militaires. Libéré de prison sous caution, Mulder, accompagné de Scully, se rend au mobile-home de Max Fening, dans lequel ils découvrent une cassette. Max y affirme avoir des preuves irréfutables que l'armée américaine a utilisé des technologies extraterrestres pour les appliquer à ses propres programmes...

S04E19 - Aux frontières du jamais

Un scientifique est renversé par un autobus alors qu'un vieil homme venait de lui prédire l'heure exacte de sa mort. Mulder et Scully sont amenés à soupçonner l'un de ses collègues, Jason Nichols, qui aurait pu pousser John Menand sous le véhicule du meurtrier. Peu de temps après, un gardien puis un savant japonais sont retrouvés morts, comme congelés. Troublante coïncidence, Menand et Nichols menaient d'importants travaux dans le domaine de la cryogénie...

S04E20 - Queue du diable

Sur le point d'accoucher, une jeune femme confie à son infirmière que le père de son enfant est un extraterrestre. L'enfant vient au monde doté de la «queue du diable». C'est le 5ème enfant né, en quelques semaines avec cette difformité : toutes les mères ont subi une insémination artificielle. La nouvelle s'affiche à la Une de plusieurs journaux... Mulder et Scully se rendent assitôt en Virginie...

S04E21 - Nid d'abeilles

Une femme est mortellement piquée par des abeilles alors qu'elle se rend aux lavabos dans un supermarché. La nuit suivante, quelqu'un efface toutes les preuves existantes. Le coupable n'est autre que Walter Skinner ! Venant récupérer ses preuves sous l'identité de l'agent Mulder, il rencontre, malencontreusement, un collègue qui avait lié connaissance, sur Internet, avec le vrai Mulder. Skinner l'éconduit. L'homme est retrouvé mort...

S04E22 - Amour fou

Un gérant de bowling, Angie Pintero, aperçoit une jeune fille coincée dans la machinerie de la piste. Elle prononce quelques mots, mais personne ne semble l'entendre... Quelques temps après, la même jeune fille est retrouvée morte. Pintero avait bel et bien vu un fantôme ! Après que les premiers soupçons se tournent vers Harold Spuller, un malade mental, l'enquête prend une autre tournure. Scully voit en effet apparaître un spectre alors qu'elle est victime d'un de ses saignements de nez réguliers. Déstabilisée, elle décide d'aller voir le psychiatre du FBI pour lui raconter ses problèmes et surtout cette vision qui la plonge dans un doute profond...

S04E23 - Crime de mémoire

Mulder se réveille au beau milieu d'un cauchemar mettant en scène sa soeur et un couple. Il est quelque part dans la chambre d'un motel, maculé de sang. Réveillé au beau milieu de la nuit, Scully vient à sa rescousse pour apprendre que Mulder ne se souvient plus de rien concernant la nuit passée. En outre, des balles manquent dans son chargeur. Mulder et Scully, partant en chasse, retrouvent la piste d'une dénommée Cassandra...

S04E24 - Baiser de Judas

Après la découverte d'un extraterrestre conservé par le froid d'un sommet du Canada, Mulder et Scully sont appelés afin d'étudier le corps. Alors que Scully prélevait un échantillon de glace, elle est attaquée par un chercheur du Pentagone, Michael Kritschau, qui semble en savoir beaucoup sur l'extraterrestre. Kritschau affirme à Mulder que le gouvernement a planifié cette découverte afin de détourner l'attention de ses propres activités. Tout ce en quoi Mulder croit pourrait être totalement faux...

S05E01 - Complot
Mulder apprend de la bouche de Kritschgau que ses conversations téléphoniques sont sur écoute. Il découvre alors que l'appartement juste au-dessus du sien est occupé par un membre d'une branche secrète du FBI, qui enregistre toutes ses conversations depuis des années. Afin de mener son enquête pour enfin découvrir la vérité, Mulder demande à Scully de le faire passer pour mort. Après s'être infiltré au coeur de ce centre de recherches, Mulder rencontre Kritschgau, qui lui dévoile tout sur l'organisation...

S05E02 - Voie de la vérité
Après avoir perdu connaissance, Scully est à l'hôpital, à l'article de la mort. L'homme à la cigarette propose à Mulder de la soigner à l'aide d'une puce électronique, ce dont le frère de Dana doute, en reprochant à l'agent la maladie de sa soeur. L'homme à la cigarette est alors menacé par des membres de son groupe, qui l'accusent d'avoir pris de trop gros risques en informant Mulder sur leur centre de recherches. Mais confiant, il permet à Mulder de rencontrer sa soeur, qui l'informe de ce qui lui est arrivé depuis son enlèvement...

S05E03 - Bandits solitaires
En 1989, une équipe du SWAT pénètre de force dans un entrepôt dont le sol est couvert de sang. C'est là que les officiers découvrent Mulder, nu, semblant avoir perdu la raison. C'est alors que Langly, Frohike et Byers surgissent des ténèbres et tentent de s'enfuir, sans toutefois y parvenir. L'inspecteur Munch entreprend alors d'interroger Byers. En effet, malgré les évidentes traces d'une tuerie et l'implication d'un agent du FBI, apparemment victime de troubles mentaux, les policiers n'ont que peu d'indices sur ce qui s'est réellement passé. Byers se lance alors dans le récit de la fusillade...

S05E04 - Détour
Mulder et Scully traversent la Floride en compagnie de deux autres agents du FBI ; ils doivent participer à un séminaire de communication. En route, alors qu'ils traversent une immense fôret, un barrage de police les contraint à s'arrêter. Un homme vient de disparaître de façon mystérieuse. Mulder et Scully propossent leur aide aux enquêteurs, espérant par là-même échapper à leur séminaire. Il s'avère que le matin, une équipe de géomètres a disparu sans laisser de traces...

S05E05 - Prométhée post-moderne
Dans les campagnes de l'Indiana, des fermes sont visitées par une créature proche de Frankenstein, que les habitants appellent le Grand Mutato. Après avoir été invité au Jerry Springer Show, Mulder est contacté par une téléspectatrice de la région, qui voudrait le voir enquêter sur son cas. Cette femme affirme avoir été visitée par la créature il y a dix-huit ans et être tombée enceinte de son fils quelques jours plus tard...

S05E06 - Emily - 1ère partie
En famille pour les fêtes de Noel, Scully reçoit un appel pour qu'elle se rende sur les lieux d'un étrange suicide. Sur place, elle découvre le corps sans vie de Roberta Sim, et tente de consoler sa fille, Emily. Troublée par la parfaite ressemblance de cette enfant avec sa propre sur, Melissa, lorsqu'elle avait le même âge, Scully fait autopsier le corps de Roberta. Il s'avère qu'Emily a été adoptée et qu'elle est gravement malade...

S05E07 - Emily - 2ème partie
Poursuivant ses investigations, Scully découvre - en pratiquant un test d'ADN sur le sang de l'enfant - que la petite Emily serait sa propre fille, une enfant conçue à partir des ovaires qui lui furent prélevés lors de son enlèvement. Scully s'attache profondément à la fillette. Surtout lorsqu'on découvre

qu'elle est condamnée à très court terme. Mulder tente de trouver un remède en enquêtant sur le médecin traitant d'Emily...

S05E08 - Kitsunegari
Au pénitencier de Lorton, en Virginie, une thérapeute se penche sur le cas de Robert Modell, mieux connu sous le nom de «Pusher», individu extrêmement dangereux. Le gardien met en garde son collègue de ne pas sous-estimer le prisonnier, mais ce dernier l'attire dans sa cellule. Modell l'enferme à sa place et réussit à prendre la fuite...

S05E09 - Schizogonie
Coats Grove, Michigan. Fox Mulder et Dana Scully se rendent au domicile de la famille Rich. Phil, le père a été trouvé mort non loin de la maison. Il a ingurgité pas moins de six kilos de terre. Scully explique à Mulder que lorsqu'on lutte pour respirer, on créé une sorte de vide : peut-être qu'après avoir avalé une première bouchée de boue, son estomac est devenu comme un syphon...

S05E10 - Poupée
Scully décide de s'octroyer un week-end prolongé loin de Washington. En route pour la Nouvelle-Angleterre, elle fait halte dans une petite ville du Maine, où elle est témoin d'un étrange phénomène. Dans un libre-service, les clients se frappent et se mutilent soudainement, et le boucher se tue en se plantant un couteau dans l'oeil. Tous les habitants semblent terrorisés par la petite Polly Turner et sa curieuse poupée prénommée Chinga. Qui se cache donc derrière cette émule de Chucky ?...

S05E11 - Clic mortel
Mulder et Scully sont appelés à enquêter sur une gigantesque fusillade, qui a éclaté dans un restaurant entre des dealers de drogue et des policiers. Dans ce restaurant dînait justement Donald Gelman, un des informaticiens à l'origine d'Internet, qui travaillait sur son ordinateur portable et a été pris dans la fusillade. Mulder dérobe son ordinateur et y trouve un disque. Après une petite enquête, il découvre que Gelman avait créé un programme informatique totalement autonome qui a fini par se retourner contre son créateur...

S05E12 - Shérif a les dents longues
L'agent Fox Mulder doit répondre devant ses supérieurs de la mort brutale de Ronnie Strickland survenue quelques jours auparavant, dans une petite ville du Texas. Mulder affirme que cet homme était un vampire. D'après Scully, si la famille décide d'attaquer le FBI en justice, la peine pourrait s'élever à quelques 440 millions de dollars. Les deux enquêteurs se remémorent alors tous les détails de cette affaire...

S05E13 - Patient X - 1ère partie
Au Kazakhstan, dans l'ex-Union Soviétique, deux adolescents voient passer un Ovni. Ils rebroussent chemin pour donner l'alerte. A quelques centaines de mètres de là, ils découvrent le chaos : une terrible explosion vient d'avoir lieu. L'un des jeunes témoins, Dmitri, est capturé par des soldats russes...

S05E14 - Patient X - 2ème partie
A Ruskin Dam, dans le sud de l'état de Pennsylvanie, la police et le FBI se rendent sur les lieux d'une catastrophe qui s'apparente à un suicide collectiif. Cinquante corps ont été retrouvés entièrement calcinés. Un pilote d'hélicoptère vient de retrouver plusieurs dizaines de survivants qui erraient dans les bois, en état de choc...

S05E15 - Compagnons de route
1990. Dans l'Etat de Wisconsin, un shérif pénètre dans une maison afin d'en expulser l'occupant, un certain Edward Skur. Horrifié, l'officier découvre un cadavre qui semble avoir été vidé de tous ses organes. Un individu sort brusquement de l'obscurité : le shérif ouvre le feu. L'homme tombe à terre, murmurant «Mulder»...

S05E16 - oeil de l'esprit
Alors qu'elle regagne son appartement, Marty Glenn, une jeune femme d'une vingtaine d'années, a la vision d'un meurtre. Peu de temps après, la police est appelée à un motel où le cadavre d'un homme a été découvert. Marty se trouve également sur les lieux du crime, une éponge pleine de

sang dans les mains. Elle est arrêtée pour meurtre, mais en la menottant, les policiers découvrent qu'elle est aveugle...

S05E17 - Âme en peine
Scully enquête sur la mort inexpliquée d'une jeune fille de seize ans paraplégique, Dara Kernof, retrouvée morte, agenouillée en pleine rue, les yeux brûlés. Son père, Lance Kernof, a été témoin de la scène : selon lui, sa fille adoptive a été tuée par le Diable en personne. Peu de temps après, un deuxième cadavre aux yeux brûlés est découvert et ce n'est autre que la soeur jumelle de Dara...

S05E18 - Nouveaux spartiates
Le FBI et la CIA ont assemblé leurs forces pour capturer Jacob Steven Haley, le second d'un groupe terroriste connu sous le nom des Spartiates. Selon des informateurs, Harvey devait remettre à un mystérieux individu une importante somme d'argent dans un parc de Washington, en échange d'une livraison d'armes. L'opération a échoué et l'agent Scully est persuadée que Fox Mulder a délibérément laissé filer le terroriste...

S05E19 - Folie à deux
A Oak Brook, non loin de Chicago, une entreprise fabricant des revêtements de façade, Vynilright, vient de déposer une plainte. Le service de télémarketing de cette société est la cible d'une personne anonyme qui diffuse une sorte de manifeste enregistré comportant des menaces très violentes. Fox Mulder pense qu'il s'agit probablement d'un mauvais plaisantin mais il décide tout de même de se rendre sur place...

S05E20 - Fin
Deux champions d'échecs, un joueur russe et un adolescent de douze ans, Gibson Praise, s'affrontent devant un public silencieux, à l'intérieur d'un gymnase. Au-dessus de la foule se cache un sniper qui pointe son arme sur la nuque du jeune champion. Au moment où il s'apprête à tirer, Gibson annonce «Echec et mat» en changeant soudainement de position. Le coup de feu part, le joueur russe s'effondre, mortellement blessé...

▬▬▬▬ SAISON 06 ▬▬▬▬

S06E01 - Commencement
En employant un procédé spécial qui réinjecte une certaine humidité à ses documents, Mulder devrait pouvoir récupérer ses dossiers qui ont été détruits dans l'incendie de son bureau il y a plusieurs mois. Ses supérieurs hiérarchiques du FBI, en particulier le nouveau directeur adjoint, Kersh refusent de croirent à la théorie de Mulder, selon laquelle des extra-terrestres seraient en train de conquérir la planète. Mulder veut prouver que Scully a été infectée par un virus d'origine extra-terrestre. Mais Dana lui avoue finalement qu'elle n'a pas réussi à identifier le virus...

S06E02 - Poursuite
Une chaîne de télévision diffuse en direct une chasse à l'homme sur les routes du Nevada. La police poursuit un chauffard qui détient un otage. Le véhicule est finalement stoppé par les forces de l'ordre. L'homme, un dénommé Patrick Crumb, est maîtrisé. Mais lorsque les officiers tentent de porter secours à sa passagère, qui s'avère être l'épouse du conducteur, la tête de celle-ci explose sans qu'un coup de feu ne soit tiré... Fox veut enquêter sur l'affaire sans en référer à ses supérieurs. Dana accepte de le suivre et s'arrange pour assister à l'autopsie...

S06E03 - Triangle
Mulder se rend au Triangle des Bermudes lorsqu'il apprend que le Queen Anne, un luxueux navire anglais disparu pendant la seconde guerre, est réapparu au large de la mer des Sargasses. Mais, sur place, son bateau a coulé et des marins repêchent son corps inanimé. Après avoir repris ses esprits et des forces, Mulder découvre qu'il a voyagé dans le temps pour se retrouver à l'aube de la seconde guerre mondiale...

S06E04 - Zone 51 - 1ère partie

Mulder entraîne Scully dans le désert du Nevada afin de rencontrer un indicateur qui travaille dans la zone 51. Ce dernier est supposé leur apporter la preuve que des expériences gouvernementales sont menées avec des technologies extra-terrestres. Mais avant qu'ils ne puissent se rendre sur le lieu de rendez-vous, des officiers de la zone 51 leur barrent le chemin et l'agent Morris Fletcher leur ordonne de quitter les lieux au plus vite. Alors que Scully tente de convaincre Mulder de faire demi-tour, un OVNI apparaît, en émettant une importante vague de chaleur, puis disparaît...

S06E05 - Zone 51 - 2ème partie
Dana Scully écope de deux semaines de suspension non payée pour avoir franchi sans autorisation les limites d'une zone militaire ultra-secrète, la Zone 51. Pendant ce temps, Fox Mulder qui assume toujours contraint et forcé l'identité de Morris Fletcher, est arrêté par les militaires qui sont à la recherche d'un enregistreur de vol. Cette boîte noire est celle du mystérieux appareil qui s'est crashé au-dessus de la nationale 375...

S06E06 - Amants maudits
Le soir du réveillon de Noël, Fox Mulder est assis dans sa voiture, devant l'entrée d'un manoir abandonné. Il attend Dana Scully, à qui il a demandé de venir le rejoindre. Mulder prétend guetter les anciens occupants du manoir, décédés la nuit de Noël 1917. Une époque, rappelle Mulder, de souffrance et de désespoir...

S06E07 - Pauvre diable
Wayne et Laura Weinsider vont bientôt avoir un enfant. Mais l'examen prénatal révèle que leur bébé est atteint d'une étrange malformation de la colonne vertébrale et du crane. Une nuit, laura fait un horrible cauchemar : un démon la ligote et lui vole son enfant. A son réveil, la jeune femme constate avec horreur que quelqu'un lui a effectivement pris son bébé... Le shérif de la ville, qui n'est autre que le frère de Laura, alerte Spender, l'agent local du FBI. Le rapport finit à la poubelle dans les minutes qui suivent...

S06E08 - Roi de la pluie
A Kroner, au Kansas, aucune averse n'est annoncée dans un futur proche. Pourtant, à la suite d'une dispute avec sa fiancée Sheila, Daryl Mootz prend sa voiture, se retrouve sous une averse de grêle et perd le contrôle de son véhicule. Six mois plus tard, Mulder et Scully se rendent à Kroner afin d'enquêter sur un homme, surnommé le «Roi de la Pluie» et prétendant pouvoir contrôler la météo...

S06E09 - Compte à rebours
Skinner est conduit aux urgences après un entraînement de boxe. Le malheureux a été complétement sonné lors d'un combat. Le médecin de garde lui préconise de changer de sport et le laisse quitter l'hôpital... Quelques heures plus tard, Skinner est victime d'un second malaise dans son bureau. Il semble qu'il a été empoisonné. Un mystérieux interlocuteur téléphonique lui annonce qu'il n'a plus que 24 heures à vivre. Fox reconstitue l'emploi du temps de Skinner. Il découvre qu'il a rencontré un célèbre biologique le matin-même...

S06E10 - Photo mortelle
Relégués à des tâches subalternes, Scully et Mulder s'ennuient à longueur de journées. Pourtant, un matin, le directeur-adjoint Kersh appelle Dana et lui propose d'effectuer une mission spéciale en compagnie de l'agent Peyton Ritter. Il s'agit d'enquêter sur un certain Alfred Felling, un photographe de la police dont le comportement intrigue le FBI...

S06E11 - Toute la vérité - 1ère partie
Un dépôt ferroviaire à Arlington, Virginie. Le Dr Openshaw pénètre dans un wagon de chemin de fer transformé en bloc opératoire. Il rend visite à Cassandra, une femme qui a subi avec succès plusieurs interventions. Soudain, un «homme sans visage» surgit à la porte du wagon. Muni d'un lance-flammes, il extermine toute l'équipe médicale. Seule Cassandra est épargnée... Le directeur Skinner et l'agent Spender se rendent sur les lieux du drame. Spender est boulversé. En effet, Cassandra n'est autre que sa mère, mystérieusement enlevée voilà prèes d'un an. Reprenant peu à peu conscience, Cassandra demande à parler à l'agent Mulder...

S06E12 - Toute la vérité - 2ème partie

Scully et Mulder s'introduisent dans leur ancien bureau afin d'en savoir plus sur la famille Spender. Ils découvrent que l'homme à la cigarette, que le fichier central connaît sous le nom de CGB Spender, n'est autre que le père de l'agent Spender et donc le mari de Cassandra. Mulder sait depuis des années que CGB est la tête des conspirateurs, ces humains qui ont choisi de s'allier avec les extraterrestres. Les aveux de Cassandra lui permettent désormais de prendre toute la mesure du complot qui menace l'existence de la population terrestre...

S06E13 - Agua Mala

Arthur Dales, retraité du FBI, convainc Scully et Mulder de le rejoindre en Floride. Tandis qu'un ouragan menace la région, le vieil homme prétend qu'un animal sorti des profondeurs marines aurait déjà massacré une famille entière, les Shipley. Les deux agents se rendent dans la maison des victimes supposées. L'endroit est effectivement désert. Excédée par les «délires» de son partenaire, Scully veut prendre le premier avion pour Washington. Mais l'ouragan en décide autrement...

S06E14 - Lundi

C'est lundi matin. Pour Mulder, la semaine commence très mal. Son matelas d'eau s'est crevé pendant la nuit ! Son appartement est inondé. Son radio-réveil ne fonctionne plus. Il est en retard pour sa réunion. L'agent arrive enfin au bureau. La réunion a déjà commencé. Mulder raconte sa mésaventure à Scully et file à la banque la plus proche. Tandis que le «malchanceux» fait la queue au guichet, un jeune marginal nommé Bernard pénètre dans la banque avec la ferme intention de réaliser le braquage du siècle...

S06E15 - Bienvenue en Arcadie

Mulder et Scully forment un beau couple. Se faisant passer pour Rob et Laura Petri, ils emménagent dans la résidence «Falls of Arcadia», une communauté très fermée où les règles de vie sont strictement surveillées. Les deux agents enquêtent sur l'étrange disparition de plusieurs habitants des lieux. A peine arrivés, les deux fédéraux reçoivent l'aide de tous leurs voisins afin de terminer leur déménagement avant 18 heures...

S06E16 - Entre chien et loup

Los Angeles. Deux marins d'un cargo chinois en provenance de Hong Kong, le Tien Kou, sont retrouvés morts dans la soute. Selon la police, les deux victimes auraient tenté d'ouvrir un conteneur renfermant un animal particulièrement dangereux. Le propriétaire du contenu, un certain Detweiler, semble beaucoup plus affecté par la disparition de son animal qui a été répertorié comme un chien au départ de Hong Kong, que par le décès des deux Chinois...

S06E17 - Trevor

Une violente tornade s'approche d'un pénitencier du Mississippi. Coupable d'avoir agressé l'un de ses camarades de détention, Pinker Rawls est conduit de force au «mitard», une cabane de bois construite au milieu de la cour. La tornade détruit tout sur son passagge. Le «mitard» vole en éclats. Rawls est déclaré mort bien que les gardiens ne parviennent pas à retrouver son corps. Le responsable de la prison, lui non plus, n'a pas survécu aux éléments déchaînés. Le malheureux a été coupé en deux par un mystérieux agresseur...

S06E18 - Coeur perdu

Mulder et Scully enquêtent sur un meurtre d'un genre totalement inédit. Le coeur de la victime a disparu mais la police n'a révélé aucune trace d'incision, aucune empreinte. Mulder penche pour la thèse de la chirurgie mentale. Scully veut du concret. Quelques jours plus tard, un nouveau meurtre est signalé. Fox se rend immédiatement sur les lieux...

S06E19 - Grand Jour

Mulder passe son samedi après-midi au bureau, plongé dans la lecture des journaux de l'année 1947. Dans un article consacré au base-ball, Fox apprend que son vieil ami Arthur Dales, le précurseur des affaires classées du FBI, était policier à Roswell. Mulder se présente au domicile d'Arthur Dales. Il tombe nez à nez avec un inconnu qui prétend être le frère de l'ancien agent du FBI...

S06E20 - Brelan d'as

Les trois Bandits solitaires sont à Las Vegas pour affaires. Ils tentent d'assister à une convention des industriels de l'armement. Se faisant passer pour un responsable d'une société d'équipements aéro-nautiques, Byers a réussi à s'introduire dans une partie privée de poker. Son subterfuge est rapidement découvert par Grant Ellis, l'un des joueurs. Byers est évacué manu militari...

S06E21 - Spores

Deux squelettes étrangement enlacés viennent d'être retrouvés dans la région de la Montagne Brune, en Caroline du Nord. Les premières expertises médicales prouvent qu'il s'agirait des restes de Wallace et Angela Schiff, un couple qui a disparu voilà moins d'une semaine. C'en est assez pour intéresser Mulder et Scully...

S06E22 - Biogénèse

Sur une plage de Côte d'Ivoire, le scientifique Solomon Merkmallen découvre, fiché dans un rocher, un fragment d'une tablette métallique sur laquelle sont inscrits des symboles ésotériques. De retour à son bureau, il rapproche sa découverte d'un autre fragment, en tout point similaire. Soudain, animé d'une fulgurante énergie, l'objet, projeté dans les airs, va se ficher dans une bible...

■■■■■■■■■ SAISON 07 ■■■■■■■■■

S07E01 - Sixième extinction - 1ère partie

Scully étudie une photographie du vaisseau spatial extraterrestre découvert dans une baie de Côte d'Ivoire. Le métal comporte des idéogrammes Navajo semblables à ceux inscrits sur les autres arte-facts concernant la Genèse humaine. Scully réfléchit au moyen de guérir les maux de tête de Mulder, désormais interné dans un hôpital psychiatrique...

S07E02 - Sixième extinction - 2ème partie

Mulder souffre toujours de délires chroniques à l'hôpital : il rêve que l'Homme à la Cigarette vient le guérir et lui annonce qu'il est son père. Pendant ce temps, Kritschgau veut obliger Scully à lui accorder un accès total à ses recherches sur le vaisseau spatial extraterrestre...

S07E03 - Appétit monstre

En Californie, un jeune homme affamé veut se faire servir, dans un fast-food, le Lucky Boy. Bien que le fast-food soit fermé, le jeune homme insiste. Il finit par sortir de sa voiture et est happé par un monstre. Mulder et Scully arrivent trois jours plus tard sur les lieux. Ils ont retrouvé le cadavre du client dans un bassin, avec un badge du Lucky Boy. Un des employés du fast-food, Derwood Spinks, n'a plus son badge. En recherchant des preuves, les agents découvrent que le cerveau de la victime a été légèrement modifié...

S07E04 - Millennium

A l'approche du nouveau millénaire, Mulder et Scully enquêtent sur un meurtre et pistent un certain Frank Black, qu'ils soupçonnent de détenir des renseignements essentiels pour leurs investigations. A force de fouiller, les deux agents du FBI parviennent à établir un lien entre ce suspect et l'organi-sation Millennium. Celle-ci réunit un grand nombre de personnalités, connues et moins connues, et prépare un passage auquel Mulder voudrait bien assister. Scully n'est pas forcément du même avis. Pour l'heure, ils doivent impérativement mettre la main au collet de Black s'ils veulent en savoir plus...

S07E05 - Toute vitesse

Mulder et Scully quittent leur bureau du FBI pour se rendre en Virginie. Ils ont été appelés à l'aide par les autorités locales afin d'éclaircir une affaire bien mystérieuse. Un corps a, en effet, été retrou-vé le crâne fracassé. Contre toute attente, c'est un adolescent qui est soupçonné d'avoir commis cet horrible crime. Les deux agents pensent que le jeune homme possède quelque pouvoir paranormal pour avoir fait preuve d'une telle force. La chose reste à prouver. Les investigateurs ne sont pas au bout de leurs surprises...

S07E06 - Chance

Chicago, Illinois. Un groupe de gangsters auquel appartient Joseph Cutrona, joue au poker dans une salle privée. Un homme, connu sous le nom de Henry Weems, se démarque des autres : même s'il semble totalement stupide, il réussit à battre les quatre rois de Joseph Cutrona et gagne plus de cent mille dollars. Bien décidé à lui faire payer sa trop grande chance, Joseph Cutrona envoie trois hommes, Angelo, Sal et Lou, s'occuper d'Henry. Ils montent sur les toits et poussent Henry dans le vide. Miraculeusement, après avoir descendu plus de trente étages, Henry réussi à s'agripper et échappe de peu à une mort certaine...

S07E07 - Orison

Mulder et Scully se rendent dans le pénitencier de Marion, dans l'Illinois, car plusieurs détenus se sont fait la belle, avec l'aide d'un prêtre... Scully se sent tout particulièrement affectée par cette affaire, car Donnie Pfaster, l'un des fugitifs, un nécro-fétichiste condamné à perpétuité pour crimes sexuels sadiques, a tenté d'abuser d'elle cinq ans plus tôt...

S07E08 - Maleeni le prodigieux

Mulder et Scully se rendent à Los Angeles pour enquêter sur la mort mystérieuse d'un magicien, Maleeni, dont la tête s'est détachée du corps. Parmi ses tours les plus spectaculaires, Maleeni était capable de faire un tour complet avec sa tête, tour qu'il avait d'ailleurs réalisé le soir de sa mort et qui fut filmé par un spectateur...

S07E09 - Morsure du mal

Les agents enquêtent lorsqu'un homme appartenant à une église, utilisant des serpents venimeux pour tester la droiture de ses adeptes, meurt après avoir été mordu plusieurs fois par des serpents...

S07E10 - Délivrance - 1ère partie

Bud LaPierre vit avec sa femme Billie et leur fille Amber Lynn à Sacramento, en Californie. Un soir, alors qu'il regarde la télévision, Bud entend un bruit suspect dans la maison. En inspectant les chambres, il surprend sa femme en train d'écrire une demande de rançon. Déconcerté, il s'inquiète pour sa fille qui pourtant dort sagement. Mais une fois sorti de la chambre, la porte claque brusquement, l'empêchant de rentrer dans la pièce. Lorsqu'il réussit à la rouvrir, Amber Lynn a mystérieusement disparu...

S07E11 - Délivrance - 2ème partie

Mulder, Scully et Skinner ont arrêté un tueur en série, Ed Truelove, après avoir découvert plusieurs tombes d'enfants dans les bois près de sa maison. Une expertise médico-légale minutieuse révèle que ni Amber Lynn , ni la soeur de Mulder ne font partie des victimes...

S07E12 - Peur bleue

A Los Angeles, le shérif-adjoint Keith Wetzel est filmé par l'équipe de la série télévisée C.O.P.S, lors d'une intervention dans le quartier de Willow Park, où un «monstre» semble rôder. De retour chez lui, Wetzel entend des bruits derrière sa maison et part se réfugier dans sa voiture avec l'équipe. Mais le véhicule est retourné par une force invisible. Venu enquêter, Mulder songe à un loup-garou...

S07E13 - Maitreya

Mulder et Scully enquêtent dans un univers virtuel afin de trouver la «Maitreya» afin d'éradiquer un avatar électronique un peu trop envahissant...

S07E14 - Coup du sort

Dans une petite ville de Californie, le Dr Robert Wieder vient d'être nommé Docteur de l'année. De retour chez lui, il retrouve sa famille : sa femme, Nan, sa fille de 16 ans, Lucy, et le père de Nan, le Dr Irving Thalbro Alors qu'il s'apprête à aller dormir, le Dr Thalbro remarque un visage formé par de la terre, sur ses draps. Ne sachant quoi faire, il secoue ses draps. Il sent alors une présence dans sa chambre. Il se retrouve face à un homme étrange avec des cicatrices effrayantes...

S07E15 - En ami

Une famille américaine, dont le fils, Jason, est atteint d'un grave cancer, refuse que son enfant soit soigné par conviction religieuse. Or, l'enfant se remet miraculeusement et affirme que ce sont des anges qui sont venus le guérir, une nuit, dans son lit. Scully et Mulder se saisissent alors de ce dossier. L'homme à la cigarette interpelle Scully et lui révèle qu'elle est en train de mourir...

S07E16 - Chimère
Dans une ville apparemment tranquille, une jeune femme a été victime de l'agression d'une créature ressemblant à un corbeau. Les agents Mulder et Scully sont à la recherche d'une mystérieuse femme qui serait la dernière personne à avoir vu six prostituées peu de temps avant leur disparition. Ils sont aussitôt saisis de cette affaire...

S07E17 - Existences
Tandis que Scully attend les résultats d'une autopsie, Mulder enquête sur le phénomène des «crop circles» : des traces circulaires observées dans des champs en Angleterre. A l'hôpital, l'agent Scully reconnaît par hasard l'un des patients : il s'agit du docteur Waterston, une ancienne liaison. Celui-ci lui confie ne s'être jamais remis de leur rupture... En sortant de l'hôpital, au volant de sa voiture, une femme évite à Scully une collision avec un camion. Plus tard, Colleen Azur, une jeune femme rencontrée par hasard à l'hôpital, transmet à Scully les documents concernant les «crop circles», ceux-là même que recherchait Mulder...

S07E18 - Nicotine
En Caroline du Nord, Skinner a pour mission de veiller sur le Dr Jim Scobie et sa femme Joan. Jim est retrouvé mort, le corps ravagé par des insectes. Skinner demande de l'aide aux agents Mulder et Scully. Il leur apprend que Jim Scobie travaillait en tant que biochimiste dans une firme de tabac, l'entreprise Morley...

S07E19 - Hollywood
Lors d'une réunion dans les bureaux du FBI, Mulder, Scully et Skinner discutent d'une affaire : une bombe a explosé dans la crypte de l'église du cardinal O'Fallon, un homme pressenti pour devenir le premier pape américain. Un réalisateur de cinéma assiste à la réunion et prend des notes. Wayne Fetterman, un vieil ami de Skinner, est en effet en train de travailler sur un film traitant du FBI ; il veut juste quelques tuyaux pour son scénario...

S07E20 - Doubles
A Kansas City, deux soeurs missionnaires qui ont l'air d'être jumelles frappent à la porte d'une maison. L'habitante, Betty Templeton, leur répond qu'elle vient juste d'emménager et referme aussitôt sa porte. Les jumelles se présentent à une autre maison dont l'habitante, qui ressemble comme deux gouttes d'eau à Betty, annonce également qu'elle vient d'emménager et leur claque la porte au nez. Les deux femmes commencent alors à se battre, pour une raison inexplicable...

S07E21 - Je souhaite
Mulder et Scully font la connaissance de Jay, propriétaire de garages à louer dont la bouche à littéralement disparu. Lors de sa rencontre avec les deux agents, il leur explique que sa mésaventure lui est arrivée alors qu'il faisait des remontrances à l'un de ses employés, Anson, qui a souhaité ne plus jamais l'entendre parler. Après quelques recherches, Mulder en vient à la conclusion qu'une Jinniyah, un esprit ou démon féminin du Folklore du Moyen Orient plus connu sous le nom de génie, est responsable de ces dégâts...

S07E22 - Requiem
Sept ans après leur rencontre, Mulder et Scully repartent en Oregon, sur les lieux de leur première enquête, et mènent une investigation sur les disparitions étranges d'anciens abductés. Ils se mettent ainsi dans une situation peu confortable, refusant de plier aux avertissements de leur hiérarchie, qui menace de fermer le bureau des affaires non classées pour son activité trop onéreuse...

■■■■■■ SAISON 08 ■■■■■■

S08E01 - Chasse à l'homme - 1ère partie
Après un terrible cauchemar dans lequel elle a rêvé de Mulder, Scully rejoint les bureaux du FBI. A son arrivée, des agents sont en train de fouiller le bureau de son partenaire. Kersh, qui vient d'être promu directeur, a lancé une véritable chasse à l'homme pour retrouver Mulder. Scully et Skinner apprennent que John Doggett, un agent spécial du FBI, est chargé de mener cette enquête. Entre

Scully et Dogett, le courant passe mal : Il ne veut pas entendre parler de leurs théories sur les extra-terrestres. De plus elle pense que Doggett l'a mise sous surveillance...

S08E02 - Chasse à l'homme - 2ème partie

Alors que Doggett tient en joue Mulder, celui-ci se jette volontairement dans le vide du haut d'une falaise. Mais en s'écrasant sur le sol, le corps de Mulder disparaît. Pour Scully, ce n'était pas Mulder mais un "bounty hunter" c'est à dire une personne capable de se transformer en quelqu'un d'autre. Le but de cet individu est de kidnapper Gibson, un enfant capable de lire dans la pensée des autres. Scully pense que cet enfant peut lui apporter des réponses sur le sort de Mulder et lui permettre de le retrouver...

S08E03 - Patience

Une série de meurtres étranges vient d'avoir lieu dans une petite ville de l'Idaho, et Scully et Doggett s'y rendent pour mener leur première enquête. Il semblerait qu'une créature, mi-humaine, se jette sur ses victimes qui succombent ensuite à leurs morsures... Les deux agents passent au peigne fin la maison de la dernière victime. Après avoir relevé les empreintes, ils trouvent deux doigts humains, ainsi que d'énormes traces de griffes...

S08E04 - Coin perdu

Dans la région désertique de Juab County, dans l'Utah, un auto-stoppeur, Hank Gulatarski, monte à bord d'un bus. Mais peu de temps après, le bus s'arrête et tous les passagers en descendent. Alors qu'il les suit, marchant dans le désert, Hank assiste à une scène d'horreur : sans raison particulière, plusieurs passagers du bus s'en prennent alors à un jeune handicapé et le battent à mort. Quelques temps plus tard, Scully est appelée pour effectuer l'autopsie du jeune homme. Mais une fois sur place, elle se trouve piégée dans le désert...

S08E05 - Invocation

En 1990, un petit garçon de dix ans, Billy, disparaît alors qu'il jouait dans l'aire de jeux de son école. Lisa, sa mère, n'a pas vu ce qui s'est passé. Dix ans plus tard, Lisa a eu un autre petit garçon, Josh. Un jour, en allant le chercher à l'école, elle est frappée de stupeur en trouvant Billy à l'endroit exact où il avait disparu. Le plus étrange est que le garçon n'a pas vieilli...

S08E06 - Combattre le passé

Martin Wells se réveille en prison, avec quelques blessures fraîchement suturées sur son visage. Un gardien entre dans sa cellule et le conduit dans un corridor, où il est bientôt entouré par d'autres officiers de la sécurité. Martin, complètement désorienté, reconnaît John Doggett et le supplie de lui expliquer ce qui se passe... Martin est ensuite escorté jusqu'à une camionnette, entourée par une horde de reporters. Il reconnaît alors un autre visage familier : celui d'Al Cawdrey, son beau-père. En un instant, celui-ci sort son revolver et lui tire dessus. Martin s'effondre et peu de temps avant de rendre le dernier souffle, il regarde la montre de l'agent Scully et remarque alors que les aiguilles s'arrêtent, puis qu'elles se mettent à tourner à l'envers...

S08E07 - Via negativa

Doggett et Skinner enquêtent à Pittsburgh, où un massacre a eu lieu. La maison renfermait une secte mise sous surveillance dans le cadre d'une affaire de trafic de drogue. Vingt membres du culte religieux sont retrouvés morts, tous tués d'une blessure au front. Cependant, leur gourou, Anthony Tipet, a disparu. Les corps de Jim Leeds et Angus Stedman, les deux agents chargés de la surveillance, sont également découverts avec la même blessure à la tête...

S08E08 - Coup sûr

Carlton Chase se trouve dans une rue à Worcester et cherche désespérément à joindre quelqu'un d'un téléphone public, mais personne ne décroche. Une ombre se dresse devant lui. Il cherche à lui échapper et se rue dans une station de police. Hystérique, il cherche à se saisir de l'arme d'un officier, mais il est rapidement maîtrisé et emmené dans une cellule. Soudain, sa tête explose. Le lendemain matin Scully examine la cellule aux rayons x et détermine que le coup qui a abattu Chase venait de deux étages plus haut. Comment le tueur a pu réussir un coup aussi chanceux ?...

S08E09 - Dur comme fer

Nora Pearce a perdu son mari, Ray, pendant la guerre du Golfe. Elle pense qu'il est mort des suites d'une exposition à un produit chimique inconnu et se confie à Curtis Delario, un ami de son défunt époux. Mais, lorsque ce dernier rentre chez lui en voiture, il a une apparition de Ray debout au milieu de la route...

S08E10 - L'intérieur
De retour d'un voyage en Inde, un américain, Hugh Potocki, est retrouvé mort dans une chambre d'hôtel aux Etats-Unis. Sur place, Scully et Doggett enquêtent et remarquent l'empreinte d'un doigt minuscule près d'une flaque de sang. Le plus étrange réside dans l'autopsie pratiquée par Scully : celle-ci révèle que le décès remonte entre 24 et 36h, certifiant que Potocki est mort en Inde...

S08E11 - Dévoreur d'âmes
Doggett se rend à Squamash, en Pennsylvanie, afin d'enquêter sur un rapport déclarant que Mulder a été aperçu dans la demeure de Paul et Marie Hangemuhl. Quelques mois plus tôt, Mulder avait interrogé Marie dans le cadre d'une affaire. Dans la maison des Hangemuhl, Doggett découvre trois impacts de balles replâtrés dans les murs. Curieuse coïncidence : il trouve un revolver dans lequel il manque trois balles dans l'appartement de Mulder.

S08E12 - Luminescence
Dans le métro de Boston, dans le Massachusetts, un policier en civil tente d'appréhender un gangster. Tous deux se retrouvent face à face, seuls à bord du métro en marche. Mais soudain, le train fait une halte inopinée, en proie à une panne de courant. Plus tard, le policier est retrouvé mort, le corps lacéré à certains endroits...

S08E13 - Per manum
Au FBI, Doggett présente Duffy Haskell à Scully. L'homme prétend que sa femme, Kath, victime de nombreux enlèvements par les extraterrestres, a été assassinée par les médecins après avoir donné naissance à leur enfant, probablement d'origine extraterrestre. Il semblerait que Kath ait vécu la même histoire que Scully : elle a également contracté un cancer, puis a été guérie...

S08E14 - Espérance
Dans la région isolée d'Helena, Richie Szalay remarque un OVNI dans le ciel et tente de le suivre en voiture. C'est alors que l'OVNI dépose une personne à terre avant de disparaître. Témoin de la scène, Richie part à la rencontre de celle-ci et découvre une femme nue, qui se révèle être Teresa Hoese, une jeune femme, enlevée la nuit précédant la disparition de Mulder...

S08E15 - Renaissances
L'agent John Dogett est relevé des se fonctions au sein du service des affaires non-classées, trois mois à peine après l'enterrement de Mulder. Mais ce qui est arrivé à Mulder est remis en cause par la découverte du corps de Billy Miles, en état de décomposition. Cette découverte pousse Dogett à exhumer le corps de Mulder. Krycek réapparaît alors soudain, et propose à Skinner de lui fournir le vaccin pour sauver la vie de Fox...

S08E16 - Confiance
Un homme entre dans la Maison Blanche et se fait mystérieusement tirer dessus tandis qu'il crie qu'il doit avertir le Président que les extra-terrestres vont envahir les Etats-Unis et après avoir remis une disquette portant la mention : «combattre le futur»... Mulder se lance dans l'enquête. Il découvre que la mention portée sur la disquette est un code...

S08E17 - Empédocles
A la Nouvelle Orléans, Jeb Dukes est témoin d'un accident de voiture à la sortie de son travail. Suite à la collision, un des véhicules explose. Un homme en flamme en descend très calmement et se dirige vers Jeb, puis, une fois à sa hauteur, disparaît, comme absorbé par le corps de Jeb. Mais quelques heures plus tard, Jeb se rend armé d'un revolver dans le bâtiment où il travaille, tire sur son supérieur, Gary Garber et sur la responsable des ressources humaines, Roberta Toews...

S08E18 - Vienen
Une plate-forme pétrolière dans le Nouveau Mexique est la cible d'une série de meurtres. Mulder ayant été démis de ses fonctions, c'est Dogett que Kersh envoie sur les lieux afin d'enquêter. Mais

Dogett réalise très vite que Mulder s'est déjà lancé dans l'affaire. Mulder pense que ces meurtres sont liés à l'huile noire extraterrestre. Ils s'aperçoivent vite tous les deux que tous les membres de l'équipage sont déjà touchés par le virus...

S08E19 - Seul
Scully est en congé maternité. Mulder ayant été officiellement démis de ses fonctions au sein des affaires non-classés, Dogett se voit attribuer un nouveau partenaire : l'agent Leyla Harrison, une ancienne du service comptable qui a toujours voulu travailler aux affaires non-classées. Ils enquêtent sur un meurtre dont le suspect pourrait bien être une créature d'origine paranormale...

S08E20 - Essence - 1ère partie
La mère de Scully souhaite engager une nurse avant l'arrivée du bébé. Mais celle qu'elle a choisie a un comportement bien étrange. Pendant ce temps, Billy Miles, l'adolescent qui avait été enlevé à la même période que Mulder, s'attaque à un laboratoire spécialisé en recherche génétique. Mulder et Doggett tentent de l'arrêter mais Billy est doté d'une force surhumaine...

S08E21 - Essence - 2ème partie
Monica Reyes est chargée de protéger Scully et le bébé à naître. Elle l'emmène se cacher dans une ville fantôme. Mulder, Dogett et Skinner se demandent pourquoi Billy Miles cherche à récupérer le bébé de Scully. Krycek pense que la nouvelle race alien est destinée à repeupler la terre. Les extraterrestres finissent par retrouver Scully...

<hr>

SAISON 09

S09E01 - Nouvelle génération - 1ère partie
Baltimore. Carl Wormus, un expert en eau, aborde une jolie brune dans un bar. La jeune femme lui propose de le suivre. Soudain, c'est l'accident : elle fonce sur un pont basculant et le véhicule tombe dans le fleuve Pottomac. Sous l'eau, l'homme réussit à détacher sa ceinture de sécurité mais une main l'empêche de remonter à la surface...

S09E02 - Nouvelle génération - 2ème partie
Scully assiste officieusement Doggett et Reyes pour découvrir les secrets de la contamination de l'eau. Leur enquête les mène à un vaisseau de la marine marchande, où ont lieu de très étranges expériences...

S09E03 - Dæmonicus
Un couple est trouvé mort dans sa cuisine ; il s'agirait d'un double suicide. Rien ne semble étrange. Et rien n'indique un phénomène surnaturel. Si ce n'est le jeu de scrabble sur la table de la cuisine : au centre est composé le mot «daemonicus», qui signifie «satan», «possédé par le démon»... Dogger et Reyes enquêtent... Pendant ce temps, Dana Scully donne des cours de pathologie médico-légale à l'école du FBI de Quantico...

S09E04 - 4-D
L'agent Dogget surveille le domicile d'Erwin Lukesh, un meurtrier psychopathe. L'individu est soupçonné de trancher la langue de ses victimes. Reyes sert d'appât devant la boîte aux lettres de Lukesh, celle de l'appartement 4-D. Mais Lukesh, repérant la police, s'engouffre dans la cage d'escalier. Reyes le poursuit avant d'être égorgée. Doggett parvient à appréhender l'assassin quand celui-ci disparaît brutalement...

S09E05 - Seigneur des mouches
Un adolescent meurt alors qu'il éxécute une cascade pour une émission de télévision à sensation diffusée sur une chaîne locale. Mais le médecin légiste est incapable de déterminer la cause de la mort et fait donc appel à Doggett et Monica. Lors de l'examen du corps, ces derniers voient le cadavre s'agiter et des mouches sortir d'un des yeux de l'adolescent défunt !...

S09E06 - Ne faites confiance à personne
Scully découvre que Mulder lui a transmis un message via internet. Il y exprime son désir de la

revoir. Plus tard, Doggett et Reyes informent Scully que quelqu'un, en possession d'informations concernant le programme des «Super Soldats», a tenté d'entrer en contact avec Mulder, le seul qui serait, selon cette mystérieuse source, capable de découvrir la vérité...

S09E07 - Amnésie
Allongé dans le hall d'un immeuble abandonné, Dogget est réveillé lorsqu'un drogué lui vole une de ses chaussures. S'en suit une poursuite au cours de laquelle Dogget remarque qu'à l'extérieur, tous les écriteaux sont en Espagnol. Il réussit enfin à l'intercepter quand la police survient. Dogget tente d'expliquer qu'il s'agit là de sa chaussure. Reconnaissant l'accent américain, le policier demande à Dogett son passeport, ce qu'il n'a plus sur lui. Aussi, quand l'agent lui demande son nom, il ne s'en souvient plus...

S09E08 - Ecorchés
L'agent Reyes explique à Doggett et Scully les détails du meurtre de Victor Dale qui a été retrouvé... sans peau ! Une mutilation qui fut réalisée alors qu'il était encore vivant ! Le défunt avait eu des visions de sa mort, et de celles d'autres personnes pareillement dépouillées. Scully accepte d'aider Reyes, bien qu'elle estime que cette investigation ne relève pas des dossiers «non classés». En enquêtant, Dana découvre un lien avec une autre affaire, qui date des années 60...

S09E09 - Prophétie - 1ère partie
Des inscriptions identiques à celles qu'avaient découvertes autrefois Mulder et Scully dans un vaisseau spatial en Afrique, sont retrouvées près du corps inconscient d'un motard. Poursuivi par des policiers pour avoir illégalement traversé la frontière entre le Dakota et le Canada, il a terminé sa course dans un ravin. Le FBI enquête, sans en informer le service des affaires non classées...

S09E10 - Prophétie - 2ème partie
Au Canada, Zeke Josepho, un ancien officier de l'armée américaine, travaille à déterrer le vaisseau spatial... Pendant ce temps, au quartier général du FBI, Brad Follmer briefe une équipe sur l'enlèvement du bébé de Scully. Il révèle que Doggett est dans le coma. L'agent Comer sur lequel a tiré Scully, est, lui aussi, entre la vie et la mort à l'hôpital...

S09E11 - Audrey Pauley
Monica Reyes dépose Doggett à son domicile. Sur le chemin du retour, elle est victime d'un accident de la route qui nécessite son hospitalisation. Lorsque le médecin approche une lampe de ses yeux, elle se réveille, mais dans une chambre totalement différente. Elle se trouve seule et l'établissement semble désert...

S09E12 - Dans les abîmes
Surnommé le «tueur au tournevis», Bob Fassel, qui a passé treize ans derrière les barreaux pour avoir tué sept personnes, est innocenté par des tests génétiques. Doggett, qui avait contribué à son arrestation, quand il était policier à Brooklyn, est hors de lui...

S09E13 - Improbable
Une femme blonde est découverte morte dans les toilettes d'un casino... Monica Reyes demande à Scully si elle adhère à la doctrine selon laquelle l'univers se réduit à une simple équation, la «Théorie du Tout». Scully affiche son scepticisme avant de découvrir que Monica tente de résoudre certains meurtres en ayant recours à la numérologie...

S09E14 - Vue de l'esprit
Tommy Conlon, un jeune garçon, entend un mystérieux bruit sous son lit et croit voir un reflet dans le miroir de sa chambre. Son père, ne le croit pas et ferme la porte, laissant son fils hurler à l'aide... A Quantico, l'agent Harrison, du FBI, montre à Scully la photographie d'une femme qui s'est poignardée. Le fils de celle-ci n'est autre Tommy. Il affirme que c'est un monstre qui a tué sa mère...

S09E15 - N'abandonnez jamais
Sur un luxueux bateau ancré dans les Caraïbes, Morris Fletcher courtise une jeune femme lorsque, soudain, le bruit d'un moteur se fait entendre. Trois Bahamiens montent à bord, enlèvent la fille, et arrosent le pont d'essence. Le yacht explose. Morris est sauvé par des gardes-côtes, qui exigent la présence de Doggett et de Reyes...

          Le guide des épisodes des geeks

S09E16 - William

Un couple de fermiers s'apprête à adopter un enfant prénommé William... Pendant ce temps, un inconnu, entré par effraction dans le bureau de Dogget, tente de dérober des documents. L'agent du FBI parvient à maîtriser le voleur. Ce dernier, surnommé le Respirateur, prétend alors être une victime de la conspiration des extraterrestres et connaître Mulder...

S09E17 - Clairvoyance

Dans un immeuble, l'agent Doggett découvre le cadavre d'une femme dissimulée derrière un mur en plâtre. Lors de l'autopsie effectuée par Scully, un étudiant prénommé Hayes lui fait remarquer qu'une victime trouvée deux semaines auparavant a été tuée de la même manière. Doggett et Reyes se lancent alors sur la piste d'un certain Regali. Ce dernier aurait un lien avec le meurtre de Luke, le fils de John.

S09E18 - Irréfutable

En Californie, deux jeunes, Blake et Mike, visitent une maison qui, selon Blake, aurait servi de décor pour une série des années 70. Blake tombe nez à nez avec deux personnages de la série...

S09E19 - Vérité est ici - 1ère partie

Mulder arrive en hélicoptère au Mount Weather Complex dans un bâtiment du gouvernement. Alors que tout le monde est guidé vers l'intérieur, Mulder parvient à s'échapper...

S09E20 - Vérité est ici - 2ème partie

Mulder pénètre dans une zone sécurisée. Sur un ordinateur, il découvre une information capitale. Mais avant qu'il ait pu faire quoi que ce soit, Knowle Rohrer le trouve. Les deux hommes se battent. Mulder ne doit son salut qu'à l'intervention de Krycek...

■■■■■■■■ SAISON 10 ■■■■■■■■■■■■■■■■■■■■■■■■■■■■■■■■■■■■■■

S10E01 - La vérité est ailleurs (1/2)

Fox Mulder et Dana Scully sont approchés par Tad O'Malley, un expert des théories du complot qui rencontre un énorme succès avec son émission sur le net. Celui-ci, pensant avoir découvert une importante conspiration gouvernementale, tente de convaincre les anciens agents spéciaux que de nouvelles preuves d'enlèvements par des extra-terrestres ont été cachées. Des années après l'effrondrement de leur couple, Mulder et Scully sont donc amenés à retravailler ensemble...

S10E02 - Les enfants du chaos

Mulder et Scully tentent de découvrir ce qui a poussé un scientifique du département de la Défense au suicide. L'homme travaillait pour le Dr Augustus Goldman, un scientifique conduisant depuis des décennies des expériences génétiques extrêmes, créant ainsi des sujets aux capacités hors du commun...

S10E03 - Rencontre d'un drôle de type

En plein questionnement sur sa foi dans le paranormal, Mulder se laisse convaincre par Scully d'enquêter sur une créature tueuse en Oregon. Face à des témoignages décrivant une sorte de lézard cornu à taille humaine, les deux agents cherchent des preuves de son existence avant de tirer toute conclusion...

S10E04 - Esprit vengeur

La police demande l'aide de Mulder et Scully après le meurtre d'un employé municipal, chargé de déloger des sans-abris. La façon dont le corps a été démembré ne proviendrait pas d'un être humain. Scully doit se rendre en urgence au chevet de sa mère ; une épreuve faisant ressurgir son traumatisme d'avoir confié son enfant à l'adoption...

S10E05 - Babylon

Mulder et Scully sont approchés par un jeune duo d'agents spéciaux enquêtant sur un attentat à la bombe survenu dans une galerie d'art au Texas. Les agents du FBI Miller et Einstein souhaitent en effet communiquer avec l'un des kamikazes ayant survécu, pour identifier les commanditaires de l'attaque. L'homme étant dans le coma, Scully propose une technique neuroscientifique tandis que

Mulder explore une méthode plus mystique pour entrer en contact avec lui…

S10E06 - La vérité est ailleurs (2/2)
Les investigations de Mulder et Scully et les révélations de Tad O'Malley sur le web semblent avoir réveillé de puissants ennemis. Des épidémies mortelles, dues à un défaut du système immunitaire, éclatent dans tout le pays. Scully cherche à élaborer un vaccin à partir de son ADN tandis que Mulder confronte l'homme à la cigarette, persuadé qu'il est derrière cette contagion de masse…

■■■■■■■■■ SAISON 11 ■■■■■■■■■

S11E01 - La Vérité est ailleurs, 3e partie
Scully a sombré dans un profond coma et son activité cérébrale très intense déconcerte les neurologues. Quand elle reprend connaissance, elle annonce à Mulder que l'Homme à la cigarette est encore en vie, plus influent que jamais, et que William, leur fils caché, pourrait être la clé pour l'arrêter…

S11E02 - Une vie après la mort
Mulder reçoit un appel vidéo de Richard Langly, leur vieil ami des Lone Gunmen, pourtant décédé 16 ans plus tôt. Poursuivis par une agence privée aux ordres de l'exécutif, Mulder et Scully suivent une piste qui les conduit vers une ancienne connaissance de Langly. Scientifique et mathématicienne, celle-ci leur affirme avoir participé avec lui à un projet de vie éternelle…

S11E03 - Les jumeaux diaboliques
Intrigué par une vague de suicides où les victimes avaient affirmé être harcelées par leur double, Mulder convainc Scully de mener l'enquête. Ils se rendent dans un hôpital psychiatrique où une patiente souffrant d'un dédoublement de personnalité s'adonne au jeu du pendu par télépathie avec son frère jumeau...

S11E04 - L'Effet Reggie
Explorant l'idée de l'effet Mandela, dans lequel de grands groupes de personnes se souviennent d'une histoire alternative, Mulder et Scully découvrent comment les X-Files eux-mêmes ont pu être créés.

S11E05 - Ghouli
Deux adolescentes manquent de s'entretuer, chacune se croyant face au monstre « Ghouli ». Elles affirment avoir eu les mêmes visions pendant leur sommeil, ce que Scully a également vécu. Leur investigation mène Mulder et Scully vers Jackson Van de Kamp, le nom d'adoption de leur fils, et les conduit au programme d'eugénisme, initié par l'homme à la cigarette et dont William aurait été l'un des sujets…

S11E06 - Le Retour du monstre
Skinner s'enfuit quand son passé revient le hanter. Alors que Mulder et Scully tentent de le retrouver, leur méfiance croissante envers lui atteint son apogée.

S11E07 - Rm9sbG93ZXJz
Dans un monde où l'automatisation et l'intelligence artificielle ne cessent d'augmenter, Mulder et Scully se retrouvent dans un jeu mortel de chat et de souris.

S11E08 - Les Forces du mal
Mulder et Scully soupçonnent que des forces plus sombres sont en jeu alors qu'ils enquêtent sur une attaque brutale d'un petit garçon dans le Connecticut.

S11E09 - Rien n'est éternel
En étudiant le vol d'organes humains, Mulder et Scully découvrent un culte mystérieux consommé avec des rituels macabres.

S11E10 - La Vérité est ailleurs, 4e partie
Mulder et Scully se précipitent pour trouver un William en fuite tandis que le fumeur de cigarette avance avec son plan ultime.

Xena,
Princesse Guerrière

S01E01 - Le retour de Xena
Xena doit défendre son village natal contre Draco, un seigneur particulièrement cruel, et regagne la confiance de sa mère qui la croyait à jamais perdue du côté du mal. Elle fait la connaissance de Gabrielle qui lui porte une grande admiration...

S01E02 - Pour la grandeur d'Arès
Xena vient à la défense d'un groupe de Troyens mais est blessée par une flèche...

S01E03 - Le passage des rêves
Gabrielle est capturée par des prêtres qui veulent la sacrifier à leur déesse, Morphée. Auparavant, elle doit subir une série d'épreuves dont la dernière consiste à tuer un être humain...

S01E04 - La boîte de Pandore
Le roi Grégor, qui a appris qu'il serait un jour destitué et remplacé par un enfant qui vient juste de naître, veut trouver le bébé et le tuer. Une servante le cache et le dépose dans un panier qu'elle envoie sur une rivière. Xena et Gabrielle le recueillent...

S01E05 - La Mauvaise Pente
Un soir, la ravissante Jana, jeune princesse de Boeotie et le non moins séduisant Agranon, prince de Colonus, admirent la voute étoilée. Alors que les jeunes gens se réjouissent du fait que leur mariage imminent va mettre un terme à la brouille ancestrale qui oppose leurs nations respectives, plusieurs hommes masqués surgissent...

S01E06 - Le Procès de Xena
Xena est accusée d'avoir rançonné un groupe de villageois. Le coupable est en réalité Arès qui veut conclure un pacte avec elle : qu'elle laisse libre cours à son côté sombre et il la fera relâcher...

S01E07 - Les Titans
Xena et Gabrielle tombent sur une assemblée qui voue un culte aux Titans (que Zeus avait combattus et exterminés). En lisant une incantation, Gabrielle ressuscite trois des Titans qui la vénèrent alors comme une déesse...

S01E08 - Prométhée
Hercule et Xena partent à la recherche de l'épée d'Héphaïstos qui, seule, est capable de détacher Prométhée de son rocher (Prométhée a volé le feu aux dieux afin de l'offrir aux hommes. Pour le punir, Zeus l'a enchaîné à un rocher, dans le Caucase, où chaque jour un aigle lui ronge le foie qui repousse dans la nuit). Mais celui qui le délivrera périra sur le champ...

S01E09 - Sisyphe et la mort
Sisyphe a capturé la Mort, la soeur d'Adès (le dieu des Enfers). En la retenant prisonnière, il espère éviter de mourir. Hadès demande à Xena de retrouver Sisyphe et de secourir la Mort...

S01E10 - Les Amazones
Gabrielle, qui a sauvé Terreis, la soeur de la Reine des Amazones, se retrouve en lice pour la succession au trône. Pendant ce temps, Xena doit prouver que ce n'est pas un Centaure qui a attaqué Terreis...

S01E11 - Le loup noir
Xena se laisse jeter en prison afin de pouvoir sauver Flora, une jeune femme emprisonnée avec un groupe de rebelles...

S01E12 - Méfie-toi des Grecs

Troie est assaillie par les sGrecs. Hélène demande à Xena de venir à son secours...

S01E13 - L'Académie d'Athènes
Gabrielle participe au concours du meilleur barde. Elle a choisi de raconter les exploits de son héroïne favorite, Xena...

S01E14 - Une poignée de dinars
Xena, Gabrielle, Thersites et Pétraclès sont à la recherche du fabuleux trésor des Sumériens. Qui le trouvera découvrira en même temps l'amboisie, un élixir qui permet à tout mortel de devenir un dieu...

S01E15 - Les Deux Princesses
Xena prend la place de la princesse Diana, qui lui ressemble étrangement, afin de prévenir contre elle un assassinat destiné à l'empêcher de se marier avec un prince. Diana a beaucoup de mal à agir comme Xena et celle-ci supporte mal de devoir jouer une faible créature...

S01E16 - Retour parmi les mortels
Xena se rend aux Enfers pour tenter de sauver l'âme de son ancien amour, Marcus. Mais le chaos règne en bas : un fou a dérobé le Casque d'invisibilité d'Hadès et sème la panique...

S01E17 - Le roi des voleurs
Xena tend un piège à Autolycus et parvient à le capturer, lui qui se prétend être le «roi des voleurs». En effet, elle a besoin de son aide afin de récupérer un coffre contenant la plus puissante des armes ayant appartenu autrefois au démoniaque seigneur de la guerre, «Malthus».

S01E18 - La défense du village
Gabrielle est abattue : elle a non seulement encore eu besoin de Xena pour se tirer d'un mauvais pas, mais elle n'est pas parvenue non plus à sauver la vie d'un de ses amis. Elle décide de quitter Xena et de rentrer dans son village natal...

S01E19 - Le Sacrifice
Dieu a demandé à Antéus de sacrifier son propre fils, Icus. Mais Xena et Gabrielle découvrent que ce commandement émane en fait de Maell, le frère jaloux d'Icus. Comment amener Antéus à ne pas écouter la voix de Dieu ?

S01E20 - Le Père retrouvé
Xena retrouve son père mais celui-ci est blessé au cours d'une attaque. Elle jure de le venger...

S01E21 - Par le fer et par le poison
Xena a été blessée par une flèche empoisonnée et elle se meurt. Pendant ce temps, Gabrielle assume l'identité de la « Princesse Guerrière « afin de protéger le village qui a recueilli Xena...

S01E22 - Callisto
Callisto a tout perdu lorsqu'enfant, sa mère et sa soeur ont été tuées par Xena et ses sbires. Aujourd'hui, elle crie vengeance et rien ne semble pouvoir l'arrêter...

S01E23 - Le masque de la mort
Toris, le frère aîné de Xena, reproche à cette dernière la mort de leur cadet. Il veut retrouver le meurtrier, Cortèse, et l'assassiner de ses propres mains...

S01E24 - Le serment d'Hippocrate
Xena monte un hôpital de fortune pour sauver des soldats blessés au cours d'une bataille. Les soins qu'elle prodigue (elle pratique une trachéotomie, par exemple), même s'ils ne correspondent pas aux coutumes du guérisseur local, intriguent fortement un jeune homme du nom d'Hippocrate...

S02E01 - L'orphelin de guerre
Xena pénètre dans le royaume des Centaures qu'elle a combattu autrefois. Elle poursuit le redoutable Dagnine qui veut s'emparer de la pierre d'Ixion, quand les Centaures surviennent. Solan, un garçon de 10 ans qui ignore qu'elle passée dans le camp des « gentils «, veut tuer Xena pour tout le mal qu'elle a fait. Il est très loin de se douter qu'elle est en réalité sa mère...

S02E02 - La mémoire effacée
Pour la remercier d'avoir repoussé une attaque contre leur temple, les Parques (Clotho, Lachésis et Atropos) restaurent Xena dans son ancienne vie, celle d'une paisible villageoise. Mais Xena découvre qu'un monde sans Princesse guerrière est loin d'être parfait...

S02E03 - Mon ami Goliath
Xena rencontre son vieil ami, le géant Goliath. Elle essaie de le convaincre que les Philistins l'utilisent pour faire le mal, mais Goliath refuse d'entendre raison...

S02E04 - Dans l'antre de Bacchus
Xena et Gabrielle tentent de renverser Bacchus, un dieu qui tient sous sa coupe un groupe de jeunes vierges qu'il a transformées en vampires...

S02E05 - Le retour de Callisto
Callisto, redoutable guerrière, est persuadée que Xena est responsable du massacre de sa famille. Elle tue Perdicas avec lequel Gabrielle venait juste de se marier afin de pousser celle-ci à extérioriser sa rage. Gabrielle succombera-t-elle ?...

S02E06 - Le mystère des trois princesses
Xena rencontre deux de ses parfaits sosies : la douce et naïve princesse Diana et la très retorse Meg. Elles vont s'amuser à échanger leurs places, à la grande incompréhension de Joxer...

S02E07 - L'étrangère
Callisto pénètre dans les rêves Xena, la force à se rendre aux Enfers, s'empare du corps de la Princesse guerrière et, sous cette nouvelle forme, revient semer la destruction sur la Terre. Xena, dans le corps de Callisto, convainc Hadès de la laisser sortir une journée pour arrêter Callisto...

S02E08 - Les dix Petits Soldats
Sisyphe a volé l'épée d'Arès qui contient tous ses pouvoirs. Le dieu déchu s'allie à Xena (toujours dans le corps de Callisto) pour participer à une compétition de guerriers dont le vainqueur remportera l'épée... et l'immortalité.

S02E09 - Solciste d'hivers
Xena et Gabrielle arrivent au royaume de Silvus. Elles s'apprêtent à fêter le solstice d'hiver lorsqu'elles découvrent des enfants épuisés, prisonniers de la cruelle Melana...

S02E10 - Les manuscrits de Xena
En 1940, l'archéologue Janice Covington et Melinda Pappas viennent de faire la découverte du siècle : les Manuscrits de Xena. Mais d'autres veulent s'en emparer : un escroc du nom de Jacques S'er, John Smythe, un aventurier, et même Arès que les fouilles archéologiques viennent de réveiller...

S02E11 - La Plus Belle
Le roi Salmoneus organise un concours de beauté. Les trois gouverneurs font participer leur compagne à ce défilé. Xena y participe aussi dans l'espoir d'arrêter un saboteur...

S02E12 - Destinée

Xena se meurt. Pendant que Gabrielle la conduit vers la seule personne capable de la sauver, elle revit certains morceaux de son passé : comment elle a capturé Jules César, l'a aimé, puis libéré ; comment elle l'a trahie et condamnée à la crucifixion ; et comment elle fut libérée par M'Lila, qui lui inculqua aussi tout son art du combat...

S02E13 - Résurrection

L'esprit de Xena (morte dans le précédent épisode) a trouvé refuge dans le corps d'Autolycus. Celui-ci doit convaincre Gabrielle de ne pas laisser les Amazones enflammer le bûcher funéraire...

S02E14 - Alliance avec le diable

Valesca a réussi à échapper à Xena et à manger de l'ambroisie qui l'a transformée en déesse. Pour l'arrêter, Xena a besoin de faire équipe avec Callisto, que Héra a libérée des Enfers et rendue immortelle afin qu'elle puisse tuer Hercule...

S02E15 - Un jour dans la vie

Une journée comme une autre dans la vie de Xena et Gabrielle qui commence par un combat contre des bandits, se poursuit par l'attaque d'une anguille géante et la destruction de l'armée d'un seigneur de la guerre...

S02E16 - La clochette

Aphrodite a jeté un charme à Joxer : à chaque fois qu'il entend le tintement d'une clochette, il se transforme en irrésistible séducteur. Malheureusement, une jeune princesse s'éprend de lui et rompt ses fiançailles avec le prince d'un royaume voisin. Une guerre semble inévitable...

S02E17 - L'exécution

Gabrielle aide Meleager, accusé de meurtre, à s'échapper avant son exécution. Elle est persuadée, parce qu'elle le connaît bien, qu'il est innocent. Cependant, Meleager n'est pas très sûr de ne pas être coupable...

S02E18 - Vive la mariée

Le jeun Palaemon a capturé Gabrielle. Il compte ainsi pouvoir provoquer Xena, se mesurer à elle, la battre et prouver sa valeur...

S02E19 - Ulysse

Ulysse est de retour de Troie. Il voyage vers son royaume, l'île d'Ithaque. Xena l'accompagne. Tous deux sont sourds aux menaces de Poséidon, le dieu de la mer...

S02E20 - Le prix

Poursuivies par une dangereuse horde de guerriers primitifs, Xena et Gabrielle se réfugient dans un fort bientôt assiégé. Les soldats de la forteresse s'en remettent à Xena pour les tirer d'affaire...

S02E21 - Le bateau de la malédiction

Pourchassé par des pirates, le bateau marchand sur lequel se trouvent Xena et Gabrielle se fracasse sur des rochers. Elles sont recueillies sur le bateau de Cecrops. Celui-ci est victime d'un sort jeté par Poséidon : Il ne pourra toucher terre que si l'amour l'en délivre...

S02E22 - Gloire à Eros

Xena et Gabrielle se rendent au temple d'Hestia pour délivrer des jeunes filles vierges que le démoniaque Draco a capturées pour les vendre au marchand d'esclaves Pinullus. Mais le bébé de Cupidon, Bliss, s'est enfui en emportant l'arc et les flèches de son père. Résultat : Xena est amoureuse de Draco qui est amoureux de Gabrielle qui est amoureuse de Joxer...

S03E01 - Les furies
A la demande d'Arès, les trois Furies jugent Xena coupable d'un terrible crime. Elles la condamnent à être persécutée à vie et à sombrer dans la folie. Gabrielle enquête pour découvrir quel est le crime dont on accuse Xena...

S03E02 - Un jour sans fin
Pour Xena, le même jour se répète inlassablement. Elle doit trouver ce qui empêche le temps de s'écouler normalement.

S03E03 - Les Mercenaires
Xena doit combattre un protégé d'Arès qui possède des armures en acier inattaquables.

S03E04 - Une vieille ennemie
Xena, Gabrielle et le Grand prêtre d'une religion monothéiste se rendent dans un royaume occupé par César. Là, celui-ci capture Gabrielle...

S03E05 - L'espoir de Gabrielle
La rencontre de Gabrielle avec le démon Dahak (dans Une vieille ennemie) n'est pas sans conséquence : la jeune femme découvre en effet qu'elle est enceinte...

S03E06 - Dette - 1ère Partie
En route pour la Chine, Xena se souvient du passé. Elle avait kidnappé le fils d'un seigneur local qui a été sauvé par Lao-Ma, une étrange femme. Xena retourne en Chine pour tuer l'enfant devenu adulte, ce que ne comprend pas Gabrielle.

S03E07 - Dette - 2ème Partie
Xena est assaillie de souvenirs : Lao-Mao l'a transformée mais elle est trahie par Gabrielle. Xena est maintenant prisonnière du «Dragon Vert» qui la condamne à mort.

S03E08 - Roi des assassins
Gabrielle, Joxer et Autolycus vont empêcher Jett, le jumeau diabolique de Joxer, de tuer Cléopâtre.

S03E09 - Guerrière ou Prêtresse
Xena se retrouve face à elle-même dans les personnages de Leah, prêtresse vierge de la déesse Hestia, et de Meg, tenancière d'une maison close.

S03E10 - Le défi
Aphrodite n'est pas du tout contente que les murs de son temple aient été couverts de graffiti à la gloire de Xena. Arès lui explique que tout est de la faute de Gabrielle, la « biographe « de Xena. Pour se venger, Aphrodite ensorcelle le manuscrit de Gabrielle : tout ce qu'elle écrira deviendra réalité...

S03E11 - Instinct maternel
Callisto est de retour et se joint à Hope, l'enfant diabolique de Gabrielle, pour tuer un proche de Xena.

S03E12 - Amertume
Depuis que Hope a tué Solan, Xena en veut terriblement à Gabrielle. Au cours du combat qui les oppose, les deux femmes tombent d'une falaise et s'éveillent dans un monde utopique, Illusia, où tout le monde chante...

S03E13 - Seule contre tous
Xena doit combattre une armée entière tout en tentant de sauver Gabrielle, blessée par une flèche empoisonnée.

S03E14 - Le Pardon
Une jeune fille rejoint Xena et Gabrielle dans leur recherche de l'urne d'Apollon. Elle essaie de convaincre Xena de devenir sa nouvelle partenaire.

S03E15 - Les Escrocs
Joxer se fait rouler aux jeux puis battre férocement. Mais heureusement, Xena n'est pas loin.

S03E16 - Vacances romaines
Xena et Gabrielle vont à nouveau devoir combattre César afin de sauver le guerrier gaulois Vercinix.

S03E17 - Souvenirs, souvenirs
Gabrielle, qui est tourmentée par des cauchemars, se rend dans le temple de Memosyne pour demander de l'aide à la prêtresse. Gabrielle entame alors un voyage au pays des rêves, au cours duquel elle va devoir affronter la tourmente...

S03E18 - La Femme aux bijoux
Aphrodite lance de nouveaux sorts. Xena ne pense qu'à la pêche, Gabrielle s'éprend d'elle-même et Joxer se transforme en homme-singe.

S03E19 - Le raz de marée
Xena, Gabrielle et Autolycus se retrouvent sur un bateau pris dans un raz de marée.

S03E20 - La Statue
Une immense statue a purement et simplement été volée. Et ce n'est pas Autolycus le voleur.

S03E21 - Cérémonie - 1ère Partie
Xena sauve une amie de Gabrielle alors qu'elle allait être sacrifiée. Mais elle apprend que celle-ci était volontaire. Le but de son sacrifice est la renaissance de Hope, l'enfant diabolique.

S03E22 - Cérémonie - 2ème Partie
Hope a repris vie sous les traits de Gabrielle. Elle s'allie à Arès pour former une race surpuissante. Xena est contrainte d'accepter l'aide de Callisto.

■■■■■■■ SAISON 04 ■■■■■■■■■■■■■■■

S04E01 - Aventures dans l'au-delà - 1ère partie
Désespérée par la mort de Gabrielle, Xena va trouver Hades, le roi de la terre des morts... Mais l'âme de Gabrielle ne se trouve pas chez ce dernier, et Xena en conclut que son amie a rejoint la terre des morts des amazones... Elle entend, dans le vent, la voix de Gabrielle, et prend la direction du nord...

S04E02 - Aventures dans l'au-delà - 2ème partie
A son retour des Enfers, Xena recnontre Hadès, à qui elle confie son déarroi. En effet, elle n'est pas parvenue à retrouver Gabrielle. Se souvenant alors que cette dernière était princesse amazone, la guerrière décide de partir à sa recherche dans les Terres amazones de la Mort...

S04E03 - Une affaire de famille
Si Gabrielle a disparu dans un gouffre lors d'un combat, Xena continue d'avoir des visions : son amie, encore en vie, serait partie rejoindre sa famille à Poteidaia. La guerrière et son fidèle compagnon Joxer décident, aussitôt, de gagner le petit village...

S04E04 - Contagion
Après une longue traversée dans les marais à la recherche de son cheval Argos, Xena ressort couverte d'insectes, tandis que Gabrielle souffre d'allergie. Alors sur le point d'organiser un compement pour la nuit, la princesse guerrière aperçoit, au loin, son fidèle destrier...

S04E05 - Une journée bien remplie
Xena et Gabrielle parviennent in extremis à sauver Phlanagus et sa famille, victimes d'une violente attaque perpétrée par des soldats romains à la recherche de nourriture. Les deux guerrières échafaudent alors un plan pour stopper l'invasion de la Grèce par César...

S04E06 - Les deux muses
A leur arrivée dans un village, Xena et Gabrielle assistent au supplice d'une jeune fille, fouettée sur la place publique. Les deux justicières reconnaissent alors la victime, Tara, qu'elles avaient rencontrée au cours de leurs péripéties...

S04E07 - Condamnation
Xena est condamnée à la prison à vie pour un crime qu'elle a commis dans le passé. Elle se retrouve sur une île, dans une prison dirigée par une femme étrange.

S04E08 - La croisade
Le chemin de Xena et de Gabrielle croise celui de Najarah, une jeune femme qui combat les forces du mal, à la tête d'une petite troupe de fidèles...

S04E09 - Passé imparfait
Xena et Gabrielle se retrouvent piégées dans une vielle assiégée. Des boules de feu pleuvent de partout. Alors qu'elle tente de sauver un enfant, Xena reçoit un coup sur la tête...

S04E10 - La clef du royaume
Sur la piste d'un trésor, Autolycus, Joxer et Meg vont trouver un bébé...

S04E11 - La fille de Pomira
Xena reconnait la fille d'un de ses guerriers parmi les membres de la Horde...

S04E12 - Le conte de fée
Aphrodite, Joxer, Xena et Gabrielle tentent de montrer à une jeune fugueuse que sa famille est importante. Ils inventent un conte bien particulier...

S04E13 - Le paradis
Dans un endroit à première vue idyllique, Gabrielle trouve paix et harmonie alors que Xena est tourmentée par des visions de violence...

S04E14 - Miracles sur commande
La princesse guerrière et Gabrielle se retrouvent en Inde, où cette dernière acquiert le don de pouvoir guérir les gens. Xena cherche à savoir d'où vient ce pouvoir inattendu, dont Gabrielle a hérité, comme par miracle...

S04E15 - Le passé et l'avenir
Un rituel indien envoi l'âme de Xena dans le futur. Elle y rencontre la réincarnation d'Alti...

S04E16 - La voie
Xena demande l'aide de Krishna afin de sauver Gabrielle et Eli des mains du roi des démons...

S04E17 - La comédie

          Le guide des épisodes des geeks

Gabrielle fait ses débuts dans la mise en scène théâtrale mais les choses ne sont pas si simples...

S04E18 - La convertie
Najara est de retour et jure qu'elle est devenue non violente. Joxer tue pour la première fois...

S04E19 - Une enquête
Une femme est assassinée lors de la fête d'anniversaire de Gabrielle. Xena mène l'enquête...

S04E20 - Assez joué !
Amarice accompagne Ephiny, la reine des amazones, au combat contre des Romains commandés par Brutus. Pendant ce temps, beaucoup d'amazones ont été capturées par Pompée...

S04E21 - Les ides de mars
Callisto est de retour des enfers pour aider Cesar et tenter de corrompre Xena...

S04E22 - Tout recommence
Annie est certaine d'être la réincarnation de Xena. Elle va consulter un médecin spécialisé dans la métempsycose...

■■■■■■■■ SAISON 05 ■■■■■■■■

S05E01 - L'Ange déchu
Xena et Gabrielle se retrouvent au paradis, mais elles vont être mêlées à un combat entre les anges et les démons.

S05E02 - Le Chakram
Après sa resurrection et celle de Gabrielle, Xena a perdu toute mémoire de la violence dans sa vie, et pour redevenir elle-même, elle doit réunir les deux parties opposées de son chakram, mais Ares les veut toutes les deux et rien ne peut l'arrêter pour les obtenir.

S05E03 - La succession
Ares décide d'entraîner Mavican, Xena et Gabrielle dans une lutte à mort, dans une arène inconnue. Xena et Gabrielle partagent le même corps et Mavican est déterminé à remplir la destinée de celui qui tuera Xena.

S05E04 - Fascination animale
Alors qu'elle prend un peu de repos pour se détendre à Spamona, Gabrielle essaie de dresser son nouveau cheval. Xena, de son côté, aide un ancien ami qui rencontre un problème de guerrier, et montre des signes de grossesse.

S05E05 - Que d'os, que d'os
Xena et Gabrielle se rendent dans le royaume des esprits pour empêcher Alti d'aspirer la force de vie du bébé de Xena, afin d'entrer dans le monde physique grâce au corps de l'enfant.

S05E06 - Pureté
Xena retourne en Chine retrouver le livre de pouvoir de Lao Ma. Mais une des filles jumelles de Lao Ma veut l'obtenir pour en user à mauvais escient.

S05E07 - Le Feu du ciel
Pour sauver Gabrielle, Joxer, et le peuple chinois des esprits maléfiques de Ming Tien et de sa soeur, Xena doit parvenir à maîtriser Lao Ma.

S05E08 - Petits problèmes

Aphrodite et Gabrielle ont jusqu'au coucher du soleil pour sauver Xena, emprisonnée dans le corps d'une petite fille

S05E09 - Les Germes de la foi
Alors qu'Eli parle de la mort des dieux de l'Olympe, Xena et Gabrielle tentent de le protéger d'Ares, mais en vain. Le secret de la grossesse de la guerrière est révélé.

S05E10 - Les Coeurs de feu
La lyre de Terpsichore est l'objet de toutes les convoitises. Alors que Draco et Amoria, la Reine des Amazones, se la disputent, Xena intervient à temps pour éviter la guerre entre les deux bandes et s'empare de la lyre. Elle annonce que pour départager les clans, il y aura bien un affrontement mais, qu'il se fera en musique, lors d'un grand concours qui aura lieu dans la ville de Melodia.

S05E11 - Le Récit
En panne d'inspiration, Gabrielle raconte à Aphrodite la fois où un dieu déprimé l'a réduite en miniature avec Argo et comment elle a essayé de remédier à la situation avant que Xena, très énervée, ne s'en rende compte. Pendant ce temps, Xena essaie de contrôler son tempérament influencé par ses hormones, mais sans succès.

S05E12 - L'Ennemi des Dieux
Hercule combat Zeus, son père, qui a appris que l'enfant nouveau-né de Xena annonce la fin des dieux de l'Olympe

S05E13 - Les Liens éternels
Joxer est blessé par une épée empoisonnée. Gabrielle doit trouver l'antidote alors que Xena combat les prêtres envoyés par les dieux

S05E14 - Le Siège d'Amphipolis
Athena déclare la guerre à Amphipolis afin de tuer Eve et d'empêcher le crépuscule des dieux

S05E15 - Vent de folie
Gabrielle, frappée à la tête, tombe inconsciente dans la mer. Un triton la persuade qu'elle est sa femme et la mère de ses enfants

S05E16 - La Source de vie
Xena et Gabrielle se rendent chez les Amazones pour qu'Eve devienne une princesse Amazone. Elles devront empêcher qu'une guerre finisse en effusion de sang.

S05E17 - Les âmes soeurs
Joxer enfreint les lois amazones, ce qui force Gabrielle à choisir entre une vie sur les routes avec Xena ou celle, plus reposante, d'un village amazone.

S05E18 - Marc-Antoine et Cléopâtre
Cléopâtre est assassinée. Xena prend sa place pour démasquer l'assassin et protéger l'Egypte.

S05E19 - La Mort en face
Joxer, âgé de 60 ans, retrouve le dernier parchemin écrit par Gabrielle et se souvient de leur combat contre les dieux pour sauver Eve.

S05E20 - Livie
Xena et Gabrielle sont libérées de leur prison de glace après 25 ans. Elles partent à la recherche de Eve qui est devenue une impitoyable dirigeante romaine.

S05E21 - Eve

          Le guide des épisodes des geeks

Xena tient à retrouver sa fille Eve, ancienne championne de Rome. Mais ses espoirs deviennent vite illusion. Son enfant est devenue un monstre sanguinaire, massacrant des villages entiers, et dont le seul but est de tuer sa propre mère.

S05E22 - Le crépuscule des dieux
Déchirée par le chagrin, Eve erre imprudemment à travers le désert, suivie de près par Xena et Gabrielle. Bien que cette dernière ne pardonne pas à Eve la mort de Joxer, elle accepte d'aider Xéna à retrouver sa fille. Une fois sauvée, Eve est baptisée, ce qui donne à Xena le pouvoir de vaincre les Dieux. La guerre finale commence.

S06E01 - Le retour
Ne supportant plus d'être mortel, Arès fait appel à Xena pour l'aider à lui rendre son caractère immortel. Mais il ignore qu'une conspiration se trame contre lui...

S06E02 - La légende d'Amphipolis
De retour à Amphipolis, Xena trouve la ville possédée et les pouvoirs sinistres de l'enfer qui l'attendent, elle, Gabrielle et Eve.

S06E03 - Le coeur des ténèbres
Xena refuse le trône de Méphistophélès. Elle rencontre l'archange Lucifer et élabore un plan afin qu'il devienne le Roi des Enfers.

S06E04 - Qui est Gurkhan ?
Lorsque Gabrielle apprend que sa nièce a été capturée par le méchant Gurkhan, elle part en Afrique du Nord pour la secourir. Xena, Eve et Virgil l'accompagnent.

S06E05 - L'héritage
Au cours de leur voyage dans le désert nord africain, Xena et Gabrielle interviennent pour aider deux tribus nomades en guerre à s'unir contre des ennemis Romains.

S06E06 - Au nom de l'amitié
Alors qu'elles sont à la recherche de Virgil, Xena et Gabrielle engagent une lutte mortelle contre des cannibales.

S06E07 - Un lourd secret
Xena accepte une mission mortelle où resurgit son sombre passé, quand le guerrier Beowulf lui demande de l'aide.

S06E08 - La bague
Xena doit affronter un monstre pour retrouver l'anneau de Rheingold et le détruire.

S06E09 - Le retour de Valkyrie
Xena lutte pour retrouver la mémoire et inverser la malédiction de l'anneau de Rheingold.

S06E10 - Un dieu à la ferme
Pour protéger Arès d'un gang qui cherche à se venger, Xena le conduit dans la maison de son enfance et le fait passer pour un fermier.

S06E11 - Une proie dangereuse
Xena est devenue la dernière proie de Morloch, qui chasse et tue les Amazones dans le seul but de trouver un adversaire à sa taille.

S06E12 - Le règne de Caligula
L'archange Michael ordonne à Xena de tuer l'empereur romain Caligula, devenu immortel et qui tue
des innocents dans sa quête de pouvoir absolu.

S06E13 - Un présentateur déterminé
Un journaliste essaie d'obtenir le scoop sur la raison pour laquelle Xena tente d'obtenir les légen-
daires pommes dorées de Valhalla.

S06E14 - Un plan diabolique
Xena et Gabrielle se battent pour sauver Eve de l'exécution, alors qu'elle retournait dans le pays des
Amazones pour faire amende de son passé.

S06E15 - La reine des Amazones
Lorsqu'un guerrier masqué kidnappe Varia, la reine des Amazones, Gabrielle mène les Amazones
jusqu'à Hélicon pour une mission sanglante.

S06E16 - Une amitié éternelle
A l'époque actuelle, un femme mystérieuse et trois fans de Xena utilisent des échantillons de cheveux
pour créer des clones de Xena et Gabrielle, qui doivent affronter une figure familière de leur passé.

S06E17 - Le dernier des Centaures
Xena et Gabrielle doivent sauver un jeune centaure des griffes du Seigneur Belach.

S06E18 - Le fil de la vie
Xena devient impératrice de Rome et n'a aucun souvenir de son passé lorsque César enchaîne les
trois Parques et coupe le fil du temps pour modifier sa destinée.

S06E19 - Le Vice et la Vertu
En rapportant le Casque d'Hermes au roi de Thèbes, Xena et Gabrielle secourent Genia, une vierge
sur le point de se sacrifier volontairement pour des fanatiques religieux en échange de la protection
d'un guerrier. Xena et Gabrielle pensent que présenter Genia à Aphrodite la convaincra que renoncer à sa vie pour un dieu est une mauvaise. Mais leur plan se retourne contre elles.

S06E20 - Mariage forcé
Ares veut l'âme de Xena pour l'éternité, et il est prêt à tout pour l'obtenir. Il négocie les âmes de Xena
et Gabrielle dans un contrat, et parvient à presque à épouser la guerrière. Bien sûr, Xena connaît la
nature fourbe d'Ares et évite le mariage.

S06E21 - La mort de Xena - 1ère partie
Xena et Gabrielle doivent se rendre au Japon pour souver la ville de Higuchi. Un groupe de Samouraï se placent en travers de leur chemin. Xena est décidée à combattre un mauvais fantôme du nom
de Yodoshi, mais celui-ci ne peut être blessé que par les morts.

S06E22 - La mort de Xena - 2ème partie
Comme Xena doit être morte pour combattre Yodoshi, elle se laisse tuer par un samouraï et ses guerriers. Gabrielle apprend qu'elle peut la ramener à la vie en faisait brûler son corps et en mettant ses
cendres dans une source magique avant le coucher de soleil du deuxième jour. Elle combat alors les
samouraïs pour récupérer son corps.

       Le guide des épisodes des geeks

Bonus : Malcolm

Malcolm est un petit génie appartenant à une famille américaine moyenne loufoque.

1. Je ne suis pas un monstre (Pilot)
2. Alerte rouge (Red Dress)
3. Seuls à la maison (Home Alone 4)
4. Honte (Shame)
5. Changement de famille (Malcolm Babysits)
6. Poquito Cabeza (Sleepover)
7. La Petite Évasion (Francis Escapes)
8. Panique au pique-nique (Krelboyne Picnic)
9. Ma mère, ce héros (Lois vs. Evil)
10. À fond la caisse (Stock Car Races)
11. Les Funérailles (Funeral)
12. Pom pom boy (Cheerleader)
13. Le Mot de trop (Rollerskates)
14. Le Robot-tueur (The Bots and the Bees)
15. Lundimanche (Smunday)
16. Le Liquidateur (Water Park)

■■■■■■■ | SAISON 02 ■■■■■■■■■

1. Embouteillage (Traffic Jam)
2. Il n'y a pas d'heure pour Halloween (Halloween Approximately)
3. Joyeux anniversaire Loïs (Lois's Birthdays)
4. Dîner en ville (Dinner Out)
5. Faites vos jeux (Casino)
6. Le Congrès (Convention)
7. Attaque à main armée (Robbery)
8. Thérapie (Therapy)
9. Malcolm brûle les planches (High School Play)
10. Le grand méchant Reese (The Bully)
11. La vieille dame (Old Mrs. Old)
12. La nouvelle tête d'ampoule (Krelboyne Girl)
13. Les nouveaux voisins (New Neighbors)
14. Hal démissionne (Hal Quits)
15. Conflit de générations (The Grandparents)
16. Infraction (Traffic Ticket)
17. Urgences (Surgery)
18. Reese aux fourneaux (Reese Cooks)

19.   Cours du soir (Tutoring Reese)

20.   Pile et face (Bowling)

21.   Malcolm contre Reese (Malcolm vs. Reese)

22.   Un pour tous (Mini-Bike)

23.   La Fête foraine (Carnival)

24.   Débâcle (Evacuation)

25.   Souvenirs, souvenirs (Flashback)

SAISON 03

1.   Tout le monde sur le pont (Houseboat)

2.   Émancipation (Emancipation)

3.   Feux d'artifice (Book Club)

4.   La petite amie (Malcolm's Girlfriend)

5.   Bonnes œuvres (Charity)

6.   Sueurs froides (Health Scare)

7.   Chantage de Noël (Christmas)

8.   Poker (Poker)

9.   Le Poisson rouge (Reese's Job)

10.   Sexy Loïs (Lois's Makeover!)

11.   Pique-nique fatal - 1re partie (Company Picnic - Part 1)

12.   Pique-nique fatal - 2e partie (Company Picnic - Part 2)

13.   Le Fou du volant (Reese Drives)

14.   Confessions intimes (Cynthia's Back)

15.   La grosse surprise ! (Hal's Birthday!)

16.   L'Entraîneur (Hal Coaches on you)

17.   Une Vie de chien (Dewey's Dog)

18.   Poker II : La revanche (Poker II)

19.   Morceaux choisis (Clip Show)

20.   Messieurs les jurés (Jury Duty)

21.   Réactions en chaîne (Cliques)

22.   Héros malgré lui (Monkey)

SAISON 04

1.   Zizanie au zoo (Zoo)

2.   Humilithon (Humilithon)

3.   Famille je vous hais (Family Reunion»)

4.   Sois belle et tais-toi (Stupid Girl)

5.   C'est pas moi, c'est lui ! (Forwards Backwards)

6.   Touche pas à ma fille (Forbidden Girlfriend)

7.   Bouche cousue (Malcolm Holds His Tongue)

8.   Les Mystères de l'ouest (Boys At Ranch)

9.   Grand-mère attaque (Grandma Sues)

10.   Si les garçons étaient des filles (If Boys Were Girls)

11.   Tu seras un homme, mon fils (Long Drive)

12.   Tolérance zéro (Kicked Out)

13.   Sexe, mensonges et vidéo (Stereo Store)

14.   Le bon copain (Hal's Friend)

15.   Le grand déballage (Garage Sale)

16.   Les grands esprits se rencontrent (Academic Octathalon)

17.   Le Testament impossible (Clip Show II)

18.   Plus on est de fous, moins on rit ! (Reese's Party)

19.   Mise à nu (Future Malcolm)

20.   Le Bébé – 1re partie (Baby - Part 1)

21.   Le Bébé – 2e partie (Baby - Part 2)

22.   Les Arnaqueurs (Day Care)

SAISON 05

1.   Las Vegas (Vegas)

2.   Les Baby-sitters (Watching The Baby)

3.   Le Journal intime (Goodbye Kitty)

4.   Le grand chef (Thanksgiving)

5.   Caméra cachée (Malcolm Films Reese)

6.   Cachotteries (Malcolm's Job)

7.   Mes beaux sapins (Christmas Trees)

8.   C'est la fête ! (The Block Party)

9.   Rubrique lubrique (Dirty Magazine)

10.   Le Jacuzzi de la discorde (Hot Tub)

11.   Le Fiancé de grand-mère (Ida's Boyfriend)

12.   Frapper et recevoir (Softball)

13.   La Sœur de Loïs (Lois' Sister)

14.   Belle-famille, je vous aime (Malcolm Dates a Family)

15.   Enfin seul ! (Reese's Apartment)

16.   Portes ouvertes (Malcolm Visits College)

17.   Chance et malchance (Polly in the Middle)

18.   Q.I. K-O (Dewey's Special Class)

19.   Formules magiques (Experiment)

20.   Patrimoine (et) génétique (Victor's Other Family)

21.   La grande pagaille - 1re partie (Reese Joins the Army - Part 1)

22.   La grande pagaille - 2e partie (Reese Joins the Army - Part 2)

SAISON 06

1.   Il faut sauver le soldat Reese (Reese Comes Home (3))

2.   Les Idoles (Busey's Run Away)

3.   La Guerre des poubelles (Standee)

4.   Pearl Harbor (Pearl Harbor)

5.   Kitty : le retour (Kitty's Back)

6.   L'étrange Noël de Monsieur Hal (Hal's Christmas Gift)

7.   Le Somnambule (Hal Sleepwalks)

8.   Sévir et protéger (Lois Battles Jamie)

9.   Accro du delco (Malcolm's Car)

10.   En haut de l'affiche (Billboard)

11.   Opéra (Dewey's Opera)

12.   Question de vie ou de mort (Living Will)

13.   On ira tous au paradis (Tiki Lounge)

14.   La Jambe de Grand-mère (Ida Loses a Leg)

15.   Devine qui vient dormir ? (Chad's Sleepover)

16.   Chose promise, chose due (No Motorcycles)

17.   Larves et chenilles (Butterflies)

18.   Quelle horreur ! (Ida's Dance)

19.   J'ai échangé ma maman (Motivational Speaker)

20.   800 dollars plus les frais (Stilts)

21.   Otage, ô désespoir (Buseys Takes A Hostage)

22.   Reine d'un jour (Mrs. Tri-County)

SAISON 07

1.   Allumer le feu ! (Burning Man)

2.   Assurance tous risques (Health Insurance)

3.   Vices cachés (Reese vs. Stevie)

4.   La Maison de l'horreur (Halloween)

5.   L'Invasion de l'abeille tueuse (Jessica Stays Over)

6.   La Guerre des nerfs (Secret Boyfriend)

7.   Le Côté obscur (Blackout)

8.   Copine de régiment (Army Buddy)

9.   Il faut sauver l'élève Reese (Malcolm Defends Reese)

10.   L'Argent ne fait pas le bonheur (Malcolm's Money)

11.   L'Épreuve de force (Bride of Ida)

12.   La Force de l'engagement (College Recruiters)

13.   Mononucléose à deux (Mono Frono)

14.   Hal déprime (Hal Grieves)

15.   Tous coupables ! (A.A.)

16.   La Justicière (Lois Strikes Back)

17.   Une Dent contre toi (Hal's Dentist)

18.   L'Abri de mes rêves (Bomb Shelter)

19.   Un Vendeur est né (Stevie in the Hospital)

20.   Le Tribunal des animaux (Cattle Court)

21.   Le Bal de la promo (Morp)

22.   Malcolm président (Graduation)

Bonus :
The Big Bang Theory

La vie de Sheldon et Léonard, geeks et physiciens à l'université de Caltec, est bouleversée le jour où Penny, une actrice / serveuse venant du Nebraska, s'installe en fasse de chez eux. Elle va leur faire découvrir, ainsi qu'à leur amis Ratej et Howard, la vie en dehors des bandes dessinées, des jeux et des séries TV.

1. La Nouvelle Voisine des surdoués (Pilot)
2. Des voisins encombrants (The Big Bran Hypothesis)
3. Le Corollaire de pattes-de-velours (The Fuzzy Boots Corollary)
4. Les Poissons luminescents (The Luminous Fish Effect)
5. Le Postulat du hamburger (The Hamburger Postulate)
6. Les Allumés d'Halloween (The Middle Earth Paradigm)
7. Le Paradoxe du ravioli chinois (The Dumpling Paradox)
8. L'Effet sauterelle (The Grasshopper Experiment)
9. La Polarisation Cooper-Hofstadter (The Cooper-Hofstadter Polarization)
10. La Descente aux enfers du sujet Loobenfeld (The Loobenfeld Decay)
11. Alerte aux microbes (The Pancake Batter Anomaly)
12. La Dualité de Jérusalem (The Jerusalem Duality)
13. La Conjecture du Batbocal (The Bat Jar Conjecture)
14. La Machine incroyable (The Nerdvana Annihilation)
15. La Sœur jumelle (The Pork Chop Indeterminacy)
16. Réaction ! (The Peanut Reaction)
17. La Rupture (The Tangerine Factor)

1. Un secret bien gardé (The Bad Fish Paradigm)
2. Le Flirt de Leonard (The Codpiece Topology)
3. La Sublimation barbare (The Barbarian Sublimation)
4. L'Équivalence du griffon (The Griffin Equivalency)
5. L'Alternative d'Euclide (The Euclid Alternative)
6. Le Théorème Cooper-Nowitzki (The Cooper-Nowitzki Theorem)
7. La Vengeance de Sheldon (The Panty Piñata Polarization)
8. L'Expansion Lézard-Spock (The Lizard-Spock Expansion)
9. La Triangulation des asperges (The White Asparagus Triangulation)
10. L'Énigme Vartabedian (The Vartabedian Conundrum)
11. Les Cadeaux de noël (The Bath Item Gift Hypothesis)
12. Le Combat des robots (The Killer Robot Instability)
13. L'Algorithme de l'amitié (The Friendship Algorithm)
14. Petites Dettes entre amis (The Financial Permeability)
15. La Mère de Léonard (The Maternal Capacitance)
16. Le Coussin irremplaçable (The Cushion Saturation)
17. Terminator dans le train (The Terminator Decoupling)

18.   Les Fleurs de Penny (The Work Song Nanocluster)

19.   La Juxtaposition de la prostituée morte (The Dead Hooker Juxtaposition)

20.   Le Bar à filles (The Hofstadter Isotope)

21.   Excursion à Vegas (The Vegas Renormalization)

22.   La Turbulence du matériel confidentiel (The Classified Materials Turbulence)

23.   L'Expédition monopolaire (The Monopolar Expedition)

SAISON 03

1.   La Fluctuation de l'ouvre-boîte électrique (The Electric Can Opener Fluctuation)

2.   Le Grillon des champs (The Jiminy Conjecture)

3.   La Déviation Gothowitz (The Gothowitz Deviation)

4.   La Solution pirate (The Pirate Solution)

5.   Le Tournoi de cartes (The Creepy Candy Coating Corollary)

6.   Le Vortex du Nébraska (The Cornhusker Vortex)

7.   Disputes insupportables (The Guitarist Amplification)

8.   Bras cassé et Voie lactée (The Adhesive Duck Deficiency)

9.   La Formule de la vengeance (The Vengeance Formulation)

10.   La Physique pour les nulles (The Gorilla Experiment)

11.   La Congruence maternelle (The Maternal Congruence)

12.   La Voyante (The Psychic Vortex)

13.   Exode dans le Montana (The Bozeman Reaction)

14.   La Relativité restreinte (The Einstein Approximation)

15.   Le Grand Collisionneur (The Large Hadron Collision)

16.   La Rencontre avec le grand Stan (The Excelsior Acquisition)

17.   Le Fameux Anneau (The Precious Fragmentation)

18.   Le Prix Scientifique (The Pants Alternative)

19.   La Récurrence de Wheaton (The Wheaton Recurrence)

20.   Les Spaghettis de la réconciliation (The Spaghetti Catalyst)

21.   L'Éminente Miss Plimpton (The Plimpton Stimulation)

22.   La Saga de l'escalier (The Staircase Implementation)

23.   Un laser sur la Lune (The Lunar Excitation)

SAISON 04

1.   Le Robot à tout faire ! (The Robotic Manipulation)

2.   Les Bienfaits de la cybernétique (The Cruciferous Vegetable Amplification)

3.   Un amour de substitution (The Zazzy Substitution)

4.   La Troll dévergondée ! (The Hot Troll Deviation)

5.   La Solitude de Leonard (The Desperate Emanation)

■■■■■■■■ SAISON 05 ■■■■■■■■

                      Le guide des épisodes des geeks

18.   La Transformation du loup-garou (The Werewolf Transformation)

19.   Le Vortex du week-end (The Weekend Vortex)

20.   Le Dysfonctionnement du téléporteur (The Transporter Malfunction)

21.   La Vengeance de Howard (The Hawking Excitation)

22.   L'Enterrement de vie de garçon (The Stag Convergence)

23.   Howard et la Nasa (The Launch Acceleration)

24.   Un mariage express (The Countdown Reflection)

SAISON 06

1.   Un rendez-vous fluctuant (The Date Night Variable)

2.   Les Fluctuations du découplement (The Decoupling Fluctuation)

3.   Le Mal de l'espace (The Higgs Boson Observation)

4.   La Minimisation du retour (The Re-Entry Minimization)

5.   L'Excitation holographique (The Holographic Excitation)

6.   Extraction-oblitération (The Extract Obliteration)

7.   L'Apprentie réalisatrice (The Habitation Configuration)

8.   Le Mystère des 20 minutes (The 43 Peculiarity)

9.   L'Escalade de la place de parking (The Parking Spot Escalation)

10.   Entrailles, poiscailles, ripailles ! (The Fish Guts Displacement)

11.   L'Esprit de Noël (The Santa Simulation)

12.   Les Propos démesurés de Sheldon (The Egg Salad Equivalency)

13.   L'Expédition Bakersfield (The Bakersfield Expedition)

14.   Renversement de tendance (The Cooper/Kripke Inversion)

15.   L'Art du spoiler (The Spoiler Alert Segmentation)

16.   La Preuve d'affection tangible (The Tangible Affection Proof)

17.   L'Isolation d'un looser (The Monster Isolation)

18.   Obligation contractuelle (The Contractual Obligation Implementation)

19.   La Reconfiguration du dressing (The Closet Reconfiguration)

20.   Une titularisation mouvementée (The Tenure Turbulence)

21.   La Clôture cognitive alternative (The Closure Alternative)

22.   Le Professeur Proton (The Proton Resurgence)

23.   Délire à Las Vegas (The Love Spell Potential)

24.   Bon voyage ! (The Bon Voyage Reaction)

SAISON 07

1.   L'Absence de Leonard (The Hofstadter Insufficiency)

2.   Une affaire d'œstrogènes (The Deception Verification)

3.   Chasse au trésor (The Scavenger Vortex)

▬▬▬▬▬▬ SAISON 08 ▬▬▬▬▬▬▬▬▬▬▬▬▬▬▬▬▬▬▬▬▬▬▬▬▬▬▬▬▬▬▬

                     Le guide des épisodes des geeks

16.   Test d'intimité (The Intimacy Acceleration)

17.   Sheldon et Amy s'en vont sur Mars (The Colonization Application)

18.   La Thermalisation des restes (The Leftover Thermalization)

19.   Que la force soit avec nous ! (The Skywalker Incursion)

20.   Fort Réconfort (The Fortification Implementation)

21.   La Détérioration de la communication (The Communication Deterioration)

22.   La Toque et la Toge (The Graduation Transmission)

23.   La Guerre des mères (The Maternal Combustion)

24.   La Détermination de l'engagement (The Commitment Determination)

SAISON 09

1.   Mariage et Conséquences (The Matrimonial Momentum)

2.   L'Oscillation de la séparation (The Separation Oscillation)

3.   Corrosion, Crevaison, Oxydation (The Bachelor Party Corrosion)

4.   Retour à la case départ (The 2003 Approximation)

5.   L'Exercice de la transpiration (The Perspiration Implementation)

6.   Carence en hélium liquide (The Helium Insufficiency)

7.   Le « Spockumentaire » (The Spock Resonance)

8.   L'Observation du rendez-vous mystère (The Mystery Date Observation)

9.   Permutation platonique (The Platonic Permutation)

10.   Sheldon connaît la chanson (The Earworm Reverberation)

11.   L'Effervescence de l'avant-première (The Opening Night Excitation)

12.   Séance chez le psy ! (The Sales Call Sublimation)

13.   Optimisation de l'empathie (The Empathy Optimization)

14.   Meemaw s'en va en guerre ! (The Meemaw Materialization)

15.   La Submersion de Valentino (The Valentino Submergence)

16.   Réaction positive et négative (The Positive Negative Reaction)

17.   L'Anniversaire de Sheldon (The Celebration Experimentation)

18.   Détournement de brevet (The Application Deterioration)

19.   Un fil à souder à la patte (The Solder Excursion Diversion)

20.   La Précipitation de la Grande Ourse (The Big Bear Precipitation)

21.   Soirée à combustion (The Viewing Party Combustion)

22.   Bernadette va déguster (The Fermentation Bifurcation)

23.   La Théorie des files d'attente (The Line Substitution Solution)

24.   Convergence, Confluence, Méfiance (The Convergence Convergence)

SAISON 10

1.   Probabilités matrimoniales (The Conjugal Conjecture)

■■■■■■■■■ SAISON 11 ■■■■■■■■■

                          Le guide des épisodes des geeks

14. Le Triangle impossible (The Separation Triangulation)

15. Le Roman de Léonard (The Novelization Correlation)

16. La Nomenclature néonatale (The Neonatal Nomenclature)

17. Colocation de salle des fêtes (The Athenaeum Allocation)

18. Prêt à tout pour rencontrer Gates (The Gates Excitation)

19. La Dissociation des locataires (The Tenant Disassociation)

20. La Tentation de Sheldon (The Reclusive Potential)

21. La Comète de la discorde (The Comet Polarization)

22. Il faut sauver la science (The Monetary Insufficiency)

23. Les Frères ennemis (The Sibling Realignment)

24. Un mariage trop lent (The Bow Tie Asymmetry)

■■■■■■■■■ SAISON 12 ■■■■■■■■■

1. Configuration matrimoniale (The Conjugal Configuration)

2. Un mystérieux cadeau de mariage (The Wedding Gift Wormhole)

3. Une procréation calculée (The Procreation Calculation)

4. La Trahison de Tam (The Tam Turbulence)

5. Crise au planétarium (The Planetarium Collision)

6. Un Halloween sous tension (The Imitation Pertubation)

7. La Dérivation des subventions (The Grant Allocation Derivation)

8. Le Test de compatibilité (The Consummation Deviation)

9. La Théorie déjouée (The Citation Negation)

10. Magnéto Sheldon ! (The VCR Illumination)

11. Règlement de compte au Paintball (The Paintball Scattering)

12. Titre de spermission (The Propagation Proposition)

13. L'Asymétrie du prix Nobel (The Confirmation Polarization)

14. La Météorite et le balcon de la discorde (The Meteorite Manifestation)

15. Semence-abstinence (The Donation Oscillation)

16. Spécial Donjons et Dragons (The D and D Vortex)

17. Baby-sitting experimental (The Conference Valuation)

18. Les Escrocs du prix Nobel (The Laureate Accumulation)

19. Privation sensorielle (The Inspiration Deprivation)

20. Leonard se rebelle (The Decision Reverberation)

21. Les Preuves du plagiat (The Plagiarism Schism)

22. Coup de foudre à Beverly Hill (The Maternal Conclusion)

23. Le Constant change (The Change Constant)

24. Clap de fin ! (The Stockholm Syndrome)